学术印迹

新时代学人自选集

臧峰宇自选集

臧峰宇 著

河北出版传媒集团
河北人民出版社
石家庄

图书在版编目（CIP）数据

臧峰宇自选集 / 臧峰宇著. -- 石家庄 : 河北人民出版社, 2024. 12. -- (学术印迹 : 新时代学人自选集). -- ISBN 978-7-202-16826-4

Ⅰ. A81-53

中国国家版本馆CIP数据核字第20245WU399号

丛 书 名 **学术印迹：新时代学人自选集**
XUESHU YINJI XINSHIDAI XUEREN ZIXUANJI

书　　名 **臧峰宇自选集**
ZANG FENGYU ZIXUANJI

著　　者 臧峰宇

选题策划 陆明宇　荆彦周
责任编辑 段　鲲　韩家欢　王　琨
美术编辑 李　欣
责任校对 余尚敏

出版发行 河北出版传媒集团　河北人民出版社
（石家庄市友谊北大街 330 号）
印　　刷 河北新华第一印刷有限责任公司
开　　本 787 毫米×1092 毫米　1/16
印　　张 32
字　　数 469 000
版　　次 2024 年 12 月第 1 版　　2024 年 12 月第 1 次印刷
书　　号 ISBN 978-7-202-16826-4
定　　价 198.00 元

出版说明

习近平总书记对我国的哲学社会科学工作高度重视，多次作出指示批示，发表重要讲话，指出中国特色哲学社会科学应该体现“继承性、民族性”“原创性、时代性”“系统性、专业性”。党的十八大以来，我国哲学社会科学领域解放思想、实事求是、与时俱进，取得了历史性成就，发生了历史性变革，为全面建设社会主义现代化国家作出了重要贡献，积累了宝贵经验。

为展现新时代我国哲学社会科学领域取得的重要成果，我们组织编写了“学术印迹：新时代学人自选集”。丛书以习近平新时代中国特色社会主义思想为指导，以时代性、思想性、学术性为准绳，坚持百花齐放、百家争鸣的方针，遴选哲学社会科学领域有一定成就的学者，收录其新时代以来发表的有代表性的学术文章。

丛书的作者们不仅在哲学、政治、经济、历史、语言文学等各个领域有着深厚的学术造诣，而且具有丰富的教学或实践经验。书中收录的文章均曾发表于权威报刊，具备较强的专业性、学术性、理论性，是作者对其新时代以来研究成果的系统梳理和总结，一方面清晰地展示了作者近些年的学术思考、学术印迹，另一方面也体现了该专业领域的发展方向和前沿动态；同时，作者在系统梳理总结学术思想、研究成果的基础上，挖掘新材料、发现新问题、提出新观点，力求为新时代中国特色哲学社会科学的学科体系、学术体系、话语体系建设和创新贡献力量。

通过对这些学者的学术思考、学术成就、学术脉络进行系统梳理和总结，可以从一个侧面反映新时代以来我国哲学社会科学领域所取得的新进展新成就；同时，也可为相关研究者提供参考和借鉴，对相关领域的研究进一步深化拓展起到积极的推动作用。

河北人民出版社

2024 年 3 月

目录

第三编　马克思早期政治哲学文本解读

第四编　晚年恩格斯哲学经典文本解读

引言

建构中国自主的哲学知识体系

以中国和时代为观照，建构中国自主的知识体系，是加快构建中国特色哲学社会科学的根本路径。在建构中国自主的知识体系的学术探索中，建构中国自主的哲学知识体系具有基础性作用，因为哲学是时代精神的精华与文化的活的灵魂。在新时代，建构中国自主的哲学知识体系，要以习近平新时代中国特色社会主义思想为指导，传承中华优秀传统文化典籍中的思想精华，融通古今中外哲学思想资源，重新厘定现代哲学学术体系的知识边界，以自觉意识和自主精神实现符合时代精神的思想创造，不断深化体现中国思想特质的哲学基础理论研究和跨学科研究，探究中国式现代化道路与人类文明新形态的哲学底蕴，深刻回答中国之问、世界之问、人民之问和时代之问，在面向实践的哲学研究中彰显中国之路、中国之治和中国之理。

（一）建构中国哲学知识体系的自主探索

建构中国哲学知识体系，是百余年来我国几代哲学学人的夙愿。中国学界对“哲学”概念的最初理解是以西方哲学为标准的，由此反观中国古代思想史，便有将中国历史上的学问中能以西方哲学的概念名之者加以叙述的最初尝试。此时，探究中国传统文化中的知识论、宇宙论与人生论，乃是一种分析中国哲学观念结构的新思。这种尝试固然将中国哲学思想纳入了现代知识体系，但也在一定程度上强化了以西方哲学为标准来区分一种思想是不是哲学的思维定势。学界后来深入讨论了中国哲学的合法性危机，形成对“哲学在中国”与“中国的哲学”的差异性理解。

中华人民共和国成立后，以马克思列宁主义为指导，结合中国具体实际，自主编写马克思主义哲学原理教科书成为学界的思想自觉。在中央高级党校、中国人民大学、北京大学和上海、湖北、吉林有关部门各自编写完成马克思主义哲学教科书的基础上，1961 年，艾思奇主编的《辩证唯物主义历史唯物主义》出版，这是我国第一本系统完整且广泛使用的马克思主义哲学教科书，书中对中国革命和社会主义建设进程中提出的一些问题作出哲学阐释，注重将马克思主义世界观转化为思想方法和工作方法，体现了马克思主义哲学中国化的观念创新。这部教科书满足了当时中国社会主义建设对哲学理论的实际需要，促进了学哲学、用哲学氛围的形成，具有深远的影响力，哺育了几代人的精神世界。

在冯友兰所著《中国哲学底发展》和张岱年等合编的《中国哲学史讲授提纲》相继发表后，1963 年，任继愈主编的《中国哲学史》出版，这是第一部关于中国哲学史的全国文科统编教材，在当时产生了广泛影响。这套教材采用唯物主义、唯心主义、辩证法、奴隶社会、封建社会、革命、阶级等术语，以“唯物主义与唯心主义斗争的历史”为线索分析中国哲学思想演进历程，引发了学界关于评价和编写中国哲学史的讨论。改革开放以来，学界摆脱了苏联哲学教科书的影响，总体上以马克思主义哲学同中华优秀传统文化相结合为视角理解中国哲学史的发展历程和基本问题，自主编写更符合中国哲学基本精神的中国哲学史教材。

在哲学教材体系建设的同时，学界积极阐述当代中国哲学的理论特质，探析哲学前沿问题与研究方法，探索构建具有中国风格和中国气派的哲学学科体系、学术体系和话语体系。以“实践”为核心范畴，建构中国马克思主义哲学体系，从中呈现了建构中国哲学知识体系并使之不断发展的质的规定性。因为当代中国哲学是以马克思主义哲学在中国的传播为起点逐步发展起来的，正是以马克思主义为指导的中国革命、建设和改革进程赋予中国哲学知识体系时代内涵和现实性力量，为开辟中国式现代化道路提供哲学思想支撑。强调“一切从实际出发”“实事求是”“知行合一”等命题，提出“主要矛盾与次要矛盾”“内部矛盾与外部矛盾”等范畴，运用“理论联系实际”“尊重客观规律”“发挥主观能动性”等思路，使得中国马克思主义哲学的轮廓逐渐清晰。伴随社会主义现代化的实践探索，中国哲学史的思想精华同马克思主义基本原理相结合，并在时代发展进程中不断实现创造性转化和创新性发展，其符合时代精神的观念资源得到深刻阐发，彰显了守正创新的学术品格。

在重新书写中国哲学史的过程中，学界探析哲学与哲学史的关系问题，讨论“新理学”“新心学”“新气学”等中国哲学新思的创见，在梳理“照着讲”和“接着讲”的同时，提出“自己讲”的基本思路。在此基础上，学界重新理解中国哲学传统中积淀的知识智慧和理性思辨，把握中国哲学内蕴的超越情怀，归纳其中的独特思想优势，发掘其中悠远绵长的精神力量，激发出哲学面向未来的想象力，使中国传统哲学在社会转型过程中实现了现代重构。学界愈加质疑以西方哲学为标准理解“哲学”的观念，反对以此为圭臬审视中国哲学的合法性，强调中国思想的精华是一种具有独特文化底蕴与历史传承的哲学，其实质在于对在中国哲学的自主性之外讨论“哲学在中国”进行内在反思。学界以建构中国特色哲学学科体系、学术体系和话语体系的自觉，对人类文明新形态的实践创造进行具有历史意识的内在探究，反映了中国式现代化探索历程所体现的特定世界历史民族的实践经验。

学界秉持问题意识，深刻总结现代科学技术发展和人类知识进展的图景，反思人类现代化进程中的实践经验与现代学术思想的成就，在立足时代的中国语境中阐发现实的人及其历史发展的哲学，不断深化对现代社会发展规律的认识。与此同时，学界始终坚持实践是检验真理的唯一标准，回归哲学经典文本，观照复杂而深刻的时代问题，深入阐述哲学关注现实的方式，在反思苏联教科书哲学的同时，重新理解马克思的思想，阐述马克思主义哲学同中华优秀传统文化相结合的内在机理，探究马克思主义伦理学基本问题，阐述马克思主义宗教学理论与宗教中国化问题，揭示马克思主义哲学中国化的理论逻辑映现的中国式现代化的实践逻辑，不断推进马克思主义哲学中国化时代化。学界翻译出版了《亚里士多德全集》《康德著作全集》《黑格尔全集》等西方学术名著，深入研究了西方哲学思想的起源与演进历程。在此过程中，马克思主义哲学、中国哲学、外国哲学、伦理学、宗教学、科学技术哲学、逻辑学、美学、政治哲学、管理哲学等哲学二级学科得到深入发展，形成了哲学学科体系的基本轮廓。

建构中国哲学知识体系的自主探索体现了学界对马克思主义哲学、中华优秀传统文化和国外哲学社会科学观念、思路与方法的融通。学界将人民对美好生活的追求升华为体现时代精神的哲学理念，基于时代问题反观中国哲学思想发生的原初场域，深刻意识到对现实趋向与思想的需要作内在本质性回应所具有的重要意义，努力使不断丰富和发展的中国哲学走向世界。学界对西方哲学诸多概念和命题的理解体现了中国文化特质，或者说以中国人的思维方式、理解结构和价值观念阐述的西方哲学必然带有中国思想印记。与此相关的比较哲学研究力图通过跨文化对话，实现不同哲学的相互理解，进而深化中国哲学的自我理解。

中国哲学知识体系的精华体现在社会主义现代化实践探索中，建构中国自主的哲学知识体系，是以马克思主义为指导，结合中华人民共和国成立以来哲学回应时代发展需要的实际，几代学人筚路蓝缕、深耕厚植、努力推进的创造性的自主探索，反映了中国人思维方式和价值观念的变迁。在这个需要思想而且一定能够产生思想的时代，有生命力的哲学研究不能停留于解释世界，而必然要以思想对象化的方式参与到改变世界的活动中并反思这种活动本身，从而形成一种总体性知识，形成一种把握社会发展走势的历史观，为有原则高度的实践提供思想支撑。纵观世界新的动荡变革引发的时代难题，理解哲学观念更新与文明形态变革的互动，深刻展现当代中国哲学的现实化所具有的实体性内容，必然要进一步建构中国自主的哲学知识体系并不断丰富其时代内涵。

（二）深入推进中国自主的哲学知识体系的建构

《中共中央关于党的百年奋斗重大成就和历史经验的决议》指出："独立自主是中华民族精神之魂，是我们立党立国的重要原则。走自己的路，是党百年奋斗得出的历史结论。"[①] 中华人民共和国成立以来，我们党领导中国人民坚持独立自主、自力更生，在一穷二白的基础上建立起完整的工业体系和国民经济体系，推动改革开放和社会主义现代化事

①《中共中央关于党的百年奋斗重大成就和历史经验的决议》，人民出版社2021年版，第67页。

业，建设中国特色社会主义，建立社会主义市场经济体制，使中国大踏步跟上了时代发展的步伐。我们党始终强调中国的事情必须由中国人民自己作主，依靠中国人民自己的力量来办，坚持独立自主实现国家发展战略不动摇，体现了实践基础上的理论创新所具有的中国风格和中国气派。因此，促进当代中国哲学综合创新，要以原创性的理论探索体现中国风格和中国气派，按照立足中国、借鉴国外，挖掘历史、把握当代，关怀人类、面向未来的思路，凝结中华民族在走向伟大复兴征途中对时代问题的理性沉思，反映创造中国式现代化道路和人类文明新形态的民族自我意识，为塑造中华民族的思想自我确立自觉而博识的知性基础，深入推进中国自主的哲学知识体系的建构。

一是以习近平新时代中国特色社会主义思想为指导，坚持和运用辩证唯物主义和历史唯物主义世界观和方法论，彰显辩证思维、战略思维、历史思维、创新思维、法治思维和底线思维的现实性力量。建构中国自主的哲学知识体系，要深刻总结百年来马克思主义基本原理同中国具体实际相结合、同中华优秀传统文化相结合的历史经验和现实意义，深刻归纳马克思主义哲学文本译介与传播为中国哲学社会科学提供的话语资源，深刻阐述和进一步提出中国马克思主义哲学的标识性概念。坚持实践的观点、历史的观点、辩证的观点、发展的观点，深刻阐释中华文化和中国精神的时代精华，不断推进马克思主义哲学中国化时代化。

二是以中国式现代化道路探索为现实基础，以中国特色社会主义实践凝结的中国经验为理论源泉，反映时代观念创新和文明新形态的实践创造。恩格斯指出："每一个时代的理论思维，包括我们这个时代的理论思维，都是一种历史的产物，它在不同的时代具有完全不同的形式，同时具有完全不同的内容。"[①] 建构中国自主的哲学知识体系，要立足中国实际，解答中国问题，反映我们时代的伟大变革，分析中国经济社会发展对人们的生活方式和价值观念的改变，为观察和研究时代问题提供具有实质性内涵的哲学判断，并为时代问题的解决提供底蕴深厚的哲学理路，构筑我们安身立命的精神家园。

①《马克思恩格斯选集》第3卷，人民出版社2012年版，第873页。

三是坚持以问题为导向，深刻回答在实践中产生的时代之问，不断推进知识创新、理论创新、方法创新。习近平总书记指出：“当前，坚持和发展中国特色社会主义理论和实践提出了大量亟待解决的新问题，世界百年未有之大变局加速演进，世界进入新的动荡变革期，迫切需要回答好‘世界怎么了’‘人类向何处去’的时代之题。”[①] 为此，必须从重大的现实问题中发现和提炼重大的理论问题，以创新的中国哲学理论概括体现社会主义现代化规律的中国实践，在发现问题、筛选问题、研究问题和解决问题的过程中实现哲学理论创新，探索构建哲学思想生成的观念、方法、实质、规律和可能性的体系，不断深入探究问题中的哲学与哲学中的问题，为反思时代问题提供体现中国智慧的思想资源，使国际学界重新认识中国哲学独特的思维方式和价值内涵，并使之在文明对话中不断走向世界。

四是植根中华优秀传统文化的“沃土”，实现中国传统哲学的创造性转化、创新性发展，彰显中华民族独特的价值追求和精神标识。源远流长的中华文明史赋予中国哲学以持续稳健的文化品格，中华优秀传统文化的思想精华与道德精髓是当代中国哲学创新的重要源泉。建构中国自主的哲学知识体系，要不断推动马克思主义哲学同中华文明内在融合，阐发中国传统哲学概念和范畴的时代新义，焕发中国哲学思想持久的生命力。要立足时代、重读经典，发掘中国传统哲学超越时空的思想内涵，坚持古为今用、推陈出新，使实现创造性转化创新性发展的中国传统哲学的思想精华与新时代实践交相辉映。

五是吸收借鉴国外哲学社会科学有益成果，打造为国际学界所理解和接受的新概念、新范畴、新表述，在文明对话中彰显中国哲学知识体系的鲜明特征。坚持洋为中用、融通创新，面对现代知识结构的重大变化，深刻洞察时代问题，融汇古今中外哲学思想资源而实现综合创新，在世界哲学语境中形成中国特色哲学学科体系、学术体系和话语体系的规范完整知识基础。建构中国自主的哲学知识体系，既要保持中华文化的主体性，也要体现对现代科学理性精神的汲取，在深化哲学知识创新

①《习近平在中国人民大学考察时强调：坚持党的领导传承红色基因扎根中国大地　走出一条建设中国特色世界一流大学新路》，《人民日报》2022 年 4 月 26 日。

的基础上，不断实现哲学理论创新和方法创新，使体现原创性和生命力的中国哲学思想为创造人类文明新形态贡献持续不竭的思想资源，充分发挥哲学在融通中外文化、增进文明交流中的独特作用，让世界更好地读懂中国。

六是牢固树立为人民做学问的理念，深刻回答人们在日常生活中关注的真问题，以思想的方式促进人们对美好生活的追求，为人民群众的实践创造与满足美好生活的需要提供科学有效的思想方法和工作方法，使之为人们所喜闻乐见和实际掌握。正如马克思所说："不是人们的意识决定人们的存在，相反，是人们的社会存在决定人们的意识。"[①] 坚持为人民做学问的哲学研究导向，体现了历史必然性和社会发展的客观规律，反映了中国马克思主义哲学的基本观点。建构中国自主的哲学知识体系，要着眼于人民群众的需要，扎根中国大地作研究，本于思，造于道，呈现我们时代经得起实践、历史、人民检验的学问，使人们认识世界和改变世界时更好地掌握关于自然、社会和思维发展的普遍规律，使之体现当代中国哲学的民族的、科学的、大众的特征。

立足中华民族伟大复兴战略全局和世界百年未有之大变局，建构中国自主的哲学知识体系，要以习近平新时代中国特色社会主义思想为指导，坚定文化自信，基于不断实现创造性转化和创新性发展的中华优秀传统文化，回应社会发展、实践探索、历史前进对当代中国哲学创新的要求，建构面向世界的、体现中国精神和时代精神的、自主的哲学知识体系，呈现以清晰的概念和范畴为支撑的有思辨力的哲学理论，反映中国式现代化探索的艰辛历程和实践经验，让当代中国马克思主义哲学的光芒照亮社会主义现代化建设的新征程。立足国际学术前沿，彰显中国哲学研究的主体性和原创性，使中国自主的哲学知识体系体现中国立场、中国智慧、中国价值，使引领时代的中国哲学更好地走向世界，深刻影响世界历史进程，为构建人类命运共同体提供哲学思想资源。

［原载《光明日报》（哲学版）2022 年 8 月 22 日］

①《马克思恩格斯选集》第 2 卷，人民出版社 2012 年版，第 8 页。

第一编

马克思主义哲学与中华优秀传统文化

马克思的现代性思想与中国式现代化的实践逻辑

马克思主义基本原理同中华优秀传统文化相结合的内在机理

“第二个结合”与中华民族的旧邦新命

马克思主义哲学中国化的文化语境

中国式现代化的文明底蕴及其世界历史意义

阳明心学与马克思主义哲学在中国的早期传播

一

马克思的现代性思想与中国式现代化的实践逻辑

现代性是在历史向世界历史转变的过程中形成的，在现代社会历史主体创造世界历史的过程中对象化为现代化进程，由此塑造了现代文明形态。中国式现代化探索起步于东西方文明的冲突与碰撞，以一场由先进思想指导的社会革命为现实根基，在社会主义建设与改革开放进程中不断深化马克思主义中国化的历史主题。理解中国式现代化的实践逻辑与人类文明新形态，深思其何以成为中华民族的历史选择并呈现中华文明的新气象，首先要把握马克思的现代性思想与其对现代文明转型的期待。

（一）马克思现代性思想的双重向度

深受英国古典政治经济学和法国革命政治学影响的马克思在青年时代认同现代理性观念，重视现代科技发展对人类生活的深刻变革，拒斥与历史规律相背离的保守思维。随着对现代经济生产过程研究的逐渐深入，马克思看到与现代经济生产方式相伴而生的社会变革催生了不同于过去一切时代的变动。在这种变动及其加速运转中，“一切固定的僵化的关系以及与之相适应的素被尊崇的观念和见解都被消除了，一切新形成的关系等不到固定下来就陈旧了。一切等级的和固定的东西都烟消云散了，一切神圣的东西都被亵渎了。人们终于不得不用冷静的眼光来看他们的生活地位、他们的相互关系”[①]。这个不可逆转的过程塑造了新的生活世界和社会关系，改变了人们的思维方式和价值观念，形成了与以

①《马克思恩格斯文集》第2卷，人民出版社2009年版，第34—35页。

往不同的文明形态。马克思的现代性思想正是在对现代生产过程及其内在逻辑的研究中展现的，体现为肯定现代化的进步意义与否定资本现代性的双重视角。

从现代化的进步性角度看，马克思肯定现代社会形成以来人类创造的文明成果，强调现代生产过程中的经济因素对现代社会运行具有基础性意义。现代性观念在人们的生产生活过程中对象化为现代文明的普遍性，以前所未有的方式离开传统社会秩序的轨道，使人们进入对传统等级观念祛魅的世界。具有特定文化传统的民族在现代化进程中满足生产和发展的实际需要，形成世界性的普遍交往关系。正如马克思所说："各民族的精神产品成了公共的财产。民族的片面性和局限性日益成为不可能，于是由许多种民族的和地方的文学形成了一种世界的文学。"①当历史走向世界历史，生产的社会化促进文明从封闭走向开放，一切地域之间或民族之间的隔阂被摧毁了。在物质生产和精神生产领域，各民族的互相往来和互相依赖普遍化。由此需要一种新世界观，作为理解由现代性开辟的世界历史的观念前提，并在世界历史的展开过程中进一步理解其间创造的物质基础。

现代生产以及随之而来的现代化进程具有首创精神，为世界历史的形成奠定了物质基础。现代性的对象化实践导致了世界市场的形成，由此形成商品生产和消费的国际性。"不断扩大产品销路的需要，驱使资产阶级奔走于全球各地。它必须到处落户，到处开发，到处建立联系。"②自给自足的自然经济和封闭保守的价值观念被新的生产方式和文化精神取代了，生产和消费的世界性促成了经济全球化。随着旧社会制度的崩溃，新的社会主体登上历史舞台，"资产阶级历史时期负有为新世界创造物质基础的使命：一方面要造成以全人类互相依赖为基础的普遍交往，以及进行这种交往的工具；另一方面要发展人的生产力，把物质生产变成对自然力的科学支配"③。在这里，我们看到世界历史普遍性的伟力，它不仅在世界范围内对象化，而且在特定的社会历史条件下具体化，成

①《马克思恩格斯选集》第 1 卷，人民出版社 2012 年版，第 404 页。
②《马克思恩格斯选集》第 1 卷，人民出版社 2012 年版，第 404 页。
③《马克思恩格斯选集》第 1 卷，人民出版社 2012 年版，第 862 页。

为各民族必经的历史进程。

这种必经的历史进程表现为一种历史趋势，个人在其中摆脱传统观念的束缚，释放自我意识的创造性，具体表现为“人对自然的能动关系，人的生活的直接生产过程，从而人的社会生活关系和由此产生的精神观念的直接生产过程”①。这种直接生产过程提升了人们的现代素养和文明程度，直接提高了生产力和经济发展水平，为社会发展奠定了坚实的物质基础。马克思看到在现代生产过程中创造的生产力“比过去一切世代创造的全部生产力还要多，还要大。自然力的征服，机器的采用，化学在工业和农业中的应用，轮船的行驶，铁路的通行，电报的使用，整个整个大陆的开垦，河川的通航，仿佛用法术从地下呼唤出来的大量人口——过去哪一个世纪料想到在社会劳动里蕴藏有这样的生产力呢？”②这样的生产力决定了与之相适应的新的生产关系，创造了一个新世界。但是，在现代社会发展过程中，现代性观念蜕变为关于资本扩张和殖民体系的合理性主张，甚而现代性的一般样态被强制解释为资本现代性这种特殊样态，这种特殊样态为马克思所深切批判。

从否定资本现代性的角度看，马克思指出资本和劳动的关系是全部现代社会体系围绕旋转的轴心，资本逻辑锁定了这种关系，并使这种关系陷入晦暗的牢笼之中。遵循利益最大化原则，强化了资本逻辑并形成了利益对立关系，使交换价值凌驾于道德责任之上，经济利益优先于道德正当，甚至成为道德正当的化身。在马克思看来，物质生产和资本主义生产关系的生产，以及商品生产与价值增殖的共时性，体现了资本现代性的秘密。资本表现为物的形态，但在特定的运动过程中，生产出体现资本逻辑的交换关系和权力关系，这种运动使资本不断增殖并不断谋求剩余价值，由此构成资本现代性的强大动力。在这个意义上，马克思对现代性的批判与其说是一种观念批判，毋宁说是对现代物质生活关系的批判，即从生产力和生产关系的现实冲突中解释社会现实：异化劳动不仅生产商品，而且生产一种社会关系，“通过异化劳动，人不仅生产出他对作为异己的、敌对的力量的生产对象和生产行为的关系，而且生产

①《马克思恩格斯文集》第5卷，人民出版社2009年版，第429页。

②《马克思恩格斯文集》第2卷，人民出版社2009年版，第36页。

出他人对他的生产和他的产品的关系，以及他对这些他人的关系”①。这种劳动不仅使工人与其类本质相异化，而且使资本家的追求陷入与自我实现相背离的境地，看似满足了某种感性的欲望，实则陷入一种虚幻、无聊的状态，造成非人的力量在全社会的统治。

马克思青年时代对异化劳动的批判后来在对以拜物教批判为核心的资本逻辑批判中得到深化，他将批判指向这种非人的力量统治的事实，指向资本现代性的内在逻辑及其体现的对抗性关系，揭示了资本主义社会是资本逻辑的必然产物。资本逻辑的现实化体现为资本无限增殖和膨胀的过程，资本是现代社会支配一切的经济权力，劳动是资本的“酵母”。资本逻辑看似以剥削劳动力的形式体现在流通领域，实际上无处不在，在生息资本里同样发挥作用。正如马克思所言：“如果说资本起初在流通的表面上表现为资本物神，表现为创造价值的价值，那么，现在它又在生息资本的形式上，取得了它最异化最特别的形式。”②马克思在资本运动过程中把握现代性的流变，认为资本现代性造成了一种盲目地奴役人的力量，这种奴役人的力量反映了劳动和资本的“抽象人格”之间的关系，这种关系阻碍了人的自由与全面发展，使人们在努力实现自我的过程中陷入异化的渊薮，异化劳动是资本逻辑的必然结果。马克思用人的异化与异化的扬弃说明摆脱现代性困境的过程，将消除资本逻辑的过程阐释为劳动异化及其扬弃的过程。物质资料生产方式是包括现代社会在内的全部人类社会的基础，现代文明正是基于物质资料生产方式展开的，当资本逻辑造成的经济危机愈演愈烈，形成严重的现代性症候，致力于摆脱劳动异化的新的生产逻辑开始萌生。

在现代性形成之前，生产的目的自然地体现为人的需要，而“在现代世界，生产表现为人的目的，而财富则表现为生产的目的”③。在现代性高歌猛进的途中，自然经济和各种淳朴祥和的社会组织逐渐消亡，农民的民族从属于资产阶级的民族，人们为很多古老文明形式的崩溃而伤感，这种情感上的反映是自然的。正如马克思所说：“这些田园风味的农

①《马克思恩格斯全集》第 3 卷，人民出版社 2002 年版，第 276 页。
②《马克思恩格斯全集》第 46 卷，人民出版社 2003 年版，第 939 页。
③《马克思恩格斯全集》第 30 卷，人民出版社 1995 年版，第 479 页。

村公社不管看起来怎样祥和无害，却始终是东方专制制度的牢固基础，它们使人的头脑局限在极小的范围内，成为迷信的驯服工具，成为传统规则的奴隶。”[①]以往温情脉脉的人际关系变成了现实的金钱关系，直接表现为现金交易。这种现象的内在根据表现为一种物化的神秘形式，随之而来的是物的世界的增值与人的世界的贬值成正比。当货币成为一般等价物，在现代社会体现商品的价值，对货币的追逐就成为现代人的自觉，当这种自觉成为现代人的日常意识，甚至超越人们的实际需要，就使人们迷恋人与人之间交换关系的物化，进而形成了货币拜物教。现代化的资本主义模式以这种物化状态为标志，人们的生活世界受制于货币拜物教的束缚。

货币拜物教在本质上体现为资本拜物教，在现代社会，体现经济关系并彰显其本质的是资本而非货币，货币拜物教在本质上以资本增殖为基础，以货币体现的人与人之间的关系在资本的运动中发生变化。马克思深刻指出货币转化为资本而发生的重要转变，“在资本中，货币失掉了自己的僵硬性，从一个可以捉摸的东西变成了一个过程”[②]。在这个意义上，货币只是以符号的方式反映了拜物教的表象，真正体现拜物教本质的是资本运动过程中的生产关系及其决定的其他经济关系，这是资本现代性折射的最根本的经济事实，是由资本逻辑主导的社会实在。资本拜物教使人与人的关系被物化的关系所代替，从而遮蔽了劳动的社会属性以及劳动者之间的社会关系，人的需要与追求遭到物欲世界的笼罩。在这里，充满了“形而上学的微妙和神学的怪诞”[③]，资本的抽象化体现为现代形而上学的悖谬。资本增殖使现代社会处于不安定和变动的状态，生产出新的社会关系，在生产和消费不断扩大到世界市场的同时，人与人之间的关系日益陷入冷漠和紧张的境地。

马克思通过分析生产力与生产关系的矛盾来深刻批判资本现代性，认为异化劳动与异化现象的普遍性是资本逻辑的直接结果，是资本现代性的重要表征。他看到商品世界中的实体性存在被符号化，货币的符号

①《马克思恩格斯选集》第1卷，人民出版社2012年版，第853—854页。

②《马克思恩格斯全集》第31卷，人民出版社1998年版，第387页。

③《马克思恩格斯全集》第44卷，人民出版社2001年版，第88页。

存在充斥着交换领域，深感焦虑和茫然的人们与其类本质相背离。他通过审视现代工业和整个财富领域对政治领域的关系，认识到工业化大生产是现代社会发展的根本动力，指出现代社会的生产关系是资本现代性的渊薮，分工并非出于人们的自愿，现代生产活动对劳动者而言还体现为一种异己的与其对立的力量，强调“必须推翻使人成为被侮辱、被奴役、被遗弃和被蔑视的东西的一切关系”[①]，变革造成这种关系的特定社会制度条件，在政治经济学批判中寻求超越资本逻辑和扬弃异化劳动的出路，从而在走向现代性的未来理想样态中超越资本现代性的症候。

马克思对资本现代性的批判体现为对传统形而上学的批判，对资本主义社会的物化形式的去蔽，需要一种经济学—哲学的批判层次。正是因为认识到资本逻辑是无视无产者实际诉求的抽象，呈现了解决现实社会矛盾的“倒影”，马克思不仅揭示了现代资本主义生产方式及其产生的资产阶级社会的特殊的运动规律，而且揭示了人类历史发展规律，由以深化对资本逻辑的认识。[②] 现代社会对个人而言体现为一种外在的必然性，劳动过程中的人在其对象中丧失自身。资本逻辑以异化的普遍性掩盖了现代化的多样性，使资本扩大化成为现代化的典型样态，制造了一种先验设定的生产关系图景。马克思将资本视为西方现代化的基因，认为现代社会充斥着资本逻辑，这种伴随现代文明进程的逻辑造成了人们遭受异化的实际处境，也构成人们的内在困惑，因为每一种事物在现实生活中都包含自身的反面。“资本主义生产方式的神秘化，社会关系的物化，物质的生产关系和它们的历史社会规定性的直接融合已经完成：这是一个着了魔的、颠倒的、倒立着的世界。在这个世界里，资本先生和土地太太，作为社会的人物，同时又直接作为单纯的物，在兴妖作怪。”[③] 追逐物质财富的最大化，是资本的“天然的使命”，这使资本增殖走上疯狂的不归路。资本在增殖过程中彰显独立性和个性，从事生产的现实的个人却与其类本质相背离，资本逻辑笼罩的现代社会成为一个颠倒的世界。由此可见，马克思通过否定资本逻辑超历史的抽象观念和

①《马克思恩格斯文集》第1卷，人民出版社2009年版，第11页。
② 参见臧峰宇:《马克思政治哲学引论》，中国人民大学出版社2020年版，第164页。
③《马克思恩格斯选集》第2卷，人民出版社2012年版，第646页。

形而上学范畴，实现了对资本现代性的内在批判。

从超越资本现代性与实现现代文明转型角度看，马克思将资本现代性的具体展开视为一个充满内在矛盾的过程，这种内在矛盾从根本上表现为生产的社会化与生产资料资本主义私人占有之间的矛盾，造成了人的异化以及一系列严峻的社会问题。“赋予新的生产方式以资本主义性质的这一矛盾，已经包含着现代的一切冲突的萌芽。”① 当现代性偏离了启蒙思想家的华美约言，因其内在局限和社会矛盾而陷入危机，必然造成多重的“现代性隐忧”。在马克思看来，资本是一种“普照的光”，体现为具有支配性的经济权力，它作为社会存在形式的出场，按其本身的面貌创造新世界。资产阶级在资本运动过程中追求利益的最大化，确证资本增殖的本性。“资产阶级生存和统治的根本条件，是财富在私人手里的积累，是资本的形成和增殖。”② 资本增殖从根本上说是通过工人创造剩余价值实现的，剩余价值的最大化造成工人的贫困，包含着现代社会一切冲突的萌芽。剩余价值的最大化实际地体现为资本逻辑的现实化，当剩余价值被投入新的生产过程，就会产生更多的剩余价值，从而使资本积累无限扩大。在无产者遭受剥削与异化的同时，整个社会运转遭受拜物教的笼罩，从而使现代文明有沉入堕落境遇的危险。

使现代文明摆脱这种堕落境遇的根本出路是消除资本逻辑的束缚，马克思将否定资本逻辑的过程具体化为私有财产的扬弃，实现人类解放、自由与全面发展，从而使启蒙理性的华美约言成为一种平等的现实。正如他指出的：“对私有财产的积极的扬弃，作为对人的生命的占有，是对一切异化的积极的扬弃，从而是人从宗教、家庭、国家等向自己的人的存在即社会的存在的复归。”③ 扬弃私有财产，使现实的个人获得独立性和个性，是使现代文明实现转型的伟大构想。当这一构想付诸实践，无产阶级作为新的社会主体登上历史舞台。马克思在社会历史的深处描述未来理想社会的图景，实则在批判现代性危机的同时提出超越现代性困境的可能之路，呈现一种超越资本现代性的新现代性，从而真

①《马克思恩格斯文集》第 9 卷，人民出版社 2009 年版，第 287 页。
②《马克思恩格斯选集》第 1 卷，人民出版社 2012 年版，第 412 页。
③《马克思恩格斯全集》第 3 卷，人民出版社 2002 年版，第 298 页。

正释放了现代性的潜能，这时“批判已经不再是目的本身，而只是一种手段”①。

在马克思看来，资本增殖及其对世界市场的需要必然将资本逻辑引向世界，造成资本的全球扩张与不同民族之间的冲突。这是资本现代性的逻辑，而不是现代化的必然逻辑。在不同民族之间的冲突中呈现了现代化的多样性，应当消解现代化的单一性特质。马克思明确否定抽象普遍性观念，深刻理解“既定社会”的“实在主体”，强调“历史是不能靠公式来创造的”②。不能把现代化视为一种先验设定的普遍公式，抑或将其具体展开当作一种想象的过程。从历史唯物主义角度着眼，现代化的具体展开实际地超越了偶然的非本质的臆想，体现为人们在历史性实践中创造的现实的历史。毋庸置疑，只有在特定的社会条件下才能理解历史的具体，只有在现实的历史中才能把握不同民族的历史命运。

马克思强调现代性不仅没有固化，还显现出一种流动的状态，“现在的社会不是坚实的结晶体，而是一个能够变化并且经常处于变化过程中的有机体”③。从根本上取代资本逻辑的可能性在于建构一种劳动逻辑，使现代化步入新发展道路。这种逻辑及其对象化过程不以资本增殖为目的，而以人的全面发展为中心，从而消解了对抗性的社会关系。不是将社会作为抽象物与个人相对立，不是将人驯化为机器，而是将人作为社会存在物，在合理化的日常生活世界，每个人都是目的而非手段。马克思“设想有一个自由人联合体，他们用公共的生产资料进行劳动……这个联合体的总产品是一个社会产品。这个产品的一部分重新用作生产资料。这一部分依旧是社会的。而另一部分则作为生活资料由联合体成员消费。因此，这一部分要在他们之间进行分配”④。这时，人是一种社会的存在物，社会对人来说成为本质，现实的个人“固有的力量”联合为一种社会的力量。人与自然界之间以及人与人之间的矛盾得到真正解决，存在和本质、对象化和自我确证、自由和必然、个体和类之间的斗

①《马克思恩格斯全集》第3卷，人民出版社2002年版，第202页。
②《马克思恩格斯文集》第1卷，人民出版社2009年版，第624页。
③《马克思恩格斯文集》第5卷，人民出版社2009年版，第10—13页。
④《马克思恩格斯文集》第5卷，人民出版社2009年版，第96页。

争得到真正解决。在这个意义上，马克思既是资本现代性的批判者，也是新现代性的构建者，他在“无情地批判”资本现代性的同时，提出现代化发展的新版本，从而提升了现代文明的品质。

马克思创建新现代性的方式具有总体性特征，不是对资本现代性的技术修补，而是如颠倒传统形而上学般扬弃私有制和私有观念。在马克思现代性思想的双重向度中可以看到，资本既有“文明的一面”，也有“不文明的一面”，或者说为资本逻辑笼罩的现代文明体现了一种对抗性矛盾，“随着文明而产生的社会为自己所建立的一切机构，都转变为它们原来的目的的反面”①。为此，要在社会层面上建构一种劳动逻辑，在不断提高社会生产力水平的同时，重新分配社会产品，从而指向现代文明转型的现实可能性。在马克思看来，在现代社会，一种新的社会关系还没有完全建立起来的时候，就会被另一种新的社会关系所取代。人们由此产生一种内在的社会性特质，并同整个世界的物质生产和精神生产发生实际联系，获得全面发展的创造性能力。当我们以实践的思维方式考察现代性的一般逻辑的具体展开，就会发现它体现为多样的民族形式，而以劳动逻辑取代资本逻辑是优化现代文明的重要路径。

当资本在信息社会以加速的方式自由流动，其与劳动的关系仍然是相对固定的，从技术角度解决资本现代性问题是不可能的。马克思预见到这种问题的普遍性，正如他指出的：“机器具有减少人类劳动和使劳动更具成效的神奇力量，然而却引起了饥饿和过度的疲劳。财富的新源泉，由于某种奇怪的、不可思议的魔力而变成贫困的源泉。技术的胜利，似乎是以道德的败坏为代价换来的。随着人类愈益控制自然，个人却似乎愈益成为别人的奴隶或自身的卑劣行为的奴隶。甚至科学的纯洁光辉仿佛也只能在愚昧无知的黑暗背景上闪耀。我们的一切发明和进步，似乎结果是使物质力量成为有智慧的生命，而人的生命则化为愚钝的物质力量。”② 资本现代性造成的问题是显而易见的，社会发展方式变迁从根本上决定了现代文明转型的必要性，创建新现代性实际体现为对资本现代性的内在超越。为此，要以劳动逻辑取代资本逻辑，将现代化

①《马克思恩格斯文集》第 9 卷，人民出版社 2009 年版，第 147 页。

②《马克思恩格斯文集》第 2 卷，人民出版社 2009 年版，第 580 页。

发展道路的多样性具体化，尊重不同民族实现现代化的自主性，在批判旧世界的过程中建立新世界。现代化源自西方，在资本现代性展开过程中对东方社会产生了重大影响，在与西方文明冲突与碰撞过程中，中华文明努力实现自我超越，进行了现代化的实践探索。

（二）中国式现代化的实践逻辑与人类文明新形态的实践创造

在世界历史语境中理解中国式现代化新道路的具体实际，方能把握近代以来中华民族走向现代化的苦难辉煌的历程。鸦片战争及其后百余年间，中国遭到西方坚船利炮侵袭和外族铁蹄践踏，逐步沦为半殖民地半封建社会。宗法制社会组织土崩瓦解，正如马克思所指出的：“一个人口几乎占人类三分之一的大帝国，不顾时势，安于现状，人为地隔绝于世并因此竭力以天朝尽善尽美的幻想自欺。这样一个帝国注定最后要在一场殊死的决斗中被打垮：在这场决斗中，陈腐世界的代表是激于道义，而最现代的社会的代表却是为了获得贱买贵卖的特权——这真是任何诗人想也不敢想的一种奇异的对联式悲歌。”[①] 东方社会闭关自守的农耕文明被迫与西方现代文明发生联系，当时中国的有识之士在文明碰撞中开始了现代化的初步探索。

西方现代化伴随着坚船利炮进入中国，近代中国经济社会发展状况难以产生不同于西方现代化的内生性力量，国民的文化信念因之而不振，这时遭遇的正是资本现代性扩张造成的东方从属于西方的境遇。虽然在 16 世纪中国即有现代化的萌芽，商业和市场一度有扩大之势，经济繁荣程度至 18 世纪曾达到高峰，但因近代科学在中国发展迟滞，封建专制与保守思维固化，从未形成与现代社会相适应的市场经济。中国在被动进入现代化的起步阶段，不得不“师夷长技”，从洋务运动时期向西方学习先进器物和技术开始，以“求富”“自强”为目标，加入世界现代化的洪流之中。洋务派思想家强调学习西方先进科技，兴办军事工业和民用企业，培养翻译、军事和科技人才，但这场强调“中学为体，

①《马克思恩格斯选集》第 1 卷，人民出版社 2012 年版，第 804 页。

西学为用”的运动失败了。正如毛泽东所说：“帝国主义列强侵入中国的目的，决不是要把封建的中国变为资本主义的中国……相反，它们要把中国变成它们的半殖民地和殖民地。”[①] 甲午海战的惨败表明，仅仅“师夷长技”并不能“制夷”，也不足以挽狂澜于既倒。

甲午海战后，以张謇为代表的民族资产阶级试图以实业救国，在发展新兴民族工业的同时，创办了中国第一所师范学校，以及纺织、农业、医药等早期专科教育，开设了博物苑、图书馆、剧场等文化场所。实业救国的理念与实践在社会上一度有广泛影响，但这种壮大民族工业的愿望因帝国主义和封建主义的双重盘剥与压榨而被扼杀在摇篮中，中国成为世界市场廉价的原材料产地和商品倾销市场，新兴的民族工业举步维艰，未能实现资本主义现代化。近代民族工业之不振与理性主义和现代教育之未能勃兴，使传统经济向现代经济的转变在中国颇为坎坷，社会进步因之而迟滞，“历史的教训告诉我们：没有立足于本国大地的民族工业和相应的教育文化，是不可能实现本民族的现代化的”[②]。

维新派思想家试图从制度变革层面探索中国现代化之路。他们以“托古改制”为旗号，倡导君主立宪制，强调以工商立国，改革政府机构，开办新式学堂，改进军事装备。这场变法运动主张“鼓民力”“开民智”“新民德”，掀起了维新与守旧的论战，激发了人们改制求变的信念，形成与封建思想第一次正面交锋，在一定程度上起到了现代思想启蒙的作用。但是，维新派塑造的孔子“改制立法”的形象缺乏足够的根据，即使在开明人士中也未能得到认同；寄希望于光绪皇帝和少数官僚且措施冒进，没有可以依赖的现实的物质力量，对新政体的期待只是不切实际的幻想，不能适应现代经济基础的要求，百余天后就被当时掌握实权的守旧派扼杀了。

在世界历史普遍性境况中开辟符合中国实际的现代化道路颇为不易，需要彻底否定封建社会的存在形式，任何调和或改良的思路被历史证明都是不可行的。辛亥革命拉开了中国近代民族民主革命的序幕，“振兴中华”的呼声唤起了爱国志士的斗志，推翻了君主专制制度，实

①《毛泽东选集》第 2 卷，人民出版社 1991 年版，第 628 页。

② 吴承明：《早期中国近代化过程中的外部和内部因素》，《教学与研究》1987 年第 5 期。

为一次“亚洲的觉醒”。这场革命传播了民主共和理念，使社会习俗除旧布新，尝试走西方现代化道路。但是，由于没有提出彻底的反帝反封建纲领，未能建立坚强的革命政党，未能充分发动和依靠群众，没有完成民族独立、人民解放的历史任务，没有使中国走出半殖民地半封建社会，仍然停留于小农经济体制，没有改变陷于水深火热之中的中国人民的根本境遇，没有找到解决中国前途命运的正确道路，辛亥革命在中外反动势力的联合绞杀中失败了，这表明资产阶级共和国的方案在中国行不通。

正如毛泽东所指出的：“一个不是贫弱的而是富强的中国，是和一个不是殖民地半殖民地的而是独立的，不是半封建的而是自由的、民主的，不是分裂的而是统一的中国，相联结的。在一个半殖民地的、半封建的、分裂的中国里，要想发展工业，建设国防，福利人民，求得国家的富强，多少年来多少人做过这种梦，但是一概幻灭了。”[①] 面对西方现代化的弊端，以及由此形成的战争与殖民的态势，有识之士对西方现代文明进行内在反思，认识到西方现代化的结构性矛盾，在五四新文化运动中以“民主”和“科学”的启蒙来改造国民性，并结合实际寻找中国现代化道路。这场运动的基调是以新文化推动中国现代化，将反帝反封建作为明确的历史任务。这时的先进知识分子认识到，从器物、技术和制度层面变革还不能彻底改变中国，为此深切反思国民性，谴责资本现代性的文化沦落，在对帝国主义文化与封建文化的双重否定中强调以面向未来的方式塑造新文化，作为开辟现代化新路的精神力量。随着马克思主义作为社会变革的指导思想传入中国，先进知识分子逐步接受了唯物史观、剩余价值学说和科学社会主义理论，为中国共产党的成立作了思想上的准备。

马克思主义为中国的民族解放事业提供了强大的现实性和科学理性思维，激活了支撑中国现代化的现实历史的伟力，以一场由先进思想指导的社会革命作为中国现代化的现实根基。中国共产党的成立是开天辟地的大事件，结束了此前未能找到符合中国具体实际的现代化道路的局

①《毛泽东选集》第3卷，人民出版社1991年版，第1080页。

面，从此团结带领人民在民族解放和社会主义建设中确定中国现代化的方案。我们党在成立伊始就将为中国人民谋幸福、为中华民族谋复兴作为自己的初心和使命，党领导的新民主主义革命是“新式的民主革命，虽然在一方面是替资本主义扫清道路，但在另一方面又是替社会主义创造前提”[①]。在这场革命中，我们党将现代化作为中国社会发展的前景，强调推翻“三座大山”的压迫，提倡现代化军事工业和军队现代化[②]，在艰苦卓绝的斗争中取得了新民主主义革命的胜利，建立了中华人民共和国，确立了社会主义基本制度，使中国现代化具有了根本政治条件。

随着中华人民共和国的成立，帝国主义强加给中国的一切不平等条约和外国人在中国的特权得到废除和取缔，中华民族实现了完全独立，中国人从此站起来了。毛泽东在一届全国人大一次会议开幕词中指出："准备在几个五年计划之内，将我们现在这样一个经济上文化上落后的国家，建设成为一个工业化的具有高度现代文化程度的伟大的国家。"[③]中国式现代化由此从梦想走向现实，在实践中彰显历史唯物主义的直接现实性，而且在理论上呈现反映实践思维方式的科学规定。完成对农业、手工业和资本主义工商业的社会主义改造，实现生产资料所有制的社会变革，为我国社会主义基本制度的确立奠定了经济基础。社会主义现代化的内涵逐渐明确，具体体现为工业、农业、交通运输业和国防事业的现代化。[④]这时中国现代化探索不再是被动的，而日益展现内生性力量。

社会主义现代化进程不断彰显中华民族的实践自觉，在内生性探索中体现为一种“历史的选择”。随着毛泽东提出过渡时期总路线，社会主义工业化和社会主义改造同步展开，这时中国现代化主要体现为工业化，起初带有向苏联学习的浓重印记。在反思苏联现代化弊端的过程中，毛泽东进一步寻找符合中国国情的现代化道路，他在扩大的中央工作会议上的讲话中指出，“我们必须准备进行同过去时代的斗争形式有

①《毛泽东选集》第 2 卷，人民出版社 1991 年版，第 647 页。
② 参见《周恩来军事文选》第 2 卷，人民出版社 1997 年版，第 85—86 页。
③《毛泽东文集》第 6 卷，人民出版社 1999 年版，第 350 页。
④ 参见《周恩来选集》下卷，人民出版社 1984 年版，第 132 页。

着许多不同特点的伟大的斗争。为了这个事业，我们必须把马克思列宁主义的普遍真理同中国社会主义建设的具体实际……尽可能好一些地结合起来”[①]。中国现代化逐渐体现为农业、工业、国防和科学技术现代化，开始实现“两步走”设想，并将共同富裕作为重要目标。“这种共同富裕，是有把握的……（中国人民）那种不能掌握自己命运的情况，在几个五年计划之内，应该逐步结束。”[②]可见，共同富裕这一重要特征伴随着中国现代化进程，与马克思主义中国化的历史紧紧联系在一起，在现实中淬炼的中国化马克思主义为扫清中国现代化的障碍提供了理论基础，反映了社会主义的本质要求，彰显了中国道路的实践逻辑。

中国式现代化道路体现了马克思主义的中华民族形式，实现了中华民族在现代化进程中的自我超越，呈现了现代化进程中一种前所未有的进步特征。历史证明，中国式现代化道路既不同于西方资本主义现代化道路，也不同于苏联现代化模式，亦非对马克思主义基本原理的教条化运用，而是基于符合中国国情的实践探索，体现了生产方式变革与中国社会发展能动因素的结合。这是一条符合实现中华民族伟大复兴和中国人民根本利益的现代化新道路，在“百年未有之大变局”中彰显了中国发展的历史选择。可以说，中国式现代化是从一穷二白的基础上起步的，经过艰苦卓绝的探索不断前进，以中国正处于并将长期处于社会主义初级阶段作为基本依据，制定政策、规划未来。中国式现代化遵循的实践逻辑表明，必须不断实现马克思主义在中国的具体化，必须以社会主义的制度优势开拓中华文明的崭新图景，这在改革开放进程中得到深刻体现。

改革开放更新了人们的思维方式和价值观念，努力更快地赶上时代。邓小平提出，“要适合中国情况，走一条中国式的现代化道路”[③]。在结合实际思考社会发展走向的过程中构思中国“整个现代化的蓝图”[④]，他将“四个现代化”概括为“小康之家”，并用“小康社会”表明中国

①《毛泽东文集》第 8 卷，人民出版社 1999 年版，第 302 页。

② 中共中央文献研究室编:《毛泽东传（1949—1976）》（上），中央文献出版社 2003 年版，第 445 页。

③《邓小平文选》第 2 卷，人民出版社 1994 年版，第 163 页。

④《邓小平年谱（1975—1997）》上卷，中央文献出版社 2004 年版，第 582 页。

式现代化[①]，“把世界一切先进技术、先进成果作为我们发展的起点”[②]。改革开放为中国式现代化提供了强大动力，在社会主义现代化建设的“三步走”战略中，第三步就是到 21 世纪中叶基本实现现代化。邓小平强调中国式现代化的社会主义方向和原则：“我们要实现工业、农业、国防和科技现代化，但在四个现代化前面有‘社会主义’四个字，叫‘社会主义现代化’。”[③]这种与西方现代化不同的探索超越了资本现代性症候，形成了中国特色社会主义发展道路，彰显了中国式现代化的重要特征。

改革开放 40 多年来的实践探索表明，中国式现代化在中国特色社会主义的现实场域呈现了马克思现代性思想中国化的实践逻辑，在马克思主义中国化进程中走出的中国式现代化道路体现了历史规律的决定性和历史主体的选择性。走现代化道路体现了历史规律的决定性，而历史规律的决定性要通过历史主体的选择性来实现，历史规律形成和实现于历史主体的具体的实践活动中。正是因为将现代化发展作为执政兴国的第一要务，坚持以人民为中心，强调人民是历史的创造者和真正的英雄，中国共产党团结带领人民进行矢志不渝的探索，建立社会主义市场经济体制，使 14 亿人口的中国摆脱贫困，实现从温饱到总体小康的跨越，实现了中国经济社会发展的伟大转折和历史性超越，其中的实践逻辑反映了在马克思主义中国化进程中归纳的社会主义现代化的规律性特征。

党的十八大以来，我们党将人民对美好生活的向往作为奋斗目标，如期打赢脱贫攻坚战，全面建成小康社会，取得了社会主义现代化建设的历史性成就。习近平总书记提出国家治理体系和治理能力现代化，强调在“新时代谋划全面深化改革，必须以坚持和完善中国特色社会主义制度、推进国家治理体系和治理能力现代化为主轴，深刻把握我国发展要求和时代潮流，把制度建设和治理能力建设摆到更加突出的位置”[④]，从而在制度现代化层面实现中国现代化的整体发展。在新时代，全面建

①《邓小平文选》第 3 卷，人民出版社 1993 年版，第 54 页。
②《邓小平文选》第 2 卷，人民出版社 1994 年版，第 111 页。
③《邓小平文选》第 3 卷，人民出版社 1993 年版，第 138 页。
④《中共中央关于坚持和完善中国特色社会主义制度　推进国家治理体系和治理能力现代化若干重大问题的决定》，人民出版社 2019 年版，第 49 页。

成社会主义现代化强国的时间表和路线图日益清晰，在全面建成小康社会的基础上，经过15年，到2035年基本实现现代化，再过15年，到21世纪中叶，建成富强民主文明和谐美丽的社会主义现代化强国。以人民为中心，实现人口规模巨大的现代化，以超过现有发达国家人口总和的规模改写现代化的世界图景，不断提升中国特色社会主义物质文明、精神文明、政治文明、社会文明和生态文明。

站在中国式现代化新的历史起点，更好地满足分配供给的公正性需求，进一步实现共同富裕成为社会共识。习近平总书记指出："随着我国全面建成小康社会、开启全面建设社会主义现代化国家新征程，我们必须把促进全体人民共同富裕摆在更加重要的位置。"[①] 在高质量发展中促进共同富裕，不断完善社会治理模式，坚定不移地走中国式现代化道路，在世界历史视域中彰显了中国特色社会主义发展理念的实体性内容，实际地超越了资本现代性的弊端，体现了历史唯物主义的原则高度。其中创造的人类文明新形态表明，特定的世界历史民族在一定的历史进程中承担着特定的历史任务，取得的成就具有世界历史意义。

百年来，中国式现代化取得了举世瞩目的发展成就，基本完成了西方国家200多年的现代化建设的探索，在经济社会发展速度和质量上实现了"时空压缩"。几代中国人接力推进中国式现代化的历史经验表明，"世界上没有放之四海而皆准的具体发展模式，也没有一成不变的发展道路。历史条件的多样性，决定了各国选择发展道路的多样性"[②]。马克思主义基本原理同中国具体实际相结合体现为一种实践逻辑，不能将马克思主义基本原理公式化，而要运用历史唯物主义原则在实践中创造新世界。"独特的文化传统，独特的历史命运，独特的基本国情，注定了我们必然要走适合自己特点的发展道路。"[③] 马克思主义中国化与中国式现代化彰显了实践的思维方式，遵循历史规律创造历史，在世界历史进程中展现了具有中国风格和中国气派的体现社会主义本质的现代文明

①《中共中央关于制定国民经济和社会发展第十四个五年规划和二〇三五年远景目标的建议》，人民出版社2020年版，第55页。

②《十八大以来重要文献选编》(上)，中央文献出版社2014年版，第699页。

③《习近平谈治国理政》第1卷，外文出版社2018年版，第156页。

形态。

由此可见，马克思主义中国化与中国式现代化道路的本质的必然的联系是历史性的，洋务运动、维新变法、辛亥革命、五四运动以及其间在中国传播的功利主义、改良主义、空想社会主义、工读主义等思潮都不同程度地参与过中国现代化的最初进程，但真正确立中国现代化的坚实基础并主导其历史进程的是中国共产党领导的现代化事业。在这项事业的现实的历史中，为中国人民谋幸福、为中华民族谋复兴成为一种历史的自觉，这项历史的事业不是先验设定的，而是在现实的历史中塑造的，它实际地体现了受历史传承、文化传统、经济社会发展影响的现代化的中国式探索，体现为党领导人民在百年现代化进程中的赓续奋斗，体现为逐渐改进和内生性演化的结果，进而在世界历史中彰显普遍性内涵。在中国式现代化途中创造人类文明新形态，其意义并非移植西方现代化的样本，而在于建构一种超越资本现代性的文明形态。从中表明，现代化并非仅指西方现代化或资本主义现代化。中国式现代化实现了物质文明和精神文明相协调，人与自然和谐共生，这种文明新形态具有坚实的物质基础，具有彰显其历史规定性的文化特征，具体体现为马克思主义中国化和中华优秀传统文化的创造性转化。

（三）中国式现代化与中华优秀传统文化的创造性转化

中国式现代化道路是马克思主义基本原理同中国具体实际和中华优秀传统文化相结合的实践场域，体现了中国人徐图自强、赶上时代的精神历程，彰显了中华民族的历史主体意识。中华优秀传统文化在历史演进中不断得到创新性发展，体现为受现实历史影响的人文日新的过程。当其被对象化为历史实践，就转换为历史的具体。换言之，实现中华优秀传统文化的创造性转化，要将与时俱进的思想理念、人文精神和传统美德转化为现实的社会文明。当然，并非所有的文化理想都能成为现实，正如恩格斯所说，“文明是实践的事情，是社会的素质”①。文化的实践转化体现为社会存在，形成彰显时代精神的现实物质力量。文明是从

①《马克思恩格斯文集》第1卷，人民出版社2009年版，第97页。

低级向高级发展的，继承中华优秀传统文化，并非依靠古代文明解决今天的问题，而是要在实践中创造符合新时代发展要求的新文明。

中国共产党以马克思主义为指导，团结带领人民取得新民主主义革命和社会主义革命的胜利，在实践中使马克思主义基本原理同中国具体实际和中华优秀传统文化相结合，形成了马克思主义中国化的理论形态，成为中国式现代化道路的理论基础，具有深远的历史意义。探究马克思主义基本原理同中华优秀传统文化相结合之于中国式现代化的重要意义，乃是要揭示特定的世界历史民族在实现特定历史任务时秉持的文化自信，这样的文化自信对创造文明新形态具有特殊重要性。马克思主义为中国先进知识分子所理解和接受，必然体现为中国文化形式，其传播和实际运用必然带有中国的特性，并在转化为中国话语的过程中得到彻头彻尾、彻里彻外的表达。正如毛泽东所说："必须将马克思主义的普遍真理和中国革命的具体实践完全地恰当地统一起来，就是说，和民族的特点相结合，经过一定的民族形式，才有用处……中国文化应有自己的形式，这就是民族形式。"①

从中国式现代化的传统文化资源角度看，用以表示中国式现代化的"小康"具有悠久的中国传统文化背景，是在马克思主义中国化进程中被赋予新义的中国话语。1979 年，邓小平在会见日本首相大平正芳时指出："我们要实现的四个现代化，是中国式的四个现代化。我们的四个现代化的概念，不是像你们那样的现代化的概念，而是'小康之家'。"② 他谈到"小康的状态"和"小康的国家"时强调经济社会发展要达到"小康水平"，实际上指的是有中国特色的物质丰裕的社会主义现代化，经济社会发展达到中等发达国家水平。因此，要实现物质文明和精神文明共同发展，"两手抓""两手都要硬"，这表明中国式现代化既要尽快赶上西方发达国家的经济发展水平，又要遵循社会主义的本质要求，形成与之相适应的人民文化素养和社会风尚。

"小康"一词最初源于《诗经 · 大雅》，原指丰裕安乐的社会状态。"民亦劳止、汔可小康。民亦劳止、汔可小休。民亦劳止、汔可小息。

①《毛泽东选集》第 2 卷，人民出版社 1991 年版，第 707 页。
②《邓小平文选》第 2 卷，人民出版社 1994 年版，第 237 页。

民亦劳止、汔可小愒。民亦劳止、汔可小安。”孔子将“小康”社会视为守“礼义”“笃父子”“睦兄弟”“和夫妇”的社会，这样的社会丰实有序，但尚未达到“老有所终，壮有所用，幼有所长，矜、寡、孤、独、废疾者皆有所养”的“大同”社会。何休在《公羊传》解诂中提出“衰乱”“升平”“太平”三世说，以此重新安置儒家的秩序。其中，“升平”世大体上相当于“小康”，体现了一种和平崛起的发展状态。①“小康”不仅体现为一种社会发展状态，而且体现为人们对国泰民安的期待。《诗经》中提到的“小康”“小休”“小息”“小愒”“小安”指的都是百姓安康，过上较为舒服、殷实的生活。

不断满足人民追求美好生活的需要，体现了“小康之家”的中华优秀传统文化底蕴，体现了实现中国式现代化的价值目的。这就要使人民群众摆脱贫困和劳苦的生活，努力实现共同富裕，这种汲取中华优秀传统文化精华的思路体现了中国共产党的文化自觉。“中国共产党从成立之日起，既是中国先进文化的积极引领者和践行者，又是中华优秀传统文化的忠实传承者和弘扬者。”②可以说，马克思主义与中华优秀传统文化是我们党与生俱来的文化基因，在中国式现代化道路上，我们党注重从中国具体实际出发，在实践探索中使中华优秀传统文化在保留自身独特性的同时不断面向未来丰富其现代内涵，进而实现中华文明的现代重建。例如，汲取求同存异、和谐共生、兼容并包等思想的时代精华，反对霸权主义和强权政治，坚持睦邻友好和互利共赢，解决一系列文化冲突，在新的价值层面加以文化整合，使中国式现代化成为传承中华优秀传统文化和光耀中华文明的现代化。

与此同时，马克思主义为中华优秀传统文化注入了科学理性精神和强大动力，为其创新性发展提供了深刻思想内涵。“创新性发展，就是要按照时代的新进步新进展，对中华优秀传统文化的内涵加以补充、拓展、完善，增强其影响力和感召力。”③纵观中华优秀传统文化发展历程，

① 参见臧峰宇、[澳]罗兰·博尔:《全面建成小康社会的观念资源与现实探索》,《当代中国价值观研究》2020年第1期。

②《习近平谈治国理政》第3卷，外文出版社2020年版，第35页。

③ 习近平:《论党的宣传思想工作》，中央文献出版社2020年版，第57页。

可见创新性发展是中华文化绵延不绝的重要成因。创新的前提是传承，要积极总结符合时代需要的古典智慧，扎根于滋养中国人精神世界的文化土壤，弘扬跨越时空、富有永恒魅力和当代价值的优秀传统文化，由此实现符合时代精神的古为今用和推陈出新。传统文化推陈出新，要不断适应时代发展要求，去粗取精，去伪存真，赋予其新的时代内涵和哲学新义，使其与现代社会相协调，随着时代前进的步伐不断实现创新性发展。

从马克思主义基本原理同中华优秀传统文化相结合的角度看，中国式现代化道路体现了马克思主义中国化的历史选择，满足了中华优秀传统文化实现创造性转化的内在要求。“马克思主义传入中国，能够成为中国的主流意识形态，是因为它适应了中国现代化的需要；马克思主义是在正确解答中国的现代化问题，创造中国的新思想、新文化的活动中成为中国先进文化的代表，并从中获得了中国文化身份的合法性。”[①]马克思主义中国化使马克思主义成为中国思想文化的主导观念，实现中国化的马克思主义为中国社会发展注入科学理性精神，使中国古代道德理性传统经受现代文明洗礼。马克思主义中国化在面对中国具体实际的实践探索中不断深化对马克思主义基本原理同中华优秀传统文化的结合与创新，赋予中国式现代化明确的任务和文化特质。

百年来，中国共产党始终将马克思主义写在自己的旗帜上，运用唯物辩证法和唯物史观认识和解决中国社会主要矛盾和矛盾的主要方面，激活了积淀几千年的中华文明的伟力，团结带领人民延续民族文化血脉，开拓进取。马克思主义中国化创造了中华文化的新气象，使中华优秀传统文化吸收科学理性精神，亦丰富了马克思主义的中华文化内涵。体现马克思主义基本原理同中华优秀传统文化相结合的民族的科学的大众的文化，在社会主义建设和改革开放进程中面向世界、面向现代化、面向未来，彰显了中国式现代化的精神气质。朝向文明新形态的中国式现代化植根于中华文化沃土，却并非颂古非今，而是反映中国特色社会主义经济和政治的发展，具有鲜明的时代内容。

① 何萍：《从马克思主义哲学中国化的视角看马克思主义与儒学的关系》，《思想理论教育》2015年第1期。

马克思深刻指出资本现代性在全球流动加速了前现代社会的消逝，“在再生产的行为本身中，不但客观条件改变着，例如乡村变为城市，荒野变为开垦地等，而且生产者也改变着，他炼出新的品质，通过生产而发展和改造着自身，造成新的力量和新的观念，造成新的交往方式，新的需要和新的语言”①。这对中华优秀传统文化的创造性转化具有启示意义，在中国现代化进程中必然形成带有中国风格和中国气派的新的文化观念、话语和交往方式，由此塑造现代中国人的文化品质和精神力量。因此，强调中华优秀传统文化作为中国式现代化的文化基因，并非意味着中国式现代化具有某种前现代特征，而是表明同马克思主义基本原理相结合的中华优秀传统文化具有跨越时空的精神力量，在创新性发展中以独特的方式破解现代化进程中的普遍问题，构成为中国人喜闻乐见的现代化的中国文化形式。这是一种不同于西方现代文明的文化发展思路，为发展中国家走现代化道路提供了全新的选择。

百年来在中国实践场域中探索的现代化新路力图摆脱资本逻辑的束缚，扬弃零和博弈的思维方式，展现了世界历史意义。“当今中国的历史性发展之所以展现其世界历史意义，是因为中华民族的伟大复兴不仅在于中国将成为一个现代化强国，而且还在于：它在完成其现代化任务的同时正在开启一种新文明类型的可能性。”②也就是说，中国式现代化并非实现西方现代化的某种翻版，而是旨在在中国特色社会主义发展进程中完成现代化的历史任务，并以共同富裕为重要特征，在摆脱资本逻辑的探索中实现现代文明向更高形态跃迁。可以说，百年来中华民族在社会发展的历史具体中实现了马克思对现代文明转型的期待，反映了特定的世界历史民族在走向现代化过程中不断解放和发展社会生产力，不断满足人民群众对美好生活需要的历史自觉，释放了强大的社会发展活力。

从中华优秀传统文化的创造性转化角度看，将中华优秀传统文化中的美好理念转化为中国特色社会主义的制度文明，要把握中华优秀传统文化转化为现代新文明的实践逻辑。在中华民族5000多年文明史和世

①《马克思恩格斯文集》第8卷，人民出版社2009年版，第145页。

②吴晓明：《世界历史与中国道路的百年探索》，《中国社会科学》2021年第6期。

界社会主义发展500年的视野中理解这个问题，就会对中华民族在实践创造中进行文化创造充满信心，理解中华优秀传统文化的创造性转化何以在历史进步中实现。马克思主义基本原理同中华优秀传统文化相结合确立了文化自信的根基，“文化自信是更基础、更广泛、更深厚的自信，是一个国家、一个民族发展中最基本、最深沉、最持久的力量，没有高度文化自信、没有文化繁荣兴盛就没有中华民族伟大复兴”[①]。从历史事实出发理解文化的发展过程，就会认识到中华优秀传统文化的实践转化是具体的、有条件的，实现其转化的是选择和实践这种文化理念的历史创造者。

历史上以儒家思想为主导的中原政权在战争中往往不是善骑射的游牧民族的对手，受农耕文化影响的人们安土重迁、不舍家园。但是，马上得天下而不能马上治之，在战争中取得政权的游牧民族往往要学习儒家治理理念与实践。[②]民族文化的融合正是在此过程中实现的，经过融合创新的文化在转化为文明的过程中体现了时代进步。文化需要积淀和传承，文明则体现为新旧更替的实践创造，新文明彰显了更先进的物质力量。现代化的实质是生产方式变革引发的社会变迁，随之而来的是生成适应现代社会生产方式的新文化，文化在人们的生产生活实践中得到创造性转化，现代文明由以取代古代文明。在新时代，中华优秀传统文化创造性转化和创新性发展的着力点是建设新文明形态。文明总是与其所处社会的生产方式相适应，走中国式现代化道路，实现中华民族伟大复兴，需要发展为此提供保障的中国特色社会主义制度文明，由以激活文化传统的生命力。

中华优秀传统文化的创造性转化是在中国特色社会主义实践场域中展开的，有其明确的时代性和现实的问题域。因而，要基于中国经济社会发展的现实与趋势理解中华优秀传统文化创造性转化的“所以然”与“所当然”。社会主义现代化塑造了超越资本现代性的模式，从中彰显了

①《中共中央关于党的百年奋斗重大成就和历史经验的决议》，《人民日报》2021年11月17日。

② 参见陈先达、臧峰宇：《文化的实践转化与制度文明的时代建构》，《中央社会主义学院学报》2020年第4期。

中华文明的现代形式，使之得到符合时代精神的表达。例如，以儒家思想为主导的中华优秀传统文化强调自强不息、贵和尚中、大一统、居安思危、和而不同、协和万邦，这些思想在中国共产党带领人民踔厉奋发的实践中被转化为奋斗精神、和谐情怀、集中统一观念、忧患意识、集体主义精神、国际主义精神，使中华优秀传统文化焕发时代光彩，克服西方“现代性之殇”及其带来的人类危机，成为人们追求共同富裕和共享发展的文化底蕴，为构建人类命运共同体提供了中华优秀传统文化资源。

实现中华优秀传统文化的时代创新与自我超越，指向人的全面发展和社会全面进步。人的现代化是现代化的本质与核心，中国现代化的实在进程在人们创造新文明的实践中展开，现代文明向新形态跃迁本质上体现为满足不断增长的美好生活需要的社会发展水平与人的自主性能力的提高程度。“人，本质上是文化的人，而不是‘物化’的人；是能动的、全面的人，而不是僵化的、‘单向度’的人。人类不仅追求物质条件、经济指标，还要追求‘幸福指数’；不仅追求自然生态的和谐，还要追求‘精神生态’的和谐；不仅追求效率和公平，还要追求人际关系的和谐与精神生活的充实，追求生命的意义。”[①] 随着中国经济社会发展水平的不断提高，中国人在现代化途中逐渐形成符合时代发展要求的思维方式和价值观念，不断增强与社会主义市场经济相适应的现代意识。创造中国式现代化道路与实现中国人的现代化处于同一历史进程，因为人的现代化要在社会现代化过程中实现，而迈向更高文明程度的现代化，必然将人的全面发展作为出发点和落脚点。社会主义现代化的实践探索与中华优秀传统文化创造性转化为中国人的现代化创造了必要条件，使不断提高现代文明程度的社会主义建设者融入民族复兴的伟业之中。

综上可见，马克思主义基本原理同中国具体实际和中华优秀传统文化相结合，彰显了马克思主义的中国风格和中国气派，满足了中国式现代化的实践需要，为中国式现代化提出了明确的任务和路径。中华优秀传统文化通过走向文明新形态的中国现代化实践，实现了创造性转化，

① 习近平：《之江新语》，浙江人民出版社 2007 年版，第 150 页。

在社会主义现代化进程中满足中华儿女共同的文化心理和价值追求。实现创新性发展的中华优秀传统文化体现了中国特色社会主义制度的优越性，体现了中国化马克思主义既一脉相承又与时俱进的文化内涵。正如习近平总书记所指出的："从世界社会主义500年的大视野来看，我们依然处在马克思所指明的历史时代。"[①] 在全面开启建设社会主义现代化国家新征程上，实现中华优秀传统文化创造性转化和创新性发展，要坚持问题导向，秉持历史的观点和实践思维方式，超越资本现代性的危机，在中国特色社会主义的实践场域中进一步促进马克思主义基本原理同中华优秀传统文化相结合，生成中华文化的再生机制，促进民族精神与时代精神的融合，建设社会主义文化强国。在这个意义上，百年来以马克思主义为指导的中国式现代化探索实现了马克思对现代文明转型的期待，在艰苦卓绝的实践中创造了人类文明新形态，具有世界历史意义。

（原载《中国社会科学》2022年第7期）

①《深刻认识马克思主义时代意义和现实意义　继续推进马克思主义中国化时代化大众化》，《人民日报》2017年9月30日。

二

马克思主义基本原理同中华优秀传统文化相结合的内在机理

习近平总书记在文化传承发展座谈会上指出："在五千多年中华文明深厚基础上开辟和发展中国特色社会主义，把马克思主义基本原理同中国具体实际、同中华优秀传统文化相结合是必由之路。这是我们在探索中国特色社会主义道路中得出的规律性的认识……是我们取得成功的最大法宝。"[①] 马克思主义在中国具体化，彰显了中国特色社会主义发展规律，体现了中华民族的文化形式。马克思主义基本原理同中国具体实际、同中华优秀传统文化相结合，为中国革命、建设、改革和新时代伟大变革提供了科学理论指导。作为中华文化和中国精神的时代精华，习近平新时代中国特色社会主义思想是马克思主义同中华优秀传统文化相结合所巩固的文化主体性的最有力体现，深刻阐明马克思主义同中华优秀传统文化相结合的内在机理，为新时代党和国家事业发展提供了根本遵循。

（一）马克思主义基本原理同中华优秀传统文化是内在契合的有机整体

马克思主义在中国的百年传播，改变了中国人的思维方式和价值观念，以科学理性精神审视中华优秀传统文化并赋予其时代新义。同中华优秀传统文化相结合的马克思主义具有中国风格和中国气派，其每一表现都带有中国的特性，都带有在反思性把握中呈现的内在一致性。马克思主义同中华优秀传统文化的内在契合是经过实践验证的历史事实，创

① 习近平：《在文化传承发展座谈会上的讲话》，《求是》2023 年第 17 期。

造了在实践基础上会通而成的新文化，彰显了中华民族在现代化进程中塑造的文化自我。

马克思主义与中华优秀传统文化具有不同的观念来源。马克思主义是批判地继承英国古典政治经济学、英法空想社会主义和德国古典哲学而形成的现代观念体系，是以实践思维方式展现的辩证唯物主义和历史唯物主义的思想整体。中华优秀传统文化及其在实践中转化的文明形态在农耕文明时代遥遥领先，强调修齐治平、经世致用，重视日用伦常、为仁由己。这两种具有不同来源的观念体系存在高度的契合性，这是马克思主义为中国有识之士所选择并满足中国社会发展实际需要的内在根由，是马克思主义与中华优秀传统文化相结合的前提。可以说，马克思主义以巨大的思想穿透力深入中国传统文化的根基，从把握客观事物的规律角度重释“实事求是”，使“相反相成”具有现代意涵，从未来理想社会的高度为实现大同社会提供科学路径，以自律和内敛的方式提升个人修养。马克思主义中国化使中华优秀传统文化从前现代走向现代，也实现了中国革命的马克思主义化。

马克思主义同中华优秀传统文化的内在契合，是实践基础上的观念会通，是一种生成着的文化创造，是在观念融合中形成的新范畴。这种文化创造并非“理论—实践”与“知行”，抑或“规律”与“道”之间的简单互释，而是彰显了在中国经济社会发展进程中运用马克思实践的思维方式，以唯物辩证法和唯物史观推动中国式现代化进程，以创造和运用新文化的自觉彰显中华民族伟大复兴的自主逻辑。

马克思主义同中华优秀传统文化互相成就，在结合中造就了一个有机统一的新的文化生命体。在民族危亡之际选择马克思主义，体现了中国有识之士的责任担当意识，从中可见马克思主义同中华优秀传统文化相结合的文化自觉。按照中国的特点应用马克思主义，在百余年来我们党团结带领人民走过的光辉历程中得到了实践的确证。马克思主义在中国社会发挥深刻的作用，使中国人从思想到生活进入一个崭新的时期，是通过体现为新鲜活泼的、为中国老百姓喜闻乐见的中国作风和中国气派来实现的。马克思主义要在思想和情感上为中国人民所接受，就必须植根于中国历史和文化，在中国具体化的马克思主义实现了实践创造，形成了中国问题意识，对中国的经济、政治、文化等问题给予了科学解答。

文化是在历史进程中流动的活水，中华优秀传统文化的创造性转化、创新性发展取决于时代条件和实践需要。如果说中国文化是一条历史的长河，有些河段可能九曲十八弯，但终究是“大河向东流”。这条文化长河的流向和流速与经济社会发展紧密相关，有生命力的文化观念总要实现实践转化，转化是具体的、有条件的。从历史事实出发理解中华文化发展过程，就会看到“大河向东流”的历史必然性，就会认识到促进中华优秀传统文化与当代文化相适应、与现代社会相协调的重要性，使之成为人们普遍认同并广泛参与的文化形式，不断促进社会主义文化繁荣兴盛。

（二）马克思主义同中华优秀传统文化相结合是又一次思想解放

马克思主义同中华优秀传统文化相结合，让中国特色社会主义道路有了更加宏阔深远的历史纵深，筑牢了中国式现代化的文化根基。正是实现现代重塑的中华文明赋予中国式现代化以深厚底蕴，拓展了中国特色社会主义道路的文化根基。马克思主义与中国传统文化相结合，生成了文化的再生机制，促进了民族精神与时代精神的融合。之所以高度重视中华民族的文化遗产，是因为我们党深刻认识到中华优秀传统文化对中国社会结构、民族性格和人们价值观念的深刻影响，善于汲取中华优秀传统文化中包含的丰富的治国理政、立德化民的智慧。

运用实现创造性转化、创新性发展的中华优秀传统文化进行社会治理，是建设社会主义文化强国之所需。文化进步是在社会进步中实现的，同马克思主义相结合的中华优秀传统文化满足时代的需求，反映时代的关注，体现了时代创造和历史选择，提升了文化自信的底气。中国式现代化是马克思主义同中华优秀传统文化相结合的实践场域，中华优秀传统文化在社会主义现代化进程中获得了与时俱进的生命力和创造力。正是在结合的过程中，马克思主义成为中国的，中华优秀传统文化成为现代的，从中形成的新文化成为中国式现代化的文化形态。

马克思主义同中华优秀传统文化相结合，打开了让我们掌握思想和文化主动的创新空间。在这个更广阔的空间里充分运用中华优秀传统文化的宝贵资源，使之实现创造性转化和创新性发展，使中国特色社会主义文化有力地作用于中国特色社会主义道路、中国特色社会主义理论和中国特色社会主义制度，探索面向未来的理论和制度创新，因而是新时代新征程上又一次思想解放。

从新的思想解放的角度理解马克思主义同中华优秀传统文化相结合，具有很高的文化立意。马克思主义以真理之光激活了中华文明的基因，从社会发展的角度理解生生不息的文化传统，就会深刻理解“旧邦新命”：只有同中华优秀传统文化相结合，马克思主义才能在中国落地生根、开花结果；只有深入研究中国历史上治国理政的经验，深入理解中华优秀传统文化中的辩证智慧和生态观念，才能建成社会主义文化强国。同时，任何传统中有生命力的文化基因都会在时代发展中实现自我更新，都会彰显时代精神。只有发扬传统文化中“活的东西”，才是尊重和传承传统文化应有的态度，这里有一个新旧文化转化的问题，以新文化取代旧文化，体现了文化发展的基本规律。因而，不应固守传统、亦步亦趋，而应超越既往、别开生面，使中华优秀传统文化在新的时代条件下发扬光大。

（三）马克思主义同中华优秀传统文化相结合巩固了文化主体性

把马克思主义思想精髓同中华优秀传统文化精华贯通起来、同人民群众日用而不觉的共同价值观念融通起来，赋予科学理论鲜明的中国特色，巩固了中华民族的文化主体性。习近平新时代中国特色社会主义思想是这一文化主体性的最有力体现，是当代中国马克思主义、21 世纪马克思主义，实现了马克思主义中国化新的飞跃。从文化主体性角度看，马克思主义同中华优秀传统文化相结合，既立足于现实的中国，又植根于历史的中国。这种文化主体性使我们党在新时代高度重视文化建设。习近平总书记强调文化自信是更基础、更广泛、更深厚的自信，认为没有文化繁荣兴盛，就没有社会主义现代化。马克思主义基本原理同中华优秀传统文化相结合的重大意义得到深入认识，我们党重视挖掘中华五千年文明中的精华，推动中华优秀传统文化创造性转化、创新性发展，揭示了中国特色社会主义文化的基本结构，阐明了培育和践行社会主义核心价值观的科学路径，提出实现中华民族伟大复兴的文化使命，体现了当代中国马克思主义文化观的重大理论创新。

以高度的文化自信实现马克思主义同中华优秀传统文化相结合，实现中华优秀传统文化的创造性转化和创新性发展，体现了中华民族文化自我的时代勃兴。文化自信体现了中华民族内心深处的自豪，是国家富强与民族复兴的动力源。这种自信源自对中国思想家强调的仁义理念、中性思维、大同境界的创新性发展，是复兴中华民族光荣梦想的精神明证。这种自信是对中华传统文化的创造性转化的自信，它表明在社会主义现代化进程中复兴的中国文化将以其积淀深厚的思想传统解析中国社会的实际问题，提供在历史发展过程中被反复证明为有效的合理性思路。

中华民族是中华优秀传统文化的主体，不断实现创造性转化和创新性发展的中华优秀传统文化是支撑中国人艰难跋涉、艰苦奋斗、矢志创新的久远绵长的精神力量。近代以来中华民族苦难辉煌的历程表明，中国人没有失掉文化自信力。我们党在中华民族五千年文明史的长线逻辑中理解文化自信，使中华优秀传统文化具有科学理性精神，恢复了中华民族生气勃勃的文化信心。这种自信是对一脉相承的中华优秀传统文化、红色革命文化和社会主义先进文化的自信，反映了中国文化的历史性、时代性和开放性。正是坚定文化自信，我们党带领人民在新时代创造新文化，实现符合时代发展要求、满足人民需要的文化创新，在创造美好生活的过程中实现文化繁荣兴盛。

正如习近平总书记所指出的："对历史最好的继承就是创造新的历史，对人类文明最大的礼敬就是创造人类文明新形态。"[①] 正是因为秉持文化主体性，强调中华民族的新文化，我们党带领人民将愚昧落后的中国建成文明先进的中国，中华优秀传统文化在走向世界历史的过程中实

① 习近平:《在文化传承发展座谈会上的讲话》,《求是》2023 年第 17 期。

现独特的思想创造，它超越既往、借鉴外来，在现代化探索中发挥作用于现实的经济与政治，不断促进马克思主义中国化时代化。今天，我们要坚持学以致用，以守正创新的正气和锐气，担负起新的文化使命，努力建设中华民族现代文明，在文化建设和文明发展的征程上赓续历史文脉、谱写当代华章。

（原载《中国社会科学报》2023 年 6 月 7 日）

三

“第二个结合”与中华民族的旧邦新命

《诗经》有云，“周虽旧邦，其命维新”，冯友兰先生将其重述为“旧邦新命”，认为“就现在来说，中国就是旧邦而有新命，新命就是现代化”①。中国式现代化是中华民族旧邦新命的实践形态，“新命”体现了具有历史连续性的中华文明的现代重塑，是通过马克思主义基本原理同中国具体实际相结合、同中华优秀传统文化相结合实现的。习近平总书记在文化传承发展座谈会上指出：“‘第二个结合’是又一次的思想解放，让我们能够在更广阔的文化空间中，充分运用中华优秀传统文化的宝贵资源，探索面向未来的理论和制度创新。”②以思想和文化主动阐扬同马克思主义基本原理相结合的中华优秀传统文化的永恒魅力和时代风采，探究其何以为中国式现代化提供了丰富的文化滋养，首先要回溯现代化进程中的“古今中西之争”，深思在中国式现代化进程中实现文化综合创新的必要性和可能性。

（一）破解现代化进程中的“古今中西之争”

近代中西文化比较在很大程度上体现为一种古今比较，彼时体现农耕文明特征的中国传统文化在面对启蒙以来的西方现代文化时陷入东方从属于西方的境遇。面对三千年未有之大变局，近代中国思想解放伴随着“古今中西之争”，伴随着对文化保守主义和文化激进主义的反思，中西之争实乃主张文化全盘西化与坚持文化本位主义之争，在很大程度上体现为古今之争，其间必然表现为传统与现代的冲突。在深切批判专制迷信、反对旧道德与旧文学的浪潮中，倡导科学与民主的新文化运动

① 冯友兰：《三松堂自序》，三联书店2021年版，第334页。

② 习近平：《在文化传承发展座谈会上的讲话》，《求是》2023年第17期。

对“古今中西之争”作出了回答，“赛先生”和“德先生”的意义超出了科学知识或治理原则的范畴，具有使民众摆脱蒙昧的文化价值。其间亦有折中的“中体西用”之谓。学界逐渐在走出中西差异或古今对立的思维模式中论证中国文化应当展现的现代图景，在现实情境中对中华优秀传统文化如何实现现代转化加以内在反思。

对任何有生命力的文明而言，古今之争都是一种世界性的普遍问题。文化传统是一种生成着的实体，是与一个时代的生产方式相适应的观念体系，是面向未来流动的活水。文化传统的生成总是反映经济社会发展进程，体现为在现代化途中受现实历史影响的文化传承发展过程，体现为一个民族和国家在不同历史阶段延展的文化精神，深层体现为塑造具有世界意义的哲学形态。文化传统具有很强的稳定性，彰显了民族文化的标识，既表现在观念层面，也对日常生活具有现实影响力。

哲学是时代精神的精华与文明的活的灵魂，古今中西之争反映在中国近代哲学论争中并促进了近代以来中国哲学的发展。在冯契先生看来，“中国近代的‘古今、中西’之争是‘中国向何处去’这一时代中心问题在政治思想领域的反映，它制约着哲学的演变。随着社会实践的发展，通过‘古今、中西’的相互作用，中国近代哲学论争主要在四个方面展开，即历史观（以及一般发展观）问题，认识论上的知行问题，逻辑和方法论问题，关于人的自由和如何培养理想人格问题”[①]。近代以来中国哲学在上述方面的发展是中华优秀传统文化创造性转化、创新性发展的深层次反映。

毛泽东在《新民主主义论》这篇发表在《中国文化》创刊号上的“对一百年来困扰着中国人的‘中国向何处去’的问题作了一个历史的总结”的文本中阐明：“我们不但要把一个政治上受压迫、经济上受剥削的中国，变为一个政治上自由和经济上繁荣的中国，而且要把一个被旧文化统治因而愚昧落后的中国，变为一个被新文化统治因而文明先进的中国。”[②]这种以新文化取代旧文化，并使之促进中国经济和政治发展的

① 冯契：《古今、中西之争与中国近代哲学革命》，《上海社会科学院学术季刊》1985 年第 1 期。

②《毛泽东选集》第 2 卷，人民出版社 1991 年版，第 663 页。

实践探索，使马克思主义在中国具体化，也使中国革命马克思主义化，使现代中国人以历史自信和文化自信走上中华民族伟大复兴之路，使中国马克思主义哲学在中国革命、建设、改革和新时代伟大变革中获得既一脉相承又与时俱进的发展。

百余年来，同马克思主义基本原理相结合的中华优秀传统文化不断实现创造性转化、创新性发展，成为建构中国自主知识体系的基础。正如习近平总书记所指出的："经过长期努力，我们比以往任何一个时代都更有条件破解'古今中西之争'，也比以往任何一个时代都更迫切需要一批熔铸古今、汇通中西的文化成果。"[①] 今天，中西文化比较在学术层面上更多体现为合作式对话、互镜式学习、共生式融通，在文明交流互鉴中使我们更好地理解民族文化自我，在对话与会通中拓展了文化传承发展的空间。这一空间的实践场域是传承发展中华优秀传统文化的中国式现代化，确证了"第二个结合"的现实必要性。

在中国式现代化的实践创造中理解中华优秀传统文化实现现代转化的内在逻辑，就会激活文化传统的生命力，并为之赋予时代内涵，将古今中西之争转换为文化古今相通与文明交流互鉴，以交融会通的方式促进文化"涵化"。在费孝通先生看来，"中华文明的结构和机制，在漫长的岁月中，经过一代代先人在实践中不断地探索、积累、完善，已经形成了一套相当成熟的协调模式"，"充分体现了古人高度的政治智慧和中华民族深厚的文化底蕴"。[②] 中华优秀传统文化是我们创造新文化的来源之一，是建设中华民族现代文明的起点，我们要以文化自信彰显百余年来在苦难辉煌中汇聚的民族自立自强的精神力量，建设社会主义文化强国。

（二）"第二个结合"与中国式现代化的文化根基

马克思主义基本原理同中华优秀传统文化相结合，使马克思主义获得中国文化性格，亦使中华优秀传统文化实现现代转化。"结合"的前提是，这两种来源不同的观念体系存在高度的契合性。这种契合反映了

① 习近平：《在文化传承发展座谈会上的讲话》，《求是》2023 年第 17 期。
② 费孝通：《孔林片思：论文化自觉》，三联书店 2020 年版，第 211 页。

文明交流互鉴基础上的一种会通，我们从莱布尼茨、白晋、伏尔泰等欧洲思想家对儒家思想的认同中可见一斑。正是彼此相互契合的两种来源不同的观念体系在中国式现代化的实践探索中产生了“化学反应”，在有机结合中产生了一种新文化，拓展了中国特色社会主义道路的文化根基。

首先，中华优秀传统文化崇尚践履和躬行，与马克思主义实践的思维方式颇为契合。在章太炎看来，“国民常性，所察在政事日用，所务在工商耕稼。志尽于有生，语绝于无验”[①]。马克思指出：“真理的彼岸世界消逝以后，历史的任务就是确立此岸世界的真理。”[②]哲学研究的目的不仅在于解析现实生活，更在于解决时代问题，思想的直接现实性在马克思主义哲学中国化进程中得到高度强调。可以说，重视知行合一与实践的思维方式是马克思主义与中华优秀传统文化的重要交汇点。

其次，马克思主义哲学强调人的社会性规定，与中华优秀传统文化强调人的现实超越性内在契合。中国古代思想家在探究人性善恶之初始规定的同时，重视后天习得中的“日生则日成”，正是实践中的求索使“性相近”的个体“习相远”，弘毅者以良知良能成己成物。马克思强调作为总体的人占有自己全面的本质，强调人的本质的现实性是在实践中塑造的。在现实的关系域中理解人与其所处的社会环境，思考人的发展与环境的改变的一致性，是马克思主义与中华优秀传统文化关于人性及其实践生成的共有观念。

再次，中华优秀传统文化中的辩证法与马克思主义辩证法有内在契合之处，强调万事万物的变化与矛盾双方的相反相成。儒家主张“生生之谓易”“一阴一阳之谓道”，揭示了变与不变的辩证法。马克思强调辩证法揭示的乃是内在的自我否定性，是一种生命原则和存在方式，其作为思维方法的特质是批判的、革命的。以唯物辩证法重释道立于两、和合共生、物极必反的时代内涵，反映了中国马克思主义哲学的辩证特质与实践内涵，呈现了马克思主义辩证法的中国语境。

最后，儒家孜孜以求的“大同”社会与马克思展望的未来理想社

①《章太炎全集》第4卷，上海人民出版社1985年版，第195页。
②《马克思恩格斯选集》第1卷，人民出版社2012年版，第2页。

会内在契合，可谓大道相通。在马克思看来，未来理想社会是一种“真正的共同体”，其中每个人的自由发展是一切人自由发展的条件。大道之行、天下为公的社会素为中国古代先贤所向往，被描述为讲信修睦的“太平世”。可以说，“儒家的‘大同’理想，构成社会主义思潮在中国传播的深厚而适宜的文化土壤。作为马克思学说的共产主义，其社会理想同中国古代儒家的理想社会之间具有某种兼容的性质”[①]。中国先进知识分子在接受马克思主义时有一种文化的“前见”，实则追求理想社会层面的文化认同，深刻展现了马克思主义中国化的价值目的。

马克思主义基本原理同中华优秀传统文化的契合是其结合的前提，在结合中形成的新文化是有机统一的生命体，这个有机统一的生命体是在实践中生成的。作为一个为实践所确证的历史事实，“第二个结合”在改变中华民族历史命运的过程中巩固了文化主体性。正是因为重视中国历史和文化遗产，重视中华优秀传统文化对中国社会结构、社会心理和人们价值观念的深刻影响，同中国具体实际相结合的马克思主义在思想和情感上才为人们所接受，具有中国风格和中国气派，也使中华优秀传统文化实现现代转化。我们应当在坚持问题导向的实践中认识这一历史事实。百余年来，我们党在以历史唯物主义态度承继这份珍贵遗产的过程中，实现了马克思主义基本原理同中华优秀传统文化在解决问题的实践探索中的深度结合，使中国特色社会主义道路有了更宏阔深远的历史纵深，并有力作用于中国特色社会主义理论和中国特色社会主义制度，使中华文明获得了现代力量，亦使中国式现代化具有了中华文明的深厚底蕴。

在中国式现代化进程中，我们的道路选择、理论创新和制度建构体现了文化引领。马克思主义哲学是一种面向实践敞开的富于实际的思想，中华优秀传统文化强调修己安人、内圣外王、修齐治平之道，二者皆为今日中国新文化之母体。中国特色社会主义文化来自源远流长的中华优秀传统文化，是从我们党领导人民在革命、建设、改革中创造的革命文化和社会主义先进文化中熔铸而来的，体现了马克思主义基本原理

① 何中华：《马克思与孔夫子：一个历史的相遇》，中国人民大学出版社2021年版，第271页。

同中华优秀传统文化相结合的理论特质。正如习近平总书记所指出的："'第二个结合'，是我们党对马克思主义中国化时代化历史经验的深刻总结，是对中华文明发展规律的深刻把握，表明我们党对中国道路、理论、制度的认识达到了新高度，表明我们党的历史自信、文化自信达到了新高度，表明我们党在传承中华优秀传统文化中推进文化创新的自觉性达到了新高度。"[①]我们党以马克思主义为指导，在传承发展中华优秀传统文化的过程中选择发展道路，推动实践基础上的理论创新，用经过创造性转化和创新性发展的中华传统美德涵养现代人的情操，实现国家治理体系和治理能力现代化，建构中国特色社会主义制度文明，筑牢了中国式现代化的文化根基。

（三）旧邦新命：努力建设中华民族现代文明

今日之中国是具有五千年文明史的古老中国的当代存在，中国特色社会主义文明是在马克思主义中国化进程中形成的五千年未有之制度文明。在新时代新征程上，传承中华文化"阐旧邦以辅新命"的传统，回应世界对中国文化发展的期待，努力建设中华民族现代文明，不仅要秉持时代精神，补充、拓展和完善中华优秀传统文化的内涵，增强其影响力和感召力，而且要不断推进马克思主义中国化时代化，在实践中更新中华优秀传统文化既有的表现形式并激活其生命力。

为经济和政治所决定的文化之所以具有悠远绵长的力量，乃是因其对经济和政治的反作用既具有直接现实性，又在一定程度上超越时空限制，从而发挥持久的作用。中华优秀传统文化创造性转化、创新性发展取决于时代条件和实践需要。传承发展中华优秀传统文化，不是固守传统，而是深刻理解现代中国文化发展过程、特质和发展趋势，实际发挥作用于中国式现代化的实践创造，努力建设中华民族现代文明。为此，要以历史连续性理解古代中国、现代中国和未来中国，认识到中华文明的突出特性是中华优秀传统文化很多重要元素共同塑造的。中华民族现代文明是五千年中华文明史的当代延续，从中华大地上长出来的中国式

① 习近平：《在文化传承发展座谈会上的讲话》，《求是》2023年第17期。

现代化赓续古老文明，基于中国国情和传统文化进行实践探索，体现了中华文明的返本开新。

只有走向历史的深处，才能看到更远的未来。历史上任何经济社会发展水平落后的民族都不可能凭借其优秀传统文化维系民族独立和文明进步，古希腊罗马时期北非、西亚遭到入侵而分裂是如此，拥有五千年文明史的中国在鸦片战争以后一度沦为半殖民地半封建社会也是如此。同马克思主义基本原理相结合的中华优秀传统文化只有在实践中转化为中国特色社会主义文明，才能产生现实的物质力量。正是一经诞生就把为中国人民谋幸福、为中华民族谋复兴确立为初心使命的中国共产党，团结带领人民在百余年实践探索中深刻改变了中华民族的前途和命运，实现了物质文明、政治文明、精神文明、生态文明和社会文明的持续发展，使中华优秀传统文化浴火重生，使中华文明绽放时代光彩。

努力建设中华民族现代文明，要以新的思想解放进一步巩固中华文化主体性，不断夯实马克思主义中国化的历史根基和文化根基。中华文明源远流长、欣欣向荣，塑造了中国人独特的精神世界和日用而不觉的价值观，形成了与世界各民族文明交流互鉴的中华民族共同体。以历史思维方式探究百余年来中华民族在经济社会发展进程中形成的社会心理、文化取向和主流价值追求，要深刻理解中华文明兼容并包、再生再造的精神特质，充分汲取中华优秀传统文化中正心诚意、修齐治平等立德化民和治国理政之道，把握其深远历史意义及对促进中国式现代化的启示。

作为中华文化和中国精神的时代精华，习近平新时代中国特色社会主义思想是马克思主义基本原理同中国具体实际和中华优秀传统文化相结合所巩固的文化主体性的最有力体现。党的十八大以来，习近平总书记强调文化自信“是更基础、更广泛、更深厚的自信，是更基本、更深沉、更持久的力量”[①]。作为改革开放以来我们取得一切成绩和进步的根本原因之一，中国特色社会主义文化与中国特色社会主义道路、中国特色社会主义理论体系和中国特色社会主义制度共同构成了中国特色社会

①《习近平谈治国理政》第2卷，外文出版社2017年版，第349页。

主义的基本结构，具有重要的理论内涵和现实价值。今天，同马克思主义基本原理相结合并经过创造性转化与创新性发展的中华优秀传统文化成为现代中国人思维方式、价值观念和生活方式的构成要素，打开了更为广阔的创新发展空间。“马克思主义中国化时代化这个重大命题本身就决定，我们决不能抛弃马克思主义这个魂脉，决不能抛弃中华优秀传统文化这个根脉。坚守好这个魂和根，是理论创新的基础和前提。”[①]实现理论创新和文化认同，要坚守魂脉和根脉，以符合时代精神的思维方式和价值观念创造美好生活，谱写中华文化发展的崭新华章。

“第二个结合”是实现中华民族旧邦新命的文化根据，是中国特色社会主义生机勃勃、充满活力的关键所在。作为又一次的思想解放，“第二个结合”开启了广阔的理论和实践创新空间，有力破解了现代化进程中的“古今中西之争”，筑牢了中国式现代化的文化根基。推动物质文明和精神文明协调发展的中国式现代化行稳致远，使之促进中华文明的现代重塑，在中华民族实现伟大复兴途中创造人类文明新形态，推动构建人类命运共同体，具有深远的文明史意义。在新的历史起点上，我们要以新的文化使命与守正创新的正气和锐气，巩固和壮大中华民族共同体，实现中华民族的旧邦新命，努力建设中华民族现代文明。

（原载《中国社会科学》2023年第8期）

①《习近平在中共中央政治局第六次集体学习时强调 不断深化对党的理论创新的规律性认识 在新时代新征程上取得更为丰硕的理论创新成果》,《人民日报》2023年7月2日。

四

马克思主义哲学中国化的文化语境

理解马克思主义哲学中国化的历史成因和发展历程，必然关注马克思主义哲学与中华优秀传统文化的关系问题，因为马克思主义哲学为中国有识之士所选择和发展在很大程度上体现了文化自觉和文化认同。马克思主义哲学中国化的文化自觉体现了中国先进知识分子在现代化途中作出的具有中国风格和中国气派的历史选择，马克思主义哲学中国化的文化认同反映了中国学人在新民主主义革命、社会主义建设、改革开放和新时代伟大变革中以唯物史观整合优秀文化资源的价值底蕴。当我们从文化自觉与文化认同角度理解马克思主义哲学中国化的历史必然性与现实必要性的时候，就会深刻地意识到，实现中华民族伟大复兴，需要塑造当代中国社会发展的精神高度，在马克思主义哲学中国化的文化语境中理解中国经济“奇迹”与中华民族的精神自我的辩证关系，实现马克思主义哲学同中华优秀传统文化的视域交融。

（一）文化自觉：马克思主义哲学同中华优秀传统文化的视域交融

当启蒙思想在欧洲盛行之际，晚清士人多以文化保守主义姿态嘲笑西方“蛮夷”，直至鸦片战争，中国遭受坚船利炮的轰击和外族铁蹄的践踏，这个沉重的历史事件唤醒了陷入华夷之思的士大夫阶层，震惊了中国知识分子的精神世界。闭关锁国的晚清帝国在为英国人称为“通商战争”的这次事件中被迫割地赔款。林则徐、魏源等晚清知识分子“开眼看世界”，试图“师夷长技以制夷”，在晚清封建制度内部寻求自救之路。他们审视中国在当时世界发展格局中的实际处境，希望找到强国富民的可行路径，在西方列强面前确立中国应有的文化形象和文化尊严，使中华民族走出囹圄走向复兴。此乃中国梦的萌芽，它意味着现代中国思想界的第一次文化自觉。从这时开始，中国梦伴随中国人的实践探索和精神跋涉，这种探索和跋涉是负重前行的，因而饱含着历史的沧桑和文化的选择。

不久，第二次鸦片战争的惨败再次震惊国人，李鸿章、张之洞等洋务派官员为此强调“中学为体，西学为用”，试图以理“和戎”、“借法自强”，即通过外交谈判的方式避免战争，同时学习西方国家先进的经济生产方式和科学技术，改变中国落后的社会境况。但是，此举收效甚微，而晚清海军在甲午海战中近乎全军覆没则直接宣告了洋务运动的失败。两次鸦片战争使中国开始沦为半殖民地半封建社会，在战败中震惊的中国知识分子变革晚清社会的愿望极为强烈。这种愿望并非旨在恢复中国历史上的“朝贡体系”或“中央王国”的地位，而是旨在使中国成为一个繁荣富强的现代国家，避免遭受殖民的历史境遇，进而能够在国际舞台上与其他国家平等对话与合作。

由于晚清中国社会积弊颇多，国人长久处于精神蒙昧的状态，因而中国梦的实现道路步履维艰。正值晚清政府因战败与日本政府签订割让台湾和辽东并赔款两亿两白银的《马关条约》之际，在京应试的举人们震惊“国将不国”的历史悲剧，于是由康有为领衔撰写“上今上皇帝书”，随即引发 18 省举人响应，形成声势浩大的“公车上书”事件。这场变法救国的政治活动得到了光绪皇帝的支持，他以颁布“明定国是诏”的方式启动戊戌变法，使晚清社会出现了死水微澜的场景。但是，长期僵化的政治体制难以接受变法的现实，晚清贵族和封建官僚深知变法将会伤害他们的利益，于是强烈反对、多方阻挠或虚与委蛇。缺乏足够政治经验的维新派没能使中国确立君主立宪政体，这次变法在 103 天后终以慈禧“垂帘听政”而告终，现代中国知识分子的第一次文化自觉就这样淹没在大清帝国的皇权专制之中。

随着晚清帝国日益衰败，以八旗为主的旧式军队战斗力近乎殆尽，保守派遭遇严重的困境。此时慈禧颁布了一项新政，实际上沿用了维新派在戊戌变法时的一些政制方案，但此时已对扭转晚清衰败的局面于事无补。此后建立的“皇权内阁”更是引起社会普遍不满。由于在封建社会内部无法实现中国梦，诚此危急存亡之秋，兴中会、华兴会、光复会、共进会、同盟会等革命团体纷纷成立。孙中山试图实现资产阶级革命的突围，立志变更“官僚得志，武人专横，政客捣乱，民不聊生”的社会局面，为此在英、美、德、法、日等国寻求华侨的支持。吸取第一次广州起义、惠州起义和黄花岗起义失败的教训，他于 1911 年成功地发动了辛亥革命，这次革命引发了多数中国知识分子的文化自觉，实乃“亚洲的觉醒”。

此时，中国社会的日常文化万象更新。孙中山希望通过资产阶级革命的胜利，“将取欧美之民主以为模范”，使处于半殖民地半封建社会的中国融入全球资本主义体系。但辛亥革命成功之后，希望中国走上民主共和道路的孙中山缺乏执政的社会基础，国内军阀混战，民众尚未摆脱蒙昧的状态，惟有寄望于西方国家的财政支持。他对此颇有信心，因为辛亥革命后的中国将与西方国家拥有共同的意识形态和经济制度，可能拥有共同的利益。但这时西方政治家多不肯解囊支援，他们从实际利益角度作出的判断是，袁世凯是实现西方列强在华最大利益的唯一强有力的人物。“革命尚未成功”，袁世凯当选中华民国大总统，他逼迫清帝逊位，此后驱散国会，成为中华帝国的洪宪皇帝。这个朝代在维持 83 天之后结束了，中国社会很快又沦为“兵强马壮者”割据的社会状态，中国梦在中国社会的沉沦中搁浅了。

任何社会的文化都是由该社会的经济基础决定的，与该社会的政治和经济相互交融，但同时也会对经济基础和政治生活产生不可忽视的反作用。通过反思中国多次变法失败和社会革命遭受挫折的现实，中国的先进知识分子意识到，革命的成功必须拥有广泛的社会基础，而中国民众的蒙昧是中国社会陷入衰落境遇的重要社会成因。他们渴望以文化普及和社会教育等方式对中国民众进行思想启蒙，使中华民族由精神的自强而达至物质的丰盈。可以说，1915 年开始的新文化运动是确认现代中国文化身份的第一个重要历史坐标，这次运动倡导文学革命和白话文写作，它不仅开启了中国文学的新时代，而且是现代中国思想文化和社会政治生活变迁的起点，成为现代中国历史上第一次重要的思想启蒙。

这场启蒙以《新青年》为思想平台，形成了李大钊、陈独秀、胡适、刘半农、蔡元培等著名学者组成的文化群体，他们认为改变中国的国民性问题是解决中国问题的关键。在批判中国的国民性方面最深刻的是鲁迅，他的作品取材“多采自病态社会的不幸人们中，意思是在揭出病苦，引起疗救的注意”[①]。他“哀其不幸，怒其不争”，毕生期盼中国人的精神自强。即使今日我们读到这些作品，也能深切地感受到他的中国梦的温度。他要通过诊断救治精神沉沦的中国人，在批判旧文化中创造新文化。这些关于中国梦的探索浸润着刚刚进入现代历史的中国人的使命和责任。在这段时间，自由主义、功利主义、互助主义、工读主义、新村主义、泛劳动主义、无政府主义、空想社会主义等西方思想陆续传入中国，中国学人开始了解西方社会强大的文化基因，进而重审中国传统文化的内在机理。

中华优秀传统文化蕴含着丰富的思想精华，浸润着刚柔相济的道德情怀，但其中也有不少思维僵化和压抑人性的文化糟粕。当时西方列强急于占领中国市场，甚至以武力侵略的方式实现其利益诉求，这种所作所为与其强调自由民主的文化精神相悖。换言之，这时中西文化均存在弊端，也均各有所长。能否扬长避短，结合中西文化之精华，成为当时中国学人的文化构想。新文化运动正是旨在实现这一构想的饱含政治关切的文化运动，这场运动试图在文学改革和道德观念革新的过程中使中国人具有现代文化观念。为此，从笃信孔夫子而改以“德先生”和“赛先生”为师，尽力普及“科学”和“民主”观念。正如陈独秀所言：“我们现在认定只有这两位先生，可以救治中国政治上、学术上、思想上一切的黑暗。若因为拥护这两位先生，一切政府的迫压，社会的攻击笑骂，就是断头流血，都不推辞。”[②]但是，西方的民主和自由观念与中国的封建文化对垒几个回合，其在民众中的话语权即消逝于无形。究其根由，当时大多数中国民众更乐于沉浸在中国传统的日用伦常观念中，怀疑乃至拒斥西方文明的观念与行为比比皆是，这种封闭保守的思维阻碍着中国社会的发展。

不久，近邻俄国爆发了“十月革命”，苏俄政权成立后发表对华宣

---

①《鲁迅全集》第5卷，花城出版社2021年版，第52页。

② 陈独秀:《本志罪案之答辩书》,《新青年》第6卷第1号。

言，宣布废除帝俄时代与中国签订的一切不平等条约，放弃一切在华特权，援助中国的民族解放运动。“以俄为师”很快成为中国社会变革的明确思路。以马克思主义启蒙民众，使中国摆脱列强的左右，成为当时中国社会的流行看法。因为中国无法复制西方国家崛起的进程，也难以在半殖民地半封建状态下跻身全球资本主义体系，而效仿俄国革命，成立崭新的社会主义国家，无疑是摆脱中国历史厄运的最佳选择，这种选择浸润着中国知识分子的历史使命。作出这种选择，就意味着“以自己所学的主义打倒支配自己的主义，这种看似矛盾情况的出现，正是优秀知识分子长期接受儒家思想熏陶教育的结果，是中华文化精华生生不息、薪火相传的重要表现”[①]。因为中华优秀传统文化的精华不在于教化人们固守某种观念，而在于顺应时势、灵活变通以求修齐治平。诚如李大钊所言，“我很盼望我们的新青年打起精神，于政治、社会、文学、思想种种方面开辟一条新路径，创造一种新生活”，“由今言之，东洋文明既衰颓于静止之中，而西洋文明又疲命于物质之下，为救世界之危机，非有第三新文明之崛起，不足以渡此危崖”。[②]这个“第三新文明”，就是马克思主义。

在欧洲自然科学发展和经济社会变革的基础上形成的马克思主义思想广博、意旨深远，作为马克思主义的理论基础，马克思主义哲学继承了人类思想史的精华。在接受和理解马克思主义哲学的过程中，人们形成了新的世界图景和价值理念，以实践的思维方式解析社会生活中存在的实际问题。作为一种新唯物主义世界观，马克思主义哲学体现为一种倡导合理现代化实践的文化精神，以“改变世界”而非“解释世界”为思想旨归。马克思主义哲学在19世纪中叶以来的东西方社会均产生了深刻的影响，成为社会大多数人认同的观念文化，并作为主流思想文化实际地融入人们的日常生活。可以说，马克思主义哲学是作为一种新文化被引入中国并持续发挥重要的思想启蒙作用的，在中国现代文化发展

① 吴宏亮：《试论五四时期中国优秀知识分子选择信仰马克思主义的历史必然性》，《郑州大学学报》2011年第4期。

② 李大钊：《东西文明根本之异点》，《李大钊文集》（上），人民出版社1984年版，第560页。

过程中逐渐居于主导地位。因而，马克思主义哲学同中华优秀传统文化相结合实际体现为文化融合的过程。

在新文化运动后期，译介马克思主义成为当时中国社会思想文化的主流。各地的马克思主义研究团体纷纷成立，简明扼要的马克思主义文本及阐释文本越来越多地呈现在人们面前，多种传播马克思主义的报刊先后成立。中国学人试图在马克思主义思想谱系中探索个人、国家和中华民族的历史定位，并在此基础上寻求中国的前途，其间也存在着纷繁复杂的争论。从毛泽东与蔡和森和萧子升的一组通信中，我们约略可以看到此种争论之一斑。当时游学欧洲的蔡和森与萧子升对中国未来的阐述在一定程度上代表了当时人们对中国革命的两种看法。蔡和森说："在现世界显然有两个对抗的阶级存在……我对于中国将来的改造，以为完全适用于社会主义的原理与方法。"而在萧子升看来，"世界进化是无穷期的，革命也是无穷期的，我们不认可以一部分的牺牲，换多数人的福利。主张温和的革命，以教育为工具的革命，为人民谋全体福利的革命"。[①] 面对上述两种观点，毛泽东的态度非常明确："用和平方法去达共产目的，要何日才能成功？……假定无产者占三分二，则十五万万人类中有十万万无产者（恐怕还不止此数），这一百年中，任其为三分一之资本家鱼肉，其何能忍？"[②] 也正是在这段时间，阶级斗争和民族解放的观念逐渐深入人心，马克思主义的实践逻辑更新了人们的社会发展观念，将马克思主义和中国革命实践相结合，成为人们的自觉选择。

毋庸置疑，五四运动以来的中国新文化自觉带有明显的马克思主义印记，一是中国先进知识分子通过第一次世界大战认识到西方资本主义以强权代替公理的事实，西方民主和自由的神话在中国人面前破灭了；二是苏维埃俄国的建立为中国学人提供了一个政治参照，阶级斗争和反对剥削压迫的革命实践符合中国广大民众的政治愿望。有鉴于此，中国先进知识分子意识到，欧风美雨难以拯救中国之命运，实现中国的启蒙与救亡，不能走西方现代资本主义的道路，而惟有"以俄国为师"，在跨越资本主义的道路上徐图自强。从这时起，中国传统文化与马克思主

①《毛泽东书信选集》，中央文献出版社2003年版，第3页。

②《毛泽东书信选集》，中央文献出版社2003年版，第5页。

义哲学日趋交融，逐渐形成了马克思主义哲学中国化的理论形态。

以 1940 年 2 月《中国文化》创刊为契机，毛泽东发表了《新民主主义论》，他在其中论述了中国历史的特点，中国革命的特征与新民主主义的政治、经济和文化。这篇宏文奠定了中华民族的新文化纲领，明确了新民主主义文化的基调，即“民族的科学的大众的文化，就是人民大众反帝反封建的文化”[①]，“这个文化新军的锋芒所向，从思想到形式（文字等），无不起了极大的革命。其声势之浩大，威力之猛烈，简直是所向无敌的。其动员之广大，超过中国任何历史时代”[②]。这一时期的中国文化与五四运动以前的文化颇有不同，其最大的差异在于，“中国产生了完全崭新的文化生力军，这就是中国共产党人所领导的共产主义的文化思想，即共产主义的宇宙观和社会革命论”[③]。这种文化观念体现了创造新文化的自觉，而这种新文化“应为全民族中百分之九十以上的工农劳苦民众服务，并逐渐成为他们的文化”[④]。毛泽东以扬弃旧文化和创造新文化的激情强调：“使马克思主义在中国具体化，使之在其中每一表现中带着必须有的中国的特性，即是说，按照中国特点去应用它……洋八股必须废止，空洞抽象的调头必须少唱，教条主义必须休息，而代之以新鲜活泼的、为中国老百姓喜闻乐见的中国作风和中国气派。”[⑤] 正是在马克思主义哲学中国化的文化自觉中，中国梦从空想走向科学，而这在中华人民共和国成立之后的正反两方面经验中得到了深刻的体现。

（二）马克思主义哲学中国化的文化认同

马克思主义哲学同中华优秀传统文化的视域融合，体现了一种文化自觉，由此逐渐形成了马克思主义哲学中国化的文化形态，成为中国革命、建设和改革的主导文化观念体系。马克思主义哲学之所以与中国传统文化达至融通之境，与二者的思维方法和价值理路的相似性也密切相关。形成于农耕社会的中国传统文化具有很强的务实品格，“这种重实

①《毛泽东选集》第 2 卷，人民出版社 1991 年版，第 708—709 页。

②《毛泽东选集》第 2 卷，人民出版社 1991 年版，第 697—698 页。

③《毛泽东选集》第 2 卷，人民出版社 1991 年版，第 697 页。

④《毛泽东选集》第 2 卷，人民出版社 1991 年版，第 708 页。

⑤《毛泽东选集》第 2 卷，人民出版社 1991 年版，第 534 页。

际、重经验、重理智的态度体现于中国传统文化的诸方面：在科技层面上，最突出的是兵、农、医、艺四大实用文化；在人文层面上，重视日用伦常，不企求来世和天国；在思维方式上，强调‘经世致用’‘实事求是’”[①]。这与马克思颠倒自柏拉图以来的旧形而上学，进而创立“新唯物主义”或曰“新世界观”的理路有很强的相似之处。中国人强调在日用伦常之间浸润并展示文化观念的现实价值，轻视缺乏实用性的各种纯粹科学探索，从而将科学和技术几乎融为一体。这种科技一体性的传统也体现了知行合一的观念，而合一的知行观与马克思的实践思维方式可谓不谋而合。中国人自先秦以来就向往的大同理想在马克思的共产主义理论中也得到了深刻映现。此外，我们还可以从辩证法、唯物论等多重角度找到马克思主义哲学同中华优秀传统文化的内在关联，这是谙熟中华优秀传统文化的现代知识分子能够接纳马克思主义哲学的理论前提，或者说马克思主义哲学中国化一开始就是在文化认同的语境中展开的。

所以，深刻认识到创造新文化的必要性的中国先进知识分子从未忽视对中华优秀传统文化的批判继承，实际上忽视中华优秀传统文化既无必要也不可能。关于在新的历史条件下继承中华优秀传统文化的问题，毛泽东在《中国共产党在民族战争中的任务》中作出了深刻的阐释：“学习我们的历史遗产，用马克思主义的方法给以批判的总结，是我们学习的另一任务。我们这个民族有数千年的历史，有它的特点，有它的许多珍贵品。对于这些，我们还是小学生。今天的中国是历史的中国的一个发展；我们是马克思主义的历史主义者，我们不应当割断历史。从孔夫子到孙中山，我们应当给以总结，承继这一份珍贵遗产。”[②] 这种历史唯物主义态度彰显了马克思主义哲学中国化的文化路径，即以马克思主义方法批判继承中国传统文化的精华，从而形成一种具有中国文化风格和文化气魄的中国化马克思主义哲学。

中华人民共和国成立后，新文化建设的意义得到充分重视。毛泽东意识到，“随着经济建设的高潮的到来，不可避免地将要出现一个文化建

① 安启念主编:《马克思主义哲学中国化研究》，中国人民大学出版社2006年版，第248—249页。

②《毛泽东选集》第2卷，人民出版社1991年版，第534页。

设的高潮。中国人被人认为不文明的时代已经过去了，我们将以一个具有高度文化的民族出现于世界”[①]。中华人民共和国的文化建设推陈出新，提倡“百花齐放，百家争鸣”“古为今用，洋为中用”，毛泽东主张“继承一切优秀的文学艺术遗产，批判地吸收其中一切有益的东西，作为我们从此时此地的人民生活中的文学艺术原料创造作品时候的借鉴”[②]。在此基础上建构的社会主义文化突出独立自主、实事求是的精神，进一步发展文化的民族性、科学性和大众性，实现了马克思主义哲学和中国传统文化的进一步融合。我们应当“以‘旧邦新命’作为廓清迷雾、解开马克思主义与中国传统文化关系争论的一把钥匙”[③]。正如毛泽东强调指出的，社会主义文化建设“应该越搞越中国化，而不是越搞越洋化……要反对教条主义，反对保守主义，这两个东西对中国都是不利的。学外国不等于一切照搬。向古人学习是为了现在的活人，向外国人学习是为了今天的中国人”[④]。同时，“对中国的文化遗产，应当充分地利用，批判地利用”[⑤]。概言之，就是要充分借鉴中国传统文化和世界上其他民族的文化精华，确立社会主义现代化建设的文化基础。

这时期的中国社会生活凸显了文化的创新意识，文艺创作坚持“双百”方针，尊重文化的多样性和文化的发展规律。毛泽东力图凝聚全体人民的力量，从观念到实践上建造真正由人民群众当家作主的社会主义新中国。他认为“我们的教育方针，应该使受教育者在德育、智育、体育几方面都得到发展，成为有社会主义觉悟的有文化的劳动者”[⑥]。而文化作品能够脱颖而出的关键在于，能否得到人民群众的接受并引领人民群众更好地建设社会主义。可以说：“毛泽东以非凡的想象力构思了一个‘最新最美’的纯洁梦想，毛泽东想象的理想社会是一个与所有以往社会模式决裂的社会，一个不中不西的绝对新社会，所以他认为‘一张白纸’反而最适合成为绝对的新起点，他很可能相信一种全新的社会操作

①《毛泽东著作选读》下册，人民出版社 1986 年版，第 692 页。
②《毛泽东选集》第 3 卷，人民出版社 1991 年版，第 860 页。
③ 陈先达:《马克思主义与中国传统文化》,《光明日报》2015 年 7 月 3 日。
④《毛泽东文集》第 7 卷，人民出版社 1999 年版，第 82 页。
⑤《毛泽东文集》第 8 卷，人民出版社 1999 年版，第 225 页。
⑥《毛泽东著作选读》下册，人民出版社 1986 年版，第 780—781 页。

能够形成全新的经验，从而发展出全新的生活方式。”[①] 毛泽东希望从根本上涤荡腐朽落后的封建思想，这个构思具有卓越的政治美学价值，是从社会经济发展和文化观念更新的双重角度立意的。

但是，文化建设在反右运动特别是“文化大革命”中出现了失误。为了使知识分子尽快形成文化创作的人民意识，使之坚信“人民群众是历史的创造者”，确立人民文化话语权，毛泽东强调对知识分子的改造。“百家者，两家而已：资产阶级一家，无产阶级一家。知识分子百分之七八十是处在中间状态的。争鸣，就是两家争取这中间状态的知识分子。知识分子不能掌握自己的命运。”[②] 在此期间，很多学者、作家、艺术家遭到无情的批判。这里既存在对知识分子的思想批判扩大化的问题，也存在未能充分尊重文化发展规律的问题，而对“破四旧”等口号的夸大理解导致了对中国传统文化的严重冲击。须知，对待传统文化应当有一种辩证的态度，“由于其肇始于过去，生成于现在，并直达于未来，在社会机体组织及人的心理结构中，有着顽强的生命力和潜在的影响力，所以，在引进先进文化形态的过程中，要全盘抛弃是不现实的，只能走一条渐进改造的道路，对其进行批判地改造，逐步建立起一种现代形态的中国文化”[③]。扬弃旧文化，发展社会主义新文化，是一个循序渐进的文化发展过程。必须使文化发展体现人的主体性选择，并使之在实践中发展，在教育中普及。

扭转“文化大革命”的历史失误，重新面对“中国向何处去”的重大问题，需要实事求是地提高人们的思想认识。这时期的思想解放具有重要的启蒙意义，“实践是检验真理的唯一标准”成为改革开放的哲学宣言。走出贫穷的生活状态，应从物质和精神两方面着眼。邓小平强调：“我们要在建设高度物质文明的同时，提高全民族的科学文化水平，发展高尚的丰富多彩的文化生活，建设高度的社会主义精神文明。”[④] 邓

① 乐黛云主编：《跨文化对话》第18辑，江苏人民出版社2006年版，第163—164页。

② 中共中央文献研究室编：《毛泽东传（1949—1976）》（上），中央文献出版社2003年版，第638页。

③ 安启念主编：《马克思主义哲学中国化研究》，中国人民大学出版社2006年版，第250页。

④《邓小平文选》第2卷，人民出版社1994年版，第208页。

小平看重文化事业的开放性与文化的现代化，他主张促进物质文明和精神文明的双重发展，倡导在中西文化交流中借鉴西方先进文明的精华。知识和人才的重要性在这个时期也开始得到充分的重视。邓小平指出："一定要在党内造成一种空气：尊重知识，尊重人才。要反对不尊重知识分子的错误思想。"[①] 他从战略的高度看待精神文明建设，认为"这是建设社会主义的一个战略方针问题。社会主义的历史经验和我国当前的现实情况都告诉我们，是否坚持这样的方针，将关系到社会主义的兴衰和成败"[②]。这种看法反映了当时中国文化发展的实际情况，更新了"文化大革命"期间所谓"知识越多越反动"的观念，使很多知识分子真切地感受到了"科学的春天"。

改革开放以来，具有民族风格、现代气息和多样内容的中国文化在社会生活中体现出越来越重要的价值。发展中国特色社会主义文化，成为中国社会的主导文化意识。因为，"有中国特色社会主义的文化，是凝聚和激励全国各族人民的重要力量，是综合国力的重要标志。它渊源于中华民族五千年文明史，又植根于有中国特色社会主义的实践，具有鲜明的时代特点；它反映我国社会主义经济和政治的基本特征，又对经济和政治的发展起巨大促进作用"[③]。深化文化体制改革，提高国家文化软实力和国家文化形象，以文化自觉和文化自信推进社会主义文化发展和繁荣，逐渐成为中国文化发展的主导话语。这时期中华优秀传统文化得到应有的重视，"建设和谐文化，培育文明风尚""弘扬中华文化，建设中华民族共有精神家园""推进文化创新，增强文化发展活力"[④]，成为文化发展的强音，以人为本的文化观念和文化发展举措促进马克思主义哲学同中华优秀传统文化进一步融合。由此形成的社会主义和谐文化体现了人与人、人与自然、人与社会以及人与自我的和谐相处，致力于建构融洽互补的社会关系格局，成为中国社会生活的精神支撑。

①《邓小平文选》第 2 卷，人民出版社 1994 年版，第 41 页。
②《十二大以来重要文献选编》(上)，人民出版社 1986 年版，第 25 页。
③《江泽民文选》第 2 卷，人民出版社 2006 年版，第 33 页。
④ 胡锦涛:《高举中国特色社会主义伟大旗帜　为夺取全面建设小康社会新胜利而奋斗——在中国共产党第十七次全国代表大会上的报告》，人民出版社 2007 年版，第 33—37 页。

马克思主义哲学在中国的传播促进了中国社会的思想启蒙，也在两次历史性飞跃中产生了毛泽东哲学思想和邓小平哲学理论，形成了指导中国革命、建设和改革的思想方法和工作方法，推动了中国传统文化的创造性转化和创新性发展，奠定了中国特色社会主义的哲学基石。正是因为马克思主义哲学在中国的实际应用，中国人的思维方式和价值观念与时俱进。经过对教条主义和经验主义的扬弃，逐渐具有民主和科学观念的中国人开始运用实践的观点分析复杂深刻的矛盾关系，探索把握矛盾和处理问题的认识论和方法论。通过纠正“两个凡是”的思想观念，中国人在解放思想的过程中坚持实事求是，走出了中国特色社会主义道路。在马克思主义哲学中国化进程中，中国学人归纳了中国现代化道路的世界历史意义，也与时俱进地提出了各种改变世界的思路与方法，在中国社会发展的关键时期发挥了重要的作用。

党的十八大以来，使中国梦从空想走向科学，体现了新时代马克思主义哲学中国化的文化境界。中国梦是国家富强、民族复兴和人民幸福之梦，具有积极参与、尽力成就国际社会和平发展的世界历史意义，它为新时期中国文化形象涂上了一抹亮色。如今，中国成为屹立在国际舞台上的一个负责任的大国，与世界各国同心打造生命共同体。正如习近平同志所指出的：“中国人民圆梦必将给各国创造更多机遇，更好促进世界和平与发展。中国将始终做世界和平的建设者，坚定走和平发展道路，永不称霸，永不扩张，永不谋求势力范围。中国将始终做全球发展的贡献者，坚持走共同发展道路，欢迎各国搭乘中国发展‘顺风车’。”[①] 中国梦彰显了中国特色社会主义文化价值理念，反映了中国文化发展与经济发展和政治发展的内在关系，体现了中国特色社会主义文化发展的普遍性与特殊性，体现了中国文化的世界情怀。深入理解中国梦的文化价值，应阐发马克思主义哲学中国化的时代精神，在合理汲取中国传统文化精神实质的基础上推陈出新，培育和践行社会主义核心价值观，实现文化发展合规律性与合目的性的统一。

① 参见《习近平出席第七十届联合国大会一般性辩论并发表重要讲话》，《人民日报》2015年9月29日。

（三）塑造当代中国社会发展的精神高度

在实现中华民族伟大复兴中国梦的历史进程中，需要进一步实现马克思主义哲学中国化的文化自觉和文化认同，进而塑造当代中国社会发展的精神高度。改革开放以来，中国社会发展取得了举世瞩目的成就，但是，道德迷失、文化失范、价值虚无等精神层面的问题也令人深思，社会矛盾和社会冲突增加了各种社会风险因素。劳资矛盾、贫富差距以及因人口流动和征地拆迁带来的矛盾凸显，各种“群体性事件”冲击着人们的视线，因环境污染造成的生态危机也引发了很多社会问题。我们应该看到，在实现中国现代化的道路上，最佳机遇期和矛盾凸显期共存，而社会矛盾最后要反映到人们的精神世界。摆脱人们的精神危机，构建中华民族共有的精神家园，应以任重道远的情怀加强中国特色社会主义文化建设。其中关键在于合理理解马克思主义哲学中国化的文化进程，确立中华民族的思想自我。

马克思主义哲学在中国的百年传播推动了中国人的思想启蒙，使中国人逐渐形成了民主、科学、自由、平等、解放等现代观念，使中国学人在独特的社会历史情境和现实选择中实现了具有中国文化特色的社会发展局面。马克思主义哲学中国化的文化形态也在各种文化观念碰撞与交融的过程中实现了繁荣与发展。回顾百余年来中国社会发展的历史进程，我们应当看到，“中国人经过千辛万苦找到了马克思主义这个救国救民的普遍真理，在不断中国化的过程中它的思想精髓已构成了中国走向现代化的文化主线，它充满生命力地浸透在我们的民族精神之中，实际地存在于我们的时代和生活之中”[①]。塑造当代中国社会发展的精神高度，需要深刻认识中国走向现代化的文化主线，合理理解马克思主义哲学中国化的文化形态，尊重中国社会发展进程中的历史选择，形成在新时代推进马克思主义哲学中国化的文化自觉，进而实现马克思主义哲学中国化的文化认同。

之所以强调马克思主义哲学中国化的文化自觉和文化认同在中国社

① 孙麾：《理论自觉自信：中国学术新的思想高度》，《红旗文稿》2012 年第 18 期。

会发展进程中的重要作用，是因为马克思主义哲学中国化进程反映了中国学人的历史选择，由此形成的中国特色社会主义文化体现了中国风格和中国气魄。在中国革命、建设和改革的进程中，马克思主义哲学已经内化为一种体现中国文化精神的主导思想观念，它在中国现代化过程中实现自身的文化使命。作为在中国现代化过程中形成的主流文化形态，以马克思主义为指导的中国特色社会主义文化具有维系中国人的精神纽带的现实功能。以马克思主义哲学中国化的文化自觉扭转当代中国社会生活中的文化失范和文化乱象，必须深刻理解中国社会发展深层次的文化需要，深入理解当代中国的公共意识和社会心理，使上层建筑更好地适应经济基础的要求。在此基础上激发整个社会的精神力量，凝聚各民族、各阶层的共同愿望，实现马克思主义哲学中国化的文化认同，为实现中华民族伟大复兴中国梦提供精神动力和价值支持。

强调马克思主义哲学中国化的文化自觉和文化认同，既要灵活运用马克思主义哲学原理分析和解决中国社会发展进程中存在的实际问题，也要实现中国传统文化的创造性转化和创新性发展。传承和弘扬中华优秀传统文化，是中国知识分子浓重的文化情结所在，千百年来中华优秀传统文化的强劲因素始终在社会生活中发挥着浓重的影响力。促进中国特色社会主义文化繁荣与发展，需要发掘中国传统文化促进当代社会和谐发展的智力资源，使之服务于国家治理和社会建设。在全面深化改革的重要历史时期，强调中华优秀传统文化创造性转化、创新性发展，应当充分认识到其中体现的语境转换的现实意义。“正心诚意修齐治平，不是中国革命胜利之路，却是取得政权后当权者的修养和为政之道。以儒家学说为主导的传统文化包含有丰富的治国理政、立德化民的智慧。必须研究中国历史上治国理政的经验和中国传统文化，尤其是儒家学说中注重社会和谐和民本的治国理政的智慧，研究如何立德兴国、教民化民。”① 实现国家治理体系和治理能力现代化，既要充分借鉴国外先进的治理经验，也要合理把握中国传统治国理政之道，这种历史唯物主义的态度体现的正是马克思主义哲学中国化的文化自觉，也只有基于现代中

① 陈先达:《马克思主义与中国传统文化》,《光明日报》2015 年 7 月 3 日。

国社会发展的实际经验，形成中国特色社会主义的现代治理思路，才能实现马克思主义哲学中国化的文化认同。

塑造当代中国社会发展的精神高度，需要培育和践行社会主义核心价值观，建构中华民族共有精神家园。社会主义核心价值观是中国特色社会主义文化的精髓，体现了中国社会的价值选择和中国道路的价值走向，在多样发展的中国社会价值体系中发挥着主导作用。它反映了改革开放以来人们的思维方式和价值观念的深刻变化，表征着当今中国人的精神追求与实践宗旨，是形成社会向心力的根本性因素。它借鉴了人类文明的优秀成果，体现了马克思主义哲学与中国传统文化的视域交融，在国家、社会和个人三个层面各有侧重。它反映了当代中国社会的共同理想信念和道德规范，彰显了中国特色社会主义的价值选择，体现了中国崛起的精神高度。毋庸置疑，培育和践行社会主义核心价值观，从多重角度生动地阐释中国特色社会主义文化的核心价值理念，对塑造中国精神并展示中国文化形象具有重要意义。

社会主义核心价值观反映了当代中国人价值追求的最大公约数，塑造了我们时代的精神气质，有利于提高中国人的现代素养和国际竞争力。培育和践行社会主义核心价值观，应从中国化马克思主义哲学的文化视角审视当代中国人价值观念变革的逻辑脉络，高度凝练当代中国社会发展的价值理念，引导当代中国社会生活的价值建构，呈现中国化马克思主义哲学与时俱进的文化境界。今天，我们应当充分认识到实现中华民族伟大复兴的世界历史意义，充分认识到中国特色社会主义文化发展与中国经济社会发展同步的实践逻辑。同时也应当充分认识到，只有实现马克思主义哲学中国化的文化自觉和文化认同，才能具有中国特色社会主义的文化自信，才能站在社会发展的文化制高点上，凝铸中国社会发展的价值根基，建立中国人安身立命的精神家园，使中国经济社会发展体现为提升中国人现代素养的社会文明的发展，使上层建筑实际地满足经济基础的要求，进而得到世界文明的认同。

综上所述，马克思主义哲学同中华优秀传统文化在中国现代化的历史选择中实现了文化交融，逐渐形成了马克思主义哲学中国化的文化形态，并在文化自觉和文化认同中得到深化和发展。马克思主义哲学中国化的文化自觉是创造现代新文化的自觉，这个自五四运动以来形成的新文化传统促进了中华优秀传统文化的现代转型。在“旧邦新命”的文化语境中，我们可以更好地理解马克思主义哲学同中华优秀传统文化的关系，在新时代新征程上与时俱进地达成马克思主义哲学中国化的文化认同。此举力图实现中国传统文化的创造性转化和创新性发展，旨在塑造当代中国社会发展的精神高度，解决当代中国社会生活中存在的文化迷失、文化盲从等现实问题，通过培育和践行社会主义核心价值观，促进中国经济社会持续协调发展。在以中国式现代化全面推进中华民族伟大复兴的新征程上，中国社会进一步发展需要强大的文化动力，为此应从中国和平崛起的战略高度理解中国特色社会主义文化建设之于中华民族伟大复兴所具有的重大现实意义，进一步促进马克思主义哲学中国化的文化自觉和文化认同。这是推动中国社会持续健康发展的文化前提，也是实现中国梦的价值基础。

（原载《中国高校社会科学》2016 年第 1 期）

五

中国式现代化的文明底蕴及其世界历史意义

习近平总书记在党的二十大报告中指出:“在新中国成立特别是改革开放以来长期探索和实践基础上,经过十八大以来在理论和实践上的创新突破,我们党成功推进和拓展了中国式现代化。中国式现代化,是中国共产党领导的社会主义现代化,既有各国现代化的共同特征,更有基于自己国情的中国特色。”[①] 中国式现代化道路是中华民族在世界历史进程中实现文明重塑的创造性探索,既是中华文明在中国革命、建设和改革实践中的自我更新,也是对西方现代性危机及其文明限度的内在超越。从现代化的普遍性角度看,世界历史进程中的现代化探索是以现代工业和科技革命为推动力,使工业文明进入经济、政治、文化、思想各领域并引起社会组织和行为深刻变革的过程。[②] 选择中国式现代化道路并实现文明重塑是中国有识之士以新历史观开眼看世界,薪火相传、接力奋进,使经济社会发展赶上世界先进水平的创举,为中华文明的自我更新创造了历史前提,映现了世界历史民族实现特定历史使命的文明底蕴,彰显了走向复兴的中华民族创造人类文明新形态的世界历史意义。

(一)中国式现代化道路的文明底蕴

文明是人类改造自然和社会所创造的物质财富和精神财富的总和,以社会现实生活的生产和再生产为基础,是在历史中形成且在实践中为人们所共同遵循的社会的素质,是衡量社会进步的尺度,也是社会发展

①《高举中国特色社会主义伟大旗帜 为全面建设社会主义现代化国家而团结奋斗——习近平同志代表第十九届中央委员会向大会作的报告摘登》,《人民日报》2022 年 10 月 17 日。

② 罗荣渠:《现代化新论——世界与中国的现代化进程》,商务印书馆 2004 年版,第 5 页。

的内在动力。文明的创造呈现了人与世界的关系，以内在的方式对社会发展发挥潜移默化的作用，在将自然人化与确定社会秩序的过程中昭示意义和希望。在现代化实践中塑造的文明形态凸显了科学技术、市场经济、民主法治的价值，呈现了超越传统文明形态的理性化过程，使文明重塑成为每个走向现代化的民族的普遍命运。

具有五千年悠久历史的中华文明素来被视为世界上最古老的文明之一，在农业文明时代遥遥领先，“惟中国能以其自创之文化绵永其独立之民族生命”[①]。及至历史进入工业文明时代，中华文明在西方文明的挑战中“蒙尘”，陷入东方从属于西方的关系格局，一度落后于现代世界文明进程。当马克思主义随着十月革命一声炮响传入中国，此前千辛万苦向西方寻求真理的中国先进知识分子重新思索中华民族的历史命运，探究特定世界历史民族实现现代化的具体社会条件和历史环境。中国共产党在马克思主义与中国工人运动相结合的过程中应运而生，中国人民开始从精神上由被动转为主动，逐渐看清了资本主义文明的弊端，在革命中认识到资产阶级政党的实质，从中国的实际出发，走自己的现代化道路。

马克思主义哲学在中国的传播使中国人以科学理性思维重新理解中华文明，深刻意识到中华优秀传统文化返本开新的必要性。在关于体用问题的反复讨论中，有识之士逐渐对中西古今之争作出历史性总结。正如毛泽东所说，“我们这个民族，从来就是接受外国的先进经验和优秀文化的”，“从来不拒绝接受别的民族的优良传统”。[②]中华文明兼容并包的品格彰显了独特优势，作为世界上唯一没有中断过的文明，其对于外来文化有一种博大宽宏的气度和融会贯通的自觉。在与西方现代文明的历史性相遇中，中华文明不断实现创新与转化，使之在实践中超越现代西方文明的正是体现中国风格和中国气派的马克思主义。同中华优秀传统文化相结合的马克思主义在其每一表现中都带有中国的特性，都在更新古老中华文明的过程中伴随着对西方现代文明的批判反思，从而走向一种文明新形态的实践创造。

第一次世界大战的爆发让人们感到震惊，并对西方文明的长处颇有

① 梁漱溟:《中国文化的命运》，中信出版社 2010 年版，第 32 页。
②《毛泽东文集》第 6 卷，人民出版社 1999 年版，第 264 页。

幻灭之感。恰如梁启超感喟："当时讴歌科学万能的人，满望着科学成功，黄金时节便指日出现。如今功总算成了，一百年物质的进步，比从前三千年所得还加几倍。我们人类不惟没有得着幸福，倒反带来许多灾难。"[①] 这种对现代西方文明的质疑不仅促动国人欢迎社会主义之新文明，而且以之激活中华文明的内在活力，形成以中国革命融入世界革命的历史意识。毛泽东指出："帝国主义列强侵入中国的目的，决不是要把封建的中国变成资本主义的中国。帝国主义列强的目的和这相反，它们是要把中国变成它们的半殖民地和殖民地。"[②] 对现代西方文明的单向度认同并不能使中国独立地发展资本主义，而只能渐至沦为西方殖民主义的附庸。秉持马克思主义中国化的新文明观，中国先进知识分子作出了历史的选择。

具有五千年历史的中华文明是中国式现代化探索的"前见"，这种文明底蕴决定了选择中国式现代化道路不仅使中华民族赶上了时代发展的步伐，而且将超越现代殖民主义和资本逻辑的苑囿，限制物质主义和唯科学主义的单向度弊端。《尚书》有言："经纬天地曰文，照临四方曰明。"中华文明强调人与自然、人与人、人与社会和合共生，在长期演化中积累了道法自然、协和万邦、求同存异、和实生物、兼收并蓄等影响深远的观念。诚然，仅靠这些观念及其对象化实践难以构成实现现代化的内生动力，但与马克思主义相结合的这种文化传统对超越现代西方文明的误区具有独特价值。马克思主义基本原理同中国具体实际和中华优秀传统文化相结合这一历史事实实际体现为中国社会的深刻改变和中华文明的自我更新，且使中国式现代化的实践创造与中华文明的自我更新处于同一历史进程。正如《中共中央关于共产国际执委主席团提议解散共产国际的决定》所指出的："中国共产党人是我们民族一切文化、思想、道德的最优秀传统的继承者，把这一切优秀传统看成和自己血肉相连的东西，而且将继续加以发扬光大。中国共产党近年来所进行的反主观主义、反宗派主义、反党八股的整风运动就是要使得马克思列宁主义这一革命科学更进一步地和中国革命实践、中国历史、中国文化相结

① 梁启超:《欧游心影录》，商务印书馆 2014 年版，第 18 页。
②《毛泽东选集》第 2 卷，人民出版社 1991 年版，第 628 页。

合。这一运动表现了中国共产党人在思想上的创造才能，一如他们在革命实践上的创造才能。”[①] 从中可见，马克思主义与中华优秀传统文化是我们党与生俱来的文化基因，中国革命实践与中国式现代化的初步探索正是马克思主义同中华优秀传统文化相结合的确证。

作为一种“被延误的现代化”，中国式现代化历经器物、技术、制度和文化层面变革的尝试，直至以马克思主义为指导的社会革命激活了中华文明的内生动力。在新民主主义革命时期，“以中国为中心，以马克思主义为方法，重建中华文明的历史主体性，以实事求是的启蒙精神，提出马克思主义中国化，同时推动中华文化的现代化”[②]，文化建设取得了伟大成就。深刻认识到新兴工业的建立是一切文明民族生命攸关的问题，中华人民共和国成立后，我们党团结带领人民努力建设具有高度现代文明程度的工业化国家。在社会主义工业化进程中，中国式现代化拓展到农业、国防和科学技术领域，在“两步走”的探索中彰显了把握中华民族历史命运的自觉和自信。可以说，中国式现代化在起步阶段即超越了西方现代社会的对抗性矛盾，在以共同富裕为目标的实践中遵循创造现代文明的劳动逻辑，将马克思关于现代文明转型的构想在中国具体化，初步形成了发展中国家走现代化道路的实践经验。

改革开放使中国式现代化的蓝图在汲取世界先进技术和成果的起点上展现，邓小平用《礼记·礼运》中的“小康”一词来规定中国式现代化，强调四个现代化的社会主义特征。通过实施“三步走”战略，“到本世纪末在中国建立一个小康社会。这个小康社会，叫作中国式的现代化。翻两番、小康社会、中国式的现代化，这些都是我们的新概念”[③]。这些概念是在中国式现代化的实践探索中凝结的。在集中精力推动社会主义现代化建设过程中，中华民族迈出了实现伟大复兴的关键一步，体现了现代化的中华民族形式，并赋予“小康”这个在中国古代典籍中体现为和平崛起态势的话语以时代新义，反映了人们对和平安定的社会环

① 中共中央文献研究室、中央档案馆：《建党以来重要文献选编（1921—1949）》第 20 册，中央文献出版社 2011 年版，第 318—319 页。

② 李文堂：《中国共产党百年文化成就》，《中国党政干部论坛》2021 年第 10 期。

③《邓小平文选》第 3 卷，人民出版社 1993 年版，第 54 页。

境、良好的道德风尚与愉悦的生活状态的向往。

新时代新征程，我们党团结带领人民全面建成小康社会，以新发展理念探索实现现代文明转型的新路，社会主义现代化建设进入新的历史阶段，形成了创造文明新形态的基本结构。这种文明新形态摒弃了由资本逻辑主导的物欲膨胀、两极分化、零和博弈的思维定势，从总体上实现了社会全面进步和人民生活水平持续提升，重构了现代化的文明图谱。习近平总书记提出两个阶段的战略安排，到2035年基本实现社会主义现代化，到本世纪中叶建成富强民主文明和谐美丽的社会主义现代化强国，“到那时，我国物质文明、政治文明、精神文明、社会文明、生态文明将全面提升，实现国家治理体系和治理能力现代化，成为综合国力和国际影响力领先的国家，全体人民共同富裕基本实现，我国人民将享有更加幸福安康的生活，中华民族将以更加昂扬的姿态屹立于世界民族之林”[①]。凝结社会主义现代化中国经验的中华文明将由此实现现代重塑，在为解决人类问题贡献中国智慧的过程中绽放新的时代光彩。

（二）现代化的中国经验与中华文明的现代重塑

现代化是随着新兴工业的建立开始的，新的生产方式揭示的现代经济运动规律与一切文明民族生命攸关，历史也由以向世界历史转变。主导现代化进程的新的生产力不仅推动了社会变革，而且改变了人们的精神世界。正如马克思所说，“工业的历史和工业的已经生成的对象性的存在，是一本打开了的关于人的本质力量的书，是感性地摆在我们面前的人的心理学”[②]。这门心理学体现了工业的发展同人的对象化的本质力量的内在关系，展现了一种文明新图景，在现实生活面前描述人们的实践活动和实际发展过程。由于民族、地域、文化等各种从外部作用于经济基础的历史影响的差别，现代化的形式基于不同经验事实而具有多样性。中国式现代化道路体现了中华文化的独特传统、中华民族的独特历史命运和中国独特的基本国情，在现代化探索中积累了不同于西方资本主义现代化史的独特经验。

①《习近平谈治国理政》第3卷，外文出版社2020年版，第23页。

②《马克思恩格斯文集》第1卷，人民出版社2009年版，第192页。

这种独特经验与资本逻辑主导的文明的根本差异在于，后者是一种“建立在劳动奴役制上的罪恶的文明”①，其中一极是资本主义财富和文明的积累，另一极则是“贫困、劳动折磨、受奴役、无知、粗野和道德堕落”②等不文明现象的凸显。这种文明引起的对抗性矛盾制造了严峻的社会问题，这种“文明的一切进步，或者换句话说，社会生产力的一切增长，也可以说劳动本身的生产力的一切增长，如科学、发明、劳动的分工和结合、交通工具的改善、世界市场的开辟、机器等所产生的结果，都不会使工人致富，而只会使资本致富；也就是只会使支配劳动的权力更加增大；只会使资本的生产力增长”③。因而，这种文明将走向启蒙学者描绘的华美约言的反面，“不论它较之旧制度如何合理，却决不是绝对合乎理性的”④，将这种文明转型的构想在中国具体化是中国式现代化独特经验的本质所在。

中国式现代化与马克思主义本质的必然的联系是在中国革命、建设、改革和新时代的伟大变革中实现的，中国特色社会主义使中国式现代化彰显了制度优势，达到前所未有的发展高度，并在一种走向复兴的不可逆转的趋势中呈现了塑造现代文明新形态的直接现实性。推进和拓展中国式现代化，必须坚持中国共产党领导，必须坚持中国特色社会主义，制度优势是一个国家的最大优势，中国特色社会主义制度使中国式现代化具有更高的治理效能。“如果要先验地给一个民族以一种国家制度，即使其内容多少是合乎理性的，这种想法恰恰忽视了一个因素，这个因素使国家制度成为不仅仅是思想上的事物而已。所以每一个民族都有适合于它本身而属于它的国家制度。”⑤马克思主义中国化与中国式现代化处于同一历史进程，中国式现代化具有明确的社会主义方向和原则，在实现中华文明自我超越的同时，打破了“特殊主义的普遍化”，对现代西方文明的挑战逐渐作出有力的回应，在社会革命中形成独立自主的发展道路，成为中华文明实现重塑的历史前提。

①《马克思恩格斯文集》第3卷，人民出版社2009年版，第175页。
②《马克思恩格斯文集》第3卷，人民出版社2009年版，第555页。
③《马克思恩格斯全集》第30卷，人民出版社1995年版，第267页。
④《马克思恩格斯文集》第3卷，人民出版社2009年版，第526页。
⑤［德］黑格尔：《法哲学原理》，商务印书馆1961年版，第291页。

中国式现代化反映了在以马克思主义为指导的百年奋斗历程中实现的中华优秀传统文化的创造性转化与创新性发展，体现了中华文明的时代内涵。通过反思苏联社会主义现代化建设中一些缺点和错误，避免他们走过的弯路，毛泽东提出正确处理前进中面对的十种矛盾关系，兼顾多方面的利益，努力学习其他民族的长处，调动党内外、国内外一切积极的因素，为社会主义现代化建设服务。“在非常短的时间里，这一活着的最古老的文明就变成了所有欠发达国家中最年轻、最活跃的力量。”[①] 这种力量使中国式现代化朝向人类文明新形态的实践创造，在超越资本现代性的同时成为实现中华民族伟大复兴的历史性实践，从而使中华文明在与日俱新中实现持续发展。

改革开放以来，我们党从关乎国家和民族命运的高度推进社会主义现代化建设，通过“大胆吸收和借鉴人类社会创造的一切文明成果，吸收和借鉴当今世界各国包括资本主义发达国家的一切反映现代化社会化生产规律的先进经营方式、管理方法”[②]，社会主义现代化体现了比较优势。可以说，中国式现代化的文明根基是中国特色社会主义制度文明，现代化与社会主义的融合展现了强大的社会发展活力。“在这一现实运动中正在展开出来的历史性趋势，因为历史发展的总体趋势比既成的历史事实具有更高的现实性。”[③] 通过批判现代西方文明的误区及其导致的现代性危机，中国式现代化彰显了特定的历史前提与民族特色，并在实践创造中进行文化创造，在世界文明图景中展现了一种文明新形态的中华文化底蕴及其在世界历史中的价值。

中国式现代化固然是后发式的，但其一开始于社会主义工业化的实际展开，就体现了明确的自主逻辑。中国式现代化道路是我们党从中华文明的特点出发科学规划的，党的十二届六中全会通过的《中共中央关于社会主义精神文明建设指导方针的决议》指出：“新中国的成立，在社会主义基础上开始了伟大的中国文明的复兴。自从我们国家以党的十一

①［法］费尔南·布罗代尔著，肖昶等译：《文明史纲》，广西师范大学出版社 2003 年版，第 215 页。

②《邓小平文选》第 3 卷，人民出版社 1993 年版，第 373 页。

③ 吴晓明：《世界历史与中国式现代化》，《学习与探索》2022 年第 9 期。

届三中全会为标志进入新的历史发展时期，更赋予这个复兴以新的强大生机和活力。这个复兴，不但将创造出高度发达的物质文明，而且将创造出以马克思主义为指导的，批判继承历史传统而又充分体现时代精神的，立足于本国而又面向世界的，这样一种高度发达的社会主义精神文明。”[①] 以全面深化改革为根本动力，中国式现代化道路具有明确的历史自觉和强大的前进定力，赋予中华优秀传统文化以新的时代内容并使之彰显新的时代特征，努力实现中华文明的现代重塑，为发展中国家探索现代化道路提供了中国经验。

中华民族在走向复兴的过程中创造了人类文明新形态，在为解决全球性问题提供合理方案的同时彰显了新的世界精神。正如习近平总书记所指出的：“中华文明源远流长、博大精深，是中华民族独特的精神标识，是当代中国文化的根基，是维系全世界华人的精神纽带，也是中国文化创新的宝藏。在漫长的历史进程中，中华民族以自强不息的决心和意志，筚路蓝缕，跋山涉水，走过了不同于世界其他文明体的发展历程。”[②] 绵延数千年的中华文明有其独特的价值体系，形成了潜移默化影响中国人思维方式和行为方式的中华民族的文化基因，体现了讲仁爱、重民本、守诚信、崇正义、尚和合、求大同的精神特质和发展形态，在同马克思主义基本原理相结合的过程中实现了创新发展，为中国式现代化确立了坚实的文化根基，提供了超越西方现代化模式的重要思想资源。

历史悠久的中华文明蕴含着丰富的治国理政智慧和哲学社会科学内涵，具有开放包容的文化品格，在文明交流互鉴中不断推陈出新。“从历史上的佛教东传、‘伊儒会通’，到近代以来的‘西学东渐’、新文化运动、马克思主义和社会主义思想传入中国，再到改革开放以来全方位对外开放，中华文明始终在兼收并蓄中历久弥新。”[③] 作为中华文明的智慧结晶和精华所在，中华优秀传统文化承载着中华民族的精神血脉，以开放会通的方式反映时代脉动，在同马克思主义基本原理相结合的百年

①《十二大以来重要文献选编》(下)，中央文献出版社1988年版，第125页。

②《习近平在中共中央政治局第三十九次集体学习时强调　把中国文明历史研究引向深入　推动增强历史自觉坚定文化自信》，《人民日报》2022年5月29日。

③《习近平谈治国理政》第3卷，外文出版社2020年版，第471页。

历程中构筑了中华民族共有的精神家园，成为现代中国人超越自我的精神世界，体现了光复旧物的坚强决心，以返本开新的姿态为中国式现代化提供了重要的文化创造力。虽然体现了从前现代、现代到后现代的观念及其对象化存在的复杂性，中国式现代化道路以叠加式发展处理复杂问题，具有以中国为中心进行实践创造的鲜明特征，深刻把握了中国发展的内在规律性和民族特色，实际彰显了历史主体性。

中国式现代化具有鲜明的社会主义特质和深厚的中华文明底蕴，实现了物质文明、政治文明、精神文明、社会文明、生态文明协调发展，是符合中国实际并超越西方现代性危机的重要探索。正如邓小平所指出的："我们的现代化建设，必须从中国的实际出发……把马克思主义的普遍真理同我国的具体实际结合起来，走自己的道路，建设有中国特色的社会主义，这就是我们总结长期历史经验得出的基本结论。"① 中国式现代化的经验和特质具有明确的自主逻辑，超越了西方现代性传统思维模式，以迈向共同富裕的实践探索避免"贫穷的普遍化"，在创造人类文明新形态的过程中体现为一种世界历史性存在。基于人口规模巨大的国情，中国式现代化秉持以人民为中心的发展理念，促进人与自然和谐共生，走和平发展道路，通过统筹推进"五位一体"总体布局，协调推进"四个全面"战略布局，推进国家治理体系和治理能力现代化，创造了世所罕见的经济快速发展和社会长期稳定两大奇迹，不断提高人们的文明程度，努力实现全体人民共同富裕，在历史进步中实现了文化进步。

中国式现代化强调以人民为中心，反映了推动社会主义现代化建设的新历史观。正如习近平总书记所指出的："为人民谋幸福、为民族谋复兴，这既是我们党领导现代化建设的出发点和落脚点，也是新发展理念的'根'和'魂'。只有坚持以人民为中心的发展思想，坚持发展为了人民、发展依靠人民、发展成果由人民共享，才会有正确的发展观、现代化观。"② 中国式现代化道路彰显了以社会主义为本质规定的制度文明，

①《邓小平文选》第3卷，人民出版社1993年版，第2—3页。

②《习近平在省部级主要领导干部学习贯彻党的十九届五中全会精神专题研讨班开班式上发表重要讲话强调　深入学习坚决贯彻党的十九届五中全会精神　确保全面建设社会主义现代化国家开好局》，《人民日报》2021年1月12日。

其成功经验表明，中国经济社会发展的成就塑造了崭新的现代“文明格局”，书写了体现时代特质的中华“文明华章”，倡导以文明交流互鉴取代文明隔阂冲突，中华民族伟大复兴进入了不可逆转的过程，在百年奋斗征程上实现了“历史的结果和预定的目的”，在面向未来的历史性筹划中重绘现代化的世界版图，进而彰显了世界历史意义。

（三）中国式现代化道路的世界历史意义

鸦片战争使中国人面对“三千年未有之大变局”，西方列强的坚船利炮轰散了中华文明在农业文明时代的比较优势。伴随资本主义生产方式发展而来的殖民扩张，使农业文明从属于工业文明，中华民族由此遭遇深重的文明危机。在危机中寻找出路的中国有识之士具有强烈的民族复兴的自觉，在持续探索中积聚创造中国式现代化道路的强大动力。十月革命一声炮响，给中国人送来了马克思列宁主义，中国共产党团结带领人民实现民族独立，使中华民族走出“文明蒙尘”的历史境遇。在中国革命、建设和改革进程中，中华文明不断实现从传统到现代的转型，在社会主义现代化建设中焕发蓬勃生机，展现了深刻的文明史意义。

中国式现代化道路打破了一种根深蒂固的成见，即认为现代化就是资本主义发展历程，这种单一的现代化观体现了浓厚的资本主义论调，使资本原始积累、殖民与战争、严重破坏自然资源的图景以现代化的形象出场，进而固化了西方现代化发展模式并强加给其他民族。世界历史的形成开始于现代化浪潮，深刻改变了人类的生产生活方式和交往形式，也在生产力高度发展的同时演绎了“西方中心主义”的神话。这个神话造成了西方主导现代化的幻象，实则对东方从属于西方的强制阐释。中国式现代化道路摒弃了以资本为中心的单向度逻辑，超越了零和博弈和对外扩张的思维定势，摆脱了两极分化和物质主义的泥淖，消解了遵循丛林法则的必然性，体现为心理态度、价值观和生活方式的改变，代表我们时代的文明形式。中国式现代化道路以中华文明的历史底蕴与时代精神为解决人类问题贡献中国智慧，为现代化理论与实践提供了社会主义方案，成为“世界现代化的增长极”，因而是一种实现现代文明转型的伟大探索。

中国式现代化道路破解了人口规模巨大的国家实现经济跨越式发展的难题，以工业化、信息化、城镇化、农业现代化的叠加发展方式实现了“时空压缩”，在中华文明现代重塑中展现中国式现代化的民族化和时代化特征，体现为马克思主义基本原理同中华优秀传统文化相结合，亦是这种结合的确证。“我国作为一个人口众多的超大市场规模的社会主义国家，在迈向现代化的历史进程中，必然要承受其他国家都不曾遇到的各种压力和严峻挑战。”[①] 作为一种后发型现代化，中国式现代化道路在体现现代文明普遍性的同时，实现对现代性危机的超越，从而使现代文明在中国的实践创造以内在超越的方式展开，体现为在历史前进的逻辑中前进，在时代发展的潮流中发展。正是因为深刻意识到西方现代化进程中的贫富差距、价值冲突和对抗性矛盾，我们党团结带领人民创造的中国式现代化必然要超越资本主义文明形态，在世界历史进程中确立了超越文明隔阂和文明冲突的新发展观，在文化涵养中实现文明进步，稳步推进全体人民共同富裕，在文明交流互鉴中实现不同民族在现代化进程中的对话与合作，倡导构建人类命运共同体。

在世界历史中把握人类文明演进历程，是不同民族和地域的文明在普遍交往中实现各自发展的经验。从传统的农业社会向现代工业社会转变，形成了从整体上考察世界历史趋势的条件，资本逻辑主导的现代化实现了这一转变，也造成了人的异化与对抗性矛盾，造成了严峻的现代性危机。为此，需要探索实现现代文明转型的新路，以劳动逻辑取代资本逻辑。正如马克思所说：“整个所谓世界历史不外是人通过人的劳动而诞生的过程，是自然界对人来说的生成过程。”[②] 世界历史是人们在劳动实践中创造的，不是资本逻辑必然导致的结果。中国式现代化道路创造了经济社会发展的奇迹，历史性地解决了绝对贫困问题，使我们大踏步跟上了时代发展的步伐，赋予了现代文明新的实体性内容，从根本上解决了资本主义现代文明的内在矛盾，在与各国平等互利交往中倡导文明交流互鉴，确证了社会主义现代化的文明史意义。

马克思主义同中华优秀传统文化相结合深化了中国式现代化的文明

① 习近平：《把握新发展阶段，贯彻新发展理念，构建新发展格局》，《求是》2021 年第 9 期。

②《马克思恩格斯全集》第 3 卷，人民出版社 2002 年版，第 310 页。

史意义。马克思主义在中国具体化，指导中国式现代化取得举世瞩目的成就，既有使中国人掌握科学理性的现代因素，也有与中华优秀传统文化相契合这一深层根由。“马克思主义传入中国后，科学社会主义的主张受到中国人民热烈欢迎，并最终扎根中国大地、开花结果，决不是偶然的，而是同我国传承了几千年的优秀历史文化和广大人民日用而不觉的价值观念融通的。”[①] 在团结带领人民创造中国式现代化道路的过程中，我们党以历史唯物主义观点看待中华民族五千多年的历史进程，阐明中国式现代化道路的深厚文化底蕴和中华文明的精神特质与发展形态，把握中华民族共同体的发展路向和中华民族多元一体演进格局，稳中求进、创新发展，彰显了中国式现代化的文明底蕴，创造了马克思主义所指明的历史时代的一种新文明形态。

中国式现代化道路是在借鉴世界各国现代化先进经验基础上的自主探索，我们党强调走自己的路，以我们正在做的事情为中心，坚持把国家和民族发展放在自己力量的基点上，牢牢掌握中国发展进步的命运。在世界历史进程中超越西方现代性危机，中国式现代化的实践创造以平等、互鉴、对话、包容的文明观理解一切先进文明的价值内涵，从中彰显了和而不同的文化精神与和谐共存的人类命运共同体意识，坚持求同存异、合作共赢，倡导在文明的制高点上构建新型国际关系格局。正如印度诗人泰戈尔所说，中华文明“不是一种掠夺性的、拥有机械效能的文明，而是一种精神的文明；它建立在人性所具有的、全部的、各种各样的、深层次关系的基础之上”[②]。在社会主义现代化进程中实现重塑的中华文明以开放的姿态展现了这种精神品格，其中的宇宙观、天下观、社会观、道德观蕴含着全人类共同价值，为发展中国家实现现代化提供了可资借鉴和参考的中国经验与中国方案。

党的二十大明确了从现在起党的中心任务，习近平总书记强调在推进和拓展中国式现代化的前进道路上要牢牢把握的重大原则：坚持和加强党的全面领导，坚持中国特色社会主义道路，坚持以人民为中心的发

①《习近平谈治国理政》第3卷，外文出版社2020年版，第120页。

②［印］泰戈尔著，刘涵译：《民族主义》，中国出版社传媒股份有限公司2014年版，第12—13页。

展思想，坚持深化改革开放，坚持发扬斗争精神。[①] 推进和拓展中国式现代化，必须遵循上述原则，把握以中国式现代化实现中华民族伟大复兴的实践逻辑，形成全面建设社会主义现代化国家、全面推进中华民族伟大复兴的强大合力，不断展现中国式现代化的动力和活力，推动构建人类命运共同体，从中彰显创造人类文明新形态的世界历史意义。

综上所述，以历史自觉和文化自信研究中国式现代化道路的文明底蕴，是超越西方现代性危机的一种实现现代文明转型的探索。中国式现代化的自主逻辑基于马克思主义基本原理同中国具体实际和中华优秀传统文化相结合，以新发展理念实现高质量发展，全面建成小康社会，努力实现全体人民共同富裕，促进了中华文明的现代重塑，在中华优秀传统文化创造性转化与创新性发展中展现了中华民族独特的精神标识。回顾中国式现代化探索的百年历程可见，这条道路以中华民族独特的文化传统和历史命运为起点，摒弃了西方现代化发展定势，反思苏联现代化建设的失误，不断在实践中解答中国之问、世界之问、人民之问和时代之问，不断创造满足人民日益增长的美好生活需要的物质条件，从而为实现中华民族伟大复兴汇聚了磅礴的力量，也为人类文明新形态的实践创造提供了中国经验和中国智慧。

（原载《哲学研究》2023 年第 1 期）

① 参见《高举中国特色社会主义伟大旗帜　为全面建设社会主义现代化国家而团结奋斗——习近平同志代表第十九届中央委员会向大会作的报告摘登》，《人民日报》2022 年 10 月 17 日。

六

阳明心学与马克思主义哲学在中国的早期传播

习近平总书记在党的二十大报告中指出:“坚持和发展马克思主义,必须同中华优秀传统文化相结合。”[①] 马克思主义同中华优秀传统文化相结合,具有深刻的内在机理。解读中国学人最初接受马克思主义哲学时用以理解其理论实质的思想资源,可见阳明心学是其中不可忽视的因素。探究马克思主义哲学在中国早期传播中的心学要素,理解中国早期马克思主义传播者对阳明心学的体悟与理解,首先要把握阳明心学的实践心学特质。

(一)阳明心学的实践心学特质

明代中叶社会矛盾激化,导致揭竿而起的农民起义连绵不断,这不仅动摇了明王朝的统治根基,而且使作为官学的程朱理学遭到严重质疑,因为它无力从思想上指明改变衰颓社会现实的路径。同时,明代出现的商品经济及其带来的逐利思富的社会心理对传统的纲常名教提出实际的挑战。一方面,“今夫天下之不治,由于士风之衰薄,而士风之衰薄,由于学术之不明”[②]。另一方面,“商贾既多,土田不重。操资交接,起落不常;能者方成,拙者乃毁;东家已富,西家自贫;高下失均,锱铢共竞;互相凌夺,各自张皇”[③]。社会现实变迁催化程朱理学的演变,陆九渊指出朱熹理气观的内在缺陷,理学内部也反思知先行后、理气分离的

①《高举中国特色社会主义伟大旗帜　为全面建设社会主义现代化国家而团结奋斗——习近平同志代表第十九届中央委员会作的报告摘登》,《人民日报》2022 年 10 月 17 日。

② 吴光、钱明、董平等编校:《王阳明全集》第三册新编本,浙江古籍出版社 2011 年版,第 926 页。

③ 顾炎武著,黄坤等校点:《天下郡国利病书》,上海古籍出版社 2022 年版,第 1025 页。

问题，直至王阳明指出朱学“启学者心理为二之弊”[①]，且在借鉴陆学的同时批评其“粗”，进而创立了独具一格的心学体系。

阳明心学不仅是直指本心的“培根固本”之学，也是面向生活本身的“真切体认”之学。其以“良知”说为根本，强调“一念发动处”的“知行合一”，体现了重德行的实践思维方式。王阳明以心“致良知”，认为理在心中，观念在实践中经我思而成。概观阳明心学的本真精神，可见万物有心，心外无理，明心见性，正心诚意。正如王阳明所说，“心之体，性也，性即理也。天下宁有心外之性乎？宁有性外之理乎？宁有理外之心乎？”[②]由此探究万物依存于心的道理，即能体认万物“一体之仁”，直达实践中的生命跃动。因而，“圣人之道，吾性自足”。在知行的开端，王阳明强调“立志”的重要性，立志必须强心，“故立志者，为学之心也；为学者，立志之事也”[③]。此后方可将道与心同，在实践中明断是非，去私欲，大其心，成其志。

首先，由良知出发，王阳明考察了“志”之于心的意义，强调慎独与弘毅的价值。在他看来，“故立志而圣则圣矣，立志而贤则贤矣。志不立如无舵之舟，无衔之马，飘荡奔逸，终亦何所底乎？”[④]有志者事竟成，志具有为人生定向的功能，从心之志使践履愈益坚定。在《教条示龙场诸生》中，王阳明强调意志的作用以及实现意志的事功，将用心的决定引入实践本身，彰显了知行合一的观念特质。无志无以成学，有志亦从学始，“已立志为君子，自当从事于学。凡学之不勤，必其志之尚未笃也。从吾游者，不以聪慧警捷为高，而以勤确谦抑为上”[⑤]。由此可见志的现实性，立志乃学之前提，立志笃实，方能为学。在这个意义上，不仅要有

① 吴光、钱明、董平等编校:《王阳明全集》第一册新编本，浙江古籍出版社2010年版，第47页。

② 吴光、钱明、董平等编校:《王阳明全集》第一册新编本，浙江古籍出版社2010年版，第294页。

③ 吴光、钱明、董平等编校:《王阳明全集》第一册新编本，浙江古籍出版社2010年版，第293页。

④ 吴光、钱明、董平等编校:《王阳明全集》第三册新编本，浙江古籍出版社2010年版，第1021页。

⑤ 吴光、钱明、董平等编校:《王阳明全集》第三册新编本，浙江古籍出版社2010年版，第1022页。

实现愿望的知性前提，还要以主观能动性在实践中体现博学的自觉。

这里可见学思一致的功夫。子曰："学而不思则罔，思而不学则殆。"思不应纯然停留于书斋，而应在实践中身体力行。于行中成思，方可反观学理的要义是否可行，进而在思中增进所学的深度。当立志以"穷理"为基础，就有了合理性前提。在王阳明看来，"从心所欲不逾矩，只是志到熟处"[①]。"志到熟处"，方能"当行则行，当止则止"，这也是致良知的应有之义。"以普遍之理为内容的良知，既是主体必须自觉遵循的内在规范，又是主体对行为进行自愿选择的依据。"[②]既遵循普遍之理，又顺从内心本愿，方能自觉探索、日有所进。这就要以内在的学养弃除杂念，使言行与良知的要求自觉同一，"此心自然"，由此为个体的独立人格赋予良知的规定，自愿在道德实践中追求圣人的无我之学。

阳明心学之源可追溯自孟子。孟子曰："仁义礼智根于心"，"恻隐之心，仁之端也；羞恶之心，义之端也；辞让之心，礼之端也；是非之心，智之端也"。[③]"君子所以异于人者，以其存心也。君子以仁存心，以礼存心。"[④]孟子由以养浩然之气。又曰："故天将降大任于斯人也，必先苦其心志，劳其筋骨，饿其体肤，空乏其身，行拂乱其所为，所以动心忍性，增益其所不能。"[⑤]王阳明在写给徐爱、蔡希渊和朱守中的《别三子序》中亦言："天将降大任于是人，必先违其所乐而投之于其所不欲，所以衡心拂虑而增其所不能。"[⑥]及至"龙场悟道"，"始知圣人之道，吾性自足，向之求理于事物者误也。乃以默记'五经'之言证之，莫不吻合，因著《五经臆说》"[⑦]。由此格物而致良知，方能成人成己，体悟"万物一体之念"。

---

① 吴光、钱明、董平等编校:《王阳明全集》第一册新编本，浙江古籍出版社 2010 年版，第 21 页。

② 杨国荣:《王学通论——从王阳明到熊十力》，华东师范大学出版社 2003 年版，第 54 页。

③ 万丽华、蓝旭译注:《孟子》，中华书局 2007 年版，第 69 页。

④ 万丽华、蓝旭译注:《孟子》，中华书局 2007 年版，第 185 页。

⑤ 万丽华、蓝旭译注:《孟子》，中华书局 2007 年版，第 285 页。

⑥ 吴光、钱明、董平等编校:《王阳明全集》第一册新编本，浙江古籍出版社 2010 年版，第 242 页。

⑦ 龚晓康、赵永刚主编，赵永刚、钟翌晨点校:《王阳明年谱辑存（二）》，贵州大学出版社 2018 年版，第 10 页。

正是因为践行“万物一体之念”，个体的社会性成为现实规定，此为“仁人”所当为。王阳明认为：“仁人者，正其谊不谋其利，明其道不计其功。”[①]由于力行“一体之仁”，超越个体私欲之举，因而渐至“无我”之境。由“成己”而至“无我”之境，需要大其心，以良知行事。“无我”即以个体的努力促进社会整体的发展，“人心本是天然之理，精精明明，无纤介染著，只是一无我而已……古先圣人许多好处，也只是无我而已”[②]。可见，“无我”实乃真正把握自我，由此做第一等事，创第一等德业，方能成就“民胞物与”之愿。

其次，王阳明将格物的功夫在心上做，提出了“知行合一”的思想方法。“教亦三变”，以“知行合一”开端。中国传统知行观素有“知先行后”或“行先知后”之说，在一定程度上将知行二分。为人熟知的名言“三思而后行”或“读万卷书，行万里路”也常被解读为知后乃行。在王阳明看来，真知即是行。穷尽理再行，只能将圣人之道束之高阁，因为“吾生也有涯，而知也无涯”。“知之真切笃实处，即是行；行之明觉精察处，即是知。知行工夫本不可离。”[③]知之纯熟处皆在行中，由“明觉”而“笃行”，乃是格物致知之道。他在多篇文章和书信中反复陈说这个道理，例如，“我今说个知行合一，正要人晓得一念发动处，便即是行了。发动处有不善，就将这不善的念克倒了，须要彻根彻底，不使一念不善潜伏在胸中，此是我立言宗旨”[④]。

“知行合一”的思想方法强调将观念付诸实施，使实践以致知和求理为前提，确立实践的原则高度。此说可谓对传统知行观的变革，因而必然要揭示旧说之弊。正如王阳明所说：“今人学问，只因知行分作两件，故有一念发动，虽是不善，然却未曾行，便不去禁止。”[⑤]这样将

① 吴光、钱明、董平等编校：《王阳明全集》第一册新编本，浙江古籍出版社2010年版，第174页。

② 吴光、钱明、董平等编校：《王阳明全集》第一册新编本，浙江古籍出版社2010年版，第137页。

③ 吴光、钱明、董平等编校：《王阳明全集》第一册新编本，浙江古籍出版社2010年版，第46页。

④ 吴光、钱明、董平等编校：《王阳明全集》第一册新编本，浙江古籍出版社2010年版，第106页。

⑤ 吴光、钱明、董平等编校：《王阳明全集》第一册新编本，浙江古籍出版社2010年版，第106页。

知与行分离为两个过程，实际上知与行是相互为起点的，“知行如何分得开？”“若会得时，只说一个知，已自有行在；只说一个行，已自有知在。”[①] 在实践过程的体悟之处，真知必能行，格物即格理，格理即格心。由此可见，以致知求理的心为中心，所有的问题都可归于人与世界的关系问题，都可归于人们改变世界与成就自我的问题。知行合一，方能通晓“通权达变”的要义，这在生活实践中得到具体诠证。

王阳明批评宋儒分离知与行的观念，“知之不难，行之不易”，“知之未至，行之不力”。在王阳明看来，“知汤乃饮”，“知衣乃服”，“又如知痛，必已自痛了方知痛；知寒，必已知寒了；知饥，必已知饥了：知行如何分得开？此便是知行的本体，不曾有私意隔断的”。[②] 在这个意义上，未行之知即非真知，或为臆想妄念，或尚在探索的途中，“知而不行，只是未知”[③]，“不行不足以谓之知”[④]。这个道理通俗易懂又真实不虚，王阳明将生活中的经验例证随手拈来，从知行合一的角度稍作解释，使人们得其真意。例如：“刘观时问：‘未发之中是如何？’先生曰：‘汝但戒慎不睹，恐惧不闻，养得此心纯是天理，便自然见。’观时请略示气象。先生曰：‘哑子吃苦瓜，与你说不得。你要知此苦，还须你自吃。’……‘如此才是真知即是行矣。’一时在座诸友皆有省。”[⑤] 又如弟子萧惠问曰：“己私难克，奈何？”[⑥] 阳明曰：“将汝己私来，替汝克。”[⑦] 这从根本上更新了对知与行的内在关系的认识，使人们明了“实践出真知”的道理。

---

① 吴光、钱明、董平等编校：《王阳明全集》第一册新编本，浙江古籍出版社 2010 年版，第 5 页。

② 吴光、钱明、董平等编校：《王阳明全集》第一册新编本，浙江古籍出版社 2010 年版，第 4 页。

③ 吴光、钱明、董平等编校：《王阳明全集》第一册新编本，浙江古籍出版社 2010 年版，第 4 页。

④ 吴光、钱明、董平等编校：《王阳明全集》第一册新编本，浙江古籍出版社 2010 年版，第 46 页。

⑤ 吴光、钱明、董平等编校：《王阳明全集》第一册新编本，浙江古籍出版社 2010 年版，第 40 页。

⑥ 吴光、钱明、董平等编校：《王阳明全集》第一册新编本，浙江古籍出版社 2010 年版，第 38 页。

⑦ 吴光、钱明、董平等编校：《王阳明全集》第一册新编本，浙江古籍出版社 2010 年版，第 38 页。

阳明心学某些论断一度被视为“主观唯心主义”的示例，最著名者莫过此句：“你未看此花时，此花与汝同归于寂，你来看此花时，则此花颜色一时明白起来，便知此花不在你的心外。”[①] 这里关键在于“此心动与不动”，王阳明所言重在说明“看此花时”的心动，人与花不再“同归于寂”，因为感知到花的存在。“此花”的存在不以人的意志为转移，但看到“此花”则使人与所看之花联系起来，使人真切地感知到“此花”的存在，由此对“此花”有了明确的认识，其间体现的是实践的作用。在这个意义上，不妨将阳明心学理解为一种实践心学，这里固然有王夫之所批评的“销行入知”的嫌疑，但并非否定客观存在的纯粹先验论，而旨在强调知行内在一体。阳明知行观的要义不止于此，他进一步区分了德性之知和见闻之知，将良知之知与动念之行贯通如一，强调从心而至的知行有善恶在焉，由此在实践中抵达理想人格。

再次，王阳明贯通“致知”与“良知”，将生而知之与学而知之贯穿于实践。正如他所说：“心，其根也，学也者，其培壅之者也，灌溉之者也，扶植而删锄之者也，无非有事于根焉耳矣。”[②] 心根早于培植而存在，培植使心根生发出参天大树，根深叶茂离不开培植的功夫。在实践中涵养的心根成就了良知良能，这是阳明心学匡正时弊、整顿世风的道德实践尝试，“心虽主乎一身，而实管乎天下之理，理虽散在万事，而实不外乎一人之心……外心以求理，此知行之所以二也。求理于吾心，此圣门知行合一之教，吾子又何疑乎？”[③] 此说可谓彰显了中国启蒙观念之初始气象，“求理于吾心”，有勇气运用自己的理智，不是外在的启智，而要通达实践与内省的自觉，以心读之，方有强大的内心世界。

阳明心学以圣人之学为参照，他在龙场多次自问：若圣人，何如？“圣人之道，吾性自足。”[④] 在偏远的龙场，王阳明“中夜大悟格物致知之

① 吴光、钱明、董平等编校:《王阳明全集》第一册新编本，浙江古籍出版社2010年版，第118页。

② 吴光、钱明、董平等编校:《王阳明全集》第一册新编本，浙江古籍出版社2010年版，第255页。

③ 吴光、钱明、董平等编校:《王阳明全集》第一册新编本，浙江古籍出版社2010年版，第47页。

④［明］王守仁:《王阳明全集（简体版）》，上海古籍出版社2012年版，第1007页。

旨”[①]，理即道，心即理，心安诸事康泰。在他看来，“圣人之学，心学也，尧舜禹之相授受”。“心之本体，原自不动。心之本体即是性，性即是理，性元不动，理元不动。”[②]这里，动与不动展现了心学的辩证法。孔子曰：“四十不惑”，孟子曰：“吾四十而不动心”[③]，“夫道一而已矣”[④]。有人问孟子，如果齐国聘你为国卿，你动不动心？孟子说，我不动心，我志在仁义大道。仁爱之道，忠恕之道，并非易事，对君子心性有很高要求。“富贵不能淫，贫贱不能移，威武不能屈。”[⑤]如此方能不动心。在王阳明看来，“常知常存常主于理，即不睹不闻，无思无为非槁木死灰之谓也，睹闻思为一于理，而未尝有所睹闻思为，即是动而未尝动也”[⑥]。动与不动，全在于是否符合“心之条理”，此说确乎在一定程度上有强调先验之意，却也为实践确立了标准。若明了天理、本心、诚意，在体悟与践行中动心起念，方能知行合一。

以良知为致知的前提，遭致后世学人关于本己的意识先于认知的质疑，这也是阳明心学内蕴的观念论所在。若从知无涯、学无止境的角度看，从见闻之知到德性之知是一种道德实践的拓展。王阳明认为：“天道之运，无一息之或停，吾心良知之运，亦无一息之或停。良知即是天道，谓之‘亦’，则犹二之矣。知良知之运无一息之或停……则知致其良知矣。”[⑦]知“未有止”“道无终穷”，循序渐进的致知因而体现为一个实践的过程，这也关乎性情的塑造。正如他所说：“格者，正也，正其不正，以归于正之谓也。正其不正者，去恶之谓也。归于正者，为善之谓也。”[⑧]格物也是正心的过程，体现了为善去恶的功夫，使人的道德认识

① [明]王守仁：《王阳明全集（简体版）》，上海古籍出版社2012年版，第1007页。

② 吴光、钱明、董平等编校：《王阳明全集》第一册新编本，浙江古籍出版社2010年版，第26页。

③ 万丽华、蓝旭译注：《孟子》，中华书局2007年版，第56页。

④ 万丽华、蓝旭译注：《孟子》，中华书局2007年版，第100页。

⑤ 万丽华、蓝旭译注：《孟子》，中华书局2007年版，第125页。

⑥ 吴光、钱明、董平等编校：《王阳明全集》第一册新编本，浙江古籍出版社2010年版，第69页。

⑦ 吴光、钱明、董平等编校：《王阳明全集》第一册新编本，浙江古籍出版社2010年版，第285页。

⑧ 吴光、钱明、董平等编校：《王阳明全集》第三册新编本，浙江古籍出版社2011年版，第1019页。

和道德实践在生活中融为一体。这是阳明心学一以贯之的主线:“吾平生讲学,只是致良知三字。”①

阳明心学对后世产生深远影响,黄宗羲在《明儒学案》中以师承地域为界,将阳明学派分为江右王学、南中王学、浙中王学、楚中王学、泰州王学、北方王学、粤闽王学,可见其学说流传之广。黄宗羲认为:“王阳明可谓‘震霆启寐,烈耀破迷’,自孔孟以来,未有若此深切著明者也。”② 及至清代,阳明心学一度沉寂,其后以变革者的形象为人们推崇。正如贺麟先生所总结的那样:“在保国、保教、保种与革命的救亡运动之中,阳明学之中自主、自立及其‘一体不容已’的使命感、救世情怀能够被塑造为一种维新与革命的哲学;在抵御外族入侵之际,阳明学之中的知行合一、不畏死、冷静与坚强的意志主义能够成为武装军队的‘军魂’并被塑造为一种战士哲学;在政党政治之中,阳明学之中的‘觉悟’与即知即行的行动力、执行力能够被塑造为统一全党认识、贯彻党的方针政策的政党哲学;而在与近现代西方哲学的对接之中,在现代学科建制下的哲学话语中,在个体的启蒙与觉醒之中,阳明学之中的自信、自主、自我立法显然更容易被塑造为一种主体性哲学。”③ 阳明心学关于人的主体性解放的思想泽被后世,近代思想家对阳明心学的阐发影响了中国早期马克思主义者以知行合一和致良知观念理解马克思哲学实践的思维方式,促进了马克思主义同中华优秀传统文化的会通。

(二)中国早期马克思主义传播者对阳明心学的阐释与运用

在马克思主义传入中国的早期,马克思主义经典著作中译本数量相对有限。这时人们对马克思主义哲学的译介与理解主要通过三种路径:一是取经日本。大约直至1919年五四运动时期,中国人关于马克思的社会主义学说的了解几乎均来自日语的社会主义著作或欧洲语言原著的

① 吴光、钱明、董平等编校:《王阳明全集》第三册新编本,浙江古籍出版社2011年版,第1039页。

② 梁启超:《梁启超修身三书:节本明儒学案》,上海古籍出版社2018年版,第27—28页。

③ 贺麟:《五十年来的中国哲学》,上海人民出版社2012年版,第13页。

日文译本。[①]二是求学欧洲。正如周恩来在当时一篇旅欧通信中所言："吾人初旅欧土，第一印象感触于吾人眼帘者，即大战后欧洲社会所受巨大之影响，及其显著之不安现状也。影响维何？曰：生产力之缺乏，经济界之恐慌，生活之窘困。凡此种种，均足以使社会上一般人民饥寒失业交困于内外，而复益之以战争中精神文明所得间接之损失。社会之现状遂乃因之以不安。"[②]三是效法苏俄。瞿秋白在当时一篇通讯中写道：苏俄"由军事时代过渡于和平时代""确为世界上开一新纪元"。"共产党人的办事热心努力，其中有能力有觉悟的领袖，那种忠于所事的态度，真可佩服。""不失为一种贤人政治""自由平等""俄国革命史是一部很好的参考书呵！"[③]这时人们从社会实际需要出发，把握马克思革命学说的大义，这鲜明地体现在李大钊的《我的马克思主义观》一文中。

李大钊在这篇文章里开宗明义地写道："马克思的书卷帙浩繁，学理深晦……加以他的遗著未曾刊行的还有很多，拚上半生的功夫来研究马克思，也不过仅能就他已刊的著书中，把他反复陈述的主张得个要领，终究不能算是完全了解'马克思主义'的……自俄国革命以来，'马克思主义'几有风靡世界的势子，德奥匈诸国的社会革命相继而起，也都是奉'马克思主义'为正宗。"[④]在此期间，诸多马克思主义研究社团在中国如雨后春笋般成立。例如，上海马克思主义研究会、长沙新民学会、北京大学马克思学说研究会、武昌利群书社、天津觉悟社都在翻译、传播和研究马克思主义方面发挥了重要作用。《共产党宣言》《资本论》《法兰西内战》《哥达纲领批判》《〈政治经济学批判〉序言》《雇佣劳动与资本》《社会主义从空想到科学的发展》《家庭、私有制和国家的起源》《国家与革命》《俄国政党与无产阶级的任务》等经典著作的中译本或摘译本开始在中国传播。

中国马克思主义早期传播者运用阳明心学理解马克思实践的思维方

① 参见［德］李博著，赵倩等译：《汉语中的马克思主义术语的起源与作用》，中国社会科学出版社2003年版，第79—80页。

② 周恩来：《欧战后之欧洲危机》，《益世报》1921年3月22日。

③ 瞿秋白：《共产主义之人间化——第十次全俄共产党大会》，《晨报》1921年6月22日—9月23日。

④ 李大钊：《我的马克思主义观》，《新青年》1919年第6卷第5—6号。

式，探究革命理想与意志力的作用，强调革命道德。这在李大钊、陈独秀、毛泽东、宋教仁、郭沫若、叶挺等人的思想中多有体现。例如，陈独秀探究了“王阳明先生训蒙大意”的解释，逐条分析其要义。宋教仁思考了阳明学作为革命的精神动力问题，分析了阳明学的心物观、博爱观的变体，这在他译介社会主义思想的过程中有一定的体现。可以说，阳明心学的影响在很多中国早期马克思主义传播者的著述中都有所反映，这里以毛泽东和郭沫若为例简述之。

青年毛泽东受湖湘学风的影响，推崇“心之力”，倡导学以致用。从《讲堂录》中可见他对“心即理”和“知行合一”思想的初步理解，他将“立心”视为立志的根本，并在从学于杨昌济先生的过程中欣赏阳明心学，认为“心之力”乃大本大源，改变社会的关键在于改良人心。毛泽东这时意识到心力与体力合一的重要意义，认为如此则无事不成，进而将“为学”与“行事”合一。不同于以往哲学家强调未来，青年毛泽东“重现在”，不追悔过去，不好高骛远，认为“贵我”的观念贯通有我与无我，实则追求“大我”，即“宇宙之我”和“精神之我”。在此基础上，他促进了“贵我”与“通今”的相互发明，倡导在实践中明心成志，使主体意识适应时势的要求，以公心做实事，由以实现强国救民的抱负。这些思想探索虽然尚处于起步阶段，但已颇具提振人心的气象与力度。

在署名“二十八画生”发表的《体育之研究》中，毛泽东强调成事要“有自觉心”，由此方能知行合一，“自觉心”是知与行相互转化的关键环节，其缘起必与自己关注之事相关。能触动自觉心的知识应阐明“效果云何”。在他看来，因切己利益引发的科学研究是西方启蒙以来物质文明昌盛的根由。之所以强调体育，乃是因为身心俱为知的官能，心的官能以健康的身体为载体。体育有养生乐心之效，是个人自我实现的基础，这是使人们持之以恒运动的动力。在这个意义上，青年毛泽东探究“人之心力与体力合行”，将其视为“有志者事竟成”的动力机制。相关思想在《〈伦理学原理〉批注》中得到进一步发挥，他在这个文本中阐释了知行合一的现实主义伦理观，尝试实现从“无我”到“唯我”的主体性思维转换。这些看法虽还具有一定的二元论色彩，但展示了从根本上“动天下之心”的愿景。

反映毛泽东创造性转化中国传统知行观的最直接的文本是《实践论》，这篇中国马克思主义哲学典范之作的副标题是“论知和行的关系”，其中有些例证似从《传习录》中化用而来。例如，“你要知道梨子的滋味，你就得变革梨子，亲口吃一吃”[①]。从马克思哲学在中国早期传播的角度看，在《星星之火，可以燎原》中也有值得探究的心学因素。例如，他强调“朝气蓬勃的精神状态”，基于客观情势的判断，敢于相信“星星之火”必成燎原之势。注重发挥主体自觉性与能动性，以个人之“心”调动群众之“心”，消除悲观情绪，促进革命高潮的到来。这涉及透过现象看本质的思想方法，使精神的能动作用合乎社会发展规律，从而达到合规律性与合目的性的统一。从中可见他对中国传统心学的创新性发展，以知识为信念的前提且将坚定的信念转化为行动，因而体现了实践的思维方式。

郭沫若少时倾慕儒家成仁成圣的追求，留日求学期间患过严重的精神衰弱症，运用阳明心学的方法脱离病痛。在《王阳明礼赞》中，郭沫若认为王阳明一生不断自我扩充，不断和环境搏斗，其哲学思索与其曲折的人生旅程处处融合，以之激励自己，“奋斗到底”“到达光明的彼岸”[②]。在一封家书中，郭沫若称赞王阳明“学行万古，忠孝两全”[③]。在他心中，阳明心学是体验式的学问，实乃孔门哲学的真义，是儒家伦理的极致，不使儒家的现世精神受后世拘泥而埋没。不行而求知，终究不会知。他以求身心的受用为目的，同情阳明心学，认为“心即理”，理不在心外，也并非仅指道德规范，而指向自然、社会、历史的具体规律和属性，即人所置身的世界。他希望在时代语境中实现孔子思想的现代转化，强调在事上磨炼、不偏枯、不独善，在实现自我的同时促进他人的发展。

郭沫若将马克思思想的传播视为受十月革命巨炮影响的启蒙，将突破黑暗的光明比作玛瑙般的晨鸟，将革命看作生命与死亡的斗争。在翻

①《毛泽东选集》第1卷，人民出版社1991年版，第287页。

②《郭沫若全集》历史编第3卷，人民出版社1984年版，第297页。

③ 郭沫若:《樱花书简》，四川人民出版社1981年版，第106页。

译河上肇的《社会组织与社会革命》时，郭沫若的思想处于矛盾中，正是马克思主义哲学让他看到希望和解决办法。通过对中国社会实际问题的调查和研究，郭沫若对马克思哲学的理解愈加深入。他的《马克思进文庙》一文虽天马行空，然明确指出马克思的“理想不是虚构出来的，也并不是一步可以跳到的”①。通过翻译《政治经济学批判》《神圣家族》《德意志意识形态》，参加有关社会性质的论战，郭沫若将历史唯物主义运用于研究中国古代史，对《易》《诗》《书》等典籍作历史唯物主义解读，努力为中华优秀传统文化注入时代精神和新的发展动力，最终成为一名马克思主义者。

在马克思主义哲学传入中国的早期，人们以“知行合一”的思路理解实践的思维方式，将“知”与“行”视为内在一体的过程。“知行合一”并非意味着“知”“行”同一，而是说明“知”与“行”是互养相成的。理论与实践相统一既是一种自觉的观念，也是在实践中自觉践履的。人们的求知是循序渐进的过程，总是在对已知的范畴有所体悟之后进一步探究未知世界的堂奥，进而在丰富知识结构的过程中使思想力转化为实践能力。实践是认识的来源，真知产生于实践并在实践中验证和进一步丰富，在实践中认识和发现真理，并在创新实践中发展理论。

社会生活在本质上是实践的，正是在实践探索中，我们深化或纠偏以往的认识，以发展着的理论指导新的实践。我们不仅要学习书本知识，也要在实际工作中学习各种及时运用于实践的知识，“从无字句处读书”。将“知”与“行”割裂开来的做法是不可行的，“关于思维——离开实践的思维——的现实性或非现实性的争论，是一个纯粹经院哲学的问题”②。将“知和行的关系”融于一体的是解决实际问题的实践，在实践中秉持问题意识，坚持问题导向，着眼于问题的实际解决的理论研究必然源于实践并在实践中得到检验，在实践中丰富马克思主义认识论，是马克思主义哲学在中国早期传播的实际需要。

探究马克思主义哲学在中国的早期传播，亦应分析“致良知”对人的德性养成与道德实践的内在规定。“良知”乃“心之条理”，近乎道，

①《郭沫若全集》文学编第 10 卷，人民文学出版社 1985 年版，第 165 页。

②《马克思恩格斯选集》第 1 卷，人民出版社 2012 年版，第 134 页。

是人们应当遵循的规律。“良知”并非“现成可得”，而要在实践中养成，人的德性不是现成的规定，也不是超验的思辨，而是在习得中成为现实的伦理。人的德性养成是在道德实践中具体化的，要在革命实践中保持意志力，发挥人的主体性力量，并内化在日常的道德实践中。从中对“良知”有自觉体认，才能从所思转化为实得，“致知必在行”，“良知”要在实践中感知和确证。既要循“良知”之本体，也要有道德实践功夫，由此实现本体与功夫的辩证统一。

“致良知”使人们自觉以“心之力”改变世界，人的实践活动具有目的性，实现目的是人的实践活动的动力。没有坚定的意志，人的实践活动就不能持久，因而应当实现物心两面的提升。阳明心学强调以“心之力”成就自我，以合宜的实践活动为前提，必然体现为“知—行—知”的过程，这也是认识和把握规律的过程。在实践中用心探寻规律并自觉践行，遇到困难而不改其志，始终“敢直其身”，殊为可贵也。“知”与“行”分别是探寻规律和实现目的的前提和途径，共处于合规律性与合目的性的实践中，这在马克思主义哲学同中华优秀传统美德相结合的过程中得到深刻的印证。

由此可见，中国早期马克思主义哲学传播者对阳明心学的理解以及对马克思主义思想的阐释在一定程度上促进二者的结合，这对我们理解马克思主义哲学中国化以及推进中华优秀传统文化传承创新具有一定的启示意义。作为中华优秀传统文化的重要组成部分，阳明心学随时代发展不断彰显思想的生命力。继承和创新时代发展需要的阳明心学，应探究“知行合一”内蕴的理论与实践相统一的思想方法，分析“致良知”对人的德性养成与道德实践的内在规定，阐明“此心俱足，不假外求”的心学方法所具有的启蒙意义。在此基础上，将马克思主义哲学的精髓同中华优秀传统文化的精华贯通起来，推动中华优秀传统文化创造性转化与创新性发展，应坚定历史自信、文化自信，让马克思主义哲学在中国牢牢扎根，增进符合时代发展需要的文化自觉，由以彰显中华民族在走向复兴途中的哲学自我。

（原载《人文杂志》2023 年第 2 期）

第二编

马克思主义政治哲学研究

一

建构马克思政治哲学的问题意识

几乎有足够的实践根据证明建构马克思政治哲学的正当性，但何以将马克思的思想建构为一种政治哲学，需要有一定规范性的深入学理阐释。马克思并非学院派政治哲学家，正如他在超越旧形而上学的同时对“新哲学”和“新世界观”的规定，马克思政治哲学是一种不同于传统政治哲学的“新政治哲学”。所以，基于传统政治哲学规定来判断马克思的思想是不是政治哲学，是一个缺乏对“新政治哲学”基本理解和认同的质疑。建构马克思政治哲学的内在逻辑，并非将其装饰或转化为某种传统政治哲学，以使之具有政治哲学的“合法性”，这种削足适履的研究无益于把握马克思思想的原貌。阐释马克思政治哲学应有一种问题意识，应以马克思的思想重审传统政治哲学的限度与误区，并以新政治哲学的运思框架还原马克思思想的超越性和现实性，以之解析当代政治生活中的实际问题。

（一）建构马克思政治哲学的必要性与可能性

马克思自中学时代起就关注现实政治问题，思考何谓“幸福的时代”，并将“为人类而工作”作为青年在选择职业时应有之考虑。随着先后步入波恩大学和柏林大学，马克思认真研读法学经典，同时对哲学和历史学著作兴趣颇深。他在理解甘斯教授以黑格尔法哲学观点讲授刑法与普鲁士民法课程时“异常勤奋”。在青年黑格尔派的“博士俱乐部”，他把握了自我意识哲学的启蒙要义。正是因为看重理论研究的现实性，马克思逐渐意识到青年黑格尔派仍未走出“德意志意识形态”的苑囿，为此对这种自我陶醉的观念进行现实的批判。脱胎于对青年黑格尔派的批判，在摘录和评注苏格兰启蒙政治经济学和法国革命政治学文献的过程中，马克思实现了哲学变革，确立了政治哲学的历史唯物主义基础。

正是因为基于历史唯物主义，马克思政治哲学乃是与源于自然法传统和先验形而上学体系的政治哲学不同的向未来理想社会敞开的现实之思，这种现实性实际地体现为在变革旧世界的过程中创造新世界，同时以颠覆西方传统政治哲学的方式确立实现人类解放的"新世界观"。正是在确立用以改变世界的政治哲学的过程中，马克思深切批判资本逻辑的对象化境况及其哲学实在，指出超越"虚幻的共同体"的现实路径。在这个意义上，尽管马克思没有建构一种规范的政治哲学体系，也没有纯粹政治哲学专门论著，但他对人类解放的诉求以及深切的政治经济学批判引发了具有世界历史意义的社会革命，形成了一种超越既往的新政治哲学形态。以具有一定规范性的思路把握马克思思想的实体性内容，呈现面向未来的生成着的马克思政治哲学的总体理路，不仅是必要的，而且是可能的。

之所以将这种学术建构置于生成性视域，不仅因为它反映了马克思从政治上的民主主义者转向共产主义者，以及从哲学上的人本主义者转向历史唯物主义者的思想历程，而且表明作为思想方法的马克思政治哲学是开放的和发展的。在马克思超越自然法传统和先验形而上学体系的探索中，一种现实性的历史思维和实体性的人学反思跃然纸上。对现实利益冲突的研究被实际地置于关于合法性和正当性的讨论中，具有社会性的人的劳动生命被马克思视为比政治生命更具现实性的存在，至于对人性善与恶的伦理预设也转向以历史和经验事实为依据的合理期冀。"马克思所产生的影响及其科学工作的根底里的东西是什么？……是他的政治哲学。"[①] 在这个意义上，政治哲学与其说是马克思思想的分支，毋宁说是其理论实质。

如果将政治哲学视为马克思思想的理论实质，那么在他的历史唯物主义、政治经济学批判和共产主义理论之间就呈现出一种以实践思维方式贯穿的内在逻辑，就呈现出一种不同于传统西方政治哲学的对人及其

①［德］汉娜·阿伦特著，孙传钊译:《马克思与西方政治思想传统》，江苏人民出版社2012年版，第84页。

实践活动的社会性规定。由此开启的思想传统就“不是一种（新的）实践哲学，而是一种（新的）哲学实践”[①]。哲学不再是纯然解释世界的观念体系，而成为遵循历史规律的主体实践活动，成为力图改变世界的目的性活动。“在他的哲学中，政治哲学真正取代形而上学，成为‘第一哲学’。”[②]这种作为“第一哲学”的马克思政治哲学不是关于“至善”的“好生活”的应然设定，而体现为一种解放新社会因素的理论—实践探索，这种探索对19世纪中叶以来的国际工人运动和社会主义实践产生了深远的影响。

在这个意义上，不深刻理解马克思政治哲学的内在逻辑，就不可能真正把握近两个世纪以来风起云涌的社会革命浪潮。当我们将视野投向马克思对苏格兰启蒙国民经济学、法国革命政治学和青年黑格尔派自我意识哲学的批判性借鉴，凝视青年马克思的复调式哲学探索之路，探析马克思不囿于传统边界的限定而谋求人类解放的理论努力的时候，首先浮现在我们眼前的是一个革命家的形象，马克思政治哲学因而首先是一种革命主张。这种革命主张是不同凡俗的，任何试图将其全然规范化或思辨化的做法都外在于马克思的思想总体。将马克思的思想政治哲学化，不能扭曲马克思政治哲学的思想原像，不能将马克思政治哲学解读为历史唯物主义力图超越的哲学形态。

由此形成的关于马克思没有政治哲学的看法，不得不说还固守于对政治哲学的传统认知图式。另一种试图论证马克思有政治哲学的思路，则在马克思的思想中附加一种“理应”具有的传统政治哲学范式，使之体现某种先验的规范性逻辑。如果我们将政治哲学理解为一种具有现实问题意识的开放性哲学形态，就不应将其恪守为一种停留于道德分析层面的纯粹应然之思，而要在当代性维度激活其解决问题的实然探索。[③]因而，从哲学变革出发，理解马克思开启的新政治哲学视域，就要明确其历史唯物主义向度，明确政治经济学批判和共产主义理论的现实政治

①［法］阿尔都塞著，陈越译：《哲学与政治：阿尔都塞读本》，吉林人民出版社2010年版，第142页。

② 程广云：《马克思的三大批判：法哲学、政治经济学和形而上学》，中国人民大学出版社2018年版，第10页。

③ 参见臧峰宇：《政治哲学的“规定”及其当代性》，《江苏大学学报》2013年第6期。

性，由此对其人类解放理论、共同体理论和正义论的阐释就不能纯然回到古典政治哲学，而应在社会性的开阔场域重新理解马克思政治哲学的总体图景。

达此宏愿，需要展开审慎的学理探究。为此要梳理马克思政治哲学的思想历程，理解马克思如何以普罗米修斯盗天火照亮人间的勇气揭露资本逻辑的秘密，探究马克思如何将解释世界的政治理念转化为改变世界的理念—实践，把握马克思何以在批判政治解放的限度的同时提出具有人的高度的解放。只有深入解读青年马克思的复调式哲学探索，才能确认马克思政治哲学的生成路径，才能理清马克思政治哲学与其思想资源之间复杂的知性关系。这种与人类解放的政治实践水乳交融的哲学主张呈现了现代政治哲学应有的理论品格，从中可见马克思对自古希腊以来体现人类性的政治哲学的合理借鉴，以及他在深切批判拜物教思维及其对象化现实中勾勒的人类解放之路，由此才能理解“自由人的联合体”的哲学内涵。

同时，应以辩证的、历史的方式澄明马克思政治哲学的实践逻辑。马克思力图改变被压迫者和被剥削者的命运，改变无产阶级的生存境遇，他是在确认并遵循规律的实践探索中而非在纯然规范性的理念设定中努力实现这一意图的。须知规律不会自发地创造历史，只有人们有目的地运用规律，才能创造历史。在资本逻辑坚硬的现代社会，实现无产者的解放，必须团结起来进行斗争，无产者在为解放而进行的斗争中必须遵循规律。马克思政治哲学的实践逻辑因而体现为合规律性与合目的性的统一，体现为事实—价值的辩证法。我们当然需要以一定的规范性理路勾勒马克思政治哲学的总体结构，但其中没有任何先验的或永恒的教义，它随着历史条件的变化而变化，朝向共同体中每个人的自由解放，它是批判的、革命的。

（二）马克思政治哲学的问题域

人类解放是马克思政治哲学的总问题。马克思是在反思政治解放的限度的过程中提出人类解放的。政治解放实现了以私有财产权为前提的法律形式上的自由，确立了市民社会的公民权（droits du citoyen），但并未消除实际的社会差别造成的底层民众的不自由，因而是不彻底的。马克思认为解放应当有“人的高度”，他剥去政治解放的“狮皮”，将“对政治解放本身的批判”视为“当代的普遍问题”[①]。从中可见马克思对现代政治的本质的批判，他揭示了权利的异化状态，为人类解放确立了基于劳动的世俗基础。真正的解放不是要先验地讨论自由的根据，而要实现个体对外在压迫的反抗，在经验生活、劳动和社会关系中实现自我，确认自己的人的权利（droits de I'homme），重塑主体的内在本质性力量。

人类解放不是“历史的终结”，而是一种“现实的运动”，是人们摆脱异己力量和工具化境遇的过程。理解马克思的自由—自我意识、政治国家—市民社会、政治解放—人的解放、财产权—正义等政治哲学范畴可见，人类解放是实践理性在外部世界中的实现，是消除阶级冲突、社会压迫和剥削，使社会个体自由和幸福的实践，也是道德自足和精神解放的过程。[②]这个超越政治解放的解放不是一种纯粹的形式规定，它要在每个人的劳动获得尊重的平等关系中实现真正的自由，它要以坚实的物质基础完成对私有观念和资本主义财产关系的积极扬弃，它是有原则高度的革命，是无产阶级遵循历史规律展开的有目的的活动，使每个人的自由发展成为一切人自由发展的条件，从中可见从必然王国到自由王国的飞跃。在马克思看来，实现人类解放，是无产阶级的历史使命。无产阶级只有解放全人类，才能砸碎束缚自己的锁链，在最后解放自己的过程中获得整个世界。这种运思理路的线索具体展现为三个关键问题。

第一个问题是，建构一个什么样的共同体？如何建构这个共同体？马克思倡导无产阶级要在世界范围内“联合起来”，要在斗争中“团结起来到明天”，要建构“真正的共同体”。这是马克思政治哲学的关键问题，是一种在解构旧制度的同时提出的建设性方案：只有团结起来进行斗争，无产阶级才能合力创造新世界。马克思为此研究了共同体的古典形式和现代形式，阐述了在不同历史时期维系共同体的基础与纽带，特

① 参见《马克思恩格斯全集》第3卷，人民出版社2002年版，第167页。

② 参见［英］伯尔基著，伍庆、王文扬译：《马克思主义的起源》，华东师范大学出版社2007年版，第7—8页。

别是分析了货币共同体的拜物教实质。通过归纳共同体建构的历史经验与传统困境，他指出超越物质匮乏和交往异化的现实路径，力图在消除奴役人的经济关系和社会关系的过程中构建“自由人的联合体”。

马克思将建构“真正的共同体”和实现与历史走向世界历史同步的人的解放视为一致的过程，其中每个人的现实关系的丰富性决定了他们的精神上的现实丰富性。当个人摆脱传统的地域局限，融入世界性的生产格局，使自己自觉成为与社会结合的主人，“随着贸易自由的实现和世界市场的建立，随着工业生产以及与之相适应的生活条件的趋于一致，各国人民之间的民族分隔和对立日益消失”①，以大多数人的牺牲为代价换取少数人发展的情况以及由天资禀赋缺陷和片面发展造成的劳动异化状况也将随之消失。这种世界历史性创造实现了“共同占有和共同控制生产资料的基础上联合起来的个人所进行的自由交换”②，在这个意义上，创造以类的依赖为前提的未来理想社会是建构“真正的共同体”的应有之义。

第二个问题是，资本逻辑具有怎样的秘密？如何在政治经济学批判中揭示这个秘密？建构“真正的共同体”，需要深刻理解国家和市民社会的关系，需要改变旧有的经济关系和社会关系，需要具备丰裕的物质生活条件。这是在现实中代表历史发展方向的有生命的个人联合起来创造历史的过程，“共产主义对我们来说不是应当确立的状况，不是现实应当与之相适应的理想。我们所称为共产主义的是那种消灭现存状况的现实的运动。这个运动的条件是由现有的前提产生的”③。为此，马克思深刻揭示了资本逻辑的秘密，阐发了“剥夺剥夺者”的正当性和现实可能性，努力实现社会主义从空想到科学的发展。在这个意义上，政治经济学批判是马克思政治哲学的基本问题。马克思正是在政治经济学批判中阐明扬弃资本逻辑的客观必然性，以及无产者如何实现自我异化的积极的扬弃，在实际地反对并改变现存事物的过程中走上解放之路的。

马克思由此确立了一种不同于资本逻辑的劳动逻辑，他在深入分

①《马克思恩格斯选集》第1卷，人民出版社2012年版，第419页。
②《马克思恩格斯文集》第8卷，人民出版社2009年版，第53页。
③《马克思恩格斯选集》第1卷，人民出版社2012年版，第166页。

析亚当·斯密所说的"只有劳动才是我们在任何时候都能用来估计和比较各种商品价值的最后的和现实的惟一尺度"之后指出：不能把劳动"仅仅理解为牺牲安宁、自由和幸福，而不是把它也看作正常的生命活动"[①]。作为生命活动的劳动是一种时间性规定，资本家正是因为无偿占有工人一部分"正常的生命活动"，才完成资本增殖。使劳动摆脱资本逻辑的束缚，必须扬弃奴役和剥削人的不平等的经济关系，在社会生产中使劳动不再成为重担，而成为生命本质性的需要。在这个意义上，"各个个人都不是把自己当作劳动者，而是把自己当作所有者和同时也进行劳动的共同体成员……他们劳动的目的是为了维持各个所有者及其家庭以及整个共同体的生存"[②]。这样，劳动不再外在于人的生命本质，而成为与社会发展相融合的个性化活动。

第三个问题是，何谓公平正义？如何实现公平正义？劳动逻辑并非先验的设定，使劳动成为共同体成员的本质需要，必经一个变革生产关系的历史过程。在此过程中，每个历史阶段都体现着与生产方式相适应的状况，都有与之相一致的法律形式，都有符合生产方式和法律形式的正义观念。在马克思看来，正义是一个历史的范畴，不同的生产方式决定了不同的正义观念。但在社会形态更迭的过程中，正义观念会发生"辩证的转化"，成为召唤有觉悟的人们反抗旧制度的精神力量。鉴于现代正义观念是资产阶级意识形态的反映，不应作为先验的前提，马克思认为纯然诉诸正义与现实问题的解决毫无关系，必须首先创造正义得以实现的新社会环境，进而明确正义的价值。由于既以历史唯物主义为底蕴，又有不容忽视的隐性思路，关于马克思正义论的争鸣自 20 世纪 70 年代开始持续至今，主要体现为历史主义和道德哲学两种研究理路，成为马克思政治哲学的热点问题。

这场漫长的争鸣几乎完整还原了马克思使用"正义"话语的历史语境，关键是如何使解读符合马克思的本意，而不是形成诸种可能的、应当的马克思正义论图景，甚至将其置于前历史唯物主义境遇。如果争鸣双方各执一词不及总体，马克思的正义观念必然呈现多重面相，于是有

①《马克思恩格斯全集》第 44 卷，人民出版社 2001 年版，第 60 页。

②《马克思恩格斯全集》第 30 卷，人民出版社 1995 年版，第 466 页。

历史唯物主义之外的马克思正义论之谓。如果从新政治哲学角度理解马克思的正义论，就会发现这种正义论与源于自然法传统的永恒正义的根本差别，它不是纯粹的道德应当，而是为人们觉悟到了的历史必然。因而，解析正义论视域中的“马克思问题”，应理解其历史语境和现实内涵，既要看到正义观念与一定的生产方式之间的关系，也要看到正义观念“辩证的转化”所具有的精神力量，把握其中蕴含的“事实—价值”的辩证法。

概言之，人类解放是马克思政治哲学的总问题，关于共同体、资本逻辑和正义的探究体现了马克思政治哲学的关键问题，可以从上述问题域中理解马克思政治哲学的总体结构，把握马克思的自由观、平等观和现代性批判思想。从中可见新政治哲学是马克思思想的“根底”，这是一种不同于古典政治哲学、社会契约论、自由主义、功利主义等西方传统政治哲学理路的“新世界观”。它实际地深化了人们对现代政治的根本理解，推动了后来风起云涌的世界革命，在当代视域中呈现了政治哲学的现实价值。

（三）马克思政治哲学的当代性

马克思从世界历史视域探究现代政治的运行规律，在政治经济学批判中揭示资本逻辑的秘密，以新政治哲学的致思理路完成了“对形而上学的颠倒”。他对人类解放的哲学阐释至今仍激励人们反思现实、超越自我，“正是马克思，而且首要的是马克思，仍在为我们提供批判现存社会的最锐利的武器”[①]。今天，我们仍未离开马克思政治哲学的思想地平线，他反思现代政治的问题意识与时代同行，他以实践思维方式阐明的世界历史理论仍是分析全球性问题的有效范式。在这个意义上，深刻领悟马克思政治哲学的“原理”与“方法”，是一种富于现实性的理论自觉，也是理解“当代政治哲学应当是什么”的一种必要探索。

首先，马克思对现代性的反思以及对现代政治的经济基础的分析力透纸背，他对资本逻辑和拜物教的批判为超越现代性危机提供了一种合

①［英］乔纳森·沃尔夫著，段忠桥译：《当今为什么还要研读马克思》，高等教育出版社2006年版，第2页。

理方案。马克思高度评价现代文明的价值，认为资本主义社会创造的生产力是之前一切时代都不能比拟的，但“资本的统治”以及与之相适应的社会关系造成的物化是不争的事实。在马克思提出物化问题近170年来，资本拜物教一直是现代社会的梦魇，“物化本身不是凝固的事实，也就是说，从早期的大机器生产到当代流水线的变化绝不是一种概念的变化，而是现实变化”[①]。超越纯粹以商品交换为中介的物化关系，实现物质丰裕基础上的人性复归，避免在文化迷失和价值虚无的物化境遇中失去自我，仍是人们在当代社会生活中需要着力解决的现实问题。

正如恩格斯所说，现代资本主义生产方式及其产生的资产阶级社会的特殊运动规律是马克思的两大发现之一。正是揭示剩余价值的政治经济学批判使马克思成为资本主义社会的普罗米修斯，让无产阶级开始知晓自己在劳动中与自己相异化的真实原因：无产阶级之所以在无偿提供剩余劳动的同时为自己创造了赤贫，乃是资本主义基本矛盾和特殊运动规律使然。其实，现代人几乎都生活在资本拜物教逻辑的笼罩之下，消费社会的异化现象比比皆是。为此，必须审慎辨识物化世界的“景观”，摒弃各种被制造的虚假需求和符号化统治，透视全球生态危机的根由。同时，应以马克思政治哲学的实践逻辑确认恰当运用资本要素发展社会主义市场经济的原则，为进一步提高人们的生活水平提供坚实的物质基础。

其次，马克思揭示了现代虚假共同体以及人与人在其中真实的对抗性关系，他对建构一个超越物质匮乏和交往异化的理想共同体的阐述仍具有启示意义。共同体反映了人们的共同利益和需求，体现了人们的“相互依存关系”。在现代社会，以货币为纽带的共同体使交往异化的人们缺乏真正的认同感和归属感，仍然重复着“一切人反对一切人的战争”。马克思通过分析历史上存在过的共同体的弊端，提出建构体现真实性、共同性和人类性的共同体。当人们迷恋彼失我得的零和博弈或弱肉强食的丛林法则，必然陷入“他人就是地狱”的渊薮，人性的自私与有限的社会资源将使“自然状态”愈加恶化。因此，倡导人类合力走出

① 张一兵主编：《马克思哲学的历史原像》，人民出版社2009年版，第26页。

现代性困境，创造共同的未来，就成为一种哲学自觉，实现全球正义是其中应有之义。

今天，跨越现代性的陷阱，处理纷繁复杂的全球性问题，实现国际社会更广泛的合作，仍然要合理运用马克思政治哲学的“原理”。马克思和恩格斯在《共产党宣言》1872年德文版序言中指出，他们以往的观点“就其实际运用来说今天毕竟已经过时”，但其中“所阐述的一般原理整个说来直到现在还是完全正确的”①。这里所说的“一般原理”体现了历史规律，反映了历史发展趋势。合理运用“原理”，要充分考虑历史走向世界历史的现实性和复杂性，从重建全球化新秩序的现实需要出发，提出基于普遍利益与共同价值的建设性思路，促进“各文明国家的联合的行动”②，完善我们时代应有的正义观念，建构人类命运共同体。

再次，马克思分析现代政治问题的方法具有现实有效性，对反思当代政治生活中的现实问题与把握当代政治哲学思潮仍有普遍的借鉴意义。在恩格斯看来，“马克思的整个世界观不是教义，而是方法。它提供的不是现成的教条，而是进一步研究的出发点和供这种研究使用的方法”③。历史唯物主义从根本上说是一种方法，马克思用这个根本方法取代了传统政治哲学的先验预定论，以实践的思维方式考察从一定的个人的生活过程中产生的社会结构和国家，唤醒了辩证法的物质力量。正是因为运用唯物辩证法分析现代政治的各种矛盾和问题，寓普遍性于特殊性之中，把握历史发展的客观规律，马克思实现了对古典政治经济学和近代政治哲学的具体的历史的批判，确立了新政治哲学的实践向度。

毋庸置疑，马克思政治哲学体现了逻辑与历史的统一，这种统一表现为从抽象的规定出发，经由逻辑分析达及具体的表现，再回到“一个具有许多规定和关系的丰富的总体”④的过程。这个从抽象到具体的方法避免将政治哲学置于“普罗克拉斯提斯之床”，为了预定的思路而使历史事实削足适履，而在历史进程中实现理论与实践的统一。在这个意义

①《马克思恩格斯选集》第1卷，人民出版社2012年版，第386—387页。
②《马克思恩格斯选集》第1卷，人民出版社2012年版，第419页。
③《马克思恩格斯文集》第10卷，人民出版社2009年版，第691页。
④《马克思恩格斯选集》第2卷，人民出版社2012年版，第700页。

上，政治哲学研究在“科学上正确的方法”体现为在现实政治规定和关系的总体中分析具体问题，而不是在各种政治现象中寻找符合先验的实例，进而试图以纯粹观念塑造历史。由此可见，作为方法的马克思政治哲学仍然是我们分析现实政治的“最好的工具和最锐利的武器”，具有深远的启示意义。

综上所述，建构马克思政治哲学是理解马克思思想实质的必要探索，循着马克思的政治哲学思想足迹，以一定的规范性思路整合马克思政治哲学的运思框架，要以问题为导向，把握马克思政治哲学的问题域，确认这个向未来敞开的思想的当代性。从中可见，它“仍然是我们时代的哲学：它是不可超越的，因为产生它的情势还没有被超越。我们的思想不管怎样，都只能在这种土壤中形成；它们必然处于这种土壤为它们提供的范围之内，或是在空虚中消失或衰退”①。以我们时代的马克思政治哲学分析当今世界历史领域复杂而深刻的现实政治问题，是理论探索和改变世界的双重需要，为当代政治哲学研究提供了一种范例。

（原载《中国人民大学学报》2019年第5期）

①［法］萨特著，林骧华、徐和瑾、陈伟丰译：《辩证理性批判》，安徽文艺出版社1998年版，第28页。

二

苏格兰启蒙运动与青年马克思的市民社会理论

苏格兰启蒙运动是“启蒙时代”最重要的思想谱系之一，尽管这场运动是一个复杂的思想发生过程，但是，苏格兰启蒙思想家对市场经济、人的科学、经验理性和道德情怀的强调，仍然具有丰富的“公约数”，尤其是他们将市民社会从国家中分离出来的思想对黑格尔和马克思等后世思想家影响深远。青年马克思受黑格尔和青年恩格斯的启发，在阐释市民社会理论的过程中，逐渐形成了实践先于原则的历史唯物主义思想，尽管他稍后在其所在时代的现实层面将市民社会规定为现代资产阶级社会，但实践先于原则的思想方法始终是马克思政治哲学的理论基石。梳理马克思政治哲学与苏格兰启蒙运动的关系，并从苏格兰启蒙思想家的法哲学和道德哲学中汲取文化资源，对当代中国的思想启蒙具有重要的启示意义。

（一）苏格兰启蒙运动的学术思想缘起

18 世纪可谓人类思想史上的“启蒙时代”，卢梭、伏尔泰、孟德斯鸠等法国思想家的著述具有耀眼的光环。其实这个时代具有耐人寻味的国际性格。当时，维科、莱辛、潘恩、车尔尼雪夫斯基等思想家分别在意大利、德国、美国和俄国写下了意蕴深远的启蒙著述，而在大不列颠岛北部，沙夫茨伯里、哈奇森、休谟、斯密、斯图亚特、弗格森、李嘉图等思想家的作品毫不逊色于同时代的欧洲学人。启蒙思想家并非观点一致的学术共同体，或许“只能将启蒙运动看作统计学上的集中现象”，启蒙运动的特征主要表现为“艺术创造、科学发现和哲学沉思相互作用的交叠模式，反过来又影响人们对历史、艺术、科学、哲学和宗教的态度”。[①] 这样的评价完全适用于苏格兰启蒙运动，“任何将其进行普遍化归纳的企图都是危险的”[②]。尽管他们具有共同的问题意识，但思想交锋是其中常见的理论景观。

受益于霍布斯和洛克的政治哲学、新哈林顿主义以及自然法传统[③]，苏格兰启蒙思想家掀起了一场旷日持久的思想运动[④]。他们拥有宽容、开放的眼界，乐于分析和接受来自异域的思想观念。这个学术共同体认真讨论各国的文化观念，而且尚未受到现代学科边界的束缚，其中各具特色的思想家几乎都具有人文社会科学的广博视野。这种没有明显学科苑囿的研究被称为“苏格兰知识”，以具有苏格兰特色的政治经济学、历史科学和道德哲学为主要内容。[⑤] 当时除了思想家致力于启蒙事业之外，也有不少政治家参与其中。例如，“苏格兰王”阿盖尔公爵在执掌苏格兰政局期间对启蒙学派给予多方面不菲的财政支持，因而被称为“苏格兰启蒙运动之父”。各种社团在此期间像雨后春笋般涌现——爱丁堡哲学学会、格拉斯哥政治经济俱乐部、社团择优学会、拨火棍俱乐部、阿伯丁博学俱乐部等社团汇集了大量社会精英，“这些俱乐部是苏格兰启蒙运动的一种重要特征，它为哲学家、神学家、律师和科学家——这些思想家代表参与启蒙运动的所有领域——提供了讨论和辩论的语境”[⑥]。他们激发彼此的思想火花，共同塑造了启蒙思想的苏格兰民族特征。

① 参见 Norman Hampson. *The Enlightenment: An Evaluation of its Assumptions, Attitudes and Values*. London: Penguin Books Ltd. 1968: 9—10。

② G. P. Morice ed.. *David Hume: Bicentenary Papers*. Edinburgh: Edinburgh University Press, 1977: 42.

③ 参见 Istvan Hont. Michael Ignatieff. *Wealth and Virtue: The shaping of political economy in Scottish Enlightenment*. Cambridge: Cambridge University Press, 1983: 7。

④ 威廉·罗伯特·斯科特早在 1900 年就将哈奇森称为“苏格兰启蒙运动的范例”。参见 William Robert Scott. *Francis Hutcheson: His Life, Teaching and Position in the History of Philosophy*. Cambridge: Cambridge University Press, 1900: 265。但是，“苏格兰启蒙运动”这个明确的学术主题是从 20 世纪 60 年代开始得到学界重视的。迄今对这场运动起止时间的说法有多种，综合英国学界各种观点并仅从文献出版角度看，这场运动的代表作最早可追溯至曼德维尔的《蜜蜂的寓言》(1714)，前后跨越百余年，可将李嘉图的《论政治经济学与赋税原理》(1817) 视为这场思潮的收山之作。

⑤ 参见 Anand C. Chitinis. *The Scottish Enlightenment and Early Victorian English Society*. London, 1986: 1。

⑥ A. Broadie, ed.. *The Scottish Enlightenment*. Cambridge: Cambridge University Press, 1997: 17.

应该说，除了受到以往思想家的影响之外，苏格兰启蒙运动的兴起恰是当时苏格兰社会状况的直接反映。18世纪的苏格兰耕地和牧场稀少，自然资源和气候均不适合大量人口居住，很多人迫于生计而背井离乡。为了解决生活的实际困难，苏格兰学人研究如何加快经济生产并增加社会财富。他们在开发自然资源和促进商业流通的同时完成思想启蒙的任务。由于这时大不列颠刚经历过“光荣革命”、苏格兰与英格兰合并等重大事件①，政治相对稳定，社会经济生活是人们关心的主要领域，所以苏格兰启蒙思想家不像其法国同仁一样专注激进革命的政治启蒙，而着重考虑经济生产生活方式的变革及其对政治的影响。当然，或许还有一种对这些思想家的学术倾向何以形成的有力解释——“资助”是他们收入的主要来源，除了上面提到的阿盖尔公爵之外，还有一些苏格兰的开明地主和商人出资。苏格兰启蒙思想家与这些出资人之间“没有多少利益分歧，而这或许可以解释为何在他们的著作中缺乏政治激进主义”②。这时的爱丁堡被称为“大不列颠的雅典”。苏格兰启蒙思想家的著述不仅直接影响了英格兰学人③，对欧美乃至国际学界的启蒙研究也具有深远的影响力。

当这场启蒙运动的思想传播近半个世纪之后，苏格兰人被视为欧洲最有教养的市民。他们思想的国际化程度很高，读书是他们的基本生活习惯。尽管我们并不容易对苏格兰启蒙运动的学术地图作出认知测绘，但可以清楚地看到这些思想内部相当丰富的“公约数”，涉及自然科学

① 正如苏格兰启蒙思想家约翰·戴瑞坡所言：“光荣革命首先为我们（苏格兰）政府带来别样的信条，合并则赋予我们的立法机关以别样的权力，所以，现今我们上院和下院与英格兰上院和下院整合在一起。英格兰的政制建基于一种君主制、贵族制和民主制之间的恰当的平衡上，而正是这种君主制、贵族制和民主制之间的恰当平衡使英格兰的政治体制成为人类的奇迹。”参见 Neil Davidson. *Origins of Scottish Nationhood*. Pluto Press, 2000: 81。

② Jane Rendall. *The Origins of the Scottish Enlightenment*. New York: St. Martin's Press, 1978: 15.

③ 除了受到苏格兰启蒙思想影响之外，18世纪的英格兰启蒙思想家也有独特的贡献。如果将苏格兰启蒙学者称为情感主义启蒙思想家，那么在同时代的英格兰还有以威廉·渥拉斯顿、萨缪尔·克拉克、吉尔伯特·柏内特为代表的理性主义启蒙思想家，他们与大陆启蒙哲学家的思想比较接近。参见 L. A. Selby-Bigge. *British Moralists*, *Selections from Writers Principally of the Eighteenth Century*. Vol. II. Oxford: the Clarendon Press, 1897: 29。

和社会科学诸多领域，彼此之间还有不容忽视的相互影响。当然，在18世纪的苏格兰乃至英格兰，“社会科学居于首位，而自然科学（如物理学、化学、医学、植物学）处于第二位，尽管支持二者之一的实际根据似乎是互不相容的”①。这时的政治经济学是社会科学的核心内容。应该说，苏格兰启蒙思想家以深厚的历史眼界分析了个人德性与社会经济生活的内在关系，在很大程度上否定了理性设计对构建社会秩序的先导作用，强化了人的社会性及其德性标准。

“人的科学”是休谟提出的重要概念，他把人性置于社会理论的核心位置，重视道德哲学之于启蒙的意义。这种思路在其他苏格兰启蒙学者的论述中也颇为常见，他们将市场经济而非政治契约视为社会存在的基础，并从人性角度思考市民社会的道德精神。斯密强调“内在的我”，倡导对光荣、崇高和尊严的爱，为市场经济确立道德法则。这些原则都不是外在植入的，而是基于社会的实际需要以及人们的交往经验。他们普遍关心经济生产之于人类生活的重要意义，并界定了与政治社会或政府相区别的市民社会或文明社会。②他们重视社会物质生活状况，可以说，“社会交往是自然的还是人为的，在一个复杂的个人主义的社会如何形成道德判断，如何规定社会发展各阶段的特色：如果没有这样的认识——物质生活的发展是现代社会的驱动力，现在将无法讨论这些问题”③。

除了强调“人的科学”之外，苏格兰启蒙学者还重视唯物主义和历史科学，在他们看来，作为科学的历史学首先关注社会发展史，人类思想史乃是社会发展史的一般结果。苏格兰启蒙学者基于自然和社会生活的唯物主义观念超越了理性先行的唯心主义哲学，与同时代的法国唯物主义也有明显的区别。他们试图规定理性的限度，主要从常识角度把握理性的功能及其外化形式，这种“经验理性”与大陆哲学的“先验理

① Alexander Broadie ed.. *The Cambridge Companion to the Scottish Enlightenment*. Cambridge: Cambridge University Press, 2003: 4.

② 弗格森所谓“文明社会”、休谟所谓“大型社会”、斯密所谓“商业社会”与他们使用的“市民社会”概念近乎同义语，都是从基于经济生活的人类社会角度对社会形态的规定，当然这些多样的表述使市民社会具有更丰富的意蕴。

③ John Robertson. “The Scottish Contribution to the Enlightenment”, in P. Wood, ed.. *The Scottish Enlightenment: Essays in Reinterpretation*. Rochester: Rochester University Press, 2000: 52.

性”之间最重大的区别就在于实践和原则孰先孰后。可以说，这些观念已经接近历史唯物主义，对康德、黑格尔等后世思想家也产生了重要影响①，“人的科学”和“历史科学”更是作为关键概念进入《1844年经济学哲学手稿》和《德意志意识形态》等青年马克思哲学文本。

更为重要的是，苏格兰启蒙学者对政治问题的阐释，使这场启蒙运动具有独特的政治哲学内涵，特别是他们对自由原则的阐述影响深远。正如哈耶克所强调的，“法国的政治自由思想是从英国（主要是苏格兰人阐明的）输入的”，“法国这个民族实际上在此前根本就不知道自由为何物”。②无独有偶，约翰·格雷也看重苏格兰启蒙运动在政治思想史上的价值，他指出，“在苏格兰启蒙运动的社会哲学家和政治经济学家的著作中，我们发现了对自由主义原则和基础的第一次全面而系统的阐述”③。当然，这种对自由主义的强调实际上是单向度的，苏格兰启蒙学者在强调个人自由的同时，诉求市民社会成员的平等，并使之作为一种政治原则得以确立起来。与此同时，“公共领域”在苏格兰启蒙运动中出现了。基于此，可以肯定地说，休谟在他的暮年如此表述苏格兰启蒙运动并无虚言，“我相信，这是历史的时代，这是历史的民族”④。

（二）市民社会：苏格兰启蒙运动的政治哲学主题

尽管苏格兰启蒙运动是一场回归“常识”的学术思潮，但其对个人自由与社会平等的论述及诸种理论建构具有不可忽视的政治价值，苏格兰启蒙学者在构建市民社会的过程中形成了鲜明的政治哲学主题。他们沿袭了古希腊哲学家对市民社会⑤的政治—伦理规定，将市民法视为现

① 例如，休谟的“怀疑论在历史上所受到的重视，有过于它本身的价值。它的历史意义在于：真正说来，康德哲学是以它为出发点的”。参见［德］黑格尔著，贺麟、王太庆译：《哲学史讲演录》第4卷，商务印书馆1978年版，第203—204页。而苏格兰启蒙学者对法哲学和市民社会的论述更是给黑格尔以直接的启示。

② 邓正来译：《哈耶克论文集》，首都经济贸易大学出版社2001年版，第483—484页。

③［英］约翰·格雷著，曹海军、刘训练译：《自由主义》，吉林人民出版社2005年版，第35页。

④ J. Y. T. Greig ed.. *The Letters of Hume*. Vol.2. Oxford: Oxford University Press, 1932: 230.

⑤ “civil society”一词的拉丁文来源是“civilis societas”，指的是遵守市民法的文明社会，居于其中的公民高雅而富有德性。参见 David L. Sills. *International Encyclopedia of the Social Sciences*. New York: The Macmillan Company & the Free Press, 1968: 201。

代社会的文明特征，认为市民既是政治动物，也是有德性的法律意义上的主体，市民社会乃是个人的联合体或曰政治共同体。由于苏格兰和英格兰合并有很多衍生品，英格兰习惯法纳入苏格兰市民法便是其一，所以，苏格兰启蒙学者从法哲学角度理解市民社会的现实定位，探究市民社会的经济形态及其与国家王权之间的关系。从务实的角度出发，这场致力于改善苏格兰经济社会发展状况的启蒙运动扬弃了纯粹理性的思辨原则，在实现物质社会文明化的过程中诉求市民的自由与平等，很多精彩的创见意蕴深远。

苏格兰启蒙学者并非市民社会概念的提出者，即使在英国学术思想史上也并非首创。据目前可考，“市民社会”一词在英国最早出现在1594年，当时被表述为“ciuill society”，指的是比任何私人团体都更具有人性内涵的社会。但这个表述在当时没有得到人们足够的重视，它成为引人注目的概念乃是17世纪末以来的事情，最具代表性的是洛克在《政府论》中的相关阐述。[①] 而它真正成为影响深远的规范概念，当然是苏格兰启蒙学者的贡献。这个贡献应当得到政治哲学层面的重视，而即使在英国，包括苏格兰学界，斯密、休谟、弗格森等苏格兰启蒙思想家的哲学也通常被当作常识哲学或经济哲学来加以理解。关于这个问题，福柯的意见值得我们重视，“我们要永远铭记，启蒙运动是一个事件，或者是一系列复杂的历史事件和历史进程，它处于欧洲社会发展的特殊时期。因此，它包括社会变革的元素、社会制度的类型、知识的形式、知识和实践的合理化设计、技术的突变，即使这些现象在今天仍然非常重要”[②]。福柯意识到归纳启蒙思想的困难，但他强调启蒙运动的政治性，从这个视角发掘苏格兰启蒙运动文献，可以发现近乎被人们淡忘至少是未予重视的内容。

我们已经注意到苏格兰启蒙运动不强调政治性的民族历史成因，但从苏格兰启蒙运动的世界历史意义来看，这场提升市民社会的启蒙思想实践所具有的政治哲学内涵颇为厚重。其中，界定市民社会和国家的区

① 参见方朝晖:《市民社会的两个传统及其在现代的汇合》,《中国社会科学》1994年第5期。

② Michel Foucault. “What Is Enlightenment?”, in *The Foucault Reader*, ed.. Paul Rabinow, London: Penguin, 1984: 48.

别，是苏格兰启蒙思想家最大的政治哲学遗产。正是由于阐发了市民社会与国家适度分离的启蒙思想，现代社会的发展范式得以确立，而这也意味着政治解放的完成。对市民社会的强调实则指明现代社会的公共领域，使市场经济成为现代社会的宠儿，斯密等苏格兰启蒙思想家试图从市场经济角度提出解决私人领域和公共领域之间矛盾的方案。他们提倡将政治共同体建立在市场经济的基础上，并阐述一种有别于以往的积极的政治哲学，在规范和丰富市民美德的过程中确认具有普遍意义的市民精神。在他们看来，身处市民社会的个人应当崇尚自由且热心公益，法律是维护市民自由的保障。

在苏格兰启蒙思想家看来，社会秩序在人性中具有自然基础，国家是权力受到限制的服务型公共职能承担者，市场经济的良性运转以公共精神为思想根基。闪耀在市场经济中的“看不见的手”体现了他们对调节国家和市民社会之间关系的高度自信，也表明市民社会对个人尊严的高度重视。“先进思想家似乎有个逐渐一致的共识，认为财富之路寓于让贸易自由，以及使经济生活逐渐解脱国家的干预，因此，亚当·斯密出版《国富论》首卷（1776）的时候，几乎是为整个启蒙运动发言。”[①]其实有很多发言者早于斯密，比如弗格森的《市民社会史论》就比斯密的《国富论》早出版9年，这本著作使他广受赞誉，而其重要性当然源于对市民社会的精彩阐释。“启蒙运动的基本要素正是在苏格兰被发现的：随着爱国群体和社团将注意力集中在经济和社会问题上，落后的世界和现代的世界存在着年代学和地理学上的相近性。”[②]而这个现代的世界正是随着市民社会升起在人们思想和生活的地平线上的。

弗格森将社会发展历程看作“是人类行为的结果，但不是人类设计的结果”[③]。他认为政治秩序不是原子化的个人以服从、遵守和沉默的方

①［美］约翰·麦克里兰著，彭淮栋译：《西方政治思想史》，海南出版社2003年版，第350页。

② John Robertson. “The Scottish Contribution to the Enlightenment”, in P. Wood, ed.. *The Scottish Enlightenment: Essays in Reinterpretation*. Rochester: Rochester University Press, 2000: 38.

③［英］亚当·弗格森著，林本椿、王绍祥译：《文明社会史论》，浙江大学出版社2010年版，第139页。

式来维护的社会状态，这样的社会是奴隶制，而不是自由的现代世界。现代人必然在抗争和行动中确立新时代的社会秩序，因为现代市民乃是文明人。他看到个人的世界具有公共性，“人天生是社会的一员，从这一点考虑，个人似乎不是为自己而生。当他的幸福和自由与社会利益相矛盾时，他必须放弃个人幸福和自由。他只是整体的一部分”[①]。可以肯定的是，崇尚“常识”的苏格兰启蒙思想家不是个人至上主义的倡导者，在他们的思想中不难看到自由主义的理想诉求，但对社会利益的强调力透纸背。弗格森已经意识到经济基础和上层建筑之间的关系，市民是承载这种关系的主体，或曰是市民社会良性运转的关键。公共领域不是他者的世界，它在一定程度上甚至就是个人生活本身。尽管苏格兰启蒙思想家对如何调整私人利益和公共利益关系的看法不同，但是在强调市民社会对个人生活的意义以及个人对市民社会的义务方面，确实有不少相似的论调。

从人性的深处理解社会秩序，就是他们论述相关问题的明显相似之处，休谟在这个方面的阐释最为精彩。如果说《人性论》偏重论述人性的普遍存在样态，那么我们可以在《休谟政治论文选》中看到休谟对政治生活更充分的哲学阐述。在休谟看来，“人诞生于家庭，但须结成社会，这是由于环境必须，由于天性所致，也是习惯使然”[②]。换言之，市民社会是人性的必然，也是人们生活习惯的自然结果。市民社会的权力是由法律赋予的，下面这段话充分说明休谟对这个问题的看法：“政治上有一条大家认为是无可争议和普遍适用的箴言：通过法律授予高级官员的权力，不论这种权力多么大，它对于自由的危险，总是小于强夺和篡夺的权力，即使这种权力很小。因为法律总是对所授予的每种权力给予限制，而且同意接受所授予权力这个事实的本身就树立了授权者的权威，保持了该体制的协调一致。而不经过法律手续获得每一项特权之后，又可以要求另一项权力，而且要求一次比一次便利；第一次篡夺的

①［英］亚当·弗格森著，林本椿、王绍祥译：《文明社会史论》，浙江大学出版社 2010 年版，第 64—65 页。

②［英］大卫·休谟著，张若衡译：《休谟政治论文选》，商务印书馆 1993 年版，第 23 页。

权力既可以成为以后篡权的先例，又可以成为继续篡权的力量。”[①] 这种观念提示我们重视“市民”这一概念的法学意义，即“市民”概念在欧洲思想史上得到普遍标注的语义。苏格兰启蒙思想家对法律的规定使市民社会权力失控的可能性降到最低点。

从对市民社会的理论阐释上可以很好地看到苏格兰启蒙思想的理论布局。重视政治经济学乃是出于促进资本和劳动力在经济领域流动的需要，以“看不见的手”调整市场秩序，避免垄断对市场经济产生阻碍作用，彰显了自由理念的现实价值；当然，社会秩序仅靠彰显自由的信任规则来维系是远远不够的，关键在于自律。苏格兰启蒙思想家充分意识到道德的现实功能，作为市民的文明人不是道德世界的局外人，道德在相当大的程度上就是自然秩序中的法律。我们如今从多学科角度来整理苏格兰启蒙思想家的遗产固然更为精细，但从整体理论布局的角度把握各学科交汇点的问题意识同样重要，而这个交汇点就是市民社会。可以说，“政治经济学是一门‘立法者的科学’，自然法学（natural jurisprudence）是揭示人类社会的自然正义准则和政治基本原理的科学”[②]。在这个意义上，人的科学、历史科学和政治科学是贯穿苏格兰启蒙思想家市民社会理论的关键词，崇尚科学是工业革命的必然结果。

斯密的论述最为有力，他的《国富论》和《道德情操论》享誉至今[③]，这两部分别被归纳为政治经济学和道德哲学的文本具有颇为广阔的视域。斯密对人的社会性加以感性确证，认为人性中有同情和交换的本能，每个人都有保护自己不受伤害的自然权利，这是市民政府存在的前提。斯密从自然自由的角度规定君主应尽的义务。“第一，保护社会，使不受其他独立社会的侵犯。第二，尽可能保护社会上各个人，使不受社会上任何其他人的侵害或压迫，这就是说，要设立严正的司法机关。第三，建设并维持某些公共事业及某些公共设施（其建设与维持绝不是为着任何个人或任何少数人的利益），这种事业与设施，在由大社会经营

①［英］大卫·休谟著，张若衡译：《休谟政治论文选》，商务印书馆1993年版，第115页。

② 王楠：《亚当·斯密的社会观：源于人性的自然秩序》，《社会学研究》2006年第6期。

③ 值得指出的是，斯密的市民社会理论远不止在这两部著述中得到体现，我们可以在《法学讲演录》中更为充分地理解他的政治哲学主张。

时，其利润常能补偿所费而有余，但若由个人或少数人经营，就决不能补偿所费。”[①]其实，这正是国家对市民社会所尽的义务，国家之所以能够良性运转正是因为符合市民社会的需要。

我们深知无原则合并苏格兰启蒙思想的危险，这些思想家对市民社会的具体观点也不一致。比如休谟，特别是斯密试图在新的社会伦理视域中审视市民的价值，弗格森则在肯定现代工业文明和商业文明的过程中批判现代社会的道德危机。我们只是通过对弗格森、休谟和斯密的相关思想略作归纳，从中看到苏格兰启蒙运动的政治哲学内涵，而这些思想在沙夫茨伯里、哈奇森、斯图亚特等其他苏格兰启蒙思想家的著述中也不鲜见。他们主要从人性层面探究市民社会的自然秩序，认为市场经济是维系市民社会运转的经济基础，道德自律是作为市民的文明人必须具有的现代素养，法律是市民社会和个人避免遭受威胁的保障，市民社会对王权和国家的限制理所当然。这些想法基于苏格兰社会的日常生活状况，而不是纯粹理性设计的结果。苏格兰启蒙思想家对社会形态的规定以及对经济基础的强调，对青年马克思的影响不容忽视。可以说，18世纪发生在苏格兰的这场思想运动确为历史唯物主义的思想源头[②]，而马克思走得更远。

（三）黑格尔、恩格斯与青年马克思的市民社会理论

苏格兰启蒙运动对德国古典哲学家的影响不可小觑，它与法国启蒙思想一并成为18世纪后半叶以来德国哲学的思想资源。这不仅突出表现为康德关于“什么是启蒙”的思考[③]，而且突出表现为黑格尔对市民社会的理论阐释，而正是黑格尔的阐释引起了青年马克思的重视。《法哲

①［英］亚当·斯密著，郭大力、王亚南译:《国民财富的性质和原因的研究》下卷，商务印书馆1974年版，第252—253页。

② Christopher J. Berry. *Social Theory of the Scottish Enlightenment*. Edinburgh: Edinburgh University Press, 1997: 93.

③“人类脱离自己所加之于自己的不成熟状态”“要有勇气运用自己的理智”，而不是使自己的“勇气和决心”长久地陷于“别人的引导”，这是康德在《什么是启蒙》一文中对启蒙的价值所作的规定，这篇文章与后来福柯的《何谓“启蒙”?》可谓启蒙思想研究史上的两篇经典力作。

学》是黑格尔市民社会理论的代表作，黑格尔将“civil society”转译成德文“bürgerliche Gesellschaft”，关于商业社会、道德精神和法哲学的阐述来自对弗格森和斯密作品的阅读。黑格尔直接沿用了苏格兰启蒙思想家对市民社会和国家的区分，他意识到市民社会的现代价值，认为“市民社会是在现代世界中形成的，现代世界第一次使理念的一切规定各得其所”①。可以说，黑格尔汲取了斯密对生活在商业社会的市民道德情操的阐释，但主要从国家角度理解问题，将国家视为伦理精神的最高阶段，是普遍原则的最高体现，是市民社会的决定者。在黑格尔看来，市民社会是“私人需要的体系”，由道德意识的主体联合而成，他们具有实现利益需要的自由权利。同业公会是公共精神的培养机构，是国家和个人的中介。市民社会的伦理精神尚处于不发达阶段，因而需要警察和法院使用强制力量制止不法行为，确立保障市民合理享受公共资源的社会秩序。

黑格尔将市民社会视为以分工和交换为基础的经济社会范畴，这体现了弗格森和斯密等苏格兰启蒙思想家的影响。但黑格尔的市民社会理论与苏格兰启蒙思想家的政治哲学观念也存在着不可忽视的断裂，比如他将“法”的价值上升到更为宽泛的文化层面，“谈到法的时候，不仅指人们通常对这一名词所了解的，即市民法，而且指道德、伦理和世界史而言；它们之所以同样是属于法，是因为概念按照真理而把思想汇集起来的”②。这与德国狂飙运动的文化旨趣内在一致，即在研究英国学者强调的物质社会的德性基础的时候，德国思想家更乐于指出现代社会在思想文化层面的价值，或者说他主要从哲学革命和精神自由的角度来理解启蒙。更为重要的是，由于坚信“思想不能跳出它的时代”，黑格尔在为德国政治辩护的过程中置换了苏格兰启蒙运动的逻辑，确认了国家对市民社会不可撼动的决定作用。他对国家意志的强化与关于理性精神居于社会生活首位的看法显然与苏格兰启蒙思想家意见相左，而这恰是马克思在《黑格尔法哲学批判》及其导言中批判黑格尔的着力点。

马克思对黑格尔法哲学的批判内容不需在这里赘述，需要指出的

①［德］黑格尔著，范扬、张企泰译:《法哲学原理》，商务印书馆1961年版，第197页。

②［德］黑格尔著，范扬、张企泰译:《法哲学原理》，商务印书馆1961年版，第42页。

是，青年恩格斯的《政治经济学批判大纲》等文本在经验层面影响了青年马克思的政治哲学运思。青年恩格斯在曼彻斯特不仅直接了解了工人阶级的状况，而且深刻领会了英国的经验论。热爱德国哲学的他起初很不理解实践先于原则的思维逻辑，并因此指责英国人的功利和浅薄，但随着对经济生活的深入研究，他愈发认识到政治经济学的魅力，而这正是从斯密、李嘉图等苏格兰启蒙思想家的著述中获得的灵感。我们有充分的理由证明，青年恩格斯关于英国哲学和社会生活的理解对马克思产生了很大的触动作用，而马克思在阅读苏格兰启蒙思想的过程中开始勾勒历史唯物主义的基本理论图景，研究他此后各时期对市民社会的阐释，是理解马克思政治哲学的必经之路。

青年马克思多次提及苏格兰启蒙思想家的理论，这些研究主要表现在对市民社会和国家之间关系的理解上，即市民社会是黑格尔意义上的国家对立物，我们可以在《黑格尔法哲学批判》《神圣家族》《德意志意识形态》等马克思早期文本中看到他的充分论述。马克思认同黑格尔对市民社会概念的德文转译，他认为，"'市民社会'这一用语是在 18 世纪产生的，当时财产关系已经摆脱了古典古代的和中世纪的共同体。真正的市民社会只是随同资产阶级发展起来的；但是市民社会这一名称始终标志着直接从生产和交往中发展起来的社会组织，这种社会组织在一切时代都构成国家的基础以及任何其他的观念的上层建筑的基础"[①]。他后来在《〈政治经济学批判〉序言》中明确指出黑格尔概括"市民社会"概念的理论贡献："法的关系正像国家的形式一样，既不能从它们本身来理解，也不能从所谓人类精神的一般发展来理解，相反，它们根源于物质的生活关系，这种物质的生活关系的总和，黑格尔按照 18 世纪的英国人和法国人的先例，概括为'市民社会'，而对市民社会的解剖应该到政治经济学中去寻求。"[②]这里所谓按照法国人的先例，主要指的是"bourgeois"一词的法语"bourgeoisie"在法国大革命之前被视为"第三等级"。用黑格尔自己的话来说，"我们没有两个不同的字眼来代表

①《马克思恩格斯选集》第 1 卷，人民出版社 2012 年版，第 211 页。
②《马克思恩格斯选集》第 2 卷，人民出版社 2012 年版，第 2 页。

bourgeois（市民）和 citoyen（公民）”①。因为在现代社会中没有市民之外的公民，将“civil”概括为“bürgerliche”，就是赋予“市民”以现代社会的阶级特征。青年马克思说得更干脆，“宗教信徒和公民之间的差别，是商人和公民、短工和公民、土地占有者和公民、活生生的个人和公民之间的差别。宗教信徒和政治人之间的矛盾，是 bourgeois 和 citoyen 之间、是市民社会的成员和他的政治狮皮之间的同样的矛盾”②。

马克思在批评黑格尔法哲学的过程中确认市民社会的历史价值，他不能容忍黑格尔对国家权力的美化，因为这种阐述不符合 19 世纪欧洲市民社会的发展状况。“对国家加以理想化，以及对市民社会给予道德上的低评价，这两者结合在一起都不可避免地要导致政治上的独裁主义。”③萨拜因这句话恰好说明马克思批判黑格尔政治哲学的重心所在。马克思对市民社会的强调主要汲取了苏格兰启蒙学者对经济基础的重视，而并未充分考虑这些思想家对市民社会的道德建构，因为后者在历史唯物主义框架内是由前者决定的。马克思从批判的角度指出抽象个人的预设背后存在的社会关系，从历史唯物主义层面研究社会，关键在于探究人与人在生产过程中产生的交往形式。④在这个意义上，马克思提升了苏格兰启蒙思想的实践高度，而将道德价值的提升视为自然的历史过程。

关于市民社会的政治哲学阐释，马克思的话语具有深切的历史感，他看到“国家的唯心主义的完成同时就是市民社会的唯物主义的完成。摆脱政治桎梏同时也就是摆脱束缚住市民社会利己精神的枷锁。政治解放同时也是市民社会从政治中得到解放，甚至是从一种普遍内容的假象中得到解放”⑤。在相当长的历史时期内，市民社会是人们得以安居的生活共同体，个人自由和社会民主是市民社会运转的基本政治原则，作

①［德］黑格尔著，贺麟、王太庆译:《哲学史讲演录》第 2 卷，商务印书馆 1960 年版，第 365 页。

②《马克思恩格斯全集》第 3 卷，人民出版社 2002 年版，第 173—174 页。

③［美］乔治・霍兰・萨拜因著，盛葵阳、崔秒因译:《政治学说史》，商务印书馆 1986 年版，第 729 页。

④ 参见 Clarke, Simon. *Marginalism & Modern Sociology: From Adam Smith to Max Weber*. London: Macmillan Press, 1991: 4—7。

⑤《马克思恩格斯全集》第 3 卷，人民出版社 2002 年版，第 187 页。

为市民社会成员的个人是社会运转的最终目的，选举是市民社会权力确认与行使的基本形式。而他的最不凡之处在于提出国家和市民社会的消亡，国家消亡之后的社会形态并非传统意义上的市民社会。换言之，市民社会仍然是人类生活的前史，未来的理想社会才是人类历史的真正开始。

综上所述，苏格兰启蒙运动并非仅是苏格兰的地方知识，尽管这场思潮的倡导者并非旨在发起一场关乎世界启蒙的思想运动，但这并不妨碍苏格兰启蒙运动导致了很多思想事件的发生。这些相当激进的事件引领时代的走势，而且发挥着持久的影响，从而使之在很大程度上变成了国际知识。市民社会理论是这种国际知识的政治哲学表达样态，苏格兰启蒙思想家的相关阐述是我们不能忽视的政治哲学遗产，黑格尔和马克思等哲学家以不同的方式继承了这个思想遗产，并赋予其时代精神。青年马克思的市民社会理论以实践思维超越历史，从市民社会与国家以及市民社会与分工这样两重关系的角度确认市民社会的历史价值和现代意义，并从社会阶级的角度指出这个社会终将消亡的趋势，从而开始了新的启蒙。马克思的启蒙思想在东方国家引发了一系列历史变革，而现实社会主义正反两方面经验提醒我们重新理解马克思，这正是当今中国马克思主义哲学研究不可回避的历史课题。

（原载《天津社会科学》2014 年第 2 期）

三

法国启蒙运动与马克思的人类解放理论

在法国大革命的前夜，法国启蒙思想家以反封建主义、反蒙昧主义的笔触照亮当时的法国社会。与同时代的唯物主义以理性方式发现社会运行规律一样，机械唯物主义与经验论和理性主义在反对王权、神权和诸多特权的过程中成为法国启蒙时代重要的哲学理路。无疑，以圣西门和傅立叶为代表的法国空想社会主义思想家在批判资产阶级社会现实的同时设想了一种更合乎人性的理想的社会结构，他们希望以平等和知性的思路建构和谐的社会共同体。然而，青年马克思并未直接接受这些见解，他认真研读了法国启蒙思想文本并作出了独到评价，在批判借鉴法国启蒙思想、法国唯物主义与法国空想社会主义的过程中，逐渐生成了更具现实性的关乎人类解放的政治哲学理念。

（一）法国启蒙思想的知性维度与激进维度

随着近代欧洲自然科学和生命科学研究的兴起，崇尚科学知识逐渐成为时代潮流。笛卡尔开创的“我思故我在”的理性主义哲学理路为法国启蒙运动奠定了基石，这种17世纪的形而上学倡导普遍怀疑，并提出对“我”的主体性理解，从诞生起就遭到伽桑狄、霍布斯、爱尔维修等唯物主义思想家的抵制。体现这一时期对传统和偏见的质疑，同时兼具整理科学知识的风尚，最典型的莫过于狄德罗主编的《百科全书或科学、艺术和工艺详解辞典》。这套包括35卷、至1780年才全部出版的辞典汇聚了一个“百科全书派”，他们强调理性能力在社会生活中的作用，彰显了法国启蒙思想的知性维度。

法国当时是一个封建农业国，约2300万农民，占全国人口的85%，全国40%的土地由僧侣和贵族占有。第一等级和第二等级享有不纳税等特权，第三等级和城市平民负担沉重，在思想观念上还受到封建神权的统治。受苏格兰启蒙运动和英国工业革命的影响，法国启蒙思想家意识到探索真理与归纳经验知识的重要性。达朗贝尔在《哲学原理》开篇就将其所处的世纪称为“哲学世纪”，孔狄亚克在《人类知识起源论》中试图证明新兴的科学知识何以改变人们的思维方式，同样以洛克的学说为出发点的爱尔维修强调个人利益与社会利益协调一致，强调由理性决定的法律决定一个民族的风俗和道德。至于曾被免除军医职务并被迫逃往荷兰和德国的拉美特利在《人是机器》《人是植物》中的观点显然受到笛卡尔的“世界是机器”“动物是机器”等观点的影响，他基于大量解剖学实验表明，物质是自然界唯一的物体，认识能力是人体的机能，思维是物质发展到一定阶段的产物。显然，拉美特利的《人是机器》《人是植物》与霍尔巴赫的《自然体系》都实现了英法唯物主义的结合。

此时，法国唯物主义思想家代表了法国启蒙运动的思想高度，他们形成了一种反思辨形而上学的唯物论体系，从物质本体论角度论证思维与存在的同一，摒弃了一切超自然的观念。霍尔巴赫在近代哲学史特别是认识论史上发挥了重要作用，他认为“物质一般地就是以任何一种方式刺激我们感官的东西”[①]，这几乎是哲学家第一次对物质作出规定。总体而言，法国唯物主义思想家强调世界的物质性以及运动是物质的固有属性，世间万物是普遍联系的，生活中各种现象汇成一个系统，生命处于进化过程中，事物的发展体现了一种具有必然性的秩序，理智是以感性的理解为基础的。这些观念使唯物主义和唯灵论的差别昭然若揭。

由此，法国唯物主义者在宗教批判中形成了无神论主张，例如，狄德罗将神看作是“一个没有意义的、不可理解的字”[②]，他进而主张地上的王权和天上的神权是一对孪生兄弟。在拉美特利看来，无神论的宇宙是快乐的。爱尔维修揭露了世俗宗教中存在的若干问题，强调美德不应在宗教而应在实际利益中得到体现。霍尔巴赫则写道：“在每个国家里都树立了两种不同的权力，以神本身为依据的宗教权力，几乎永远驾凌于

① 北京大学哲学系外国哲学史教研室:《西方哲学原著选读》下卷，商务印书馆1982年版，第216页。

② 江天冀等译:《狄德罗哲学选集》，上海三联书店1997年版，第214页。

君主的权力之上。”[①] 这些宗教批判思想理性而激烈，恩格斯对其给予高度评价：“迄今为止不仅按形式，而且按内容来说都是法兰西精神的最高成就……在今天看来它们的内容仍有极高的价值，它们的形式仍然是不可企及的典范。”[②]

在此基础上，法国唯物主义思想家强调哲学的现实性，他们将幸福作为哲学研究的对象，力图实现“社会中人们的利益”，将个人利益与社会利益结合起来，为此向往人人自由和平等的社会。例如，爱尔维修认为劳动是实现幸福生活的手段，需要是人类的老师，人们为了生存，必须结为社会。因而，他反对专制统治及其教育模式，将道德和政治立法结合起来，认为只有在遵循良法的国家，人们才能养成精神上的勇敢和坚定。在霍尔巴赫看来，“人从本性上说既不善也不恶。他在一生之中的任何时刻都寻求幸福，他的一切能力都用在取得快乐和逃避痛苦上面”[③]。“为了使自己幸福，就必须为自己的幸福所需要的别人的幸福而工作。”[④] 霍尔巴赫强调情感的作用和自利的合理性，论证了合理的社会环境之重要性，认为自利应当与公共福利相结合。

同时，法国启蒙思想家对科学知识的关注逐渐扩展到宗教和政治领域，他们开始用理性来审视现实、批判传统，由以启发民智，使理性的自然光亮照向这个哲学的时代，从而彰显了启蒙思想的激进维度。

在推动激进启蒙思想的过程中，产生的最重要的事件是法国大革命。随着路易十四统治后的法国由盛转衰，农民起义此起彼伏，新生资产阶级开始登上历史舞台。他们在获得经济实力的同时，日益具有分享政治权力的愿望。“无知和迷信的王国正越来越走向崩溃，启蒙的光芒取得越来越大的进步，黑夜的产物在黎明时分嚎叫，他们那种痉挛的姿势足够清楚地表明：他们自己对胜利感到绝望，只是在振作精神做一次

① 霍尔巴赫：《社会体系》，参见北京大学哲学系外国哲学史教研室编译：《十八世纪法国哲学》，商务印书馆1963年版，第557页。

②《马克思恩格斯文集》第3卷，人民出版社2009年版，第361页。

③ 霍尔巴赫：《社会体系》，参见北京大学哲学系外国哲学史教研室编译：《十八世纪法国哲学》，商务印书馆1963年版，第644页。

④ 霍尔巴赫：《社会体系》，参见北京大学哲学系外国哲学史教研室编译：《十八世纪法国哲学》，商务印书馆1963年版，第649页。

最终的疯狂反攻。然后，在法国的混乱突然爆发，现在他们又高耸起他们空洞的头颅，高声尖叫：瞧瞧启蒙的骇人听闻的结果！瞧瞧哲学家，这些煽动暴乱的布道者！每个人都逮住这个堂皇的机会来对启蒙的支持者喷溅毒药。”[①] 上述话语从反启蒙角度表明法国启蒙思想所具有的现实性力量，旧制度被启蒙思想指导的行动摧毁了，社会契约和现代民主观念开始深入人心。法国启蒙思想家确立了一种革命政治学，对后世影响深远。

毋庸置疑，法国启蒙思想家普遍反对君主专制，强调人生而自由和平等。例如，孟德斯鸠撰写《论法的精神》，希望形成一种三权分立的开明君主制；伏尔泰在《哲学通信》中抨击法国专制现象，从自然法角度赞扬英国资产阶级政体；狄德罗主张公民在法律面前一律平等；爱尔维修认为言论自由和出版自由是基本的人权——这些思想无疑影响了西哀耶斯、米拉波、拉法叶特、布里索、罗伯斯庇尔、圣茹斯特、马拉、丹东、肖美特等一众法国革命者，开启了以攻陷巴士底狱为开端的法国大革命。尤其值得提及的是，他们形成了著名的“1789年原则”，即一种以自然权利学说为基础的政治哲学原则，这个原则以宣言的方式为大众所知。法国启蒙思想家还提出了一种历史进步观念，例如，伏尔泰认为人类的发展是以进步的方式向前的，其中伴随善与恶的无尽的斗争。卢梭认为发展是一种向新质的过渡，不能“原路而返”，而体现为一种对立面的转化。这种历史进步观念彰显了否定之否定的过程，体现了一种在实践中展开的辩证逻辑。

在理解法国启蒙思想的知性维度和激进维度时，不难看出，与苏格兰启蒙运动类似，法国启蒙思想家的家族歧异性相当明显，他们对社会政体、理性社会的形式、科学的社会作用等方面的观点有很多差别。当然，其中的“公约数”也是相当明显的，可见一个时代的启蒙气质及其对后世的深远影响。值得提及的是，其中以盖奈和杜尔哥为代表的法国重农学派提出建立一种重农的现代经济秩序的启蒙观念，被马克思称为“资本阶级政治经济学的真正鼻祖”。当法国唯物主义思想进入社会维

①［美］詹姆斯·施密特著，徐向东、卢华萍译：《启蒙运动与现代性：18世纪与20世纪的对话》，上海人民出版社2005年版，第12页。

度，成为一种以实证研究的方式探究生产力现状及其发展规律等的社会唯物主义，就促进了法国国势学的形成和发展。

其实，无论以知性维度抑或激进维度，法国启蒙思想家关于外部环境对人的影响、工业的重大意义、教育的重要价值以及对社会利益的阐述，都在一定程度上体现了法国唯物主义与社会主义思想的内在联系。从中可见，马克思对法国革命政治学的借鉴体现在诸多方面。

（二）空想社会主义的可能性与非现实性

空想社会主义是17—19世纪在欧洲流行的乌托邦思潮。在空想社会主义思想谱系中，法国思想家的群像颇为耀眼，德尼·维拉斯在1675年出版的《塞瓦兰人的历史》中体现了法国空想社会主义的最初设想，至19世纪达至高潮。在法国启蒙思想盛行的时代，空想社会主义是“直接从法国唯物主义出发”[①]的，或曰法国唯物主义是“直接汇入社会主义和共产主义”[②]的。

总体来看，17—18世纪的法国空想社会主义者普遍强调平等。处于启蒙时代的法国空想社会主义者描述了财产公有、人人平等的前景，强调提高社会福利，平均满足人们的需要。例如，马布利在《论公民的权利和义务》中描述了这种“黄金时代”，他肯定一种斯巴达式的幸福，即通过“贫困、自制、节制和勇敢自豪”来实现的幸福。在他看来，财富的不平等导致社会地位的不平等，阶级是在社会冲突中分化的。在维拉斯描述的塞瓦兰人的世界中，“没有穷人，没有人缺乏生活必需品和生活用品”[③]“无需为饮食、衣服、住房而操心，甚至无需为赡养妻子、抚养儿女而操心”[④]。在摩莱里关于未来社会的蓝图中，“每个部落占一个街区，每个家庭住一所宽敞舒适的房屋。所有这些房屋形状划一”[⑤]。他

①《马克思恩格斯文集》第3卷，人民出版社2009年版，第525页。

②《马克思恩格斯文集》第1卷，人民出版社2009年版，第334页。

③［法］德尼·维拉斯著，黄建华、姜亚洲译:《塞瓦兰人的历史》，商务印书馆2011年版，第158页。

④［法］德尼·维拉斯著，黄建华、姜亚洲译:《塞瓦兰人的历史》，商务印书馆2011年版，第136页。

⑤［法］摩莱里著，黄建华、姜亚洲译:《自然法典》，商务印书馆1982年版，第111—112页。

们主张对消费品平均分配，提出确立一种使人们的衣着和住宅都相同的法规，当物质不能满足需求时“减少供应”。

此外，他们认为封建制度和资本主义制度都违背理性原则，并提出以革命反抗压迫的主张，打倒一切压迫者。在启蒙时代，他们提出反对蒙昧主义的无神论，希望通过理性教育改变人们的思维方式，制定完善的法律，倡导科技进步。但是，在确定具体实现路径时，他们往往倾向于到荒岛上建立一个人人自由平等的共产主义共和国，这种思路显然是一种不切实际的空想。在生产力水平不高的情况下，他们还往往采取平均主义或禁欲主义的思路，实际上不能满足人们的物质文化需要，也在一定程度上阻碍了社会发展进程。对此，恩格斯深刻指出，这“是一批相当‘粗暴的人’。他们想把世界变成工人的公社，把文明中一切精致的东西，即科学、美术等，都当作无益的、危险的东西，当作贵族式的奢侈品加以消灭；这是由于他们完全不懂历史和政治经济学而必然产生的一种偏见”[①]。

启蒙时代的法国空想社会主义在19世纪得到进一步发展。作为法国百科全书派思想家达兰贝尔的学生、参加过北美独立战争的圣西门，以“新基督教”的方式开创“实业”，以期发挥全体社会成员的才华，认为资本主义并非“历史的终结”。他借用数学概念表明历史阶段，认为资本主义这个“数列”终将“过去”。他以概括和总结法国唯物主义作为自己的研究任务，认识到生产的重要性，强调满足人们的物质生活需要，认为传说中的“黄金时代”其实还在将来。圣西门还强调历史研究应当像自然科学那样，这样才能成为一门历史科学。但与法国唯物主义者不同，他要建构的这种社会具有一种合乎理性的社会主义特征，他的社会构想基本上都立足于生产资料公有制，希望人们通过劳动获得基本的社会保障。

19世纪的法国空想社会主义者对资本主义社会进行了深刻的批判。圣西门明确指出，资本主义社会只是通向未来社会的一个“中间的和过渡的体系”[②]；出身于富商家族的傅立叶认为资本主义的“生产过剩”产

①《马克思恩格斯全集》第3卷，人民出版社2002年版，第480页。
② 王燕生等译：《圣西门选集》第1卷，商务印书馆1979年版，第252页。

生了“温和的监狱”，他企盼男女平等、经济协作、共享公共产品和教育的时代到来；在卡贝设想的未来新社会中，“人民就是主权者，主权是属于人民的”[①]。新社会制度应当实现大多数人的幸福，实现“内在的和外在的奢侈的平衡或个人或产业的全面发展”[②]。

与此同时，他们对法国启蒙思想进行了反思与批判，认为这些描述人类美好愿景的启蒙思想在很大程度上没有成为现实，即法国启蒙思想家没有兑现诺言。进而，法国空想社会主义者深刻揭露了人类社会不平等的现实状况，将平等视为人类正义的象征。他们还强调全民劳动，认为劳动是公民的基本权利和义务。他们几乎都认为，人是环境的产物，因而正当的制度环境对人的发展是有益的。

从人性角度思考如何改变社会弊端，是 19 世纪法国空想社会主义思想家的鲜明特征。例如，傅立叶“直接从法国唯物主义者的学说出发”[③]，试图建构一种合乎“人性”的社会制度，从中可见爱尔维修和霍尔巴赫的思想印记。他从“情欲”角度思考社会发展动力，认为人具有 12 种情欲和 3 种分歧，统一欲是情欲的中心，“是人们使自己的幸福和自己周围一切人的幸福、全人类的幸福相协调的意向，这就是无限的博爱，普遍的善心”[④]。几乎在同一时期，罗伯特・欧文以企业家的身份试图改善工人的生产和住宅状况，他在美国印第安纳州创建了一个完善的模范移民区。正如马克思后来指出的，法国启蒙思想家基于自然本性的观念不是“真正合乎人性的东西”，只是体现了法国市民阶层的理想，为了实现广泛的自由和平等，必须“使每个人都有社会空间来展示他的重要的生命表现”[⑤]。

总体来说，空想社会主义者的很多社会理想如今在世界多国已经不同程度地实现。之所以将他们的思想称为“空想”，并非因为这些理想

①[法]艾蒂耶纳・卡贝著，李雄飞译：《伊加利亚旅行记》第 1 卷，商务印书馆 1976 年版，第 52 页。

②[法]维克多・孔西得朗著，李平沤译：《社会命运》第 2 卷，商务印书馆 1986 年版，第 545 页。

③《马克思恩格斯文集》第 1 卷，人民出版社 2009 年版，第 335 页。

④ 赵俊欣等译：《傅立叶选集》第 1 卷，商务印书馆 1979 年版，第 112 页。

⑤ 参见《马克思恩格斯文集》第 1 卷，人民出版社 2009 年版，第 334—335 页。

毫无实现的可能性，而主要因为他们的理想缺乏实现的合理路径。他们将希望寄托于有良知的资产阶级知识分子，没有意识到在资本主义制度框架内超越剥削的不可能性，他们没有将无产阶级作为社会变革的根本力量，没有可以依赖的革命主体，因而成为一朵不结果实的花。这与马克思将希望付诸无产阶级的现实运动是不可同日而语的。

相比而言，马克思有一个像“地道的18世纪法国人”[①]的父亲，从小便受到法国启蒙思想影响的他认为在空想社会主义家的思想中包含着现实社会主义的萌芽。但是，马克思更看重人们生产生活过程中经济利益的平等，认为“‘共同利益’在历史上任何时候都是由作为‘私人’的个人造成的”[②]，脱离人类经济生活的历史视域，没有真正的平等可言，只有通过扬弃私有制，消除“资本的统治”带来的人的异化与社会发展的停滞，即当人类进入共产主义社会的时候，平等才能够成为现实。当我们对“什么是社会主义”有了深刻的理解之后，主要问题就在于“如何建设社会主义”，即如何确认社会主义的道路选择，如何使社会主义从空想到科学，从理论到实践，从历史到现实。

因此，把握马克思政治哲学的特质，需要深刻理解其人类解放理论，这一理论彰显了马克思政治哲学的总问题。在考察现代政治解放的基础上，马克思认识到这种指向资产阶级解放的解放只是一场“市民社会的革命”。它不具有普遍性承诺，因而切中了解放的普遍性本质：政治解放不能将人的世界与人的关系彻底还给人本身，参与这场解放的无产阶级实际上在解放之外，而普遍的解放必须实现无产阶级的解放，无产阶级只有解放全人类才能最后解放自己，从而彰显了其政治哲学的超越性特质。

（三）人类解放理论的实践超越品格

之所以强调人类解放的超越性特质，并非因为马克思没有意识到政治解放的历史价值，相反，马克思对政治解放给予高度评价。正如他所

①［法］奥古斯特·科尔纽著，刘丕坤等译：《马克思恩格斯传》第1卷，三联书店1963年版，第53页。

②《马克思恩格斯全集》第3卷，人民出版社1960年版，第276页。

指出的："政治解放当然是一大进步，尽管它不是普遍的人的解放的最后形式，但在迄今为止的世界制度内，它是人的解放的最后形式。不言而喻，我们这里指的是现实的、实际的解放。"①政治解放不仅是一种现代性解放，而且实现了思想启蒙，但它的历史限度也是明显的。马克思深刻指出，政治解放实际上是使一种同质替代性方案成为现实，而非实现社会形态更迭的本质性解放："正像战争以和平告终一样，政治剧必然要以宗教、私有财产和市民社会一切要素的恢复而告终。"②为此，要在政治解放的基础上使解放进入一种高阶状态。

与政治解放比较而言，人类解放是"世界历史性的、真正普遍的个人"③的总体性解放，它往往通过暴力革命的方式。因为"批判的武器当然不能代替武器的批判，物质力量只能用物质力量来摧毁"④。当然，深入思考这场解放的政治哲学内涵无疑是必要的，而且要通过对其内涵的揭示激发无产阶级的革命斗志，因为"理论一经掌握群众，也会变成物质力量"⑤。这表明人类解放不仅是一种"现实的运动"，还意味着人们要扬弃以往的政治观念。因此，必然要构建一种为人类解放提供理论指导的政治哲学，它是实践的、批判的。

这种以人类解放为总问题的政治哲学产生于世界历史中，世界历史是人类解放的现实环境，是在现代生产方式的变革中形成的。这种变革使时代发生了变化，"一切固定的僵化的关系以及与之相适应的素被尊崇的观念和见解都被消除了，一切新形成的关系等不到固定下来就陈旧了。一切等级的和固定的东西都烟消云散了，一切神圣的东西都被亵渎了"⑥。随着社会政治结构、经济结构、阶级结构、权力运行方式等的更新，无产阶级登上历史舞台，超越政治解放的历史条件和阶级条件开始具备。

实现人类解放，要使社会从资本逻辑和私人财产关系的束缚中解放

①《马克思恩格斯文集》第1卷，人民出版社2009年版，第32页。
②《马克思恩格斯文集》第1卷，人民出版社2009年版，第33页。
③《马克思恩格斯全集》第3卷，人民出版社1960年版，第39页。
④《马克思恩格斯文集》第1卷，人民出版社2009年版，第11页。
⑤《马克思恩格斯全集》第3卷，人民出版社2002年版，第207页。
⑥《马克思恩格斯文集》第2卷，人民出版社2009年版，第34—35页。

出来，使无产阶级从各种剥削和压迫中解放出来。在马克思看来，“‘解放’是一种历史活动，不是思想活动”，“只有在现实的世界中并使用现实的手段才能实现真正的解放”。[①]这种普遍性的解放必须在现实的世界中使用现实的手段来实现。在这个意义上，尽管空想社会主义思想家提出过“人类解放”的口号，但马克思真正在揭示社会历史规律的语境中使其具有现实可能性。这也是马克思肯定政治解放的意义的合理性所在，因为解放的程度是受社会历史条件制约的：当人们还普遍受到异己力量的支配，当剥削制度和资本逻辑还普遍存在，就必然存在于人类解放的前夜。倡导人们在实践中前行的马克思提出了一种具有前瞻性的政治哲学主张。

这种主张的关键在于指明实现解放的路径。一方面，解放的主体即无产阶级要摆脱一切剥削压迫和旧式分工的束缚，摆脱旧形而上学和传统政治观念的束缚，认识到这是一种社会的解放，人们在其中推翻被侮辱、被奴役、被遗弃和被蔑视的一切关系，现实的个人在经验生活与具体的劳动关系中成为类存在物。另一方面，无产阶级要在解放的过程中深刻理解劳动的本质及其实践逻辑，深刻理解人的劳动的实践主体性和公共性，深刻理解劳动何以是理解全部社会史的锁钥。这就需要把握人在劳动中成为主人的辩证法，把握劳动的生活本质化内涵，以劳动逻辑取代资本逻辑，将人类解放视为一个历史过程，其终极目标是建构一个自由人的联合体，在其中每个人的自由发展是一切人自由发展的条件。

如此，我们便可以理解人类解放理论的实践超越品格，它不仅在市民社会的地基上切实把握现代政治的本质，而且全面检索了近代以来政治哲学家关于需要、劳动、财产权、正义、商业等的阐释，并在实质性层面对现代政治制度加以质疑和批判。在马克思看来，“每个人按其所愿、尽其所能来保全自己”这种霍布斯式的现代构想不具有普遍性，事实上，脱离共同体的个体——这些无财产者不可能获得起码的人身保护，这必然导致现代货币共同体的撕裂。正是因为重审现代社会中人的所有权、社会差别和实际生活境遇，马克思走出了市民社会解放的苑

①《马克思恩格斯文集》第1卷，人民出版社2009年版，第527页。

围，不将纯粹的私人利益和私人权利视为社会存在的基础和无须进一步论证的前提，而努力实际地反对并改变现存的事物。

在这个意义上，马克思真正把握了颠覆资本逻辑的社会经济基础，他指出："劳动者在经济上受劳动资料即生活源泉的垄断者的支配，是一切形式的奴役的基础，是一切社会贫困、精神沉沦和政治依附的基础。"[①] 正是从经济基础上确认人类解放的现实路径，马克思将市民社会作为解放的立足点，其目标在于建构人类社会，开启人类"真正的历史"。也正是在这场解放中，人们开始真正理解其类本质，使公共利益和公共权力得到一种社会性确认："只有当人认识到自身'固有的力量'是社会力量，并把这种力量组织起来因而不再把社会力量以政治力量的形式同自身分离的时候……人的解放才能完成。"[②]

由此我们可以理解，作为一种新政治哲学的人类解放理论，不仅要扬弃资本逻辑和剥削制度，而且要改变利己的原子式个人的境遇。它既致力于解析现代市民社会的公共性问题，以实践的思维方式超越货币共同体的鄙俗，也致力于倡导人们在社会性劳动中否定一切奴役人的关系，创造互利共享的社会共同体。新政治哲学是这场解放的头脑，而它的心脏是无产阶级，一种彻底否定资本统治的社会主体。在这里，我们看到马克思政治哲学的现实性和超越性的重叠，因而就理论而言，它是一种新政治哲学，就实践而言，它是一种行动的思维方式。这种理论与实践统一于无产阶级的解放事业之中。

（原载《安徽师范大学学报》2020 年第 6 期）

①《马克思恩格斯文集》第 3 卷，人民出版社 2009 年版，第 226 页。

②《马克思恩格斯文集》第 1 卷，人民出版社 2009 年版，第 46 页。

四

马克思与苏格兰启蒙运动中的斯密和弗格森

18 世纪的启蒙运动是西方思想发展的转折点，后世思想家通常更多地关注此时的法国，而实际上苏格兰启蒙思想极大促进了市场经济的发展过程。其中两位学者亚当·斯密与亚当·弗格森各自构建了市民社会的法哲学和道德哲学，他们在改革语境中道出了现代国家富强和长治久安的秘密，意识到崛起中的现代工商业是市民社会的基础，而一个经济繁荣的市民社会需要良好的法律、商业合作与交易原则以及道德行为机制与之相适应，从而为现代文明人合理的利益诉求提供合宜的社会环境。当然，他们也看到市民社会的道德危机，并从不同角度提出了解决方案。他们的启蒙思想对马克思产生了不容忽视的影响，马克思在摘录斯密作品时写下很多评注，也多次提到弗格森的《市民社会史论》。马克思的政治经济学批判建立在研究苏格兰启蒙思想的基础上。梳理两位思想家的思想异同，是理解马克思开启的学术传统与 18 世纪启蒙运动的关系的必经之路，而马克思对李嘉图及其评价斯密的研究，可谓透视这种关系的必要补充。

（一）“看不见的手”：启蒙国民经济学的秘密

深受哈奇森和休谟影响的亚当·斯密因《国富论》而名震欧洲，通常认为他开创了现代政治经济学，而《道德情操论》则使他被看作 18 世纪最重要的伦理学家之一。他在这两部名著中分别讨论了“经济人”和“道德人”，前者由“看不见的手”支配，后者追求崇高的理念，他们共处于新兴的市民社会中。斯密将追求物质利益的最大化当作人的天性，认为这种自利具有道德的正当性。他是在个人自由的政治基调中论述利我与利他以及道德和利益的关系问题的，这个问题后来在《法学讲演录》和《哲学论文选》中得到了更充分的阐述。斯密所论关于国民财富的科学和关于道德情操的理论都不仅指向今天的经济学和伦理学，而更多的是一种基于政治经济学的广义人文社会科学，或者说他探究的乃是有道德的自由的“经济人”如何在经济持续发展的市民社会获得幸福。“按照苏格兰大学中传统的学科划分方法，逻辑学的范围包括修辞学和纯文学，道德哲学则包括法学和政治学”①，斯密是在道德哲学中探讨法学和政治学问题的，而他开创的现代政治经济学正是其中应有之义。

斯密等苏格兰学人研究的可谓当时非常有用的学问，无论对政府还是市民来说都是至关重要的。斯密认为人具有社会性，这是由人与生俱来的情操决定的。他将市民而非君主视为社会的保护者，认为傲慢的君主自以为至高无上，极力扫除实现自己意志的障碍，国家成为他们实现意志的手段，因而不能体现公共精神。在他看来，公共精神是市民在现代社会中自觉实现的，作为市民的个人应当成为正义的卫士，需要个人审慎和自我控制，需要政府在履行职能的过程中力求规范。斯密在《国富论》《道德情操论》和《法学演讲录》中分别从不同角度论及源自“自然法理学”和“历史法理学”的正义论及其道德基础，即一种德性的正义在经济学、伦理学和法学中的呈现样态及其在不同社会环境中的演化。②受自然法理论深刻影响的斯密进一步探究了历史法理论，他看到现实中的实证法几乎从未满足过自然法的要求，因而力图论证日常生活的合理性，从而将正义和道德纳入可操作范围内。

斯密所论之“政治”基本等同于社会，他致力于建构作为社会的政治结构以及个人在一个合理的政治结构中作为市民彼此相处的原则。市民社会的成员依赖彼此的交换，他们其实都是商业社会中的商人，社会治理原则因而必须符合工商业发展的实际情况。斯密论述社会运行原则时所用的最著名隐喻是“看不见的手”，尽管这个源自宗教的话语在斯密的著述中并不常见，但通常被人们用来诠释市场经济的根本特征。个

①［英］约翰·雷著，周祝平、赵正吉译:《亚当·斯密传》，华夏出版社 2008 年版，第 34 页。

② Knud Haakonssen & Donald Winch. “The Legacy of Adam Smith”, in *The Cambridge Companion to Adam Smith*, Knud Haakonssen ed., Cambridge: Cambridge University Press, 2006: 366—374.

人对自身利益的追求在客观上实现了社会利益，这种阐述进一步发挥了曼德维尔在《蜜蜂的寓言》中关于个人恶和社会善之间关系的论述思路。“他受着一只看不见的手的指导，去尽力达到一个并非他本意想要达到的目的。也并不因为事非出于本意，就对社会有害。他追求自己的利益，往往使他能比在真正出于本意的情况下更有效地促进社会的利益。我从来没听说过，那些假装为公众幸福而经营贸易的人做了多少好事。”① 自利的人为社会利益所作的贡献并非自愿，却是市场交易过程的必然结果。对此政府不应过多干涉，而应更好地为个人利益和社会利益提供保障。斯密在此基础上提出分工理论，他肯定了分工的社会意义，认为“劳动生产力上最大的增进，亦即运用劳动时所表现的更大的熟练、技巧和判断力，似乎都是分工的结果”②。

马克思在《1844年经济学哲学手稿》中多次引述《国富论》中的观点并评价斯密的思想，例如，“既然按照斯密的意见，大多数人遭受痛苦的社会是不幸福的，社会的最富裕状态会造成大多数人遭受这种痛苦，而且国民经济学（总之，私人利益的社会）是要导致这种最富裕状态，那么国民经济学的目的也就是社会的不幸”③。这种讽刺和质疑的笔触在这篇文献中多次出现，又如，“斯密颂扬商业是人道的，这是对的。世界上本来就没有绝对不道德的东西；商业也有对道德和人性表示尊重的一面。但这是怎样的尊重啊！当中世纪的强权，即公开的拦路行劫转到商业时，这种行动就变得具有人道精神了；当商业上以禁止货币输出为特征的第一个阶段转到重商主义体系时，商业也变得具有人道精神了。现在连这种体系本身也变得具有人道精神了”④。可以说，马克思一开始就从批判角度审视斯密的理论，这种视角在他后来的政治经济学批判著述中颇为常见。

当然，马克思深知斯密之于国民经济学的重要意义，他和恩格斯在

①［英］亚当·斯密著，郭大力、王亚南译：《国民财富的性质和原因的研究》下卷，商务印书馆1974年版，第27页。

②［英］亚当·斯密著，郭大力、王亚南译：《国民财富的性质和原因的研究》下卷，商务印书馆1974年版，第5页。

③《马克思恩格斯文集》第1卷，人民出版社2009年版，第122页。

④《马克思恩格斯全集》第3卷，人民出版社2002年版，第62页。

1850年为《新莱茵报·政治经济评论》撰写的《时评》中写道:“一切资产阶级的财产当然都是‘劳动的成果和标志’，这一点亚当·斯密要比我们这些在他以后80年的革命倡导者知道得更清楚。”[①] 在1851年写的《反思》一文中，马克思指出:“贸易的区分:一方面是实业家和实业家之间的贸易，另一方面是实业家和消费者之间的贸易;前者是资本的转移，后者是收入和资本的交换;前者靠它具有的货币来实现，后者靠它的铸币来实现;——亚当·斯密所作的这种区分是重要的。”“然而，在亚当·斯密上述原理的基础上，整个经济学被蒲鲁东等人愚蠢地简单化了。”[②] 他在《〈政治经济学批判〉导言》中也指出:“亚当·斯密大大地前进了一步，他抛开了创造财富的活动的一切规定性，——干脆就是劳动，既不是工业劳动，又不是商业劳动，也不是农业劳动，而既是这种劳动，又是那种劳动，有了创造财富的活动的抽象一般性，也就有了被规定为财富的对象的一般性，这就是产品一般，或者说又是劳动一般，然而是作为过去的、对象化的劳动。”[③] 在《1857—1958年经济学手稿》的每个笔记本中，马克思都对斯密关于货币、交换、生产劳动、地产乃至心理等的看法作了较为详细的分析，例如，“亚当·斯密说，劳动(劳动时间)是用来购买一切商品的最初的货币。如果考察的是生产行为，那么这始终是正确的(就相对价值的规定来说，也始终是正确的)。在生产中，每个商品总是不断地同劳动时间相交换”[④]。马克思在肯定斯密某些观点的同时，明确指出这位18世纪启蒙思想家的理论缺陷，并提出了改进方案。

在《政治经济学批判》(第一分册)中，马克思同样不惜笔墨论述斯密的见解，例如，“在发达的资产阶级生产情况下，当商品所有者早已变成了资本家，已经熟悉自己的亚当·斯密，并且高傲地嘲笑那种以为只有金银是货币或以为货币根本不同于其他商品而是绝对商品的迷信的时候，货币却又突然不是作为流通的中介出现，而是完全像货币贮藏者

①《马克思恩格斯全集》第10卷，人民出版社1998年版，第620页。
②《马克思恩格斯全集》第10卷，人民出版社1998年版，第636、639页。
③《马克思恩格斯全集》第30卷，人民出版社1995年版，第45页。
④《马克思恩格斯全集》第30卷，人民出版社1995年版，第117页。

所理解的货币一样作为交换价值的唯一适当的形式、作为唯一的财富出现”[①]。诸如此类的分析在《1861—1863年经济学手稿》中也很常见，马克思在那里主要质疑斯密的分工理论，“斯密没有区别两种意义上的分工”，“第一类分工是社会劳动分成不同的劳动部门；第二类分工是在生产某个商品时发生的分工，因而不是社会内部的分工，而是同一个工厂内部的社会分工”，“亚当·斯密经常混淆这些极不相同、虽然互相补充但从某种意义上来说也互相对立的分工”，“亚当·斯密没有把分工理解为特殊的、别具一格的、标志着资本主义生产方式的特征的形式”。[②]在这部手稿的“剩余价值理论”部分，马克思又指出：“我们打算完全不考虑亚当·斯密在多大程度上把地租看作商品价格的构成要素。这个问题在这里对我们的研究所以更加无关紧要，是因为斯密把地租看成和利润完全一样，纯粹是剩余价值的一部分，即‘工人加到原料上的劳动中的扣除部分’。”[③]在这里，马克思批评斯密论证剩余价值的思路，指出其中存在“循环论证”等逻辑悖谬，进而详细阐释了符合工业发展实际的分工理论。马克思在《资本论》中对斯密的观点也作了大量评述，例如，“他认为机器只起了从属作用，这种说法在大工业初期遭到罗德戴尔的反驳，在往后的发展时期又遭到尤尔的反驳。亚当·斯密还把工具的分化同机器的发明混为一谈。在工具的分化中，工场手工业的局部工人自己起了巨大的作用；在机器的发明中，起作用的不是工场手工业工人，而是学者、手工业者甚至是农民（如布林德利）等”[④]。这些话语具有丰富的实践依据，呈现了基于历史事实的辩证视角。

概言之，马克思认为斯密“代表着一个还在同封建社会的残余进行斗争、力图清洗经济关系上的封建污垢、提高生产力、使工商业获得新的发展的资产阶级”[⑤]。这是苏格兰启蒙学者的社会使命，他们要以务实的姿态迎接新时代的来临。当然，斯密对一般历史原则的建构及其对商业社会特质的阐释之间存在一定的矛盾，这是这代苏格兰学人没有意识

①《马克思恩格斯全集》第31卷，人民出版社1998年版，第541页。
②《马克思恩格斯全集》第32卷，人民出版社1998年版，第305、304、306页。
③《马克思恩格斯全集》第33卷，人民出版社1998年版，第72页。
④《马克思恩格斯全集》第44卷，人民出版社2001年版，第404页。
⑤《马克思恩格斯选集》第1卷，人民出版社2012年版，第234页。

到的。他“既相信历史发展阶段性又试图用简单和优雅的牛顿式的原理法来解释社会中复杂的现象，最后只能用不同的社会机制和抽象人性的相互作用这种很含糊的方式来解释所谓的历史发展阶段论，这是所有苏格兰历史学派思想家共有的特点”①。关于这些问题，另一位苏格兰启蒙思想家亚当·弗格森也提供了独特的思想资源。

（二）在回归古典中重构现代：市民社会的道德语境

亚当·弗格森是唯一出生在苏格兰高地和低地之间的苏格兰启蒙思想家，使用盖尔语的高地人具有骁勇尚德之风，这种生活环境是弗格森思想发展的最初土壤。作为苏格兰启蒙思想家中典型的学院派，弗格森赞赏柏拉图哲学和斯巴达精神，强调民兵的勇敢精神和社群纽带在市民社会中的重要意义，他的罗马史研究专著《论历史的进步和罗马共和国的终结》一度广为流传。弗格森深知现代工商业发展和市民的道德自觉推动了社会进步，身处市民社会的成员共同生活在一个商业共同体中，但他更多地是以一种源自高地的公共精神批判资本逻辑对人类精神的污染，希望繁荣的市民社会的成员能够保持古朴的人性，不至于毁灭高贵的道德情操，从而使文明社会得以持续发展。这种论证显然是政治性的，而且比较古典。

弗格森时常在古希腊美德伦理学中寻找塑造现代市民社会的公共精神的启示，以此对抗纯粹追求经济利益的社会行为，这与他年少时在圣安德鲁斯学院和爱丁堡大学接受古典教育有关。他从维护文明社会连贯性的角度指出：“为了增加财富、人口，人类受到腐败的侵蚀，无法捍卫自己的财产。最终，他们只好受压迫，走向毁灭。我们为了能够使枝干生长，叶子繁茂，把根切断了。”②弗格森强调古朴高尚的精神意志的社会作用，认为这是维系社会发展的根本，资本主义促进了社会的经济增长，却败坏了人类的文明。他经常发表意见的场所是爱丁堡的“拨火棍

① 唐正东：《从斯密到马克思——经济哲学方法的历史性诠释》，江苏人民出版社2009年版，第41页。

②［英］亚当·弗格森著，林本椿、王绍祥译：《文明社会史论》，浙江大学出版社2010年版，第9页。

俱乐部”，这个社交团体做了大量的政治鼓动工作，特别是鼓励上流社会的人士积极赞助建立民兵组织。这些民兵组织的职能是保卫苏格兰的安全，却大概也只能在高地得到认同，因为现代社会需要的不是持剑的勇士，而是由专业化士兵组成的现代部队。

弗格森在古典古代基础上批判美德在商业文明社会流失的现象，归纳了社会腐化堕落和政治奴役的成因，其中很多观点与休谟和斯密的看法不同。他意识到现代文明的危机与“异化”的现实，致力于“古代文明的政治社会学研究”。[①] 市民即文明人，当市场经济破坏人类文明的时候，不如回到古典。弗格森重视整体的社会观念，他在生前再版七次的《市民社会史论》中概括了启蒙运动的社会语境。“在弗格森的一生中”，市民社会“这一词语获得了新的重要地位和新的意义，指出这一点很重要：与公民传统相反的是，黑格尔在‘市民社会’和‘国家’之间作了区分，在私人贸易领域和社会相互作用的个人和政府与法律管辖的公共领域之间作了区分。黑格尔阅读和使用了弗格森的著作，并在弗格森德文译本的帮助下，使‘bürgerliche Gesellschaft’概念成为了德国学术圈的显学，这一事实是思想史上具有讽刺意味的事情之一”。[②] 将“bürgerliche Gesellschaft”直译为英文是“bourgeois society”，这个概念与古希腊城邦社会更接近，将其译为“civil society”则成为一个现代性概念。

弗格森对人的社会性研究以及对人的斗争天性的研究影响了马克思，例如，“我们应从群体中去看人类，因为他们总是生活在群体中。个人的历史只不过是作为人类所思所感的一个细枝末节而已”，而“个人、社会都肩负着自我保存的重任，也有各自不同的利益。这些利益的不同导致了妒忌和竞争”。[③] 弗格森意识到纯粹理性的限度，为此以感性思维考量政治的特征，当休谟试图将政治“简化为一门科学”，通过严密的

① 参见汪丁丁:《〈文明社会史论〉中译本序》，载［英］亚当·弗格森著，林本椿、王绍祥译:《文明社会史论》，浙江大学出版社 2010 年版，第 5 页。

② Adam Ferguson. *An Essay on the History of Civil Society*. Cambridge: Cambridge University Press, 1995: xix.

③［英］亚当·弗格森著，林本椿、王绍祥译:《文明社会史论》，浙江大学出版社 2010 年版，第 4、24 页。

哲学论证和清晰的逻辑推理，使政治实践从前后矛盾、思维混乱的日常琐碎中挣脱出来时，弗格森则强调“不能把政治简化为一门科学”，而要将其上升为一种自觉而博识的实践，以免只是津津乐道于某种学术成就，却很少应用这些学术成就来增进政治才能。还要指出的是，弗格森以权力平衡的方式维护自由的原理，提出了启蒙时代的平等主义自由主义主张。“在每个国家中，国民的自由取决于国内各部分的均衡和协调一致。而在人类中，任何这种自由的存在都取决于各国间的均衡。”① 弗格森认为建构合宜的政治制度是一件大事，于此人们的权利关系和处事方式将得到规范化，政治制度的有益程度基于其对国民安全与幸福所作的贡献、国民的适应性、对宪政的适应程度以及相关外在环境。在他看来，市民内心适度的不安和政治生活适度的波动都有益于文明发展，社会冲突导致社会变迁，促进社会文明和政治自由。

马克思在《德意志意识形态》中批判德国意识形态家不重视物质生活基础时指出：“法国人和英国人尽管对这一事实同所谓的历史之间的联系了解得非常片面——特别是因为他们受政治意识形态的束缚——但毕竟作了一些为历史编纂学提供唯物主义基础的初步尝试，首次写出了市民社会史、商业史和工业史。”② 这里所说的“市民社会史”正是由弗格森专门论述的。在《资本论》及其手稿中，马克思多次肯定弗格森，或以弗格森为例批评斯密，因为弗格森从关系角度分析社会分工，关心分工中存在的冲突问题。例如，“亚当·斯密在这部著作的开头，曾专门颂扬分工，但后来，在最后一篇论述国家收入的源泉时，他又偶尔重复他的老师亚当·弗格森的话，谴责了分工”③。“亚当·弗格森曾说明分工的有害后果。作为弗格森的学生，亚当·斯密对这一点是十分清楚的。他在自己的著作中一开头就专门把分工歌颂了一番，只是顺便地提到分工是社会不平等的根源。只是在第五篇论述国家收入时，他才重述了弗格森的见解。”④ 在这个方面，马克思对弗格森的肯定非常明显，“弗

①[英]亚当·弗格森著，林本椿、王绍祥译:《文明社会史论》，浙江大学出版社 2010 年版，第 304 页。

②《马克思恩格斯文集》第 1 卷，人民出版社 2009 年版，第 531 页。

③《马克思恩格斯全集》第 44 卷，人民出版社 2001 年版，第 145 页。

④《马克思恩格斯全集》第 44 卷，人民出版社 2001 年版，第 419 页。

格森明确地把‘隶属关系’看作‘各种技艺和职业相互分离’的结果。资本和［劳动］之间的对立等［在这里明显地表现出来了］”，他“把这种工业民族同古典古代相比拟，但是他同时强调指出，奴隶制是自由人的充分的、全面的发展的基础”。[①]可见，马克思欣赏弗格森，主要因为弗格森对资本和劳动力对立等社会冲突的论述，而斯密认为个体对自身利益的理性追求能实现社会普遍繁荣，这种观点基于启蒙理性主义原则，公民道德养成和社会治理旨在实现个人利益，这与强调平等主义原则的马克思政治哲学传统显然有价值取向层面的重要差别。

（三）马克思与启蒙政治经济学：历史唯物主义阐释

马克思通过对当时生产生活领域的理论关注与实践考察，实现了对以斯密为代表的古典政治经济学家的理论超越。他看到斯密没有关注经济活动中呈现的社会关系，而这正是他的政治哲学研究得以茁壮成长的土壤。谈及斯密对马克思的影响，有必要引入李嘉图对斯密的关键评述。从苏格兰启蒙运动内部来看，李嘉图为斯密的劳动价值论提供了崭新的内容，即创造和评价商品价值的要素是一般劳动，进而实现了古典经济学的革命性突破。[②]李嘉图对资本逻辑作出了具有唯物主义特质的阐释，他不从任何理论假设出发，而将研究视野投向稀少的社会财富，在丰富劳动价值论的同时，分析了工人和资本家之间的利益差别，甚至谈到了生产力在社会发展过程中的关键作用，被马克思认为具有“科学上的诚实”。

在《哲学的贫困》中关于政治经济学的形而上学的开端，马克思就将李嘉图与黑格尔并列论述：“如果说有一个英国人把人变成帽子，那么，有一个德国人就把帽子变成了观念。这个英国人就是李嘉图，一位银行巨子，杰出的经济学家；这个德国人就是黑格尔，柏林大学的一位专任哲学教授。”[③]在马克思看来，“政治经济学之父”是威廉·配第而不

①《马克思恩格斯全集》第32卷，人民出版社1998年版，第314—315页。

② 参见周嘉昕：《为什么仍应重视李嘉图？——兼论作为历史唯物主义的政治经济学批判》，《南京政治学院学报》2014年第2期。

③《马克思恩格斯选集》第1卷，人民出版社2012年版，第216页。

是亚当·斯密，因为威廉·配第指出，价值就是劳动，价值量就是劳动量。斯密的理论出发点是超国界的，他希望对国民财富的性质和原因的研究适应于一切时代。马克思认为，这显然是超历史的，而一切超历史的理论都不能提供研究历史的钥匙。所以，马克思在《1844年经济学哲学手稿》中批判启蒙国民经济学家时，明显地表露出对他们道德理论的历史前提和现实有效性的不满，而李嘉图"揭示并说明了阶级之间的经济对立——正如内在联系所表明的那样——这样一来，在经济学中，历史斗争和历史发展过程的根源被抓住了，并且被揭示出来了"①。当然，马克思看到李嘉图在其政治经济分析框架中同样没有意识到工人有意识的抗争对社会变革的决定作用，这是由马克思作出的。

马克思对弗格森的赞赏并非出于对古典公共精神的肯定，而是弗格森强调个人抗争和政治秩序的关系，提出了"需求的多样性"和"上层建筑"概念。"弗格森关于分工的大部分分析构成了马克思后来讨论分工的基础，事实上，马克思也明显把弗格森当作自己观念的一个来源。"②正如前述指出，马克思重视弗格森的分工理论，并以其分工理论衡量斯密分工理论的得失。"亚当·斯密指出：如果从一方面说分工是人的才能的自然差别的产物和结果，那么，人的才能的这种差别在更大程度上是分工发展的结果。在这个问题上，斯密仿效了他的老师弗格森。""亚当·斯密在论述分工的那一整篇中，基本上是仿效他的老师，甚至常常照抄他的老师亚当·弗格森（《论市民社会史》，贝尔吉埃先生译，1783年巴黎版）。他的老师认为：处于野蛮状态的人喜欢游手好闲。"③马克思援引《市民社会史论》中多处关于分工的论述说明："弗格森也认为'把一物同另一物相交换的要求'是逐渐使人们'不知不觉地细分他们的职业'的条件之一，不过他没有像斯密那样片面地把它看作唯一的原因"，"弗格森与斯密的不同之处在于他更尖锐、更明确地揭示了分工的消极方面"。④马克思还指出，描绘分工有害后果的勒蒙泰在19世纪初就提

①《马克思恩格斯全集》第34卷，人民出版社2008年版，第184页。

② Ronald Hamowy. "Adam Smith, Adam Ferguson, and the Division of Labour". *Economica, New Series*, 1968,Vol. 35.

③《马克思恩格斯全集》第32卷，人民出版社1998年版，第311、312页。

④《马克思恩格斯全集》第32卷，人民出版社1998年版，第313—314页。

到过弗格森的观点，“在勒蒙泰之前很久，而且在亚当·斯密以前17年，斯密的老师亚当·弗格森在专门论分工的一章中就已经清楚地阐述了这一点”[①]。从中可见马克思对弗格森以社会关系为基础的分工理论的赞赏。

马克思在批判苏格兰启蒙政治经济学的过程中汲取其中的现代文明观念和唯物主义基础。他看到苏格兰启蒙思想在19世纪的实际境遇：当资本逻辑愈益加深，工人的劳动在越来越大的程度上被占有的时候，穷人与启蒙思想渐行渐远。因为启蒙思想家描述的未来是他们在疲惫的劳作之余看不到的。正如恩格斯所说，“同启蒙学者的华美诺言比起来，由‘理性的胜利’建立起来的社会制度和政治制度竟是一幅令人极度失望的讽刺画”[②]。马克思将政治经济学研究推至批判的向度，并在政治哲学语境中研究资本主义社会的经济现象，形成了一种基于德国哲学和英国古典政治经济学研究的历史唯物主义探索，从根本上改变工人的生活境遇，体现了卓越的价值立场。今天，探究马克思政治哲学思想来源，需要重审苏格兰启蒙政治文明观念，避免将苏格兰启蒙思想的鲜明特征只用来描绘反启蒙运动的轮廓。因为“大卫·休谟、亚当·斯密、威廉·罗伯逊、约翰·米勒和亚当·弗格森是欧洲思想传统的微妙门徒，他们对一系列启蒙文化颇为熟识”[③]。尽管马克思在不同程度上否定了启蒙政治经济学研究方法和结论，但他确乎从中确认了批判的资源，他对弗格森的市民社会理论和阶级体系的赞赏则表明，他研读古典政治经济学时看重的乃是建构历史唯物主义的学术资源。

（原载《哲学动态》2015年第10期）

①《马克思恩格斯文集》第1卷，人民出版社2009年版，第619页。

②《马克思恩格斯选集》第3卷，人民出版社2012年版，第644页。

③ Alexander Broadie ed.. *The Cambridge Companion to the Scottish Enlightenment*. Cambridge University Press, 2003: 157.

五

重思马克思对青年黑格尔派启蒙哲学的批判与超越

马克思在思想达至巅峰时，仍称自己是黑格尔这位大师的“学生”，在他的政治哲学书写中时常闪现着黑格尔思想的印记。马克思走进黑格尔哲学，固然源于在大学期间选修的课程以及他此时对黑格尔哲学文本的阅读，而与青年黑格尔派的交往是促进马克思从自我意识角度理解黑格尔哲学的关键。1837 年秋，患病的马克思在写给父亲的信中说：“我从头到尾读了黑格尔的著作，也读了他大部分弟子的著作。”[①] 这里所谓“大部分弟子”主要指青年黑格尔派成员。可以说，青年黑格尔派启蒙哲学对马克思的影响至少持续了七年之久，这段经历使马克思深谙为青年黑格尔派改写的黑格尔自我意识哲学的内涵，并以之作为寻求自由的思想武器，成为他政治哲学研究的起点。

（一）青年黑格尔派自我意识哲学的启蒙特质

青年黑格尔派“在纯粹的思想领域”引发了关于政治问题的激烈争论，这场哲学思潮不仅反映了他们对黑格尔绝对精神体系的重新理解，而且在理论批判过程中呈现出惊人的速度。作为一个类似于启蒙时代重要社团的博士俱乐部，青年黑格尔派这个知识分子团体的主要成员几乎都是崇尚法国革命政治学的德国启蒙学者，他们的思想与康德、莱辛、哈曼相比更具有批判性，也更容易在其所处时代产生波澜。“一些原则为另一些原则所代替，一些思想勇士为另一些勇士所歼灭，其速度之快是前所未闻的。在 1842—1845 年这三年中间，在德国进行的清洗比过去

①《马克思恩格斯全集》第 47 卷，人民出版社 2004 年版，第 15 页。

三个世纪都要彻底得多。”[①] 这场思潮发生在法国 1830 年革命和德国 1848 年革命之间，他们将“自由引导人民”的法国革命精神传入德国，力图以高扬自我意识的方式进一步实现德国启蒙。

青年黑格尔派在很大程度上将黑格尔哲学中“活的”东西转化为德国急需的启蒙思想，重新发现自我意识及其政治性，赋予其改变人的命运的精神高度。他们曾被当作一个党派来看待，恩格斯说赫斯“实际上是该党第一个成为共产主义者的”[②]，赫斯曾将卢格称作“这个党派的先进战士”，尽管这时现代意义上的政党在德国还不存在。这些时常在吉佩尔一间咖啡馆里聚会讨论的思想者在深入讨论自我意识哲学等核心问题的过程中建立了紧密的学术关系，他们在理论批判中凸显了思想的现实性。可以说，青年黑格尔派的激进启蒙思想对当时德国思想界的冲击力是惊人的。恩格斯在评述费尔巴哈对他和马克思的影响时曾说，那是他和马克思的“狂飙时期”，其实这个“狂飙时期”属于当时整整一代德国思想精英。他们试图唤醒沉醉在思辨生活与封建文化气息中的德国现实中的个人。

对这场历时不长的启蒙运动应从政治哲学角度加以重新理解。青年黑格尔派的政治哲学理念在一定程度上与苏格兰启蒙学者相似，他们既不将政治哲学视为马基雅弗利式的现实政治研究，也不将其纯粹化为规范的学理阐释，而是在一场思想运动中对现存政治的“副本”作理论批判。究其缘由，“他们的自由主义的革命倾向，在当时还很软弱并且具有保守情绪的德国资产阶级那里，未能得到 18 世纪法国百科全书派曾在法国资产阶级那里得到的支持。因此，他们也像德国思想家过去所做的那样，把政治问题和社会问题的解决转移到精神领域内，这就必定使他们的活动具有明显的空想性质”[③]。而且，青年黑格尔派有些自觉地远离现实政治，沉浸在自我的激进理论中。这从鲍威尔写给马克思的一封信中可见一斑：“如果你想要献身于实际的事业，那将是不智的。理论现

①《马克思恩格斯选集》第 1 卷，人民出版社 2012 年版，第 142 页。

②《马克思恩格斯全集》第 3 卷，人民出版社 2002 年版，第 492 页。

③［法］奥古斯特・科尔纽著，刘丕坤等译：《马克思恩格斯传》第 1 卷，三联书店 1963 年版，第 152 页。

在是最有力的实践，而我们还完全不能预见，它将在怎样广泛的意义上变成实践。”[①] 将理论批判当作一种实践，这是很多青年黑格尔派成员都颇为认同的哲学观念。

虽然青年黑格尔派并未直接投身于德国社会的“原本”，我们却不能因此忽视他们所处的德国政治现实，无此不足以理解他们在当时德国思想界所产生的影响。李卜克内西这段话大致描述了当时德国人自我意识的实际境遇：“在德国，政府是与人民分开的，并且作为一种至高无上的东西凌驾于人民之上。这似乎是某种最高的存在物，违反任何逻辑，它被说成是具有无所不能、无所不知、大慈大悲、绝对正确这样一些特征的……然而人民被剥夺了任何独立思考和判断的能力，他所承担的义务只有一个——那就是盲目信任和盲目服从政府。”[②] 因而，唤醒人的自我意识，摒弃盲目信任和盲目服从，就会启发民众认识到自己的实际处境，寻找实现自由个性的可能。这个思潮对当时的德国来讲无疑是激进的，它一度担当的历史角色有些类似于革命政治学在法国的位置。青年黑格尔派的思想确乎受到法国启蒙运动的深刻影响，甚至他们有时候也以此自视。莱奥就曾说他们是“新式的百科全书派和法国革命的英雄”[③]，而法国革命政治学对他们影响最深的因素就是政治平等。

当时德国无论在经济上还是政治上都远远落后于同时代的英国和法国。以青年黑格尔派为代表的德国意识形态家在思想激战中展开政治斗争，成为黑格尔主义激进哲学的最后完成者。“就世界范围来说，德国哲学则不仅是德国的意识形态，而且也堪称是当时西方的具有世界历史性意义的意识形态，其代表性已超出了德国国界，因为它不仅反映德国状况，也反映英、法等其他国家资产阶级革命的现实和成果。”[④] 仅在宗教

① 转引自［法］奥古斯特·科尔纽著，刘丕坤等译：《马克思恩格斯传》第1卷，三联书店1963年版，第173页。

② 参见［苏］尼·拉宾著，南京大学外文系俄罗斯语言文学教研室翻译组译：《马克思的青年时代》，三联书店1982年版，第33—34页。

③ 参见［英］戴维·麦克莱伦著，夏威仪等译：《青年黑格尔派与马克思》，商务印书馆1982年版，第25—26页。

④ 侯才：《青年黑格尔派与马克思早期思想的发展》，中国社会科学出版社1994年版，第9页。

批判方面就可以看到，他们对宗教发生史观、对宗教形式变迁和社会根源的理解比法国思想家具有更深刻的洞见。[①]更重要的是，他们看到神学的秘密就是人本学，从一开始就将人的命运纳入社会历史进程，在人类解放的行动中理解政治哲学的思想使命，因而具有浓重的启蒙特质。

这场思潮遭到另一类黑格尔弟子[②]的侧目，他们与这些多数徘徊在大学教职之外的研究者不同，大多带有保守的文化气质，其中一部分中间派是著名的思想史家。例如，对马克思在大学期间颇有影响的甘斯不仅参与创办了实施黑格尔学术计划的《科学批评年鉴》，而且编辑了《黑格尔全集》。尽管他们都相信黑格尔哲学代表了德国古典哲学最高峰："我们的哲学革命是终结性的；黑格尔已经把它的伟大圆圈闭合了。"[③]但是，他们对现实与理性的关系所持的观点却大相径庭，黑格尔右派"发现现状已经足够合乎理性"，青年黑格尔派则"认为现状不够理性，所以要谋求改变它"[④]。因而，当青年黑格尔派试图以自我意识哲学分析社会现实的不合理性，进而提出革命的要求时，黑格尔右派则提出反对意见，以另一种理性论证的方式抵制青年黑格尔派的想法，甚至以苍老的语调指责他们的幼稚。

这场争论从一开始就引起青年马克思的注意，他很快就参加了柏林的博士俱乐部。马克思在这里意识到，哲学理论的意义或许不在于其本身的性质，而在其于所处时代可能被激活的程度，青年黑格尔派的自我意识哲学正是当时被激活的德国哲学。如果说黑格尔使"哲学第一次完成了它的圆圈运动。往下的步骤只能是采用已经明确地被给出了的既定

① 参见［匈］卢卡奇著，王玖兴节译：《青年黑格尔》，华夏出版社 1985 年版，第 38 页。

② 这类黑格尔弟子分为黑格尔右派和黑格尔中间派两种，前者包括罗森克朗兹（Rosenkranz）、维舍尔（Vischer）、埃尔德曼（Erdmann）、爱德华·蔡勒（Zeller）、菲舍尔（Fischer）等；后者包括格奥尔格·伽布勒（Georg Gabler）、卡尔·道布（Karl Daub）、爱德华·甘斯（Gans）、尤利乌斯·夏勒（Julius Schaller）、海因里希·罗切尔（Heinrich Rötscher）等。

③ Heinrich Heine. *Religion and Philosophy in Germany*. Albany: SUNY, 1986: 156.

④［美］汤姆·罗克摩尔著，柯小刚译：《黑格尔：之前和之后》，北京大学出版社 2005 年版，第 210 页。

的方式和方法来对材料进行富有思想的加工”[①]，那么，黑格尔之后的哲学家只要以不同的方式将黑格尔哲学与社会现实结合起来就够了，这无疑会形成大量缺乏思想原创性的学术附庸。所有的新思想诞生的可能性都会遭遇这个封闭圆圈的阻碍，政治思想领域尤其会萎步不前。为此，马克思毫不犹豫地选择自我意识哲学作为这一时期自己研究历史、法律和哲学问题的思想主线，而在这种选择伊始，他的思想就具有以问题为导向的浓重的实践气质。

（二）阐释法国平等思想的德国启蒙哲学

青年黑格尔派政治哲学是在宗教批判语境中呈现的，其关键概念是自我意识和社会主义，此中蕴含着黑格尔哲学、法国平等思想和英国古典政治经济学等观念要素。当我们将青年黑格尔派的功绩定格在对“自我”的重新发现与宗教批判时，实则将其意义规定为一种以启蒙的方式重新表达自由与平等主张的愿望。但当我们将视野投向这种哲学所具有的政治内涵时，就会发现青年黑格尔派思想的政治哲学向度，其中最明显的是自我意识哲学和社会主义理论。前者探讨的是一种与平等共谋的自由命题，后者研究的是将自由与平等精神对象化的现实性。他们阐述的是与英国、法国处于同一历史发展进程的政治问题，并从根本上论及现代人在这些政治问题面前的理性选择。这些观念对青年马克思的影响是不容忽视的。

尽管青年黑格尔派对德国思想界的直接影响大约只有十年，但我们不能忽视作为该学派的自我意识哲学具有的启蒙作用，也不能缺少从欧洲启蒙运动角度理解影响青年黑格尔派思想的国际性因素。正如马克思所指出的：“如果埃德加尔先生把法国的平等和德国的‘自我意识’稍稍比较一下，他就会发现，后一个原则按德国的方式即用抽象思维所表达的东西，就是前一个原则按法国的方式即用政治和具象思维的语言所说的东西。自我意识是人在纯思维中同他自身的平等。平等是人在实践领域中的对他自身的意识，也就是说，人意识到别人是同自己平等的人，

① Norbert Waszek ed.. *Eduard Gans (1797—1839): Hegelisner-Jude-Europäer*. Frankfurt: Peter Lang, 1991: 106.

人把别人当作同自己平等的人来对待。”[1] 当马克思后来在《共产党宣言》中阐明这段话——“代替那存在着阶级和阶级对立的资产阶级旧社会的，将是这样一个联合体，在那里，每个人的自由发展是一切人的自由发展的条件”[2]——的时候，我们似乎能够看到青年黑格尔派对自由与平等的关系问题的论述对马克思的影响，当然，马克思以更高的立意表达的这个观念对现实政治的影响是青年黑格尔派望尘莫及的。

作为黑格尔的弟子，青年黑格尔派对黑格尔政治哲学评价颇多。衡量这些评价的得失，是我们理解青年黑格尔派政治哲学的切近路径。青年黑格尔派政治批判的哲学根基正是黑格尔政治哲学的自由维度，他们关于自我意识的阐释直接来源于黑格尔。黑格尔在《精神现象学》中阐述了“自我意识的独立与依赖”“自我意识的自由”“自我意识与其直接现实的关系”等内容，这种阐释尽管是在理性迷宫中展开的，但“自我意识的产生，必须有一个实践性的环节”[3]。黑格尔法哲学和国家哲学的语言逻辑固然是神秘的，但以这种神秘形式表达的并非都是空洞的内容，相反，“黑格尔先于马克思揭示出关于政治宪法、国家和社会的阶级理论”，“提出了理解人类社会历史和国家的方法论”，“黑格尔意识到阶级冲突的经济基础”，他“不仅写到了阶级战争，而且还写到了财产权的分配和基于财产权的政治权力的归属”。[4] 因而，发挥黑格尔政治哲学的积极因素，是一项有价值的学术工作。

青年黑格尔派正是从这项工作开始的，他们发展的正是黑格尔政治哲学中接近法国革命政治学的内容，这种发展在很大程度上是符合黑格尔思想本意的。青年黑格尔适逢法国大革命，一度着迷于卢梭的政治哲学，深受法国革命者追求自由的精神的感染。这对青年黑格尔派的影响是深远的，青年黑格尔派几乎都受到法国平等主义的影响，也几乎都将希望付诸资产阶级政治实践。“直至 1841 年，青年黑格尔派并没有批判老师黑格尔的政治观点，而黑格尔的政治观点与其宗教观点是显然不

①《马克思恩格斯文集》第 1 卷，人民出版社 2009 年版，第 263—264 页。

②《马克思恩格斯选集》第 1 卷，人民出版社 2012 年版，第 422 页。

③ 薛华:《自由意识的发展》，中国社会科学出版社 1983 年版，第 12 页。

④ 参见［美］诺曼·莱文著，臧峰宇译:《作为马克思主义先驱的黑格尔》，《江海学刊》2010 年第 1 期。

同的。迟至 1841 年 9 月，布鲁诺 · 鲍威尔在为来自巴登的一位自由派政治理论家韦尔凯尔举行的宴会上，在祝酒词中还赞扬了黑格尔的政治哲学，认为它在自由主义和勇敢大胆方面都超过了南德流行的观点，但是，不久情况就变了：1842 年，卢格首先发表了在政治方面对黑格尔进行直接批判的文章，抨击黑格尔的《法哲学》混淆了逻辑和历史的范畴，因此预示了下一年马克思所做的许多批判。”[①] 理解卢格和马克思各自对黑格尔哲学的批判，需要理解黑格尔政治哲学的两重向度。

黑格尔不仅见证了法国大革命激动人心的场面，而且经历了拿破仑战争失败以及欧洲王室复辟。尽管他终生没有改变对法国大革命的政治评价，但确乎因欧洲王室复辟而对普鲁士王国不乏肯定之辞。老年黑格尔派继承的是黑格尔保守的方面，认为有必要被限制的世袭君主制是国家制度的顶峰，国家先于市民社会，并且是市民社会存在的前提和决定力量。青年马克思最初通过波恩大学和柏林大学为他授课的教师来理解黑格尔法哲学和国家哲学，这些教师大多是老年黑格尔派或中间派，他们使马克思走进黑格尔思想迷宫。与此同时，青年黑格尔派的自我意识哲学则使马克思发现了黑格尔政治哲学的激进向度，在他和恩格斯思想发展的狂飙时期，他们确乎都曾不同程度地阐释过自我意识哲学的基本原则。因而，青年黑格尔派启蒙哲学在马克思思想形成过程中所起的作用是关键的。

青年黑格尔派成员对宗教批判和“人”的问题有着共同的兴趣，但他们彼此之间也有不小的家族歧异性。“在黑格尔左派自身内部存在着三重潮流及其综合。第一种潮流是由施特劳斯、鲍威尔、费尔巴哈的宗教批判的系列……第二种潮流是由切什考夫斯基、赫斯的黑格尔历史哲学批判的谱系；第三种潮流是经由卢格而与马克思相关联的黑格尔法哲学批判谱系。”[②] 他们在宗教批判、历史哲学批判和法哲学批判领域的侧重点不同，但几乎都体现着向往平等的自由精神，也都对马克思政治哲学运思产生了实际影响。然而，受此影响的马克思从一开始就形成了青年

①［英］戴维 · 麦克莱伦著，夏威仪等译：《青年黑格尔派与马克思》，商务印书馆 1982 年版，第 25 页。

② 邓习议编译：《赫斯精粹》，南京大学出版社 2010 年版，第 207 页。

黑格尔派所不具备的实践思维方式。后来他才意识到，这些青年时代思想实验室的同伴的实验结果虽与自己的研究有些相似，却不尽相同。

（三）马克思对青年黑格尔派启蒙哲学的实践超越

在现代德国思想发展这十年间，青年黑格尔派宗教批判和启蒙哲学引人关注，但这场来去匆匆的思潮的理论误区也是明显的：从宗教批判出发，没有深入触及德国政治现实，最终回到宗教视域。这次“革命”的悖谬使马克思和恩格斯认真澄清“偶然的个人”“现实的个人”与“有个性的个人”的区别及其生成路径，从而在批判德国意识形态家的过程中表明自己的立场。当未能在大学获得教职的马克思走进《莱茵报》编辑部之后，就与青年黑格尔派渐行渐远了。马克思不能接受的是，全力批判宗教的青年黑格尔派竟将自我意识哲学退化为一种“人”的宗教，他们对宗教和社会的批判所产生的影响已经微乎其微，其中一部分成员沦为缺乏历史担当意识的小知识分子圈子——“柏林自由人”小组成员，沉浸在空洞的批判词藻中，蔑视已经兴起的欧洲工人运动，似乎甘愿置身于世界历史之外了。

马克思在探究政治哲学的早期确实使用了青年黑格尔派的政治语言和思想语法，并自觉运用黑格尔哲学的激进方面批判普鲁士国家制度。在《莱茵报》时期遭遇的“物质利益的难事”使马克思意识到黑格尔哲学在现实政治面前的非现实性，他越是想使理论批判在现实中有所作为，就越是遇到现实的阻力。一种合乎理性的政治思辨在现实的物质利益面前并不真正有力，而人们努力追求所争取的一切，都与他们的利益有关。卢格先于马克思意识到黑格尔政治哲学的短板，马克思紧随其后，而且一开始就紧紧抓住两个关键问题：无产阶级在革命中的位置以及现代工商业发展的时代环境。在这个意义上，马克思所继承的黑格尔哲学剥离了其保守成分，而这些保守成分还隐匿在青年黑格尔派的政治批判中。这是马克思离开这些昔日伙伴的根本原因。

正如马克思和恩格斯在《神圣家族》中所说：“鲍威尔先生的最后阶段并不是他发展中的反常现象，这个阶段是他的发展从外化向自身的返回。不言而喻，神的批判使自己外化并超出自身范围的那一瞬间，是与它部分地背弃自己而创造某种人的东西的那一瞬间相吻合的。绝对的批判返回到自己的出发点以后，就结束了思辨的循环，从而也结束了自己的生涯。它的往后的运动是纯粹的——超越一切群众利益的自己体内的循环，因此，群众对它已丝毫不感兴趣了。”[①]这段话是马克思和恩格斯对鲍威尔后来思想的概括，也可以看作他们对青年黑格尔派结局的总结。青年黑格尔派解体后，赫斯和卢格分别在阐释“真正的社会主义”和批判普鲁士国家制度方面对马克思产生持续的影响，但青年黑格尔派思潮已成为过去。马克思最终也超越了赫斯和卢格，在致力于“改变世界”的政治哲学批判与阐述中走得更远。

概言之，马克思受到欧洲启蒙思想的深刻影响，他与同时代的很多思想家一样，都是“启蒙的孩童”。但是，社会现实的变迁和马克思对政治问题的深刻洞察使他对启蒙思想始终保持一种有限的接受态度，他努力从学习和批判中探索改变世界的哲学并使之对象化。与青年黑格尔派在不同程度上合作过的马克思经历了对自我意识哲学的深思之后，最终走出了他们的哲学世界。正如马克思所说：“青年黑格尔派的意识形态家们尽管满口讲的都是所谓‘震撼世界的’词句，却是最大的保守派……这些哲学家没有一个想到要提出关于德国哲学和德国现实之间的联系问题，关于他们所做的批判和他们自身的物质环境之间的联系问题。”[②]马克思看到了世界历史的实际承载者，这些历史的真正主人是使哲学成为现实的关键。他对启蒙思想家华美约言的非现实性的不满跃然纸上，关键在于改变世界，而改变世界的主人公是无产阶级。忽视欧洲启蒙运动对马克思的实际影响以及马克思对传统启蒙哲学的批评，都无助于理解马克思政治哲学。马克思汲取了启蒙思想的精华，并最终走出了传统启蒙观念的樊篱，马克思开创出独特的政治哲学传统。马克思和他的后继者唤醒了世界范围的无产阶级，使政治哲学理念成为现实，成就了一场新的思想启蒙。

探究新时代的哲学精神，建构当代中国马克思主义，需要进一步理解马克思超越青年黑格尔派的思想方法与当代意义。要走出远离实践

①《马克思恩格斯文集》第1卷，人民出版社2009年版，第347页。
②《马克思恩格斯文集》第1卷，人民出版社2009年版，第516页。

的哲学独白，以问题为导向，呈现面向当代中国现实的马克思主义哲学的理论深度和现实力度，彰显当代中国马克思主义哲学的实践思维方式和以人民为中心的价值立场。要在实践中灵活运用马克思哲学的思想方法，并以符合时代精神的启蒙方式推动“有原则高度的实践”。要以世界历史眼界把握当今全球性问题，在社会历史进程中理解现实的个人的自我意识的生成与人类共同的命运，在改变世界的实践探索中建构人类命运共同体。这是彰显新时代马克思主义哲学精神的重要路径，也是推动马克思主义哲学中国化、时代化和大众化的必然选择。

（原载《江苏行政学院学报》2018 年第 5 期）

六

马克思共同体思想的核心要义与中国语境

构建共同体是人类自轴心时代以来形成的社会理想，但历史上现实的共同体存在着各种令人困惑的实际问题，对这些问题的解决实际地关涉人的自我理解、自我生成和自我超越。马克思深入分析了共同体的古典形式和现代形式，揭示了“虚幻的共同体”的内在缺陷，提出实现“自由人的联合体”的合理方案，形成了超越以往政治哲学的共同体理论形式与实践思路。深入理解马克思共同体思想的核心要义，探究其中国语境和时代精神，有助于我们把握共同体的时代特征与未来走向。

（一）马克思共同体思想的核心要义

首先，马克思从历史变迁的角度把握共同体的存在形式。在分析共同体的古典形式与现代形式的过程中，马克思认为“人的本质是人的真正的共同体”[①]。通过对古代社会以来的历史学和人类学的研究，他将有史以来的共同体分为自然的原始“部落共同体”、古典古代公社所有制或曰奴隶制共同体、中世纪等级所有制的“封建共同体”、资本主义社会的“虚幻的共同体”以及未来实现每个人自由与全面发展的“自由人的联合体”。这些共同体的形态体现在以“人的依赖关系”为基础的前现代社会、以“物的依赖关系”为基础的现代社会和以“类的依赖关系”为基础的未来理想社会中。

存在于资本主义生产方式以前的共同体被马克思称为“自然共同体”或“本源共同体”，人们在其中依靠血缘、地缘、学缘、教缘等结成亲密一体的关系，将彼此视为家族或准家族的成员，以自然秩序或依

①《马克思恩格斯全集》第3卷，人民出版社2003年版，第394页。

此建构的准自然秩序作为相互联系的纽带。这时人们自觉意识到联合起来从事生产劳动的必要性，这样可以集众人之力，解决凭一己之力不能完成的抵御自然灾害、大型狩猎等活动。在人们最初的这种联合中，生产关系和交往关系比较和谐，但生产力水平比较低，物质生活、技术水平和改造自然的能力都比较匮乏，原始宗教和图腾崇拜颇为盛行，人们寄望于某种超人间的神力护佑自己，以摆脱恐惧和各种实际问题而产生的困扰。人们依恋这种依照自然秩序结成的社会关系，彼此在有限的物质生活中相互接济和周转，在精神生活中相互依靠。原始共同体是一个讲情分的地方，人与人之间是亲情或准亲情的关系，如果共同体成员受到外部力量侵害，其他成员都要挺身而出，保护共同体的成员，也保护共同体的整体利益。人们可以比照血缘关系，通过结义结交，结成新的亲缘关系，从而扩大共同体的范围。这时大家的利益就是自己的利益，几乎没有私人利益和公共利益的区分。

马克思在《巴黎手稿》中论述了这种共同体的三种主要表现形式——亚细亚共同体、古典古代共同体和日耳曼共同体，后来在《1857—1858 年经济学手稿》中又指出，在亚细亚共同体中“第一个前提首先是自然形成的共同体：家庭和扩大成为部落的家庭，或通过家庭之间互相通婚［而组成的部落］，或部落的联合”[①]。在这种自然共同体中，人们的共同性主要表现为“血缘、语言、习惯”[②]。可以说，在农业社会相当长的历史时期内，人们的亲缘观念或源自地缘、学缘等准亲缘观念很强，人际关系主要依靠伦理精神和生活习惯来维系，在社会生活中是否秉持为人们所认同的公共道德原则成为判断人们行为妥当与否的主要标准。随着商品经济的发展，人们在物质资源逐渐增多的过程中产生了私有观念，于是有了公与私或者说“你的”与“我的”的区别，古代亲缘共同体逐渐为货币共同体所取代。

其次，马克思从个人与共同体的关系角度确认货币共同体的虚幻本质。当私人领域逐渐独立于公共领域，成为自我实现的个人的栖居之所，自然共同体逐渐没落。现代人意识到建构新的共同体的必要性，这

①《马克思恩格斯全集》第 30 卷，人民出版社 1995 年版，第 466 页。
②《马克思恩格斯全集》第 30 卷，人民出版社 1995 年版，第 466 页。

个共同体不能回到过去，应该充分体现科学理性，走出封闭的地域和保守的思维方式，以开放的心态接受社会变迁及其在人们价值观念上的反映。人们以契约来约束向往自由的现代人之间的关系，契约依照的是法的精神，保护个体的权利和利益。在接受契约的同时，人们承诺免于相互伤害。在处理利益冲突的过程中，契约可以保障很多问题得到合法化解决，这时传统的亲缘关系逐渐转化为现代的契约关系。原子化的个人“最爱陌生人”，因为与陌生人交往可以纯粹依照现代人际关系，而不会受到古代共同体残留观念的影响，人们在现代生活中越来越独立，也越来越依赖私人生活的港湾。

在以契约维系的现代社会，“货币同时直接是现实的共同体，因为它是一切人赖以生存的一般实体；同时又是一切人的共同产物。但是，正如我们已经看到的，在货币上共同体只是抽象，对于单个人来说只是外在的、偶然的东西；同时又只是作为孤立的单个人的个人满足需要的手段”①。在人与人的关系表现为货币关系的时代，竞争远比古代社会严峻而生猛，在享受便捷的现代生活的同时，现代人越来越感到人心不古，而孤单落寞、无所归依、心灵裂变等精神危机困扰着人们的生活，很多“单向度的人”在现代社会中自我放逐并走向极端。与传统农业社会众人齐心协力做一件事不同，现代货币共同体建立在社会分工的基础上。正如马克思在《德意志意识形态》中所说：“随着分工的发展也产生了单个人的利益或单个家庭的利益与所有互相交往的个人的共同利益之间的矛盾；而且这种共同利益不是仅仅作为一种‘普遍的东西’存在于观念之中，而首先是作为彼此有了分工的个人之间的相互依存关系存在于现实之中。”②所以，尽管这种共同体中的生产力远远超过以往，但生产关系以及由此产生的交往关系中存在着各种复杂的矛盾和问题，人们的生活遭到“碎片化”。

在现实的货币共同体中，拜物教观念颇为盛行，几乎到处都体现着“资本逻辑”。因为时代条件发生了变化，以往一成不变的事情日新月异、飞速变迁，为此要“重估一切价值”，对很多事实及其发展趋势也

①《马克思恩格斯全集》第30卷，人民出版社1995年版，第178页。

②《马克思恩格斯文集》第1卷，人民出版社2009年版，第536页。

要重新判断。人们在货币共同体内部尽可能遵守契约，但不同共同体之间仍然存在着“他人即地狱”的紧张关系，而这种状态也会反过来影响人们的精神世界，尔虞我诈、诚信缺失甚至背信弃义的事情也会屡屡发生。当市民社会和政治国家相分离，特殊利益和共同利益之间的矛盾愈益明显，实际上表现为私人利益和公共利益的分离，这种共同体使穷人处于实际的共同利益之外，“对于被统治的阶级来说，它不仅是完全虚幻的共同体，而且是新的桎梏”①。

当富人使穷人失去了生活的希望，乃至失去了生活最基本的保障，富人也就失去了未来。正如马克思所说：“难道所有的起义不都是毫无例外地在人们不幸脱离了共同体这种状况下爆发的吗？这种相脱离的状况岂不是一切起义的必要前提吗？要是没有法国公民们这种不幸而脱离了共同体的状况，难道1789年的革命能够爆发吗？这个革命的任务恰好就是消灭这种相脱离的状况。”②当法国第三等级当时被排除在法国政治共同体之外的时候，他们掀起了一场大革命，将启蒙运动的政治理想推至极端，在试图改变自己生活境遇的同时，也是“为承认而斗争”。穷人随着第三等级推翻巴士底狱，建立新的法兰西政权的时候，同样被排除在政治共同体之外，他们也要“为承认而斗争”。霍耐特在分析马克思革命理论的过程中发现了一种普遍存在的社会心理，而共同体恰恰以成员之间的彼此认同为前提。

毋庸置疑，“虚幻的共同体”存在着很多问题，特别是私有制和个体劳动的冲突使现实的个人沦为抽象的个人，个人劳动的自主性遭到严重的限制，人与人之间也不是作为“总体的人”进行交往的。人们在现代契约共同体中遇到一些棘手的难题或陷入某种困顿的时候，不免会怀念过去，甚至羡慕古代亲缘共同体中忠诚和善的人际关系。人们在货币共同体中固然也有一些合作与互助，但这时共同体中的“他人”未必是自己满意的合作者，只是人们越来越意识到，“社会使他为别人工作，也使别人为他工作”③。马克思力图使个人不再沦为孤立的原子式的个人，

①《马克思恩格斯选集》第1卷，人民出版社2012年版，第199页。
②《马克思恩格斯全集》第3卷，人民出版社2003年版，第394页。
③《马克思恩格斯全集》第3卷，人民出版社2003年版，第147页。

并在分工和交往过程中实现自由的联合，在共同劳动中摆脱异己力量的支配，从而在融入世界历史进程的物质生产和精神生产中获得自由与全面发展。

再次，马克思在批判货币共同体的过程中提出共同体的理想存在样态。他深刻意识到个人与共同体的内在关系，认为“只有在共同体中，个人才能获得全面发展其才能的手段，也就是说，只有在共同体中才可能有个人自由”[①]。理想共同体不是外在于个人的，而是个人的内在需要，是个人实现全面发展的必要前提。因为，“全面发展的个人——他们的社会关系作为他们自己的共同的关系，也是服从于他们自己的共同的控制的——不是自然的产物，而是历史的产物。要使这种个性成为可能，能力的发展就要达到一定的程度和全面性，这正是以建立在交换价值基础上的生产为前提的，这种生产才在产生出个人同自己和同别人相异化的普遍性的同时，也产生出个人关系和个人能力的普遍性和全面性”[②]。个人需要发展“共同的关系”，在提升关系与能力的“普遍性和全面性”的过程中实现自我。因而，马克思在《共产党宣言》中指出：“代替那存在着阶级和阶级对立的资产阶级旧社会的，将是这样一个联合体，在那里，每个人的自由发展是一切人的自由发展的条件。”[③]“自由人的联合体”是现实的个人实现自我的必然诉求，是个人在理想社会的现实栖居地。

当马克思晚年读到美国人类学家摩尔根写的《古代社会》时，感到古代社会的共同生活样态与现代契约共同体相比有很多优越之处，而人类私有观念的形成与私有制的确立都是非常晚近的事情。认为人天性是“自私”的“经济人假设”，只是基于历史的短线逻辑而缺乏历史的长线逻辑。为此应当摧毁现代社会的虚假共同体，以理想的社会共同体取而代之，那时物质财富充分涌流，人们的精神境界也得到了显著提高。新的共同体汲取了古代亲缘共同体和现代契约共同体在社会关系和生产力方面的优势，在社会发展过程中形成人与人之间和谐相处、互助合作与

①《马克思恩格斯选集》第 1 卷，人民出版社 2012 年版，第 199 页。
②《马克思恩格斯全集》第 30 卷，人民出版社 1995 年版，第 112 页。
③《马克思恩格斯选集》第 1 卷，人民出版社 2012 年版，第 422 页。

全面发展的理想共同体，这时“人类真正的历史开始了”。相对于以往共同体中的“偶然的个人”“世界历史性的、经验上普遍的个人”，在“真正的共同体”中，人将生成为自由而全面发展的“有个性的个人”。在生产力足够丰富的社会，人们开始选择在“类生活”中实现“类存在”，与他的至爱亲朋在一起，合作共享，超越自我，超越物质匮乏和交往异化，建构自由人的联合体，实现真正的自由和解放。

（二）马克思共同体思想的中国语境

百余年来，马克思主义之所以能在中国社会得到广泛而深入的传播并为人们所认同，进而在中国化的过程中成为主流意识形态，原因在于它满足了中国救亡图存、社会建设和改革发展的实际需要，并与中国传统文化内在融通。中国古代先贤强调“协和万邦”“亲仁善邻”“贵和尚中”“和衷共济”“和而不同”“兼济天下”等立意高远的价值理念，弘毅之士“先天下之忧而忧，后天下之乐而乐”，勤劳勇敢的中华民族素来期盼天下太平，主张以和为贵，谋求在社会稳定发展过程中实现个人幸福。中国传统文化与马克思共同体思想在世界历史眼界、实践思维方式、大同价值理想等层面均具有鲜明的契合之处。

中国传统文化主要产生于前现代社会的农耕文明，其共同体观念在很大程度上表现为“大一统”理念，这种在周朝即确立了基本规范的治理理念经秦汉、隋唐、宋元、明清历代的不断完善，形成了民族融合和边疆治理的基本模式。“大一统”理念强调中央权威和对地域文化与民族风俗的尊重与宽容，形成了自科举以来不断得到改进的人才选拔制度，其内在精神境界主要表现为儒家强调的修齐治平，实乃强调人们在共同体中的责任担当。孔子曰：“大道之行也，天下为公。选贤与能，讲信修睦。故人不独亲其亲，不独子其子，使老有所终，壮有所用，幼有所长，鳏寡孤独废疾者，皆有所养。”（《礼记·礼运》）使获得必要的社会保障的人们各得其所，日常生活平安有序，当然是一种值得期待的共同体形式。对这种共同体形式的向往实则是对可遇可求的理想生活的期待，儒家将深远的价值理想贯穿于日常生活的具体环节，对公共生活的认识从微观而入宏观，修齐治平不仅是个人成长的合理途径，也是处理公共事务的价值规范。在这种价值规范中孕育的“多元一体”文化观念体现了中华儿女的价值共识，进而形成了文化中国的共有精神家园。

回顾中华民族五千年文明史可见，维护和发展统一的多民族国家是中国历史发展的主流，因为各民族在政治、经济、文化各领域相互依存，“合则强，孤则弱”，团结奋斗、共同发展有利于实现各民族的共同利益。中华民族共同体是在历史中形成和发展的。自古以来，中华民族就崇尚国家统一，作为“龙的传人”，炎黄子孙以爱国的民族英雄为精神楷模，各民族爱国同心、团结统一、爱好和平、勤劳勇敢、自强不息。中华民族在长期统一中积累了处理民族关系和民族问题的经验，逐渐形成了坚持民族平等、民族团结、各民族共同繁荣的原则，具有强大的民族凝聚力。长期的民族互助和民族融合促进了中华民族的物质繁荣和文化发展，形成了华夏儿女心心相映的精神纽带。无论一个身在他乡的游子走了多久走了多远，听到“长江、长城、黄山、黄河”，都会感到心潮澎湃，都会唤醒扎根于内心的民族情结，全世界华人以及与中华文化有不解之缘的人们都会对中华民族共同体产生深深的依赖。

可以说，中国传统文化是中华民族共同体的精神纽带。在利益关系相对简单的农耕文明中，中国传统共同体理念是普遍适用的，其中关于社会治理的很多原则和俚语流传至今。但在利益冲突错综复杂的现代社会，中国传统文化在融入现代文明的过程中逐渐现代化。在近代中国遭到坚船利炮的袭击，有识之士“开眼看世界”的时候，传入中国的自由主义、功利主义、改良主义、互助主义、工读主义、新村主义、空想社会主义与中国的封建文化“只能上阵打几个回合……就偃旗息鼓，宣告退却，失了灵魂，而只剩下它的躯壳了”①。而“十月革命一声炮响，给我们送来了马克思列宁主义”，“也只是在这时，中国人从思想到生活，才出现了一个崭新的时期”。② 马克思主义实现了中国传统文化的现代转型，使中国人形成现代思维方式，为建构中华民族共同体提供了现代观念和科学理性思维。这种思维方式在现代中国的日常生活中被对象化，人们以创造新共同体的价值观念反思现代社会的诸多弊端。马克思主义

①《毛泽东选集》第 2 卷，人民出版社 1991 年版，第 697 页。

②《毛泽东选集》第 4 卷，人民出版社 1991 年版，第 1470、1471 页。

在与中国传统文化相融合的过程中获得了中国风格和中国气派，从而作为主流意识形态在现代中国社会的不同时期为人们所选择和发展，既一脉相承又与时俱进。

当今世界各国相互依存的程度日益增强，生活在同一个地球村中的各国“你中有我、我中有你”，在世界多极化、经济全球化、文化多样化和社会信息化的当今时代，我们几乎每时每刻都生活在世界历史中，在世界历史中产生的全球性问题是纷繁复杂的经济模式、政治观念和文化要素共同作用的结果。为此应将建构中华民族共同体和人类命运共同体作为社会发展的内在价值，求同存异，审时度势，休戚与共，同舟共济，面向未来，开创有利于中华复兴和世界发展的和谐共赢的可能性，使社会各阶层在共享中国经济社会发展成果的同时提升幸福感，并以世界视野和共赢思维为改善全球治理模式提供有益思路。

深入理解马克思共同体思想的中国语境，不仅有助于理解中华民族共同体的历史样态与发展趋势，也有助于理解世界历史进程中复杂的矛盾关系，进而倡导在和平与发展的氛围中同世界各国命运与共。可以说，在马克思共同体思想逐渐与中国传统文化的公共精神相融合的过程中，形成了当代公共生活世界的社会主义价值取向，呈现了当代中国人的责任意识和义务观念。中国化马克思主义共同体思想强调社会主义的科学治理机制和有效实施方案，以之解决现代社会中严峻的公共性问题，体现了马克思共同体思想的当代价值。

（三）马克思共同体思想的当代价值

马克思共同体思想在当代世界中体现了相互依存、彼此共存的内在共有价值。在全球化和信息化时代，人们在具有世界历史性的信息共享中深切地感受到生产要素和消费要素的自由流动和配置，体会到文化的多样性及其对话与融通，同时也遭遇了复杂的现代全球性问题。人们越来越清晰地意识到彼此的共同利益、共享发展的必要性和可能性以及从中形成的共同价值观，由此考虑如何更好地在协商中实现共识，对公共政策充分表达合理的意见，实现合作共赢，在共同生活中尽可能反映每个人的愿望和需要。

首先，马克思共同体思想强调共同体的成员在公共生活中享有共同的利益，秉持公共利益为人们平等共享的原则。正如马克思所说，“人们为之奋斗的一切，都同他们的利益有关”①。人们在现代社会中越来越意识到私人利益不能独立于社会而单独实现，任何人都要承担必要的社会责任，在为社会工作的过程中实现自我。当然，个人在诉求利益的过程中总要产生一些冲突，冲突不可避免，但竞争必须正当，为此应有健康的竞争心态，并在公共生活中深思什么是共同体中的“我们”，以及什么是“我和你”的关系。就像2008年北京奥运会的主题曲《我和你》，“我们”并非主体与其支配的“他者”的联合，而是平等合作与公正分配的主语。人们不仅要将公共生活的伙伴视为与自己同等的主体，还要找到自己在公共生活中的位置，激活交往实践的能力。为此应基于理性达成共识，“和而不同”地对待共同体的成员在素质、能力与文化心态上的差别，谋求社会交往的“和合共生”。

改革开放以来，随着社会利益格局和分配方式的变化，人们的思维方式和价值观念也发生了深刻的变化。日常生活中的公共性问题和公共性危机远比以往更为棘手，这些棘手的社会问题往往与个人的生活息息相关，人们也越来越深刻地意识到自己所应承担的责任和义务，因为在我们所处的社会共同体中，有我们的共同利益、共同价值和共同期待。为此，要把“我的事”融入“我们的事业”之中，个人对社会发展所作的努力要“以我们正在做的事情为中心”，并以主体性的方式确认自身在公共生活中的在场。因为个人利益与社会利益在共同体中是一致的，任何独特的个性存在都与其所处的公共生活须臾难分。公共领域并非侵占个人权利的社会机构，而是实现个人权利的重要途径。应当承认人与人作为交互主体和共同主体的平等地位，在公共生活中知晓个体行为的限度，在对公共事件表明态度的过程中体现社会主体应有的责任感。恰当地处理好公共生活和个体生活之间的关系，把个人的自我实现和服务社会纳入同一时空。在充分合作共享中实现自我，使合作共享共同体得到丰富和发展。

①《马克思恩格斯全集》第1卷，人民出版社1995年版，第197页。

其次，马克思共同体思想强调共享发展观，由此形成的公共生活世界呈现了个人自我实现和奉献社会的辩证法。在确认私人领域和公共领域的同时，人们越来越清晰地意识到“利己”和“利他”的互动关系。社会主义市场经济不仅为人们的发展提供了一种合作的契机，而且使人们形成了一种合理的自我理解的方式，共同体的成员作为共同主体存在的身份是一种社会规定，共同体的有机构成从深层证明了人与人之间是相互构成的，如同社会有机体各要素之间相互构成一样。作为具有平等性、法制性、竞争性和开放性的经济形式，社会主义市场经济实现了社会资源的优化配置，发挥了社会主义制度的优越性。人们意识到必须形成丰富的社会关系和具有普遍性的能力，在个人自我实现的过程中，应当构建我们合作共享的理想共同体，因为彼此依存与合作，是人们生活在共同体中的实际需要。

共享发展是社会主义的本质要求，共享发展观旨在实现社会主义的全民共享，保障全体人民在政治、经济、文化、社会、生态等领域的平等权利，为每个共同体的成员提供实现自我的生活舞台，让人们“共同享有人生出彩的机会，共同享有梦想成真的机会，共同享有同祖国和时代一起成长与进步的机会”[①]。为此应形成合作互助的工作氛围，因为共同体的创造性是由个体的创造性积聚而成的，这种积聚是互相养成、相互提升的文化交融。个人只有在共同体中既有益于大局而又不拘一格，才能在促进社会发展过程中实现自我生成，才能在公共活动领域中因对话与交往获益，才能在自我发展的同时对共同体产生精神的依赖，继而使个人发展成为他人发展的条件。由此将个体的力量汇聚为共同的力量，在渐进发展的过程中更好地满足人民日益增长的对美好生活的需要，实现新时代共享发展的理想图景。

再次，马克思共同体思想强调人们在公共生活中实现共同价值，倡导共同体成员内部以及共同体与开放的世界的对话与合作。在当今时代，合作共享是人类生存与发展的历史性选择，人们对对话与合作的选择体现了睿智、成熟与责任感。为此，不能再被极端的思维方式和缺乏

①《习近平关于实现中华民族伟大复兴的中国梦论述摘编》，中央文献出版社2013年版，第48页。

代价思维的发展观所左右，而应将社会共同体看作个人价值理想的实现场所，同时保证私人生活空间的完整。人们在公共生活中不仅要理解社会发展的总体性，还要致力于消解个体与共同体的对立，使个体的自我本性在公共生活中得到他人的自我意识的映照，在交往与对话中获得提升自身的契机。人们在追求个性实现的同时，遇到的最大的问题就是如何避免与他人的个性之间的冲突，为此必须顾及他者个性实现的条件，使共同体的成员在努力与合作中成就彼此，确立安身立命的精神家园。

汇聚当今人类共同价值，可以解决全球化时代的公共危机，促进世界各国的合作与发展。正如习近平总书记在纽约联合国总部出席第七十届联合国大会一般性辩论时指出的："和平、发展、公平、正义、民主、自由，是全人类的共同价值，也是联合国的崇高目标。目标远未完成，我们仍须努力。当今世界，各国相互依存、休戚与共。我们要继承和弘扬联合国宪章的宗旨和原则，构建以合作共赢为核心的新型国际关系，打造人类命运共同体。"[①] 为此，需要在价值多样性的互动中凝练当今人类价值观念的最大公约数，理解人类命运与共的现实境遇，以互鉴、合作和共享的方式实现价值共识，呼吁"各国人民同心协力，构建人类命运共同体，建设持久和平、普遍安全、共同繁荣、开放包容、清洁美丽的世界"[②]，实现人类社会和谐永续发展。

综上所述，马克思共同体思想在中国化过程中以中国风格"现实化"，它使走向现代化的中国人越来越深刻地认识到个人对共同体的需要以及个人在共同体中生活的理想形态，彰显了社会主义价值取向，明确了"利己"与"利他"的辩证法。这种公共生活世界强调平等和共享的原则，力图扬弃古代亲缘共同体和现代契约共同体的弊端，形成符合马克思共同体思想和中国文化习惯的社会氛围。人们意识到每个人在各自岗位创造出突出的成就，创造和把握历史和时代赋予我们的机遇，在各行各业的深度合作与共享中就能感受到祖国的强大。今天，实现"国

---

① 习近平:《携手构建合作共赢新伙伴　同心打造人类命运共同体》,《人民日报》2015年9月29日。

② 习近平:《决胜全面建成小康社会　夺取新时代中国特色社会主义伟大胜利——在中国共产党第十九次全国代表大会上的报告》，人民出版社2017年版，第58—59页。

家富强、民族振兴、个人幸福”的中国梦是每个中国人的梦想。“有梦想，有机会，有奋斗，一切美好的东西都能够创造出来。”[①] 可以说，马克思共同体思想中国化的公共生活世界凝聚着人们对美好生活的期待，努力实现学有所教、劳有所得、病有所医、老有所养、住有所居，为社会各阶层提供了自我发展和自我实现的舞台。

（原载《中国高校社会科学》2018 年第 1 期）

①《习近平关于实现中华民族伟大复兴的中国梦论述摘编》，中央文献出版社 2013 年版，第 48 页。

第三编

马克思早期政治哲学文本解读

一

《莱茵报》时期马克思政论群的哲学主题

1842 年 5 月，马克思开始为《莱茵报》撰稿并参与编辑部的工作，不久先后担任该报编辑和主编，直至 1843 年 3 月 17 日该报被普鲁士当局查封。在不到一年的时间里，连同写于 1842 年 2 月与之主题相似、内容相联的《评普鲁士最近的书报检查令》等，马克思撰写了政论、按语或声明等 35 篇，其中大多数在《莱茵报》发表，这些文本可被视为马克思《莱茵报》时期政论群。正是在这时，他“第一次遇到要对所谓物质利益发表意见的难事”[①]，由此转向政治经济学研究，开始思想的第一次转变。他越来越深切地认识到，哲学的世界化与世界的哲学化处于同一进程，并在观念层面确认了历史走向世界历史的政治哲学视域。

（一）阐扬启蒙理念与公共精神

马克思这一时期政论群开始于对普鲁士新书报检查令的评论，这篇本来为《德国年鉴》撰写的文章因书报检查令的限制而发表于瑞士出版的《德国现代哲学和政论界轶文集》第一卷。面对体现精神浪漫主义的书报检查令和检查官的“脾气”，马克思指出：“你们赞美大自然令人赏心悦目的千姿百态和无穷无尽的丰富宝藏，你们并不要求玫瑰花散发出和紫罗兰一样的芳香，但你们为什么却要求世界上最丰富的东西——精神只能有一种存在形式呢？”[②] 这项限制新闻出版自由的法令使报刊缺乏公共精神，使一种主观的、敏感的、不确定的情绪蔓延，“给哲学方面的书刊戴上新的枷锁”“赋予纯粹的偶然性以空想的精神，并以普遍性

①《马克思恩格斯文集》第 2 卷，人民出版社 2009 年版，第 588 页。
②《马克思恩格斯全集》第 1 卷，人民出版社 1995 年版，第 111 页。

的激情宣布了某种纯粹个人的东西”[①]，因而失去了客观标准。此外，它将专横和独断伪装成客观的逻辑，沉湎于无定形的意见中不负责任，所以应当废除。[②]这篇捍卫言论自由的雄文力透纸背，“其在思想史上的地位，只有洛克的《论宽容的信》和密尔的《论自由》可以与之媲美”[③]。

随后，在分六期发表在《莱茵报》的《关于新闻出版自由和公布省等级会议辩论情况的辩论》这篇长文中，马克思进一步阐发了上述观点。他以历史观察者的身份论述莱茵省议会“关于新闻出版自由的辩论”进程，批判《国家报》“断言现实的国家生活没有政治精神，政治精神不存在于现实国家之中”[④]。由于反对新闻出版自由的论战主体是等级，马克思从诸侯等级的一位辩论人谈起，他回顾在实行严格书报检查制度的1819—1830年间普鲁士新闻出版界的“堕落”，指出“当时著作界中唯一还有充满生机的精神在跃动的领域——哲学领域，已不再说德语”[⑤]，因为这时德语已沦为“一种无法理解的神秘的话语”。当新书报检查令颁布，这位诸侯等级的辩论人抹杀了书报检查制度的精神属性，表明等级制的逻辑在社会责任面前失语。面对这种逻辑，必须彰显自由报刊的人民性，以之促进总体性的人民革命。

马克思认为自由报刊体现了人民精神，反对新闻出版自由“驳斥的是人的自由”，问题的实质是新书报检查令体现了特权而非社会普遍权利。省议会本应体现普遍意识和社会精神，骑士等级的辩论人却体现了特权和特殊精神，“以近乎滑稽的严肃、近乎忧郁的尊严和几乎是宗教的热忱阐发了关于省等级会议的高度智慧以及它的中世纪的自由和独立的假想”，而“真正的政治会议也只有在公众精神的密切保护下才能

①《马克思恩格斯全集》第1卷，人民出版社1995年版，第117、131页。

② 作为马克思第一篇公开发表的文章，此文得到卢格和《莱茵报》主编荣克的高度评价，荣克认为“文章写得非常之好”，卢格将其视为“至今”关于出版自由的“文章中最优秀的作品”。参见［苏］尼·拉宾著，南京大学外文系俄罗斯语言文学教研室翻译组译:《马克思的青年时代》，三联书店1982年版，第63页。

③［苏］尼·拉宾著，南京大学外文系俄罗斯语言文学教研室翻译组译:《马克思的青年时代》，三联书店1982年版，第130页。

④《马克思恩格斯全集》第1卷，人民出版社1995年版，第143页。

⑤《马克思恩格斯全集》第1卷，人民出版社1995年版，第149页。

昌盛”。[①] 这种特殊精神否定普遍理性和普遍自由，维护人类永远不成熟的论点，实则是一种停留于启蒙时代之前的垄断的批评。马克思在这里倡导以法律形式存在的自由，因为“法律是肯定的、明确的、普遍的规范，在这些规范中自由获得了一种与个人无关的、理论的、不取决于个别人的任性的存在。法典就是人民自由的圣经”[②]。同时，面对城市等级的辩论人“天真”的意见，马克思强调“人们为之奋斗的一切，都同他们的利益有关”[③]，进而在现实领域强调普遍精神的价值，走出等级政治智慧的世俗租佃者们的幻觉，让自由报刊为人民精神代言。

与此相应，还有一篇分五期发表在《莱茵报》的《关于林木盗窃法的辩论》，与关于新书报检查令的评论都是围绕第六届莱茵省议会的辩论展开的。这个辩论围绕的问题是：穷人捡拾枯枝是否违背林木盗窃法？马克思着力强调这两种行为本质上的差别，因而在法律上具有不同的意义。如果将捡拾枯枝的行为看作是犯罪，那么“人民看到的是惩罚，但是看不到罪行，正因为他们在没有罪行的地方看到了惩罚”[④]。枯枝不是林木所有者的财产，理应由捡拾枯枝的贫民所有，在马克思看来，法律应当体现人民的心声，而不能沦为纯粹的动物假面具。他为穷人吁求普遍的习惯法，力图满足最底层的、一无所有的群众的利益和愿望。现实的情形是，“不自由的世界要求不自由的法，因为这种动物的法是不自由的体现，而人类的法是自由的体现。封建制度就其最广泛的意义来说，是精神的动物王国，是被分裂的人类世界”[⑤]。马克思认为穷人不想与法的习惯相抵触，而只是想让合理的基本要求合法化，但这种基本要求与特权者的习惯相抵触。

马克思对法的差异进行深入比较，他认为贵族的习惯法与普通法律的形式相对立，与贫民的习惯法大相径庭。捡拾枯枝是贫民的权利，他们在获取自然界的布施，“在贫苦阶级的这些习惯中存在着合乎本能的法的意识，这些习惯的根源是实际的和合法的，而习惯法的形式在这里

①《马克思恩格斯全集》第 1 卷，人民出版社 1995 年版，第 162 页。
②《马克思恩格斯全集》第 1 卷，人民出版社 1995 年版，第 176 页。
③《马克思恩格斯全集》第 1 卷，人民出版社 1995 年版，第 187 页。
④《马克思恩格斯全集》第 1 卷，人民出版社 1995 年版，第 245 页。
⑤《马克思恩格斯全集》第 1 卷，人民出版社 1995 年版，第 248 页。

更是合乎自然的”[1]。马克思强烈指责私人利益的空虚的灵魂，认为为其代言纯属诡辩，实则违背了公共精神。“盗窃林木者偷了林木所有者的林木，而林木所有者却利用盗窃林木者来盗窃国家本身。”[2]这实际上是将坏原则作为议会通过的法律的出发点，使林木所有者像夏洛克希望通过法律割去对方的一磅肉一样，省议会将行政权、行政当局、被告、国家观念等都降为私人利益的物质手段，“不仅打断了法的手脚，而且还刺穿了它的心”[3]。彻底地将不自由的形式赋予不自由的内容，这种维护特殊利益的行径是“下流的唯物主义”，违背国家理性和一般精神，因而不值得公众期待。

此外，马克思还批判了当时一些报刊缺乏公共精神的蒙昧笔调。例如，在批评《科隆日报》的“‘政治性社论’主要是促使读者厌恶政治的一种绝妙的手段”[4]时，他回到“问题本身”，在分析问题的过程中得出答案:“德国哲学，爱好宁静孤寂，追求体系的完满，喜欢冷静的自我审视；所有这些，一开始就使哲学同报纸那种反应敏捷、纵论时事、仅仅热衷于新闻报道的性质形成鲜明对照。”[5]报纸若要避免糟糕的、轻薄的形式，就不能停留于草率、咒骂和恐吓，而要像哲学那样求助于理智、许诺真理和恰当地安慰。要认真研究问题，还要思考“应该怎样进行这种研究”，进而“从理性和经验出发”，形成“自由理性的行为”，以“更加理想和更加深刻的观点”，“根据整体观念来构想国家”，“实现法律的、伦理的、政治的自由”，服从“人类理性的自然规律”。[6]

（二）法哲学的最初阐述与《莱茵报》的思想立场

担任《莱茵报》编辑后，马克思首先在《共产主义和奥格斯堡〈总汇报〉》中回应奥格斯堡《总汇报》指责《莱茵报》同情共产主义，首次公开表明自己对共产主义的态度。他的文风幽默而辛辣，将《总汇

①《马克思恩格斯全集》第1卷，人民出版社1995年版，第253页。
②《马克思恩格斯全集》第1卷，人民出版社1995年版，第277页。
③《马克思恩格斯全集》第1卷，人民出版社1995年版，第287—288页。
④《马克思恩格斯全集》第1卷，人民出版社1995年版，第206页。
⑤《马克思恩格斯全集》第1卷，人民出版社1995年版，第219页。
⑥ 参见《马克思恩格斯全集》第1卷，人民出版社1995年版，第222—228页。

报》的指责描述为“奥格斯堡女人的这种不像样子的幻想”，同时指出“共产主义的重要性并不在于它是法国和英国当前的一个极端严重的问题”。[①]马克思意识到这时德国化的共产主义已经沦为非现实的理论，他从当时德国社会实际出发，提醒《总汇报》要以自己的智慧充分研究问题，不应使评论陷入空谈。应当研究时代思想的现实性，将贫民的实际利益作为问题的出发点，“绝不能根据肤浅的、片刻的想象去批判，只有在长期持续的、深入的研究之后才能加以批判”[②]。同时，应当意识到理论的力量，要以符合时代精神的理智、见解和良心影响现实，使之发挥深刻持久的作用。相关思想在《〈莱茵报〉编辑部就有关共产主义的论证所作的说明》一文中得到了补充。

1842 年 10 月 15 日，马克思就任《莱茵报》主编，当天普鲁士内务与警务部得到的报告是:“《莱茵报》的倾向特别恶劣。它带着年轻人所特有的那种傲慢态度攻击国家和教会的现存制度，却提不出可以代替它的任何更好的办法。”[③]可以说，在马克思担任《莱茵报》编辑和主编的过程中，时刻面临普鲁士当局查封报纸的危机，并为此不断申诉和驳斥。“马克思作为新闻工作者，主要关心的是政治问题。”[④]他在这一时期的思想战斗是多方位的，既要抵制一些报刊编者或作者的中伤，也要反驳当时舆论界的各种错误言论，同时要认真回应书报检查机关的各种指责，进而投入到对普鲁士政治现实的实际批判之中。

这一年 10 月底至 11 月初，马克思针对格鲁培在《布鲁诺 · 鲍威尔和大学的教学自由》中攻击鲍威尔的《符类福音书作者的福音史批判》一书和为波恩大学解聘鲍威尔辩护的观点，撰写了《再谈谈奥 · 弗 · 格鲁培博士的小册子〈布鲁诺 · 鲍威尔和大学的教学自由〉1842 年柏林版》一文，讽刺这个小册子不过是“一部门外汉的喜剧”，在“一知半解、浅薄无知”的笔触中透露着“他的叵测的意图、昧心的

①《马克思恩格斯全集》第 1 卷，人民出版社 1995 年版，第 291、292 页。

②《马克思恩格斯全集》第 1 卷，人民出版社 1995 年版，第 295 页。

③[法]奥古斯特 · 科尔纽著，刘丕坤等译:《马克思恩格斯传》第 1 卷，三联书店 1963 年版，第 400 页。

④ Allan Megill, Karl Marx. *The Burden of Reason* Rowman & Littlefield Publishers, 2002: 83.

歪曲和卑鄙的阴险手段”[①]。在这篇发表在《德国科学和艺术年鉴》上的文章中，马克思指责格鲁培曾是一个天真的无赖，后来失去了天真，成为一个没有任何精神和优点的人。尽管批判波恩大学解聘鲍威尔的行径，但马克思这时已与以鲍威尔为首的转向“自由人团体”的青年黑格尔派部分成员渐行渐远。因为“自由人团体”越来越陷入抽象的批判世界，与马克思向往的将理论批判与现实政治联系起来的思路分道扬镳，这引来“自由人团体”对《莱茵报》的批判，导致书报检查机关对《莱茵报》的检查更加严格，马克思为此撰文严厉批判了这些昔日的同仁，实际地选择与他们决裂。

在以“《莱茵报》编辑部”名义发表的《〈莱茵报〉编辑部为〈评《汉诺威自由主义反对派的失误》〉一文所加的按语》中，马克思分析了“自由主义反对派”这一用语以及汉诺威反对派何以被称为自由主义反对派，阐述了1837—1838年汉诺威宪法冲突中资产阶级反对派和资产阶级知识分子的观念和行为，指出“汉诺威的真正的自由主义今后的任务，既不是维护1833年的国家基本法，也不是退回到1819年的法律。它应该争取实现一种同更深刻、更完善和更自由的人民意识相适应的崭新的国家形式”[②]。从而揭示了合理的人民意识与崭新的国家形式结合的必要性，为自由的追求提供了符合公共精神的路径。

针对当时围绕普鲁士政府打算在莱茵省城乡实行地方管理机构改革进行的激烈辩论，马克思撰写了《区乡制度改革和〈科隆日报〉》等三篇通讯，反对实施普鲁士的等级原则，维护区乡权利平等，揭露了《科隆日报》对《莱茵报》的诽谤。他认为《科隆日报》在猜疑和告密领域的做法“再一次使我们相信，智力的贫乏最终企图靠性格的软弱，靠道德败坏的无聊的鲁莽行径来维持自己”。比较而言，《莱茵报》强调城市和农村权利平等，《科隆日报》“作出某种空泛的、不说明任何理由的对城市和农村权利平等的承认”。马克思指出当时莱茵省城乡没有分开的实际情形，认为“法律只能是现实在观念上的有意识的反映，只能是

---

①《马克思恩格斯全集》第1卷，人民出版社1995年版，第300、301页。

②《马克思恩格斯全集》第1卷，人民出版社1995年版，第306页。

实际生命力在理论上的自我独立的表现”[①]，因而不应当颁布不符合实际的法令。该文的主要观点在随后发表的《〈科隆日报〉的一个通讯员和〈莱茵报〉》一文中得到进一步强调。

1842 年 2 月，历史法学派的代表人物萨维尼被威廉四世任命为法律修订大臣，着手起草新离婚法草案。该草案的准备和讨论在当时均属不允许公开发表的秘密，但《莱茵报》在当年 10 月 20 日发表了这个草案并展开广泛讨论，普鲁士政府要求编辑部提供草案投寄人的姓名被拒绝。马克思发表了《论离婚法草案》一文，批判萨维尼和莱茵法学家的观点，从五个方面提出对新草案的反对意见。在他看来，“立法者应该把自己看作一个自然科学家。他不是在创造法律，不是在发明法律，而仅仅是在表述法律，他用有意识的实在法把精神关系的内在规律表现出来”。同时，他强调“只有当法律是人民意志的自觉表现，因而是同人民的意志一起产生并由人民的意志所创立的时候，才会有确实的把握，正确而毫无成见地确定某种伦理关系的存在已不再符合其本质的那些条件，做到既符合科学所达到的水平，又符合社会上已形成的观点”。[②]此外，他还以“《莱茵报》编辑部”名义发表了为《论新婚姻法草案》一文所加的按语，明确指出莱茵法学的根本缺陷在于二重化世界观：“这种世界观由于用肤浅的方式把信仰同法的意识分开，不是解决最麻烦的冲突，而是把它劈成两半；它把法的世界同精神的世界，从而把法同精神割裂开来，这样也就把法学同哲学割裂开来了。”他还明确批判邦法的缺陷在于建立在理智的抽象上，“这种理智的抽象本身是无内容的，它把自然的、法的和合乎伦理的内容当作外在的、没有内在规律的质料加以吸收，它试图按照外部的目的来改造、安排、调节这种没有精神、没有规律的质料”[③]，从而彰显了邦法批判的本质。

在这一时期，马克思对等级差别问题进行了深刻阐述，他认为问题的关键不是等级在多大程度上存在，而在于其应当在多大程度上延伸到国家生活的最高领域。他对普鲁士封建等级制度作出尖锐的批评，指

①《马克思恩格斯全集》第 1 卷，人民出版社 1995 年版，第 313—314 页。
②《马克思恩格斯全集》第 1 卷，人民出版社 1995 年版，第 347、349 页。
③《马克思恩格斯全集》第 1 卷，人民出版社 1995 年版，第 316—317 页。

出“智力不仅不是代表制的特殊要素，而且根本不是一个要素；智力是一个不能参加任何由各种要素组成的机构的原则，它只能从自身进行划分”①。他将问题聚焦为“到底是特殊利益应当代表政治智力，还是政治智力应当代表特殊利益”②，强调应当把代表权理解为“人民自身的代表权，理解为一种国务活动，这种国务活动不是人民唯一的、独特的国务活动，它跟人民的国家生活的其他表现不同的只是它的内容的普遍性”，应当将其“看作最高力量的一种自信的生命活动”③，倡导人们获得在国家事务中的发言权。

当得知《莱比锡总汇报》在普鲁士遭查禁，马克思为《莱茵报》写了社论《〈莱比锡总汇报〉在普鲁士邦境内的查禁》，指出报纸对普鲁士的批评是政府采取全面制裁的根本原因。随后他写了一组论及相关主题的文章，包括《〈莱比锡总汇报〉的查禁和〈科隆日报〉》《好报刊和坏报刊》《答一家“中庸”报纸的攻击》《答“邻”报的告密》《驳奥格斯堡〈总汇报〉编后记》《〈科隆日报〉的告密和〈莱茵—摩泽尔日报〉的论争》《莱茵—摩泽尔日报》。他充满激情地认为：“凡是报刊年轻的地方，人民的精神也就年轻，而刚刚觉醒的人民精神公开表达出来的日常政治思想，同那种已经在政治斗争中成长壮大并充满自信的人民精神所表达的政治思想相比，就显得不够老成、不够确定、不够周密……人民看到自己这种本质在它的报刊的本质中反映出来……成为现代荆棘丛中一棵道德精神的玫瑰。”④在马克思看来，对人民报刊的指摘就是对人民政治精神的指摘，捍卫人民报刊的权利，就是捍卫人民的权利。为此，必须尊重报刊的发展规律，“要使报刊完成自己的使命，首先必须不从外部为它规定任何使命，必须承认它具有连植物也具有的那种通常为人们所承认的东西，即承认它具有自己的内在规律，这些规律是它所不应该而且也不可能任意摆脱的”⑤。

为《莱茵报》驻摩泽尔记者科布伦茨揭露摩泽尔地区农民贫困状

①《马克思恩格斯全集》第1卷，人民出版社1995年版，第343页。
②《马克思恩格斯全集》第1卷，人民出版社1995年版，第343页。
③《马克思恩格斯全集》第1卷，人民出版社1995年版，第344页。
④《马克思恩格斯全集》第1卷，人民出版社1995年版，第352—353页。
⑤《马克思恩格斯全集》第1卷，人民出版社1995年版，第397页。

况的两篇文章辩护，马克思写了《摩泽尔记者的辩护》及其续篇《摩泽尔记者的辩护。C摩泽尔河沿岸地区的种种主要弊端》，续篇因被书报检查机关删去而在当时未能发表。《摩泽尔记者的辩护》由五部分组成，马克思在这里批判普鲁士的官僚制度和管理弊端，认为在普鲁士官员看来，“只有当局的活动范围才是国家，而处于当局的活动范围以外的世界则是国家所支配的对象，它丝毫也不具备国家的思想和判断能力”①。摩泽尔河沿岸的贫困状况在马克思看来正是普鲁士管理工作的贫困状况的反映，问题的本质是政治性的，“这种本质的关系就是既存在于管理机体自身内部，又存在于管理机体同被管理机体的联系中的官僚关系”。相比而言，人民报刊是社会舆论的产物，是“具有公民头脑和市民胸怀的补充因素”②，书报检查机关同人民报刊的冲突只是表明它是多余的存在，是与人民政治精神相背离的。

为驳斥普鲁士三位负责书报检查的大臣颁布关于查封《莱茵报》的指令，马克思写了《评部颁指令的指控》，抗议普鲁士政府的无理谴责。因为这种谴责没有“证据”，而只有强加的“明显企图”。《莱茵报》的观点是，不把君主限制在个人范围内，而将其视为国家的躯体，“各种机构是他赖以生存和活动的器官，而法律是他用来观察事物的眼睛”③。马克思强调，《莱茵报》遵循普遍原则和公共精神，关心合乎伦理和理性的政治共同体，它在德国是态度最认真和最了解实情的报纸，至于指摘它与其他报刊进行论战，则根本不能成为查封的理由，这只不过是《莱茵报》为了免受污蔑和攻击而进行的自卫。遗憾的是，这样的评论并没能改变《莱茵报》遭到查封的危险，马克思为此采取的最后努力是，声明“因现行书报检查制度的关系”，退出《莱茵报》编辑部。不到半个月后，《莱茵报》被当局查封。

（三）重塑时代的观念与开启哲学的世界化视域

可以说，马克思在《莱茵报》时期对黑格尔的王权、行政权和立法

①《马克思恩格斯全集》第1卷，人民出版社1995年版，第372页。

②《马克思恩格斯全集》第1卷，人民出版社1995年版，第377、378页。

③《马克思恩格斯全集》第1卷，人民出版社1995年版，第426页。

权思想的批判均进行了前提性研究，“在这些文章中，马克思已经初步认识了社会的阶级结构”[①]。这时他的理论批判更明显地表明，他并非青年黑格尔派的不疑因循者，而是新理论的开创者。[②]

《莱茵报》时期的马克思力图重塑时代的观念。哲学作为时代精神（zeitgeist），与黑格尔所谓“哲学就是被把握在思想中的它的时代”有关，在马克思看来，思想中的时代是现实中的时代的反映，体现为一种生成性的过程。“时代”是一种富于现实性的时间性规定，这种规定使哲学参与乃至塑造现实的能力得以凸显。哲学不只是思想中的时代，还是引领时代的思想，因而，它主要是一种可能性的敞开。黑格尔意识到哲学与时代的内在关联，认为哲学属于时代并受限于时代，思想不应当也不可能跳出时代。同时，黑格尔强调哲学对实体性内容的追寻，并避免精神沉陷在日常急迫的兴趣中，避免意见的空疏浅薄，正是在具有现实性的反映时代主题的哲学中，我们可以焕发青春化和强有力的内容，构成具有内在质感的上层建筑。马克思强调哲学的现实性，以“高卢的雄鸡”彰显哲学引领时代的英姿。他在物质生活的创造中建构精神生活形态，提出了一种超越既往的政治哲学主张。

马克思认为哲学是时代精神的精华，对时代的把握必须具有明确的问题意识，他在《集权问题》一文中指出：“问题是时代的格言，是表现时代自己内心状态的最实际的呼声。”[③]时代的命运所系不是答案，而是现实的问题，关键在于敏锐地提出问题并找到答案。“哲学家并不像蘑菇那样是从地里冒出来的，他们是自己的时代、自己的人民的产物，人民的最美好、最珍贵、最隐蔽的精髓都汇集在哲学思想里。”[④]对哲学问题及其实践内涵的研究必须作出当代的自我阐明，我们只能在时代条件下认识现实，现实的意识以时代发展为基础。后来马克思的时代观与思维方式发生了一定的变化，但时代精神作为哲学的本质特征之一并未走出他的理念。如同旅行中的导游，哲学在时代之中，同时在时代之前。

---

① 熊子云、张向东译:《马克思早期思想研究译文集》，重庆出版社 1983 年版，第 6 页。

②［美］汤姆・洛克莫尔、臧峰宇:《启蒙的路径与马克思政治哲学的观念资源》，《北京行政学院学报》2016 年第 6 期。

③《马克思恩格斯全集》第 1 卷，人民出版社 1995 年版，第 203 页。

④《马克思恩格斯全集》第 1 卷，人民出版社 1995 年版，第 219—220 页。

理解时代，必然需要深刻地认识历史，认识历史与现实的关系问题。马克思在这一时期批判了历史学派的“轻佻”，质疑该学派将研究起源极端化的做法，这种做法很可能在研究中“编造虚构”。在《历史法学派的哲学宣言》中，马克思主要关注该学派的创始人胡果，批评他“是一个否认事物的必然本质的怀疑主义者”，这个怀疑主义者“力图证明，实证的事物是不合理性的”。[①] 该学派将同理性相矛盾作为原则的方法，其论据是非批判的，“只是为了不把合乎理性的事物看作实证的事物”[②]。马克思摘录并解读了胡果的著作《作为实在法、特别是私法的哲学的自然法教科书》，对导言和书中各篇几乎逐一作了批驳，揭穿其中“那些非历史的臆想、模糊的空想和故意的虚构”，否定“旧制度的启蒙思想家的那种龌龊而陈旧的怪想”[③]，为此必须以现代理性确认一种新启蒙观念，强调合乎理性的实证研究。

从哲学角度把握时代，关键在于关注现实问题，在于转向尘世的批判。尘世中的现实既不是现象，也不是现存，而是一种合乎理性的过程，以常识为路标。马克思对德国在当时欧洲的时代错位的批判，正是基于对现实和常识的把握，镌刻与之同时性的现实和常识印记的哲学才是时代的哲学。哲学对常识的超越应当建立在尊重常识的基础上，为此应丰富经验理性，达到对事实有生命力的自然理解。因而，不仅要审视哲学发展的理论逻辑，也要确认哲学发展的实践逻辑。哲学与时代的关系由此合理地表现为，在思想竭力体现现实的同时，使现实更好地趋向思想。马克思强调哲学的时代性和世界性，认为“任何真正的哲学都是自己时代的精神上的精华，因此，必然会出现这样的时代：那时哲学不仅在内部通过自己的内容，而且在外部通过自己的表现，同自己时代的现实世界接触并相互作用。那时，哲学不再是同其他各特定体系相对的特定体系，而变成面对世界的一般哲学，变成当代世界的哲学。各种外部表现证明，哲学正获得这样的意义，哲学正变成文化的活的灵魂，哲学正在世界化，而世界正在哲学化，——这样的外部表现在一切时代里

①《马克思恩格斯全集》第 1 卷，人民出版社 1995 年版，第 230 页。
②《马克思恩格斯全集》第 1 卷，人民出版社 1995 年版，第 232 页。
③《马克思恩格斯全集》第 1 卷，人民出版社 1995 年版，第 238 页。

曾经是相同的”[①]。在这样的时代视域中，哲学冲破了令人费解的体系，“以世界公民的姿态出现在世界上”，因而成为一种具有现代公共精神的世界的哲学，一种以人民精神为底色的面向未来的哲学。

综上所述，《莱茵报》时期的政论群是青年马克思面向现实问题展开的重要著述，他在报纸编辑的生涯中从事哲学实践，以笔为武器参与改变现实的实际工作，力图培育一种普遍的公共精神，形成一种高扬启蒙理念的自由的伦理国家观，创造一种从根本上否定官僚制度的理想社会。不仅反映了“马克思开始从唯心主义转向唯物主义，从革命民主主义转向共产主义”[②]，而且反映了青年马克思政治哲学理路的转换。马克思对它们颇为珍视，后来于1851年再次出版[③]这些文章。他在这一时期对利己的、原子式的个人的批判，对一种基于社会共同性的积极自由的倡导，对国家与法的关系问题的研究对其后来形成基于历史唯物主义的政治哲学作了思想上的准备，镌刻了重要的思想坐标。

（原载《教学与研究》2020年第5期）

①《马克思恩格斯全集》第1卷，人民出版社1995年版，第220页。

②《列宁全集》第26卷，人民出版社2017年版，第83页。

③ Richard N. Hunt. *The Political Ideas of Marx and Engels*. University of Pittsburgh Press, 1974: 34.

二

马克思的欧洲史研究及其对现代政治共同体的构想
——《克罗伊茨纳赫笔记》的政治哲学解读

1843年7—8月，马克思在克罗伊茨纳赫研读24部历史学和政治学著作并进行摘录与解读，在35个笔记本中完成了五册《克罗伊茨纳赫笔记》[①]。这些笔记写于他在《莱茵报》时期“遇到要对所谓物质利益发表意见的难事”之后，聚焦理性国家观和现实政治生活的冲突，并为解决这个“苦恼的疑问”提供了理论依据。正是通过这段时间对以法国大革命史为中心的著作的研读，马克思开始关注社会历史本体，展开对政治现实的历史的批判分析，着力探究国家与市民社会的关系问题，为其唯物史观与政治哲学的形成奠定了基础。

(一)《克罗伊茨纳赫笔记》的文本结构与主导线索

五册《克罗伊茨纳赫笔记》包括马克思关于法国史特别是法国大革命史的摘要以及关于英国、德国、瑞典、波兰、威尼斯共和国以及美国史的摘要，共255页，内容涵盖公元前600年到19世纪30年代的众多世界历史事件。从这些笔记中可以看到，马克思关注欧洲国家起源与发展、城市制度、行政管理和法律的历史以及复杂政治机制和社会思想的转变，其中的批判分析与其对黑格尔法哲学的批判处于同一时期，着眼点也颇为一致，“它照亮了马克思走向唯物主义历史观的一段行程”，其

① 具体篇幅在MEGA2第四部分第二卷中分别体现为82页、35页、26页、13页、2页。1843年3月，马克思在克罗伊茨纳赫与燕妮定婚，并于6月19日举办婚礼，开始蜜月旅行，然后回到克罗伊茨纳赫，研究欧洲史特别是法国大革命史，“从社会舞台退回书房”。

中主题索引“证明马克思正日益转向唯物史观”。[①]

其中，马克思在第一笔记本中主要摘录克里斯托夫·亨利希1802—1803年在莱比锡出版的《法国史》(1—3卷)，这部三卷本历史著作较为详细地记述了法国的政治、军事和外交事件，他最关注的是法国封建社会的形成、封建所有制的不同形式等方面。在第二笔记本中，马克思摘录了8本著作，包括4本法国史著作、关于波兰史和威尼斯共和国史的著作以及卢梭和孟德斯鸠的论著。马克思在第三笔记本中主要摘录了约翰·罗素的《从亨利希七世执政到近代英国的政府与宪法的历史》德译本和约翰·马丁·拉彭贝尔格的《英国史》，标题是“历史—政治笔记”，他关注的重点是英国政治制度史，特别是英国封建社会的阶级权力与法律的关系以及封建阶级的一部分如何向资产阶级转变。第四笔记本包括马克思对施米特的《法国史》、德·沙多勃利昂的《论复辟时期与选举君主制度，或对某些报刊关于我拒绝为新政府质询的答复》和《关于放逐查理十世及其家族的新建议，或我最近的〈论复辟时期与选举君主制度〉一文的续编》、冯·兰齐措勒的《政治与国家法论文集》、瓦克斯穆特的《革命时代的法国史》、冯·兰克的《宗教改革时期的德国史》、约翰·林加尔德的《罗马人第一次入侵以来的英国史》、盖耶尔的《瑞典史》以及发表在《历史—政治杂志》上的一些文章的摘录和评论。在第五笔记本中，马克思摘录了约翰·普菲斯特尔的《德国史》(1—5卷)、尤斯图斯·默泽尔的《爱国主义的幻想》、卡尔·茹弗鲁瓦的《继承权的原则和法国与英国的传统》、汉密尔顿的《北美合众国的人与风俗习惯》以及马基雅维利的《论国家》德译本。从中可见，马克思对法国史特别是法国大革命史的摘录是整部笔记的重心所在，其中有些文献和评注后来被用于《黑格尔法哲学批判》与《论犹太人问题》。

总的来说，马克思在《克罗伊茨纳赫笔记》中的评论和阐述不多，主要体现为第一笔记本中类似主题索引的标题、第二笔记本中的《主题索引》以及一些著作的梗概、第四笔记本的索引以及一篇短评。他在《莱茵报》时期关于物质利益的难事的反思在这里得到体现，这部笔记

---

①[苏]H. C. 鲁缅采娃著，刘潩云、李俊聪译:《关于克罗伊茨纳赫笔记》，《马列主义研究资料》1983年第6辑。

中关于国家法与国家起源和发展的摘录对马克思的黑格尔法哲学批判作了重要的理论准备，关于法国大革命史的摘录和研究直接促进了马克思历史观的形成，是《黑格尔法哲学批判》“主体部分中唯物主义批判逻辑的真实发源地”[1]。

从《克罗伊茨纳赫笔记》的主要内容和主导线索看，马克思关注政治对经济、社会和司法制度的发展过程的影响，研究军事制度与财产制度之间的关系，分析所有制及其在历史上各社会形态中的发展对国家和社会制度的影响，力图阐明国家与市民社会的关系问题。从马克思的藏书来看，他这时最关注法国史特别是法国大革命史，从中探究现代国家的成因和机制，并计划撰写《国民公会史》和《政治和政治经济学批判》，还为此列出一份包括11条的《关于现代国家的著作的计划草稿》。这部草稿起始于“现代国家起源的历史或者法国大革命”，以“为消灭国家和市民社会而斗争”结束[2]，计划探讨人民主权、立法权、执行权、司法权、政治文明、国家管理、民族、政党等范畴，这些范畴后来在《巴黎手稿》《德意志意识形态》等文本中得到深入阐述。

从这部笔记的索引标题中可见，马克思这时对国家法、立法权与执行权、官僚制度及其形成过程、官吏与王权的关系、代议制与人民主权等问题颇为关注，为他对黑格尔法哲学与现代国家的抽象普遍性批判打下了基础。例如，第二笔记本中的标题“议会”“官僚制度·官吏”“制宪议会”“君主立宪”“政府权力”以及小标题“立法权”“法律”“人民主权”“代表会议和人民主权的关系”“权利的划分”，这些标题在第四笔记本的索引中重新列举，又增加了“宪法与管理”“众议院”“下院”“上院”“Souveraineté du peuple”“代议制宪法”，这些思考首先与他对黑格尔法哲学的批判分析有关。[3]此外，关于马基雅维利、卢梭和孟德斯鸠的著作的摘录和研究也主要是从黑格尔法哲学与这些文本的关系角度着眼的，围绕欧洲国家的发展过程及其趋势展开，注重从历史事实中归纳

① 张一兵：《回到马克思》，江苏人民出版社2009年版，第141页。

②《马克思恩格斯全集》第42卷，人民出版社1979年版，第238页。

③ 参见［苏］H. C. 鲁缅采娃著，刘漠云、李俊聪译：《关于克罗伊茨纳赫笔记》，《马列主义研究资料》1983年第6辑。

历史经验。

马克思看到，解决“苦恼的疑问”，不应到黑格尔法哲学体系的迷宫中，而应到所有制、社会等级、财产关系中寻找答案，从而发现了黑格尔法哲学的神秘性和非现实性，指出所有制决定法的观念，而不是相反。马克思开始将自由置于历史语境中作具体的理解，意识到自由的内在规定性总是随着生产方式和社会制度的变化而变化，财产成为选举权和被选举权的条件，构成社会历史的真正基础是财产所有制。从他摘录的施米特《法国史》中的这段话——对城市公社的事务的共同关心把他们彼此联合起来，正是在公社中要处理这些事务并适当地领导这些事务的任务，导致了管理艺术的产生[①]——可见，社会经济条件与政治上层建筑之间呈现了一种有规律性的关系，这种关系是在世界历史中形成的，而不是在黑格尔法哲学中表现的颠倒的关系，这在他关于《历史—政治杂志》的评论中体现得很明显。

在评论“在路易十八统治时期是国王恩准的宪法（钦定的国王宪章），在路易·菲利浦执政时期则是宪法恩准的国王（钦定的王权）”时，马克思指出：“总之我们可以发现，主词变成宾词，而宾词变成主词，被决定者取代决定者，总是构成例行的革命，而且不仅从革命者方面来说是如此。国王制造法律（旧的君主国），法律又制造国王（新的君主国）。宪法的情况也完全是如此。反动派的情况也是这样。”[②]黑格尔颠倒了国家存在与国家观念之间的关系，没有指明各种历史因素在现代国家发展过程中的复杂关系，而将问题引入绝对观念的迷宫中。在马克思看来，“黑格尔这样把国家观念的要素变为主词，而把国家存在的旧形式变为宾词——但是在历史现实中情况恰好相反：国家观念始终都是国家存在的那些［旧］形式的宾词——他这样做只不过说出了时代的一般精神，他的政治神学。这里的情况同他的哲学和宗教上的泛神论的情

①［德］马克思：《克罗茨纳赫笔记》（第四本），《马列著作编译资料》第11辑，人民出版社1980年版，第49页。

②［德］马克思：《克罗茨纳赫笔记》（第四本）（续），《马列著作编译资料》第12辑，人民出版社1980年版，第36页。

况一模一样”[①]。马克思在这里阐明国家存在之于宪法以及人民权力的基始意义，正是城市共同体的经济发展加速了封建制度的瓦解，他对问题的研究基于历史事实而不是绝对观念。在摘录马基雅维利的《论国家》时，马克思强调这种视角并非从神学出发，而是从理性和经验出发的。

（二）法国大革命的世界历史性与平等的现实规定

马克思在这部笔记中对法国大革命尤有兴趣，其中很多摘要都涉及这场革命的前提、过程和结果，包括督政府、拿破仑时代和复辟时代的政治统治，法国大革命前三个等级的关系、罗伯斯庇尔、孔多塞等政治家的演说以及制宪会议决议，他还根据施米特的著作编了一份包括基佐、梯也尔、米涅等人著作的约100本法国史书目。马克思这时注意到阶级利益和私有财产的关系问题，进而探究法国大革命的主要目的。例如，他看到第三等级“依靠自己的勇敢和自己武器的力量，或者依靠用劳动获得的资金而得到的权利的承认。他们确信将会享有自己劳动的果实，因而，加倍努力，相互间的竞争更加促进了这一点，并且激发了创造精神”[②]。因而，这场革命在废除封建所有制的同时实现了政治解放。

在关于“卡罗林王朝”的笔记中，马克思注意到：“封建制度是政治生活的形式……封地制度的影响破坏了普遍的自由。”[③]在《克罗伊茨纳赫笔记》第二笔记本的主题索引中有“所有制及其后果”这个标题，这时马克思开始思考财产和政治之间的内在关系，思考所有制的产生以及不同历史时代的所有制形式，所有制关系对国家和现实政治制度的作用。他关注法国大革命所宣告的法律面前人人平等，列出“财产所有者与共同体的关系……平等和财产”这样的标题，研究法国大革命时期不同党派对“平等”的解释，他们所实现的只是法律的和权利的平等，而不是经济生产和财富分配的社会平等。取得革命胜利的资产阶级并不顾及广

①［德］马克思：《克罗茨纳赫笔记》（第四本）（续），《马列著作编译资料》第12辑，人民出版社1980年版，第36页。

②［德］马克思：《克罗茨纳赫笔记》（第四本），《马列著作编译资料》第11辑，人民出版社1980年版，第49页。

③［德］马克思：《克罗茨纳赫笔记》（第四本），《马列著作编译资料》第11辑，人民出版社1980年版，第46页。

大民众的利益:“每个个人都有权利参加制定使他负有义务的法律，参加管理作为他自己事务的公共事务。如果不是这样，那么，说人人权利平等，任何人都是公民，等等，就是虚假的。”[①]在普通民众与政府的意见产生分歧时,“下院”就会更多地倾向于“政府一边，而不是人民一边”，由此反映了“代议制度……在两种主要的虚构上。第一，在这样一种虚构上:国家是所有臣民的总和，全体人民是一个大的社团或团体，实质上是法律上的或者神秘的个人，这种个人实质上由同类的和权利平等的成员组成”,“另一个虚构属于人民的臆造的法律身份借以显示出来并发生影响的方式”。“这种所谓的人民主权，无非是君主国的有产阶级为了夺取君主的权利而让各非有产阶级相信的骗局。”[②]由此展现了政治解放的不彻底性。

在法国大革命的前夜，专制制度只能维持“兽的关系”[③]，国王故意同人民“疏远”。马克思强调人民主权在社会变革中不能只是一种形式规定，发表在《法兰西报》1831年2月15日题为“人民的主权”的文章揭示了所谓人民主权只是一句空话，马克思摘录了其中这段话:“无非是君主国的有产阶级为了夺取君主的权利而让各非有产阶级相信的骗局……穷人到处都在受苦，而不是在进行统治;劳动者在服从，而不是在指挥;小商人和小业主在劳动，而不是在发号施令;富人到处都由于其金钱的影响而在进行统治，并且参加政权，担任官职。”[④]后来，他在《德意志意识形态》中再次引用这篇文章的论述。接着，马克思摘录发表在《法兰西报》1831年5月1日的一篇文章中的这段话:“我们肯定地说，目前的议院来源于垄断制，而不是来源于人民……谁创立了议院呢？是有一百埃巨的选民们。是谁创造了这些有一百埃巨的选民呢？是1817年2月通过的法律。是谁制定了这个法律呢？是另一个议院。可以

①[德]马克思:《克罗茨纳赫笔记》(第四本),《马列著作编译资料》第11辑，人民出版社1980年版，第66页。

②[德]马克思:《克罗茨纳赫笔记》(第四本),《马列著作编译资料》第11辑，人民出版社1980年版，第57—58页。

③《马克思恩格斯全集》第47卷，人民出版社2004年版，第62页。

④[德]马克思:《克罗茨纳赫笔记》(第四本),《马列著作编译资料》第11辑，人民出版社1980年版，第58—59页。

随便在这里绕圈子，但遇不到人民。”[①]

马克思在这部笔记中确认了以往政治生活中对人民主权的忽视，他注意到这些文本中关于劳苦大众遭受奴役的记录，开始有了明晰的阶级视角，认识到阶级斗争与经济利益紧密相关，力图解决人的“政治异化”问题，并逐渐深化关于平等的政治哲学理路。例如，马克思摘录了瓦克斯穆特的《革命时代的法国史》第一卷中的这段话：“法国人的纪年也宣布了平等时代的到来；1792 年 1 月 2 日国民议会法令规定的第四个自由年，现在又加上第一个平等年……自由的口号曾经招致向各种压迫人的设施和压制人们权利、看不起［人们本人］的那些暴君们发动进攻；平民对平等的理解则反对市民社会的一切特权；平等的胜利……在平等中普遍的存在高居于尊严和功绩的一切等级之上。”[②] 在摘录兰齐措勒的《论七月事件的原因、性质及其后果》时，马克思注意到，“所谓在法律面前的光辉范例……这种平等用对极其不同的关系和对象采取的平等态度，以极为愚蠢的方式加剧了它想加以消除的不平等”[③]。

在这里，马克思从阶级分析的视角研究资产阶级与封建等级的斗争以及劳苦大众与资产阶级的斗争，探究所有制何以成为阶级构成和政治斗争形式的基础。正如他后来指出的：法国大革命“完成了政治生活同市民社会的分离”[④]，实现了“资产阶级所有制对封建所有制的胜利，民族对地方主义的胜利，竞争对行会制度的胜利，遗产分割制对长子继承制的胜利，土地所有者支配土地对土地所有者隶属于土地的胜利，启蒙运动对迷信的胜利，家庭对宗族的胜利，勤劳对游手好闲的胜利，资产阶级权利对中世纪特权的胜利”。[⑤] 在他看来，雅各宾党人值得称赞的不是关于激进革命理念的想象力，而是现实的革命和政治能力。将政治

①［德］马克思：《克罗茨纳赫笔记》（第四本），《马列著作编译资料》第 11 辑，人民出版社 1980 年版，第 59 页。

②［德］马克思：《克罗茨纳赫笔记》（第四本），《马列著作编译资料》第 11 辑，人民出版社 1980 年版，第 61 页。

③［德］马克思：《克罗茨纳赫笔记》（第四本），《马列著作编译资料》第 11 辑，人民出版社 1980 年版，第 54 页。

④《马克思恩格斯全集》第 3 卷，人民出版社 2002 年版，第 100 页。

⑤《马克思恩格斯文集》第 2 卷，人民出版社 2009 年版，第 74 页。

实践仅仅依托于意志而非现实的物质基础，必然陷入败局："罗伯斯庇尔把大贫和大富仅仅看作纯粹民主制的障碍，因此他想建立一种普遍的斯巴达式的俭朴生活。政治的原则就是意志。可见，政治理智越在一方面发挥作用，因而发挥得越充分，它就越相信意志是万能的，就越分不清意志的自然界限和精神界限，因而也就越没有能力发现社会缺陷的根源。"① 坚强的意志之于革命实践当然是重要的，但不是万能的，若没有实践可以基于的现实物质力量，仅仅倡导俭朴度日是不能从根本上增强革命动力的。

马克思摘录了罗伯斯庇尔不希望以某种赋税作为公民们参加基层会议条件的一段话："所有公民，不管是什么人，都有权利要求参加各级代表机关。正是这一点最符合你们的《权利宣言》的精神，根据《权利宣言》，任何特权、任何差别、任何例外情况都应该消灭。宪法规定，主权在于人民，在于人民的一切个人。因此，每个个人都有权利参加制定使他负有义务的法律，参加管理作为他自己事务的公共事务。如果不是这样，那么，说人人权利平等，任何人都是公民，等等，就是虚假的。"② 他强调必须将同旧的所有制关系的决裂作为革命的着力点，并确立符合人民大众利益的新的所有制，为实现更普遍的平等创造现实的社会历史条件。

通过对法国大革命史的深入研究，马克思注意到"普遍意志和共同利益有关"，一切人的意志并不等同于普遍意志。正如卢梭所言："公意只着眼于公共的利益，而众意则着眼于私人的利益，众意只是个人意志的总和。"③ 根据历史经验，马克思强调以往的革命都由某个阶级来领导，这个阶级首先谋求自身利益，是从自身利益出发来对待公共事务的，在一定程度上也反映普遍利益。但是，"公意"和"众益"在政治实践中经常被人们混淆。无论在法国大革命中建立的宪法体制还是英美的代议制中都可以看到，"有产阶级的利益同广大人民群众的利益之间的这种不

①《马克思恩格斯全集》第 3 卷，人民出版社 2002 年版，第 387 页。

②[德]马克思:《克罗茨纳赫笔记》(第四本),《马列著作编译资料》第 11 辑，人民出版社 1980 年版，第 65—66 页。

③[法]卢梭著，何兆武译:《社会契约论》，商务印书馆 2006 年版，第 35 页。

一致，是现代社会的特点之一，正在转化为越来越尖锐的深刻矛盾”[①]。解决这种深刻的矛盾，必须遵循历史规律创造历史，建构超越交往异化的新型现代共同体，由此更好地实现公共利益，汇聚人们的普遍意志，实现公共生活的愿景。

（三）世界历史的规律性与马克思对现代共同体的构想

在《克罗伊茨纳赫笔记》中，“马克思已经开始自觉地运用唯物主义，把它作为研究历史进程的方法”[②]。基于对“所有制形式”的历史考察，马克思在这部笔记中大致建构了从古希腊、中世纪、现代社会到未来社会的社会形态的演进逻辑，体现了他从总体上思考历史分期的初步设想。马克思在欧洲史研究中找到了理解历史进程的一般规律，从中深化了对国家与市民社会之间关系的认识，在一定程度上促进了新世界观的形成。“他的这种理解同他自觉地向一般哲学的唯物主义立场的转变是同时完成的”[③]，在市民社会研究中展开政治经济学批判，构成了《黑格尔法哲学批判》写作的萌芽。

从提要词汇和主题索引中可见，马克思的摘录体现了各个国家的具体历史事件，对不同国家和不同时期的历史进行比较研究，并在分析和研究中找到这些事件的成因与历史规律。总的来说，马克思在《克罗伊茨纳赫笔记》中关注马基雅维利、孟德斯鸠和卢梭的国家学说，关注国家的起源、本质和发展，关注各种形式的所有制问题，关注各阶级的形成与阶级特权的成因。他在这部笔记中将历史分为古希腊罗马、封建社会、新时代社会（现代）和未来社会四阶段，大致体现为从传统社会经市民社会进而发展为未来社会的过程。从中可见，市民社会为个体的自由创造了物质基础，未来社会则体现为个体与社会的共同发展。

在摘录“卡罗林王朝”的段落中，有一段表明马克思注意到共同利

① 参见［苏］H. C. 鲁缅采娃著，刘潢云、李俊聪译：《关于克罗茨纳赫笔记》，《马列主义研究资料》1983 年第 6 辑。

②［苏］尼·拉宾著，南京大学外文系俄罗斯语言文学教研室翻译组译：《马克思的青年时代》，三联书店 1982 年版，第 171 页。

③［苏］纳尔斯基、波格丹诺夫、约夫楚克著，金顺福、贾泽林等译：《十九世纪的马克思主义哲学》（上），中国社会科学出版社 1984 年版，第 74 页。

益对民众联合的重要性："法兰克王国的衰落，部分是由于种族繁杂，部分是由于在那种社会状况下，观点和相互联系都非常狭小，只有小的集团才能比较紧密地团结起来，但是并没有共同的利益能够把广阔的王国的居民都联合起来。"① 马克思这时探究个体和社会的关系问题，发现封建社会的个体和整体之间此消彼长，提出"个体—人格—整体"的历史阐释思路。他还摘录了刊载于《法兰西报》1831 年 5 月 1 日的 Gazette 中的这段话："政治错误是这样的：执政的诸侯和当局的工作、关系和事务仿佛是……社会的工作、关系和事务。这就是说，每一个国家实质上都是一个共同体，所谓的共和国……某种实际上是完全虚构的法人。"② 关于历史进程中个体与整体的关系在这部笔记中时常出现，成为马克思研究共同体的一条线索。

在摘录亨利希的《法国史》时，马克思关注城市共同体的形成与资产阶级不断发展的趋势，同时他也意识到联合起来的无产阶级的"个别利益"与社会的"普遍意志"相符合。在摘录达鲁的《威尼斯共和国史》时，马克思注意到"城市共同体中财富成了参加管理的资格证书"。在马克思看来，资产阶级革命无法实现普遍的平等，实质平等不是一种抽象规定，而是为财产所有制决定的。他对"他自己事务""公共事务""任何人都是公民"这三处标注着重号，并摘录了罗伯斯庇尔的话："内部的危险来自资产者，而为了战胜他们，必须团结群众"，罗伯斯庇尔强调每个公民都应当参与公共事务管理，马克思在归纳历史经验的过程中把握理解规律，注意到"任何人类共同体的两种基本形式——协作和统治——毕竟总是并肩前进的"③。在此过程中开启了对现代共同体的深刻分析与重构之思。

马克思在摘录卢梭著述的过程中关注"共同意志"与"一切人的意志"之间的关系问题，历史中大多数个人都是从实际利益出发处理公共

①［德］马克思：《克罗伊茨纳赫笔记》（第四本），《马列著作编译资料》第 11 辑，人民出版社 1980 年版，第 46 页。

②［德］马克思：《克罗伊茨纳赫笔记》（第四本），《马列著作编译资料》第 11 辑，人民出版社 1980 年版，第 59 页。

③［德］马克思：《克罗伊茨纳赫笔记》（第四本），《马列著作编译资料》第 11 辑，人民出版社 1980 年版，第 54 页。

事务的。他“在研究德国、英国、法国、瑞典和美国的历史时，直接接触到这些国家在当时的经济问题，他开始把经济看作是理解历史内容的钥匙”[①]。由此理解社会公共事务可见，私有财产在资产阶级社会发挥着关键作用。因此，“1789 年以来的许多次法国资产阶级革命，没有一次曾侵犯过秩序，因为所有这些革命都保持了阶级统治和对工人的奴役，保持了资产阶级秩序”[②]。法国大革命催生的新社会依然是“剧烈的矛盾、人们的肉搏”[③]。解决问题的关键在于，确认一个自觉超越政治解放的具有普遍意志的阶级，在现实的运动中使“一切人的意志”成为“共同意志”，使个体上升为整体，进而实现一种全面的解放。

值得提及的是，马克思在研究现代国家发展过程中的宪法史、行政史时发现，有一种形而上学的国家观念颠倒了历史事实。“这样一来，一切非理性的形式也就变成了理性的形式。但是，原则上这里被当成决定性因素的在宗教方面是理性，在国家方面则是国家观念。这种形而上学是反动势力的形而上学的反映，对于反动势力来说，旧世界就是新世界观的真理。”[④]他由此深刻揭示了黑格尔对国家观念和国家存在的颠倒，以现实的历史原则取代了黑格尔的思辨理性原则。马克思摘录了兰克《历史政治杂志》中的这段话：“社会思想一旦被获得并成了法律，通过这种力量转瞬之间就迅速地、按时地、体察入微地、统一地传遍一切行政领域，以便贯彻执行；这就是被称为国家的这些伟大机体的统一。”[⑤]他还摘录了孟德斯鸠关于国家理论、社会发展与政治状况的关系问题以及货币史的著述，因为他注意到黑格尔经常引用孟德斯鸠的论著，研究孟德斯鸠有助于更好地理解黑格尔，而对孟德斯鸠著述的摘录确实有助于他后来的黑格尔法哲学批判研究。

综上所述，从马克思在《克罗伊茨纳赫笔记》中摘录的文献以及他

①［苏］阿·伊·马雷什著，刘品大、马健行等译：《马克思主义政治经济学的形成》，四川人民出版社 1983 年版，第 31 页。

②《马克思恩格斯文集》第 2 卷，人民出版社 2009 年版，第 103 页。

③《马克思恩格斯文集》第 1 卷，人民出版社 2009 年版，第 655 页。

④《马克思恩格斯全集》第 40 卷，人民出版社 1982 年版，第 368—369 页。

⑤［德］马克思：《克罗伊茨纳赫笔记》（第四本）（续），《马列著作编译资料》第 12 辑，人民出版社 1980 年版，第 36 页。

在索引中的标题分类可见他关注的重点以及与其后文本的思想关联，揭示了资产阶级维护的是自己的利益而非人民的利益，这是所有制关系和社会制度决定的，由此必须找到政治解放的替代方案。马克思在这部笔记中特别关注法国大革命的世界历史意义，对这个重大历史事件的准备、过程和结果进行了较为细致的研究，并在对经济问题的研究中深化了对这一主题的阐释。马克思对现代国家制度形式和社会经济关系的研究为其在《德法年鉴》时期乃至其后的写作积累了丰富的史料基础，也为作为其政治哲学总问题的人类解放和历史唯物主义的形成提供了必要的理论准备。

（原载《马克思主义理论学科研究》2022 年第 2 期）

三

马克思政治哲学的经济学语境

——《巴黎手稿》的政治哲学解读

1932年分别在德国和苏联出版的《1844年经济学哲学手稿》不仅引发了影响深远的西方马克思主义思潮，而且对苏联哲学带来了深刻的触动。这部青年马克思未完成的手稿对异化和人道主义的阐释在20世纪80年代初也为处于思想解放过程中的中国学界所热议，随后的实践人道主义研究引学界一时之风尚。恰因为此，异化和人道主义问题凸显了该文本的启蒙意义，却在很大程度上遮蔽了由此开启的马克思最重要的理论视域——政治经济学批判。须知，马克思曾将这部手稿命名为“政治和国民经济学批判”，与此同时，他摘录了16位英法著名经济学家的21部著作，留下了9册《巴黎笔记》[①]。可以说，《1844年经济学哲学手稿》的内容在很大程度上是基于《巴黎笔记》的摘录而逐渐丰富和深入的，马克思在这里的政治经济学批判力图进一步颠倒国家和市民社会的逻辑，改变工人的生活境况，具有鲜明的政治哲学内涵。因而，将这两组文本群视为整体的《巴黎手稿》并作政治哲学解读十分必要，从中浮现出政治哲学研究的经济学语境，彰显了青年马克思思想的要义。

① 1981年MEGA2首次发表《巴黎笔记》全文，将其收入第Ⅳ部分第2卷，次年将《1844年经济学哲学手稿》收入第Ⅰ部分第2卷。其中文版参见：恩格斯《国民经济学批判大纲》一文摘要（《马克思恩格斯全集》中文1版第42卷，第3—4页）、詹姆斯·穆勒《政治经济学原理》一书摘要（《马克思恩格斯全集》中文1版第42卷，第5—42页）、《勒·勒瓦瑟尔回忆录》摘要（《马克思恩格斯全集》中文1版第40卷，第372—388页），其余参见［德］马克思著，王福民译:《“巴黎笔记”选译》，北京图书馆马列著作研究室编:《马恩列斯研究资料汇编》(1980)，书目文献出版社1982年版。

（一）《巴黎手稿》：马克思政治经济学批判的起点

在刚接触黑格尔法哲学的时候，马克思就重视理论的现实生命，并很快在他的法学老师甘斯编辑的《黑格尔全集》中汲取了法哲学的思维力量。在《莱茵报》时期的他运用合乎理性的法哲学与莱茵省总督冯·沙培尔就摩泽尔农民状况展开官方论战，却遭遇了“对所谓物质利益发表意见的难事”，从而发现在黑格尔法哲学中没有解决现实物质利益关系问题的答案，从此产生了研究政治经济学的兴趣。正如他所说：“关于自由贸易和保护关税的辩论，是促使我去研究经济问题的最初动因。”① 后来，他在《〈黑格尔法哲学批判〉导言》中指出：“工业以至于整个财富领域对政治领域的关系，是现代主要问题之一。这个问题开始是以何种形式引起德国人的关注的呢？以保护关税、禁止性关税制度、国民经济学的形式。”② 在研究这个“现代主要问题”的过程中，马克思实现了“从国家到市民社会”的转变，进而得出了具有深远意义的结论：“法的关系正像国家的形式一样，既不能从它们本身来理解，也不能从所谓人类精神的一般发展来理解，相反，它们根源于物质的生活关系，这种物质的生活关系的总和，黑格尔按照 18 世纪的英国人和法国人的先例，概括为‘市民社会’，而对市民社会的解剖应该到政治经济学中去寻求。我在巴黎开始研究政治经济学，后来因基佐先生下令驱逐移居布鲁塞尔，在那里继续进行研究。”③

由此可见，马克思为国家和市民社会确立的政治逻辑隐含着从国家哲学到政治经济学批判转换的学术视域，但这一转换在《黑格尔法哲学批判》中并未真正实现。马克思固然说过“留待批判黑格尔对市民社会的看法时再来阐述”“要在《市民社会》这一章中作进一步阐述”之类的话，但是，“单从保存下来的手稿中没有发现他对《法哲学原理》‘市民社会’（第 182—256 节）部分所做的摘要，也没有专门对黑格尔的市民

①《马克思恩格斯选集》第 2 卷，人民出版社 2012 年版，第 1—2 页。
②《马克思恩格斯选集》第 1 卷，人民出版社 2012 年版，第 6 页。
③《马克思恩格斯全集》第 31 卷，人民出版社 1998 年版，第 412 页。

社会概念进行分析”[①]。这一转变是从《巴黎手稿》开始的。在为《1844年经济学哲学手稿》撰写序言之际，已经研读大量国民经济学文献的青年马克思自信地表明:“我用不着向熟悉国民经济学的读者保证，我的结论是通过完全经验的、以对国民经济学进行认真的批判研究为基础的分析得出的。”[②]从下面这段被删去的文字中可以看到马克思对不懂国民经济学的空乏哲学评论的不满:“不学无术的评论家则企图用乌托邦的词句，或者还用完全纯粹的、完全决定性的、完全批判的批判，不单单是法的，而且是社会的、完全社会的社会，密集的大批群众、代大批群众发言的发言人等一类空话，来非难实证的批判者，以掩饰自己的极端无知和思想贫乏。”[③]马克思在这里所说的“不学无术的评论家”是鲍威尔，从跟随鲍威尔研究自我意识哲学到批判鲍威尔“极端无知和思想贫乏”，支撑他前行的力量正是政治经济学为解决当时欧洲社会现实问题所提供的答案。

1843年10月至1845年1月是青年马克思的旅法岁月，编辑《德法年鉴》之余，他在400×310mm的纸张上分两栏作了9册笔记摘录，其内容分别是:(1)萨伊《论政治经济学》摘要、斯卡尔贝克《社会财富的理论》摘要、萨伊《实用政治经济学教程》摘要;(2)斯密《国富论》摘要;(3)《勒·勒瓦瑟尔回忆录》摘要、续斯密《国富论》摘要;(4)色诺芬《雅典的色诺芬著作集》摘要、李嘉图《政治经济学和赋税原理》摘要、穆勒《政治经济学原理》摘要;(5)麦克库洛赫《论政治经济学的起源、发展、特殊对象和重要性》摘要、“普雷沃论穆勒”摘要、恩格斯《国民经济学批判大纲》摘要、特拉西《意识形态原理》摘要、续穆勒《政治经济学原理》摘要;(6)罗德戴尔《论公共财富的性质和起源》摘要;(7)许茨《政治经济学原理》摘要、李斯特《政治经济学的国民体系》摘要、奥先戴尔《公众对商业、工业和农业利益的失望，或对李斯特博士工业力哲学的阐释，附一个来自乌托邦的祈祷》摘要、奥先戴尔《论民族的商业交往》摘要、续李斯特《政治经济学的国

① 韩立新:《〈巴黎手稿〉研究》，北京师范大学出版社2014年版，第23页。
②[德]马克思:《1844年经济学哲学手稿》，人民出版社2000年版，第3页。
③[德]马克思:《1844年经济学哲学手稿》，人民出版社2000年版，第3—4页。

民体系》摘要;（8）布阿吉尔贝尔《法国详情，它的财富减少的原因以及救济的难易程度》摘要、布阿吉尔贝尔《论财富、货币和赋税的性质》摘要、布阿吉尔贝尔《论谷物的性质、耕作、贸易和利益》摘要、约翰·罗《论货币和贸易》摘要，一个关于罗马式的简要编年摘要;（9）比雷《论英国和法国工人阶级的贫困》摘要。[①]“摘要部分篇幅共达18印张左右，马克思有关评注就超过2印张”[②]，当然，他在这期间近乎一气呵成的阐述主要体现在写于1844年5月底6月初至8月的《1844年经济学哲学手稿》[③]中。

关于两个文本群交叉写作的细节，苏联学者拉宾的考证得到国际学界认同。拉宾认为马克思这时的写作主要包括两个阶段:“第一阶段初读恩格斯的《政治经济学批判大纲》，摘录萨伊、斯卡尔贝克及斯密的著作（第1、2、3册笔记），完成《1844年经济学哲学手稿》的笔记本Ⅰ;第二阶段摘录李嘉图、穆勒以及其他经济学家的著作（第4、5册笔记），写恩格斯的《政治经济学批判大纲》的摘要，完成《1844年经济学哲学手稿》的笔记本Ⅱ和笔记本Ⅲ。”[④]另外四册笔记均写于1845年1月前，与前五册笔记的主题相同，因而应被作为一个完整的政治哲学文

① 新MEGA编者将这9册笔记分别作编号为B19、B20、MH、B21、B22、B23、B24、B25、B26。参见鲁克俭:《近40年来国际马克思学界关于〈巴黎手稿〉的文献学讨论》，《国外马克思主义研究报告·2008》，人民出版社2008年版，第437—438页。

② Н.И.Лапин. *Молодой Маркс* (Издание третье). М.:Издательство Политической литературы, 1986: 287.

③《1844年经济学哲学手稿》写在30×40cm的纸上，总篇幅约有11个印张，其中笔记本Ⅰ写在分三栏的27张稿纸上，笔记本Ⅱ目前能看到的只有4页，前39页大张稿纸已经遗失了，笔记本Ⅲ由64页组成，包括全书序言、第二手稿的补充以及论货币职能的断片。姚颖:《〈1844年经济学哲学手稿〉在苏联的传播与研究考略》，参见郝立新主编，《哲学家·2012》，人民出版社2013年版，第72—73页。

④［苏］尼·拉宾著，南京大学外文系俄罗斯语言文学教研室翻译组译:《马克思的青年时代》，三联书店1982年版，第231—232页。

本群来看待。[①]综观《巴黎笔记》文本结构可见，这组承上启下的文本群为《1844年经济学哲学手稿》作了翔实的文献储备，它以政治经济学为主要内容，延续了《克罗伊茨纳赫笔记》的思路，同时涉及共产主义文献研究，具有丰富的政治哲学内涵。

（二）《巴黎手稿》的政治哲学主题

《巴黎笔记》开始于《勒·勒瓦瑟尔回忆录》摘要，马克思在这里几乎逐字逐句研究了1792年8月10日至1793年5月这段时间雅各宾党人和吉伦特党人的争论，从中发现：吉伦特党人的“实践局限于报告和演说”，“这使他们成为不受大众欢迎的人”，而雅各宾党人为人民代言，他们看到了人民中“唯一的行为的动机”“唯一的对外和对内的反抗力量”，他们是“人民群众党派的山岳，有的是强壮的穷人和坚强的忠诚之士”，而已取得政权的吉伦特党人却企图扼杀人民的首创精神。[②]随着进一步研读经济学文献，马克思开始将思想的立足点从国家哲学转换为政治经济学批判，他并非不再关心国家哲学，而是以独特的政治哲学运思路径扬弃了传统国家哲学的限度，在关注市民社会运转的过程中反思社会关系的弊端及其历史成因。由此我们方能理解马克思何以深切批判对他的思想形成产生有益影响的亚当·斯密等“启蒙国民经济学家”，从而避免将马克思的思想泯然于古典政治经济学之一种，造成马克思政治哲学在其政治经济学批判中缺席的境遇。

马克思在对萨伊著作所作的唯一评注中写道：“私有制是国民经济学

① 关于《巴黎手稿》的写作顺序和具体写作时间尚存争议，例如，苏联学者阿多拉茨基、卢森贝、奥伊泽尔曼认为《巴黎笔记》写于《1844年经济学哲学手稿》之前；苏联学者拉宾、日本学者山中隆次、服部文男、涩谷正和中国学者韩立新认为詹姆斯·穆勒《政治经济学原理》一书摘要写于《1844年经济学哲学手稿》的笔记本Ⅰ之后，笔记本Ⅱ之前；德国学者英格·陶伯特和中国学者鲁克俭认为李嘉图《政治经济学和赋税原理》一书摘要和詹姆斯·穆勒《政治经济学原理》一书摘要写于《1844年经济学哲学手稿》之后。此外，德国学者罗扬依据纸张、墨迹和马克思的行文思路等建议将詹姆斯·穆勒《政治经济学原理》一书摘要植入笔记本Ⅱ，中国学者安启念否定此说的合理性。笔者在这里将《巴黎手稿》作为一个“艺术整体”来作政治哲学解读，在一定程度上搁置这些争议，直面文本内容本身，将相关文献学争议问题留给文献学家作进一步考据研究。

② 参见卢晓萍、章丽莉译：《关于巴黎笔记》，《马列主义研究资料》1983年第4辑。

没有加以论述的现实，然而这个现实却形成国民经济学的基础……所以没有私有制就没有政治经济学。因此，整个国民经济学是建立在一个没有必然性的现实的基础上的。"[①] 在马克思看来，庸俗政治经济学受私有财产和私人利益支配，因而是反历史的。他在批判李嘉图主义者的时候指出："国民经济学的卑鄙在于，在被私有财产敌对分开的利益的前提下研究问题，却似乎利益并没有分开，财产仍然是公共的。从而它证明，我消费掉一切，你生产出一切，这对整个社会来说消费和生产处于正常状况。"[②] 在马克思看来，这种"正常状况"是以"卑鄙"的国民经济学为根据的，为此他将视野转向遭受资本摧残的工人的实际生活境遇。例如，马克思在摘要李嘉图著作时指出，"一个人的生命本身是没有价值的"，"特别是工人阶级的价值只在于必要的生产费用，而工人只是为生产纯收入，即为资本家争取利润和为土地所有者获得地租而存在的"。[③] 马克思在这里不仅分析工人阶级状况，而且评价了从第一个济贫法到 19 世纪 40 年代的政府措施，并对此作出双重批判。他在摘要比雷著作时指出：统治者没有解决贫困问题的良方，却将贫困视为工人的罪过，"劳动阶级中开明的一部分越贫困"，"这部分人就越不安分，越好争辩，越不听天由命"。[④] 由此，反对资本逻辑的现实运动势在必行。

基于《巴黎笔记》的《1844 年经济学哲学手稿》无疑深刻揭示了"人的异化"及其扬弃的现实路径，马克思"从国民经济学的各个前提"即"当前的经济事实出发"，采用国民经济学的"语言和它的规律"审视私有财产的形成过程，看到工人的生活等同于苦难，他们劳动的结果与劳动产品、劳动活动、人的类本质以及人本身相异化。工人在资本逻辑的运转中陷入命运的漩涡中无法自拔，他们劳动的最好结局是，准时

---

① 参见卢晓萍、章丽莉译：《关于巴黎笔记》，《马列主义研究资料》第 4 辑，人民出版社 1983 年版。

② 参见卢晓萍、章丽莉译：《关于巴黎笔记》，《马列主义研究资料》第 4 辑，人民出版社 1983 年版。

③ 参见卢晓萍、章丽莉译：《关于巴黎笔记》，《马列主义研究资料》第 4 辑，人民出版社 1983 年版。

④ 参见卢晓萍、章丽莉译：《关于巴黎笔记》，《马列主义研究资料》第 4 辑，人民出版社 1983 年版。

获得维持糊口和家庭基本生存的工资，在资本逻辑框架内探讨他们的幸福和自由的问题都是空话。为此，马克思将政治哲学视野转向现实的经济生产生活，他在这里“从经济学入手，目的是批判资产阶级国民经济学，从经济上为工人阶级的历史使命作说明，但写作中思路转向共产主义问题，依据劳动实践论述了私有财产的产生与扬弃以及人的发展，提出了完整的劳动实践历史观，并且对这一历史观的哲学理论来源作了分析阐述”[①]。如果我们能在政治哲学的经济学语境中理解《1844 年经济学哲学手稿》的文本结构，就能清晰地看到，马克思对生产力与生产关系的规定已经蕴含在对异化的规定中，他看到人的精神如果表现为技术理性的产品，人与人之间的交换就难免摆脱欲望的束缚而表现为异化，他批判的不是国民经济学家所言的经济基础（生产方式）对社会政治生活的决定作用，而是他们分析经济生活的理论前提。

几乎完全不同于国民经济学家温情的话语，马克思倡导在工人现实的运动中颠覆资本的逻辑，从而在改变世界的过程中超越异己的力量。通过政治经济学批判，马克思凸显了由政治解放转向人类解放的逻辑，也从对德国国家制度的批判转向市民社会批判。他在这段著名的表述中描述了未来理想图景：“共产主义是私有财产即人的自我异化的积极的扬弃，因而是通过人并且为了人而对人的本质的真正占有；因此，它是人向自身、向社会的即合乎人性的人的复归，这种复归是完全的，自觉的和在以往发展的全部财富的范围内生成的。这种共产主义，作为完成了的自然主义，等于人道主义，而作为完成了的人道主义，等于自然主义，它是人和自然界之间、人和人之间的矛盾的真正解决，是存在和本质、对象化和自我确证、自由和必然、个体和类之间的斗争的真正解决。它是历史之谜的解答，而且知道自己就是这种解答。”[②] 由此可见，马克思解决现实政治问题的方案是共产主义，具体论证主要是通过政治经济学批判完成的，目的是实现人的解放，使人们在自由人的联合体中通过劳动创造幸福。

---

① 安启念：《〈1844 年经济学哲学手稿〉笔记本Ⅱ基本内容及全书基本结构研究》，《马克思主义与现实》2008 年第 1 期。

②［德］马克思：《1844 年经济学哲学手稿》，人民出版社 2000 年版，第 81 页。

与《黑格尔法哲学批判》不同，《巴黎手稿》的政治哲学主题不够明晰，但因此将《巴黎手稿》排除在马克思政治哲学之外无疑是一个失误。因为马克思在这里以政治经济学批判的方式道出了超越现代政治逻辑的根本路径。当资产阶级国家哲学将工人的贫困视为由底层民众的愚昧造成的社会弊端，自由、平等和正义的诉求在社会现实中必然成为空话。马克思正视工人贫困的根本成因，深切批判资本逻辑的神话，指责欧洲各国当时在改善工人贫困和社会不平等方面乏善可陈，这在写于同一时期的政治哲学文本《评一个普鲁士人的〈普鲁士国王和社会改革〉一文》(马克思标明该文写于“1844 年 7 月 31 日”)中得到深刻体现，而《巴黎手稿》为市民社会批判提供了经济学根据。我们应当在这种理论视域中理解马克思对《1844 年经济学哲学手稿》的原始命名和《资本论》的副标题“政治经济学批判”之间的相似性：在政治经济学批判缺席时所作的政治哲学分析极易沦为虚无之思。

《巴黎手稿》主题的深刻之处恰在于真正构建了政治哲学的经济学地基。苏联学者巴加图利亚在研究《1844 年经济学哲学手稿》的逻辑结构时指出该文本内容的六个“开端”，其中第一个“开端”即《手稿》按时间顺序以对私有财产问题的研究作为切入点，“资本”范畴是该文本的研究起点，也是马克思一生研究经济学的起点。① 马克思正是从这个问题开始研究的：“资本，即对他人劳动产品的私有权，是建立在什么基础上的呢？”② 在第 2 册《巴黎笔记》中摘录《国富论》的时候，马克思“并不是顺着章节次第摘抄”，而是先摘抄关于资本的本质问题，讨论“资本的利润”，然后才回过头来摘抄“论收入的来源”一章③，从中可见其政治经济学批判的着眼点。此后马克思为超越资本逻辑倾注了毕生心血，同时在由异化转向物象化的途中冷静地指出经济关系对人的解放和社会发展的意义，由此实现了思想的自我超越，在经济学—哲学语境中凸显了物象化逻辑的双重意蕴。

① Н.И.Лапин. *Молодой Маркс*. М.:Издательство Политической литературы, 1976: 508—509.

②［德］马克思：《1844 年经济学哲学手稿》，人民出版社 2000 年版，第 21 页。

③ 参见姚颖：《〈1844 年经济学哲学手稿〉在苏联的传播与研究考略》，郝立新主编：《哲学家·2012》，人民出版社 2013 年版，第 81 页。

（三）经济学—哲学：马克思政治思想的学术语境

哲学和经济学早已成为各自独立的现代学科，以精细化的现代学科意识分辨古典政治经济学的学科属性并非易事，因为弗格森、斯密、李嘉图等苏格兰启蒙思想家研究的乃是以古典政治经济学为主要内容的解决现实生产生活实际问题的人类知识，这种知识在法学和政治学语境中达成领域合一。从政治哲学角度看，尽管现代西方经济学家和哲学家都不乏“去政治化”的努力，但实际上现代哲学和现代经济学均具有很强的政治性，剥离这种政治性既不必要也不可能。自《巴黎手稿》开始，马克思就超越了法哲学和自我意识的纯粹思辨话语，他在汲取古典政治经济学研究旨趣的同时开启政治哲学新视域，在经济学—哲学语境中提出了彻底改变工人贫困与社会不平等状况的现实方案，确立了人类解放的精神向度。

青年黑格尔研究古典政治经济学的经历是我们思考马克思经济学—哲学语境的切近路标。黑格尔在耶拿时期认真阅读了詹姆斯·斯图亚特的《政治经济学原理探究》，并受其影响开始研究《国富论》。“黑格尔关于市民社会的本质、需要和劳动、分工和各种身份的资产、救济制度和福利行政、租税等所有思想，从结果上都集中于他对斯图亚特的经济学的德语翻译所作的批评性评注中。”[①] 卢卡奇恰当地指出了黑格尔和苏格兰启蒙思想家的学术关系：“黑格尔不仅作为一个经济学家，而且作为批判的人道主义者，也是亚当·斯密及其老师弗格森的学生。”[②] 黑格尔深知市民社会是个人追逐私人利益的原子化社会，但他同时认识到这个社会发展了启蒙以来的人格规定和社会秩序，人们强调道德操守，同时承认个人的社会权利，在分工的基础上彼此依赖，构成了社会自由的条件。因而，他对古典政治经济学怀有深切的赞赏之情：“政治经济学就是从上述需要和劳动的观点出发、然后按照群众关系和群众运动的质和量的规定性以及它们的复杂性来阐明这些关系和运动的一门科学……这门

① Karl Rosenkranz. *Georg Wlihelm Fridrich Hegel Leben*. Wissenschaftliche Buchgesellschaft Darmstadt, 1844: 86.

② Georg Lukäcs. *Der Junge Hegel und die Probleme der kapitalistischen Gesellschaft*. Aufbau-Verlag Berlin, 1954: 381.

科学使思想感到荣幸，因为它替一大堆的偶然性找出了规律。”[①] 这一点使黑格尔的见识远远超出他同时代的德国古典哲学家，尽管他随后回到精神现象学和法哲学，但在耶拿时期浸染的古典政治经济学思想背景是清晰可见的。

马克思没有读过黑格尔耶拿时期的文稿[②]，却自觉地走上了与黑格尔相似的研读古典政治经济学的道路，他在摘录古典政治经济学文本的同时穿插了对黑格尔辩证法和整个哲学的批判的内容，将这段逐渐增加的内容分三个片段融入国民经济学批判。此外，他还在《巴黎笔记》中摘抄了黑格尔《精神现象学》的“绝对知识”章，认为这是“黑格尔哲学”的真正诞生地和秘密。马克思继承黑格尔思想遗产的内容是丰富的，远非只有辩证法一端，至少黑格尔精神现象学和法哲学的思想资源在一定程度上为马克思提供了进一步研究的线索。[③] 在这个意义上，马克思读出了黑格尔法哲学出版文本和精神现象学中的问题，进而在研读古典政治经济学的过程中超越了启蒙国民经济学，因而比黑格尔走得更远。

尽管马克思后来从未提及《巴黎手稿》，但他反思现实的方法确实因为研读古典政治经济学而发生了关键性转变。在解构资本逻辑悖谬的同时，马克思为工人劳动价值的对象性提供了合理论证，从而在物象化逻辑中彰显了社会形态变迁的自然历史过程。马克思假定两个“作为人进行生产”的生产者之间的对话：“在这种情况下，我们每个人在自己的生产过程中就双重地肯定了自己和另一个人……在我个人的生命表现中，我直接创造了你的生命表现，因而在我个人的活动中，我直接证实和实现了我的真正的本质，即我的人的本质，我的社会的本质……我的劳动是自由的生命表现，因此是生活的乐趣……因此，我在劳动中肯定了自己的个人生命，从而也就肯定了我的个性的特点。”[④] 这时的人不再只是私有者，而是在实现自我的过程中为社会进行生产的自由的生命。

①［德］黑格尔著，范扬、张企泰译:《法哲学原理》，商务印书馆1961年版，第204—205页。

② 参见［美］诺曼·莱文、臧峰宇:《马克思学与马克思政治哲学的文本语境》,《马克思主义与现实》2014年第6期。

③ 参见［美］大卫·麦克莱伦、臧峰宇:《马克思的正义论与英国马克思主义传统》,《北京行政学院学报》2014年第1期。

④［德］马克思:《1844年经济学哲学手稿》，人民出版社2000年版，第183—184页。

由此，我们可以看到马克思客观描述其所处时代的社会经济样态，同时指出异化劳动是人类解放的障碍，为此必须在现实的革命运动中使工人超越资本的束缚并通过劳动获得人性的复归。

还有一个明显的例子，马克思在1843年底就读到了恩格斯的《国民经济学批判大纲》，但他在1844年夏天才对这篇文献作摘要，显然是在阅读古典政治经济学著作之后重新意识到这篇文献的意义，并将其同赫斯在《二十一印张》中的论文、魏特林的著作和费尔巴哈人本学作为《巴黎手稿》的德国思想来源。他对所有权问题的研究揭示了人与劳动对象以及人与其活动对象化结果之间的关系，这种分析是在劳动、资本以及相关现实结果的基础上形成的。可以说，马克思在批判古典政治经济学的途中寻找政治哲学的答案，使政治交融在经济学和哲学的双重视域中，形成了一种阐释政治哲学的新语境，为政治哲学研究提供了更直接更客观的政治经济学支撑，因而超越了传统国家哲学的纯粹思辨和启蒙国民经济学的限度，在揭示资产阶级社会内在弊端的过程中证明了人类解放的必然。

综上所述，马克思在《巴黎手稿》中实现了政治哲学研究路径的转变，生成了研究欧洲社会政治问题的经济学—哲学语境。这是在批判黑格尔法哲学与精神现象学以及启蒙国民经济学著述中实现的，因而他的政治哲学研究具有丰富的思想特征，浸润着法哲学、古典政治经济学和经验理性的合理内涵，实现了对传统道德哲学和旧形而上学的历史性超越。这种具有丰富理论底蕴和现实关怀的政治哲学旨在解决现实问题，为彻底改变无产阶级的生活境遇提供可能的路径，建构“自由人的联合体”。由此马克思愈益关注政治经济学批判的现实效应，因为缺乏政治经济学批判前提的政治哲学忽视政治观念的实践转化，极易陷入应然的理论构想。因而，读懂马克思的政治经济学批判，是理解马克思政治哲学的理论基础，除此无以把握马克思辩证法的政治向度，也无以把握马克思历史唯物主义的实践旨趣，这是我们分析马克思政治哲学理论结构时应秉持的重要方法论原则。

（原载《哲学研究》2015年第2期）

四

犹太人问题与拜物教秘密的政治哲学探赜

——《论犹太人问题》的政治哲学解读

“犹太人问题”在19世纪欧洲政治生活中凸显，因为它在相当程度上反映了追逐物质财富的现代人在市场化浪潮中遭遇的社会问题及其群体心理。1816年5月4日，德国颁布了一项剥夺犹太人担任国家公职权利的法律，德国新闻界为此展开激烈论辩。后来，普鲁士政府又于1822年颁令取消犹太人从事自由职业的权利。[①] 基于对各种解决“犹太人问题”方案的归纳研究，鲍威尔撰写了《犹太人问题》一文，他认为“犹太人问题”反映了宗教和国家的关系问题，具体表现为犹太人在犹太教中的自我异化，因此犹太人的解放要以宗教消亡为前提。这篇文章因当时德国书报检查制度未能及时发表，而在次年印成小册子发行。1843年10月中旬至12月中旬，马克思撰写了一篇以批判鲍威尔这篇文章及其相关文章《现代犹太人和基督徒获得自由的能力》为主调的文章《论犹太人问题》。这篇文章在《德法年鉴》发表后影响深远，不仅被视为犹太人问题研究的经典文献，而且被看作“也许是近两百年来关于政治哲学的最重要和最具影响的作品之一”[②]，它意味着深入研究经济和政治问题的马克思与鲍威尔的宗教批判和自我意识哲学诀别的开始。

① 1842年，普鲁士政府因战时需要颁布敕令，允许犹太人在接受德国人姓氏和商业记录的前提下获得“本地人”身份，但这项为犹太人提供平等希望的法令在战后被废除了，德国犹太人在相当长的时间内不能担任公职或从事教育事业，改信基督教被视为犹太人转变命运的佳境，马克思的父亲也是通过这种方式跻身律师行业的。参见 David Leopold. *The Young Karl Marx*. Cambridge University Press, 2007: 106—107。

②［英］乔纳森・沃尔夫著，段忠桥译：《当今为什么还要研读马克思》，高等教育出版社2006年版，第3页。

（一）犹太人问题：一个宗教问题，还是一个世俗问题？

作为犹太人的马克思并非旨在从民族意识角度论述犹太人问题[①]，尽管他在一些论战中经常因自己的犹太人身份而遭到论敌的嘲讽，他在这篇文章中批判的乃是作为现代人普遍逐利弊端的“犹太人问题”。面对德国犹太人因遭受歧视和被强制征收沉重赋税而开始为争取权利而抗争的趋势[②]，鲍威尔认为解决问题的有效思路是宗教批判，犹太人或者消灭基督教国家，或者放弃犹太教。此举看似解决了因宗教问题而导致的现实政治问题，实际上割裂了犹太人与其宗教信仰的历史联系，犹太人实际上也不可能因放弃本民族的宗教而获得解放。这种思路的根据是犹太教与基督教的特殊关系，凡是在以基督教为国教的国家，犹太人的政治权利都会遭到严重限制。因此，犹太教信徒这个特殊的社会群体只能通过解决宗教问题而获得解放，从中可见鲍威尔这位青年黑格尔派思想家以自我意识哲学展开的宗教批判理路。

由于宗教是当时德国社会两个现实的领域之一，宗教批判当然具有现实性，但不是所有的德国社会问题都要通过宗教批判来解决。宗教问题确实是犹太人问题的成因之一，但在欧洲工业革命和政治革命的语境中，德国多数犹太人烦恼的症结是他们对金钱的占有与其所获得的政治权利之间不平衡，换言之，犹太人感受到的压迫并非宗教压迫，而是世俗的政治压迫，他们只有克服世俗的桎梏，才能摆脱宗教狭隘性。在这

① 与作为犹太人建国先驱的青年黑格尔派重要成员莫泽斯·赫斯不同，马克思是否认同其犹太人身份是颇具争议的问题，很多学者因马克思批判犹太人问题而将他视为早期“反犹主义者”。例如，英国学者希阿姆·马可比不乏误解地认为，“我们不仅发现马克思将犹太教的本质归结为商业和金钱的观点，而且极度贬低犹太教的创造精神，将消灭犹太教作为包括犹太人的人类解放的必要条件。这是一个关于早期犹太自恨者谨慎需要的翻版”。参见 H. H. Ben-Sasson ed.. *A History of the Jewish People*. Cambridge: Harvard University Press, 1985: 806。

② 但是，犹太大富商和宫廷犹太人则是例外，事实上宫廷犹太人“不仅比其余几乎仍然生活在中世纪约束下的犹太人生活条件更好，而且比他们的非犹太人邻居们好得多。他们的生活水准大大高于同时代的中产阶级，在大多数情况下，他们的特权也多于其他商人”。参见［德］汉娜·阿伦特著，林骧华译：《极权主义的起源》，三联书店 2008 年版，第 47 页。

个意义上，鲍威尔将犹太人问题的本质视为神学问题，马克思则将其视为世俗的政治问题，解决问题的思路并非单纯的宗教批判，而是朝向未来的人类解放。马克思正是在这里最初提出人类解放的设想，而在这个设想的开端，他就充分意识到消灭私有财产而不是沉浸于宗教批判对人类解放所具有的基础性意义，在缺乏必要的经济和政治前提的情境中与宗教信仰作斗争并非人类解放之佳途。

马克思关于犹太人问题的论述延续了他自 1843 年以来研究国家哲学、法哲学和历史学的基本思路，关于“教会和国家的关系”，马克思曾在《黑格尔法哲学批判》中表明，“留待以后再谈”[①]，而这个问题在《论犹太人问题》中得到了充分论述。而且，他在《克罗伊茨纳赫笔记》中摘录的内容在《论犹太人问题》中也得到再次强调或进一步阐释。这些内容涉及汉密尔顿的《美国人和美国风俗的习惯》、卢梭的《社会契约论》和《论文集》、瓦克斯穆特的《革命时期的法国史》、兰克的《宗教改革时期的德国历史》、毕舍和卢·拉维涅编纂的《法国革命议会史》（共 40 卷）以及迪福、杜韦尔日耶和加代编纂的六卷本《欧洲和南北美洲各国宪法、宪章和基本法汇编》第 1 卷。“马克思在《论犹太人问题》一文中与鲍威尔的论战所依据的一切材料几乎都源于《克罗伊茨纳赫笔记》。”[②] 在这个意义上，马克思对犹太人问题的研究乃是基于欧洲社会史的政治哲学研究，即使其中涉及宗教问题，也并非从神学研究抑或宗教批判的角度立意的。

马克思在这篇文章中所持观点受到欧洲革命和启蒙运动的深刻影响，他援引欧美宪法宪章以及博蒙、托克维尔、汉密尔顿等政治学家的相关论述批判当时的德国政治制度，认为相对于当时的德国制度而言，英国、法国与美国的政治制度是进步的，在这些国家的宪法中所代表的自由、平等、民主和人权的精神在德国相当匮乏。他这时仍然以费尔巴哈“哲学的改造”作为基本思路批判鲍威尔，尽管他在这一时期对费尔巴哈哲学的现实性的理解是一种误会，但费尔巴哈批判黑格尔思辨哲学

①《马克思恩格斯全集》第 3 卷，人民出版社 2002 年版，第 19 页。

②［苏］尼·拉宾著，南京大学外文系俄罗斯语言文学教研室翻译组译:《马克思的青年时代》，三联书店 1982 年版，第 208 页。

的方式确实为马克思所灵活运用。正如阿尔都塞所言："《论犹太人问题》和《黑格尔法哲学批判》这些文章只有在费尔巴哈的总问题的背景下，才能够被理解。"① 此外，赫斯的《论货币的本质》对马克思这时论犹太人问题所产生的影响显而易见，由对金钱的占有及人的利欲心所导致的人的异化在这篇文章中得到鲜明的体现。

马克思在《论犹太人问题》中分别批判鲍威尔的《犹太人问题》和《现代犹太人和基督徒获得自由的能力》，他不仅以深刻的笔触逐一批判了鲍威尔论述逻辑的悖谬，而且揭示了其中最关键的问题，那就是鲍威尔根本没有找到解决问题的出路，从而转换了通过宗教批判解决犹太人问题的思路。正如伯尔基所说："由马克思在《论犹太人问题》中完成的概念突破毫无疑问是他思想成果中最令人印象深刻的。"② 在马克思看来，在现代国家中讨论犹太人问题，归根结底是市民社会成员和现代国家的关系问题。在此岸世界讨论犹太人的现实问题，应当考量犹太教的此岸性，而不是单纯从神学角度思考犹太人问题，那样至多是建构了一种没有经济基础和现实根基的空中楼阁，无非是表达一种意识形态的幻想。

（二）《犹太人问题》批判：一个普遍的问题，还是一个特殊的问题？

马克思在解读鲍威尔《犹太人问题》的开端便指出首先应当正视的问题："德国的犹太人渴望解放。他们渴望什么样的解放？公民的解放，政治解放。"③ 相反，鲍威尔给出的回答是，犹太人的解放并非一种现代市民的普遍解放，而是一种作为"利己主义者"的特殊解放，其前提是犹太人在德国获得基督教信徒的平等权利。在鲍威尔看来，"犹太人的劳碌与历史进步没有任何关系"④，他们的努力并非旨在科学发展、法律

①［法］路易·阿尔都塞著，顾良译：《保卫马克思》，商务印书馆2006年版，第28—29页。

②［英］伯尔基著，伍庆、王文扬译：《马克思主义的起源》，华东师范大学出版社2007年版，第159页。

③《马克思恩格斯全集》第3卷，人民出版社2002年版，第163页。

④ Bruno Bauer. *Die Judenfrage*. Braunschweig, 1843: 10.

完善与教育进步，而只是为自己牟利。[①] 犹太人有必要在德国申请获得基督徒的权利吗？如果德国基督徒都没有权利获得自由，犹太人这种通过申请作为基督徒而获得自由的愿望岂不是徒劳无益吗？马克思看到，犹太人之不能获得解放反映了德国旧制度的本质，而鲍威尔强调即使不考虑德国的制度因素，犹太人的本质就决定了犹太人不能获得解放，犹太人大概只有首先摆脱宗教对立，首先放弃犹太教信徒的资格，才能与德国公民一同追求自由，在德国公民的解放中获得自己的解放。

鲍威尔在强调以宗教批判的方式实现犹太人解放之前，梳理并批判了此前关于犹太人解放的诸种方案，随后他追问何为期待解放的犹太人和解放犹太人的基督教国家的特性以及基督教国家的本质问题。马克思肯定了他这种大胆、尖锐、机智、透彻的做法以及贴切、洗练和雄健有力的文笔。马克思还简要概括了鲍威尔解决犹太人问题的基本逻辑："我们必须先解放自己，才能解放别人。"[②] 鲍威尔认为解决犹太人问题的前提是，消除犹太人和基督徒之间最顽固的对立，而这只有通过消除宗教才能实现，当宗教消除之后，犹太人和基督徒之间的关系"就不再是宗教的关系，而只是批判的、科学的关系，人的关系"[③]。也就是说，德国的犹太人问题并非德国这个特殊政治国家的普遍问题，而首先是一个宗教问题。在鲍威尔看来，即使在经过政治革命的法国，"犹太人问题也还没有得到解决，因为法律上的自由——公民一律平等——在生活中受到限制，生活仍然被宗教特权控制和划分开来"[④]。所以，犹太人获得解放首先要放弃犹太教，就像基督徒要获得自由首先得放弃基督教一样。

马克思并未从宗教批判角度分析犹太人问题，但他在批判鲍威尔的过程中作出了一个关于宗教问题的重要论断：宗教在政治上的废除是否意味着宗教的完全废除？"以宗教为前提的国家，还不是真正的、不是

① 不同于这种看法的论著不胜枚举，例如，美国学者托马斯·卡希尔以大量社会调查数据为基础指出，"欧洲犹太人对西方文化与科学作出的杰出贡献与他们相对减少的人口极不成比例"。参见［美］托马斯·卡希尔著，徐芳夫译:《上帝选择了犹太人——一个游牧部落如何改变了世界的思考和感受的方式》，世界知识出版社2001年版，第18页。

②《马克思恩格斯全集》第3卷，人民出版社2002年版，第165页。

③《马克思恩格斯全集》第3卷，人民出版社2002年版，第165页。

④《马克思恩格斯全集》第3卷，人民出版社2002年版，第166页。

现实的国家。”[①] 鲍威尔关心的只是谁解放谁的问题，而没有关注这个解放的本质和条件，犹太人的解放是一种宗教解放吗？对于已经基本完成宗教解放和尚未完成政治解放的德国来说，欧洲的前途是人类解放，犹太人的解放只能顺应欧洲社会发展的潮流。“只有对政治解放本身的批判，才是对犹太人问题的最终批判，也才能使这个问题真正变成‘当代的普遍问题’。”[②] 在这里，鲍威尔对犹太人问题的理解片面而矛盾。他的论述只是限于宗教问题之一囿，将本应对政治解放的批判置换为指责宗教对立的神学问题，尽管这种批判是对基督教和犹太教的双重批判，而且批判也很有力，但这个批判没有指向问题的根本：如何批判不彻底的政治解放，进而分析人类解放的合理思路。

马克思之所以强调德国的犹太人问题首先是德国问题，因为这个问题在德国的呈现形式是模糊而令人误解的，这个问题在当时北美的一些自由州已经“成为真正的世俗问题”。“只有在政治国家十分发达的地方，犹太教徒和一般宗教信徒对政治国家的关系，就是说，宗教对国家的关系，才具备本来的、纯粹的形式。”[③] 这个本来的、纯粹的形式体现为市民社会和国家的关系问题，而这并不影响北美人笃信基督教。所以，马克思指出：“我们并不宣称，他们必须消除他们的宗教局限性，才能消除他们的世俗限制。我们宣称：他们一旦消除了世俗限制，就能消除他们的宗教局限性。我们不把世俗问题化为神学问题。我们要把神学问题化为世俗问题。”[④] 在马克思看来，犹太人问题并非单纯表现为宗教和国家的关系问题，宗教与国家的关系问题也不能被单纯地理解为哲学与神学的关系问题，它实际地表现为犹太人和一切现代人在现实政治生活中的具体问题。

与其他欧洲公民的解放一样，犹太人的解放同样需要中介，这个必不可少的中介就是发达的政治国家。“完成了的政治国家，按其本质来说，是人的同自己物质生活相对立的类生活。这种利己生活的一切前提

①《马克思恩格斯全集》第 3 卷，人民出版社 2002 年版，第 167 页。
②《马克思恩格斯全集》第 3 卷，人民出版社 2002 年版，第 167 页。
③《马克思恩格斯全集》第 3 卷，人民出版社 2002 年版，第 168 页。
④《马克思恩格斯全集》第 3 卷，人民出版社 2002 年版，第 169 页。

继续存在于国家范围以外，存在于市民社会之中，然而是作为市民社会的特性存在的。”[①] 在马克思看来，一个现实中的个人既要过天国的生活，也要过尘世的生活。处于“天国”中的他是政治共同体中的社会存在物；处于“尘世”中的他是市民社会中的私人。因而，作为德国公民的犹太人与基督徒之间的冲突在其现实性上是市民社会和国家的冲突，因而是世俗的而非神圣的。“宗教信徒和政治人之间的矛盾，是 bourgeois 和 citoyen 之间、是市民社会的成员和他的政治狮皮之间的同样的矛盾。”[②] 这就将问题指向现实领域，指向普遍利益与私人利益之间的世俗对立。

马克思在这篇文章中隐晦地表明宗教批判已经完成，这种批判无益于犹太人问题的解决。在当时德国的社会条件下，放弃犹太教并不能使犹太人真正获得解放，而已经获得政治解放的欧洲人在发达的政治国家也并没有放弃基督教。在这个意义上，犹太人想获得解放，不必以放弃犹太教为前提，因为宗教信仰和政治选择并不重叠。“政治国家的成员信奉宗教，是由于个人生活和类生活之间、市民生活和政治生活之间的二元性；他们信奉宗教是由于人把处于自己的现实个性彼岸的国家生活当作他的真实生活；他们信奉宗教是由于宗教在这里是市民社会的精神，是人与人分离和疏远的表现。”[③] 因而，人的异化并非只有宗教异化这一种形式，犹太人的自由也并非仅仅遭到宗教的束缚，它实际上体现了一种现代社会的矛盾，即占有私人财产的个人与其作为社会存在者的身份的矛盾。

如果像鲍威尔所说，放弃犹太教就可以使犹太人享受政治解放的成果，那么犹太人会不会因此获得人权呢？这里显然存在着一种矛盾，因为信仰的权利本身就是一种人权，对不能获得信仰自由的犹太人来说，所谓人权就是一句有限的空话。马克思为此引用《人权和公民权宣言》《宾夕法尼亚宪法》《新罕布什尔宪法》的部分法条表明，“信仰的特权是普遍的人权”。这里所谓的“人”指的是“市民社会的成员”，“为什么市民社会的成员称作‘人’，只称作‘人’，为什么他的权利称作人权呢？我们用什么来解释这个事实呢？只有用政治国家对市民社会的关

①《马克思恩格斯全集》第 3 卷，人民出版社 2002 年版，第 172 页。
②《马克思恩格斯全集》第 3 卷，人民出版社 2002 年版，第 173—174 页。
③《马克思恩格斯全集》第 3 卷，人民出版社 2002 年版，第 179 页。

系，用政治解放的本质来解释"[①]。具体来说，在欧洲宪法宪章的范畴内，人权实则是对平等、自由、安全、财产和不损害他人权利的法律规定，它实际上是以财产权为基础的，是"从私人财产神圣不可侵犯"的规定中引申出来的。

因而，市民社会对人权的保护实际上就是对利己的人及其需要和利益的保护。这时马克思开始将话题转入对政治解放的限度的批判[②]，并在批判的过程中破解了一个历史之谜：当人权成为目的，而政治作为手段时，"为什么在谋求政治解放的人的意识中关系被本末倒置，目的好像成了手段，手段好像成了目的？"[③] 原因在于，政治解放旨在终结封建主义，它组成了专注于人民事务的现实国家，"消灭了市民社会的政治性质"，将市民社会分解为利己的个体的人和构成个体的物质和精神要素。这些利己的个体的人作为公民和法人，构成市民社会的基础，犹太人当然也属于这些市民社会的成员，他们只有在"认识到自身'固有的力量'是社会力量，并把这种力量组织起来因而不再把社会力量以政治力量的形式同自身分离的时候，只有到了那个时候，人的解放才能完成"[④]。而要实现人的解放，需要进一步理解这种解放的性质，需要深入理解在欧洲市民社会中普遍存在的拜物教的秘密。

（三）《现代犹太人和基督徒获得自由的能力》批判：宗教，还是拜物教？

如果说马克思对《犹太人问题》的政治哲学批判立足于人类解放，那么他对《现代犹太人和基督徒获得自由的能力》则是立足于政治经济学的现实分析，二者从不同角度反映了马克思解决犹太人问题的政治哲

①《马克思恩格斯全集》第 3 卷，人民出版社 2002 年版，第 182 页。

② 加拿大学者莫格奇指出，鲍威尔在《犹太人问题》中的政治哲学立场是"共和主义的严格主义""马克思从他新获得的社会主义视角出发在犹太人问题上向鲍威尔发起了挑战"。参见 Douglas Moggach ed.. *The New Hegelian: Politics and Philosophy in the Hegelian School*. Cambridge University Press, 2006: 129。这种看法是有道理的，但马克思在《论犹太人问题》中未有多处明显评价鲍威尔共和主义思路之处，他对共和制的批评主要是在《黑格尔法哲学批判》中展开的。

③《马克思恩格斯全集》第 3 卷，人民出版社 2002 年版，第 186 页。

④《马克思恩格斯全集》第 3 卷，人民出版社 2002 年版，第 189 页。

学理路。从鲍威尔关于犹太人问题的分析中可见，犹太人若想获得解放，首先应当放弃犹太教，成为基督徒，换言之，犹太人和基督徒在神学角度上不具备同等获得解放的能力，他们必须首先否定自己的犹太人身份，然后再与基督徒一起否定基督教的本质，从而在这场神学—哲学的理论努力中获得救赎。对普通的犹太人而言，这是一个相当高的知性要求，它意味着犹太人不仅要懂得放弃犹太教的道理，还要学习基督教的历史经典，进而学习青年黑格尔派乃至黑格尔的名作，然后他们才能以体现现代市民素质的渊博学识理解政治解放，从而决定他们自己的命运。

不用说这种做法对日常的犹太人来说是不可能的，因为不是所有犹太人都有经受鲍威尔严格限制的渊博学识，更何况，即使犹太人具有了这样的渊博学识也未必能获得解放。因为鲍威尔不是在现实中寻找犹太教的秘密，而是在犹太教中寻找犹太人问题的答案。马克思从世俗的角度直指犹太人问题的根由："犹太教的世俗基础是什么呢？实际需要，自私自利。犹太人的世俗礼拜是什么呢？做生意。他们世俗的神是什么呢？金钱。"[①] 犹太人的解放是从利己和金钱中获得解放，这个解放不仅不停留于特殊性，而且极具普遍性，它代表着市民社会成员的解放，当市民社会成员将逐利的商业行为视为生活的全部目的，必然使社会陷入利益的泥淖。这种单向度的繁荣实则"普遍的现代反社会的要素"，从中可见犹太人的"热心参与"，所以，"犹太人的解放，就其终极意义来说，就是人类从犹太精神中得到解放"[②]。

马克思在这里强调犹太人解放的普遍意义，因为一切逐利的现代人都必然在社会生活中将他者作为自己自由的阻碍，因而难以作为社会存在者与他人分享自由，个人的自由彼此分离，因而自由难以在社会生活中真正实现，其根本原因在于，利己主义与个人的利益诉求是市民社会的主要原则，这个领域的宗教并非传统意义上的犹太教，而是资本的拜物教，货币或金钱成为人格神。马克思反鲍威尔之意论之，犹太人的解放实际上并非通过放弃犹太教，而是以犹太人的方式自我解放，犹太人问题并非只是源于犹太人的宗教局限性，而更体现为在现代社会普遍存

①《马克思恩格斯全集》第3卷，人民出版社2002年版，第191页。

②《马克思恩格斯全集》第3卷，人民出版社2002年版，第192页。

在的自私自利的局限性。与鲍威尔的理解恰恰相反，“金钱通过犹太人或者其他的人而成了世界势力，犹太人的实际精神成了基督教各国人民的实际精神。基督徒在多大程度上成为犹太人，犹太人就在多大程度上解放了自己”[①]。马克思的理解有很强的事实根据，因为当时英国和北美的很多基督教神职人员都穿梭在神坛和商业之间，他们不是清教徒，早已融入市民社会，进而体现了市民社会普遍的犹太精神。

犹太人问题之所以在市民社会具有普遍性，不是因为犹太教的本质为基督徒所鄙视，而是因为犹太教的世俗基础就是市民社会的原则。在犹太人眼中，金钱具有神圣的价值。“犹太人的神世俗化了，它成了世界的神。票据是犹太人的现实的神。犹太人的神只是幻想的票据。”[②]金钱是人创造的一般等价物，当它在市场化行为中成为神圣的存在物，人便要向它顶礼膜拜。这就是市民社会的普遍异化，这种异化是人在现代社会所遭遇到的最严重的异化。在这里，逐利的手段成了目的，商业的目的成了手段。身陷这种异化境遇中的市民社会成员蔑视历史、理论、艺术，对道德、人性、良知采取无所谓的态度，这种异化反映了工业革命以来兴起的自由市场经济的限度，实际上体现了现代人的堕落。马克思深刻地认识到，犹太教的本质不是一种理论精神，而是一种必须在实践中实现的利己原则。

当这种利己原则成为市民社会的真理，当社会沦为原子式的“人对人是狼”的世界，政治解放的不彻底性在现代日常生活中暴露无遗。至于犹太教和基督教的关系早已发生历史的变迁，在现实的市民社会，宣扬高尚原则的基督教只是理论上的，人们在实际生活中则普遍选择对犹太教的功利应用。这时现代人理应走到人类解放的起点。“金钱以及与金钱相联系的实际的买卖关系，它们成为已达到其历史发展最高阶段的现代社会的主要的反社会因素。因为这些关系同时也是实际的、现实的犹太人的本质，由此可见犹太人的解放必须以人类解放为前提，而人类解放也要求社会从实际的犹太中获得解放。”[③]所以，犹太人问题的本质

①《马克思恩格斯全集》第3卷，人民出版社2002年版，第193页。

②《马克思恩格斯全集》第3卷，人民出版社2002年版，第194页。

③［苏］尼·拉宾著，南京大学外文系俄罗斯语言文学教研室翻译组译:《马克思的青年时代》，二联书店1982年版，第207页。

不是宗教问题，因为连犹太教本身都不追求唯灵论的非现实性，深刻理解犹太教高度的经验本质，在社会实际问题中理解犹太人的生活，才是解决犹太人问题的合理路径。

最后，马克思强调从人及其异己本质的关系中理解犹太人问题，犹太人问题的秘密就是拜物教的秘密，而拜物教的秘密就是市民社会的秘密，这一秘密是现代市民社会的通用原则。这种原则在利己的追求成为社会时尚的条件下是相当顽强的，它在市民社会中十分流行，我们几乎可以在“买卖”二字中理解现代社会的全部内容。所以，“犹太人的社会解放就是社会从犹太精神中获得解放”①。这个解放的重要性毋庸置疑，除此无以实现人的本性的复归，当作为市民社会成员的现代人不再忍受感性个体的原子化生活，而追求在类生活中实现自由个性的时候，人的解放的时代就到来了。这个时代宣告人之为人的时代的真正到来，之前的历史为这个时代储备了物质基础和精神前提。这个时代超越了政治解放的限度，它体现了一种承载物质充盈和精神丰裕的社会的螺旋式上升。

综上所述，《论犹太人问题》是马克思早期的政治哲学杰作，青年马克思在批判鲍威尔两部研究犹太人问题的理论文本的过程中指出了犹太人问题的本质及其普遍性。这一审视问题的角度不仅深刻地驳斥了鲍威尔以宗教批判解析犹太人问题的路径依赖，而且反其意指出犹太人问题并非源自理论犹太教的特殊问题，而是在市民社会中得到实践应用的一般原则。这一原则实际上正是市民社会中犹太人问题的具体化，犹太人问题因而也成为现代市民社会的主要问题，这一问题的根由反映的不仅是犹太教的秘密，更是体现在现实生活中拜物教的秘密。当市民社会的成员成为拜物教的信徒，沉湎于资本和逐利的世界中不能自拔的时候，社会就陷入人与人互相敌视的境遇中，不仅穷人在这样的世界没有未来，资产阶级在这样的世界也将失去未来。因而，解决犹太教的问题，就是解决市民社会的问题，而解决这一问题只能通过人类解放，使原子化的个人在类生活中彼此认同，成就自由人的联合体。

（原载《社会科学辑刊》2016 年第 2 期）

①《马克思恩格斯全集》第 3 卷，人民出版社 2002 年版，第 198 页。

五

法国启蒙思想批判与《神圣家族》的政治哲学主题

1843 年，鲍威尔主编的《文学总汇报》在夏洛滕堡发行，移居巴黎的马克思很快收到荣克寄来的几期《文学总汇报》。他因严重不满于其中诸多观点而准备批判鲍威尔及其伙伴，直至他和恩格斯在巴黎会晤，这个愿望以合作的方式实现了。1844 年 9—11 月，马克思和恩格斯撰写了第一部合著《神圣家族，或对批判的批判所做的批判——驳布鲁诺・鲍威尔及其伙伴》[①]，批判布鲁诺・鲍威尔及其信徒的思辨哲学。这部著作指向 1842 年夏天在柏林成立的“自由人”小组，特别是其代表人物布鲁诺・鲍威尔。关于马克思与这些青年黑格尔派旧友所产生的严重分歧，从他写给卢格的信中就可见一斑：“少发些不着边际的空论，少唱些高调，少来些自我欣赏，多说些明确的意见，多注意一些具体的事实，多提供一些实际的知识。”[②] 马克思在走出“神圣”的自我意识的同时，强调在现实的行动中书写“使用实践力量的”群众的历史，从而在新启蒙语境中确立了《神圣家族》影响深远的政治哲学主题。

---

① 马克思和恩格斯曾商定书名为“对批判的批判所做的批判——驳布鲁诺・鲍威尔及其伙伴”，当该书即将付梓时，马克思增加了“神圣家族”这个标题。它取自 15 世纪意大利画家安得列阿・曼泰尼雅的名画，画中圣母马利亚怀抱圣婴耶稣，与她的丈夫圣约瑟和圣以利沙伯、圣约翰、圣亚那在一起。马克思和恩格斯将青年黑格尔派形容为神圣家族，将鲍威尔描绘为耶稣，将他的伙伴视为圣徒。多年后，雷蒙・阿隆用这个典故指责以萨特和梅洛・庞蒂为代表的存在主义马克思主义以及以阿尔都塞为代表的结构主义马克思主义是“另一个神圣家族”，他们以“马克思主义门徒”标榜自己，实际上是“想象的马克思主义”。

②《马克思恩格斯全集》第 47 卷，人民出版社 2004 年版，第 42 页。

（一）《神圣家族》的文本结构与马克思的批判对象

《神圣家族》包括序言、正文九章和简短的结语。序言由恩格斯和马克思合撰，恩格斯写作的章节包括第一章“以订书匠的姿态出现的批判的批判或赖哈特先生所体现的批判的批判”、第二章“体现为《MUHLEIGNER》的批判的批判或茹尔·法赫尔先生所体现的批判的批判”、第三章“‘批判的批判的彻底性’或荣（荣格尼茨？）先生所体现的批判的批判”、第四章第一节“弗洛拉·特莉斯坦的‘工人联合会’”、第四章第二节“贝罗论娼妓问题”、第六章第二节a小节“欣里克斯，第二号。‘批判’和‘费尔巴哈’。对哲学的谴责”以及第七章第二节b小节“‘软心肠的’和‘需要解救的’群众”。其余章节均由马克思撰写，包括第四章第三节“爱情”、第四章第四节“蒲鲁东”、第五章“贩卖秘密的商人所体现的批判的批判或塞利加所体现的批判的批判”、第六章第一节“绝对批判的第一次征讨”、第六章第二节b小节“犹太人问题，第二号。关于社会主义、法学和政治学（民族问题）的批判的发现”、第六章第三节“绝对批判的第三次征讨”、第七章第一节“批判的群众”、第七章第二节a小节“‘顽固不化的群众’和‘不满意的群众’”、c小节“天恩之降临于群众”、第八章“批判的批判走进尘寰并改变形象，或盖罗尔斯泰因公爵鲁道夫所体现的批判的批判”、第九章“批判的末日的审判”。紧随第九章的是一句结语。

恩格斯在离开巴黎之前就完成了他分担写作的章节，他这时没有马克思那样明确的批判自觉，“恩格斯最初只是把这个工作看成是嬉笑怒骂式的报复，并且很快就写好了他对计划中的著作所承担的部分，但是几个星期之后他吃惊地知道了马克思赋予他们的论战以怎样的性质”[①]。马克思这时思路之所以如此深邃，与他之前在《克罗伊茨纳赫笔记》和《巴黎手稿》中对历史学、政治学、经济学—哲学的研究有密切关系。他在这部文本中先后完成了对埃德加尔·鲍威尔、布鲁诺·鲍威尔、蒲鲁东、塞利加、犹太人问题、法国启蒙运动、空论派和鲁道夫等的批

①［法］奥古斯特·科尔纽著，王以铸等译：《马克思恩格斯传》第2卷，三联书店1965年版，第310页。

判，初步论述了物质生产的基础性作用与群众史观。马克思对鲍威尔及其伙伴的批判与关于群众史观的阐述同步，这是他以唯物史观的萌芽批判自我意识哲学的开端。同时，在该书第四章对蒲鲁东的五个“批判性的评注”中，马克思深入解读了蒲鲁东的《什么是财产？》一书中的所有权观念和平等意识，这项研究后来在《哲学的贫困》中得到进一步拓展。他在该书第五章和第八章批判了青年黑格尔派成员弗兰茨·齐赫林斯基和欧仁·苏的小说《巴黎的秘密》，这位先生以“塞利加”为笔名发表的对《巴黎的秘密》的长篇赞美在马克思看来是一个需要被解蔽的神话。

1845年2月，《神圣家族》在法兰克福出版，当时署名“恩格斯、马克思”。在随后四个月，《哥本哈根邮报》《威斯特伐利亚汽船》月刊和《维干德季刊》先后发表了介绍文章、匿名评论和署名论文。[①]尽管这些介绍与评论主要谈论他们的批判对象，但也表明该书刚出版便得到一定的关注。马克思并未重视这些评论，他甚至认为《威斯特伐利亚汽船》发表的那篇匿名评论荒唐可笑。10月16日至18日，《维干德季刊》发表了鲍威尔、施蒂纳等人的系列回应，马克思和恩格斯将这番回应称为“莱比锡宗教会议”。这时他们作出了后来才意识到的对费尔巴哈“滑稽的”赞美。此后不久，马克思开始撰写《关于费尔巴哈的提纲》（以下简称《提纲》），其中关于感性生活、群众史观、实践观等哲学新论，当然包括青年黑格尔派批判，直接延续了他在《神圣家族》中的相关阐释。

1845年4月，在《神圣家族》出版后和《提纲》写作前，马克思在笔记本上写了四句札记：“神灵的利己主义者同利己主义的人相对立。革命时期关于古代国家的误解。‘概念’和‘实体’。革命——现代国家起源的历史。”[②]这四句话与《神圣家族》显然有密切关系。德国学者英格·陶伯特据此认为，《提纲》是《神圣家族》的后续文本，其主要内容和方法论没有超越《神圣家族》。学界对这个看法素有争议，通常认

① 聂锦芳：《一段思想因缘的解构——〈神圣家族〉的文本学解读》，《学术研究》2007年第2期。

②《马克思恩格斯全集》第42卷，人民出版社1979年版，第273页。

为此说降低了《提纲》的学术价值及其与《德意志意识形态》的直接相关性。其实，除了这四句话之外，马克思在《神圣家族》中对人与环境的关系、形而上学和旧唯物主义的缺陷、使用实践力量的人等方面的阐述与《提纲》的相关性也是很明显的。若在肯定《提纲》的基础上回视其与《神圣家族》的学术关系，在一定程度上也可以重新理解《神圣家族》的学术价值，即它为《提纲》和《德意志意识形态》的写作提供了思想前提。

概言之，在写作这部“不断涌出生命之流的许多清新的泉源”[①]的承上启下之作时，马克思揭示了“思辨结构的秘密”，进一步探究了异化问题，梳理了唯物主义观念的发展史，论述了英国和法国社会主义与共产主义观念，他所阐释的实现“群众的历史”的科学路径意蕴深远。但也应当看到，《神圣家族》的理论主调是“现实的人道主义”，这表明马克思尚未走出费尔巴哈人本学唯物主义，尽管这时他理解的“现实的人道主义”与费尔巴哈的人道主义理论不尽相同。这些论述延续了《巴黎手稿》扬弃异化的基本理路，尚处于马克思形成历史唯物主义的途中。因而，在解读马克思批判“神圣家族”的自我意识哲学、法国启蒙运动、蒲鲁东主义与犹太人问题的过程中，既要深刻领会其政治哲学主题，也要理解这些阐述的局限，由此方能恰当把握《神圣家族》的历史语境。

（二）青年马克思对法国启蒙思想的批判

马克思在《神圣家族》第六章第三节 c 小节“对法国革命的批判的战斗”和 d 小节“对法国唯物主义的批判的战斗”中批判了法国启蒙思想，这种批判在一定程度上表明马克思政治哲学在现代政治思想史中的定位。马克思借鉴了法国启蒙思想的唯物主义取向及其革命气质，但他在借鉴伊始就意识到法国启蒙思想的缺陷并对其作出历史主义重构。列宁认为 d 小节“是全书中最有价值的部分之一”[②]，因为这关乎如何正确理解唯物主义哲学。其实，c 小节同样重要，因为它鲜明地展现了青年

①［德］弗・梅林著，樊集译:《马克思传》，三联书店 1965 年版，第 135 页。
②《列宁全集》第 55 卷，人民出版社 2017 年版，第 25 页。

马克思如何“从法国大革命史中汲取了‘未来的史诗’的灵感”[①]，由此形成的马克思政治哲学折射了唯物主义的现实向度。可以说，青年马克思对法国革命和法国唯物主义的双重批判为他对鲍威尔及其伙伴的批判哲学的批判提供了比较的视域。

马克思在批判鲍威尔对法国大革命的批判时首先驳斥他在批判的幻想中对这场革命的定位，因为这并非只是一场18世纪的思想实验，而是向未来敞开的历史事实，这个事实开启了超越旧世界秩序的思想之旅。马克思进而指出：“思想本身根本不能实现什么东西。思想要得到实现，就要有使用实践力量的人。”[②] 法国大革命酝酿了新世界秩序，其中，克・福适等人的社会小组、勒克莱尔与雅克・卢、巴贝夫与邦纳罗蒂先后形成了共产主义主张，这体现了法国大革命的关键作用。但鲍威尔认为这场革命煽起了民族的纯粹利己主义，又以普遍国家制度对其加以限制。马克思深谙这种批判的错位，鲍威尔将法国大革命的失败归咎于民族问题毫无创见，至于说法国国家制度对单个自私的原子的联合，仍然是他的批判的幻想。实际情况是，市民社会的利益成为具有感性生命和现实需要的市民社会成员的纽带，而鲍威尔批判的幻想实际上体现了他在“政治上的迷信”[③]。

正是因为这种“政治上的迷信”，鲍威尔认为罗伯斯庇尔和圣茹斯特只是恐怖而短暂地造就了具有正义和美德标准的“自由人民”，这在他看来是一种矛盾。实际上，罗伯斯庇尔和圣茹斯特赞赏的具有正义和美德的人民大众的特性在斯巴达人、雅典人和罗马人那里曾经实现过。[④] 罗伯斯庇尔将这种正义和美德看作是爱国主义的法律，他唤醒了人民大众对古典古代的英雄的回忆，而作为“自由人民”的罗马人被他们看作是革命者的典范。[⑤] 马克思指出，罗伯斯庇尔等人覆灭的原因并非民族问题，而是“他们混淆了以真正的奴隶制为基础的古典古代实在论民主

①［法］马克西米利安・吕贝著，陆象淦译：《法国大革命对青年马克思思想形成的影响》，《第欧根尼》1992年第1期。

②《马克思恩格斯文集》第1卷，人民出版社2009年版，第320页。

③《马克思恩格斯文集》第1卷，人民出版社2009年版，第322页。

④《马克思恩格斯文集》第1卷，人民出版社2009年版，第322页。

⑤《马克思恩格斯文集》第1卷，人民出版社2009年版，第323页。

共同体和以被解放了的奴隶制即资产阶级社会为基础的现代唯灵论民主代议制国家”[①]。他们必须承认普遍竞争、私人利益和自我异化等市民社会的实际情形，同时又在政治上向往崇高，这种两面性使他们必然遭遇失败。此后，质朴平淡的政治启蒙在法国取代了这种热情洋溢的形式。

雅各宾政府倒台之后，工商业的狂飙运动很快在法国督政府时期兴起，资产阶级的虹霓开始在法兰西闪耀，第三等级的人权有了实际内容。马克思指出，拿破仑在雾月十八日俘获的不是“整个革命运动，而是自由资产阶级”，他是以“革命的恐怖主义”对“由这场革命宣告诞生的资产阶级社会及其政治的最后一次战斗”。[②]拿破仑了解现代国家的特征及其经济基础，但他还是以“不断的战争来代替不断的革命”，因为他不能深刻理解市民社会对国家的决定作用。这造成其政治统治与资产阶级实际物质利益的冲突，而他只能以恐怖主义来回应。当波旁王朝复辟的时候，自由资产阶级的政治启蒙已经完成，它实际体现为自由资产阶级的特殊利益得到“政治上的承认”。但“法国革命的生命史”在波旁王朝复辟后仍然延续着[③]，在马克思看来，它持续体现着启蒙的意义。从中可见马克思对法德资产阶级及其启蒙思想的比较，他“在赞扬了 1789 年资产阶级的大胆和历史理智之后，责备 1793 年的资产阶级在面对其行动的后果时怀有一种集体的恐惧情感。这样一来，他就在这个资产阶级身上重新发现了德国庸人的特征，即他如此鄙视的怯懦的小资产阶级精神”[④]，而他试图继续以法国启蒙运动的精神开辟新社会的芳草地。

马克思随之转向对法国启蒙运动的群众史和法国唯物主义的批判史的比较研究，他开宗明义地指出，“绝对的批判”的命令发生的历史并非实际发生的历史，事实上，“18 世纪的法国启蒙运动，特别是法国唯物主义，不仅是反对现存政治制度的斗争，同时是反对现存宗教和神学的斗争，而且还是反对 17 世纪的形而上学和反对一切形而上学，特别是

①《马克思恩格斯文集》第 1 卷，人民出版社 2009 年版，第 324 页。
②《马克思恩格斯文集》第 1 卷，人民出版社 2009 年版，第 325 页。
③《马克思恩格斯文集》第 1 卷，人民出版社 2009 年版，第 326 页。
④［法］傅勒著，朱学平译：《马克思与法国大革命》，华东师范大学出版社 2016 年版，第 56 页。

反对笛卡尔、马勒伯朗士、斯宾诺莎和莱布尼茨的形而上学的公开的、旗帜鲜明的斗争"[①]。马克思肯定了法国唯物主义启蒙哲学的理论意义和现实价值，他指出源自笛卡儿的法国唯物主义是汇入法国自然科学的机械唯物主义，而源自洛克的法国唯物主义的最后形式是费尔巴哈人本学唯物主义，它"直接导向社会主义"[②]。笛卡儿的思想代表了17世纪的形而上学，它从诞生起就遭到伽桑狄、霍布斯、爱尔维修等唯物主义思想家的抵制，而皮埃尔·培尔的怀疑论真正"使17世纪的形而上学和一切形而上学在理论上威信扫地"[③]。

马克思认为培尔对法国唯物主义贡献卓著，正是培尔论证了由可敬的无神论者组成的社会的可能性，他堪称"18世纪意义上的第一个哲学家"[④]。培尔的哲学词典是一个伟大的启蒙资源，而洛克让人坚信教育和宽容的力量。[⑤]随后，培根在经验论中复兴了朴素唯物主义，这时"物质带着诗意的感性光辉对整个人发出微笑"，人在其中是感性的诗意存在。霍布斯将经培根复兴的朴素唯物主义改造为体系化和普遍化的公式，使之成为自然科学特别是机械力学和几何学发展的结果，禁欲主义以理智的名义出现，感性的人成了无目的的存在，"唯物主义变得漠视人了"[⑥]。洛克在他撰写的当时颇受欢迎的关于人类理智起源的著作中论证了培根和霍布斯的唯物主义，而孔狄亚克在根据洛克的观点写成的《人类知识起源论》中证明，"人的全部发展都取决于教育和外部环境"[⑦]。同样以洛克的学说为出发点的爱尔维修强调个人利益与社会利益协调一致，强调由理性决定的法律决定一个民族的风俗和道德。至于拉美特利的《人是机器》与霍尔巴赫的《自然体系》则实现了英法唯物主义的结合，他们意识到，已经"出现了正为自己自由发展而斗争的法国资产阶

①《马克思恩格斯文集》第1卷，人民出版社2009年版，第327页。

② 参见《马克思恩格斯文集》第1卷，人民出版社2009年版，第327—328页。

③《马克思恩格斯文集》第1卷，人民出版社2009年版，第329页。

④《马克思恩格斯文集》第1卷，人民出版社2009年版，第330页。

⑤ 参见［英］凯瑟琳·韦尔森、臧峰宇:《关于历史科学与启蒙运动的思想遗产的对话》，《社会科学辑刊》2013年第6期。

⑥《马克思恩格斯文集》第1卷，人民出版社2009年版，第331页。

⑦《马克思恩格斯文集》第1卷，人民出版社2009年版，第333页。

级。作为整个18世纪的特征的商业精神特别是在法国以投机的形式笼罩了一切阶级”[①]。

值得提及的是，马克思借鉴法国新康德主义哲学家查尔斯·勒努维耶在《现代哲学手册》中的分析线索来研究法国唯物主义发展史[②]，他更重视阐明法国唯物主义与工业、平等观念、教育万能论、环境决定论、享乐的合理性、共产主义的必然联系，同时指出这些基于自然本性的观念不是“真正合乎人性的东西”，只是体现了法国市民阶层的理想，为了实现广泛的自由和平等，必须“使每个人都有社会空间来展示他的重要的生命表现”。这时空想社会主义者傅立叶、欧文、卡贝、德萨米、盖伊从法国唯物主义出发，“把唯物主义学说当作现实的人道主义学说和共产主义的逻辑基础加以发展”[③]。相反，鲍威尔从黑格尔的《哲学史》和《精神现象学》出发，将法国唯物主义视为斯宾诺莎学派。为了阐明法国唯物主义与19世纪英法共产主义的关系，马克思引证爱尔维修、霍尔巴赫和边沁的三段论述表明，道德必须与政治或立法结合起来才有实际意义，而个人利益应符合全人类的利益。由于充分论证了如何以唯物主义建构自由、平等的理性王国，法国唯物主义发展史并非体现为鲍威尔所理解的那种“简单的命运”。[④] 马克思由此纠偏了鲍威尔对法国唯物主义的误解，而这种误解也是鲍威尔的政治观念存在偏差的明证。

（三）塑造群众的历史:《神圣家族》的政治哲学主题

在《神圣家族》第六章第一节a小节“‘精神’和‘群众’”、第六章第三节a小节“绝对批判的自我的辩护。它的‘政治的’过去”、e小节“社会主义的最后的败北”、第七章第二节a小节“‘顽固不化的群众’和‘不满意的群众’”以及c小节“天恩之降临于群众”中，马克思批判了鲍威尔关于历史创造者的谬见，初步阐释了群众史观，由此形成

① [德]格·伊尔尼茨、狄·吕布克著，陈世夫等译:《马克思恩格斯论哲学史》，陕西人民出版社1988年版，第303页。

② Olivier Bloch. “Marx, Renouvier, et l’histoire du materialisme”, in *La Pensee*, Numero.191, 1977.

③《马克思恩格斯文集》第1卷，人民出版社2009年版，第334—335页。

④ 参见《马克思恩格斯文集》第1卷，人民出版社2009年版，第336—338页。

了《神圣家族》的政治哲学主题。这个主题“非常鲜明地提出了马克思的几乎已经形成了的对于无产阶级革命作用的观点”①，揭示了马克思与鲍威尔在政治观念上的根本分歧，这一分歧也映现了马克思与启蒙思想家和空想社会主义者关于社会历史主体的理解的根本差别。在马克思看来，无产者在平凡的事业中创造了人类的历史，在现实中登上历史舞台的他们是社会革命的实际承载者。

群众是无历史意识的群氓，还是社会历史的主体？这是关系到政治哲学的主旨及其如何在现实中对象化的关键问题。鲍威尔及其伙伴贬低、否定和改变群众，由以获得相对荣誉和绝对荣誉。在他们看来，不懂得“纯粹的批判”的群众无法承担历史重任，而在马克思看来，没有群众参与的历史只是自我意识的批判史。马克思驳斥了鲍威尔试图用批判史取代群众史的思路，同时强调“利益”对历史的驱动作用：“‘思想’一旦离开‘利益’，就一定会使自己出丑”，“这种利益是如此强大有力，以至胜利地征服了马拉的笔、恐怖主义的断头台、拿破仑的剑，以及钉在十字架上的耶稣受难像和波旁王朝的纯血统”。②缺乏对利益和群众的现实力量的充分认识，鲍威尔的批判无非是无的放矢的幻觉，相反，“历史活动是群众的活动，随着历史活动的深入，必将使群众队伍壮大”③。在历史逐渐演变成世界历史的过程中，历史将愈加深入地定格群众主体性的烙印。

鲍威尔及其伙伴实则“采取越来越精英化和反民主的态度来回应普鲁士国家对他们的压迫”④，他们为此将群众视为“精神的真正敌人”，将历史活动失败或没有实际成效的原因归咎于“群众对这些活动表示关注和怀有热情”⑤。马克思指出这种思路来自黑格尔对观念外化的阐述，鲍威尔将“群众”概念化为精神空虚的固定不变的存在者，但群众在实际的历史活动中不会时时想到自己的观念是否外化。19 世纪以来群众日益

①《列宁全集》第 55 卷，人民出版社 2017 年版，第 8—9 页。

②《马克思恩格斯文集》第 1 卷，人民出版社 2009 年版，第 286—287 页。

③《马克思恩格斯文集》第 1 卷，人民出版社 2009 年版，第 287 页。

④ Alex Callinicos. *The Revolutionary Idea of Karl Marx*. London: Bookmarks Publications Ltd, 1983: 20.

⑤《马克思恩格斯文集》第 1 卷，人民出版社 2009 年版，第 286、288 页。

形成“无产阶级意识”，这种意识从根本上说是其利益诉求的反映。但启蒙以来一切共产主义和社会主义的著作家的观察都表明，群众的历史活动无论多么顺利和辉煌都是平庸的，其实这种仅停留在社会精英视域中的观念才是平庸的，它只是“黑格尔历史观的批判的漫画式的完成”①。此外，马克思批判了强调“理性至上”而贬低群众价值的法国空论派，他反对这种无视历史的戏剧性的逻辑，这些哲学家以绝对精神“回顾既往”，他们对历史的参与是“事后”的，这些无关历史的实际创造，历史终究是由历史中的人来创造和书写的。

鲍威尔为群众对他的批判作自我辩护，他试图消除“他和人群之间的鸿沟”，而在马克思看来这实际上消除了批判的“群众性”。②鲍威尔认为任何时代的历史都是由思想家的“‘笔’预先规定了的”，现实问题也“应当由笔来解决”，而马克思指出这种批判是“在世界之外发展的”。③在德国思想界从宗教批判转向政治批判的过程中，鲍威尔抱怨绝对的批判“简直不被人重视”，又认为这种批判“超出了政治范围”，将它看作是在“从事政治”特别是想要将它“卷入‘群众的政治的’利害关系之中”，是“不完善的错觉”。④马克思在这里深刻地道出了“鲍威尔政治”的“‘秘密’的底细”，鲍威尔在神学研究中让批判“服务于自己的事业的政治”，将群众对他的理论服务于现实政治的期望看作是一种“控告”，并为自己的理论辩护，这种批判“欺骗”了现实政治。⑤鲍威尔的绝对的批判实际上是在重复黑格尔“思辨的辩证法”，他在群众的事业即现实的政治生活中站在了历史规律的对面，因而，“批判在历史上必将使自己成为可悲的‘历史’”⑥。

鲍威尔批判英法社会主义思想家试图“组织群众”是“耽于幻想”，马克思则指出，“现代社会秩序正在组织‘真正的群众’，因而它是群众

①《马克思恩格斯文集》第1卷，人民出版社2009年版，第291页。
②《马克思恩格斯全集》第2卷，人民出版社1957年版，第127页。
③《马克思恩格斯全集》第2卷，人民出版社1957年版，第128—129页。
④《马克思恩格斯全集》第2卷，人民出版社1957年版，第130—131页。
⑤《马克思恩格斯全集》第2卷，人民出版社1957年版，第132页。
⑥《马克思恩格斯全集》第2卷，人民出版社1957年版，第135页。

的组织”①。当鲍威尔以同样的态度批判“德国的启蒙者”即德国社会主义运动对群众的重视时，马克思谴责鲍威尔这种为过去的著作自我辩护式的批判是精神上“灵魂的济度”，鲍威尔厌恶法国启蒙思想家对群众的重视，又对英国社会主义思想一无所知。实际上，群众受到的“最坚决的抵抗使他们每天都有所改变”，即使没有自我意识哲学神圣的庇佑，他们“也能把自己提高到精神发展的更高水平”。②至于鲍威尔指责社会主义者“组织群众”的口号是他们的“全部财产”，这只是在批判中将概念化的群众组织成幻想的敌人罢了，殊不知事实上资产阶级社会和封建社会都在“组织群众”。所以，“精神”和“群众”的对立“在它形成当代的真正的历史利益的世界历史形势下，是鲍威尔先生及其伙伴，或精神，与作为物质的所有其余人类的对立”③。

鲍威尔主编的《文学总汇报》指责群众“冷酷无情、顽固不化和盲目的无信仰”，以自然科学为哲学基础的他们将一些未加入“自由人”小组的青年黑格尔派成员称作“柏林学社”或将其言论视为“不满意的群众”的看法，并批判“柏林学社”成员没有认真研究“扎实而有分量的著作”④。马克思指出在简单肯定的语境中“把人对自然界的理论关系和实践关系，把自然科学和工业排除在历史运动之外”⑤，也不能达到对历史现实的认识，充其量不过是唯灵论的神学批判。置身云雾缭绕的精神太空中的“自由人”鄙视物质生产史，斥责“群众的唯物主义者”，他们对“顽固不化的群众”和“不满意的群众”作出双重批判，其实这些批判只是“具有世界历史意义的对立”的虚无之论。无论鲍威尔多么期望他的批判话语是“深思熟虑的、预言式的、有分量”⑥，都终因远离现实而使之成为庸俗化的自我意识，历史的任务并不停留于批判的批判本身，而是在群众的实际生活中徐徐展现的。

在批判的批判和群众之间有没有中间道路呢？《文学总汇报》的一

①《马克思恩格斯全集》第2卷，人民出版社1957年版，第170页。
②《马克思恩格斯全集》第2卷，人民出版社1957年版，第171页。
③《马克思恩格斯全集》第2卷，人民出版社1957年版，第173页。
④《马克思恩格斯文集》第1卷，人民出版社2009年版，第348—349页。
⑤《马克思恩格斯文集》第1卷，人民出版社2009年版，第350页。
⑥《马克思恩格斯文集》第1卷，人民出版社2009年版，第352页。

位记者“一脚踏上了批判的土地而另一脚依然还在尘世”，他与群众的对立似乎是“善意的、客客气气的”。在这里，“天恩”似乎“降临于群众”，但这位“群众”只是体现了“反批判的内部斗争”。从事历史活动的不是“布鲁诺·鲍威尔及其伙伴”，而是“世俗的群众”，因而必须在“批判的基督”和“人民”之间作出选择。[①] 这样，我们就看到了马克思重绘的群众史的思想全貌，这种面向实际问题的历史观念在布鲁诺·鲍威尔这位思辨的漫画家看来也许是粗糙的，但它具有现实的生命力。历史不是精致的思想游戏，哲学家只有实际参与历史，而不只是停留于“事后”的解释，他们的思想才能走进群众的内心世界。马克思在批判法国启蒙思想即实现对“批判的批判”所作的批判的过程中指出这种批判的谬误，从中彰显《神圣家族》的政治哲学主题，由以启蒙群众作出符合实际的政治选择，这是他基于现实政治且影响未来政治走向的政治哲学创见。

（原载《哲学研究》2016 年第 7 期）

①《马克思恩格斯全集》第 2 卷，人民出版社 1957 年版，第 196 页。

六

迈向理想共同体：批判中的重建
——兼及《德意志意识形态》的政治哲学解读

马克思在《德意志意识形态》中对个人与共同体进行了历史的分析，不仅阐述了从“偶然的个人”到“现实的个人”，进而生成为“有个性的个人”的过程，而且揭示了共同体的既往存在形式及其发展的实践逻辑。他使用 Gemeinschaft（Communauté）、Gemeinwesen、Gemeinschaftlich 和 Gemeinschaftlichkeit 等概念来表达“共同体”，主要将其理解为“以共同体为基础的所有制形式”和作为社会理想的“真正的共同体”。马克思在这里对共同体的论述主要体现在“费尔巴哈”章，也在批判“圣麦克斯”和“真正的社会主义者”时讨论过相关问题①，引用过与其同时代学人有关共同体的阐述，从中可见不同历史时期人的共同存在形式及其共同本性。通过批判以往共同体的现实弊端和观念幻境，马克思阐述了理想共同体的实质，并在超越货币共同体的现实运动中呈现其必然趋势。

（一）公共利益、共同存在与共同体的历史形式

人们在现实的社会关系中结成共同体，是个人自我实现和共享公共利益的需要，在不同的社会形态中基于不同的所有制形式。在前资本主义社会，马克思认为，共同体的形式包括“原始的共同体”（Ursprüngliche Gemeinwesen）、“自然形成的共同体”（Naturwüchsigen Gemeinwesen）、“古典古代的和中世纪的共同体”（Antiken & Mittelalterlichen Gemeinwesen）和“封建的共同体”（Feudale Gemeinwesen）。共同体的形成基于不同历史条件下人们的社会分工，体现了以“共同所有”为形式的人与人之间

① 参见臧峰宇、赵嘉：《〈德意志意识形态〉中的“共同体”概念》，《马克思主义与现实》2020 年第 2 期。

的联合。正是在“共同体的形式”中，人们的共同本质或共在性在自然状态中呈现出来，也体现了共同的财产关系和政治的联合。

根据不同的社会分工，马克思认为所有制的形式表现为部落所有制、古典古代的公社所有制和国家所有制、封建的或等级的所有制，这些形式都“以一种共同体（Gemeinwesen）为基础”。起初，联合起来的人们在一定程度上实现了个人生存与发展的需要，人们使用原始的、基本上自然形成的生产工具，在农耕文明中从事生产劳动，自发地形成社会分工，也进行简单的社会交往，这都是在个人与自然之间以及人与人之间的共同关系中展开的。这种分工与交往当然受生产力条件制约，但人与人之间在协同生产中形成的相互依赖、互相依存的关系是相当明显的，这种依赖和依存关系体现为共同体的形式。

在自然共同体中，个人之间的联合具有原初性、有限性和社会性特征，形成社会群体的人们感到人之为人的“共同性”。“能群”体现了人的内在本性，共同存在的人们从事共同的社会活动。但在这种协同生产的过程中，人们仍然遭遇物质匮乏的困境，而且个体缺乏明确的自我意识。随着私有观念的出现，人们意识到财产的所有关系，开始因自我的实际需要与他人在交往中达成共识。共识的前提是个体的自我意识，以及具有明确自我意识的个体对自我需要与他人需要的理解。随着农业、畜牧业、家庭手工业与商业之间分工的发展，人们改造自然的能力愈益增强，物质劳动与精神劳动也开始分离。其间，部落所有制解体，随后是取而代之的古典古代的公社所有制和国家所有制形态衰落，然后是封建的或等级的所有制被与现代私有制相适应的现代国家所取代。在马克思看来，这是一个从“野蛮向文明的过渡、部落制度向国家的过渡、地域局限性向民族的过渡”① 的历史过程。

在这个过程中产生了彼此对立的不同的阶级，“共同体”也不再主要体现为家庭、部落或土地等共同形式，而主要体现为民族国家的形式。马克思在《德意志意识形态》中阐述了作为共同体形式的“政治国家”或“政治集体”，认为随着特殊利益和共同利益的对立，公共利

①《马克思恩格斯文集》第 1 卷，人民出版社 2009 年版，第 556 页。

益采取了一种与实际利益相脱离的独立形式，即统治阶级将自身利益冒充、虚假化为公共利益，从而产生了虚幻的共同体形式，使共同体存在于一种虚幻的公共利益的基础上。在家庭、部落共同体中，人与人之间的共同活动被从属于不同阶级的个人之间相互依存的“虚假的”共同关系取代了。这时在共同体中出现了交往异化，人们的共同活动受阶级结构制约，资本逻辑由此产生，社会关系由共同所有逐渐转变为私人所有。也正是在这时，尽管所有制形式起初“大部分仍旧保存着共同体的形式，但是在以后的发展中越来越接近私有制的现代形式”[①]，“变为抛弃了共同体的一切外观并消除了国家对所有制发展的任何影响的纯粹私有制”[②]，构成虚假的共同体的存在基础。

在这种虚假的共同体中，人与人之间的共同本质逐渐消失，并为一种孤立的、原子式的生存状态所代替。这时资产阶级意识形态以抽象和普遍的形式制约社会生产进程中人与人之间的交往，看似获得契约保障的劳动者在物质生产活动中感到以货币为纽带的共同体实际是一种幻象。在资本主义社会，人们的相互依存关系不过是一种共同的“虚幻的”存在方式，其间充满矛盾和冲突，实则是一个阶级反对另一个阶级的联合。也就是说，隶属于不同阶级的个人尽管处于一种共同体，但实际上一直存在着独立于社会共同关系的不同阶级之间的斗争。因而，马克思以“冒充的共同体”（Surrogaten Gemeinschaft）、“虚假的共同体”（Scheinbare Gemeinschaft）、“虚幻的共同体”（Illusorische Gemeinschaft）[③]表示货币共同体的实际存在样态，这不同于“真实的共同体”（Wirklichen Gemeinschaft），只是共同体的一种虚幻的形式。

在马克思看来，与过去种种被冒充的、虚假的、虚幻的共同体不同，“真正的共同体”是人们公共利益的实现场所。在这里，不是一个阶级以联合的名义无偿占有另一个阶级的劳动时间和劳动产品，而是彻底扬弃剥削与被剥削、压迫与被压迫的社会关系，在实际联合起来的劳动中共同创造社会商品，并平等分配公共财富。所以，真正的共同体应

①《马克思恩格斯文集》第1卷，人民出版社2009年版，第579页。
②《马克思恩格斯文集》第1卷，人民出版社2009年版，第583页。
③ 参见《马克思恩格斯文集》第1卷，人民出版社2009年版，第570—574页。

当具有现实性特征，而非体现为冒充的、虚假的、虚幻的政治形式。从中可见两种截然对立的社会形态，货币共同体虽有共同体之名，却无共同体之实，并非社会意义上的真正的联合。陷入资本逻辑笼罩的工人意识到这种联合的虚幻性，是一种“了不起的觉悟”。因而，应当打破虚幻的共同体存在的桎梏与壁垒，将每个人的应得和自由还给人本身。

通过对“部落所有制”“公社所有制和国家所有制”“封建的或等级的所有制”这三种所有制形式的分析，马克思指出其中一定形式的共同体的基础，作为 Gemeinwesen 的共同体是从部落中派生出来的经济再生产组织，是通过交换而实现再生产的经济组织。这种共同体形式与 Gemeinde 这种以男性为主体的共同体形式不同，后者在古希腊、古罗马时代是一种城邦，到日耳曼时代成为讨论战争与政治的公共组织。从经济再生产组织角度理解个人在虚幻的共同体中的存在方式，可以发现个人只能实现受偶然性支配的发展，而不能实现真正的自由。比较而言，真正的共同体扩大了个人自由的适用范围，个人的自由不再是偶然的，而是必然的，个人在共同体中实现自我，并与共同体实现了内在的统一。

着眼于每个人的自由与全面发展，在真正的共同体中，人们不仅作为个人融入共同体，而且在自由的联合中创造自己的生活条件，以更大程度地保障真正的自由。在《德意志意识形态》中，马克思探究了在三种所有制形式中的生产和分工，以及共同体成员的阶级状况，在揭示虚幻的共同体的本质的同时，批判地反思人们对虚幻的自由的盲目追求。人们共同的社会关系受制于共同利益，具体体现为政治关系、经济关系、文化关系、宗教关系和伦理关系，但这些关系在私有制产生以来的社会缺乏普遍性，往往体现为“例外状态”。资本逻辑甚至使人们抛弃了共同体的外观。因此，马克思倡导人们构建一种有待实现的“自由人的联合体”。在这里，有生命的个人获得自己的类本质，在创造共同存在物的过程中实现人与人之间相互依赖与相互认同，这也反映了共同体的本质属性。

值得提及的是，马克思在《德意志意识形态》中使用的 Gemeinwesen 和 Gemeinschaft 还体现了历史演进过程。前者作为古典古代国家、封建制度、君主专制是自然形成的共同体，后者是资本主义社会产生以来的虚假的或有待构建的真实的共同体。从前者到后者的演进也反映了人类社会形态的发展过程，体现为相对较低层次的社会历史样态向未来的高级形态的跃迁。实现这种跃迁，必须“重建个人所有制”，以社会的名义占有全部生产资料，使个人作为社会关系的总和联系起来，使联合起来的个人的力量成为社会的力量。作为真正的共同体成员，个人之间在彼此协作过程中实现其类本质，每个人在自由与全面发展中为共同体其他成员的自由与全面发展创造条件。各个人在社会劳动中因共同属性而达成一致的情感和意志，在理想的公共生活中成为“总体的人”，个人的联合因而不再体现为各种外在于个人的物的联合，相反，活动着的个人从此开始真正在共同体中体现独立性和个性。

（二）在共同体历史形式中人的实践生成

在《德意志意识形态》中，马克思从现实的个人出发确认社会的共同存在样态，认为，“社会结构和国家总是从一定的个人的生活过程中产生的。但是，这里所说的个人不是他们自己或别人想象中的那种个人，而是现实中的个人，也就是说，这些个人是从事活动的，进行物质生产的，因而是在一定的物质的、不受他们任意支配的界限、前提和条件下活动着的”①。正是现实的个人的有限性以及合作与交往的需要，使之互助并共享社会资源。在马克思看来，共同体的历史是“现实的个人”生活于其中的历史，而非纯粹观念史或“思想史”。在对“想象中的那种个人”与“现实中的个人”的区分中，我们可以看到想象中的共同体与现实的共同体的差别，这是马克思批判德意志意识形态的重要维度之所在。

构建共同体是人类自刀耕火种的年代就开始的尝试，古代人将共同体视为“真理”②，这时共同体以血缘或准血缘的情感关系维系。自然共同体随着私有观念的产生而瓦解，“私有制已经完全不依赖于共同体，另一方面表明了一个错觉，仿佛私有制本身仅仅以个人意志即以对物的

①《马克思恩格斯文集》第1卷，人民出版社2009年版，第524页。
②《马克思恩格斯全集》第3卷，人民出版社1960年版，第150页。

任意支配为基础”[1]。因而，私有制以来的共同体体现为虚幻的形式，“虚幻的”并非因为这种共同体不存在，而是因为这种共同体与共同体的本质相背离。如果说在自然共同体中反映了“人的依赖关系”，在私有制以来的虚幻共同体中则反映了“物的依赖关系”，前者表现为个人依赖他人进行物质生产所产生的社会关系，后者则表现为主要依赖作为商品一般的货币所产生的社会关系，但人们在这两种社会关系中都不能结成真正的共同体，因为它们不能实现社会的共同利益，也不能满足“有个性的个人”的真正需要。

马克思是在批判青年黑格尔派的过程中展现人的实践生成图景的，他分析了费尔巴哈关于“人的本质只是包含在共同体中”的观点，认为这种共同体反映的只是“自我和你的共同性”，而不具有普遍性特征。此外，马克思驳斥了施蒂纳构建的自己与庸人的共同体，认为这体现了他作为“乡下佬雅各”的神秘的“共有”观念。马克思还批判马特伊将自然界中“个人的生命”与“总合的生命”对立起来。马特伊固然强调个人只有通过“总合的生命”才能发展，但他所论述的共同体的普遍性（Allgemeinheit）是空洞的，“一切人所共有的关系成了‘人的本质’的产物”[2]，没有看到“人的本质”与共有关系的历史性。他面对的“是一次革命，法国革命同它相比只不过是儿戏；这是一次世界斗争，狄亚多希的斗争在它面前简直微不足道”[3]。这场观念的革命虽然作了德国政治崩溃的前导，却停留于自我意识哲学的苑囿，甚至陷入将自我意识神秘化的泥淖，不能对共同体与个人的生成作出深刻阐释。

共同利益是共同体的现实基础，资本逻辑是实现共同利益的障碍，在马克思看来，个人在利益纷争的社会达成的共同利益并不真实：“个人利益总是违反个人的意志而发展为阶级利益，发展为共同利益，后者脱离单独的个人而获得独立性，并在独立化过程中取得普遍利益的形式，作为普遍利益又与真正的个人发生矛盾。”[4]虚幻的共同体在形式上是普

①《马克思恩格斯文集》第 1 卷，人民出版社 2009 年版，第 585 页。
②《马克思恩格斯全集》第 3 卷，人民出版社 1960 年版，第 566 页。
③《马克思恩格斯文集》第 1 卷，人民出版社 2009 年版，第 512—513 页。
④《马克思恩格斯全集》第 3 卷，人民出版社 1960 年版，第 273 页。

遍的，实则体现为各个不同阶级之间的斗争。马克思使虚幻共同体中个人的共同存在从抽象走向具体，使现实的社会关系浮出德国思想水面，“每一个企图取代旧统治阶级的新阶级，为了达到自己的目的不得不把自己的利益说成是社会全体成员的共同利益，就是说，这在观念上的表达就是：赋予自己的思想以普遍性的形式，把它们描绘成唯一合乎理性的、有普遍意义的思想”①，当特殊性以普遍性的形式表现出来，就使共同利益的实际内容失真了。

德意志意识形态正是在一种虚幻的共同体中流行的，青年黑格尔派通过宗教批判来阐述政治立场，固然掀起激烈的理论波澜，深刻影响了与马克思恩格斯同时代的德国思想者，但他们在本质上是以一套抽象的自我意识话语沉湎于理论批判，不能将变革德国政治的努力引入实践。这样的理论探索只能使他们在思想中经历同时代的英国和法国的现实，最终必将走向自己希望的反面。在以实践的思维方式批判德意志意识形态的过程中，马克思指出：“从前各个人联合而成的虚假的共同体，总是相对于各个人而独立的；由于这种共同体是一个阶级反对另一个阶级的联合，因此对于被统治的阶级来说，它不仅是完全虚幻的共同体，而且是新的桎梏。在真正的共同体的条件下，各个人在自己的联合中并通过这种联合获得自己的自由。”②因此，必须使现实的个人在共同体中实现内在的社会属性，这就要变革虚幻的共同体，使人们在理想的共同体中以普遍交往的方式创造世界历史。

比较而言，处于前资本主义条件下的自然共同体随着分工与劳动条件的分离而自然消解，随后的奴隶社会、封建社会是虚假的共同体。资本主义社会及其之前的共同体是个人异己的对立物，而货币共同体则以抽象的方式加重了这种异己的力量，为此必须重建实现个性自由与全面发展的共同体。在马克思看来，以往的共同体是某一阶级的各个人所结成的，体现为受与另一个阶级相对立的共同利益所制约的共同关系，“这些个人只是作为一般化的个人隶属于这种共同体，只是由于他们还处在本阶级的生存条件下才隶属于这种共同体；他们不是作为个人而是作为

①《马克思恩格斯文集》第1卷，人民出版社2009年版，第552页。
②《马克思恩格斯文集》第1卷，人民出版社2009年版，第571页。

阶级的成员处于这种共同关系中的。而在控制了自己的生存条件和社会全体成员的生存条件的革命无产者的共同体中，情况就完全不同了”[①]。理想的共同体之所以超越共同体的虚幻形式，原因在于“在这个共同体中各个人都是作为个人参加的”，是一种“自由人的联合体”，因而要使之成为现实的共同体。它不再是个人生成“自由个性”的桎梏，而是人们彼此依赖和认同的公共空间，满足了现实的个人实现共同利益和自由个性的真正需要，深刻体现了“人”与“社会”关系的辩证法。

由此，个人在一种理想的共同体中逐渐扬弃偶然性对人的个性的束缚，摆脱“物的力量的统治”。理想的共同体因而是人们共同存在的现实基础，是一个有归属感的实体。马克思在这方面受到赫斯关于“自由个体”与“和谐的共同体”思想的影响，在赫斯看来，“我们所面临的有机的共同体只有通过贫困和邪恶激情的痛苦的刺激，由于我们的一切力量的最高度的发展，才能产生”，由此产生的共同体必须“向共产主义过渡”，否则，有“力量和能力”的个人将彼此伤害。[②]尽管如此，马克思为理想的共同体确立了所有制的基础，正如他后来在《资本论》中提出“重建个人所有制”:“设想有一个自由人联合体，他们用公共的生产资料进行劳动，并且自觉地把他们许多个人劳动力当作一个社会劳动力来使用……这个联合体的总产品是一个社会产品。这个产品的一部分重新用作生产资料。这一部分依旧是社会的。而另一部分则作为生活资料由联合体成员消费。”[③]这样的联合体正是马克思在《德意志意识形态》中所言之“真正的共同体”，在这里，联合起来的个人以社会的名义占有全部生产资料，现实的个人在生成为有个性的个人的途中从必然王国走向自由王国。

（三）共同体的现实性与有原则高度的团结

正如马克思在《德意志意识形态》序言中对德意志意识形态家幻

①《马克思恩格斯文集》第 1 卷，人民出版社 2009 年版，第 573 页。

② 参见［德］赫斯著，刘晫星译:《论货币的本质》,《国际共运史研究资料》第 7 辑，人民出版社 1982 年版，第 206—207 页。

③《马克思恩格斯全集》第 44 卷，人民出版社 2001 年版，第 96 页。

想以自我意识哲学批判实现德国政治现实崩溃的深刻揭示，“这些天真的幼稚的空想构成现代青年黑格尔派哲学的核心”[①]，体现了青年黑格尔派启蒙哲学在政治上的非现实性。他们不仅将观念的斗争视为现实的斗争，以纯粹观念世界的“人”取代现实的有生命的个人，因而忽视了任何人类历史的第一个前提，而且停留于虚幻的共同体，虽然对此采取了批判的态度，但并未建构真正的共同体。马克思分析了共同体的历史形式，探析共同体的不同形式与所有制和生产方式的关系，旨在确认真正的共同体何以实际地超越虚幻的共同体，进而实现有原则高度的团结。

在这个意义上，实现有原则高度的政治团结并建构真正的共同体，反映了马克思在《德意志意识形态》中重要的政治哲学主张。正如他指出的:“以一定的方式进行生产活动的一定的个人，发生一定的社会关系和政治关系。经验的观察在任何情况下都应当根据经验来揭示社会结构和政治结构同生产的联系，而不应当带有任何神秘和思辨的色彩。”[②]正是因为澄清了人们在共同体中的社会关系和政治关系，以现实的经验视角观察社会结构和政治结构，而非陷入纯粹思辨的泥淖，马克思揭示了从事生产的有生命的个人之间理应形成的交往关系，以及实现共同存在和公共利益的物质基础，彰显了真正的共同体的理想形态。

从事生产的现实的个人之间的联合在历史上从来都受到所有制与生产方式的制约，实现政治团结不是一种观念的想象，而是有原则高度的实践。这种原则首先体现为一种现实性，是从现实的前提出发且一刻也不能离开这个前提的。在马克思看来，“实际上，而且对实践的唯物主义者即共产主义者来说，全部问题都在于使现存世界革命化，实际地反对并改变现存的事物”[③]。在现代社会，共同体基于工业和商业的交往，人与人之间的“关系”出于需要，也总要遭遇个人利益与所有互相交往的个人的共同利益之间的矛盾。正如特殊利益不能代表普遍利益，以普遍性的名义建构的虚幻的共同体并非真正的共同体，对这种虚幻的共同体的合理性论证因而是一种虚假的意识形态，这种虚假的意识形态不仅

①《马克思恩格斯文集》第1卷，人民出版社2009年版，第509页。

②《马克思恩格斯文集》第1卷，人民出版社2009年版，第523—524页。

③《马克思恩格斯文集》第1卷，人民出版社2009年版，第527页。

不是现实的原则，而且根本不能被作为任何原则，它是人们在从事有原则高度的政治实践时必须解蔽的。

从共同利益的现实性层面看，在虚幻的共同体中，特殊利益与共同利益之间还存在分裂。“正因为各个人所追求的仅仅是自己的特殊的、对他们来说是同他们的共同利益不相符合的利益，所以他们认为，这种共同利益是‘异己的’和‘不依赖’于他们的，即仍旧是一种特殊的独特的‘普遍’利益，或者说，他们本身必须在这种不一致的状况下活动，就像在民主制中一样。”[①] 共同利益实际的特殊性使人们感到，共同活动并非各个人的联合的力量，而仍然是某种异己的力量。其中，还存在着同虚幻的共同利益进行的实际斗争，“没有财产的”大多数人重新开始争取必需品的斗争，这是实现真正的共同体的必经之路：超越资本逻辑，以社会的名义实现共同利益，各个人通过彼此之间的联合获得自己的自由，进而实现全世界无产者的大联合，这是以生产力的发展为基础的。

建构真正的共同体，必须以生产力的发展为首要原则，形成持续推动生产力发展的人们自由劳动的机制。正如马克思所指出的：“一定的生产方式或一定的工业阶段始终是与一定的共同活动方式或一定的社会阶段联系着的，而这种共同活动方式本身就是‘生产力’；由此可见，人们所达到的生产力的总和决定着社会状况，因而，始终必须把‘人类的历史’同工业和交换的历史联系起来研究和探讨。”[②] 应当看到，共同体体现了由需要和生产方式决定的人们之间的物质联系，而历史冲突总是源于生产力与交往形式之间的矛盾。因而，必须从根本上发展社会生产力，形成建构真正的共同体所需的生产方式。

同时，必须确立实现每个人自由与全面发展的“社会关系”，以有个性的个人的自由联合为建构真正的共同体的根本原则。当人们还受物的力量的统治，事实上就是不自由的。虚幻的共同体看似由各个人联合而成，实际上是独立于个人的桎梏的。因为“个人自由只是对那些在统治阶级范围内发展的个人来说是存在的，他们之所以有个人自由，只是

①《马克思恩格斯文集》第 1 卷，人民出版社 2009 年版，第 537 页。
②《马克思恩格斯文集》第 1 卷，人民出版社 2009 年版，第 532—533 页。

因为他们是这一阶级的个人”[①]。所以，个人的自由是由明确的阶级关系决定的，必然产生有个性的个人与阶级的个人的差别。而在共产主义社会，关于个人的自由与全面发展不再是一句空话，“这种发展正是取决于个人间的联系，而这种个人间的联系则表现在下列三个方面，即经济前提，一切人的自由发展的必要的团结一致以及在现有生产力基础上的个人的共同活动方式”[②]。在“自由人的联合体”中，有个性的个人之间体现为“我”与“我们”的一体性关系，彼此认同与相互依赖的共同体成员是在普遍交往中成为自己的。

可以说，关于共同体的阐述是《德意志意识形态》的实体性内容之一，从中呈现了马克思政治哲学的关键问题。共同体是体现人的内在需要的共同存在的实体，反映了一种以生产方式为基础的社会关系，“马克思把通过中介而形成的共同体（Gemeinwesen）的集合原理按其本意称作‘社会’（Gesellschaft），如果用我们的话说，其实就是指关于交往和分工的社会联系（对其结构本身的静态定义是社会关系）”[③]。应当看到，共同体较之社会更表明其成员真正的和持久的共在，体现为其成员相互认同的整体，并在此基础上塑造共同信念和共同价值。因而，应当建构一个什么样的共同体以及如何建构这个理想的共同体，是马克思关注的具有世界历史意义的政治哲学问题。在这里，联合起来的现实的个人应当形成一种团结的社会关系，与他人在合作中共享认同，这是社会生产力发展的必然要求。

概观马克思在《德意志意识形态》中对“共同体”的阐释可见，现实的共同体在阶级社会主要体现为政治形式，在现代社会超越货币共同体对个人自由的束缚，使人们在联合起来的劳动实践中创造共同利益，体现了理想的政治生活愿景。在自由人的联合体中，有个性的个人在总体性生活中彼此达成命运与共的状态。“共同体在今天的流行，可以被看作是人们对因全球化而产生并加剧的团结和归属危机的一种回应。”[④]就

①《马克思恩格斯文集》第1卷，人民出版社2009年版，第571页。

②《马克思恩格斯全集》第3卷，人民出版社1960年版，第516页。

③［日］望月清司著，韩立新译：《马克思历史理论的研究》，北京师范大学出版社2009年版，第86页。

④ Gerard Delanty. *Community*. London: Routledge, 2003: 1—2.

此而言，马克思的共同体理论以深刻的历史内涵彰显了人类公共生活演进的历史规律，对当代共同体理论研究具有重要启示意义。从中可见，作为以自然的亲缘关系为基础，在现代社会使人们相互构成和相互认同的实体，共同体反映了人的本质存在样态。在历史走向世界历史的过程中，具有更丰富的内在需要的人们将不断扩大交往与合作的范围，在解决全球性危机的同时感受到人类命运的一体性存在，并为建构人类命运共同体而共同努力。这是马克思政治哲学的应有之义，也是塑造世界历史的人们在超越现存社会关系的过程中不断趋近的理想愿景。

（原载《苏州大学学报》2020 年第 5 期）

第四编

晚年恩格斯哲学经典文本解读

晚年恩格斯经典文本的历史语境与百年论争

晚年恩格斯哲学的内在逻辑与时代精神

重思晚年恩格斯的“唯物主义辩证法”

——兼及《自然辩证法》手稿解读

晚年恩格斯国家观的政治哲学解读

实质正义与晚年恩格斯的住宅理论

——《论住宅问题》解读

晚年恩格斯政治辩证法的要义

——兼及《反杜林论》与相关文本解读

一

晚年恩格斯经典文本的历史语境与百年论争

百余年来围绕马克思哲学实质展开的学术论争使晚年恩格斯成为当代哲学的研究对象，因为恩格斯在马克思逝世后对这位“共同合作40年”的挚友思想的权威解释形成极具影响力的研究范式，他所构建的马克思主义哲学的内在逻辑彰显了科学的唯物主义自然观和历史观的辩证统一，其中呈现的思维规律在很大程度上代表了马克思主义哲学的本质特征，甚而成为马克思主义哲学教科书的蓝本。自《1844年经济学哲学手稿》出版以来，西方学者开始对晚年恩格斯哲学文本进行文献研读与义理阐释，关注恩格斯哲学内在逻辑之于马克思哲学的异质性研究蔚为大观，形成了持续争议的“晚年恩格斯问题”。回首恩格斯逝世120年来的恩格斯哲学解释史，以学术方式解析这个问题，应揭示其内蕴的思维张力，厘清思想史中的观念演变，合理分辨西方马克思学界关于晚年恩格斯哲学的深刻洞见和过度解读，进而呈现这位19世纪思想家的哲学原像，使进一步的思想评价以清晰的历史事实为基础。

（一）启蒙时代的自然观：“唯物主义自然观”的思想参照

晚年恩格斯提出了“唯物主义辩证法”和“历史唯物主义”这两个重要的学术概念，前者被西方马克思学界看作“辩证唯物主义”的代名词，后者因与“唯物主义辩证法”具有一致性而被西方马克思主义哲学家视为不同于马克思历史观的一种强调似自然性的社会规律的唯物主义理论。当然，后者的名称后来也被用于表明马克思的历史观，这一概念通常仅在晚年恩格斯哲学语境中与唯物主义自然观融为一体的时候遭到质疑，而“唯物主义辩证法”或曰“辩证唯物主义”成为西方学界诟病的关键。尽管恩格斯并非“辩证唯物主义”这一概念的原创者，但因其强调“唯物主义自然观”并将其引入社会历史领域，为此要在马克思之外独自为这一“失误”承担责任。这种看法在西方学界颇为流行，质疑晚年恩格斯哲学观念以及恩格斯对马克思哲学的解释，几乎成为西方马克思学研究中的“常识”。

这种看法具有一定的合理性，因为恩格斯对自然科学发展及其社会意义的强调确乎与马克思的侧重点不尽相同。在恩格斯看来，有三种科学体现了新时代的重大发现且具有内在关联——“非生物界的并且或多或少能用数学方法处理的科学”“研究活的有机体的科学”“按历史顺序和现今结果来研究人的生活条件、社会关系、法的形式和国家形式及其由哲学、宗教、艺术等组成的观念上层建筑的历史科学”。[①] 他关注自然科学及其在历史领域的作用并非晚年偏好，实则是自早年在曼彻斯特从事商业活动以来一以贯之的思路。因为从那时起，恩格斯就与肖莱马等科学家长期交往并关注自然科学领域每一项具有社会意义的进步。例如，他在 1867 年为《资本论》所写的书评中指出：“当自然科学越来越变成历史的科学时，——只要提到拉普拉斯的天文学理论，整个地质学和达尔文的著作就够了。”[②] 此时，马克思并未对恩格斯关于自然科学和历史科学之间关系的解释逻辑提出不同意见。

恩格斯关于唯物主义自然观和历史观一致性的阐释在其晚年达至顶峰，支撑他这种理论自信的最重要的根据是自然科学在 19 世纪的飞速发展——人类从搜集材料的时代进入整理材料的时代，对自然科学的价值及其在社会历史领域中如何运用的研究可谓生逢其时。正如恩格斯在《自然辩证法》中所指出的：“自本世纪自然科学大踏步前进以来，我们越来越有可能学会认识并从而控制那些至少是由我们的最常见的生产行为所造成的较远的自然后果……也认识到自身和自然界的一体性，那种关于精神和物质、人类和自然、灵魂和肉体之间的对立的荒谬的、反自然的观点，也就越不可能成立了。”[③] 毋庸置疑，强调自然科学与依赖自然的唯物主义哲学的思路主要源自 18 世纪法国启蒙运动，拉美特利、爱

①《马克思恩格斯选集》第 3 卷，人民出版社 2012 年版，第 464—465 页。
②《马克思恩格斯全集》第 16 卷，人民出版社 1965 年版，第 244—245 页。
③《马克思恩格斯选集》第 3 卷，人民出版社 2012 年版，第 998—999 页。

尔维修、狄德罗、霍尔巴赫等哲学家重审人与自然的关系，以唯物主义方式思考哲学基本问题，深刻影响了包括恩格斯在内的19世纪欧洲思想家，在这个意义上，“重构与18世纪理论的链接是一项有价值的工作，这不仅因为启蒙运动的背景对恩格斯的独立研究是至关重要的，而且对他们的共同工作也是至关重要的。”①

当然，恩格斯并未完全接受18世纪法国唯物主义，他明确称其为“机械唯物主义”，并指出这种唯物主义具有“不可避免的局限性”，“它不能把世界理解为一种过程，理解为一种处在不断的历史发展中的物质”②。晚年恩格斯认为超越机械唯物主义的重要历史成因是19世纪自然科学的发展，因而“对恩格斯影响最大的是19世纪唯物主义，或曰一种基于物理学的科学。恩格斯认为，外部的自然规律决定历史的轨迹，而且他只以辩证思路解读这些自然规律。通过将物理学和辩证法结合起来，恩格斯将黑格尔的辩证法与物理学结合起来。在《路德维希·费尔巴哈和德国古典哲学的终结》中，恩格斯创造了一种形而上学。自然控制社会的进化。社会变迁的主要原因是外在于人的，而它处于自然界内部。这就是恩格斯主义”③。莱文认为，在继承启蒙思想方面，恩格斯遵循的是笛卡尔和牛顿的思路，而马克思遵循的是霍尔巴赫和爱尔维修等启蒙思想家的路径。当然，莱文是在批判语境中说这番话的，这种思路在很大程度上代表了西方马克思学家的意见。例如，吕贝尔认为，恩格斯在70岁诞辰时所说的话应验了：“我只是有幸来收获一位比我伟大的人——卡尔·马克思播种的光荣和荣誉。”④马克思在世时对恩格斯独立思考的东西“总保持沉默”，马克思逝世后，“恩格斯犯了不可饶恕的错误……从而获得了第一个‘马克思主义者’的可疑荣誉。虽然他认为自

①［英］凯瑟琳·韦尔森著，臧峰宇译：《唯物主义—动物主义—社会主义：马克思和恩格斯的人类学》，《社会科学辑刊》2013年第6期。

②参见《马克思恩格斯选集》第4卷，人民出版社2012年版，第234—235页。

③参见［美］诺曼·莱文、臧峰宇：《马克思学与马克思政治哲学的文本语境》，《马克思主义与现实》2014年第6期。

④《马克思恩格斯全集》第22卷，人民出版社1965年版，第100页。

己是马克思的继承人，但实际上他是马克思主义学派的创始人”[1]。同样，费彻尔认为，“恩格斯也试图实现这样一种在世界观上对自然科学的研究成果（及假说）的占有吸收。但是，所有这样的尝试都与自然科学本身及其方法毫不相干。消除这一裂缝、把善于吸收一切科学成果的‘辩证世界观’本身视为是科学的，这是自恩格斯以来反复尝试的事情，尽管是枉然的”[2]。在他看来，这一点无论如何不能被看作是马克思《关于费尔巴哈的提纲》的延续。

相比而言，麦克莱伦对马克思和恩格斯学术思想关系的评价是公允的，他生动地描述了马克思和恩格斯在着装和性情等方面的差异，论述了晚年恩格斯阐述哲学问题的历史语境：“恩格斯对马克思的遗产所作的贡献最终起决定作用的是，他形成了这样一种趋势：将马克思的观点转化为一种世界观，一种哲学体系，一种对世界的解释。无论是马克思主义社会民主党党员巨大的增长数字，还是作为把握人类进步的关键的自然科学日益增长的声望，都促进了这个过程。信仰马克思主义的人数增长，需要一个系统的学说，这是很容易理解的，而科学观念的威望增加，意味着它必须以这样的学说来指导，因为社会民主党的普通党员已经受到庸俗唯物主义世界观的强烈影响。恩格斯的天赋在于他是一个文思敏捷和表述清晰的作家——一个最具有语言表达才能的普及者——令人敬佩地发挥了新兴的马克思主义运动的理论导师的作用。”[3] 问题似乎已经得到清楚的说明，但围绕晚年恩格斯哲学的学术争论从未停息，因而有必要思考构成这些学术问题长期争论的动因，而解决问题的关键是重读晚年恩格斯哲学经典文本，理解恩格斯的自然观与历史观的深度与限度，正视恩格斯与马克思理解辩证法与历史科学的合理差异，厘清晚年恩格斯哲学与苏联哲学教科书的关系，还原晚年恩格斯哲学思想本意。

---

① 参见［法］吕贝尔著，曾枝盛编选，郑吉伟、曾枝盛等译:《吕贝尔马克思学文集》，北京师范大学出版社 2009 年版，第 50—51 页。

②［德］费彻尔著，赵玉兰译:《马克思与马克思主义：从经济学批判到世界观》，北京师范大学出版社 2009 年版，第 186—187 页。

③ David McLellan. *Engels*. Stanford Terrace: Harvester Press. 1977: 72.

（二）马克思和恩格斯学术关系的历史语境

晚年恩格斯被看作是“一个原创性思想家，马克思主义公式化的源头，并且他在创造现代社会主义运动中的作用绝不亚于马克思”①。研究晚年恩格斯在创立马克思主义哲学过程中的作用，需要明确“新世界观”的逻辑前提，因为这个概念是学界认同的马克思哲学的别名，由此出发理解围绕晚年恩格斯哲学争论的关键问题是合宜的。

马克思的“新世界观”内在蕴含三种要素：辩证法、历史观和唯物主义，它们统一于人的实践活动中，成为辩证的、实践的历史唯物主义。尽管西方学者时常使用不同于历史哲学的“历史理论”这一称谓来规定这种“新世界观”，但这种世界观的唯物主义特征是毋庸置疑的，因而这种新世界观被称为“新唯物主义”或“现代唯物主义”。那么，晚年恩格斯阐述的唯物辩证法和唯物主义历史观与之有什么实质差异吗？通常的思考逻辑是：（A）晚年恩格斯哲学是苏联哲学教科书的主要思想来源，（B）苏联哲学教科书与马克思哲学特别是青年马克思哲学有明显差异，（C）所以恩格斯哲学与马克思哲学有明显差异。这里显然是从正确的前提推导出有问题的结论，也就是说，由（A）和（B）推导出（C）并不完全合理。或许相对合理的推论是：晚年恩格斯哲学与青年马克思哲学有明显差异。经过40多年的实践经历和理论探索，晚年恩格斯对哲学问题的看法与他青年时代的观点有所不同，这时他与青年马克思哲学存在差异也是自然而然的事情。

回顾围绕晚年恩格斯哲学进行论争的初始阶段，冷战时期东西方意识形态的对立无疑是一个明显的动因，因而对恩格斯哲学与马克思哲学之间差异的强调明显有意识形态对抗的因素。当这种论争回到学术立场，困扰人们的仍然是晚年恩格斯哲学与苏联哲学教科书的关系问题，即恩格斯应为“辩证唯物主义和历史唯物主义体系”承担主要责任。从苏联哲学教科书所涉辩证唯物主义内容看，与其说这个理论与晚年恩格斯哲学具有相似性，莫若说这个理论与“辩证唯物主义”的实际命名者

① Gustav Mayer. *Friedrich Engels: A Biography*. New York: Alfred A. Knopf, Inc. 1936: xii.

狄慈根的唯物主义理论有更强的相似性。于此简要浏览狄慈根的论述便知："物质是观念的前提或基原""思想是脑机能""真理必须是客观的""绝对的真理以相对的现象呈现给我们""通过有限去认识无限""只有以实践当作……科学前提，这门科学才能指导实践"。[①] 可以说，苏联哲学教科书的主要观点都可以在狄慈根著述中找到影子。当然，晚年恩格斯对狄慈根的评述以及他对唯物主义辩证法的强调使他在很大程度上被看作"辩证唯物主义"这一概念的提出者，由此引发的马克思恩格斯对立论或差异论的讨论不胜枚举。

问题由此转向"辩证唯物主义"与"新世界观"和"历史唯物主义"的关系，首先应当澄清的是，马克思确实没有使用过"辩证唯物主义"和"历史唯物主义"这两个概念，他使用过"新世界观"和"新唯物主义"等概念；恩格斯使用过"历史唯物主义"概念，也使用过与"辩证唯物主义"相似的"唯物主义辩证法"。用"辩证唯物主义"指称马克思主义哲学，固然有马克思是否使用过这个名称的问题，但关键是"辩证唯物主义"与马克思哲学实质的关系。如果将"辩证唯物主义"解释为辩证法和新唯物主义的融合，在很大程度上无疑符合马克思哲学思想实质；如果强调"辩证唯物主义"的自然观及其在历史领域的应用，则存在如何理解"人"及其实践的问题。这正是西方马克思主义哲学家和西方马克思学家解读《1844年经济学哲学手稿》时关注的重点，由此对作为其来源的晚年恩格斯哲学进行批判隐含着质疑苏联哲学教科书[②]的意旨。

问题再次转向恩格斯所言之"唯物主义辩证法"是不是否定了青年马克思对作为共产主义的人道主义的论述。晚年恩格斯重点关注的学术问题确实与马克思不完全一致，但他这时的哲学文本与青年马克思哲学文本仍有难以割离的关联，例如，《路德维希·费尔巴哈和德国古典哲学的终结》与《德意志意识形态》的关系，《家庭、私有制和国家的起

① 参见杨东莼译：《狄慈根哲学著作选集》，三联书店1978年版，第20、82、42、151页。

② 需要明确的是，即使认为苏联哲学教科书具有明显缺陷，全面否定苏联哲学教科书的意见仍然是有问题的，因为辩证唯物主义和历史唯物主义体系确实在特殊的历史时期发挥了科学启蒙的作用，其在东方社会体现的价值是其他任何哲学在当时不能替代的。

源》与《黑格尔法哲学批判》的关系，晚年恩格斯历史唯物主义书信与马克思历史唯物主义书信的关系。此外，《反杜林论》写作过程中的马克思和恩格斯的学术思想关系，以及晚年恩格斯为马克思很多再版著作所撰写的“导言”和“跋”，都是值得认真面对的学术事实。另外，也不应忽视晚年恩格斯哲学与苏联哲学教科书主要内容的差异，例如，他对“关于社会的科学”[①]、哲学基本问题的边界、社会主义从空想到科学的发展、公共权力乃至俄国的社会问题的论述，包含着大量有关“新世界观”和“历史唯物主义”的创见，可惜都因为“辩证唯物主义”的文化标记而没有充分进入西方学界的视野。

在这里，不得不言及分析马克思和恩格斯学术思想关系的关键，即受苏联哲学教科书影响的马克思主义在一定程度上以晚年恩格斯哲学为主导线索，晚年恩格斯通俗的语言表述及其在阐释马克思哲学方面的权威性是造成这种局面的真正原因。那么，离开晚年恩格斯的解释，重读马克思哲学文本，重构马克思主义哲学解释框架，必然产生一些不同以往的学术发现。晚年恩格斯曾担心，“突然要我在理论问题上代替马克思的地位去拉第一小提琴时，就不免要出漏洞”[②]。当这种漏洞被夸大的时候，可以发现一些问题，但也会因此忽视更重要的问题。恩格斯在马克思逝世不久就意识到了这一点：“1844年以来，关于凶恶的恩格斯诱骗善良的马克思的小品文，多得不胜枚举，它们与另一类关于阿利曼－马克思把奥尔穆兹德－恩格斯诱离正路的小品文交替出现。”[③]而苏联哲学教科书的客观情形是：“由经典文本支持政治结论这一不断增长的趋势——这种趋势是马克思主义历史传统的组成部分——尤其是在俄国——促进了经典著作的传播……随着时间的推移，诉诸列宁和斯大林的原作远远超过了诉诸马克思和恩格斯的原作。”[④]

① 参见臧峰宇：《何谓“哲学科学”——兼及〈德意志意识形态〉和〈费尔巴哈论〉中的“历史科学”概念》，《江海学刊》2012年第5期。

②《马克思恩格斯选集》第4卷，人民出版社2012年版，第572页。

③《马克思恩格斯全集》第36卷，人民出版社1975年版，第14页。

④ E. J. Hobsbawm. “The Fortunes of Marx’s and Engels’s Writings”, in E. J. Hobsbawm ed., *The History of Marxism*, vol. 1, Marxism in Marx’s Day, Bloomington: Indiana University Press, 1982: 335.

我们应为马克思和恩格斯的学术关系勾勒一个客观的思想地图。长年负责《马克思恩格斯年鉴》编辑的格拉尔德·胡布曼所说的这番话值得参考:“恩格斯肯定没有歪曲，他是否全部正确理解了马克思，这一点谁也不能下定论。因为前提是，我们不知道马克思想让人怎么理解。而由于我们不知道这一点，所以我认为一切辩论纯属无稽之谈。”[①]用恩格斯的话说:《反杜林论》“所阐述的世界观，绝大部分是由马克思确立和阐发的，而只有极小的部分是属于我的，所以，我的这种阐述不可能在他不了解的情况下进行，这在我们相互之间是不言而喻的。在付印之前，我曾把全部原稿念给他听，而且经济学那一编的第十章(《〈批判史〉论述》)就是马克思写的，只是由于外部的原因，我才不得不很遗憾地把它稍加缩短。在各种专业上互相帮助，这早就成了我们的习惯”[②]。当然，晚年恩格斯整理编辑的马克思文本与马克思原始手稿确实存在差异:“例如，在探讨利润率趋向下降的规律及其对资本主义的长期发展的影响时，手稿及其各个方案证明，马克思在这方面还没有最后定稿，而恩格斯的刊印稿则对人们起了引导作用并对解读过程形成了强烈干预。恩格斯订正的计算也影响了人们的解读，于是，再生产模式只以恩格斯修订的叙述而不是以马克思的原始阐述表现出来，结果人们把扩大再生产视为同比例的增长。现在通过手稿与刊印稿的对比终于可以清晰地看到,《资本论》第三卷中有关资本主义制度崩溃的思想是怎样通过恩格斯的编辑安排而得到了强化。”[③]这里，实际上凸显的是恩格斯编辑的主体性，当然这种编辑的主体性体现为有所“修改”的过程。

在不明显违背马克思思想主旨的前提下，出于方便读者理解的需要，晚年恩格斯在马克思文本中适当“修改”，并非引人惊异的篡改之举，只要知道他们共同工作40年彼此深知并有大量合著这一事实就可以得出这个结论。当然，在此基础上对二者的哲学观念和思想方法有所

① 参见[德]卡雷恩·费斯佩尔著，李莉娜译:《〈马克思恩格斯全集〉历史考证版(MEGA)在德国——从20年前濒临夭折到重获重视》,《国外理论动态》2011年第3期。

②《马克思恩格斯选集》第3卷，人民出版社2012年版，第383—384页。

③ 参见[德]卡雷恩·费斯佩尔著，朱毅译:《〈马克思恩格斯全集〉历史考证版(MEGA)工作完成过半:回顾与展望——曼弗雷德·诺伊豪斯和格拉尔德·胡布曼访问记》,《国外理论动态》2011年第4期。

分辨，确实是深刻理解他们各自思想的有益之举。如果不陷入原教旨主义的困境，我们就应当在理论发展的语境中理解晚年恩格斯哲学的意义，晚年恩格斯认为德国社会民主党“需要社会主义科学，而这种科学没有发展的自由是不能存在的”[①]。这句话对于理解马克思主义哲学同样适用，即它需要发展的自由，由此理解晚年恩格斯的哲学创见，可以真切地体会到恩格斯在德国乃至国际工人运动中的影响力：“恩格斯的逝世使我们感到的悲痛，远远超过马克思的逝世，因为我们觉得，恩格斯逝世后，马克思才完全逝世了。恩格斯在世时，他的精神生活与马克思的精神生活是休戚相关的，马克思还活在我们中间，我们还深受着他俩的影响。而现在，他俩都离开我们了。”[②] 诚如斯言，晚年恩格斯始终力图为马克思代言，他的存在延续着他们两人共同的事业。

事实上，即使我们抛却晚年恩格斯哲学的大众化笔触所具有的独特学术功能不谈，较之晚年恩格斯对马克思著作的“修改”[③]而言，如果没有恩格斯对马克思遗稿的整理、对马克思文本语境的回顾与介绍以及对马克思关注的理论问题的大众化重释，人们要了解马克思完整的《资本论》以及马克思的基本理论设想，很可能要经过漫长的岁月。在这个意义上，列宁这句话就不仅是描述性的，而更多的是论断性的：“古老传说中有各种非常动人的友谊故事。欧洲无产阶级可以说，它的科学是由这两位学者和战士创造的，他们的关系超过了古人关于人类友谊的一切最动人的传说。”[④] 而更值得重视的是，在恩格斯的思想遗产中仍有很多

①《马克思恩格斯文集》第 10 卷，人民出版社 2009 年版，第 612 页。

②［德］卡·考茨基:《悼念恩格斯》，中共中央编译局编:《回忆恩格斯》，人民出版社 2005 年版，第 157 页。

③ 毋庸置疑，整理编辑《资本论》手稿是十分艰辛的学术工作，恩格斯一接触到第 2 卷原稿就感到惊讶:“全是草稿，大约只有两章例外。引文没有条理，随便记在一起，仅仅是为了日后选用而搜集起来的。而且那种字迹只有我才能认得出来，但也很费劲。”（参见《马克思恩格斯全集》第 36 卷，人民出版社 1975 年版，第 57 页）后来，由于身体特别是眼睛的原因，他找到一位社会民主主义流亡者奥斯卡尔·艾森加尔滕做秘书，支付秘书每周两英镑的酬劳，此后由他口授，秘书整理誊清。恩格斯对《资本论》第 2、3 卷的“修改”不应排除辨认字迹和秘书记录时可能出现的与原始文稿不一致的地方。

④《列宁全集》第 2 卷，人民出版社 2013 年版，第 10 页。

"活的"东西，这"或者因为恩格斯对热点问题的争论仍有贡献，或者因为在某些方面他的著作及其影响仍在一些场合引起人们的争论"[①]。为此我们应回到恩格斯哲学的文本语境，解读并阐发晚年恩格斯哲学的当代性，审视一个拓展马克思哲学精神的视域。

（三）晚年恩格斯哲学的当代视域

国际学界言及的"恩格斯晚期著作"并非以恩格斯的自然年龄为根据，而通常从马克思逝世这一天算起，前后时间跨度为 12 年。这种看法固然强化了恩格斯独立从事理论著述的意义，却也难以说明《反杜林论》《自然辩证法》等关键文本与晚年恩格斯哲学的关联，因而不乏学者从《反杜林论》准备草稿的写作开始计算"晚年恩格斯"的学术岁月，这种做法得到了列宁以 1871 年巴黎公社为界划分前后两个世界历史时期这一观点的支持，却过早地将恩格斯引入晚年，把刚到 50 岁正值壮年的恩格斯勾勒为晚年的形象可能是漫画式的。较为理智的做法是，既不摒弃《反杜林论》《自然辩证法》等文献之于晚年恩格斯学术写作的基础意义，也不将晚年恩格斯的岁月单向度扩大，而以马克思逝世为界标，充分重视晚年恩格斯的学术写作与之前文本的学术联系，而这种联系在晚年恩格斯所作的序、跋或按语等文字中已经得到充分的揭示。

重读晚年恩格斯重要哲学文本，可以看到他对哲学的合理形态及其社会功能的强调，对作为"新世界观"的唯物主义辩证法和唯物主义历史观的阐释，对"关于社会的科学"的理解，都呈现为未完成的视域。晚年恩格斯开拓的学术视域印证了他的理论成就，作为马克思文本最权威的解释者，恩格斯将马克思开辟的学术传统命名为"马克思主义"，并较为系统地阐述了这一理论的主要内容和逻辑结构，提出了引人深思的创见。他所阐释的"合力论""应该是对唯物主义历史理论最恰当的表达"[②]。与此同时，晚年恩格斯用大量精力关注德国社会民主党和第二

① Christopher. J. Arthur ed.. *Engels Today: A Centenary Appreciation*. London: Macmillan Press, 1996: xi.

②［德］阿・施米特著，洪佩郁译:《恩格斯晚期著作中的历史唯物主义》,《马列主义研究资料》1984 年第 2 期。

国际[①]的发展，在国际工人运动中极有威望。例如，当《卡尔·马克思〈1848年至1850年的法兰西阶级斗争〉一书导言》摘录在1895年3月30日《前进报》发表时，恩格斯被称为“老先锋战士”和“老大师”。因而，在质疑晚年恩格斯哲学之前，应首先确认晚年恩格斯哲学文本的学术价值与影响力，“虽然他认为自己是一个次要的合作者，但通过对马克思思想的普及，他在政治上的影响力其实比他的主要合作者更大”[②]。在这个意义上，为了指责恩格斯哲学与苏联哲学教科书的关系而否定晚年恩格斯论著的学术性和现实性是有问题的，须知进一步深思晚年恩格斯哲学的当代性仍是富有价值的学术探索。推进马克思主义哲学为人们喜闻乐见和活学活用，应当借鉴晚年恩格斯的书写风格，从中彰显马克思主义哲学的时代精神。

晚年恩格斯哲学具有广博性和大众化特征，他从当时的社会实际出发，关注自然科学和社会科学的理论进展，谋求基于新唯物主义的综合创新，提出很多具有创造性的论断，尽管这些论断随时代条件的变化而为后世思想家从不同角度进行反思和评价，但他在当时所起到的启蒙作用是其他马克思主义哲学家所不能替代的。促进马克思主义哲学发展，提升马克思主义哲学的社会功能，既要注重扎实的马克思主义哲学文本研究和精深的理论拓展，在超越现存的理性反思中绽放哲学的思想花朵，又要在回答现实问题的理论阐释中引领大众的精神世界。彰显马克思主义哲学的大众品格，不是以摒弃哲学品性的方式通俗化，而应在深入理解现实的过程中超越现实。“马克思主义要变成大众世界观和方法论，必须成为大众维护自己根本利益的理论武器……否则，不仅不能与维护大众的权利和切身利益相结合，甚至与维护民生权力和权利的‘武器性’渐行渐远。即使天天‘讲故事’，甚至使之‘娱乐化’‘讲座化’

① 第一国际和第二国际都不是本名，1864年9月成立的国际工人协会简称“国际”，1889年7月召开的国际社会主义工人代表大会简称“新的国际”，而把国际工人协会称为“旧的国际”，20世纪初，学界才将这两个国际分别称为第一国际和第二国际，而列宁于1919年创立的共产国际被称为第三国际。

② Terrell Carver. ENGELS: *A Very Short Introduction*. New York: Oxford University Press, 1980: 1.

乃至‘小品化’，搞不好，最终会使马克思主义‘戏剧化’。”[①]为此，需要在大众化的实践诉求中实现马克思主义理论创新，对全球问题作出符合马克思主义理论品格的哲学诊断，呈现反映当代中国社会核心价值观念的哲学力作。

在新的时代条件下重新理解马克思主义哲学，需要回到马克思和恩格斯哲学经典文本的历史语境，理解马克思和恩格斯哲学解释史的演进逻辑，深刻认识恩格斯哲学生成的历史语境及其产生深远影响的历史条件。东西方社会处于不同的发展阶段，俄国和中国等东方国家最初选择晚年恩格斯的唯物主义思想，是因为当时社会需要启蒙和科学理性，“政治行动问题对工人阶级来说已经不是学院式的问题，而是生存的问题”[②]。而英美和欧洲国家强调青年马克思的人道主义思想，因为社会需要对资本主义工业文明的批判。不同理论主题的转换和演化都出于实践需要，都是社会发展必然选择的结果。各执一端，以偏概全，难免陷入类似于盲人摸象的理解境遇，而全面理解马克思、恩格斯和马克思主义，无疑既要看到启蒙以来的唯物主义与晚年恩格斯哲学的历史关联，也要看到马克思主义哲学在东西方社会发挥作用的不同条件，由此理解晚年恩格斯哲学文本的内在逻辑及其当代意义，方能得出符合历史事实和学术规范的公允结论。

综上所述，百年来围绕晚年恩格斯哲学进行的学术论争蔚为大观，焦点是马克思哲学被恩格斯化所形成的学术问题，审视国际学界对马克思主义哲学理解的诸般差异，需要重读晚年恩格斯哲学经典文本，理解恩格斯与18世纪启蒙时代自然观的学术关系，以及“唯物主义辩证法”和“唯物主义历史观”与“新世界观”和“新唯物主义”的异同。探究围绕晚年恩格斯哲学的百年论争，在历史语境中审视马克思和恩格斯学术思想关系的实质，是清理马克思主义哲学史中关键问题的必要环节，但更重要的是发掘晚年恩格斯哲学的合理内涵，从恩格斯哲学的广博性

① 杨俊一:《特殊矛盾优先论：当代马克思主义创新经验的路线图》，《毛泽东邓小平理论研究》2011年第3期。

②［德］卡·考茨基:《恩格斯的生平和著作》，中共中央编译局编:《回忆恩格斯》，人民出版社2005年版，第203页。

和大众化特征中探求凸显马克思主义哲学现实功能的可能性路径，运用马克思主义哲学分析和回答社会现实问题，这是促进马克思主义哲学中国化、时代化、大众化的应有之义。

（原载《北京行政学院学报》2015 年第 3 期）

二

晚年恩格斯哲学的内在逻辑与时代精神

马克思逝世至今130年来，马克思主义哲学理解史形成了错综复杂的景观，一直是当代哲学的研究对象。对马克思主义哲学理解的诸般差异，固然与人们对现代哲学的本质的理解差异有关，更重要的则在于人们对马克思的哲学观有着不同的理解。自从晚年恩格斯在《路德维希·费尔巴哈和德国古典哲学的终结》中指出用马克思的名字来“命名”“我们的理论”[①]的缘由，并在《论住宅问题》中提出“马克思学派”[②]以来，恩格斯阐释的马克思哲学图景一度被视为马克思主义哲学理解史的原初语境。这种原初语境的确立基于对马克思哲学文本的整理和解释，也与晚年恩格斯哲学经典文本的内在逻辑和学术风格有密切关联。这种思路后来遭到多种质疑，在矮视恩格斯的语境中重读马克思，似乎成为西方马克思主义哲学研究的时尚。西方马克思学界对新颖的学术资料作出颇有力度的分析，也存在过度解读的问题。避免因过度解读造成的新问题，需要回到马克思和恩格斯哲学文本，确认马克思主义哲学史的有关细节。围绕晚年恩格斯展开的百年论争源于理解的差异，差异从不同角度试图趋向真实，因而对论争的解读有助于我们更好地认识马克思开辟的哲学道路。

（一）围绕晚年恩格斯展开的百年论争

晚年恩格斯曾多次力图澄清自己的理论遭遇的误解，但这种误解在他逝世后显得更加扑朔迷离，各种比恩格斯更懂得恩格斯式的解读跨越百余年，学界对晚年恩格斯哲学文本的研解以及其中蕴含的与马克思哲

①《马克思恩格斯选集》第4卷，人民出版社2012年版，第248页。

②《马克思恩格斯选集》第3卷，人民出版社2012年版，第182页。

学的差异性理解引人关注。具体来说，试图重新描绘晚年恩格斯“文本形象”的学术争论主要是由第二国际理论家、西方马克思主义哲学家和西方马克思学家领衔展开的，他们争论的焦点不尽相同，但分析问题的思路具有很强的相似性，就是从马克思和恩格斯的学术思想关系层面确认晚年恩格斯哲学不同于马克思哲学的内容，进而以矮视的方式评价晚年恩格斯的自然观及其与历史观一致性的理解。关于晚年恩格斯误解了马克思哲学或修改了马克思文本的各种观点闪烁其间，分别突出晚年恩格斯思想和早年马克思思想的东西方马克思主义哲学之间的区别一度上升为意识形态的斗争，至今似乎还未完全淹没在历史的烟尘中。

第二国际的理论家主要从实践策略方面理解晚年恩格斯的思想观念，以“新康德主义”或“实证主义”的方式诠释恩格斯哲学，是以伯恩施坦为代表的第二国际理论家的基本态度，这种态度体现在对作为恩格斯“政治遗嘱”的《〈法兰西阶级斗争〉导言》的理解上。恩格斯在这篇写于暮年的文章中反思他和马克思曾经的观点，认为时代条件的变化使“简单的突袭”式的暴力革命变得“不可能”，工人可以在参加议会选举的过程中实现社会变革。在有些学者看来，晚年恩格斯在对议会制的论述中表达了自己赞许通过议会道路走向社会主义的观点，法兰西革命已经不再被他视为革命的典范，社会主义者被告知不要在走向议会制的途中轻易革命，这种看法是伯恩施坦修正主义的渊薮。① 当伯恩施坦以恩格斯遗嘱执行人的身份分析这篇“导言”的时候，相关争论凸显了一个值得深思的哲学问题。②

众所周知，马克思哲学变革的关键在于，以辩证的、历史的实践思维方式超越传统形而上学。在传统形而上学家重视理论应然的地方，马克思重视历史事实和人的实践活动，在把握历史事实及其走向的过程中

①［英］利·拉贝兹著，柴金如等译：《修正主义——马克思主义思想史论丛》，商务印书馆1963年版，第35页。

② 应当指出的是，第二国际理论家并非观点一致的学术群体，彼此分歧很大，除了伯恩施坦的“新康德主义”和“实证主义”思路之外，拉法格、梅林等对“经济决定论”的阐释，考茨基等对“社会进化论”的强调，拉布里奥拉对“实践哲学”的论述，普列汉诺夫对“一元论历史观”的解析，都是勾勒历史唯物主义认知图式的尝试。他们与马克思主义创始人的思想不同，是一个比较复杂的学术问题。

确认改变世界的可能路径。其中蕴含的问题是：原则和实践何为历史创造进程中最重要的思想前提？这个值得深思的哲学问题是恩格斯在青年时代最重要的沉思对象之一，沉思的结果曾以文章的形式影响了作为《德法年鉴》主编的青年马克思。伯恩施坦等第二国际理论家看到工人参加议会选举的意义，并容许在其间作出让步与妥协，这样，实践与原则孰先孰后的问题再次出现。晚年恩格斯强调议会道路，是否意味着放弃革命？坚守革命立场的正统马克思主义者与"修正主义者"的论争形同冰炭，二者的着眼点都是如何选择解放道路，从中呈现的是塑造何种理论品格的哲学问题。

西方马克思主义哲学家则主要从哲学内涵层面批评晚年恩格斯的哲学创作能力，晚年恩格斯的主要哲学观点与苏联哲学教科书体系的理论逻辑是他们批判的连环靶，因为后者的主要观点和论述思路借鉴了前者的创见。无论是《反杜林论》中关于"三大组成部分"的宏论，还是《路德维希·费尔巴哈和德国古典哲学的终结》中关于"思维与存在的关系问题"的探究，以及《自然辩证法》等文本对"自然科学"之于历史研究的重要性的强调，都对辩证唯物主义和历史唯物主义体系的形成产生了重要影响。西方马克思主义哲学家批判的着力点是"辩证唯物主义"和"自然辩证法"，他们将"经济基础决定上层建筑""社会存在决定社会意识"等基本原理视为苏联哲学教科书的"公式"，以"历史唯物主义"和"历史辩证法"彰显马克思人道主义指向的思路在西方马克思主义哲学家的论著中颇为常见。

这种批判旨在将"人"从物质本体论的思维方式中拯救出来，以实践本体论安置马克思主义哲学研究的对象，强化马克思主义的哲学思维力度而非类似自然科学的理论品格。晚年恩格斯的论述被认为"犯了有时以一种不正确的和非辩证的方式来对待"哲学问题的失误，"趋于犯黑格尔在他的《哲学全书》第156节中描述为'真正缺乏思想的程序'那种错误"[①]。柯尔施这种观点很有代表性，他认为晚年恩格斯哲学"缺乏思想的程序"，因而应从青年马克思文本中寻找真正有价值的哲学思想。

①［德］柯尔施著，王南湜等译：《马克思主义和哲学》，重庆出版社1989年版，第39页。

西方马克思主义哲学家无论从人道主义、存在主义、现象学或精神分析角度理解马克思，都试图走出恩格斯的科学主义理路，这些努力仰视了马克思哲学的精神高度，但其有限性突出表现在：未能全面把握马克思的文本群，而主要围绕《1844 年经济学哲学手稿》等马克思早期哲学文本展开论述；在关注恩格斯话语的过程中未能详尽研究话语产生的历史语境，从而忽略了晚年恩格斯话语表达的现实缘由。

西方马克思学研究以文献考据的方式弥补了上述第一种有限性，马克思的哲学文本群在 MEGA2 的编辑与研究中得到清晰展现，对晚期马克思哲学文本的解读丰富了西方马克思主义哲学的匮乏之处。其理论研究的基础意义毋庸置疑，但基于文献考据的结论则近乎与西方马克思主义如出一辙。二者的全部理论要害都可以在对恩格斯哲学的论争中找到答案：如果说西方马克思主义哲学家是从思想角度质疑晚年恩格斯哲学的话，那么马克思学家则以文献考据的方式为这种质疑提供了学术依据。吕贝尔、卡弗、莱文等马克思学家的论述都以黑格尔哲学为中介，比较马克思和恩格斯的差异，批判的论调尽管有“温和的”与“极端的”两种，但将恩格斯归纳的“马克思学派”的思想命名为“恩格斯主义”① 的取向是相似的，这种研究受到胡克、伯林等哲学家的启发，体现了冷战时期西方反斯大林主义的思路。

除了在文本考据中指出恩格斯与马克思学术思想差别之外，恩格斯在整理马克思遗稿时“篡改”了马克思文本的“证据”被公之于众，恩格斯的学术形象在确凿的证据面前似乎变形了。这种科学研究的价值在于还原历史，而对这种科学研究的研究则应具有审视科学的哲学思维。值得重视的是，晚年恩格斯在为马克思的《雇佣劳动与资本》撰写的导言中毫不避讳地阐述了自己对待马克思文本的态度，他首先提出的问题是，在变化的时代条件下，“马克思本人是否会同意不加修改地重印呢？”此外，观念上的问题是，“有个别地方与他在 1859 年以后写的著作不尽一致”，文字本身的问题也不应忽略，“有些用语和整个语句如果用后来的著作中的观点来衡量，是不妥当的，甚至是不正确的”。因而，在重

①［美］莱文著，臧峰宇译：《不同的路径：马克思主义与恩格斯主义中的黑格尔》，北京师范大学出版社 2009 年版，第 3 页。

印马克思哲学文本的时候，“为了在一切要点上达到这种一致而作的一些必要的修改和补充，是完全符合他的心愿的”[①]。解读晚年恩格斯整理的马克思文本，应辩证审视恩格斯处理马克思文本的动机和结果，理解他的修改原则，需要回到晚年恩格斯哲学经典文本的历史语境。

（二）晚年恩格斯哲学经典文本的内在逻辑

晚年恩格斯创作的文本群是涉及多学科的思想富矿，其中，《自然辩证法》《反杜林论》《路德维希·费尔巴哈和德国古典哲学的终结》《家庭、私有制和国家的起源》以及历史唯物主义书信是影响深远的经典文本。上述文本的未尽之意在恩格斯的其他文本以及他为马克思和自己的著作撰写的序、跋、导言，发表的讲话，与友人的通信，在会议上的发言以及与记者的谈话等文本中以不同的方式表达出来，从而构建了成熟的内在逻辑。可以说，晚年恩格斯不仅尽力完成了马克思的学术遗愿，而且极大地丰富了自己的著述，并在实践的地图上确认了马克思主义哲学思想谱系的开端。把握晚年恩格斯哲学经典文本的内在逻辑，应探究“唯物主义辩证法”的内涵及其与科学的关系，读懂晚年恩格斯学术出发点，解析东西方马克思主义哲学的异同。

探究“唯物主义辩证法”的内涵及其与科学的关系，是把握晚年恩格斯哲学经典文本的关键。晚年恩格斯对“辩证哲学”的阐释是以他和马克思在青年时代确认“新唯物主义”和“新世界观”为思想背景的，而这种努力也在一定程度上实现了马克思生前的学术愿望。马克思曾在1958年1月16日致信恩格斯，“我又把黑格尔的《逻辑学》浏览了一遍，这在材料加工的方法上帮了我很大的忙。如果以后再有工夫做这类工作的话，我很愿意用两三个印张把黑格尔所发现、但同时又加以神秘化的方法中所存在的合理的东西阐述一番，使一般人都能够理解”[②]。他在1868年给狄慈根的信中再次表达了这个心愿，“一旦我卸下经济负担，我就要写《辩证法》。辩证法的真正规律在黑格尔那里已经有了，当然

①《马克思恩格斯选集》第1卷，人民出版社2012年版，第317—318页。

②《马克思恩格斯文集》第10卷，人民出版社2009年版，第143页。

是具有神秘的形式。必须去除这种形式……”[①]。这个心愿在《资本论》第二版的跋中得到了部分实现，而其系统化阐释是由晚年恩格斯在《路德维希·费尔巴哈和德国古典哲学的终结》中完成的。

晚年恩格斯熟知狄慈根的“辩证唯物主义”理论，也对这种理论作出评价，进而阐述了“唯物主义辩证法”。应该说，恩格斯对自然科学前沿的了解程度是他同时代的很多思想家望尘莫及的，他在“整理材料”的基础上指出，“自然界是检验辩证法的试金石……要精确地描绘宇宙、宇宙的发展和人类的发展，以及这种发展在人们头脑中的反映，就只有用辩证的方法，只有不断地注意生成和消逝之间、前进的变化和后退的变化之间的普遍相互作用才能做到”[②]。之所以重视自然科学的进展，乃是因为晚年恩格斯注意到自然科学对社会科学产生的影响是不可忽视的，而新的社会科学是在唯物主义基础上协调起来的哲学科学和历史科学的总和。当马克思和恩格斯共同创建新世界观的时候，唯物主义历史观包括自然观；而当晚年恩格斯确立唯物辩证法的时候，唯物主义自然观包括历史观，这正是苏联哲学教科书的侧重点所在。当然，应当注意的是，“由经典文本支持政治结论这一不断增长的趋势——这种趋势是马克思主义历史传统的组成部分——尤其是在俄国——促进了经典著作的传播……随着时间的推移，诉诸列宁和斯大林的原作远远超过了诉诸马克思和恩格斯的原作”[③]。这是苏联哲学教科书作者引用马克思和恩格斯文本的客观情形，晚年恩格斯不能为之承担过多的责任。

读懂晚年恩格斯的学术出发点，是深入理解晚年恩格斯哲学经典文本的必经之路。晚年恩格斯对费尔巴哈和德国古典哲学的研究，对杜林的批判，对自然科学和历史科学的解析，对早期基督教、共产党同盟、普鲁士农民等历史的梳理，对各种社会主义的分析，对农民问题、住宅问题、国家起源问题的阐释，对历史规律的归纳，都不是没有现实原因的。因此，对“恩格斯的辩证唯物主义作出详尽的注释而不找出这些学

①《马克思恩格斯文集》第10卷，人民出版社2009年版，第288页。

②《马克思恩格斯选集》第3卷，人民出版社2012年版，第397—398页。

③ E. J. Hobsbawm ed.. *The History of Marxism*, vol. 1, Marxism in Marx's Day. Bloomington: Indiana University Press, 1982: 335.

说所要解决的经验问题和概念问题，无异于玩答非所问的客厅游戏！人们只有详细了解一个思想体系所要解决的问题，才能理解这一思想体系”[①]。面对形形色色的思想主张，晚年恩格斯的理论著述饱含现实关怀，这种努力非添只砖片瓦，更非南橘北枳，而是对新理论视域的澄明，即以马克思的名字命名的理论可以称为“唯物主义辩证法”或“唯物主义历史观”，其与以往哲学的最重要区别在于实践的思维方式。

正是由于重视哲学的现实功能，晚年恩格斯确认了德国古典哲学的终结，并指出其继承者是德国的工人运动。新哲学的实践特质与新实践的哲学内涵替代了传统哲学的纯粹思辨气质，传统哲学值得保留的内容只有“形式逻辑和辩证法”，其他内容则因为不符合时代需要而被扬弃。晚年恩格斯走出传统哲学的视域，致力于分析和归纳影响现实生活的各种实践要素，进而上升为理论规定。在他看来，剥离实践需要的哲学有什么意义，是一个不能被经验证明的问题，这样的哲学无益于“改变世界”。因而，从哲学深度之类角度矮视晚年恩格斯的各种评价缺乏实践思维，而“撇开恩格斯，我们就不能阻止在马克思主义哲学重建过程中向纯理论的倒退，不能保障其唯物主义的前提”[②]。应当重视的是，晚年恩格斯将理论诉求和实践探索置于同一历史进程，这一研究有计划地展开并发挥了实际作用。

解析东西方马克思主义哲学的异同，是理解马克思和恩格斯学术思想关系的现实视角。东方马克思主义哲学主要以晚年恩格斯的《自然辩证法》《反杜林论》《路德维希·费尔巴哈和德国古典哲学的终结》等哲学文本为基础，其中重要的哲学观点被视为正确的科学，辩证唯物主义和历史唯物主义理论是其典型代表；西方马克思主义哲学则主要以青年马克思的《1844年经济学哲学手稿》为基础，探寻超越异化的人的解放理论和实践人道主义理论是其主要思路，与苏联马克思主义哲学的经久论争，反映了东西方两大阵营的对抗。[③]东西方马克思主义哲学的差异反映了冷战时期的思想对立，这种差异实则分别各执晚年恩格斯思想与

①［美］劳丹著，刘新民译：《进步及其问题》，华夏出版社1990年版，第171—172页。
② 胡大平：《回到恩格斯：文本、理论和解读政治学》，江苏人民出版社2011年版，第4页。
③ 安启念：《东西方马克思主义哲学的区别及其实质》，《清华大学学报》2012年第3期。

青年马克思思想之一端，以偏概全，难免陷入类似于盲人摸象的理解境遇，而全面理解马克思和马克思主义，无疑既要看到启蒙以来的唯物主义理论与晚年恩格斯哲学的历史关联，也要看到马克思主义哲学在东西方社会发挥作用的不同条件，由此理解晚年恩格斯哲学文本的内在逻辑及其当代意义，方能得出符合历史事实和学术规范的公允结论。

因而，仅仅否定和矮视晚年恩格斯哲学只是一种有严重缺陷的评价意见，在归纳晚年恩格斯哲学内在逻辑的过程中阐发其时代精神，分析东西方马克思主义哲学同源存异的缘起与样态，是深入理解并促进马克思主义哲学发展的建设性思路。将晚年恩格斯哲学视为一种机械的唯物主义显然是不合适的，晚年恩格斯深知 18 世纪法国唯物主义的思维方式之弊端，他何以能在自己的批判话语中彰显他的批判对象的思想意旨？公允而言，晚年恩格斯重视工业文明和社会进步，他倡导现代思想和科学理性的启蒙，促进了东方社会发展的现代化进程，他对自己和马克思以往的文本及思想的回顾和反思，起到了普及马克思主义哲学的现实作用，这种思想普及和大众传播的理论努力是体现马克思主义哲学思想力量的重要路径。

（三）大众品格、中国语境与时代精神

晚年恩格斯在整理马克思的遗稿并阐述马克思主义哲学观念的同时，注重“马克思学派”的思想传播，从而实现并增强“唯物主义辩证法”和历史科学在社会发展进程中的现实作用。在质疑晚年恩格斯哲学之前，应首先确认其学术价值与影响力，“虽然他认为自己是一个次要的合作者，但通过对马克思思想的普及，他在政治上的影响力其实比他的主要合作者更大”①。晚年恩格斯具有扩大文本出版传播范围的自觉意识，也有文本书写风格大众化的取向。仅从《反杜林论》以及对其改写和补充而成的《社会主义从空想到科学的发展》的出版就能看到扩大文本出版传播范围的努力效果：当《反杜林论》第三版出版时，恩格斯“感到十分满意的是，自从第二版以来，本书所主张的观点已经深入科学界和

① Terrell Carver. ENGELS: *A Very Short Introduction*. New York: Oxford University Press, 1980: 1.

工人阶级的公众意识中，而且是在世界上一切文明国家里”[①]。至于《社会主义从空想到科学的发展》则流传更广，晚年恩格斯在该书1892年英文版导言中指出：“据我所知，其他任何社会主义著作，甚至我们的1848年出版的《共产党宣言》和马克思的《资本论》，也没有这么多的译本。”[②]文本书写风格的大众化则体现了晚年恩格斯的学术理念，他拒斥学院派哲学的非现实思维方式，而致力于为大众撰写具有启蒙意义的简明读本。

梅林在《马克思传》中对此描述得颇为传神：“恩格斯携带的是轻便武器，因而行动迅速得多：他的眼光十分敏锐，能够一眼看透任何问题或形势的本质，但是不够深入，不能立时看到使重要问题的解答复杂化的各种反面论点。对于一个行动者来说，这个缺点却是一个很大的优点，因而马克思不先同恩格斯商量，从来不作出任何政治决定，因为恩格斯总是能击中要害的。”[③]尽管在思想深度上与马克思存在一定的差异，但恩格斯更注重坚守学术书写的大众风格，力图以此彰显时代精神。正如他所言：“我们决不想把新的科学成就写成厚厚的书，只向‘学术’界吐露。正相反，我们两人已经深入到政治运动中；我们已经在知识分子中间，特别是在德国西部的知识分子中间获得一些人的拥护，并且同有组织的无产阶级建立了广泛联系。我们有义务科学地论证我们的观点，但是，对我们来说同样重要的是：争取欧洲无产阶级，首先是争取德国无产阶级拥护我们的信念。”[④]如果说严谨的学术探索是马克思主义哲学研究的基础，那么有效的大众传播就是彰显马克思主义哲学社会功能的关键，因为马克思主义哲学的影响力是通过大众传播来实现的。

在这个意义上，晚年恩格斯的思想遗产包含很多“活的”东西，这“或者因为恩格斯对热点问题的争论仍有贡献，或者因为他的著作及其影响在某些方面仍在一些场合引起人们的争论”[⑤]。晚年恩格斯根据时代

①《马克思恩格斯选集》第3卷，人民出版社2012年版，第390页。

②《马克思恩格斯选集》第3卷，人民出版社2012年版，第751—752页。

③［德］弗·梅林著，樊集译：《马克思传》，人民出版社1965年版，第295—296页。

④《马克思恩格斯选集》第4卷，人民出版社2012年版，第203页。

⑤ Christopher. J. Arthur ed.. *Engels Today: A Centenary Appreciation*. London: Macmillan Press, 1996: xi.

条件的变化，归纳马克思主义哲学的实践特质，阐明工人的历史境遇，指出实现其利益诉求的可能路径，进而为制定具体的行动策略提供理论依据。从《自然辩证法》的写作计划开始，到《反杜林论》的完成，意味着晚年恩格斯经典哲学内在逻辑的确立，而后的《家庭、私有制和国家的起源》与《路德维希·费尔巴哈和德国古典哲学的终结》都是由此所作的进一步阐释，他在历史唯物主义书信中的阐述力图澄清人们对“我们的理论”的误解，其多篇序、跋、导言表明以往文本的历史价值以及需要与时俱进的思想观念，其他文本则从多重角度丰富和补充了上述文本的思想内涵。他将深奥的理论话语转换成喜闻乐见的大众话语，使哲学回归日常生活世界，得到大众的理解和认同，这种努力对中国化马克思主义哲学发展具有重要的启示意义。

回顾马克思主义哲学中国化的初期，正是因为具有启发民智和关注民生的文化自觉，马克思主义哲学才在社会历史的实践展开中走进人们的内心世界。毛泽东的《实践论》《矛盾论》等文本影响了几代人的精神世界，包括艾思奇的《大众哲学》在内的马克思主义哲学普及读本更新了人们的思想观念，形成了改变世界的实践思维，成就了有益于人生的价值选择。可以说，马克思主义哲学在中国的百年传播，彰显了民族特征、时代风格和大众取向，深刻影响了中国哲学社会科学研究，现代中国的话语体系、现代中国人的思维方式乃至现代中国的节日文化都体现了马克思主义哲学文本的印记。这种大众传播的基础是学术思想底蕴深厚与锐意创新，是在体现人文关怀和现实质感的过程中满足大众的需要，而这种前提性的理论建树是作为当代中国思想观念主流的马克思主义哲学大众化取得广泛成效的关键。

百余年来中国和世界都发生了深刻的变化，马克思主义哲学也得到多角度和多层次拓展。把握马克思主义哲学思想演进历程，需要回到马克思和恩格斯哲学的历史语境。毋庸置疑，唯物主义辩证法和唯物主义历史观在揭示社会发展规律等方面仍有深远的解释力，以之解决现实问题仍有很强的操作性。在当今时代，凸显哲学解决问题的现实功能，已经成为哲学研究的基本取向。在当代哲学发展的语境中，需要领悟马克思主义哲学的内涵，秉持符合时代精神的价值观，读懂现代中国的历史和现实，创造属于自己同时对社会有益的新生活。

概言之，晚年恩格斯确认了“马克思学派”的基本观念，构建了唯物主义辩证法和唯物主义历史观一以贯之的内在逻辑，其学术探索并非对马克思哲学的重复表达，而是在新时代条件下的理论拓展。他建构的“我们的理论”是否反映了马克思哲学特质，是百余年来国际马克思主义哲学研究者关注的热点问题，第二国际理论家、西方马克思主义哲学家和西方马克思学家从不同角度展开的论争各具价值，但都不能否认晚年恩格斯与马克思政治立场的一致性以及晚年恩格斯学术研究之于历史唯物主义的意义。回到晚年恩格斯的哲学文本视界，分析马克思主义哲学的特质、现实功能及其历史流变，可以把握晚年恩格斯思想的内在逻辑及其传播效力，在中国马克思主义哲学研究与传播中彰显其大众品格与时代精神，以喜闻乐见的中国话语讲述马克思主义哲学精髓，以思想的力量促进当代中国文化的繁荣与发展，因而具有重要的学术价值和现实意义。

（原载《求实》2015 年第 6 期）

三

重思晚年恩格斯的“唯物主义辩证法”
——兼及《自然辩证法》手稿解读

自从普列汉诺夫阐述辩证唯物主义原理以来，工人哲学家约瑟夫·狄慈根提出的“辩证唯物主义”这个概念经改造后成为马克思主义哲学的别名，这种改造的合理性根据可以追溯至晚年恩格斯对新哲学的理论规定。晚年恩格斯对狄慈根的哲学观念作出有限肯定，并以唯物主义辩证法为他和马克思的理论命名。仅从名称上看，强调唯物主义辩证法与辩证唯物主义的差别，无异于缺乏思想内涵的语言游戏；但从这种哲学遭到误解的境遇来看，回到晚年恩格斯的阐释语境，重审唯物主义辩证法的理论价值与历史限度，合理把握辩证唯物主义的理解史，则是穿越种种过度批评的迷雾，呈现唯物主义辩证法的现代思维力度的有效路径。为此，需要重思晚年恩格斯对新哲学的理论规定，在对重要概念的解读和比较中审视唯物主义辩证法的所指与能指。

（一）辩证唯物主义与唯物主义辩证法

马克思在《德意志意识形态》中阐释的“新唯物主义”具有鲜明的现代特色，因而又被恩格斯称作“现代的唯物主义”，这种“现代”是相对于古代唯物主义和庸俗唯物主义而言的，其实质是具有辩证思维和历史视野的唯物主义“新世界观”。晚年恩格斯在《路德维希·费尔巴哈和德国古典哲学的终结》中用“唯物主义辩证法”指称他和马克思的新哲学，这种表述伴随着对狄慈根这位工人哲学家在自学中找到新唯物主义哲学方法的肯定。当然，这种肯定是有限的。因为晚年恩格斯深知对待黑格尔哲学的困难，相关的思维扬弃与理论提纯需要具有马克思辩证继承的哲学水准，需要以超越费尔巴哈式的唯物主义思路颠倒黑格尔哲学语境中的主谓关系，进而确立现代哲学的实践逻辑，而这种对待黑格尔哲学的方式正是晚年恩格斯确认“新世界观”的重要理论支点。

被恩格斯称作“最好的工具和最锐利的武器”[①]的唯物主义辩证法是对黑格尔辩证法的唯物主义重置的结果，尽管马克思从未对自己的哲学作如是命名，但他对辩证法和唯物主义的双重看重是毋庸置疑的。晚年恩格斯这样称呼他和马克思的哲学并无不妥，问题是对自然观具有浓厚兴趣的恩格斯以唯物主义自然观理解唯物主义历史观，这种“科学”思路既不同于旧形而上学，也不同于马克思哲学运思的逻辑次序。概言之，尽管都将自然和历史纳于同一进程，但在马克思看来，唯物主义历史观是在先的，没有人的自然“等于无”；而在恩格斯看来，唯物主义历史观是自然观在人类社会的展开。正如普列汉诺夫所言，“因为辩证唯物主义涉及到历史，所以恩格斯有时将它叫作历史的。这个形容词不是说明唯物主义的特征，而只表明应用它去解释的那些领域之一”[②]。如果唯物主义历史观只是用来表明唯物主义自然观的运用领域，此外没有任何特殊的意义，就在一定程度上弱化了历史的人文价值。

当这种思路为普列汉诺夫和列宁所认同，进而成为苏联教科书体系的哲学根基之后，编写辩证唯物主义教科书的苏联学者比晚年恩格斯走得更远。也就是说，苏联哲学教科书的辩证唯物主义并不是对恩格斯理论的复制，尽管恩格斯所言之唯物主义辩证法是苏联哲学教科书的重要思想资源，但运用思想资源之后的哲学表达与对思想资源的重述不可同日而语。因而，这里对辩证唯物主义和唯物主义辩证法的区分，实则在于探究辩证唯物主义的恩格斯话语和苏联哲学教科书话语的差别，或言之，晚年恩格斯不能为苏联教科书哲学思维承担全部责任，对晚年恩格斯所作的各种过度批评都是成问题的。这样就需要界定晚年恩格斯的思路与苏联哲学教科书思路的各自特征。

恩格斯对唯物主义自然观的强调并非晚年的理论新见，实则是长期学术积累的结果。他对自然科学的浓厚兴趣在青年时代就已露端倪，在退居商界并移居伦敦之后的最初 8 年，他的主要精力都放在研究追踪自

①《马克思恩格斯选集》第 4 卷，人民出版社 2012 年版，第 250 页。

②《普列汉诺夫哲学著作选集》第 2 卷，三联书店 1961 年版，第 311 页。

然科学的最新进展，并探究自然科学与人类社会的关系问题上，这项研究的结论是：“在自然界里，正是那些在历史上支配着似乎是偶然事变的辩证法运动规律，也在无数错综复杂的变化中发生作用；这些规律也同样地贯串于人类思维的发展史中，它们逐渐被思维着的人所意识到。”①而他重视自然科学的前沿成果，归纳人类社会发展一般规律的目的是，把握时代环境和社会条件，为共产主义运动提供与时俱进的理论依据。值得注意的是，恩格斯并未对自然界作现成的理解，正如他所言：“自然界不是存在着，而是生成着和消逝着。”②这与苏联哲学教科书专注于自然的客观性之类论述的差别还是明显的。

鉴于恩格斯对18世纪法国唯物主义的批评，他应该不会赞赏苏联哲学教科书的思维逻辑。他既重视以喜闻乐见的笔触书写和传播唯物主义辩证法，又警惕将其庸俗化的倾向，这从他对毕希纳、杜林特别是对狄慈根的评价中可见一斑。他曾在给马克思的信中说：“这个人不是天生的哲学家，而且一半是靠自学出来的。从他使用的术语上一下子就可以看出他的一部分知识来源（例如，费尔巴哈、你的书和关于自然科学的各种毫无价值的通俗读物），很难说他此外还读过什么东西。术语自然还很混乱，因此缺乏精确性，并且常常用不同的术语重复同样的东西。其中也有辩证法，但多半是星星点点，没有什么关联。关于自在之物是想象之物的描述，如果能够肯定这是他自己的创造，那么这种描述应当说是很出色的，甚至是天才的。他这本著作中有许多地方很机智，而且，尽管语法上有缺点，但是表现了出色的写作才能。总的说来，他有一种值得注意的本能，能够在这样缺乏基础性研究的情况下苦思冥想出这么多正确的东西。”③换言之，通过自学提出辩证唯物主义的狄慈根固然值得肯定，但是，狄慈根运用辩证唯物主义得出的结论并非都是深刻的和精辟的，这种尺度也适用于对苏联哲学教科书中某些观点的评价。

俄国马克思主义哲学家和苏联哲学教科书的编者之所以具有准确传递晚年恩格斯哲学思想的自信，原因不仅在于解读恩格斯的结论自信，

①《马克思恩格斯选集》第3卷，人民出版社2012年版，第386页。
②《马克思恩格斯选集》第3卷，人民出版社2012年版，第852页。
③《马克思恩格斯选集》第4卷，人民出版社2012年版，第478—479页。

而且还从恩格斯的相关表达中找到了一定的根据。例如，普列汉诺夫1891年在一篇文章中将马克思主义哲学规定为“辩证唯物主义”，恩格斯读后说“好极了”。所以，当普列汉诺夫在他翻译的《路德维希·费尔巴哈和德国古典哲学的终结》俄文第二版序言中说出这番话——“唯物主义自然观是我们辩证法的基础……黑格尔的辩证法是和形而上学符合的，而我们的辩证法是以自然学说为依据的”[①]——的时候，经他解释的唯物主义辩证法远比恩格斯的论述更能直接构成苏联哲学教科书的根据，加之晚年恩格斯对普列汉诺夫的肯定，强化唯物主义自然观的哲学书写便顺理成章了。尽管这种书写不仅有别于晚年恩格斯的观点，而且与普列汉诺夫也有不可忽视的差别。

毋庸置疑，苏联哲学教科书在东方国家的影响很大程度上超过了马克思主义哲学创始人的原典，因为不是每个人在青年时代都会通过学习马克思和恩格斯的哲学经典著作而深入理解马克思主义哲学，很多人对马克思主义哲学的理解仅限于教科书。我们知道，全然否定苏联哲学教科书价值的做法是浅薄的，它在特定历史时期对东方国家的科学启蒙为当时其他著作所不能替代。但是，它的简单化、体系化的缺陷也是明显的。应当看到，“‘辩证唯物主义’在两个方面具有明显的重要欠缺：第一，它从实体的自然观出发，把唯物主义历史观当成其在历史观中运用的成果；第二，它是为体系而建构的”[②]。晚年恩格斯应该为这种哲学的弊端承担一定的责任，但决不是全部！简单化的论证思路、教条化的讲述逻辑以及缺乏灵活性的认知模式均与晚年恩格斯哲学无涉。在这个意义上，他的唯物主义辩证法不是苏联哲学教科书的辩证唯物主义的代名词。

这样，当我们剔除了对晚年恩格斯哲学的过度批评之后，再来理解晚年恩格斯哲学的内在逻辑，较之让晚年恩格斯的唯物主义辩证法承担过重的指责，便会得到更为公允的结论。达此目的，需要深入解读《自然辩证法》这部晚年恩格斯未及完成的重要哲学残篇，并在互文解读中

①《普列汉诺夫哲学著作选集》第3卷，三联书店1962年版，第79、87页。

② 胡大平：《回到恩格斯：文本、理论和解读政治学》，江苏人民出版社2011年版，第429页。

理解晚年恩格斯强调唯物主义辩证法和自然观的价值与限度，探究这种自然观与自然哲学和历史辩证法的关系，这是全面把握晚年恩格斯哲学要义的必经之途。

（二）超越自然哲学:《自然辩证法》手稿解读

晚年恩格斯对自然辩证法的论述散见于《反杜林论》《路德维希·费尔巴哈和德国古典哲学的终结》《家庭、私有制和国家的起源》等诸多哲学文献中，但是,《自然辩证法》手稿无疑是恩格斯论述这个问题最集中的文本。这部由10篇论文、大量札记和片段组成的手稿是恩格斯花费10多年时间研究自然科学的哲学心得，他认为这种努力是"确立辩证的同时又是唯物主义的自然观"的需要之一。[①]应该说，恩格斯在这方面下的功夫很大，其准备工作涉及对自然科学近百部代表作和大量最新自然科学动态的阅读和把握。这部手稿的最初写作时间是1873年，他在这一年5月30日写给马克思的信中说:"今天早晨躺在床上，我脑子里出现了下面这些关于自然科学的辩证思想……自然科学的对象是运动着的物质，物体……对运动的各种形式的认识，就是对物体的认识。"[②]接着，恩格斯从"最简单的运动形式""本义上的物理学""化学"和"有机体"四个方面简要表达了自己的认识。这可以说是《自然辩证法》写作提纲的初稿，恩格斯在此基础上写了《自然科学的辩证法》札记，此后到1876年5月，他完成了94篇札记和全书导言。由于写作《反杜林论》等原因，这项研究一度中断，直至1878年恩格斯才回到这项研究上来，并撰写了具体的计划。遗憾的是，因共产主义运动的顾问工作和应邀完成其他学术写作任务，这项研究直到恩格斯逝世也未完成，他

① 另一个需要是对数学的研究，马克思的《数学手稿》恰好完成了这项工作，因而恩格斯有将马克思的《数学手稿》和他的《自然辩证法》一起出版的设想。

②《马克思恩格斯选集》第4卷，人民出版社2012年版，第508—509页。值得提及的是，马克思在次日的回信中说:"我没有时间对此进行认真思考，并和'权威们'商量，所以我不敢冒昧地发表自己的意见。"《马克思恩格斯全集》第33卷，人民出版社1973年版，第86—87页。此后10年间，马克思均保持这个态度，这与他对恩格斯《国民经济学批判大纲》的多次赞赏是很不相同的。

在逝世前不久还认真清理了这部手稿，将181篇文章分为四束[①]，并分别加了标题。

对恩格斯来说如此重要的手稿，却未得到德国社会民主党领袖的足够重视，他们甚至有隐藏这部手稿出版的企图。值得提及的是，当梁赞诺夫到柏林搜集马克思恩格斯文献，准备编辑出版这部手稿的时候，伯恩施坦提出了不同意见。伯恩施坦请爱因斯坦评价这部手稿的价值，爱因斯坦于1924年6月30日作出这番评价："爱德华·伯恩施坦先生把恩格斯的一部关于自然科学内容的手稿交给我，托付我发表意见，看这部手稿是否应该付印。我的意见如下：要是这部手稿出自一位并非作为一个历史人物而引人注意的作者，那么我就不会建议把它付印，因为不论从当代物理学的观点来看，还是从物理学史方面来看，这部手稿的内容都没有特殊的趣味。可是，我可以这样设想：如果考虑到这部著作对于阐明恩格斯的思想的意义是一个有趣的文献，那是可以出版的。"[②]应当注意的是，爱因斯坦的评价尽管是从"当代物理学的观点"和"物理学史"的角度作出的，但这个评价在哲学界产生了很大的影响。

从完整出版马克思恩格斯文献的角度考虑，苏联马克思恩格斯研究院完成了对《自然辩证法》的编辑，并于1925年在苏联国家出版社出版。[③]该文本出版之后引起热议，大多数苏联学者高度评价这部手稿的价值，认为可以将这部手稿视为"《资本论》的自然科学导言"，此后"就应当产生出独特的马克思主义的百科全书……在恩格斯之后唯物辩证法基本规律的定义就被表述为自然界、社会和思维发展的最一般规律"[④]。而西方马克思学界对这种规律的归纳方式及其价值存在着严重的质疑，因而矮视这部手稿的价值。自卢卡奇以来，从人的实践活动角度

① 恩格斯将《反杜林论》的旧序、《路德维希·费尔巴哈和德国古典哲学的终结》的删略部分也放在这部手稿中，说明这三个文本的主题之间具有密切关联，它们从不同角度展示了"新世界观"的理论布局。

② 参见许良英等编译：《爱因斯坦文集》第1卷，商务印书馆1976年版，第202页。

③ 该文本以德文和俄文对照形式呈现，不包括恩格斯写的《自然辩证法》计划草案，增加了一篇悼念肖莱马的文章，编排以写作年代为次序，收入《马克思恩格斯文库》第2卷，其德文版同时在德国法兰克福国际出版社出版。

④ [苏]凯德洛夫著，殷登祥译：《论恩格斯的〈自然辩证法〉》，三联书店1980年版，第38页。

确认辩证法的革命性并对自然辩证法表示各种明显的拒斥从未停息[①]，在肯定历史唯物主义的理论思潮中否定自然辩证法的做法十分常见。抛开冷战思维的干扰，从学术层面重思“自然辩证法”的价值以及百年来的争论，至少需要回答两个问题：一是超越自然哲学的自然辩证法具有怎样的学术价值？二是基于自然科学进展的自然辩证法能否揭示人类历史领域的规律并合理地更新人类关于自然与社会之间关系的思维结构？

先看第一个问题。关于自然的本性及其与人的关系问题是自然哲学的研究对象。自亚里士多德以来，这个重大的哲学问题得到很多哲学家的高度关注，直至黑格尔的《自然哲学》几乎总括以往研究的精华。概言之，这个问题涉及两种研究路向，一个是“自然的哲学”，即关于自然的本体论研究；另一个则是“关于自然的哲学”，主要是对自然作认识论研究。多数研究属于后一种范畴，是一种与物理学相近乃至同一的理论研究，这项研究无疑是警惕形而上学侵入的；马克思的博士论文则主要反映了前一种范畴，而且是从政治哲学角度立意的。晚年恩格斯试图建构一种超越既往的新自然观，他认为这种理论建构是对自然科学前沿成果的反映，具有扬弃旧自然观的客观基础。“新的自然观就其基本点来说已经完备：一切僵硬的东西溶解了，一切固定的东西消散了，一切被当作永恒存在的特殊的东西变成了转瞬即逝的东西，整个自然界被证明是在永恒的流动和循环中运动着。”[②]在恩格斯看来，人是在自然界产生的，始终是自然界的一部分，人所构成的社会与自然界始终保持着紧密的关联。人与其他自然界的生命的最大不同在于自觉地创造“历史”，但在物质的永恒循环中，人的有限性是明显的，“最高发展的时间，即有机生命的时间，尤其是具有自我意识和自然界意识的人的生命的时间，如同生命和自我意识的活动空间一样，是极为有限的”，“思维着的精神”尽管是“物质的最高的精华”[③]，但终究是由物质所产生的。

人是万物之灵长，却也终究是自然界的产物，合理理解人在自然中的位置是一种“新科学”的研究态度。而从新哲学的角度看，这种科学

① 参见张立波：《质疑自然辩证法：从卢卡奇到莱文》，《中州学刊》2008年第5期。

②《马克思恩格斯选集》第3卷，人民出版社2012年版，第855—856页。

③ 参见《马克思恩格斯选集》第3卷，人民出版社2012年版，第864页。

就是辩证法。晚年恩格斯致力“阐明辩证法这门同形而上学相对立的关于联系的科学的一般性质”。“辩证法作为科学”意味着什么呢？恩格斯将其归结为“量转化为质和质转化为量的规律”“对立的相互渗透的规律”“否定的否定的规律”[①]。概言之，作为科学的辩证法实质上就是三大规律。恩格斯在这里指出，黑格尔早已在《逻辑学》中归纳这三大规律，但黑格尔的表述是神秘主义的唯心论。恩格斯认为辩证法从根本上讲是客观的，“所谓的客观辩证法是在整个自然界中起支配作用的，而所谓的主观辩证法，即辩证的思维，不过是在自然界中到处发生作用的、对立中的运动的反映”[②]。这样的结论已经走出了传统的自然哲学，而且具有普遍的适用性。晚年恩格斯因而批判费尔巴哈对自然哲学的迷恋，在他看来，“辩证法被看作关于一切运动的最普遍的规律的科学。这就是说，辩证法的规律无论对自然界中和人类历史中的运动，还是对思维的运动，都必定是同样适用的”[③]。因为辩证法不是从外部注入自然界，而是从自然界中归纳出来的，这种超越自然哲学的理论贡献应该是恩格斯对自然辩证法的学术期许之一。

再看第二个问题。生成于自然界中的人具有反映自然的普遍性，但通常看来，人之为人恰恰因为具有超越自然本性的更高的文化规定。现实的人性或曰社会性使人具有其他自然生命不具备的能力，因而在万物中卓然超凡，人类文明的丰富与发展是这种超凡的品格延续并提升的历史性证明。恩格斯看到人之于自然的独特价值，更看重自然对人的存在的意义，他在二者的关系方面对人们最重要的启示莫过于这段话：“我们不要过分陶醉于我们人类对自然界的胜利。对于每一次这样的胜利，自然界都对我们进行报复。每一次胜利，起初确实取得了我们预期的结果，但是往后和再往后却发生完全不同的、出乎预料的影响，常常把最初的结果又消除了……因此我们每走一步都要记住：我们决不像征服者统治异族人那样支配自然界，决不像站在自然界之外的人似的去支配自然界——相反，我们连同我们的肉、血和头脑都是属于自然界和存在于

①《马克思恩格斯选集》第3卷，人民出版社2012年版，第901页。
②《马克思恩格斯选集》第3卷，人民出版社2012年版，第908页。
③《马克思恩格斯选集》第3卷，人民出版社2012年版，第978页。

自然界之中的；我们对自然界的整个支配作用，就在于我们比其他一切生物强，能够认识和正确运用自然规律。”① 固然如此，但是自然界的规律真的能够用来说明历史领域的事实吗？这是一些后世哲学家诟病晚年恩格斯的关键所在。

很多学者都认为晚年恩格斯以实证科学取代自然哲学，自然辩证法乃是恩格斯及其效仿者以知识统一性的“认识论”名义提出的，他们把知识的统一性归结为存在的“一元论”。宣称存在自然的辩证法，强调把物质的事实在过去、现在和未来的时间延展中“整体化”。这与那些理性观念极为相似②，“从历史上和从分析上说来，相信自然辩证法，这是从普罗提诺到黑格尔的每一种形而上学唯心主义体系的中心学说”③。人类历史确实具有似自然性，但将其完全融入自然科学中加以理解，显然低估了人性的现实存在方式。类似的理解都很有道理，但是也不乏对恩格斯的过度批评。因为晚年恩格斯在强调自然科学及其对人类研究的意义的同时指出，“人的思维的最本质的和最切近的基础，正是人所引起的自然界的变化，而不仅仅是自然界本身；人在怎样的程度上学会改变自然界，人的智力就在怎样的程度上发展起来”④。“把动物界的生活规律直接搬到人类社会中来是不行的。”⑤ 也就是说，晚年恩格斯在超越自然的人类社会研究方面是留有余地的，而这些阐述显然遭到了严重的忽视。

批评晚年恩格斯的哲学家们使用的最重要的理论武器是历史辩证法，即一种超越自然辩证法的适用于研究人类历史的新世界观，以历史辩证法批评晚年恩格斯的理论见解是最为常见的哲学路径。应该说，较之自然辩证法而言，历史辩证法对人类社会的研究优势是明显的，这种研究思路既可以连贯本体论研究，也具有鲜明的方法论特征和价值论指

①《马克思恩格斯选集》第3卷，人民出版社2012年版，第998页。

②参见［法］萨特著，林骧华、徐和瑾、陈伟丰译:《辩证理性批判》，安徽文艺出版社1998年版，第221页。

③［美］悉尼·胡克著，金克等译:《理性、社会神话和民主》，上海人民出版社1965年版，第224页。

④《马克思恩格斯选集》第3卷，人民出版社2012年版，第922页。

⑤《马克思恩格斯选集》第3卷，人民出版社2012年版，第987页。

向。这个出自卢卡奇的概念影响深远，其他哲学家所谓人学辩证法、实践辩证法之类实质上都是历史辩证法的别名，而运用历史辩证法归纳马克思哲学，进而将其与恩格斯的自然辩证法相对立，是分析马克思和恩格斯的学术思想关系，然后比较以青年马克思为形象代言人的人道主义马克思主义和以晚年恩格斯为形象代言人的苏联哲学教科书体系的基本运思方式。这种运思对历史之于人的意义的强调无疑具有重要价值，但确实忽视了马克思一直强调的自然史和人类史的合二为一。应该说，晚年恩格斯对“自然史”和“人类史”同一的科学——历史科学的论述是非常着力的，他也不是苏联教科书哲学的代表，他也许在对人的自然规定方面走得有些远，但始终没有离开人类社会历史领域，尤其没有离开对经济生产和阶级斗争的研究。

（三）如何理解哲学的最后存在形式

澄清了上述两个问题，还需要对晚年恩格斯的哲学观加以定位，换言之，确认新哲学的命名——唯物主义辩证法、唯物主义历史观、共产主义世界观或现代唯物主义——固然重要，但更重要的是把握其主要内涵和思维特质。而关于这个问题，晚年恩格斯在《反杜林论》中说了与其在《路德维希·费尔巴哈和德国古典哲学的终结》中所说的类似的话：“一旦对每一门科学都提出要求，要它们弄清它们自己在事物以及关于事物的知识的总联系中的地位，关于总联系的任何特殊科学就是多余的了。于是，在以往的全部哲学中仍然独立存在的，就只有关于思维及其规律的学说——形式逻辑和辩证法。其他一切都归到关于自然和历史的实证科学中去了。”[①] 也就是说，形式逻辑和辩证法是哲学的最后存在形式，其余已经成为自然哲学和历史科学的研究内容了，由于哲学作为总联系的特殊科学之作用近乎失效，它在自然科学和历史科学中就已经没有存在的余地了。真的如此吗？

从通常的理解来看确乎如此，各种指责也纷至沓来，恩格斯甚至被看作是哲学终结论者。其实，这里存在着对恩格斯的误解。恩格斯确实提出德国古典哲学的终结，但不是指全部哲学的终结，他还是很重视

①《马克思恩格斯选集》第3卷，人民出版社2012年版，第400页。

哲学科学在历史科学中的位置的，而哲学科学在自然科学中的位置从自然辩证法研究中更是一目了然。恩格斯实则提纯一种类似纯粹哲学的领域，或者说他所说的代替旧形而上学的哲学只研究两个问题，一个是人类思维，另一个则是历史规律。在这个意义上，唯物主义辩证法是这种哲学的重要表现方式，而自然辩证法实际上是研究自然界及其与人类之间关系问题的一种新科学，因而，将自然辩证法等同于辩证唯物主义缺乏对晚年恩格斯哲学阐释的足够理解。消弭对恩格斯的这种误解，需要明晰两个问题：其一是如何理解形式逻辑和辩证法；其二是如何把握在自然科学和历史科学中存在的哲学样态。

前一个问题涉及两方面，关于辩证法的全新特征及其唯物主义基础，尽管一直存在争议，但恩格斯已经作了深刻而详尽的论述，结论也是清楚的；理解这个问题的难度在于形式逻辑，因为恩格斯多次用辩证逻辑批评“旧的纯粹的形式逻辑”。既然如此批判，为何还要将形式逻辑作为未来哲学的两种存在样式之一呢？从辩证逻辑产生以来的发展途径看，恩格斯提出的这种逻辑通常指唯物主义辩证法，或者说是将辩证法注入逻辑学之后的形式，形式上是逻辑学而实质上是辩证法；而形式逻辑是“初级逻辑”[①]，也就是逻辑学的基础构成形式。换言之，形式逻辑是逻辑学的基本样态，辩证逻辑是以辩证法面对形式逻辑的结果，这种努力固然旨在提升形式逻辑，确认各种形式逻辑之间的隶属关系，但并未否定形式逻辑的基本价值，恩格斯只是不满意于“旧的纯粹的形式逻辑”，换言之，逻辑学不应是生活世界之外的纯粹之思，形式逻辑内部的研究一经突破，就应该自觉地运用于社会历史领域。

因而，不能否定形式逻辑的价值，那样等于将恩格斯确定的未来哲学的两种内容视为辩证逻辑和辩证法，实质上剥离了逻辑学的基础内

① 参见［罗］H. 沃德著，胡泽洪译：《辩证法和辩证逻辑》，《哲学译丛》1988 年第 5 期。以及［罗］昂利·瓦尔德著，杨熙令译：《论辩证逻辑》，《国外社会科学》1978 年第 1 期。当然，这种看法并非逻辑学界的共识，很多将逻辑学视为居于哲学之外的思维科学的研究者将辩证逻辑视为“哲学逻辑”“非经典逻辑”或者是对逻辑的哲学反思，认为若将辩证逻辑视为逻辑学之一种，则需要研究其推理形式并使之形式化。关于辩证逻辑与形式逻辑之间关系的争论数年来未曾停息，质疑辩证逻辑的理论品格的论述并不鲜见。

容，这是不符合恩格斯本意的。在恩格斯看来，哲学具有多种社会功能，它在全部社会生活领域中都在场，但这种在场的哲学并非以纯粹思维的方式存在的，而表现为与其所在领域的科学水乳交融，从而使历史科学具有哲学内涵。如果说以往的哲学是科学之科学，现代哲学则因融入各个领域而成为历史科学，仅存的独立的哲学样态是形式逻辑和辩证法，这两种样态都是关于思维的学说。也就是说，纯粹哲学是研究思维规律的，它所替代的是以往的形而上学。质言之，在恩格斯看来，今后的哲学严格来说只有逻辑学和辩证法，其余的内容与具体科学交织在一起，固然可以将其宽泛地理解为广义的哲学，但从各门具体的实证科学或历史科学方面加以定位也并无不可。

第二个问题实则第一个问题的进一步展开，恩格斯这种见解在当代哲学的发展进程中得到了很大程度的诠证。恩格斯“给哲学下的定义是：哲学是关于思维的学说。他说其余的一切说法都只有历史上的意义，早就成为陈词滥调了”①。那么，现在的哲学仍然面对两个场域：解释世界和改变世界。解释世界的任务是由形式逻辑和辩证法这两种关于思维的学说来完成的，而问题在于改变世界，这个任务是由历史科学或实证科学完成的。研究历史科学，可以在各种历史事实的基础上归纳事物发生发展的规律，进而运用规律解决问题。“现代唯物主义本质上都是辩证的，而且不再需要任何凌驾于其他科学之上的哲学了。”②因为这种辩证法已经成为新的哲学基础理论，而且这种理论是与时俱进的，“随着自然科学领域中每一个划时代的发现，唯物主义也必然要改变自己的形式”③。至于苏联哲学教科书屡屡用自然科学领域的创新来证明现代唯物主义的科学性，则不应由恩格斯承担责任，因为苏联哲学教科书在自然科学的每一次划时代发现中几乎都没有改变自己的形式，辩证唯物主义和历史唯物主义原理的体系化呈现样态始终是苏联哲学标志性特征④，除

①［俄］阿·沃登：《和恩格斯的谈话》，中共中央编译局编：《回忆恩格斯》，人民出版社2005年版，第124页。

②《马克思恩格斯选集》第3卷，人民出版社2012年版，第400页。

③《马克思恩格斯选集》第4卷，人民出版社2012年版，第234页。

④参见［苏］哥斯塔夫·威特尔著，周辅成等译：《辨证唯物主义：苏联哲学之历史的和系统的概观》，商务印书馆1963年版，第1—3页。

了弗罗洛夫在苏联社会晚期试图改变这种局面且没有多大奏效之外，其余的苏联教科书的编写理念几乎是一以贯之的。

如果这种解释是合理的，那么再来看马克思与恩格斯的学术思想关系，就不应该过度解读了。马克思并不反对恩格斯的自然辩证法研究，甚至也不反对其研究结论，他只是不关心这项研究，不仅因为这项研究存在着很强的时效性，而且还因为这项研究的价值不足以与论证共产主义运动合理性的历史唯物主义相比。恩格斯也意识到了这些问题，一方面，他的主要精力都投入历史唯物主义理论的多重阐释以及对国际共产主义运动的指导上，以至于《自然辩证法》这项他钟爱的研究到他生命的终点都没有完成；另一方面，恩格斯意识到这项研究的有限性，为此特别指出："理论自然科学的进步也许会使我的劳动绝大部分或者全部成为多余的。"① 所有理论的价值都是在历史中体现的，当历史走得更远的时候，"马克思学派"的理论当然要进一步丰富和发展，止步不前地为过时的理论辩护是没有多大意义的，因为历史发展过程中会涌现很多需要解决或进一步解决的问题，问题在于改变世界。

综上所述，晚年恩格斯构建的"唯物主义辩证法"多年来遭到种种误读，主要的争议围绕自然辩证法展开。重思晚年恩格斯对哲学的规定，需要理解自然辩证法与自然哲学以及历史辩证法的关系，需要分析晚年恩格斯界定的哲学的最后存在样态意味着什么。为此不必讳言恩格斯阐释自然辩证法的有限性，在历史发展进程中更新原有的理论形式，本来就是恩格斯的基本观点。之所以提出作为新哲学的"现代唯物主义"，乃是为了确认唯物主义的时代特征，包罗万象的旧形而上学在新兴科学的浪潮中已经显得过时了，恩格斯的替代方案是形式逻辑和辩证法，对经典的哲学问题还需要在思维领域进一步探索，其余内容则融入历史科学。后者已经在当代哲学的发展进程中得到很大程度的证实，而前者何以可能，本身就是哲学的经典问题，这个问题近乎等同于"哲学是什么"，值得每个哲学研究者终生探索。

（原载《教学与研究》2015 年第 4 期）

①《马克思恩格斯选集》第 3 卷，人民出版社 2012 年版，第 387 页。

四

晚年恩格斯国家观的政治哲学解读

自黑格尔以降，关于国家及其与市民社会之间关系的讨论是很多政治哲学家关注的重要问题。例如，稍晚于马克思的两位英国政治哲学家伯德纳·鲍桑葵和伦纳德·霍布豪斯分别在《关于国家的哲学理论》和《形而上学的国家论》中表达了几乎完全不同的两种观点，前者以“左翼黑格尔派”的思路为黑格尔国家理论辩护，后者则以自由主义政治哲学批判黑格尔关于国家体现绝对精神的论调。众所周知，青年马克思在《黑格尔法哲学批判》及其导言中对国家与市民社会关系加以重置，此后在很多文献中论证了国家的本质及其必将消亡的结局。晚年恩格斯在历史语境中进一步阐述国家的起源、本质与功能，这种历史阐释思路与对“公共权力”的解读浸润着政治哲学沉思，其兼具历史与现实的哲学行文力透纸背。这种政治哲学阐释以历史唯物主义为学理起点，所以初始问题是，国家是如何产生的？

（一）“国家的起源”与国家形式的范例

从国家的历史源流角度看，“国家的起源”经历了漫长的前史，国家的产生是社会分工的结果。晚年恩格斯在《家庭、私有制和国家的起源》中集中论述了国家的起源问题，借鉴摩尔根对国家形式更替的人类学描述，勾勒了国家产生之前的社会概况。恩格斯在实现亡友遗愿的过程中，以历史唯物主义的方式强化了摩尔根未予突出的经济方面的论证，这个思路在该书1884年第一版序言中呈现得非常清楚。他在历史语境中解析作为社会形式的家庭和氏族，两种形式的各自构成与历史沿革都很复杂，它们都是基于血缘确立的。社会分工的发展突破了人际关系的血缘基础，家庭和氏族都不能满足人类交往的需要，而在人类的交往日益多样的同时，交往的选择逐渐基于各自的物质所有，私有观念的实践分解了社会的共有财富，氏族已无法控制人类的实践选择，国家的产生遂成为历史的必然。

恩格斯深知国家的产生与私有观念兴起的关系，他强调："国家并不是从来就有的。曾经有过不需要国家、而且根本不知国家和国家权力为何物的社会。"[①] 同时指出，在氏族社会晚期，国家呼之欲出，当时"所缺少的只是一件东西，即这样一个机关，它不仅保障单个人新获得的财富不受氏族制度的共产制传统的侵犯，不仅使以前被轻视的私有财产神圣化，并宣布这种神圣化是整个人类社会的最高目的，而且还给相继发展起来的获得财产从而不断加速财富积累的新的形式，盖上社会普遍承认的印章；所缺少的只是这样一个机关，它不仅使正在开始的社会分裂为阶级的现象永久化，而且使有产者阶级剥削无产者阶级的权利以及前者对后者的统治永久化……而这样的机关也就出现了，国家被发明出来了"[②]。可见，国家是历史发展的必然产物，它是有产阶级的历史发明，就是用来实现阶级统治永久化的机关，国家从产生那一刻起就存在的问题需要在历史中扬弃。

从国家存在的三种范式角度看，希腊、罗马和德意志是三种典型范式，它们对后来的国家的形成具有示范意义。其中，"雅典是最纯粹、最典型的形式：在这里，国家是直接地和主要地从氏族社会本身内部发展起来的阶级对立中产生的。在罗马，氏族社会变成了封闭的贵族制，它的四周则是人数众多的、站在这一贵族制之外的、没有权利只有义务的平民；平民的胜利炸毁了旧的血族制度，并在它的废墟上面建立了国家，而氏族贵族和平民不久便完全溶化在国家中了。最后，在战胜了罗马帝国的德意志人中间，国家是直接从征服广大外国领土中产生的"[③]。尽管上述三种国家的产生方式不同，但它们都与这一事实紧密相关："在经济发展到一定阶段而必然使社会分裂为阶级时，国家就由于这种分裂而成

①《马克思恩格斯选集》第4卷，人民出版社2012年版，第190页。

②《马克思恩格斯选集》第4卷，人民出版社2012年版，第122—123页。

③《马克思恩格斯选集》第4卷，人民出版社2012年版，第186页。

为必要了。”[①]国家代替氏族制度是社会分裂为阶级的结果；社会分裂为阶级是社会分工的结果，作为历史产物的国家所具有的阶级成因归根结底要到经济生产生活中去寻找答案。

由于社会分工的程度不同，一些氏族制度可以通过变换形式来延续，但这并不能改变被国家替代的历史趋势。恩格斯强调国家并非黑格尔所谓“伦理观念的现实”，而是代替氏族的具有强制性的权力机关，“国家是承认：这个社会陷入了不可解决的自我矛盾，分裂为不可调和的对立面而又无力摆脱这些对立面。而为了使这些对立面，这些经济利益互相冲突的阶级，不致在无谓的斗争中把自己和社会消灭，就需要有一种表面上凌驾于社会之上的力量，这种力量应当缓和冲突，把冲突保持在‘秩序’的范围以内；这种从社会中产生但又自居于社会之上并且日益同社会相异化的力量，就是国家”[②]。这就是在氏族制度的废墟上矗立的权力机关，它与氏族制度最大的区别就是内部存在对立，也正是因为这种差别，较之氏族只是以舆论控制社会而言，它的强制控制手段在国家的三种典型范式中均清晰可见。

从国家形式的经典范例角度看，巴黎公社（La Commune de Paris）的政权尽管短暂，却是力图摒弃国家负面效应的经典尝试。之所以将巴黎公社的政权视为国家形式的经典范例，因为“它所采取的各项具体措施……显示出走向属于人民、由人民掌权的政府的趋势”[③]。在马克思看来，巴黎公社“把靠社会供养而又阻碍社会自由发展的国家这个寄生赘瘤迄今所夺去的一切力量，归还给社会机体”[④]，因而避免了国家的弊端。马克思是在《法兰西内战》中说这段话的，晚年恩格斯在为这个政治哲学文本撰写的导言中进一步指出[⑤]，巴黎公社是“新的真正民主的国家政权”。“先生们，你们想知道无产阶级专政是什么样子吗？请看巴黎公社。

①《马克思恩格斯选集》第4卷，人民出版社2012年版，第190页。

②《马克思恩格斯选集》第4卷，人民出版社2012年版，第186—187页。

③《马克思恩格斯选集》第3卷，人民出版社2012年版，第107页。

④《马克思恩格斯选集》第3卷，人民出版社2012年版，第101页。

⑤ 恩格斯与马克思的国家观在“国家形成的标志性因素”与“国家的性质和职能”等方面存在着“细微差异”。参见刘军:《马克思晚年笔记新解读——兼论马克思恩格斯国家起源思想的异同》,《学术论坛》2007年第1期。

这就是无产阶级专政。”[①]概言之，巴黎公社的政权之所以优越，乃是由于政府属于人民，权力归还给社会，此乃无产阶级专政的表征，这样的国家形式尽管也终将消亡，却是过渡到共产主义的范例。

巴黎公社展示了建构国家的理性选择，国家必然体现统治阶级的利益，只有统治阶级具有人民性，统治阶级的利益和人民的利益同一，国家才能代表社会公正地行使权力。在巴黎公社之前，所有的国家都是“当时独自代表整个社会的那个阶级的国家：在古代是占有奴隶的公民的国家，在中世纪是封建贵族的国家，在我们的时代是资产阶级的国家”[②]。现代资产阶级国家当然是文明时代的产物，但是，它不是文明国家的范例。因为“现代国家，不管它的形式如何，本质上都是资本主义的机器，资本家的国家，理想的总资本家。它越是把更多的生产力据为己有，就越是成为真正的总资本家，越是剥削更多的公民”[③]。建构现代意义上的文明国家，必须使权力的所有者及其利益体现公共性，而这实则展示了国家政权的双重属性，辩证解读国家政权的双重属性，是晚年恩格斯政治哲学的重要内容，这种解读不仅对国家的既往形式作出明确的批判，也为建构理想的国家形式提供了合理的思路，其中的关键在于，行使公共权力、诉求公共利益的国家为人民所有。

（二）作为“公共权力”的国家及其双重属性

当国家在旧氏族的废墟上确立，对国民的划分就开始以地区而不是以血缘为标准了，包括武装的人以及监狱等各种强制设施在内的公共权力也开始发挥作用。国家的产生体现了权力的公共性，晚年恩格斯明确指出：“国家的本质特征，是和人民大众分离的公共权力。”[④]这个观点在《论住宅问题》中被表述为：“在社会发展的某个很早的阶段，产生了这样一种需要：把每天重复着的产品生产、分配和交换用一个共同规则约束起来，借以使个人服从生产和交换的共同条件。这个规则首先表现为

①《马克思恩格斯选集》第 3 卷，人民出版社 2012 年版，第 55—56 页。
②《马克思恩格斯选集》第 3 卷，人民出版社 2012 年版，第 668 页。
③《马克思恩格斯选集》第 3 卷，人民出版社 2012 年版，第 666 页。
④《马克思恩格斯选集》第 4 卷，人民出版社 2012 年版，第 132 页。

习惯，不久便成了法律。随着法律的产生，就必然产生出以维护法律为职责的机关——公共权力，即国家。”① 概言之，国家是遵守共同规则和维护法律的公共权力，改变社会生活的政治向度，必须以政治的方式获得进而行使这种公共权力，因而，政治斗争的关键实则是新旧公共权力的现实更迭。

作为公共权力的国家体现阶级利益的对立，这是国家内在蕴含的根本矛盾，这种矛盾必将外化为阶级性和公共性的对抗。国家的确立是人们诉求公共利益的需要，但国家确立之后必然展现“自己的运动”，即国家“获得了同授权给他们的人相对立的特殊利益”，而且“同这些人相对立而独立起来”。② 国家内蕴的双重属性体现为，一方面，国家因自身的特殊利益而体现阶级属性；另一方面，国家因社会的共同需要而体现公共属性。因为具有公共属性，国家必然履行自身的公共职能；因为具有阶级属性，国家必然诉求自身的特殊利益。人们关注公共权力的行使状况，特别是“随着时间的推移，这些机关——为首的是国家政权——为了追求自己的特殊利益，从社会的公仆变成了社会的主人”③，人们必将追问，“起先的公仆在情况有利时怎样逐步变为主人”④，进而追问国家的合法性问题。

这种追问关注的全部症结都是公共属性之外的国家职能，也就是管理公共事务的国家何以不能满足人们的社会需要，甚至攫取了人们的公共利益。国家是现代社会公共事务的管理者，“国家的阶级性和它的公共性必然是合为一体的，而且没有这种公共性，国家也必然失去其存在的合理性或合法性”⑤。国家的双重属性要求其必须安顿公共利益覆盖人们的基本需要，即确保普遍利益的合理实现，合理规划利益分配的格局是国家长治久安的前提。“国家合法性问题不在于如何掩盖国家活动和资本主义经济之间的功能联系，以利于解释意识形态的共同利益……相

①《马克思恩格斯选集》第3卷，人民出版社2012年版，第260页。
②《马克思恩格斯选集》第4卷，人民出版社2012年版，第609页。
③《马克思恩格斯选集》第3卷，人民出版社2012年版，第54页。
④《马克思恩格斯选集》第3卷，人民出版社2012年版，第559页。
⑤ 阎孟伟：《国家的性质、职能及其合法性——从恩格斯的国家学说谈起》，《马克思主义与现实》2011年第2期。

反，国家有责任在纲领和规划上把功能失常的副作用限制在人们可以接受的范围内。”[①] 这个道理为政治家所熟知，在何种程度上以何种方式协调阶级性和公共性之间的张力，体现了政治家的执政能力和行使权力的艺术。

公共权力是公共利益的现实承担者，作为实体上层建筑的国家归根结底是为经济基础所决定的，国家权力反映经济基础并对其产生反作用。“由于国家是从控制阶级对立的需要中产生的，由于它同时又是在这些阶级的冲突中产生的，所以，它照例是最强大的、在经济上占统治地位的阶级的国家，这个阶级借助于国家而在政治上也成为占统治地位的阶级，因而获得了镇压和剥削被压迫阶级的新手段。”[②] 在这个意义上，只有遵从统治阶级的意志，国家才“允许公民在他们居住的地方实现他们的公共权利和义务”[③]。反之，公民或放弃公共权利和义务，或以现实的方式革除原有的国家暴力，后者往往是前者长期积郁的结果，历史上爆发的风起云涌的社会革命几乎都出于民众对既有阶级统治的不满。在国际工人运动风起云涌的时代语境中，晚年恩格斯对此作出进一步强调与具体阐释。

首先，晚年恩格斯强调国家的权力本质与利益根基。“一切政治权力起先都是以某种经济的、社会的职能为基础的。”[④] 国家是实现统治阶级利益的权力实体，国家权力必然反映统治阶级的利益诉求，“政治权力不过是用来实现经济利益的手段”[⑤]，“国家就是通过保护关税、自由贸易、好的或者坏的财政制度发生作用的”[⑥]。从利益角度理解国家行为，可以清楚地把握社会关系的利益格局，因为“每一既定社会的经济关系首先表现为利益”[⑦]。所有的国家策略几乎都以统治阶级的利益选择为根

①［德］哈贝马斯著，郭官义译：《重建历史唯物主义》，社会科学文献出版社 2000 年版，第 283 页。
②《马克思恩格斯选集》第 4 卷，人民出版社 2012 年版，第 188 页。
③《马克思恩格斯选集》第 4 卷，人民出版社 2012 年版，第 187 页。
④《马克思恩格斯选集》第 3 卷，人民出版社 2012 年版，第 563 页。
⑤《马克思恩格斯选集》第 4 卷，人民出版社 2012 年版，第 257 页。
⑥《马克思恩格斯选集》第 4 卷，人民出版社 2012 年版，第 649 页。
⑦《马克思恩格斯选集》第 3 卷，人民出版社 2012 年版，第 258 页。

基，这是国家得以持续发挥作用的前提。“政治统治到处都是以执行某种社会职能为基础，而且政治统治只有在它执行了它的这种社会职能时才能持续下去。”[①]现实中的国家是否与经济基础处于同一向度，往往决定了国家的前途和命运。“它可以沿着同一方向起作用，在这种情况下就会发展得比较快；它可以沿着相反方向起作用，在这种情况下，像现在每个大民族的情况那样，它经过一定的时期都要崩溃；或者是它可以阻止经济发展沿着某些方向走，而给它规定另外的方向——这种情况归根到底还是归结为前两种情况中的一种。”[②]因而，国家永远都无法超越自身的权力本质与利益根基。

其次，晚年恩格斯强调国家是压制阶级冲突的“第三种力量”。“一个这样的社会，只能或者存在于这些阶级相互间连续不断的公开斗争中，或者存在于第三种力量的统治下，这第三种力量似乎站在相互斗争着的各阶级之上，压制它们的公开的冲突，顶多容许阶级斗争在经济领域内以所谓合法形式决出结果来。”[③]国家是站在各阶级之上压制阶级冲突的第三种力量，这种力量不是从外部强加于社会的，而是在社会中自然生成的。[④]当然，国家权力对阶级冲突的压制也有例外，“那时互相斗争的各阶级达到了这样势均力敌的地步，以致国家权力作为表面上的调停人而暂时得到了对于两个阶级的某种独立性”[⑤]。无论如何，这种力量

①《马克思恩格斯选集》第 3 卷，人民出版社 2012 年版，第 559—560 页。

②《马克思恩格斯选集》第 4 卷，人民出版社 2012 年版，第 610 页。

③《马克思恩格斯选集》第 4 卷，人民出版社 2012 年版，第 185—186 页。

④ 法国哲学家列菲弗尔这样评价马克思和恩格斯的国家观：“正像人们所看到的那样，马克思和恩格斯激烈地抨击国家，在他们看来，国家与市民社会毫不相干，它外在于市民社会，并且竖立在市民社会之上，它产生于这种社会内部的各种对立。因而，关于国家，只需记住它的这种由于同人民、特别是同工人阶级毫不相干而产生的镇压性的特征就足够了。因此，国家是寄生的，甚至它的官员们也感到自己居于人民之上。由于国家具有这种双重的特征（既与市民社会毫不相干又是镇压性的），就应该通过一种‘人民革命’摧毁它，摧毁这种国家并调转过头来，摧毁‘人民革命’本身的政治强力。”参见［法］亨利·列菲弗尔著，李青宜等译：《论国家——从黑格尔到斯大林和毛泽东》，重庆出版社 1988 年版，第 199—200 页。这种批判的思路缺乏对马克思与恩格斯国家观的充分理解，他们自青年时代起就始终认为国家与市民社会紧密相关，而革命的目的乃是使公共权力日益回归社会所有。

⑤《马克思恩格斯选集》第 4 卷，人民出版社 2012 年版，第 189 页。

所发挥的作用具有明显的公共性，这种公共权力根植于经济基础并体现为一种经济力量。“在任何地方和任何时候，都是经济条件和经济上的权力手段帮助‘暴力’取得胜利，没有它们，暴力就不成其为暴力。”[①]可以说，作为第三种力量的国家反映了阶级性和公共性的共存格局。

再次，晚年恩格斯强调改造国家的必要性与可能性。在恩格斯看来，民主共和国是国家的最高形式，“它是无产阶级和资产阶级之间的最后决定性斗争只能在其中进行到底的国家形式——这种民主共和国已经不再正式讲什么财产差别了”[②]。但是，国家的阶级性与公共性之间的矛盾并未消解。“国家无非是一个阶级镇压另一个阶级的机器，而且在这一点上民主共和国并不亚于君主国。”[③]因而，必须在改造中革除国家的弊端，改造的范例就是巴黎公社，这个短暂的公共权力机关避免社会公仆变为社会主人。晚年恩格斯在为《法兰西内战》1891年单行本所作的导言中指出：“公社采取了两个可靠的办法。第一，它把行政、司法和国民教育方面的一切职位交给由普选选出的人担任，而且规定选举者可以随时撤换被选举者。第二，它对所有公职人员，不论职位高低，都只付给跟其他工人同样的工资。公社所曾付过的最高薪金是6000法郎。这样，即使公社没有另外给代表机构的代表签发限权委托书，也能可靠地防止人们去追求升官发财了。”[④]通过民主普选产生的国家公职人员不为升官发财，只为在公共生活中发挥自身的社会价值，其核心价值理念应当是为人民服务。

由于国家的阶级性与公共性之间的矛盾无法从根本上消解，改造国家的前途只能是使公共权力回归社会所有，即国家离开历史舞台。历时短暂的巴黎公社避免公共权力机关凌驾于社会之上，避免回到黑格尔对国家与市民社会关系所作的阐述逻辑中。但是在现实生活中，“官吏既然掌握着公共权力和征税权，他们就作为社会机关而凌驾于社会之上”[⑤]。扭转这种积弊的现实道路是使国家从阶级性走向公共性，使阶级利益成

①《马克思恩格斯选集》第3卷，人民出版社2012年版，第551页。
②《马克思恩格斯选集》第4卷，人民出版社2012年版，第189页。
③《马克思恩格斯选集》第3卷，人民出版社2012年版，第55页。
④《马克思恩格斯选集》第3卷，人民出版社2012年版，第55页。
⑤《马克思恩格斯选集》第4卷，人民出版社2012年版，第188页。

为公共利益，在未来的社会共同体中更好地承载并行使公共权力。从长远角度看，“阶级不可避免地要消失，正如它们从前不可避免地产生一样。随着阶级的消失，国家也不可避免地要消失。在生产者自由平等的联合体的基础上按新方式来组织生产的社会，将把全部国家机器放到它应该去的地方，即放到古物陈列馆去，同纺车和青铜斧陈列在一起”[①]。当阶级消亡的时候，仅具有公共性的国家转换为社会共同体，人的个性自由与全面发展的时代真正开始了。

可见，巴黎公社是改造国家的典范，这种改造过的公共权力实行无产阶级专政，无产阶级专政的目的是实现人民的利益，这种利益体现着有史以来最可观的公共性，而这种改造的前途乃是国家的消亡。作为无产阶级政权的雏形，巴黎公社将国家政权收归社会所有，此举为马克思与恩格斯所心仪。晚年恩格斯这样归纳巴黎公社政权的所有人——无产阶级对“国家”的态度：“胜利了的无产阶级也将同公社一样，不得不立即尽量除去这个祸害的最坏方面，直到在新的自由的社会条件下成长起来的一代有能力把这国家废物全部抛掉。”[②]那么，国家的消亡何以可能？此后以何种公共权力管理社会呢？

（三）现代国家的存在状况与未来走向

关于国家及其走向的判断是马克思政治哲学与其他政治哲学家的国家理论最大的差别之一，很多政治哲学家正是据此质疑马克思政治哲学的合法性。[③]这种境况在晚年恩格斯政治哲学中同样如此。究其原因可见，马克思与恩格斯基于历史唯物主义的政治哲学视域更为深远。国家在相当长的历史时期内存在，是毋庸置疑的历史判断，这种判断使很多政治哲学家无暇顾及遥远历史之后的事情。在漫长的历史岁月及至当今时代乃至较为久远的将来，国家利益几乎牵涉每个国民的政治神经，爱国主义是每个国民最高贵的品德之一，力图更好地发挥公共权力的职

①《马克思恩格斯选集》第4卷，人民出版社2012年版，第190页。

②《马克思恩格斯选集》第3卷，人民出版社2012年版，第55页。

③ 参见臧峰宇:《马克思政治哲学的基本观念与当代启示》,《中国人民大学学报》2008年第4期。

能，始终是国家发展的重要指向。因而，晚年恩格斯对国家问题的政治阐释更为现实，他在思考无产阶级与国家的关系的过程中理解国家的现代境遇，他关心的问题是：无产阶级是否都通过暴力革命获得国家政权？无产阶级如何治理新国家？现代国家将向何处去？

在回答这些问题的过程中，晚年恩格斯综合审视以往的研究成果而作出恰当的学术说明，但他从事研究的目的并非成为职业学者，而是改变世界的现实需要，因而其全部写作都是政治性的。暴力革命被马克思视为历史的火车头，这个思路被 20 世纪很多东方国家的政治实践所证实，晚年恩格斯同样重视暴力革命的历史作用。同时，他在《1891 年社会民主党纲领草案批判》中提出了另一种可能性："可以设想，在人民代议机关把一切权力集中在自己手里、只要取得大多数人民的支持就能够按照宪法随意办事的国家里，旧社会可能和平地长入新社会。"① 认真解读该文的语境可见，恩格斯强调具体情况具体对待，在英美法等国可以考虑议会道路，而在德国就不适宜。也就是说，晚年恩格斯没有放弃暴力革命的道路，但他为适宜议会的国家提供了新的政治实践的出路，即以更小的代价获得政权，确立无产阶级的国家制度。

当时，恩格斯清楚地看到俄国革命的发展趋势，他关心的是革命能否夺取胜利以及胜利之后怎么办。为此，他提出两个关键的问题："俄国革命正在日益迫近，这都是显而易见的事情。问题只在于这个革命的结果可能怎样，将会怎样？"② 以及"在资本主义社会本身完成这一革命以前，俄国公社如何能够把资本主义社会的巨大生产力作为社会财产和社会工具而掌握起来呢？"③ 如果处理不好这两个问题，那么"自上而下的国家社会主义"④ 就不是"真正的进步"，甚至"在社会的生产方式中引起停滞甚至倒退"⑤。换言之，无产阶级必须取得胜利，胜利之后必须处理好旧国家残存的物质和精神资源，必须以更先进的方式治理国家。毋庸置疑，取得革命的胜利是重要的前提，但在恩格斯看来，更重要的在

①《马克思恩格斯选集》第 4 卷，人民出版社 2012 年版，第 293 页。
②《马克思恩格斯选集》第 3 卷，人民出版社 2012 年版，第 327 页。
③《马克思恩格斯选集》第 4 卷，人民出版社 2012 年版，第 312 页。
④《马克思恩格斯选集》第 4 卷，人民出版社 2012 年版，第 318 页。
⑤《马克思恩格斯选集》第 3 卷，人民出版社 2012 年版，第 323 页。

于掌握国家政权，提升社会生产方式，提高国家治理的能力与水平，推动历史真正地进步。

达此宏愿，当然要改造以往的国家模式，扬弃旧式的官僚机关。恩格斯在1884年1月致伯恩施坦的信中这样解释他在《共产党宣言》1872年德文版序言中对工人不能简单掌握现成的国家机器的论述："至于您以前对《宣言》序言中引用《法兰西内战》一书的一个地方所提出的询问，您大概会同意原书中所给予的答复……这仅仅是为了指明下列事实：胜利了的无产阶级在能够利用旧的官僚的、行政集中的国家机构来达到自己的目的之前，必须把它加以改造。"①改造的模式是建立民主共和国，以民主制度扬弃官僚制度，"我们的党和工人阶级只有在民主共和国这种形式下，才能取得统治。民主共和国甚至是无产阶级专政的特殊形式"②。事实确实如此，但这只是现代社会的政治状况，晚年恩格斯进一步展望更为久远的历史前景，对国家问题的政治哲学阐释为人们开启了新的社会图景。

现代国家的发展趋势只有一个，那就是使公共权力回归社会，国家统治模式退出历史舞台。同马克思一样，晚年恩格斯在这方面的论述也相当丰富，特别是他清楚地看到国家的历史走向，认为国家的消亡既不会永久不来，也不会转瞬而至。他在1883年4月写给菲·范派顿的回信中说："马克思和我从1845年起就持有这样的观点：未来无产阶级革命的最终结果之一，将是称为国家的政治组织逐步解体直到最后消失。这个组织的主要目的，从来就是依靠武装力量保证富有的少数人对劳动者多数的经济压迫。随着富有的少数人的消失，武装压迫力量或国家权力的必要性也将消失。同时我们始终认为，为了达到未来社会革命的这一目的以及其他更重要得多的目的，工人阶级应当首先掌握有组织的国家政权并依靠这个政权镇压资本家阶级的反抗和按新的方式组织社会……无政府主义者把事情颠倒过来了。他们宣称，无产阶级革命应当从废除国家这种政治组织开始。但是，无产阶级在取得胜利以后遇到的唯一现成的组织正是国家。这个国家或许需要作一些改变，才能完成自己的新

①《马克思恩格斯全集》第36卷，人民出版社1975年版，第81页。

②《马克思恩格斯选集》第4卷，人民出版社2012年版，第294页。

职能。但是在这种时刻破坏它，就是破坏胜利了的无产阶级能用来行使自己刚刚夺取的政权、镇压自己的资本家敌人和实行社会经济革命的唯一机构。”[①] 在这段长文中可见，从取得国家政权、治理新国家到国家的消亡是历史的逻辑，无政府主义的做法恰恰相反，这样不仅不会更好地行使公共权力，而只能造成混乱，因为国家在相当长的历史时期内还将发挥无可替代的现实功能。

之所以得出如此结论，是因为无产阶级在相当长的历史时期内还需要国家，也就是历史尚未发展到扬弃国家的时代。“当无产阶级还需要国家的时候，它需要国家不是为了自由，而是为了镇压自己的敌人，一到有可能谈自由的时候，国家本身就不再存在了。”[②] 那时，“作为国家的国家”就不复存在了，国家作为社会而存在。“国家真正作为整个社会的代表所采取的第一个行动，即以社会的名义占有生产资料，同时也是它作为国家所采取的最后一个独立行动。那时，国家政权对社会关系的干预在各个领域中将先后成为多余的事情而自行停止下来。那时，对人的统治将由对物的管理和对生产过程的领导所代替。”[③] 这样，国家就不再是国家，而是整个社会的代表，这时，公共性成为社会的唯一属性，在这样的时代，“人类的理智一定会强健到能够支配财富，一定会规定国家对它所保护的财产的关系，以及所有者的权利的范围。社会的利益绝对地高于个人的利益，必须使这两者处于一种公正而和谐的关系之中。只要进步仍将是未来的规律，像它对于过去那样，那么单纯追求财富就不是人类的最终命运了”[④]。人们在共同行使公共权力的过程中享有公共利益，实现个性自由与全面发展，人类真正的历史开始了。

综上所述，晚年恩格斯在《家庭、私有制和国家的起源》、《法兰西内战》1891 年单行本导言、《1891 年社会民主党纲领草案批判》、《反杜林论》、《论住宅问题》1887 年第二版序言以及一些书信等重要文本中对国家问题的论述秉持与马克思共同的理论旨趣，他结合新的时代条件作

①《马克思恩格斯选集》第 4 卷，人民出版社 2012 年版，第 558—559 页。

②《马克思恩格斯选集》第 3 卷，人民出版社 2012 年版，第 349 页。

③《马克思恩格斯选集》第 3 卷，人民出版社 2012 年版，第 668 页。

④ 转引自《马克思恩格斯选集》第 4 卷，人民出版社 2012 年版，第 195 页。

出更为具体的哲学阐释。晚年恩格斯对作为第三种力量的国家及其双重属性的规定，对国家的权力本质和利益根基的强调，对改造国家的必要性与可能性的阐释切中肯綮。他对国家的起源、本质与职能的归纳，对国家的双重属性与公共权力的政治解析，对很多与国家和社会相关的具体问题所作的富有时代感的哲学解答，仍是当今建构马克思主义政治哲学的思想资源，具有重要的理论意义与实践价值。

（原载《广西社会科学》2014 年第 4 期）

五

实质正义与晚年恩格斯的住宅理论

——《论住宅问题》解读

公平正义是自古以来人们建构社会秩序的重要标准，也是在现代经济运行过程中为人们所普遍接受的价值原则，但公平正义的理想能否成为现实以及如何成为现实，进而是否应当坚守公平正义原则以及如何坚守这种原则，始终是考量政治哲学家的实践智慧的关键问题。可以说，在政治哲学史上探究正义问题的理论文本汗牛充栋，各种理论模型和理想设计愈益精致，但“永恒公平”（Fiat justitia）的理想原则似乎在人们对其改变现实社会公正状况之乏力的质疑中被束之高阁。因而，鲜有现代思想家不重视公平正义原则的现实境遇，在不同程度上以实质正义的现实理路替代永恒公平的乌托邦论调已成为当代政治哲学研究的常见之举。而当我们将目光投向晚年恩格斯哲学经典文本，恰可直面他在论战中对永恒公平的驳斥，这些话语穿透了公平正义的非现实性，体现了实质正义原则，至今不乏启示意义。

（一）“永恒公平”，还是实质正义？

与马克思一样，晚年恩格斯没有系统阐述政治哲学的理论文本，他的正义观念是在论战中得到清晰表述的。面对将公平正义原则视为自然公理的非现实性论说，晚年恩格斯探讨了公平正义原则的形成过程，认为它最早源自约束人们的生产和交换的习惯性规则，后来规则形成了法律，进而形成了以维护法律为职责的权力机关，当法律通过立法得到发展的时候，似乎就不是从经济生产生活，“而是从自身的内在根据中，可以说，从‘意志概念’中，获得它存在的理由和继续发展的根据”。后来，新的社会分工产生了法学家群体，法学家将法的体系中多少相似的东西称为自然法，“而衡量什么算自然法和什么不算自然法的尺度，则是法本身的最抽象的表现，即公平”。当公平进入永恒视域，就不再是因时因地考量的尺度，而成为观念化神圣化的标准。[①] 这番论述出自晚年恩格斯的政治经济学批判力作《论住宅问题》。

这部名著让我们将目光转向 140 多年前的德国：因获得法国为普法战争失败而支付的几十亿法国法郎赔款，当时的德国成为有能力参与世界市场的工业国家。工业的发展使大量农村工人涌向柏林等大城市，造成了城市住房短缺问题。这个问题在当时的伦敦、巴黎和维也纳也很常见。为此，埃·萨克斯和阿·米尔柏格分别在《各劳动阶级的居住条件及其改良》和《住宅问题》中提出了解决问题的设想，从中体现的蒲鲁东主义观点遭到恩格斯的质疑。恩格斯分别在《人民国家报》1872 年第 51—53 号、第 103—104 号以及 1873 年第 2—3 号上发表了两篇批评文章《蒲鲁东怎样解决住宅问题》和《资产阶级怎样解决住宅问题》，米尔柏格稍后在《人民国家报》1872 年第 86 号上对恩格斯的批评加以反驳，恩格斯为此又以“再论蒲鲁东和住宅问题”为题在《人民国家报》1873 年第 12—16 号上作出了回应。

《人民国家报》编辑部在 1872 年底至 1873 年初分别将恩格斯的上述三篇文章作为单行本在莱比锡出版，其中第二篇文章的单行本曾被德国政府列为查禁书籍[②]，但这道禁令使该书“销路大增”。三篇文章的合订本 1887 年 3 月在霍廷根—苏黎世出版，恩格斯为此撰写了序言并作了增补和注释，阐明了三篇文章的写作缘由与历史语境。恩格斯的立论基于国际工人运动的发展，当时多数工人已从接受蒲鲁东主义而改为阅读《资本论》和《共产党宣言》等“马克思学派”的著作，开始“以社会的名义占有全部生产资料”[③]，从而提高了政治实践的效果。因而，恩格斯的批评主要指向蒲鲁东主义的历史意义，对讲坛社会主义者和小资产阶级社会主义者等少数仍然信奉蒲鲁东主义的人们加以警示，同时对

① 参见《马克思恩格斯选集》第 3 卷，人民出版社 2012 年版，第 261 页。

② 参见《德意志帝国通报和普鲁士王国国家通报》(柏林) 第 302 号，1878 年 11 月 6 日，第 2 页。

③ 参见《马克思恩格选集》第 3 卷，人民出版社 2012 年版，第 182 页。

解决住宅问题的各种不合理或不现实的思路分别作出批评，这些在他对住宅问题解决方案的分析中可以获得清晰的理解。[①]

为了理解晚年恩格斯住宅理论中浸润的实质正义观念，我们要借助对其他文本的解读。首先应回到青年恩格斯的《国民经济学批判大纲》，这部文本“使马克思确信：和资产阶级经济学家不同，不应当把经济关系看成是某种永恒的、自在自为的东西，而应当看成是历史的产物；经济关系必然包括在历史过程中并为历史过程所扬弃；必须从资本主义经济制度的矛盾性来批判这一制度；应当把这一制度的消灭看成是它本身辩证发展的结果”[②]。青年恩格斯对经济领域中永恒公平的否定深刻影响了马克思，以解决现实问题的实质公平正义观念驳斥空洞的公平道德说教，是他们此后从未改变的原则。这在《反杜林论》及其准备材料中体现得尤为清楚，恩格斯在这里申明实践先于原则的历史唯物主义立场，“原则不是研究的出发点，而是它的最终结果；这些原则不是被应用于自然界和人类历史，而是从它们中抽象出来的；不是自然界和人类去适应原则，而是原则只有在符合自然界和历史的情况下才是正确的”[③]。有实际效用的理论原则通常都是在现实经济生产生活的基础上设定的，而平等的理想在社会现实中更具有正义的正当性。“平等是正义的表现，是完善的政治制度或社会制度的原则，这一观念完全是历史地产生的……为了得出平等 = 正义的命题，几乎用了以往的全部历史，而这只有在有了资产阶级和无产阶级的时候才能做到。”[④]这时的正义不再停留在真空中，而作为实践原则日益走向如火如荼的社会生活。

实质正义原则之所以具有政治哲学的合理价值，因为它质疑的乃是以 18 世纪启蒙学者的政治理想建构的世界，其中不合理和非正义的现实

① 恩格斯对住宅问题的精彩阐述体现了马克思主义住宅理论的特质，即在关于资本主义的全部政治经济学中分析住宅问题，这较之自由派和保守派的资产阶级经济学家的解释和分析具有更强大的力量。参见 Stephen E. Barton. “The Urban Housing Problem: Marxist Theory and Community Organizing”. *Review of Radical Political Economics*, 1977:(9)。

② [法] 奥古斯特 · 科尔纽著，王以铸等译:《马克思恩格斯传》第 2 卷，三联书店 1965 年版，第 138 页。

③《马克思恩格斯选集》第 3 卷，人民出版社 2012 年版，第 410 页。

④《马克思恩格斯文集》第 9 卷，人民出版社 2009 年版，第 352　353 页。

告诉人们："真正的理性和正义至今还没有统治世界，这只是因为它们没有被人们正确地认识。"① 认识的偏差主要不在于理论自身，而在于理论建构在缺乏足够实践考量的情境下造成的偏斜。在恩格斯如下论证中我们可以看到平等和正义原则的现实性："平等仅仅存在于同不平等的对立中，正义仅仅存在于同非正义的对立中，因此，它们还摆脱不了同以往旧历史的对立，就是说摆脱不了旧社会本身。这就已经使得它们不能成为永恒的正义和真理。在共产主义制度下和资源日益增多的情况下，经过不多几代的社会发展，人们就一定会达到这样的境地：侈谈平等和权利就像今天侈谈贵族等的世袭特权一样显得可笑；同旧的不平等和旧的实在法的对立，甚至同新的暂行法的对立，都要从实际生活中消失；谁如果坚持要求丝毫不差地给他平等的、公正的一份产品，别人就会给他两份以示嘲笑。"② 正义和平等当然是我们赞同的社会理想，但如果将其抽象为脱离现实的理论应当，就会因缺乏现实内容而让深怀期望的人们一无所获。

在现代社会运行逻辑中，经济生产生活是使正义现实化的基础，因而实质正义原则要到政治经济学中去寻找。关于这个问题，恩格斯在《做一天公平的工作，得一天公平的工资》一文中指出："在道德上是公平的甚至在法律上是公平的，而从社会上来看很可能是很不公平的。社会的公平或不公平，只能用一种科学来断定，那就是研究生产和交换的物质事实的科学——政治经济学。"③ 这门现代科学让人们剥离意识形态的表象，触及理想原则的现实根基，关于人们在何种程度上坚守正义原则以及如何坚守这种原则，因而就有了现实的答案。正如恩格斯在《反杜林论》中所言："对现存社会制度的不合理和不公平、对'理性化为无稽，幸福变成苦痛'的日益觉醒的认识，只是一种征兆，表示在生产方法和交换形式中已经不知不觉地发生了变化，适合于早先的经济条件的社会制度已经不再同这些变化相适应了。"④ 当旧的政治原则不适应生产

①《马克思恩格斯选集》第3卷，人民出版社2012年版，第393页。
②《马克思恩格斯文集》第9卷，人民出版社2009年版，第354页。
③《马克思恩格斯全集》第19卷，人民出版社1963年版，第273页。
④《马克思恩格斯选集》第3卷，人民出版社2012年版，第655页。

力发展要求的时候，必然要以适应现实经济制度的原则替换之，这正是以实质正义超越永恒公平的现实语境。

如果在公平正义的形式与内容之间选择，人们更看重的往往是后者，其中体现的乃是坚守理想的实然逻辑。我们从晚年恩格斯为《哲学的贫困》德文第一版撰写的序言中可以更清楚地看到这种逻辑的现实内涵："按照资产阶级经济学的规律，产品的绝大部分并不属于生产这些产品的工人。如果我们说，这是不公平的，不应该这样，那么这首先同经济学没有什么关系。我们不过是说，这个经济事实同我们的道德感相矛盾……但是，从经济学来看形式上是错误的东西，从世界历史来看却可能是正确的。如果群众的道德意识宣布某一经济事实，如当年的奴隶制或徭役制是不公正的，那么这就证明这一经济事实本身已经过时，另外的经济事实已经出现，由此原来的事实就变得不能忍受和不能维持了。"①仅仅作为意识形态的公平原则是一种形式规定，而问题在于以之改变人们的现实生活境遇是否可能，基于政治经济学批判的实质正义原则因而成为人们在现代社会理应接受的政治哲学观念。

（二）如何理解关于住宅问题的解决方案？

现在我们将目光转向晚年恩格斯论住宅问题的历史语境，当时资产阶级解决住宅问题方案的核心是工人应拥有住宅所有权，但对如何获得这种权利提出了很多缺乏普遍适用性的方案。"恩格斯的祖父在十八世纪创立了他们家的产业，据说他是第一个成立工厂社区盖房子给工人住的工厂老板，房子所有权归工人，然后从他们的工资中扣除房子贷款。"②这种做法确实是缓解城市住宅问题的一种出路，在工业不发达的德国不

①《马克思恩格斯文集》第 4 卷，人民出版社 2009 年版，第 203—204 页。

②［美］艾德蒙·威尔森著，刘森尧译:《到芬兰车站：马克思主义的起源及发展》，麦田出版社 2000 年版，第 155 页。曼·克利姆则指出，恩格斯的"曾祖父早就在谷地修建了不少工人住房，让一批技术高超的工人骨干居住……恩格斯的祖父继续修建工人住宅，因而谷地发展成了下巴门的一个特殊地区。1796 年，他为工人的子女在布鲁赫街区（后来的布鲁赫街 10 号）修建了一所小学"。也就是说，恩格斯的曾祖父就已经给工人修建住房了。参见［德］曼·克利姆著，中央编译局译:《恩格斯文献传记》，湖南人民出版社 1986 年版，第 30—31 页。

失为一种良策，但在德国工业化和城市化进程中，其严重的弊端在于加大了资本的获利空间，即更多地剥夺了工人劳动的剩余价值，且让工人被束缚在某个工厂而在思想上和政治上毫无作为。恩格斯对住宅问题的论述开始于对上述思路的批判，其主旨并非将工人束缚在工厂主建造的住宅中，而是促进作为德国古典哲学继承者的德国工人运动走向更广阔的地域，进而取得普遍的胜利。

恩格斯在这里的思路显然源自马克思在《资本论》中的阐述，实则关于住宅问题的政治经济学批判，从中呈现的政治哲学内涵具有典型的历史唯物主义特质。确实，德国城市化进程恶化了工人的住宅条件，不仅使很多工人居住在狭小的空间，甚至居无定所，而且大幅度提高了房租，霍乱、伤寒等流行病因住宅条件的恶化而迅速在城市蔓延。另外，城市中心原有的低廉住宅被拆毁，改建为昂贵的住宅，进一步恶化了工人的居住条件。[①] 为了解决这个严峻的社会问题，参与德国社会民主运动的年轻知识分子米尔柏格在 25 岁时发表了《住宅问题社会概略》一文，迷恋蒲鲁东学说的他在这篇文章中指出，消除住宅租赁制是工人获得解放的最主要方式，这里既涉及政治经济学论证和具体计算，也涉及从法的观念角度确认的“永恒公平”原则。恩格斯对此进行了双重批判，并明确提出解决当时德国城市住宅问题的根本方法，从而确立了指向政治实践的住宅理论。

首先，米尔柏格将承租人与房主的关系混同为雇佣工人与资本家的关系。租房的实质是承租人“购买一定期限内的房屋用益权”，因而是一般的商品交易行为，与资本家占有工人的剩余价值不可同日而语。为了说明这种商品交易行为，恩格斯还分析了租金的构成——主要包括地

① 恩格斯曾在《英国工人阶级状况》中详细描述过这个现象。关于《论住宅问题》的一组书信的译者也对此作出简要说明，其中的数据可以让我们直观地感受到当时德国的住宅状况。“从 1871 年柏林的住宅统计资料来看，当时柏林的工人、小生意人和小手工业者的住宅是非常拥挤的。住在最多只有两个房间的住宅里的大约有六十万人。挤在只有一间卧室的小住宅里的有十六万人，平均要住七口人以上。这些住宅多半是地下室，对居住者的健康危害极大。另外，还有九万人居住条件更加恶劣。不仅如此，从 1870 年起，房租平均上涨大约百分之五点五到六。”参见《威廉·李卜克内西等人在〈论住宅问题〉写作时期写给恩格斯的一批未发表的书信·译者说明》，《马列主义研究资料》第 3 辑，人民出版社 1983 年版，第 86 页。

租、建筑资本的利息、修缮费和保险费以及建筑资本折旧费四部分。按照蒲鲁东主义的观点，将租金折换为部分购房款并累计起来获得住宅，就解决了城市住宅短缺问题。这个愿望固然有其合理性，但其中有很多现实难题。例如，房主是否愿意以多期收款的方式出售自己的住宅？工人能否在保障基本生存条件的前提下按期交付部分购房款？如果工人在搬迁过程中陷入“蚁居”状态或通过借高利贷等方式交付部分购房款，那么是否加重了生活负担？

其次，米尔柏格阐释住宅问题的理论原则是“永恒公平”和法的权利观念。这里触及了上面谈到的恩格斯理解正义问题的根本立场，蒲鲁东主义的策略是“逃到法的领域中去求助于永恒公平”，将全部学说“建立在从经济现实向法学空话的这种救命的跳跃上”。[①]此举将对现代无产者的同情寄托在法理感上，这与市场经济规律颇不一致，其思路基本停留在前工业时代的平等交换上。将这种解决办法当作“革命思想母腹中产生的最富有成果的和最辉煌的追求之一”，在恩格斯看来，显然是舍本逐末之举。从实际情况看，只要合理并充分地使用当时德国城市已有的住宅，让没有房子或住房拥挤的工人住进城市闲置的住宅，消灭城乡对立，就可以让工人享受根本的公共福利，如此解决当时这种棘手的社会问题显然更实际。

因而，恩格斯提出了根本的解决方案：“要消除这种住房短缺，只有一个方法：消灭统治阶级对劳动阶级的一切剥削和压迫。”[②]较之遭受资本家的剥削而言，城市住宅短缺并非现代资本主义生产方式的首恶，而无产者在当时被置于法律实际保护之外。基于历史唯物主义的现实策略是，在经济领域进一步推动工业革命的进程，使工人切实感受到自己的生活处境以及造成这种处境的现实原因，从而“获得精神解放的最首要的条件”[③]。对此，晚年恩格斯充满德意志民族的理论自信，他认为德国工人不会受到蒲鲁东主义的影响，因为他们比这位“第二帝国的社会主义者”的理论“先进了50年”，而其他国家的工人也将陆续走出蒲鲁东

① 参见《马克思恩格斯选集》第3卷，人民出版社2012年版，第196页。
②《马克思恩格斯选集》第3卷，人民出版社2012年版，第191—192页。
③ 参见《马克思恩格斯选集》第3卷，人民出版社2012年版，第198页。

主义的思想笼罩。在这个意义上，重读马克思的《哲学的贫困》，可以看清工人运动的出路，而马克思在《资本论》中所作的政治经济学批判是确立现实的住宅理论的思想支点。

在恩格斯看来，资产阶级关心工人住宅问题，固然有解决工业化进程中城市住宅短缺问题的愿望，但其出发点无疑是自身的利益和生活处境。为了清晰地阐明当时资产阶级解决城市住宅问题的利己性，恩格斯特别分析了埃·萨克斯反映一切资产阶级论述住宅问题文献的著作《各劳动阶级的居住条件及其改良》，认为其中引证的文献几乎充满了虚伪慈善主义的空话。埃·萨克斯试图运用政治经济学研究社会问题，以他所谓的社会经济学广泛改善各劳动阶级的住宅条件，将无产者提升为有产者，从而抹煞工人和资本家之间的雇佣关系，实现资产阶级社会主义。恩格斯尖锐地指出这种思路立足于道德说教，忽视现存的城市住宅条件，他们对投机活动的道德指责与对工人不知道保持健全生存之所的批评乃是源于无知。

自诩为社会精英的资本家为工人的居住条件之差感到惋惜，认为主要原因是工人酗酒和无聊娱乐，如果他们懂得节俭，认识到放弃政治活动并努力工作的重要性，就会过上舒适的生活。工人拼命工作、攒钱以改善住房条件，听起来似乎是一种务实的选择，但事实是很多人拼命工作、攒钱之后并不能改善生活状况，他们的房奴身份与持续上涨的房价保持在同一水平上。更有甚者，由此导致的工人内部的竞争会造成工资降低，出现工人越节俭就越贫穷的状况。恩格斯通过介绍资产阶级制定的工人住宅制度——小宅子制和营房制——来说明这只是“理想领域”里的观念，在现实中支配工人拥有住宅的是高利贷者、律师和法警，资本主义生产体系使工人很难拥有自己的住宅，更不会因为加倍劳动和节俭而成为资本家。

在这里，资本家和工人之间围绕住宅问题而产生的关系十分特别，并非市场经济中住宅商品的买卖关系。资本家可以帮助工人获得住宅，甚至在工人移民区建造各种福利设施，表达不乏温情的人道主义关怀，原因是这样可以获得丰厚的收入，这不仅体现在对工人剩余价值的无偿占有，而且体现在对房屋价格的垄断。对此，恩格斯在青年时代写作的

《英国工人阶级状况》中就作过精彩的描述，修建工人住房的投资会获得很好的收益。一旦双方达成交易，工人就必须放弃罢工而接受资本家提出的一切条件，否则立刻就会无家可归。换言之，工人的住房没有什么保障可言，利益的变化可以让资本家随时作出使工人离开原有住宅的决定。所以，对工人的欺骗以及“根深蒂固的自我欺骗”是资产阶级解决住宅问题的秘密。

至于像伦敦建筑协会这样的社会组织，通过收取会费构成基金，以贷款给工人购房的方式解决住宅问题的做法，恩格斯同样深为怀疑。因为这种建筑协会或建筑协作社不仅因此获得不菲的利息，而且实际上是一种投机组织，因之受益的工人基本上都是报酬最优者和监工，其他工人则没有条件享受这种“自助”的福利，因而从整个社会看并没有明显的效果。此外，当时在英国以国家立法等方式帮助工人拥有住宅的思路也收效甚微，因建筑费用便宜而造成房屋倒塌的情况并不少见，亦有不少官员在其中以权谋私，公共工程贷款法案或如一纸空文，或落实的幅度极低，似为沧海一粟。而从步入城市化进程的德国来看，几十亿战争赔款几乎没有一文被用来修建工人住宅，而力图改变城市住宅状况的“欧斯曼计划”基本上属于维护市容的权宜之计，貌似解决问题，实则引发很多新问题，并进一步恶化了城市住宅问题。

（三）晚年恩格斯住宅理论的要义及其当代价值

《论住宅问题》之所以被视为《哲学的贫困》的姊妹篇，原因在于蒲鲁东主义是这两个文本的作者共同的批评对象，前者实则是运用后者的基本思路在住宅问题上的进一步发挥。从恩格斯极富现实感的政治经济学批判中，我们可以看到，他提出解决城市住宅问题的根本方案是废除资本主义生产方式，仅仅致力于解决工人住宅问题的蒲鲁东主义方案不仅无助于解决社会问题，连工人住宅问题本身也解决不了，因为这些方案都没有触及造成城市住宅问题的根本原因。这些方案或许曾经“激动人心”，但基本上都是无视资本逻辑的臆想，不能构成解决住宅问题的实践原则。恩格斯从工人的实际需要出发，试图清除旧社会阻碍发展的因素，在工人的政治即社会革命中实现包括住宅问题在内的全部社会问题的解决。

之所以批判蒲鲁东主义解决住宅问题的“原则”，缘于其本质上是小资产阶级社会主义的改良思路，其中有很多对资本主义的模糊认识。蒲鲁东主义者喜欢探究工人和小资产阶级乃至社会中间阶级的共同问题，很多解决问题的方案实际上都满足了小资产阶级和社会中间阶级的利益，面对工人的社会改良计划实则将其转化为小资产阶级。支持这种思路的是“永恒的权利根据”，而消除住宅“不公平”现象的途径就是废除租赁制，鼓励工人通过努力变为小资产阶级，对资本家进行道德说教，这些与历史唯物主义无疑是背道而驰的。“永恒公平”一旦面对现实的经济关系和经济规律就立即显得空洞乏力，用这种在任何社会中都难以起到实际调节作用的至高无上的原则来解决在德国城市化进程中的住宅问题，效用极为微弱，而当时的德国工人如果以这种原则选择自己的生活道路，实际上就是遭到了误导。

现实的利益与永恒的公平，谁是调节社会经济政治生活的根本？这是不言而喻的。从永恒公平原则出发制定利益分配原则，还是从现实的利益关系出发制定实质正义原则，这是理解历史唯物主义公平正义观与永恒公平原则之间差别的关键。恩格斯以“德国的唯物史观”和“德国科学社会主义”的理论自信，运用《资本论》的政治经济学批判方法，在批判蒲鲁东主义和资产阶级住宅理论的过程中指出工人运动是解决住宅问题的根本途径。解决住宅问题，是处理城市生活危机和改善工人居住状况的实际需要，也是工业生产和农业生产的实际需要。达此愿望，既不能寄托于资本家信奉永恒公平的道德醒悟，也不能通过一系列改造工人适应资本逻辑的错误导向，而应促使联合的劳动者摆脱住宅的枷锁，消除资本主义生产方式，在社会革命这种推陈出新的政治实践中使工人成为社会的主人。

晚年恩格斯的住宅理论以及从中呈现的实质正义原则具有重要的理论价值和现实意义。在德国实现工业化和城市化的19世纪下半叶，德国工人运动是解决包括住宅问题在内的一切社会问题的总途径。恩格斯以历史唯物主义思路审视当时社会发展走势，以此批判蒲鲁东主义和资产阶级的住宅理论具有合理性根据，而在新的时代条件下灵活运用恩格斯的住宅理论仍具有一定的可能性和现实性。[①] 相关论述提示我们，看重平等是马克思主义正义论的明显优势，而实现平等的路径要到政治经济学中去寻找，在此基础上确定的正义原则应当符合生活实际。基于永恒公平原则的住宅理论除了误导人们的选择之外鲜有价值可言。审视当今时代的全球正义问题，应走出"永恒正义"的思想笼罩，进一步完善实质正义原则，为此不仅要考虑最小受惠者的最大利益，而且要使之成为社会现实。

当然，我们深知，近一个半世纪以来，尽管住宅领域的不平等现象仍然存在，但欧洲的住宅问题得到了逐步改观，这既是20世纪社会革命推动的结果，也与革命后欧洲社会福利制度的调节有很大关系，从中形成的实际经验具有借鉴意义。毋庸置疑，新自由主义的住宅策略并不是解决住宅问题的万应灵药，在解决欧洲住宅问题的过程中，以此构建的住房理论原则遭遇过不少实际无法克服的困难。应当看到，"全球金融危机，从根本上说植根于住房供给的私人市场模式，它提醒我们，新自由主义的住宅政策主要着眼于实现强大的资本主义房地产界的利益，而不是公众的利益"[②]。因而，回到晚年恩格斯住宅理论的必要性在于凸显如何在更大的程度上实现公众的利益，以及如何构建符合时代精神的实质正义原则。

改革开放以来，中国人的住宅观念发生了深刻的变化，住宅政策和调节住宅问题的办法也在不断变化。在中国住宅问题产生的各重要时期，都不乏学者重读恩格斯这部名著，从中探究符合实际的解决方案。近年来，随着房地产市场发展和住宅商品化观念深入人心，房价上涨的幅度和速度与人们实际收入之间的差距成为人们拥有住宅和改善居住条

① 例如，英国学者大卫·哈维在引证恩格斯住宅理论之后指出，"在这一历史时刻，这已经成为一个主要与金融资本展开的全球性的斗争……可以肯定的是，如果不令人生畏的话，组织这种冲突的政治任务也是艰难的。然而，机会是多种多样的，因为正如这段短暂的历史所表明的，在地方和全球范围内，围绕城市的危机不断爆发。因为大都市现在是大规模碰撞的焦点——我们敢称之为阶级斗争吗？——剥夺式的积累源自那些最小受惠者，而发展的驱动旨在拓展富裕阶层获利的空间"。参见 David Harvey. "The Right to the City". *New Left Review*, 2008: (5)。

② Stuart Hodkinson. "The Return of the Housing Question". *Ephemera*, 2012. (4).

件的难题，住宅问题已成为当今中国社会最为重要的民生问题之一。改善民生问题，必须探究更好地解决符合实际的中国住宅问题的策略，因为“住房问题既是民生问题也是发展问题，关系千家万户切身利益，关系人民安居乐业，关系经济社会发展全局，关系社会和谐稳定……加快推进住房保障和供应体系建设，要处理好政府提供公共服务和市场化的关系、住房发展的经济功能和社会功能的关系、需要和可能的关系、住房保障和防止福利陷阱的关系……从我国国情看，总的方向是构建以政府为主提供基本保障、以市场为主满足多层次需求的住房供应体系”[①]。坚持中国特色社会主义理想，应进一步实现平等的正义理念及其和谐诉求，使住有所居以及具有逐步改善住宅条件的愿望获得现实支撑。

概言之，回到晚年恩格斯的《论住宅问题》，不仅是深入解读这部经典政治经济学批判文献的学术探索，而且是与时俱进地运用经典理论解析现实问题并符合实际地提出现实原则的实践尝试，从中我们可以切实把握各种住宅理论的系统布局与实践方位。毋庸置疑，恩格斯在驳斥各种解决住宅问题不切实际的空想与权宜之计的过程中彰显了从根本上改变工人命运的宏愿，使符合实质正义的政治哲学原则呈现深远的意义，以此穿越各种乌托邦设计是政治哲学体现实践功能的理论前提。在当前解决中国住宅领域的复杂问题时，应当秉持晚年恩格斯的基本价值观念，在进一步发展社会主义市场经济的同时，尽可能满足人们日益增长的住宅需求以及对实现住宅公平正义的理想愿望，同时确认我们时代需要的政治哲学理念，这应当是我们面向中国住宅问题，研读马克思主义政治哲学经典时应有的学术立场。

（原载《学习与探索》2014年第11期）

①《加快推进住房保障和供应体系建设　不断实现全体人民住有所居的目标》,《人民日报》2013年10月31日。

六

晚年恩格斯政治辩证法的要义

——兼及《反杜林论》与相关文本解读

作为哲学术语的“社会主义”是在19世纪30年代初被广泛使用的[①]，但社会主义思想的产生却可追溯至遥远的古代社会，这些关于未来社会的纯粹理念构想在19世纪初空想社会主义思想家的著述中达至顶峰。马克思十分重视这些思想家的政治理论遗产，同时指出他们的思想缺乏现实的承载者，并在实践层面指出实现并超越这些理想的可能路径。晚年恩格斯在《反杜林论》中确认了社会主义的现代形态，并阐释了作为“科学”的社会主义是否可能与何以可能，而他在《卡·马克思〈1848年至1850年的法兰西阶级斗争〉一书导言》中对社会主义实现路径的论述则引来多种争论。坚持革命，还是选择议会道路是这场争论的关键。其实，在坚持政治原则的前提下灵活运用政治实践策略，是实现社会主义的进程中应有的政治辩证法。读懂晚年恩格斯的政治辩证法，应首先理解他对现代社会主义的“科学”规定，了解他批判欧根·杜林“新的社会主义理论”的哲学理路。

(一)《反杜林论》与社会主义的“科学”规定

早在1973年，恩格斯就打算写一本批判庸俗唯物主义的《反毕希纳论》，这个愿望后来在《反杜林论》中实现。这本书的批判对象是30岁时失明的欧根·杜林博士，这位当时在工人中有一定影响的理论家曾任柏林议会法庭高等见习法官，后在柏林大学担任私人讲师期间提出了“新的社会主义理论”和“新哲学体系”，以“革新科学”的姿态出

① 参见［法］加布里埃尔·杰维尔著，承中译:《“社会主义”和“社会主义者”的词源考证》,《国际共运史研究》1987年第1期。

场的他因称赞马拉、巴贝夫和巴黎公社而获得不少工人追随者，被视为“社会主义的行家兼改革家”。由于杜林的观点富含对马克思的批判且有将社会主义庸俗化的危险，李卜克内西致信马克思，谈及回应杜林的必要性，而马克思认为批判杜林的意义“过于次要”。他和恩格斯都没打算分散宝贵的时间来面对这个“蹩脚的大学讲师”。直至杜林指责一个“粗野、迟钝的犹太人理论家”的《资本论》“一无是处”，恩格斯才下决心暂时中断《自然辩证法》的写作，批判杜林“价廉质劣”的“伪科学”，从思想上治疗一些因迷信这种伪科学而染上“幼稚病”的人们。应该说，恩格斯对这项工作驾轻就熟，但这并不意味着这项工作简单易行。由于杜林的学说内容繁杂，而恩格斯也想借此机会批评相关的社会思潮，所以批判的篇幅就不免成为理论加长版，尽管这个版本的结构是对应批判内容本身的，但各部分之间的联系超越了批判的内容，构成缜密的内在逻辑。

这篇题为《欧根·杜林先生在哲学中实行的变革》的厚重之作从哲学、政治经济学和社会主义三个方面批判杜林理论体系，影响甚广，不仅多次再版，而且其中的引论第三章和第三编的第一、二章由拉法格编排成小册子出版，此后依据该文本的意大利文版、波兰文版、德文版、俄文版、丹麦文版等先后出版，这部几乎拥有人类各种语言的文本名为“社会主义从空想到科学的发展”，实际上是《反杜林论》的一部分。此外，《反杜林论》的草稿和准备材料也被保存下来，可借此进一步了解恩格斯思路的展开过程。值得提及的是，马克思赞同恩格斯的写作①，并实际上参与撰写了一小部分内容，他在为《社会主义从空想到科学的发展》法文版撰写的序言中指出，“弗里德里希·恩格斯是当代社会主义最杰出的代表人物之一”②。可以说，《反杜林论》不仅是一篇哲学经典文献，而且是论述社会主义的思想力作，其中关于社会主义的“科学”规定具有强劲的实践力量。

① 1875年5月25日，马克思就此致信恩格斯，“‘我们对待这些先生的态度’只能通过对杜林的彻底批判表现出来。他显然在崇拜他的那些舞文弄墨的不学无术的钻营之徒中间进行了煽动，以便阻挠这种批判”。参见《马克思恩格斯全集》第34卷，人民出版社1972年版，第15页。

②《马克思恩格斯选集》第3卷，人民出版社2012年版，第741页。

恩格斯在《反杜林论》开篇即指出，“现代社会主义，就其内容来说，首先是对现代社会中普遍存在的有财产者和无财产者之间、资产者和雇佣工人之间的阶级对立以及生产中普遍存在的无政府状态这两个方面进行考察的结果。但是，就其理论形式来说，它起初表现为 18 世纪法国伟大的启蒙学者们所提出的各种原则的进一步的、据称是更彻底的发展”。而在这段话的草稿中还有这句话——“它的最初代表摩莱里和马布利也是属于启蒙学者之列的”，因而在当时“已经有了直接共产主义的理论”。恩格斯赞赏这些法国启蒙学者，因为在他们反权威的头脑中，“思维着的知性成了衡量一切的唯一尺度”[①]。但恩格斯深知，按照这些启蒙学者的理念建立的资产阶级社会在当时存在着很多严重的甚至是棘手的问题，他坚信“科学”的现代社会主义必然超越资产阶级社会，而这种超越必须建立在现实的基础上。

从哲学层面看，科学社会主义具有国际性格，而辩证法是实现这种国际性格的关键。“科学社会主义的产生，一方面必须有德国的辩证法，同样也必须有英国和法国的发达的经济关系和政治关系……只有在英国和法国所产生的经济和政治状态受到德国辩证法的批判以后，才能得出确实的结论。”[②] 这种辩证法并非折中主义，而以生成的方式面对人类社会的未来走向，正如他在 1890 年 8 月致奥托 · 伯尼克的信中所指出的:“所谓‘社会主义社会’不是一种一成不变的东西，而应当和任何其他社会制度一样，把它看成是经常变化和改革的社会。”[③] 他后来还曾在《德国农民战争》第二版序言的“补充”中说:“社会主义自从成为科学以来，就要求人们把它当作科学来对待，就是说，要求人们去研究它。”[④] 这种研究是在实践中展开的，正是在批判杜林的过程中，恩格斯形成了“对马克思和我所主张的辩证方法和共产主义世界观的比较连贯的阐述”[⑤]。

杜林的影响是通过出版《自然的辩证法》(1865)、《国民经济学和

① 参见《马克思恩格斯选集》第 3 卷，人民出版社 2012 年版，第 391—393 页。

②《马克思恩格斯选集》第 3 卷，人民出版社 2012 年版，第 746—747 页。

③《马克思恩格斯选集》第 4 卷，人民出版社 2012 年版，第 601 页。

④《马克思恩格斯选集》第 3 卷，人民出版社 2012 年版，第 38 页。

⑤《马克思恩格斯选集》第 3 卷，人民出版社 2012 年版，第 383 页。

社会主义批判史》(1872)和《哲学教程》(1875)这三部著作体现出来的，这些著作的优点在于其叙述方式适应工人的认知水平。伯恩施坦正是从这个角度肯定杜林的价值:“杜林在他论述社会主义的著作中对于马克思与拉萨尔的辛辣的批评，并没有削弱我们对他的信仰。一位果断的科学家挺身而出做社会主义的见证人，而从力求用比马克思的著作易懂得多的语言与形式来叙述社会主义，——和这件事实比起来，我们认为，他同《资本论》的作者之间的理论分歧是不重要的。”[①] 恩格斯显然不这样认为，他看到这种分歧背后的危机：这不是纯粹哲学理论的分歧，而涉及德国社会民主党以杜林体系取代马克思理论形象的可能，进而关系到共产主义运动的走向。他分别从哲学、政治经济学和社会主义角度对杜林的学说作出全景式的批判[②]，其意义绝非仅限于恢复了马克思的名誉，更在于确认了马克思的学派。正如考茨基所言:“在恩格斯的《反杜林论》出版以后，我们才开始比较深入地探究了马克思主义的思维方式，开始系统地按马克思主义来思考和工作了。从那时起才开始出现了一个马克思主义的学派。”[③]

因而，关于社会主义的论述首先是一个实践命题，通过研究社会主义思想史以及19世纪欧洲共产主义运动，恩格斯确认了杜林理论的旧形而上学特征，他认为杜林的一般世界模式论、关于自然原则的学说和关于人的学说缺乏现实性。以这种缺乏现实性的哲学作为社会主义的思想基础，只能是一厢情愿的无用之举。他对杜林哲学的批判以扬弃哲学的方式展开，并指出实现社会主义的途径要到政治经济学中去寻找，历史唯物主义和《资本论》的主要观点以简约的方式构成社会主义的理论

---

① 中央编译局国际共运史研究室编:《研究〈反杜林论〉的参考史料》，三联书店1980年版，第2页。

② 值得提及的是，尼采后来指出了欧根·杜林的理论动机，“今天，平庸者和败类招摇过市，几乎心安理得，毫不尴尬，并且以伟人改革家自居。譬如，欧根·杜林这样的人，实际上他是个随机应变而又消息灵通的学者。不过，他一张嘴就道出了他那渺小的灵魂，他会被狭隘嫉妒之心碾成粉末的。他泄露了，驱使他的不是强有力的、热情奔放的、慈善为怀的精神——而是野心!”参见[德]弗里德里希·尼采著，张念东、凌素心译:《权力意志——重估一切价值的尝试》，商务印书馆1991年版，第161页。

③[德]曼·克利姆著，中央编译局译:《恩格斯文献传记》，湖南人民出版社1986年版，第477页。

基础。由于这些论述“实际构成了后来科学社会主义体系建构的标准”，“《反杜林论》以及与其所论哲学相关的‘自然辩证法’计划、由其第三篇独立出来的《发展》构成全部‘恩格斯问题’的中心，产生了极大的争论”[①]。换言之，对“恩格斯问题”的争论固然是一个经典的文本学问题，但其中也蕴含着很多现实要素。

恩格斯在《反杜林论》中的哲学阐释和政治经济学论述当然重要，但这两个步骤实则是论述科学社会主义的理论铺垫，这大概也就是拉法格将其简写为《社会主义从空想到科学的发展》的原因之一。而关于社会主义应当怎样的问题，恩格斯与马克思的看法相同，那是一个只能描述远景的未来社会。所以，当意大利记者 G. 卡内帕在 1894 年 1 月 3 日请恩格斯为即将在日内瓦创刊的《新纪元》发表题词，表明“新纪元”是不同于但丁所说的“一些人统治，另一些人受苦难”的旧纪元的时候，恩格斯在回信中说:“我打算从马克思的著作中给您找出一则您所期望的题词。我认为，马克思是当代唯一能够和那位伟大的佛罗伦萨人相提并论的社会主义者。但是，除了《共产党宣言》中的下面这句话(《社会评论》杂志社出版的意大利版第 35 页)，我再也找不出合适的了:‘代替那存在着阶级和阶级对立的资产阶级旧社会的，将是这样一个联合体，在那里，每个人的自由发展是一切人的自由发展的条件。’”[②] 其实，共产主义的产生基于对资本主义的实践批判，认识二者的关系需要具有辩证的眼界。

正如美国学者伯特尔 · 奥尔曼在《辩证法的舞蹈》中讲述的“两座城市的故事”，资本主义和社会主义可谓现代社会的“双城记”，任何终结社会主义的观点都是缺乏辩证思维的体现。马克思对未来社会的冀望基于对资本主义的强烈不满，实则体现了批判和超越当下的哲学精神。晚年恩格斯使这种精神具有更多的实际因素。正如他在《论住宅问题》中所指出的:“实际的社会主义则是对资本主义生产方式各个方面的一种

① 胡大平:《回到恩格斯：文本、理论和解读政治学》，江苏人民出版社 2011 年版，第 269 页。

②《马克思恩格斯选集》第 4 卷，人民出版社 2012 年版，第 647 页。

正确的认识。”[①] 由于缺乏对资本主义的正确认识，杜林的“新的社会主义理论”实际上仍然是旧的形而上学的杂碎汤，而这种实际的思维使辩证法进入实践领域，在坚持原则的同时灵活运用策略，是共产主义运动应有的政治智慧。但是，这种论述引起不少争论，我们可以在略览国际学界对恩格斯的《卡·马克思〈1848 年至 1850 年的法兰西阶级斗争〉一书导言》的解读中把握这些争论的焦点。

（二）“恩格斯的政治遗嘱”及其百年论争

《卡·马克思〈1848 年至 1850 年的法兰西阶级斗争〉一书导言》是恩格斯毕生撰写的最后一篇政论。恩格斯写作这篇文章的起因是,《前进报》社经理理查·费舍来信说,《前进报》社拟将马克思 1850 年在《新莱茵报·政治经济评论》上发表的几篇论 1848—1849 年法国事件的文章结集出版。为了让读者更好地了解马克思写作这组文章的历史背景和现实意义，恩格斯在 1895 年 2 月 14 日至 3 月 6 日撰写了一篇导言，并为这组文章起名为“1848 年至 1850 年的法兰西阶级斗争”。由于这篇导言不乏激烈的言辞，德国社会民主党请费舍致信恩格斯，要他删除这些论述。这个意见让恩格斯反感:“我还必须考虑到，阅读我的著作的还有外国人——法国人、英国人、瑞士人、奥地利人、意大利人等，我决不能在他们面前这样糟踏自己的名誉。”[②] 同时，他指出,“我不能容忍你们立誓绝对忠于宪法”“我认为，如果你们宣扬绝对放弃暴力行为，是决捞不到一点好处的”。当然，出于多种考虑，除了几处之外，恩格斯基本上接受了他们“提出的修改意见”,“就这样，我决不会再多走一步”。[③]

可是，当这篇政论尚未发表时，1895 年 3 月 30 日的《前进报》发表了该报主编威廉·李卜克内西撰写的社论《目前革命应怎样进行》,他未经恩格斯同意就摘录了这篇文章的几段话，恩格斯对这种断章取义的做法感到愤慨。他在 4 月 2 日写给考茨基的信中说:“使我惊讶的是，今天我发现,《前进报》事先不通知我就发表了我的《导言》的摘录，在

①《马克思恩格斯文集》第 3 卷，人民出版社 2009 年版，第 333 页。
② 参见《马克思恩格斯文集》第 10 卷，人民出版社 2009 年版，第 686 页。
③《马克思恩格斯文集》第 10 卷，人民出版社 2009 年版，第 686—687 页。

这篇经过修饰整理的摘录中，我是以一个爱好和平的、无论如何都要守法的崇拜者出现的。我特别希望《导言》能全文发表在《新时代》上，以消除这个可耻印象。”[①] 后来，这篇政论在当年 4 月出版的《新时代》第 13 年卷第 2 册第 27、28 期连载，这个文本比《前进报》的摘引当然丰富得多，但仍然不是全文。尽管如此，这个文本还是清楚地表明恩格斯的主要观点。被删掉的主要是关于未来无产阶级与资产阶级的武装斗争的若干尖锐政治观点，考茨基将这些内容说成是该书的“结尾”，这个“结尾”直到 1930 年才在梁赞诺夫主编的该书单行本中面世。

恩格斯逝世后，伯恩施坦和考茨基先后将这篇文章称为“恩格斯的政治遗嘱”，其实这篇“遗嘱”中的主要思想在《1891 年社会民主党纲领草案批判》《给〈萨克森工人报〉编辑部的答复》《给〈社会民主党人报〉读者的告别信》《英国工人阶级状况》德文二版序言以及《德国 1890 年的选举》《德国的社会主义》等文本中得到了类似的阐释。即应审时度势，利用普选权和合法手段展开斗争。由于武器技术的发展，街垒战和简单突袭的革命时代已经远去，尽管发生“流血牺牲”的武装起义的可能性还是存在的，但为了取得革命最后的胜利，须作好必要的准备。包括争取多数农业工人即军队的大多数支持社会主义，积极争取选票数的增长，重视议会斗争的舞台。概言之，积极利用合法手段并不等于放弃革命的权利。[②] 由于这些观点与暴力革命是历史的火车头等经典论述颇有不同，很快就引起了各种争议[③]，而教条主义者和修正主义者的观点恰是恩格斯要避免的两个极端。

通常认为，伯恩施坦是修正主义的鼻祖，而晚年恩格斯的有关论述被他视为“修正”具有合理性的缘由。这些论述散见于多个文本，而《卡・马克思〈1848 年至 1850 年的法兰西阶级斗争〉一书导言》最有代表性。根据时代条件的变化，恩格斯坦率地指出：“历史表明我们也曾经错了，暴露出我们当时的看法只是一个幻想。历史走得更远：它不仅

①《马克思恩格斯全集》第 39 卷，人民出版社 1974 年版，第 432 页。

② 参见殷叙彝：《这是恩格斯的政治遗嘱吗？——恩格斯〈卡・马克思〈1848 年至 1850 年的法兰西阶级斗争〉一书导言〉发表的前前后后》，《红旗文稿》2008 年第 14 期。

③ 百年来，国际马克思主义理论界围绕这篇文章发生了 8 次重大争论。参见高放：《恩格斯“政治遗嘱”百年八次争议》，《当代世界与社会主义》2010 年第 5 期。

打破了我们当时的错误看法，并且还完全改变了无产阶级进行斗争的条件。1848 年的斗争方法，今天在一切方面都已经过时了。”[①] 而这时德国社会民主党开展议会斗争，使工人获得直接的物质利益。“人们发现，在资产阶级用来组织其统治的国家机构中，也有一些东西是工人阶级能够用来对这些机构本身作斗争的”，这就是议会制和普选制——“无产阶级的一种崭新的斗争方式”“最锐利的武器中的一件武器”。可以说，恩格斯的话有充分的根据，一方面，在武器日益发达的时代，工人在巷战中几乎没有取得胜利的可能；另一方面，德国、法国、比利时、意大利、瑞士、奥地利、丹麦甚至保加利亚和罗马尼亚的社会主义者都已成功进入议会，“普选权”已“由向来是欺骗的工具变为解放的工具”。[②] 何去何从？值得深思。[③]

这种与时俱进的观念体现了历史唯物主义的基本方法。此前恩格斯和马克思一直坚持认为暴力革命是无产阶级革命的唯一途径，时代条件变化之后，适时变换政治策略，恰是实现根本政治目的的捷径。这时离马克思逝世已 10 多年了，“我们现在就已经能指望拥有 225 万选民。如果这样继续下去，我们在本世纪末就能夺得社会中间阶层的大部分，小资产阶级和小农，发展成为国内的起决定作用的力量，其他一切势力不

①《马克思恩格斯选集》第 4 卷，人民出版社 2012 年版，第 382 页。

②《马克思恩格斯选集》第 4 卷，人民出版社 2012 年版，第 388—390 页。

③ 值得提及的是，晚年恩格斯政治辩证法的基调是由马克思此前确定的，马克思在 1872 年 9 月 8 日于阿姆斯特丹群众大会上发表的演讲中指出：“我们知道，必须考虑到各国的制度、风俗和传统；我们也不否认，有些国家，像美国、英国，——如果我对你们的制度有更好的了解，也许还可以加上荷兰，——工人可能用和平手段达到自己的目的。但是，即使如此，我们也必须承认，在大陆上的大多数国家中，暴力应当是我们革命的杠杆；为了最终地建立劳动的统治，总有一天证实必须采取暴力。”参见《马克思恩格斯全集》第 18 卷，人民出版社 1964 年版，第 179 页。晚年恩格斯在《资本论》英文版序言中指出，马克思在研究中“得出这样的结论：至少在欧洲，英国是唯一可以完全通过和平的和合法的手段来实现不可避免的社会革命的国家。当然，他从来没有忘记附上一句话：他并不指望英国的统治阶级会不经过‘维护奴隶制的叛乱’而屈服于这种和平的和合法的革命”。参见《马克思恩格斯文集》第 5 卷，人民出版社 2009 年版，第 35 页。感谢英国哲学家亚历克斯 · 卡利尼科斯教授提醒笔者注意到马克思这篇演讲以及恩格斯在《资本论》英文版序言中的这段话，他认为马克思关于工人可能在美国、英国、荷兰用和平手段达到目的的这个观点“过于乐观”。

管愿意与否，都得向它低头”[①]。这时在有宪政和民主传统的国家，工人参与议会选举，“在人民代议机关把一切权力集中在自己手里、只要取得大多数人民的支持就能够按照宪法随意办事的国家里，旧社会有可能和平地长入新社会，比如在法国和美国那样的民主共和国”[②]。基于此，恩格斯得出这样的结论：“世界历史的讽刺把一切都颠倒了过来。我们是‘革命者’‘颠覆者’，但是我们用合法手段却比用不合法手段和用颠覆的办法获得的成就要多得多。那些自称为秩序党的党派，却在他们自己所造成的合法状态下走向崩溃。”[③]当无产阶级避免在现代战争中作无谓的牺牲，具有通过合法的和平的方式获得胜利的可能性的时候，恩格斯乐见其成。[④]

类似的看法在恩格斯暮年的其他文本中也很常见，比如他在1893年10月18日和21日致信倍倍尔：“比利时—奥地利的选举胜利证明，我们是效力很大的酵母，足以使已经开始的发酵过程彻底完成。”[⑤]又如在《英国工人阶级状况》德文第二版序言中指出：“工人们从令人信服的实例中看到：只要他们提出要求，并且明白自己要求的是什么，他们在英国就成为一种决定性的力量；1892年的选举已经在这方面开了一个头。其余的事情，大陆上的工人运动是会去关心的；那些在议会和市镇参议会中已经有那么多代表的德国人和法国人，将以自己的进一步的成绩来鼓舞英国人的奋斗精神……到那时，英国的工人政党将会完善地组织起来，足以很快地结束那两个轮流执政并以这种方式使资产阶级统治永存的旧政党的跷跷板游戏。”[⑥]尽管晚年恩格斯这些观点显得过于乐观，却也不乏远见。

① 参见《马克思恩格斯选集》第4卷，人民出版社2012年版，第396页。

②《马克思恩格斯选集》第4卷，人民出版社2012年版，第293页。

③《马克思恩格斯选集》第4卷，人民出版社2012年版，第396页。

④ 恩格斯在遗嘱中说，“我遗嘱给德意志帝国柏林的奥古斯特·倍倍尔（德意志帝国国会议员）和柏林的保尔·辛格尔（也是帝国国会议员）共一千英镑，这笔钱奥古斯特·倍倍尔和保尔·辛格尔或他们的继承人应作为在他们或他们的继承人确切肯定合适的时间和地点选举他们或他认为合适的人选进入德意志帝国国会时的经费”。参见《马克思恩格斯全集》第39卷，人民出版社1974年版，第483页。

⑤《马克思恩格斯全集》第39卷，人民出版社1974年版，第154页。

⑥《马克思恩格斯选集》第1卷，人民出版社2012年版，第80页。

这些观点引发的争论是激烈而持久的，为了讨论代议制和普选权等经典社会主义理论中未予论及的内容，第二国际于 1893 年 8 月在苏黎世召开第三次大会。尽管恩格斯认为“他们违背我的愿望为我安排了闭幕式”①，但他还是参加了这次会议，这也是他唯一一次参加第二国际的会议②，并为会议发表了闭幕词，肯定了社会主义探索中遇到的新现象。其实，这种态度并非表明晚年恩格斯陷入了“修正主义”的泥潭，而表明他对社会主义实现途径的重审。别忘了他在《反杜林论》中对科学社会主义任务的规定：“完成这一解放世界的事业，是现代无产阶级的历史使命。深入考察这一事业的历史条件以及这一事业的性质本身，从而使负有使命完成这一事业的今天受压迫的阶级认识到自己的行动的条件和性质，这就是无产阶级运动的理论表现及科学社会主义的任务。”③不研究时代条件的变化，不认识行动的条件和性质，教条式地理解社会主义有害无益。有一个历史细节或许可以帮助我们读懂晚年恩格斯：他在遗嘱中将 1000 英镑赠给德国社会民主党领导人倍倍尔和辛格尔，希望这笔钱他们“或他们的继承人应作为在他们或他们的继承人确切肯定适合的时间和地点选举他们或他认为合适的人选进入德意志帝国国会时的经费”④。

当然，如果因为这些论述和行为，误以为恩格斯的思想立场发生了重大偏移，那就实在是缺乏辩证思维的认识了。从恩格斯 1892 年对意大利学者乔·博维奥的驳斥中就可以清楚地看到他的政治原则：“我没有说过‘社会党将取得多数，然后就将取得政权’。相反，我强调过，十有八九的前景是，统治者早在这个时候到来以前，就会使用暴力来对付

①《马克思恩格斯全集》第 39 卷，人民出版社 1979 年版，第 128 页。

② 恩格斯是在瑞士旅行途中被邀请参加这次大会的，当时他住在瑞士格劳宾登——他弟弟海尔曼的家里。当然，恩格斯始终关注第二国际的进展，并就很多具体问题回答了第二国际领导人的多次问询。起初他曾“亲自修改保尔·拉法格和茹尔·盖得寄给他的‘关于 1889 年召开国际社会主义工人代表大会的通知书草案’。这份经过恩格斯修改的、号召成立第二国际的文件，在 1889 年 5—6 月公之于世了”。参见［德］曼·克利姆著，中央编译局译：《恩格斯文献传记》，湖南人民出版社 1986 年版，第 527 页。

③《马克思恩格斯选集》第 3 卷，人民出版社 2012 年版，第 671 页。

④《马克思恩格斯全集》第 39 卷，人民出版社 1974 年版，第 483 页。

我们了；而这将使我们从议会斗争的舞台转到革命的舞台。”①他在《1891年社会民主党纲领草案批判》中更是明确指出：“为了眼前暂时的利益而忘记根本大计，只图一时的成就而不顾后果，为了运动的现在而牺牲运动的未来，这种做法可能也是出于‘真诚的’动机。但这是机会主义，始终是机会主义，而且‘真诚的’机会主义也许比其他一切机会主义更危险。”②争取“普选权”，积极参与议会选举，是一个策略而不是原则。更何况，“这个策略仅仅是针对今天的德国，而且还有重要的附带条件。对法国、比利时、意大利、奥地利来说，这个策略就不能整个采用。就是对德国，明天它也可能就不适用了”③。似乎不必指出更多的例证，我们再对照恩格斯1891年为马克思的《法兰西内战》单行本撰写的导言，就可以看到他所坚持的基本政治原则。

晚年恩格斯在这篇导言中简要梳理了法国大革命以来的欧洲无产阶级革命特别是巴黎公社的历史，并指出“马克思派”对无产阶级政治组织前途的看法。④他不仅高度肯定了巴黎公社的旗帜是世界共和国的旗帜，而且指出尽管工人对共和国的意义缺乏足够的理解，但他们进行的阶级斗争推动了历史的脚步。他还在这篇导言中批判美国政权脱离了社会，两党轮流剥削工人的利益，同时提醒人们注意，“这样的例子不但在世袭君主国内可以看到，而且在民主共和国内也同样可以看到”⑤。而类似的观点在《卡·马克思〈1848年至1850年的法兰西阶级斗争〉一书导言》中也可以看到，恩格斯认为，“法国在1789年以来的全部欧洲历史中起了主导作用……我们关于1848年2月在巴黎所宣布的‘社会’革命即无产阶级革命的性质和步骤的观念，带有回忆1789—1830年榜样的浓厚色彩”⑥，这并非论述议会合理性的铺垫，而是对政治原则的强调。理解晚年恩格斯关于议会制的观点，不能忽略上述阐释。

伯恩施坦显然忽略了或者不愿意强调上述阐释，他认为恩格斯“只

①《马克思恩格斯文集》第4卷，人民出版社2009年版，第443页。
②《马克思恩格斯选集》第4卷，人民出版社2012年版，第294页。
③《马克思恩格斯文集》第10卷，人民出版社2009年版，第700页。
④参见《马克思恩格斯选集》第3卷，人民出版社2012年版，第53页。
⑤《马克思恩格斯选集》第3卷，人民出版社2012年版，第54页。
⑥《马克思恩格斯选集》第4卷，人民出版社2012年版，第381—382页。

说了社会主义是从什么起源的，它表现为什么，但并没有说明它实际上是什么……把社会主义作为体系来加以说明的解释现在在恩格斯或马克思的任何著作中事实上是找不着的……不是方案，不是图样，而是以今天的社会主义生产方式为基础的一种运动，这就是他们所说的社会主义”[①]。由于《卡・马克思〈1848 年至 1850 年的法兰西阶级斗争〉一书导言》的手稿保存在他的手里，考茨基要他公布“结尾”部分，但伯恩施坦借口手稿不在他手上而拒绝了，并指出不必再强调“革命权”，那是“一种给假花浇水的做法”[②]。关于这个问题，卢森堡明确指出，“把资产阶级议会制度的鸡窝当作负有完成伟大历史意义的革命变革使命的机关”是荒谬的，恩格斯这篇文章“论述的不是最后夺取政权的问题，而是当前日常斗争的问题”，“恩格斯对被统治的无产阶级而不是对胜利的无产阶级作了指示”。[③] 这个看法应该接近恩格斯的原意，但并非所有人的理解能力都能达到这个水平。第二国际内部争论升级的直接结果是：“恩格斯逝世后，由于缺乏主心骨，德国社会民主党由策略上的分歧很快上升到原则上的争论，形成正统派和修正派的对峙，并最终分裂。”[④] 为此，我们需要深入解读晚年恩格斯对社会主义原则和策略的论述，从历史唯物主义角度理解晚年恩格斯的政治辩证法。

（三）社会主义实现道路的共时性与晚年恩格斯政治辩证法的要义

马克思继承了黑格尔学派的思想精要，以实践的历史视野构建了一种政治辩证法，从而开启了理解政治问题的全新视域。“作为一种基于历史事实的新的原创性的思想模式，马克思主义辩证法所强调的是善与恶的融合，以及对幸福和不幸的历史状态的瞬时把握。”[⑤] 从这个角度看，对资本主义的批判乃是马克思主义在场的明证。晚年恩格斯多次强调并

① 殷叙彝编:《伯恩施坦文选》，人民出版社 2008 年版，第 453 页。

② 殷叙彝编:《伯恩施坦文选》，人民出版社 2008 年版，第 373 页。

③《卢森堡文选》上卷，人民出版社 1984 年版，第 135 页。

④ 胡大平:《回到恩格斯：文本、理论和解读政治学》，江苏人民出版社 2011 年版，第 317 页。

⑤ F. Jameson. *Valences of the Dialectic*. London: Verso Books, 2010: 551.

灵活运用政治辩证法审视变迁中的现实社会，他关注的重大命题是：如何“实现大多数人本身的真正利益”？[①] 这涉及社会革命道路的选择问题。为了更好地实现大多数人的利益，革命道路的选择需要具有政治辩证法的理论底蕴。在这个意义上，是否读懂晚年恩格斯政治辩证法的要义，是理解国际马克思主义理论界围绕晚年恩格斯社会主义理论展开多次争论的关键。

在恩格斯看来，以往的革命有一个共同特征：少数人的革命在多数人的参与下成功了，而多数人获胜后并不知道选择哪条道路，因而造成了革命后社会发展的不持续性。革命是人类获得个性自由与全面发展的手段，但并非人类生活的目的，后革命时代的社会建设与人类发展乃是更重要的实践主题。正如他在 1893 年 5 月 11 日对法国《费加罗报》记者发表谈话时所指出的：“我们没有最终目标。我们是不断发展论者，我们不打算把什么最终规律强加给人类。关于未来社会组织方面的详细情况的预定看法吗？您在我们这里连它们的影子也找不到。当我们把生产资料转交到整个社会的手里时，我们就会心满意足了。”[②] 如何将生产资料转交到整个社会的手里呢？社会革命是一种直接的可能性，而非唯一的可能性。通过议会斗争同样可以实现多数人的利益，其与社会革命在实现人类幸福的道路上具有共时性，偏执其一都是缺乏辩证思维的结果。

晚年恩格斯的相关论证是基于历史展开的。他曾批评英国社会主义失去了无产阶级的本质，“不仅变成非常体面的东西，而且已经穿上了燕尾服”[③]，俨然融入资产阶级的生活世界了。但是，当“最近几十年”资本主义暂时摆脱了危机，垄断和资本输出成为常态，1866 年和 1870 年的革命扫除了最严重的政治障碍，以往“潜在着的世界市场”“充分发展起来”[④]，体现新教伦理的“资本主义精神”越来越具有“普世”的特征，晚年恩格斯意识到，“欧洲大陆经济发展的状况还远没有成熟到可

① 参见《马克思恩格斯选集》第 4 卷，人民出版社 2012 年版，第 384 页。

②《马克思恩格斯文集》第 10 卷，人民出版社 2009 年版，第 561—562 页。

③《马克思恩格斯选集》第 1 卷，人民出版社 2012 年版，第 78 页。

④ 参见《马克思恩格斯全集》第 21 卷，人民出版社 1965 年版，第 378—379 页。

以铲除资本主义生产的程度”[①]。在欧洲民主制的国家，无产阶级政党通过议会斗争的方式实现大多数人的利益，恰是一种开创性的选择；而同样不能忘记的是，“革命权是唯一的真正‘历史权利’——是所有现代国家无一例外都以它为基础而建立起来的唯一权利”[②]。无产阶级具有革命的历史权利，同时也应审时度势，在民主制国家积累议会斗争的丰富经验，以多种方式将生产资料转交给社会，实现大多数人的根本利益。

需要注意的是，晚年恩格斯强调的议会道路并不具有普适性，比如在社会发展滞后的俄国，推翻沙皇的社会革命乃是必要的选择。这在他1891年10月、1892年3月、1892年9月以及1893年2月致俄国民粹派思想家丹尼尔逊的信中可以看得非常清楚。其中的核心问题是：经济基础薄弱的东方国家如何跨越资本主义的卡夫丁峡谷走向社会主义。马克思和恩格斯都认为，只要有条件，俄国以独特的方式走上社会主义道路是可能的。但马克思更多地看到农村公社的积极因素、内在的生命力及其超越资本主义的可能性；恩格斯则更多地看到农村公社的消极方面、内在的缺陷及其跨越资本主义的困难，他更强调先进的物质技术和发达的社会关系是不可或缺的两个条件。而社会革命乃是俄国解放之必需。在恩格斯看来，“要想保全这个残存的公社，就必须首先推翻沙皇专制制度，必须在俄国进行革命。俄国的革命不仅会把民族的大部分即农民从构成他们的‘天地’、他们的‘世界’的农村的隔绝状态中解脱出来，不仅会把农民引上一个大舞台，使他们通过这个大舞台认识外部世界，同时也认识自己，了解自己的处境和摆脱目前贫困的方法；俄国革命还会给西方的工人运动以新的推动，为它创造新的更好的斗争条件，从而加速现代工业无产阶级的胜利；没有这种胜利，目前的俄国无论是在公社的基础上还是在资本主义的基础上，都不可能达到社会主义的改造”[③]。一言以蔽之，在英美等民主制已经形成的国家，应通过议会道路争取大多数人的利益，而与此同时，“欧洲一切有思想、有远见和有观察力的人们的眼光现在都集中到了彼得堡”“俄国是本世纪的法国。新

①《马克思恩格斯选集》第4卷，人民出版社2012年版，第384页。
②《马克思恩格斯文集》第4卷，人民出版社2009年版，第550—551页。
③《马克思恩格斯选集》第4卷，人民出版社2012年版，第320—321页。

的社会改造的革命首倡权理所当然地和合情合理地属于俄国……”[①]

从议会斗争的角度看，恩格斯的思想遗产在欧洲得到实现。在他逝世 57 年后，英国共产党在第 22 次代表大会上通过的新党纲中明确指出：“英国人民能够把资本主义民主变为人民民主，把英国争取民主的历史斗争的一种产物——议会转变为一个代表绝大多数英国人民意志的民主机构。英国人民的前途就是在一个真正代表人民的议会的基础上建立人民政府。”[②]后来，摩尔多瓦、塞浦路斯和尼泊尔等国的共产主义政党在议会斗争中获胜执政，也许是对晚年恩格斯的一个告慰。而从革命的角度看，在恩格斯逝世 59 年后，英共在翻译《毛泽东选集》时致信中共中央，希望将《战争和战略问题》中的这段话——“革命的中心任务和最高形式是武装夺取政权，是战争解决问题。这个马克思列宁主义的革命原则是普遍地对的，不论在中国和外国，一概都是对的”[③]——删去。中共中央复信表明不同意这种做法，“因为毛泽东同志在该文件中所说到的原则，是马列主义的普遍真理，并不因为国际形势的变化，而须要作什么修正”[④]。又过了两年，毛泽东在同越共总书记长征和印尼共产党总书记艾地谈话时说，他不同意波立特同志的意见，“恩格斯生前曾经说过，在特定的条件下，英国和美国也可以和平进到社会主义。但到二十世纪，到帝国主义时代，美国和英国都成为帝国主义国家，情况就不同了”[⑤]。概言之，无论是选择议会斗争还是社会革命，都是因时因地制宜的考虑，而革命观念对东方国家的影响，无疑在 20 世纪的人类文明史中留下了浓重的一笔。

种种事实证明，晚年恩格斯是一个灵活运用政治辩证法的宽和的智者，在他身上很难看到教条主义的痕迹。晚年恩格斯家中经常高朋满座，他可以熟练使用多国语言与来自不同国家的社会主义活动家对话。“凡是想要参加他的社交晚会的人，必须在社会主义运动中作出过良好成绩，或者是有些才华。而这个人作为社会主义者，并非必须是马克思

① 参见《马克思恩格斯全集》第 21 卷，人民出版社 1965 年版，第 540 页。
② 参见《共产党和工人党的党纲与党章》，中国人民大学出版社 1958 年版，第 107 页。
③《毛泽东选集》第 2 卷，人民出版社 1991 年版，第 541 页。
④ 参见《毛泽东文集》第 7 卷，人民出版社 1999 年版，第 18 页。
⑤ 参见《毛泽东文集》第 7 卷，人民出版社 1999 年版，第 16 页。

主义者。”[①]关键不是出自何种学派，问题在于改变社会！应当认识到，政治生活是公民自由参与的公共事务，人们需要在政治商谈和论辩中达成共识，“从辩证法的本原、功能及其终极使命来讲，辩证法都是一个政治哲学的概念”[②]。也正是从政治哲学的角度，我们可以充分理解晚年恩格斯阐释实现社会主义道路的共时性蕴含的思想深意，他用发展的眼光看待世界，以政治辩证法阐释唯物主义历史观，相关论述对世界社会主义运动具有重要的指导意义。

概言之，超越教条主义的革命思维，从实际出发，探寻社会主义的实现道路，充分利用欧洲民主制国家的议会斗争，实现大多数人的利益，同时在发展滞后的国家进行社会革命，这些思路几乎就是 20 世纪世界左翼政治走向的预言。这种辩证考量凸显了现代社会主义的“科学”规定，反映了晚年恩格斯政治辩证法的实践特质，凸显了以辩证的视野和科学的方法解决现实政治问题的必要性和可能性。如今，实现社会主义的这两种思路仍然在世界左翼政治话语中并存，我们仍然没有离开晚年恩格斯的思想地平线。当我们对“什么是社会主义”有了深刻的理解之后，主要的问题就在于“如何建设社会主义”，即如何确认社会主义的道路选择，如何使社会主义从空想到科学、从理论到实践、从历史到现实。在这个意义上，晚年恩格斯的《反杜林论》和《卡·马克思〈1848 年至 1850 年的法兰西阶级斗争〉一书导言》从两重维度彰显政治辩证法的要义，具有深远的启示价值。

（原载《北京行政学院学报》2013 年第 3 期）

①［德］爱·伯恩施坦著，中共中央编译局编：《第二次英国之行》，载《回忆恩格斯》，人民出版社 2005 年版，第 97 页。

② 参见王庆丰：《在什么意义上辩证法是一个政治哲学的概念》，《天津社会科学》2008 年第 3 期。

第五编

马克思主义正义论探要

苏格兰情感正义论与马克思的正义观念
马克思正义论的实践逻辑
“事实—价值”的辩证法与马克思的正义论
晚年恩格斯对“正义”的规定及其实践原则
正当与正义：马克思对资本主义制度的批判与超越
马克思正义论研究的两种进路及其中国语境

一

苏格兰情感正义论与马克思的正义观念

苏格兰启蒙思想家谈论的正义并非古典意义上的最高美德，而是一种符合现代人情感的社会美德，是一种与同情共感的合宜性判断。他们强调在现实的正义环境中设定正义原则，建构符合市民社会与市场经济需要的正义制度。作为美德的正义因而是为改善社会环境而采取的一种人为规定，是体现内在情感的道德实践范畴。这种情感正义论首先是由哈奇森提出的，他认为情感是正义的基点，正义旨在确立情感秩序，将神学正义论世俗化，以社会公共善取代天国的幸福，进而确立现代社会经济生产生活的正义规范，由此形成的补救性正义逐渐成为现代市民社会遵循的一般原则。

（一）苏格兰启蒙思想家的情感正义论

自觉履行正义的原则，体现了人们对利益的“激情”以及社会美德的公共效用，苏格兰启蒙思想家强调这种原则是由无偏的、现实的甚而是全智的旁观者作出的，应当体现为规范的公正裁判。在休谟看来，“正义只是起源于人的自私和有限的慷慨，以及自然为满足人类需要所准备的稀少的供应”[①]。面对有限的资源和人性的缺陷，既要适当约束“利益的激情”，也要理解现代人追逐利益的自然情感。“我们既然不能改变或改正我们天性中任何重要的性质，那么我们所能做到的最大限度只是改变我们的外在条件和状况，使遵守正义法则成为我们最切近的利益，而破坏正义法则成为我们的最辽远的利益。”[②]因而，需要政府以正义原则切实保障公民的利益与安全，形成正义的社会环境，“民事首领、国王、

①［英］大卫·休谟著，关文运译:《人性论》，商务印书馆1980年版，第536页。
②［英］大卫·休谟著，关文运译:《人性论》，商务印书馆1980年版，第577页。

大臣、我们的总督和长官”应当在履职中实现社会正义，“这就是民事政府和公民社会的起源”[①]。

苏格兰启蒙思想家认为，履行保障私人利益与公共利益的正义原则，以确立财产权规则为前提。休谟明确了三种具体的财产权规则：“稳定财物占有的法则，根据同意转移所有物的法则，履行许诺的法则。”[②]这三种规则作为人们必须履行的义务，是当然的正义之举，在现代政府确立之前就存在了。在这种补救性正义原则中，强调财产权原则和正义的公共效用，在很大程度上是从结果角度考虑问题的，即遵循正义会给人们带来益处，这种对其益处的反思是正义的价值基础。休谟明确指出这种情感正义论的理由以及其中关于正义的人为的规定是以什么方式作出的，在他看来，“正义这一德性完全从其对人类的交往和社会状态的必需用途而派生出其实存，乃是一个真理”[③]。因而，对正义的规定应当尊重人们的利益诉求，保障人们的利益所有。遵循正义是一种道德的善，违背正义是一种道德的恶。

这种情感正义论强调互惠互利原则，因为人们在分工与合作中需要遵守公道和正义，否则会陷入一切人反对一切人的战争渊薮，这就彰显了人们在遵循正义的过程中获得的益处。休谟指出区别正义和非义的两个基础：“利益所以成为这个基础，是因为人们看到，如果不以这些规则约束自己，人们就不能在社会中生活；道德所以成为这个基础，则是因为当人们一旦看出这种利益以后，他们一看到有助于社会安宁的那些行动，就感到快乐，一看到有害于社会安宁的那些行动，就感到不快。”[④]强调正义的情感内涵，满足了人们感性生活的需要。遵循正义原则以保障人们的利益为结果，并使人们在获益的过程中感到快乐，这是维持现代社会运行之所必需，因而应当成为一种社会风尚。

这种由现实的旁观者提出的正义原则是不偏不倚的，其公共效用应当是合宜的。在斯密看来，“公平或正义的美德，这个在所有美德中最

①［英］大卫·休谟著，关文运译：《人性论》，商务印书馆1980年版，第577—578页。
②［英］大卫·休谟著，关文运译：《人性论》，商务印书馆1980年版，第566页。
③［英］大卫·休谟著，曾晓平译：《道德原则研究》，商务印书馆2001年版，第37页。
④［英］大卫·休谟著，关文运译：《人性论》，商务印书馆1980年版，第573—574页。

重要的美德，其全部的价值不过是，在对待我们的邻人时，要有审慎分辨与考虑周详的适当行为”①。这种社会美德具有极高的精确度，清晰地标明它所要求的行为标准，并体会到人们产生这些行为的激情和动机。公正的旁观者对这些遵循不偏不倚的正义原则的行为深表赞同，反之则进行谴责。与被比喻为修辞的其他美德不同，斯密以语法来比喻正义，认为正义是必须被严格遵守的语法，这种规范比任何修辞都更为根本，是稳固社会大厦不可或缺的基石。斯密强调，立法者执行正义原则时应具有足够的决心，并且足够精准，要在政治实践中确保世俗生活的合理性，须知最完美的政治家应当秉持最高的正义原则，这就赋予正义以一种政治德性规定。

与追求卓越的古典美德不同，“在大多数场合，纯粹的正义只不过是一种消极的美德，只是阻止我们伤害邻居。一个仅仅是克制他自己不去侵害邻居的人身、财产或名誉的人，的确说不上有什么绝对正面的功劳。然而，他却已完全履行了所有被特别称为正义的规则……我们时常只要坐着不动、什么事也不做，便得以尽到正义所要求的一切责任”②。在斯密看来，一个人如果只是没有侵犯邻人的生命、财产或名誉，没有多少优点可言，但他已经履行了正义的法则，人们确实可以不做什么而遵守有关正义的全部法则。其实，遵守这种消极的美德，在很大程度上也是强制的，往往需要人们节制和审慎，并发现哪些概括性的正义规则是必须遵守的，“如果美德本身就是可喜的，而恶行本身也同样就是可恶的，那么，最初区分美德与恶行的，便不可能是理性，而是直接的感觉”③，这种关于正义的感觉有助于社会和乐。

虽然这种正义感并未得到所有苏格兰启蒙思想家的认同，例如，托马斯·里德、詹姆斯·奥斯瓦尔德等学人强调正义是一种道德判断，也有些学人试图将情感和理性折中，但他们几乎都认为，正义是一种实践意义上的美德，不是衡量法律正当性的标准。这种看法也影响了苏格兰自然法学的基本观念，“他们都将正义看作是个人的特征。当然，由

①［英］亚当·斯密著，谢宗林译：《道德情操论》，中央编译出版社2008年版，第381页。
②［英］亚当·斯密著，谢宗林译：《道德情操论》，中央编译出版社2008年版，第98页。
③［英］亚当·斯密著，谢宗林译：《道德情操论》，中央编译出版社2008年版，第408页。

具有这种特征的个人所构成的社会，或世界，也是正义的，但社会所具有的这种正义的特性来源于组成社会的个人，而同理，正义的法律所具有的正义性也来自遵守这一法律的个人所具有的正义特性”[①]。在这个意义上，作为社会美德的正义也是一种个人美德，由此彰显了正义在成为一种制度之后所具有的个人特征与习俗特征，它实际地体现在经济、政治和法律领域，应当形成保障人们快乐享用正义感的社会环境。

强调正义的公共效用，是苏格兰情感正义论最富于实际之处。在休谟看来，“公道或正义的规则完全依赖于人们所处的特定的状态和状况，它们的起源和实存归因于它们的严格的规范的遵守给公共所带来的那种效用”[②]。这种公共效用来自于人们基于对共同利益的感觉而形成的约定，对共同利益的感觉不仅源自个人内心，也通过对他人的感觉的同情，进而协同制定促进公共效用的行动计划。斯密将正义区分为两种，其中，交换性正义“在于绝不侵犯别人的东西，并且自动地做那些反正我们也可以被正正当当地强制去做的事情”，而分配性正义“在于适当的慈善，在于适当地使用我们自己的东西，在于把它用在，就我们的处境来说，最适合使用它的那些慈善或慷慨的目的上”。[③]他试图创立一种新的社会科学研究方法并表明，按正义行事较之按仁慈或慷慨行事受到更强的约束，人们遵循正义的方法固然体现了自我选择，但从中可以强烈感受到它是一种必须遵守的社会规范。

（二）马克思的正义论：规范与规律的双重视角

马克思在巴黎时期开始研读苏格兰启蒙思想家的著作，为历史唯物主义的形成引入政治经济学批判的基础，同时对启蒙思想家的道德正义观作出现实批判。[④]马克思的正义论首先体现规律性特征，随着分析马克思主义的政治哲学转向，规范性的马克思正义论也开始引人注目，并体现为一种理论策略。正如科恩所说：“西方资本主义的社会阶级结构的

①［英］亚历山大·布罗迪编，贾宁译：《苏格兰启蒙运动》，浙江大学出版社2010年版，第193页。
②［英］大卫·休谟著，曾晓平译：《道德原则研究》，商务印书馆2001年版，第39页。
③［英］亚当·斯密著，谢宗林译：《道德情操论》，中央编译出版社2008年版，第346页。
④ 参见臧峰宇：《苏格兰启蒙运动与马克思的正义论》，《哲学研究》2014年第1期。

深刻变化能够解释我们注意力的转变。这些变化导致了以前并不存在的规范性问题，或者更准确地说，它们导致了以前几乎没有政治意义的规范性问题。现在，这些规范性问题具有了重要的政治意义。”[①] 这无疑反映了政治哲学研究的现实意识，政治哲学家要在反思现实的过程中提出影响现实的理论主张，当规范性问题开始具有政治意义，必然成为政治哲学的研究对象，同样成为研究对象的还有造成这种转变的西方资本主义的社会阶级结构的深刻变化。

使这种策略具有合理性的关键，不仅是对上述深刻变化的分析是否有效，还要证成这种正义论符合马克思政治哲学的规定。也就是说，应当阐明在马克思政治哲学的内在结构中是否包括一种规范正义论。回到马克思哲学文本，可见马克思对正义及其相关问题并非只是批判性或描述性主张，其中也包括一定的规范性阐释。在很大程度上，这些规范性阐释并不是马克思有意为之的，而需要对其进行归纳和说明。

马克思在《哥达纲领批判》中对“平等的权利”的评论通常被认为是一种规范性阐述：“生产者的权利是同他们提供的劳动成比例的；平等就在于以同一尺度——劳动——来计量。但是，一个人在体力或智力上胜过另一个人，因此在同一时间内提供较多的劳动，或者能够劳动较长的时间；而劳动，要当作尺度来用，就必须按照它的时间或强度来确定，不然它就不成其为尺度了。这种平等的权利，对不同等的劳动来说是不平等的权利。它不承认任何阶级差别，因为每个人都像其他人一样只是劳动者；但是它默认，劳动者的不同等的个人天赋，从而不同等的工作能力，是天然特权。所以就它的内容来讲，它像一切权利一样是一种不平等的权利。”[②] 马克思在这里深刻分析了平等的权利实际上是一种不平等的权利这种现象，并指出从根本上避免分配的弊端，就要消除这些“天然特权”。他批判了因天资禀赋、家境、运气等差别带来的分配的不平等，这种因“贡献”而实现的“应得”在一定条件下是合理的，但其缺陷也是明显的。因而必须实现一种高阶的分配平等，在物质财富充分

① 吕增奎编：《马克思与诺齐克之间：G. A. 柯亨文选》，江苏人民出版社 2007 年版，第 158 页。

②《马克思恩格斯文集》第 3 卷，人民出版社 2009 年版，第 435 页。

涌流的条件下实现“按需分配”。

这种关于分配正当性的论述在《德意志意识形态》中已有所体现，马克思在这里谈到以研究人的本性为基础的实际信念：“人们的头脑和智力的差别，根本不应引起胃和肉体需要的差别；由此可见，‘按能力计报酬’这个以我们目前的制度为基础的不正确的原理应当——因为这个原理是仅就狭义的消费而言——变为‘按需分配’这样一个原理，换句话说：活动上，劳动上的差别不会引起在占有和消费方面的任何不平等，任何特权。”① 平等的权利不应只是资产阶级的权利，这是就阶级差别以及由此导致的平等内容而言的，衡量平等的权利需要同一种尺度，而不能采用特殊的尺度。更何况，对不同天资禀赋、家境状况的劳动者而言，以抽象平等的方式衡量权利也是不妥当的。

应当明确的是，马克思反对超历史的道德评价。他借鉴了启蒙国民经济学家在经济生活中研究社会现实问题的方法，但反对将解决问题的方案归结于永恒正义之类论说，因而对其正义论的道德分析应当在历史唯物主义总体视域展开。这还体现在他对自然状态的否定，例如，他在《1857—1858 年经济学手稿》中指出：“单个的人表现为摆脱了自然联系等等，而在过去的历史时代，自然联系等使他成为一定的狭隘人群的附属物。这种 18 世纪的个人，一方面是封建社会形式解体的产物，另一方面是 16 世纪以来新兴生产力的产物，而在 18 世纪的预言家看来（斯密和李嘉图还完全以这些预言家为依据），这种个人是曾在过去存在过的理想；在他们看来，这种个人不是历史的结果，而是历史的起点。因为按照他们关于人性的观念，这种合乎自然的个人并不是从历史中产生的，而是由自然造成的。”② 在马克思看来，原子式的个人“是具有无教养的非社会表现形式的人，是具有偶然存在形式的人”。③ 这些非社会表现形式的人是独立的，彼此之间的关系是紧张的，“每个人都互相妨碍别人利益的实现，这种一切人反对一切人的战争所造成的结果，不是普遍的肯定，而是普遍的否定”④。问题是研究现实的个人实现正义的经济

①《马克思恩格斯全集》第 3 卷，人民出版社 1960 年版，第 637—638 页。

②《马克思恩格斯文集》第 8 卷，人民出版社 2009 年版，第 5—6 页。

③《马克思恩格斯文集》第 1 卷，人民出版社 2009 年版，第 37 页。

④《马克思恩格斯文集》第 8 卷，人民出版社 2009 年版，第 50 页。

条件和社会环境，他对资本逻辑的道德批判具有明确的历史语境，即资本主义剥削关系及其结果，对此不应过度解读，将其演绎为某种超历史的道德理论。因而，关键在于探究剥削为什么是不正当的，以及对于社会大多数人而言，作为平等的正义具有哪些实体性内容。

理解马克思的正义论，充分认识其中蕴含的道德批判逻辑，基于马克思的相关论述对其作一种规范性解读是可能的。这种规范性解读实则在一定程度上还原了理解马克思正义论的应有视域，例如马克思对工人应当基于合理的实际收入而获得实际权利的主张。罗尔斯对此所作的评价具有启发性："把权利和正义的概念归结为司法性的概念是过于狭隘的。权利和正义的概念可以独立于强制性的国家制度及其法律体系而加以构思；事实上，当它们被用来评判社会的基本结构及基本的制度安排时，它们就是这样被构思的。实际上，'各尽所能，按需分配'的原则就属于这种类型的正义概念。事实上，该原则意在给所有的人都提供自我实现的平等权利，尽管马克思设想，这个原则要在政府及其强调性的法律制度消失以后才会出现。"[①] 如果我们将"按需分配"理解为一种正义的理念，就应当同时认识到这是一种高阶的正义理念，将这种理念现实化是一种历史的必然。

在这个意义上，科恩的"自我所有权命题"是具有启发性的："资本家剥削了工人这个马克思主义主张就取决于如下命题：人们是自己能力的正当所有者。"[②] 工人遭到剥削的实质是劳动与所有权相分离。在科恩看来，造成不平等的私有财产的来源并不全然是正当的，他对诺齐克的"自我—所有权"观念的批判基于明确的社会主义立场[③]，是相当有力

①［美］罗尔斯著，杨通进等译：《政治哲学史讲义》，中国社会科学出版社 2011 年版，第 356—357 页。

② 吕增奎编：《马克思与诺齐克之间：G. A. 柯亨文选》，江苏人民出版社 2007 年版，第 159 页。

③ 科恩反驳了诺齐克的"自我—所有权"观念，即每个人属于他自己，没有义务为他人服务或生产，实现平等必然造成不正义，他认为这种从自由至上主义出发所作的辩护使社会主义者感到气愤，实则是一种误导。参见［美］G. A. 柯亨著，李朝晖译：《自我所有、自由和平等》，东方出版社 2008 年版，第 3 章和第 10 章。亦参见段忠桥：《基于社会主义立场对自由至上主义的批判——科恩对诺齐克"自我—所有权"命题的反驳》，《中国社会科学》2013 年第 11 期。

而富于启发性的。工人应当认识到自我所有权，且应当在资本主义生产过程中形成的剥削关系中认识，在一种所谓自然人之间的财产关系中理解是缺乏前提的。在所有权与正义的分析框架中，认识到自我所有权应当成为一种自觉，这涉及我们对生产正义和分配正义之间关系的深刻理解，也涉及我们对正义得以实现的社会条件的充分认识。

（三）生产正义与正义的条件

马克思不乏反对研究分配正义的话语，原因并非分配正义不值得研究，而是若缺乏对分配正义的前提的充分思考，分配正义观念就成为一种无根的浮萍，或成为一种普遍性之外的“例外状态”，无产者将停留在实现正义的现实条件之外。这个前提就是生产正义，正如马克思所说:“分配关系和分配方式只是表现为生产要素的背面。个人以雇佣劳动的形式参与生产，就以工资形式参与产品、生产成果的分配。分配的结构完全决定于生产的结构。分配本身是生产的产物，不仅就对象说是如此，而且就形式说也是如此。”① 因为“分配的结构完全决定于生产的结构”，在生产正义缺席的情况下，关于分配正义的讨论是没有多少实质内容的。

从根本上讲，生产方式决定了分配的性质，衡量正义与否总要以其所处时代的生产方式为前提，因为“消费资料的任何一种分配，都不过是生产条件本身分配的结果；而生产条件的分配，则表现生产方式本身的性质”②。在脱离生产方式的语境中讨论什么是正义的以及如何实现正义与问题的解决没有关系，因为一些违背正义的社会现象在资本主义制度下是不可避免的，这就使马克思将解决问题的重点放在制度批判以及维系这种制度的资本逻辑的批判上。应当看到:“正义原则不再是从抽象人性中推演出来的超历史规范，而是受生产制度制约的历史性原则，因此对它的理解只能从生产制度的历史变化中寻找根据。”③ 在马克思看来，不能在脱离社会历史条件的情况下讨论正义原则，超历史的“永恒公

①《马克思恩格斯文集》第8卷，人民出版社2009年版，第19页。
②《马克思恩格斯文集》第3卷，人民出版社2009年版，第436页。
③ 王新生:《马克思政治哲学研究》，科学出版社2018年版，第273页。

平”原则只能盘旋在理论世界，没有使之实现的历史条件。

在这个意义上，马克思对分配正义的批判实际上是对一种缺乏前提的研究方法的批判，即抛开生产正义而讨论分配正义无助于任何问题的解决。他对庸俗的社会主义者的批判大都源出于此，因为“庸俗的社会主义者仿效资产阶级经济学家（一部分民主派又仿效庸俗社会主义）把分配看成并解释成一种不依赖于生产方式的东西，从而把社会主义描写为主要是围绕着分配兜圈子”[①]。问题的关键在于变革阻碍生产力进一步发展的社会条件，这不仅是正义得以实现的需要，而且对正义的诉求在这种辩证的转化中也能生发现实力量。作为一种批判的武器，正义的诉求当然不能代替武器的批判，但当人们普遍具有对实现正义的觉悟，就会形成改变不正义的世界的物质力量。

换言之，正义的理念应当基于正义得以实现的历史条件。马克思深切批判工人遭受剥削的社会现实，对社会大多数人来说，正义的缺席并非因为人们忘记了自然状态，而是因为资本现代性的现实化造成人与人的疏离——“自由这一人权不是建立在人与人相结合的基础上，而是相反，建立在人与人相分隔的基础上。这一权利就是这种分隔的权利，是狭隘的、局限于自身的个人的权利。”[②]当“一切人反对一切人的战争”成为现代社会的常态，在生产过程中结成的人与人之间的关系必然遵循零和博弈的法则，这必然影响生产力的发展。正如罗默所说，“资本主义的本质上的不公正不在于生产地点发生了什么，而在于在此之前的决定阶级、收入和福利的财产关系”[③]。这种财产关系当然是由生产方式所决定的，因而，关键是确认阻碍生产正义的现实因素并形成实现正义的社会条件。

因而，马克思主义者对正义的诉求更多地体现为对实现正义的社会条件的追求。正如金里卡所指出的，在很多马克思主义者看来，“正义有其意义仅仅因为我们处于‘正义的条件’之中，正是这样的条件产

①《马克思恩格斯文集》第3卷，人民出版社2009年版，第436页。

②《马克思恩格斯文集》第1卷，人民出版社2009年版，第41页。

③［美］罗默著，段忠桥、刘磊译：《在自由中丧失——马克思主义经济哲学导论》，经济科学出版社2003年版，第119页。

生着只有通过正义原则来加以解决的冲突。正义的条件主要包括下述两点：第一，目标冲突；第二，物质资源的有限。如果人们的目标不一致并且又面临资源的匮乏，他们就必然会有相互冲突的要求。可是，如果我们能够要么消除人们的目标冲突，要么消除资源匮乏，我们就不再需要法律平等的理论；而当我们不再需要这样的理论时，我们的处境反而更好”[①]。解决因物质资源的有限造成的问题，需要进一步解放和发展生产力；改变目标冲突的现象，就要调整生产关系，这都涉及改变社会基本结构，在这个意义上解读罗尔斯所说的“社会基本结构是正义的主要对象或问题”[②]是有现实意义的。因而，应当认识到马克思强调通过改变社会基本结构来改变不正义的社会制度，并在历史唯物主义前提下研究其正义论的实践逻辑。

在这里，要深刻理解马克思正义论的复合性特征，因为马克思不是在一种纯然道德观念的意义上讨论正义问题的。他对资本主义剥削的谴责和对劳动者应得社会商品的强调都基于明确的道义主张，从中可见一种应当遵循的社会规范。但马克思实现正义的方式与强调永恒公平或应得理论的政治哲学家不同，他的方案是消灭私有制，让一切不正义的制度灭亡，这个激进方案是在生产领域深处提出的，从对启蒙国民经济学家的批判出发，真正切中现代社会正义问题的实质。因而，如果要解决分配正义问题，首先要解决生产正义问题，而当生产正义问题基本得到解决，分配正义问题就应当被提上议事日程。

也就是说，研究马克思的正义论应当考虑到正义的层次，把握解决生产正义和分配正义的时代条件。也要认识到，随着社会形态的转变，研究正义问题的重点也会发生变化。因而，把握马克思正义论的实质，关键在于理解其研究方法和基本问题意识。同样，研究马克思正义论的显性逻辑与隐性逻辑，也要注意这种方法论原则。与罗尔斯自由平等主义正义论的基本理路不同，马克思并非将正义作为社会制度的首要

---

①［加］威尔·金里卡著，刘莘译：《当代政治哲学》，上海三联书店 2004 年版，第 311 页。

②［美］约翰·罗尔斯著，何怀宏等译：《正义论》（修订版），中国社会科学出版社 2009 年版，第 66 页。

美德，他更多地考虑的是如何通过人类解放，建构一个实现正义的新世界，但正义确实并非只是一个司法性概念，它也体现为一种制度安排，进而呈现为一种道德风尚，是一个稳健发展的社会所需要的。

概言之，与启蒙国民经济学家的道德逻辑和以往政治哲学家强调的永恒公平原则不同，马克思在政治经济学批判中形成一种实质正义的政治哲学主张。他并非立足于市民社会而是基于人类社会思考正义的可能性，提出社会化的人类所需要的社会正义原则。我们可以从中感受到一种兼具超越性与现实性的高阶正义，这种基于历史必然性的正义观念不立足于伦理的应当，而体现为一种与生产方式相适应的道德有效性。在这个意义上，我们才能理解马克思在何种意义上批判地借鉴启蒙国民经济学，他在经济领域深处确认生产方式对一个时代的正义观念的决定作用，同时深刻谴责资本家对工人创造剩余价值的掠夺，他在肯定这种分配在合法性意义上所标明的"正义"，但时常表达对这种分配在实质上造成的不公平的愤怒。解决这种社会分配不公的现象，不能依靠诉求道德的方式来解决，但要深刻理解马克思的历史性阐释包含的道德逻辑。

（原载《道德与文明》2021年第2期）

二

马克思正义论的实践逻辑

关于如何理解马克思正义论的争鸣与由罗尔斯的《正义论》引起的英美政治哲学复兴几乎并时前行，持续半个世纪，构成正义论视域中的“马克思问题”。[①]这一问题的复杂性在于，马克思从根本上否定了西方政治哲学家基于自然法的正义观念和关于正义是社会制度的首要美德[②]的命题，同时从历史唯物主义角度提出改变不正义的社会制度的现实方案，其间浸润着一系列实质正义的主张。探究这一问题的实质，不能想当然地理解马克思关于资本主义和正义之间关系的一般看法，而要回到马克思政治哲学文本的原初语境，研读马克思关于“正义”问题的关键阐述，理解马克思正义论的实践逻辑。

（一）马克思正义论的历史唯物主义底蕴

综观马克思政治哲学文本，为学界最关注的是《资本论》第三卷中马克思评述银行家威廉·詹姆斯·吉尔巴特在《银行业的历史和原理》中关于“自然正义”的一段话:“生产当事人之间进行的交易的正义性在于:这种交易是从生产关系中作为自然结果产生出来的。这种经济交易作为当事人的意志行为，作为他们的共同意志的表示，作为可以由国家强加给立约双方的契约，表现在法律形式上，这些法律形式作为单纯的形式，是不能决定这个内容本身的。这些形式只是表示这个内容。这个

① 相关争鸣开始于罗尔斯出版《正义论》的次年春天，由艾伦·伍德在《哲学与公共事务》1972 年第 3 期发表的《马克思对正义的批判》而引发的学术争鸣与当代政治哲学家围绕罗尔斯正义论展开的激烈论辩一样著名，而且有些参与这场争论的学者后来转向了政治哲学。

②[美] 约翰·罗尔斯著，何怀宏等译:《正义论》(修订版)，中国社会科学出版社 2009 年版，第 3 页。

内容，只要与生产方式相适应，相一致，就是正义的；只要与生产方式相矛盾，就是非正义的。在资本主义生产方式的基础上，奴隶制是非正义的；在商品质量上弄虚作假也是非正义的。”[①]马克思在这段话[②]中从历史的角度强调“交易的正义性”的现实基础，否定了吉尔巴特认为付借款的利息合乎自然正义原则的观点，表明作为法律形式的正义是由生产方式决定的，正义的观念总是与一定时代的生产方式相适应。

法律是社会有机体中的重要一环，与其他环节发生内在联系，以契约的形式反映了社会结构的综合样态。在黑格尔看来，“整个立法和它的各种特别规定不应孤立地、抽象地来看，而应把它们看作是一个整体中依赖的环节，这个环节是与构成一个民族和一个时代特性的其他一切特点相联系的”[③]。“交易的正义性”归根结底体现了一定时代的经济关系。马克思认为，资产阶级强调自身为社会普遍利益代言是没有根据的，资本主义社会的分配正义也并非自然正义或永恒正义。普遍利益和正义规范是社会的、历史的，并在现实社会的建构中随着历史发展而变迁。马克思强调“超出资产阶级法权的狭隘眼界”[④]，关于正义问题的答案只能通过对一定时代的经济利益和经济关系的分析才能找到。正如恩格斯所指出的：“社会的公平或不公平，只能用一种科学来断定，那就是研究生产和交换的物质事实的科学——政治经济学。”[⑤]毋庸置疑，历史唯物主义从创立伊始就与这门研究生产和交换的物质事实的科学结合在一起，并为其提供哲学基础。

马克思几乎没有对“正义”作过一般规定，而且多次对超历史的正义观念提出深切的批判，因为这些观念并不能解决任何实际问题。他从历史必然性角度提出的正义主张超越了纯粹道德正义观念，在具体的历

①《马克思恩格斯全集》第46卷，人民出版社2003年版，第379页。

② 这段话最早引起学界注意，始于伍德在《马克思对正义的批判》一文中的解读。伍德指出：“当我们阅读马克思在《资本论》与其他著作中对资本主义生产方式的描述时，我们本能地意识到，他所描述的是一个不正义的社会制度。”他通过分析马克思对“正义”和“法权”关系的理解，得出“马克思不认为资本主义不正义”这一结论。参见Allen Wood. “The Marxian Critique of Justice”. *Philosophy and Public Affairs*, 1972: (1)。

③［德］黑格尔著，范扬、张企泰译：《法哲学原理》，商务印书馆1961年版，第5页。

④《马克思恩格斯全集》第19卷，人民出版社1963年版，第23页。

⑤《马克思恩格斯全集》第19卷，人民出版社1963年版，第273页。

史语境中确认正义的实现路径：实现实质正义，必须首先改变不正义的社会环境，并为正义的社会氛围提供坚实的物质基础。为此，必须探究马克思关于社会差别和社会冲突的看法，“只有我们理解了马克思关于冲突的根源的观点，即休谟和其他人所说的正义环境，马克思对法权观念和法权实践批判的激进品格才能被充分领会”①。应当看到，在马克思使用“正义”一词的实际情形中，“正义”是一种法权话语，等价交换原则是符合资本主义生产方式的正义的体现，它符合资本主义的法律形式。改变不正义的社会环境，扬弃旧的法权观念，建立体现正义的经济关系，才能使实质正义充溢在人们的日常生活中。

马克思之所以从否定性角度论及超历史的正义观念，因为它已经被资产阶级意识形态家用作没有现实内容的“陈词滥调”，因而几乎没有道德营养。马克思力图避免工人在实际斗争中受到诉求“正义”之类成见的误导，他认为资本主义的内在矛盾使这种社会制度正在走向终结，这种趋势绝不是通过使之更符合社会正义之类的道德举措能够改变的。换言之，空洞地诉求正义并不能从根本上改变利益冲突和阶级冲突。工人和资本家之间的交换关系是“正义”的，但其间存在着奴役与被奴役的阶级关系，工人遭到资本家剥削，被迫失去了剩余价值。在生产之外单纯讨论分配正义是没有什么意义的，因为生产与分配互为因果，在生产不正义的前提下，所有关于分配正义的争论都是一种浅薄的认知。社会正义只能通过诉求解放的革命得到根本改变。只有通过革命，消除工人和资本家之间的对抗性关系，无产阶级才能实现社会正义的有效需求。

马克思关于应从历史的角度而非道德角度理解现代经济关系的强调，早在《巴黎手稿》中就开始了。他读出启蒙国民经济学家构建的社会秩序在改善无产者生活处境方面乏善可陈，甚至存在道德的虚假和伪善，因而从现实层面提出相当犀利的质疑。例如：“如果我问国民经济学家：当我靠失去贞操、出卖自己的身体满足别人的淫欲来换取金钱时，我是不是遵从经济规律（法国工厂工人把自己妻女的卖淫称为额外的劳

①［美］艾伦·布坎南著，林进平译：《马克思与正义》，人民出版社2013年版，第5页。

动时间，这是名副其实的），而当我把自己的朋友出卖给摩洛哥人时，我是不是在按国民经济学行事呢（而像征兵买卖等的直接贩卖人口的现象，在一切文明国家里都有）？于是，国民经济学家回答我：你的行为并不违反我的规律；但你要考虑到道德教母和宗教教母说些什么；我的国民经济学的道德和宗教丝毫不反对你的行为方式，但是——但是，我该更相信谁呢，是国民经济学还是道德？”[①] 在马克思看来，尽管启蒙国民经济学家力图使道德原则成为市民社会的精神基础，但这里的道德和国民经济学是两个不同的尺度。正是在这种质疑中，他开始建构有别于苏格兰启蒙思想的政治经济学批判理论，形成了作为这种批判的哲学基础的历史唯物主义新世界观。

在上述《资本论》第三卷那段重要表述中，马克思明确了等价交换原则的正义性，资本家以支付工资的方式购买工人的劳动力，是等价物之间的对等交换。不能因为劳动力是一种特殊商品，就否定等价交换原则的正义性。至于劳动力商品本身能创造出多于工资的剩余价值，也是在等价交换之后产生的，这不应从“不正义”的角度加以道德谴责，只能说这是资本主义社会形态赋予资本家的“幸运”：“劳动力使用一天所创造的价值比劳动力自身一天的价值大一倍。这种情况对买者是一种特别的幸运，对卖者也决不是不公平。”[②] 换言之，当马克思在历史科学中揭示资本主义衰亡的必然性时，他所建构的未来理想社会不是以正义作为根本价值目标的。

马克思摒弃了从正义角度批判资本主义制度的非历史主义思维方式，他看到“正义”作为资产阶级意识形态话语所具有的流行意义，因而以相当有限的含义使用这个概念。他不是致力于谴责单个资本家的伦理学家，而是要彻底摧毁工人与资本家之间的对抗性关系，使无产阶级在革命中获得整个世界的革命家。这个命题表明，作为权利的正义“决不能超出社会的经济结构以及由经济结构制约的社会的文化发展”[③]。它

①《马克思恩格斯文集》第 1 卷，人民出版社 2009 年版，第 228 页。

②《马克思恩格斯全集》第 44 卷，人民出版社 2001 年版，第 226 页。在这里，马克思用来表述“公平”的德语是“Unrecht”，英文本译为“injury”，中译本也如是处理。

③《马克思恩格斯文集》第 3 卷，人民出版社 2009 年版，第 435 页。

也表明，马克思不诉求“被限制在一个资产阶级的框框里”[①]的权利，也明确反对资产阶级道德说教。由此我们方能理解马克思对某些意识形态家设定的空泛远景的否定，他要塑造的是为人类谋解放的生成着的现实。在他看来，“工人阶级不是要实现什么理想，而只是要解放那些由旧的正在崩溃的资产阶级社会本身孕育着的新社会因素”[②]。

由此可见，马克思正义论具有历史唯物主义底蕴。试图将历史唯物主义剥离出马克思正义论的思路必然意味着对马克思哲学实质的重释：如果历史唯物主义不是马克思哲学实质，而只是其中一个组成部分，则马克思正义论或可成为外在于历史唯物主义的研究。在这个意义上，探讨历史唯物主义与正义论的关系，成为确认马克思有没有正义论，以及马克思有何种正义论的关键问题。这一问题引发多重争鸣，总体上形成历史主义与道德哲学两种进路。以其中一种进路反对另一种进路，固然各有道理，但也忽视了马克思正义论所体现的辩证的转化，忽视了马克思正义论的实践逻辑。

从马克思正义论的实践逻辑出发可见，即使确认马克思正义论的历史唯物主义底蕴，仍要认真面对马克思在其政治哲学文本中时常闪现的对资本主义的道德谴责以及偶尔对道德正义的肯定，也要回答马克思正义论与其对资本主义的批判之间的关系这一关键问题。例如，马克思在《资本论》及其手稿中指出：“资本来到世间，从头到脚，每个毛孔都滴着血和肮脏的东西”[③]，“资本家是窃取了工人为社会创造的自由时间”[④]。“资本是死劳动，它像吸血鬼一样，只有吮吸活劳动才有生命，吮吸的活劳动越多，它的生命就越旺盛。”[⑤]资本主义财富源于“盗窃他人的劳动时间”[⑥]，剩余价值是“从英国工人那里不付等价物而窃取的”[⑦]，“为了‘抵御’折磨他们的毒蛇，工人必须把他们的头聚在一起，作为一个阶

①《马克思恩格斯文集》第3卷，人民出版社2009年版，第435页。
②《马克思恩格斯文集》第3卷，人民出版社2009年版，第159页。
③《马克思恩格斯全集》第44卷，人民出版社2001年版，第871页。
④《马克思恩格斯全集》第31卷，人民出版社1998年版，第23页。
⑤《马克思恩格斯全集》第44卷，人民出版社2001年版，第269页。
⑥《马克思恩格斯全集》第31卷，人民出版社1998年版，第101页。
⑦《马克思恩格斯全集》第44卷，人民出版社2001年版，第706页。

级来强行争得一项国家法律，一个强有力的社会屏障，使自己不致再通过自愿与资本缔结的契约而把自己和后代卖出去送死和受奴役”[①]。这样的话语在马克思政治哲学文本中时常闪现，正是这些话语让我们极易感到资本主义是一个不正义的制度。这样的感觉纯系误解，还是基于对马克思正义论的常识性认识？变革旧的社会关系，使无产阶级砸碎旧世界的锁链，实现人类解放，是马克思革命理论的主线，但其间是否也存在着诉求实质正义的隐性思路？

（二）马克思正义论的隐性思路

确实，马克思在多数情况下使用的“正义”是一种法权概念，符合一定时代的法律形式。在阅读马克思描述资本主义社会现实的段落时，我们极易感受到马克思对无产阶级的同情。他将资本家占有工人剩余价值的行为表述为“抢劫”“窃取”“篡夺”“盗用”“榨取”“抢夺”“盗窃”等，这样的行为当然令人质疑，但它与资本主义生产方式相适应，符合资本主义的法律形式，因而是“正义”的。这种“正义”是一种合法性评价。也就是说，当我们认为工人和资本家之间的等价交换是“正义”的，这表明它符合与生产方式相适应的法律和意识形态，与资产阶级认可的道德也不冲突。但是，资本家这种占有剩余价值的行为伤害了无产阶级的道德情感，无疑与同情无产阶级的马克思的道德情感是相悖的。因而，被马克思认为是欺骗无产阶级的“诡计”和“戏法”。

因此，从马克思的道德感或道德立场出发，可以发现马克思正义论的另一向度。人们关于资本主义“不正义”的本能的意识来自对马克思指责资产阶级对无产者的疾苦乃至人类的利益漠不关心之类表述的阅读，而且读出了马克思力图实现符合无产阶级道德情感的正义诉求，这种“正义”与马克思所处时代的生产方式并不符合，体现了后资本主义社会的道德原则。从形式正义层面看，评价资本主义“正义”与否并不涉及道德价值，只是表明工人与资本家之间等价交换的行为是否合乎资产阶级法律，而且在《资本论》第三卷那段重要表述中，马克思主要为

①《马克思恩格斯全集》第44卷，人民出版社2001年版，第349页。

了说明还借款一定要付利息的所谓“自然正义”原则实际上很可能是无效的，或者说其是否有效要具体考虑借贷双方约定的实际情形，在现实中发挥作用的不是超历史的正义原则。从实质正义层面看，资本家“窃取”剩余价值的行为显然是有悖道德的，它虽然合乎资产阶级法律和意识形态，但只是符合将要被取代的旧的生产方式和社会关系。在这个意义上，诉求实质正义成为马克思革命理论的隐性思路，它表明这场颠覆旧制度的革命是正义的。这鼓舞更多的无产阶级投身于革命实践，令人们坚信正义的革命必然胜利。

马克思意识到要让无产阶级把握这一正义的逻辑，他在《1857—1858年经济学手稿》中指出：“认识到产品是劳动能力自己的产品，并断定劳动同自己的实现条件的分离是不公平的、强制的，这是了不起的觉悟，这种觉悟是以资本为基础的生产方式的产物，而且也正是为这种生产方式送葬的丧钟。”[①] 无产阶级意识到被剥削的事实在马克思看来是“了不起的觉悟”，从中可见马克思对工人被迫出卖劳动力这一社会现实所持的道德主张和道德立场。资本主义在他的笔端是一个不人道的制度，他反对资本主义分配安排，相关阐述浸润着同情无产阶级的道德温度，是站在道义制高点上的历史科学探索，是对颠覆不人道的社会制度的科学论证。所以，人们对马克思批判资本主义“不正义”不是一种本能的错觉，而反映了对马克思革命理论的隐性思路的合理理解。

这一隐性思路与从合乎法律形式的角度呈现的显性思路并不矛盾，实则完整地表明马克思谈论正义问题时所持的基本态度。人们之所以本能地认为资本主义是不正义的，正是马克思在以“盗窃”“掠夺”“窃取”等话语指责资本家占有工人剩余价值的行径时，给人们留下了一种深刻的道德谴责的印象。应当注意的是，这些词语正是马克思熟悉的苏格兰启蒙思想家论述“不正义”时的基本表述。当这种“盗窃”“抢劫”“掠夺”的行为在资本主义社会被正常化、合法化的时候，这种行为在资本主义意识形态家看来就不属于“盗窃”“抢劫”“掠夺”，而是体现资本家“幸运”的等价交换，资本家占有的剩余价值也就不是“赃物”，而

①《马克思恩格斯文集》第8卷，人民出版社2009年版，第112页。

是合法所得，也符合资本主义道德的要求。当马克思使用这些话语评价这种所谓“无过失的不当得利”[①]的情况的时候，无疑蕴含着道德谴责的意味。在这个意义上，“马克思对其思想的任何规范尺度的断然批判，可以而且应该得到尊重，而不应指责他自我矛盾”[②]。这并非马克思的自我矛盾，而是其历史辩证法的合理体现。

需要注意的是，马克思强调“正义”与生产方式相适应的逻辑，但这是在形式上就一个社会的生产方式内部的交换领域而言的。我们也应体会到马克思谴责的主要是资本主义制度，而并非单个的资本家。我们还要体会到马克思渴望尽快终结资本主义的迫切心情，如果“丧钟就要敲响”，那么探讨共产主义社会之前正义与否的问题并不重要。当然，马克思对共产主义社会初期的不成熟状态有过明确说明，他认为这个时期在经济、道德和精神方面还有旧社会的痕迹，还存在不平等的现象，“这些弊病，在经过长久阵痛刚刚从资本主义社会产生出来的共产主义社会第一阶段，是不可避免的”[③]。在马克思看来，当然有必要谴责资本主义，但关键在于消灭私有制。

当我们将视野投向马克思谴责资本主义话语彰显的正义的力量，就会发现实质正义的价值。在马克思看来，在对劳动力的购买中，资本主义不违反平等交换原则，在对劳动力的使用中，却违反了这一规则。在这种形式正义背后存在着大量的工人被资本家“无偿占有”的“无酬”劳动。更重要的是，在社会形态发生转变的过程中，存在着无产阶级诉求社会正义的自觉，构成向往未来的温暖感召，激励人们变革旧的生产关系，建设新的社会形态。所以，马克思指出：“和其他商品不同，劳动力的价值规定包含着一个历史的和道德的要素。”[④]在社会制度更迭的过程中，“正义”不仅不与旧的生产方式相一致，而且致力于变革旧的生产方式，更新旧的道德意识，从而绽放出价值的光芒。因而，对共产主义社会第一阶段即社会主义社会的交易公平与分配正义的分析当然非常

① Cary Young. “Justice and Capitalist Production: Marx and Bourgeois Ideology”. in *Canadian Journal of Philosophy*, 1978: (8).

② McCarney. *Social Theory and the Crisis of Marxism*. London: Verso Books,1990: 172—173.

③《马克思恩格斯文集》第 3 卷，人民出版社 2009 年版，第 435 页。

④《马克思恩格斯全集》第 44 卷，人民出版社 2001 年版，第 199 页。

重要。

正是这种价值的光芒让人们清晰地看到与人性生成相背离的劳动和一个严重不平等世界的道德困境，看到变革旧世界的理念和行动内蕴的正义的力量。“马克思主义者所作的特殊判断表明了正义的存在，而且他们作出那些判断时代走向的强烈情感也表明了正义的存在。”[①] 因而，正义的力量并非可有可无，它在推动社会进步的过程中具有现实性。它不仅表明无产阶级在现实的运动中所作的道德选择具有正当性，而且表明在历史唯物主义前提下探究正义观念的道德有效性。在变革旧制度的实践中扬弃旧的经济关系和社会关系，建构实现正义的社会环境，反映了马克思正义论的实践逻辑。

以实践逻辑审视马克思正义论可见，当资本家和工人的交易与资本主义生产方式相适应时，它适应的只是一种将被扬弃的旧的经济关系。这种“交易的正义性”是历史的、暂时的，在马克思看来只是名义上的。从实质层面看，这种现实恰恰是面向未来的正义的实践所要否定的。从中我们可以进一步理解马克思的道德观念以及他“对一个已然失序但可以重回正轨的世界的解释”[②]。由此可以展现马克思对存在于资本主义社会的作为法律形式的正义观念的现有表达，以及关于工人与资本家之间的交换关系实质不正义的应有表达之间的辩证关系，从而对马克思正义论作一种整体性理解。

（三）在改变世界中实现作为平等的正义

在解读马克思思想原初语境的过程中，我们很难直观地把握马克思正义论的基本轮廓。马克思解决现实问题的基本思路是政治经济学批判，其哲学前提是历史唯物主义，这两个关键的理论内化于工人运动的实践。马克思之所以严厉批判蒲鲁东主义者和拉萨尔主义者，恰因为他们对分配正义的阐述看似不乏道理，实则不能彻底改变无产者遭受剥削的实际处境；要从根本上解决这一问题，进而实现人类解放，实现每个

① G. A. Cohen. “Freedom, Justice and Capitalism”. *New Left Review*, 1981: (126).

②［加］罗伯特·韦尔著，臧峰宇译:《作为道德哲学家的马克思》,《社会科学辑刊》2016 年第 5 期。

人自由而全面的发展，只能通过革命。当然，革命取得成功，需要成熟的历史条件——高度发达的社会生产力，觉悟的工人联合体依靠这种成熟的历史条件获得整个世界。由此不难看到，正义论在马克思政治思想的核心范畴之外，谈论马克思正义论并非理解马克思的重要路径。

这种对马克思政治哲学的理解确有简单之嫌，因为马克思对资本主义的愤慨时而闪现苏格兰启蒙正义话语。尽管马克思强调，道德、法律等上层建筑是由生产性因素决定的，但它们在调整社会行为方面的反作用不可低估。因而，存在着一个正义论视域中的“马克思问题”。[①]我们不能在道德哲学中对马克思正义论作进一步发挥，原因是如此无法面对马克思对启蒙道德哲学的批判，也无法在逻辑上连接马克思关于正义与生产方式相适应的说法。但也不能因此不重视马克思对资本主义的批判内蕴的正义的谴责，不能无视马克思在批判资本逻辑时彰显的道德感，不能漠视马克思实现人类解放的价值立场。

马克思关于“正义”的明确论述十分有限，而且试图尽快实现人类解放的他对蒲鲁东主义和拉萨尔主义“明显的退步”表示强烈的愤慨，以至于人们将目光更多地投向实现共产主义的运动，而对之前维护社会秩序与按劳分配的正义原则缺乏足够的重视。当我们认识到实现共产主义是一个漫长的历史过程这一客观现实，就应充分研究社会主义的正义原则，以规范理论阐释分配正义，在发展马克思主义正义论的过程中坚持资本主义批判，而平等是这种正义论的首要原则。

首先需要明确的是，这种正义论的建构并非马克思主义的“退步”，而是结合时代条件规范整合并丰富马克思正义论的创见。不乏哲学家在现实情境中超越了马克思将市民社会的正义仅视为资本主义意识形态的

① 阿尔都塞指出马克思哲学存在“认识论断裂”，即以《德意志意识形态》为界呈现出从（人道主义）意识形态阶段到科学阶段的“总问题”的变化，学界由此延伸出所谓“青年马克思”与“老年马克思”之谓。就思想个体的观念演进阶段而言，一个哲学家在青年时代的某些看法与其晚年的看法有所不同，是自然而然的。但若是不同哲学家面对同样的经典论述，得出迥然不同的解读结论，必然构成引人关注的热点问题。学界关于马克思正义论的争鸣正是如此。

思路。[①] 恰当运用这种平等主义正义论解析社会主义分配问题十分必要，尽管“平等的权利按照原则仍然是资产阶级权利”，但这是处于共产主义社会第一阶段的人们不能逾越的，而马克思对按劳分配与按需分配的不同阐述显然考虑到社会主义分配的平等原则，即在仍保留商品经济的社会主义社会，“这里通行的是商品等价物的交换中通行的同一原则，即一种形式的一定量劳动同另一种形式的同量劳动相交换”[②]。违背等量劳动获得等量报酬的行为当然是不义之举。胡萨米对此作出了恰当分析：“马克思明确不赞同收入差距扩大，因为这种差别会导致社会分层，他主张，应从社会结构层面消除这种社会分层。如果社会主义社会以牺牲社会需要为代价，为了偏袒社会统治者而在一定程度上容许广泛的收入差别，那么它就偏离了马克思关于正义的社会主义社会的规范。”[③] 毋庸置疑，这种平等主义正义论以历史唯物主义为基础。

我们还要看到马克思超越共产主义社会第一阶段的价值指向，他和恩格斯曾在《德意志意识形态》中使用空想社会主义者莫尔的“按需分配”这个话语说明超越“按能力计酬”的社会主义分配原则，而后在《哥达纲领批判》中对此作出精彩分析。如果能力与天资禀赋有关，与个人努力程度无关，那么以此为分配标准就缺乏正当性，而天生身心残疾的人们不应为其自然缺陷负责，他们需要社会提供公益性的帮助，而按需分配原则显然考虑到个人自然禀赋的差异及其个性的差异。罗尔斯也考虑到这种侧重最小受惠者的分配原则，但在现有条件下使之实现存在着很大的难度，这个原则将在马克思设想的未来社会成为现实，因为那时社会物质条件和人们的精神状况都获得极大提高。在这里，我们可以看到马克思的社会理想超越了 18 世纪启蒙哲学，但以此逾越当今市民社会应有的正义原则显然是不明智的。

综上可见，马克思正义论有两重向度，一是与生产方式相适应，即与生产方式相一致的观念和行为合乎法律意义上的正义原则；另一个是

①［英］亚历克斯·卡利尼科斯、臧峰宇：《经典马克思主义与作为平等的正义》，《江海学刊》2013 年第 6 期。

②《马克思恩格斯文集》第 3 卷，人民出版社 2009 年版，第 434 页。

③ Ziyad Husami. “Marx on Distributive Justice”. *Philosophy and Public Affairs*, 1978: (1).

社会主义的平等诉求，在共产主义社会第一阶段，等量劳动获得等量报酬是合乎正义的原则，这个原则将为共产主义社会的按需分配原则所超越。这两个向度的差异实则是多年来人们争议马克思是否具有正义论以及马克思有何种正义论的关键，解析正义论视域中的“马克思问题”，我们能体会到，马克思认为资本家和工人之间的交易符合形式正义，即与资本主义生产方式相一致，但它不符合实质正义；它不违背资本主义道德，但与社会主义道德相悖，由此呈现马克思正义论的实践逻辑。社会主义社会的生产、交换和分配应实现实质正义，即在满足人们日益增长的物质和精神需求的同时充分实现社会平等，这是完善劳动者联合体的必然选择，也是实现未来理想社会不可逾越的精神路标。

（原载《哲学研究》2019 年第 2 期）

三

“事实—价值”的辩证法与马克思的正义论

围绕马克思正义论展开的学术争鸣是当代英美马克思主义伦理学和政治哲学研究的热点景观，其中关键在于，马克思是将“正义”理解为与一个时代的生产方式相一致的事实判断，还是从规范意义上作出的应当与否的价值判断。毋庸置疑，马克思反对超历史的道德评价，反对资产阶级道德意识形态和道德说教，其正义论应以历史唯物主义为哲学前提。因此，他明确反对吉尔巴特所谓“自然正义”、蒲鲁东所谓“永恒公平”和拉萨尔所谓“公平的分配”。因为公平正义是基于一定社会历史条件的价值观念，它不是自然的永恒的，而是随着时代条件的变化而变化。为此，应当基于历史事实分析社会生活中的道德问题，由此作出的价值判断理应基于事实判断。但是，马克思在批判资本家无偿占有工人剩余价值的时候多次使用“盗窃”“抢劫”“掠夺”等道德谴责话语，在论述中体现了明确的价值判断。国际学界从上述两种视角出发展开的争鸣跨越半个世纪，实际上反映了马克思正义论研究的双重要素及其应有的逻辑关系，呈现了“事实—价值”的辩证法。

（一）历史科学与道德哲学的统一

“事实—价值”的辩证法是马克思正义论研究应当秉持的重要思维方法。从交易的正义性角度看，任何时代的正义观念都是由生产方式决定的。所以，马克思认为，只要与所处时代的生产方式相适应，就是正义的，因为这种交易符合所处时代的文化环境和法律规则，否则就不能被视为是正义的。在这个意义上，权利和道德是由经济关系来调节的，而不是相反。马克思关于正义的阐述因而不停留于对应然道德的形式规定，他所倡导的正义规范以实现社会整体利益为基础。在马克思看来，正义不是一种现代神话，作为源于物质生活关系的社会意识形式，正义观念不能超出社会经济结构的制约，从非历史的角度所作的道德谴责与问题的解决毫无关系，也不能从根本上说明正义问题的实质。

毋庸置疑，马克思明确反对剥削，提倡消灭私有制，建构一个没有阶级差别的理想社会。在他看来，无产阶级断定劳动同自己的实现条件相分离是不公平的，是一种了不起的觉悟。人们应当在劳动中实现自己的应得。剥夺工人在劳动中创造的价值，是不合理的。以资本逻辑支付一定的工资，却无偿占有剩余价值，只是在名义上承认公平原则，实际上抛弃了公平原则。从中可见马克思强烈的正义感。他反对脱离社会历史条件的道德意识和道德评价，拒斥资产阶级意识形态家的道德呓语，但他也意识到道德所具有的社会功能，并基于事实作出具有正当性的价值评价，呈现了研究分配问题应有的实质正义原则。

面对从历史主义和道德正义角度分别作出的马克思正义论何以可能的判断，提出"事实—价值"的辩证法，并非引入一种模棱两可的逻辑诡辩，而是强调唯物辩证法与马克思正义论的内在关系。人们的正义观念与其所处时代的生产方式相一致，但当社会形态更迭，旧的生产方式被新的生产方式替代的时候，正义观念就会发生"辩证的转化"。在转化的过程中，我们可以看到道德选择和道德实践的直接现实性，看到道德意识对社会存在的反作用，看到为时代所认同的正义观念对人们行为的规范价值。在变革旧的生产关系的革命中流淌着道德暖流，它激励人们以高尚的道德情操投身解放的事业，体现了实质正义的召唤。

由此可见，马克思正义论不仅体现为符合历史科学的观念体系，而且体现为一系列道德主张。其中道德反思和道德评价体现了事实判断和价值判断的辩证统一，反映了辩证形式在社会正义研究中的现实发展。马克思关于正义与否的评价首先遵循历史科学的客观规律，因为社会存在决定正义观念，但他也真切地指出资本掠夺了工人的健康和自由时间，这种掠夺的行为本身尽管符合形式正义，但不符合实质正义，因而有必要从现实层面进行道德批判，进而倡导无产者建构一个无剥削无压迫的体现实质正义的社会。为此，要透过现象看本质，以历史唯物主义为前提进行道德有效性研究，这种重整事实与价值之间辩证关系的正义研究揭示了马克思主义伦理学应有的实践逻辑，实现了历史科学和道德哲学的统一。

换言之，马克思主义伦理学符合历史科学规定，同时彰显了道德研究应有的价值，提倡自觉运用历史唯物主义研究现代社会复杂而多样的道德问题，确认人们应当承担的道德责任和应当履行的道德义务，调整人们的道德关系，构建符合时代精神的道德哲学。这里反映了人们正义观念的更新从量变到质变的过程，强调正义观念的时代性和变革旧的生产关系以及由此发生变化的正义观念的必要性，以解决正义领域的实际问题为中心，展现"事实—价值"的辩证法及其内在规律，使正义的道德逻辑遵循思维发展和社会发展的实践逻辑，在真理和道义的制高点上呈现了马克思主义的道德力量。

（二）以辩证法呈现马克思主义的道德力量

在实际的道德认知和道德实践中，人们以实践理性作出的事实判断本身即包含价值因素，事实判断和价值判断并非彼此无涉。道德是一种社会历史现象，人们的正义观念和道德权利不可能超出社会经济结构的发展，但在现实生活中保持对正义的追求无疑是正当的。从道德有效性角度看，建构符合实质正义原则的道德规范，有助于形成公平正义的社会氛围，推动有原则高度的道德实践，提升社会关系的有序性。事实表明，道德迷失、正义沉默、价值沦落将造成严重的文化危机，进而阻碍社会健康发展。为此，应以唯物辩证法释放与时代发展要求相适应的道德活力，促进社会公平正义的实现。

以"事实—价值"的辩证法审视马克思正义论，有助于将其内在逻辑和张力引入实践向度，进而把握在历史唯物主义正义观与规范正义论之间辩证联系的纽带。这一纽带并非重合表达正义的各种变幻无常的面孔，而是贯穿了事实判断的真实性和价值判断的主体性，融合了历史正当性和道德有效性，使之在社会实践中得到辩证的转化，体现了在历史发展进程中正义观念与时俱进的规律。应当看到，与一个时代的生产方式相适应的正义观念总是随着时代变迁而发展，也在时代变迁的过程中体现直接现实性，进而形成与新的生产方式相适应的道德风尚，从中体现的辩证法是批判的和革命的。

在这个意义上，倡导与生产方式相适应的道德意识和道德行为就成为时代之所需。为此应当合理理解道德正义的有效性和现实性，建构与社会主义生产方式相一致的程序正义和实质正义原则，确立在社会生活各领域实现起点公正、过程公正和结果公正的规范，使人们共享社会发展成果。公平正义是社会主义的基本价值取向，社会主义社会实现了正义从低阶到高阶的发展，较之与资本主义生产方式相适应的正义观念，社会主义正义观念因强调平等和共享而体现优越性。当生产正义问题得到基本解决，需要深入探究分配正义问题，尽可能避免因非选择的偶然因素导致的实际所得的不平等，使人们合理共享经济社会发展的红利，在社会分配中获得其所应得，促进社会和谐稳定发展。

从中可见，马克思主义不存在道德空场，对一切在劳资交换中产生的实际上等于“盗窃”“抢劫”“侵占”的行为进行道德谴责并努力在实践中使之得到改变，是马克思主义伦理学和政治哲学的应有之义。当然，这种谴责的出发点不仅包含一种道德主张，而且是致力于改变因贫富差距而产生的各种问题的实践探索。实现分配正义，既需要有实践基础的规范，也需要有原则高度的实践。

[原载《光明日报》（哲学版）2018 年 10 月 29 日]

四

晚年恩格斯对“正义”的规定及其实践原则

回顾半个世纪以来学界围绕马克思正义论展开的争鸣可见，当论及马克思正义论的内在逻辑时，人们时常以恩格斯关于正义的阐述作为佐证。这不仅因为恩格斯这位“第二小提琴手”是“第一小提琴手”思想的合作者和重要解读者，而且因为恩格斯有着较马克思更多的关于“正义”的论述，因而有利于人们更好地理解他和马克思共同的正义主张。晚年恩格斯在《反杜林论》《〈反杜林论〉的准备材料》《论住宅问题》《做一天公平的工作，得一天公平的工资》《英国北方社会主义联盟纲领的修正》《马克思和洛贝尔图斯》等文本中对“正义”作出历史性规定，充分阐述了作为正义表现的平等，论证了社会的公平与正义的实践原则。归纳这些思想的内在逻辑，对深入理解马克思主义正义论的要义及其时代精神具有重要的启示意义。

（一）基于生产方式的公平正义及其历史性规定

众所周知，马克思在《资本论》第三卷中论述生产当事人之间进行交易的正义性时指出：“只要与生产方式相适应，相一致，就是正义的；只要与生产方式相矛盾，就是非正义的。”[①] 这表明，在一个既定的社会形态中，交易的正义性的内容与生产方式相适应、相一致。晚年恩格斯进一步阐述了基于生产方式的公平正义，驳斥了关于永恒公平的怪想。正如他在《论住宅问题》中所指出的：“在法学家和盲目相信他们的人们眼中，法的发展就只不过是使获得法的表现的人类生活状态一再接近于公平理想，即接近于永恒公平。而这个公平则始终只是现存经济关系的

①《马克思恩格斯全集》第46卷，人民出版社2003年版，第379页。

或者反映其保守方面，或者反映其革命方面的观念化的神圣化的表现。希腊人和罗马人的公平认为奴隶制度是公平的；1789年资产者的公平要求废除封建制度，因为据说它不公平。在普鲁士的容克看来，甚至可怜的专区法也是对永恒公平的破坏。所以，关于永恒公平的观念不仅因时因地而变，甚至也因人而异”①。现实的正义是对经济关系的真实反映，在不同的社会形态中有不同的表现形式，它不应当是观念化的神圣化的规定，而实际地体现为一种历史性规定。

因为正义观念是一种历史性规定，所以在古希腊人和罗马人看来，奴隶制是公平的；而多年后在法国资产阶级看来，取代奴隶制的封建制也是不公平的。公平正义观念是因时因地因人而异的，作为观念上层建筑，它是由一定社会的经济基础所决定的。在这个意义上，脱离一定社会的历史条件，空洞地讨论什么是公平的报酬或什么是正义的分配，与问题的解决毫无关系。解决具体的公平正义问题，需要在一定的生产制度和现实语境中探寻答案，否则，人们只能陷于对违背自己道德感的事件的伦理谴责，却不能从根本上走出非正义的困境。因而，问题的关键是从生产力与生产关系的矛盾运动与社会发展必然趋势的角度把握正义的现实存在及其超越现实存在的必然性，在具体的历史条件下确认何谓正义与谁之正义。

这种对正义的历史性规定是唯物史观的要求，一定社会的公平正义观念总是取决于占支配地位的生产方式，总是受制于一定社会的经济关系。在恩格斯看来，是否以这种方式衡量社会事物正义与否，表明相关判断是否来自“科学研究”：“在日常生活中，需要加以判断的各种情况很简单，公正、不公正、公平、法理感这一类说法甚至应用于社会事物也不致引起什么误会，可是在经济关系方面的科学研究中，如我们所看到的，这些说法却会造成一种不可救药的混乱，就好像在现代化学中试图保留燃素说的术语会引起混乱一样。如果人们像蒲鲁东那样相信这种社会燃素即所谓‘公平’，或者像米尔伯格那样硬说燃素同氧气一样是十分确实的，这种混乱还会更加厉害。”② 公平正义并非社会生活中的

①《马克思恩格斯选集》第3卷，人民出版社2012年版，第261页。

②《马克思恩格斯选集》第3卷，人民出版社2012年版，第261—262页。

“燃素”，而是一定的社会经济状况的产物，是在实际的生产和交换关系中形成的代表人们的现实利益与未来利益的伦理观念。

正是从唯物史观出发，恩格斯认为正义观念不是一种超历史的意识，这种代表其现实利益与未来利益的伦理观念在现实生活中体现为一种实践原则。正义观念不是从天上掉下来的，而是人们在实践探索中努力争取的。正如恩格斯所说：“如果我们确信现代劳动产品分配方式以及它造成的赤贫和豪富、饥饿和穷奢极欲尖锐对立的状况一定会发生变革，只是基于一种意识，即认为这种分配方式是非正义的，而正义总有一天一定要胜利，那就糟了，我们就得长久等待下去。”[①]可以说，任何从凭空想象或过时的事实出发诉诸永恒正义，只能停留于道义上的愤怒，而不能汇聚科学证据，因而不能实现政治哲学的证成，也没有政治经济学结论作为进一步研究的基础。

恩格斯在历史语境中分析了生产方式的变迁对人们的物质生活以及分配观念的影响，进步的生产和交换方式总是为人们所欢迎，而新的生产和交换方式虽然要经过很长时间，但总会取得与自身相适应的人们的分配观念和社会心理。他清楚地表明：“当一种生产方式处在自身发展的上升阶段的时候，甚至在和这种生产方式相适应的分配方式下吃了亏的那些人也会欢迎这种生产方式。大工业兴起时期的英国工人就是如此。不仅如此，当这种生产方式对于社会还是正常的时候，满意于这种分配的情绪，总的来说，会占支配的地位；那时即使发出了抗议，也只是从统治阶级自身中发出来（圣西门、傅立叶、欧文），而在被剥削的群众中恰恰得不到任何响应。”[②]当然，新的分配方式反过来也影响生产和交换方式，从中可见正义观念对经济关系的反作用。

在这里，恩格斯对“正义”的规定不仅是与一定社会的生产方式相适应的事实判断，而且是一种基于事实判断的道德评价。所以，晚年恩格斯在《马克思和洛贝尔图斯》中指出：“按照资产阶级经济学的规律，产品的绝大部分不是属于生产这些产品的工人……但是，在经济学的形式上是错误的东西，在世界历史上却可以是正确的。如果群众的道德意

①《马克思恩格斯选集》第3卷，人民出版社2012年版，第536页。

②《马克思恩格斯选集》第3卷，人民出版社2012年版，第527—528页。

识宣布某一经济事实，如当年的奴隶制或徭役制，是不公正的，这就证明这一经济事实已经过时，其他经济事实已经出现，因而原来的事实已经变得不能忍受和不能维持了。”[①]从中可见，群众关于某一经济事实不公正的道德意识，来自与生产方式相适应的事实判断，表明其已经不能忍受和维持原来的经济关系，这时为追求正义而付诸的行动在世界历史上就是正确的。

与马克思的正义观念相同，恩格斯同样展现了历史主义阐释与道德合理性论证这两种进路，从而呈现了马克思主义正义论的实践逻辑。一方面，要充分认识历史唯物主义前提下的正义观念与一定社会的生产方式相一致的特征；另一方面，要深刻理解马克思主义正义论蕴含的道德立场。正义的逻辑不仅要符合一定社会的生产关系和历史事实，还应当体现超越以往经济关系的必然趋势，对处于资本逻辑笼罩下的工人而言，摆脱与人性生成相背离的劳动困境，超越一个实质上严重不平等的“交易的正义性”，必然在一种现实的运动中使已然严重失序的劳资关系重回正轨，这必然要诉诸现实的平等，超越永恒公平的神话，以平等的权利从事生产、分配、交换、消费，这种现实的平等是正义的表现。

（二）作为正义表现的平等是历史的产物

在马克思恩格斯看来，严重的社会不平等是实现实质正义的障碍，在一个缺乏实质平等的社会环境里讨论正义是没有什么内容可言的。工人在资本主义生产过程中的劳动所得低于其所应得，这并非主要是其能力和才智导致的结果，而主要是资本逻辑使然。因而，在一种形式平等的背后，隐藏着若干不平等的现实内容，这正是工人在资本逻辑面前不能实际感到交易的正义性并因而产生“了不起的觉悟”的原因。富人在投资决策时面临的风险与穷人在从事艰辛工作时面临的风险在道德价值上不可同日而语，因而必须形成一种现实而规范的实现平等的思路，实际地解决资本主义生产方式内蕴的贫困的社会问题。

晚年恩格斯在《反杜林论》哲学编“十道德和法平等”中批判杜林

①《马克思恩格斯全集》第21卷，人民出版社1965年版，第209页。

“对平等观念的浅薄而拙劣的论述”时深刻论述了作为正义表现的平等，认为平等观念是一种历史的产物，“这一观念的形成，需要一定的历史条件，而这种历史条件本身又以长期的以往的历史为前提。所以，这样的平等观念说它是什么都行，就不能说它是永恒的真理。如果它现在对广大公众来说——在这种或那种意义上——是不言而喻的，如果它像马克思所说的，‘已经成为国民的牢固的成见’，那么这不是由于它具有公理式的真理性，而是由于18世纪的思想得到普遍传播和仍然合乎时宜”[①]。在这个意义上，一定的平等观念总是与一定社会的生产方式相适应，或者说不同时代的人们具有不同的平等观念，从而在不同的历史时期体现为观念差别。

恩格斯为此举例说明，在古希腊和古罗马时代，“如果认为希腊人和野蛮人、自由民和奴隶、公民和被保护民、罗马的公民和罗马的臣民（该词是在广义上使用的），都可以要求平等的政治地位，那么这在古代人看来必定是发了疯”[②]。在封建的中世纪，“基督教只承认一切人的一种平等，即原罪的平等，这同它曾经作为奴隶和被压迫者的宗教的性质是完全适合的”[③]。后来，在西欧横行的日耳曼人“逐渐建立了空前复杂的社会的和政治的等级制度，从而在几个世纪内消除了一切平等观念，但是同时使西欧和中欧卷入了历史的运动，在那里第一次创造了一个牢固的文化区域，并在这个区域内第一次建立了一个由互相影响和互相防范的、主要是民族国家所组成的体系”[④]。从中可以看到平等观念在不同时代的主要体现形式，这种差别主要来自不同时代的生产方式以及由此决定的法权观念，是自然而然的。

在《〈反杜林论〉的准备材料》中，恩格斯阐明作为正义表现的平等是历史的产物，是一种在历史中形成并反映不同历史阶段的经济基础的政治观念。正如他所指出的，“平等是正义的表现，是完善的政治制度或社会制度的原则，这一观念完全是历史地产生的”[⑤]。作为正义表现

①《马克思恩格斯选集》第3卷，人民出版社2012年版，第484—485页。
②《马克思恩格斯选集》第3卷，人民出版社2012年版，第481页。
③《马克思恩格斯选集》第3卷，人民出版社2012年版，第481页。
④《马克思恩格斯选集》第3卷，人民出版社2012年版，第481页。
⑤《马克思恩格斯全集》第26卷，人民出版社2014年版，第357页。

的平等观念是一种现代的发明，是在 1789—1796 年的法国大革命中得到提倡的，“为了得出平等＝正义的命题，几乎用了以往的全部历史，而这只有在有了资产阶级和无产阶级的时候才能做到”①。作为历史产物的平等和正义观念，不是永恒真理或最高的原则，既不能一概地否定过去，更不能成为一种新的固步自封的体系，而应随着历史发展增添新的积极的内容，并在现实语境中确认其实质内涵。

在这个意义上，恩格斯深入分析了“现代的平等要求”，这种要求是古人所不能理解的。因为它不是一种关于作为人的共同点的平等的自然观念，“这种平等要求更应当是从人的这种共同特性中，从人就他们是人而言的这种平等中引申出这样的要求：一切人，或至少是一个国家的一切公民，或一个社会的一切成员，都应当有平等的政治地位和社会地位”②。因而，作为正义的表现的现代平等观念是一种政治观念，是为在封建的中世纪孕育的市民等级所倡导的，体现了市民等级“摆脱封建桎梏和通过消除封建不平等来确立权利平等的要求”“大规模的贸易，特别是国际贸易，尤其是世界贸易，要求有自由的、在行动上不受限制的商品占有者，他们作为商品占有者是有平等权利的，他们根据对他们所有人来说都平等的、至少在当地是平等的权利进行交换”。③因而，在世界贸易中的交换和更广泛的交往中，平等就成为现代人自然的要求，获得普遍规定，成为一种现代权利范畴。

这种现代权利观念否定一切特权。在批判杜林平等观的谬误时，恩格斯举例说明，两个人的意志不可能是完全平等的，因为两个人本身以及他们的性别不同就不平等，设想两个人尽可能平等是一种没有现实性的观念，社会最简单的要素，一个男人和一个女人建立了家庭，即以生产为目的的社会结合的最简单的和最初的形式也不可能绝对平等，在非现实的语境中试图证明平等必然忽视个体差异，因而这种证明很可能走向自己的反面：“它不是证明人的平等，而最多只是证明家长的平等，而

①《马克思恩格斯全集》第 26 卷，人民出版社 2014 年版，第 358 页。
②《马克思恩格斯选集》第 3 卷，人民出版社 2012 年版，第 480 页。
③《马克思恩格斯选集》第 3 卷，人民出版社 2012 年版，第 482 页。

且因为妇女是不被理睬的，所以还证明妇女的从属地位。”[①]所以，平等和正义观念不能只是一种形式规定，它们承载着在国家和社会领域中的实际内容。在诉求现代平等的过程中，无产阶级像影子一样伴随着资产阶级，提出自己的平等要求，并从形式平等逐渐上升到社会和经济上平等的要求。

这种平等要求当然需要一定的历史条件，是在长期社会发展过程中演进而来的，绝非永恒真理。在不同的历史语境中，不同的人们的平等要求的差异是明显的，因而必须以历史的方式理解现代平等观念。在恩格斯看来，无产阶级的平等要求具有双重意义：“或者它是对明显的社会不平等，对富人和穷人之间、主人和奴隶之间、骄奢淫逸者和饥饿者之间的对立的自发反应——特别是在初期，例如在农民战争中，情况就是这样；它作为这种自发反应，只是革命本能的表现，它在这里，而且仅仅在这里找到自己被提出的理由。或者它是从对资产阶级平等要求的反应中产生的，它从这种平等要求中吸取了或多或少正当的、可以进一步发展的要求，成了用资本家本身的主张发动工人起来反对资本家的鼓动手段；在这种情况下，它是和资产阶级平等本身共存亡的。”[②]这双重意义及其体现的两种情况表明，无产阶级要求实现的平等以消灭阶级作为实际内容，这种平等观念是正义的表现，任何超出这个范围的平等观念都将流于荒谬。

无产阶级的平等要求面对的是资本主义制度，而非单个资本家的道德情操。正如晚年恩格斯在对英国北方社会主义联盟纲领的修正中指出的：“现今的制度使寄生虫安逸和奢侈，让工人劳动和贫困，并且使所有的人退化；这种制度按其实质来说是不公正的，是应该被消灭的。”[③]消灭资本主义制度，必然要消灭资本主义生产方式，这种平等和正义的要求反映了他们的伦理观念，是在实际的经济关系中产生的。在这个意义上，道德观念的差异性体现了阶级差别：“如果我们看到，现代社会的三个阶级即封建贵族、资产阶级和无产阶级都各有自己的特殊的道德，那

①《马克思恩格斯选集》第3卷，人民出版社2012年版，第474页。
②《马克思恩格斯选集》第3卷，人民出版社2012年版，第484页。
③《马克思恩格斯全集》第21卷，人民出版社1965年版，第570页。

么我们由此只能得出这样的结论：人们自觉地或不自觉地，归根到底总是从他们阶级地位所依据的实际关系中——从他们进行生产和交换的经济关系中，获得自己的伦理观念。”[①] 因而，要在实现正义的过程中满足无产阶级的平等要求，或者说作为正义表现的平等观念应当是批判的、革命的。

这种批判的、革命的平等观念旨在变革旧的经济关系，从中实现符合新的经济关系的正义主张，而非一般地强调消除社会的和政治的不平等。资本主义经济关系不仅造成工人所得低于其所应得，而且间接地造成了工人的失业，这是资本主义基本矛盾使然。在旧的经济关系中得到认同的不是天才和美德，而是例外和幸运。历史地看，实现作为永恒真理的平等和正义观念是不可能的，因为不同国家、不同地区的人们在生活条件上的不平等是一种客观存在，只能将一般意义上的不平等降到最低限度，而不可能消除。所以，不能将未来理想社会设想成完全平等的王国，这是一种非历史的现象，现实的具体的平等只有在一定的社会发展阶段才能实现。实现符合新的经济关系的平等和正义，不应当也不可能消除个体差异，而应当遵循社会的公平与正义的实践原则，倡导实现每个人的自由与全面发展。

（三）社会的公平与正义的实践原则

任何时代的正义观念固然都与其所处时代的生产方式相适应，但正义的诉求具有现实的反作用，因而应当成为无产阶级的自觉。正如恩格斯所指出的：“如果我们确信现代劳动产品分配方式以及它造成的赤贫和豪富、饥饿和穷奢极欲尖锐对立的状况一定会发生变革，只是基于一种意识，即认为这种分配方式是非正义的，而正义总有一天一定要胜利，那就糟了，我们就得长久等待下去。”[②] 在变革旧的生产关系的过程中，正义的诉求不能停留于意识层面，而应成为一种现实的运动，成为一种有原则高度的实践，在发展新的经济关系的同时实现社会的公平。

探究如何实现社会的公平，不能从所谓“永恒公平”出发，而应

①《马克思恩格斯选集》第3卷，人民出版社2012年版，第470页。
②《马克思恩格斯选集》第3卷，人民出版社2012年版，第536页。

以研究现实的经济关系为解决问题的出发点。晚年恩格斯在《做一天公平的工作，得一天公平的工资》中深入分析了在英国工人运动中流行了近半个世纪的这句口号，认为这句口号在政治经济学上指的“不过是雇主和雇工在自由市场上的竞争所决定的工资额和一天工作的长度和强度”①。这只是表明，在工人与资本家之间的交易中，工人将自己一天的全部劳动力都交给资本家，资本家支付双方约定的工资，这份工资只够工人用来购买每天的生活必需品，这在法权的意义上是公平的，或者说在法律上是无可争议的，但问题是，这种法权的意义上的公平真的是一种社会的公平吗？

现实的生活境遇必然使工人对这种公平产生怀疑，对“何谓公平”感到茫然。一方面，恩格斯指出，资产阶级法学家力图实现“永恒公平”，而这种公平只是现存的经济关系在保守方面或革命方面的观念化、神圣化的表现，其实缺乏现实的根基。真实的情况是，在不同时期不同的人们对何谓“永恒公平”都有自己的理解。另一方面，资产阶级经济学家认为，关于工资和工作的时间、地点和条件，是工人和资本家在平等条件下以公平为起点谈妥的，因而不仅不妨碍正义的实现，而且是公平的最高典范。对此，恩格斯愤怒地质问：“资本用来支付这笔极其公平的工资的钱，究竟是从哪儿来的呢？当然是从资本中来的。但是资本并不产生价值。除土地以外，劳动是财富的唯一来源，资本本身不过是积累起来的劳动产品而已。所以劳动工资是由劳动支付的，工人的报酬是从他自己的产品中支取的。按照我们通常所说的公平，工人的工资应该相当于他的劳动产品。”② 因此，这种看似公平的交易实际上是不公平的，工人将全部劳动力交给资本家，而自己只得到生活必需品。实际情形恰如“遍身罗绮者，不是养蚕人”。工人的劳动产品为资本家占有，遭到奴役和摧残。所以，在法律上抑或在道德上是公平的交易，在社会上则可能是很不公平的。

当然，关于社会的公平不能只是资产者的一种断言，这种具有历

①《马克思恩格斯全集》第 19 卷，人民出版社 1963 年版，第 273 页。
②《马克思恩格斯全集》第 19 卷，人民出版社 1963 年版，第 275 页。

史正当性的看法应当以政治经济学为依据。[①]恩格斯为此明确指出："社会的公平或不公平，只能用一种科学来断定，那就是研究生产和交换的物质事实的科学——政治经济学。"[②]正是基于对政治经济学的深刻理解，可以看到"做一天公平的工作，得一天公平的工资"这句口号不符合工人的生产生活实际，无疑是偏向于资本一边的。"因此，我们要永远埋葬掉这个旧口号，代之以另外一个口号：劳动资料——原料、工厂、机器归工人自己所有！"[③]新口号其实不只是一句口号，而具有关于实质正义的明确内容，是工人对劳动资料的自我所有权的一种"了不起的觉悟"。

由此可见，晚年恩格斯阐述的是"正义"的实践逻辑，它既非永恒与普适的美德或真理，也并非纯然的法权观念或道义主张，而是一种旨在解决不平等与不正义的社会现实的实践原则。这种对正义的实践原则的阐发与马克思的正义论异曲同工，都是"从古典政治经济学向我们提供的事实出发揭示它的理论矛盾，进而揭示资本主义本身的矛盾，再进而说明资本主义的非正义性和社会主义的正义性"[④]，体现了明确的问题意识与问题导向，以实践思维方式完成对自柏拉图以来的西方传统正义论的"颠倒"，即不将正义作为绝对善或纯粹的应得，而将其作为一种与一定社会的生产方式相适应的法权观念和道义主张。在这里，马克思恩格斯既强调"正义由生产方式所决定"，又强调"正义同样由阶级利益所决定"。[⑤]在这种双重决定的语境中，正义在超越旧的生产关系的过程中体现"辩证的转化"，以一种体现社会发展趋势的道义力量召唤人们变革旧的生产关系，进而建构新的生产关系和社会结构。

正是循着一种实践的路向，我们可以在一种"新正义论"的意义上理解马克思主义正义论的实践逻辑，而不必将其削足适履地论证为一种与传统正义论的核心观念相似的理论主张。晚年恩格斯对"正义"规定的两种进路并非自相矛盾，而恰恰体现了新正义论的一种基于历史唯物主义且具有道德合理性的内在结构。尽管不够确定，但罗尔斯意识到这

---

① 段忠桥：《道德公平与社会公平》，《河北学刊》2006 年第 1 期。

②《马克思恩格斯全集》第 19 卷，人民出版社 1963 年版，第 273 页。

③《马克思恩格斯全集》第 19 卷，人民出版社 1963 年版，第 276 页。

④ 王新生：《马克思政治哲学研究》，科学出版社 2018 年版，第 240 页。

⑤ Ziyad Husami. "Marx on Distributive Justice". *Philosophy and Public Affairs*, 1978, 8 (1).

种思路的可能性，“一旦我们从一种更为宽广的角度——把正义运用于社会的基本结构及作为背景正义的制度——来思考政治正义概念，那么，马克思可能就会持有（至少是潜在地持有）某种广义的政治正义概念。如果这被证明是真的，则前面的悖论就将可以被消除”①。研究社会公平或实质正义，需要将公平正义观念运用于社会基本结构和制度环境来考虑问题，这不仅不是一种悖论，而且是将正义观念在一定的社会环境中现实化的必需，是分析各种不正义的社会现实的前提。

综上所述，晚年恩格斯对“正义”的规定及其实践原则符合马克思正义论的内在逻辑，既强调公平正义观念与一定社会的生产方式相适应的特征，又强调其与阶级利益相一致的特征，从而彰显了社会的公平所具有的现实性与道义力量，呈现了实现实质正义的实践原则。正是基于对正义观念的现实性的把握，晚年恩格斯在社会基本结构和制度环境中理解实现正义的可能性，将平等作为正义的表现，论证了实现无产阶级现实的平等要求的正当性。晚年恩格斯这些论证开启了“新正义论”的实践视域，体现了马克思主义正义论的要义，对我们建构符合时代需要的公平正义观念，把握实现公平正义的合理路径，具有重要的方法论启示。

（原载《哲学研究》2020年第12期）

①［美］约翰·罗尔斯著，杨通进等译：《政治哲学史讲义》，中国社会科学出版社2011年版，第350页。

五

正当与正义：马克思对资本主义制度的批判与超越

罗尔斯在阐述“作为公平的正义”时，多次谈到马克思的思想，例如，在《正义论》第五章阐述“分配正义的背景制度”时，他谈到“超越了正义的社会”，并在脚注中提到了罗伯特·塔克的《马克思主义的革命观念》一书第1—2章。[①] 在《作为公平的正义——正义新论》第52节，他对“马克思对自由主义的批判”作出了四种回应。当然，罗尔斯关于马克思思想最为集中的讨论主要体现在《政治哲学史讲义》中，其中关于马克思的三场讲座明确呈现了他对马克思政治哲学特别是马克思正义论的基本看法。

（一）马克思对资本主义制度的批判与劳动价值论

在《政治哲学史讲义》中，罗尔斯围绕马克思政治哲学作了三场讲座，其中不乏对马克思思想的高度评价。三场讲座的题目分别是“马克思关于资本主义作为一种社会制度的观点”“马克思关于正当与正义的概念”与“马克思的理想：作为自由生产者联合体的社会”。他从马克思出生的时代谈起，认为“那个时代的人们已经开始有了对于社会主义的严肃兴趣”，并认为马克思是“19世纪经济学科领域的一个伟大代表，与大卫·李嘉图、密尔、里昂·瓦尔拉斯、马歇尔等人并列，这是他过人天赋的证明”。[②] 随后，罗尔斯列举了需要研读的马克思文本，其中他

① 参见［美］约翰·罗尔斯著，何怀宏等译：《正义论》（修订版），中国社会科学出版社2009年版，第221页。

②［美］约翰·罗尔斯著，杨通进等译：《政治哲学史讲义》，中国社会科学出版社2011年版，第331页。

指定研读的包括《论犹太人问题》《德意志意识形态》第一章,《资本论》第一、二、三卷中部分章节，以及《哥达纲领批判》第一节，其他重要而不指定研读的有《1844 年经济学哲学手稿》《关于费尔巴哈的提纲》《1857—1858 年经济学手稿》。罗尔斯指出这些文本均见于罗伯特・塔克主编的《马克思恩格斯读本》。

在罗尔斯看来，马克思“作为一位理论经济学家和资本主义政治社会学家的成就是非凡的，事实上可说是英雄般的”，“马克思的思想规模庞大，并且，它给我们提出了许多难以克服的难题。别说深入掌握，就算是理解全部三卷的《资本论》就足以构成一项艰巨的挑战”。他建议大家在以后的时间能够有兴趣研究马克思的思想，加深对马克思思想的理解。在讲座中，他“仅仅把马克思看成自由主义的一位批评者”，基于此聚焦马克思“关于正当与正义的理念，尤其是把这种理念应用于资本主义（作为以生产资料的私人所有权为基础的社会制度）时遇到的正义问题”。[①] 随后，罗尔斯进入讲座的主题，首先考察马克思对作为一种制度的资本主义的批判，并在解读过程中作出了四种回应。

具体来说，罗尔斯分析了马克思论述的市民社会中人们的基本权利与自由保护的是公民们相互的利己主义、宪政体制下的政治权利和自由只是一种形式规定、强调私人财产权的宪政体制仅仅保护了所谓的消极自由、扬弃资本主义制度下的劳动分工等问题。

罗尔斯在回应中谈到，一是在一个良序的社会，应当保护自由与平等的公民较高层次的利益，享有财产权在现存条件下必须服从的需要是，它应当以最有效的方式满足正义原则。二是通过政治自由的公平价值，所有公民都确保拥有发挥政治影响的公平机会，这体现了作为公平的正义的根本的平等主义特征。三是一种认可财产所有权的民主与公平的机会平等和差别原则一道对所谓的积极原则给予适当保护。四是一旦认可财产所有权的民主制度得以实现，劳动分工的那种狭隘的、贬义

①［美］约翰・罗尔斯著，杨通进等译:《政治哲学史讲义》，中国社会科学出版社 2011 年版，第 332 页。

的特征将在很大程度上被克服。[①] 上述回应在《作为公平的正义——正义新论》题为“马克思对自由主义的批判”的第52节中再次出现，罗尔斯在这里表明，“作为公平的正义之秩序良好社会的理念完全不同于马克思的完全的共产主义社会的理念”，因为共产主义社会“超越了正义”“公民在其日常生活中不需要、也不会关心公平正义问题”，而在作为公平的正义的良序社会，“属于正义范畴之内的原则和政治美德永远都会在公共政治生活中扮演一种重要角色”。[②]

罗尔斯猜想，马克思可能对他的回应提出两点质疑：一是任何在生产工具方面容许私有财产的政体都不能满足两个正义原则，甚至也不能做很多事情以实现由作为公平的正义所表达的关于公民和社会的理想。二是我们对财产所有的民主的解释没有考虑工作场所和一般经济过程之形成中民主的重要性。罗尔斯承认这两点都是“主要的难题”，而且是必须面对的。对于第一点可能的质疑，罗尔斯进一步回应说：“不要将一种观念的理想同另外一种观念的现实加以比较，如果要比较的话，在我们特殊的历史环境中，也应该现实对现实。”[③] 对于第二点可能的质疑，罗尔斯以密尔的工人管理的企业观念为例表明，其他情况与财产所有的民主是可以相容的，他强调关于这个问题的思考关乎正义的前途，但他这时对这个问题还没有什么想法，因而基本上采取了一种搁置的态度。

接着，罗尔斯介绍他探讨马克思经济理论的初衷，指出经济学在马克思将资本主义理解为一种统治与剥削的制度时所发挥的关键作用。“为了把马克思理解为自由主义的一个批评者，我们必须尽力了解，他为何把资本主义看作是不公正的。”[④] 在罗尔斯看来，除了自由至上主义之外，绝大部分的自由主义思想家都不认同生产资料的私人财产权，当然许多

① 参见［美］约翰·罗尔斯著，杨通进等译：《政治哲学史讲义》，中国社会科学出版社2011年版，第333页。

② 参见［美］约翰·罗尔斯著，姚大志译：《作为公平的正义——正义新论》，上海三联书店2002年版，第290页。

③［美］约翰·罗尔斯著，姚大志译：《作为公平的正义——正义新论》，上海三联书店2002年版，第291—292页。

④［美］约翰·罗尔斯著，杨通进等译：《政治哲学史讲义》，中国社会科学出版社2011年版，第334页。

自由主义者在某些前提条件下对此进行捍卫。他要作的三场讲座是依据这些考虑展开的。他在开讲之前强调马克思思想的重要性，认为那些以为马克思的社会主义哲学与经济学已不重要的看法是严重的错误，这个判断至少基于两个理由：一是马克思富于启发且有价值的社会主义观点包含尊重政治自由、以法律为手段、通过选举或企业制定的管理者管理商业、对生产资料和自然资源的普遍的分配制度。二是自由放任的资本主义制度有些致命的缺陷，应当通过一些根本的途径对此加以改革。[①]在这样的语境中，罗尔斯开始了对马克思思想的解读。

可以说，罗尔斯是在广义的剥削范畴中思考马克思批判的阶级社会的，即与奴隶社会和封建社会一样，资本主义社会也是一个阶级社会。其中，某些阶级侵吞其他阶级的剩余劳动，这是由制度结构决定的。罗尔斯分析了马克思所认为的作为一种社会制度的资本主义的特征。首先，它是一个被分裂为资本家和工人这两个相互排斥的阶级的社会体系，资本家拥有并控制了生产资料与自然资源，工人拥有劳动力，工人只有接触并使用资本家的生产资料才能使用劳动力。其次，它是一个存在着自由竞争的市场体系的社会，不仅是产品在市场上自由交易，而且生产要素、劳动力都在市场上自由流动。罗尔斯特别提到马克思在《1857—1858年经济学手稿》中将资本主义称为一种人身独立的制度而非人身依附的制度，后者主要处于前资本主义社会。在罗尔斯看来，佃农或奴隶是地主或奴隶主的财产，地主对佃农的剥削率是公之于众的，相比而言，工人可以自由选择雇主，工资协议从表面上看也是经济主体自主签订的且受规约着彼此同意之条件的法律保护，但资本主义剥削隐秘地发生了，资本家无偿占有了工人的劳动力创造的剩余价值："在资本主义社会中，对工人的剩余劳动或未付酬劳动的榨取是隐而不现的。人们意识不到榨取的发生，对榨取的比率也一无所知。"[②]这是马克思阐述劳动价值论的目的之一。再次，在资本主义社会，资本家和工人在同一生产体

①［美］约翰·罗尔斯著，杨通进等译：《政治哲学史讲义》，中国社会科学出版社2011年版，第335—336页。

②［美］约翰·罗尔斯著，杨通进等译：《政治哲学史讲义》，中国社会科学出版社2011年版，第339页。

系中有不同的角色和目的。资本家投入一定数量的货币购买生产资料和劳动力，目的是实现商品增殖；工人的目的则是用工资购买维持自身及其再生产所必需的商品。第四，资本家的社会角色体现为持续积攒现实资本并建立社会生产力。资本家投资的目的是利润最大化，他们因为拥有生产资料和自然资源而扮演建立现实资本的社会角色，并在整个社会中行使某些特权。这种积累对工人而言几乎是不存在的，工人的积累只是为了延迟消费，从整体上看，工人的净积累是零。最后，资本家和工人是在利益和角色上都截然相反的阶级。他们日益对立，社会冲突愈加激烈，资本主义社会必然走向衰亡。①

在关于劳动价值论的评述中，罗尔斯首先明确要在阐明资本主义何以是一种剥削与支配的制度的语境中理解马克思的劳动价值论。他认为劳动价值论不仅表明，因生产而增加的价值即耗费的劳动时间，而且表明总体剩余价值是与其收益不归劳动者所有的劳动时间相对应的。马克思将所有社会成员的潜在劳动力看作是具有特殊重要性的社会生产要素，与土地、自然资源、自然力以及工具、机器等过往人类劳动结果不同。在阶级社会中，因生产而增加的价值并非由制造它们的人们独享，其中相当大的部分往往被不劳动的有产者占有，这在资本主义制度下隐藏在人们视线之外。劳动价值论的主旨正在于揭示这种被隐藏的深层结构，使人们了解造成剥削的各种制度安排，罗尔斯为此引导人们阅读马克思的《资本论》。

众所周知，马克思在《资本论》中深刻揭示了资本家剥削工人的秘密，罗尔斯甚至引用乔治·菲茨林的《全是食人者》这本书的名字来说明剥削关系的现实。他设想如果这个分析是正确的，马克思的劳动价值论就不是一种关于公正价格的理论，马克思也不认为劳动是物质财富的唯一源泉，而意在表明，即使资本主义“完全满足了最适合它的正义观念，资本主义制度仍然是一种统治和剥削的不正义的社会制度”②。这表

① 参见［美］约翰·罗尔斯著，杨通进等译：《政治哲学史讲义》，中国社会科学出版社2011年版，第341页。

②［美］约翰·罗尔斯著，杨通进等译：《政治哲学史讲义》，中国社会科学出版社2011年版，第343页。

明一种看似正义的资本主义制度仍然是一种剥削的制度，因而在本质上是不正义的。在这个意义上，罗尔斯不认可马克思的劳动价值论，并指出他接受的是史蒂芬·马格林等经济学家的看法。

在第一讲的最后，罗尔斯以对劳动力的评论结束。在这里值得强调的是他对马克思在劳动力与对劳动使用之间所作的区分的分析，资本家对工人的雇佣就如同租借“人力机器”，这实际上造成了人的工具化甚至异化的局面。在罗尔斯看来，雇佣工人如同里昂·瓦尔拉斯所说的“人身资本”，对工人的教育和培训实则是对“人力资本”的投资。当然，“人力机器”是有差异性的，所以，资本家能使用多少“人力机器”以及“人力机器”在一个工作日的劳动量有多大，都是因人而异的。这会具体反映为企业产值的不同，但总的来说，资本家雇佣工人是值得的，因为可以获得剩余价值。他认为这是关键所在，并提醒大家参照熊彼特的《经济分析史》来思考资本家为什么不对劳动力给出更高的价格等问题。[①] 从附录可见，罗尔斯研究了马克思在《资本论》第一卷和第三卷中的一些概念和图式，有些分析是很具体的。

（二）理解马克思的正义论：从概念到问题

在第二讲中，罗尔斯阐释了马克思关于正当与正义的概念，研究了马克思正义论中与分配正义有关的问题，表明他关于马克思正义论的基本看法。首先，他认为对马克思正义论的探讨与对剥削的理解有关。剥削在劳动价值论中是一个描述性概念，在罗尔斯看来，“可以肯定的是，剥削是一个道德概念，且它潜在地诉诸某种类型的正义原则”[②]。剥削的产生是资本主义制度使然，在资本主义社会，剩余劳动完全不是由工人阶级以集体的方式且为了本阶级的利益而控制的，而这在社会主义社会就可以做到。罗尔斯强调：“剥削的概念预设了一种正当与正义的观念，

① 参见［美］约翰·罗尔斯著，杨通进等译:《政治哲学史讲义》，中国社会科学出版社2011年版，第345页。

②［美］约翰·罗尔斯著，杨通进等译:《政治哲学史讲义》，中国社会科学出版社2011年版，第348页。

社会的基本结构就是根据这种观念来加以评判的。”[①] 在这里，需要一种规范性观点，由此引发的问题是：马克思具有怎样的规范性观点？

罗尔斯同意诺曼·杰拉斯和 G.A. 科恩的观点，即马克思确实谴责资本主义不正义，同时他并不认为自己是这样做的。[②] 仅就关于正义的明确表述来说，马克思是从狭义的角度谈论“正义”的：一方面，马克思认为占主导地位的法律规范的正义内在于社会经济秩序中；另一方面，马克思认为正义在市场中是具有交换性和分配性的。若从广义的角度来看，将正义置于社会基本结构与制度背景中，就会发现马克思可能持有某种政治正义观念。罗尔斯指出，如果这被证明为真，那么杰拉斯和科恩所谈的悖论就可以消除了，更为关键的是，他强调马克思是否有这种正义论，其实取决于马克思的价值观。

罗尔斯坦言，关于马克思正义论的讨论或许没有结论性的答案，因为马克思没有系统讨论过这个问题。尽管如此，讨论马克思正义论还是必要的。接着，罗尔斯分析了支持伍德命题的几个理由，以及反对伍德命题的几个理由。首先，他列举了支持伍德命题的九种看法，这些看法表明，在《资本论》和《哥达纲领批判》中，马克思或不涉及对正义的阐述，或抨击别人关于分配正义的观点；马克思认为，正当与正义的规范是特定生产方式的本质因素；道德与正义是与经济基础相适应的意识形态；马克思的目标是根本消灭私人财产权，而不是实现分配正义；马克思的主要工作是揭示资本主义终结的历史规律，而不是指出道德理由；马克思是从自由与自我实现角度而非正义的角度谴责资本主义的；在共产主义社会，由于超越了资源稀缺和社会冲突的状况，不存在司法制度，因而正义规范就不再是必需。[③] 这些看法大致涵盖了认可伍德命题的大部分学者的主要观点。

罗尔斯认识到马克思分析正义与生产方式相适应的历史唯物主义原

①［美］约翰·罗尔斯著，杨通进等译：《政治哲学史讲义》，中国社会科学出版社 2011 年版，第 349 页。

② 参见 Norman Geras. “The Controversy about Marx and Justice”. in *Literature of Revolution,* London: Verso, 1986: 36。

③［美］约翰·罗尔斯著，杨通进等译：《政治哲学史讲义》，中国社会科学出版社 2011 年版，第 351 页。

则，并再次研读了《资本论》第三卷中关于正义与生产方式相适应的那段著名表述。他认为这段话不能算作马克思对正义概念的解释，但它表明，马克思区分了法权正义的形式与内容，并指出在资本主义社会买卖奴隶和在商品质量上弄虚作假是不正义的，因为它违背资本主义社会的自由竞争市场体系。随后，他研读了《资本论》第一卷中关于劳动力使用一天所创造的价值比劳动力自身一天的价值大一倍的那段著名表述，认为由此不能得出马克思认为自由竞争的资本主义是不正义的结论。

与之相反的是，也有九种看法表明，马克思认为资本主义不正义。这些与伍德命题不同的看法主要体现为：马克思认为工资关系体现了一种剥削关系；作为“抢劫”和“盗窃”的剥削是不正义之举；马克思在《哥达纲领批判》中所谈的按需分配原则实际上假设了一种客观的正义标准；马克思关于公平正义和社会制度预设了某种特定的社会物质环境；一旦具备某种恰当的广泛的正义观，对分配问题的关注就不是贬义的；作为道德批判的正义论在马克思思想中占有一席之地；将马克思的权利和正义概念归为法权概念是过于狭隘的；应当将“各尽所能，按需分配”看作是一种正义观念；在共产主义社会，人们被赋予自我实现的基本平等权利，关于权利和正义的价值与原则以及关于自由和自我实现的价值与原则所作的区分是武断的。[①]

罗尔斯对上述看法作了具体评论，他认为马克思不认为资本家和工人之间是交换关系，而不过是实现了强迫劳动的借口。为了说明这个问题，他引用了《资本论》第一卷第22章中关于资本家与工人之间交换关系的形式与内容的一段话。其中的关键内容是：“劳动力的不断买卖是形式。其内容则是，资本家用他总是不付等价物而占有的他人的已经对象化的劳动的一部分，来不断再换取更大量的他人的活劳动。”[②]实现这种交换关系的过程是合法的，体现了资本家的权利。其必然结果是，所有权和劳动的分离。劳动者享有自己劳动成果的原则在这里发生了“辩证的转变”，由此人们自然认为资本主义是不正义的。

①［美］约翰·罗尔斯著，杨通进等译：《政治哲学史讲义》，中国社会科学出版社2011年版，第356—357页。

②《马克思恩格斯全集》第44卷，人民出版社2001年版，第673页。

罗尔斯援引上述支持这些看法的人们所强调的，马克思虽然没有使用“正义”概念批判所有权与劳动分离的情况，但当他用抢劫、盗窃等说法指责资本家无偿占有剩余价值的行为时，实则认为资本主义制度是不正义的，工人出卖自己的劳动能力是被强制的。正如马克思在《资本论》第三卷所指出的，那种“没有报酬、没有得到等价的劳动”是“剩余的强制劳动”①，看起来是自由协商的结果，实际上是工人被迫的。在罗尔斯看来，既然马克思不认为，根据与资本主义相适应的正义观念，资本家偷窃或掠夺了工人的剩余价值，那么这种偷窃或掠夺肯定是在非资本主义正义观念的意义上得到确认的。“偷盗或劫掠就是夺走从公正意义上说本来属于别人的事物，因此是在以不正义的方式行动。任何一种建立在偷盗基础上的经济制度都必须被看作是一种不正义的制度。”②关于这个判断，他认同诺曼·杰拉斯和G.A.科恩的观点。

接着，罗尔斯推测马克思如果知道边际生产力分配理论，会主张如何分配。从这个在马克思逝世后才得到发展的理论视角看，劳动、土地、资本等生产要素在生产过程中都有贡献，如果按贡献分配，投入了资本和土地的人们与劳动者一起分配公共产品是公正的。通过解读马克思在《资本论》第三卷中关于土地人格化的论述，罗尔斯认为:“马克思的观点在于，土地所有者仅仅是凭借作为一个所有者的身份而获取一定的回报；也就是说，土地所有者从土地中获取了与土地边际生产力相符的一定量的地租”，“马克思并不是在谈论一个土地所有者因对土地的管理而获取的回报，事实上，资本家和土地所有者所获得的作为管理工资的收入并不算作是对于剩余价值的剥夺”。③他强调应当明确剩余价值的所指，认为使资本家以利润、利息、租金等形式获得回报的关键是，资本主义社会制度赋予他们的关键地位。

为了进一步说明这个问题，罗尔斯引用了《资本论》第三卷中关于经济三位一体的公式的很长一段话。在资本—利润、土地—地租、劳

①参见《马克思恩格斯全集》第46卷，人民出版社2003年版，第901页。

②参见［美］约翰·罗尔斯著，杨通进等译:《政治哲学史讲义》，中国社会科学出版社2011年版，第359页。

③［美］约翰·罗尔斯著，杨通进等译:《政治哲学史讲义》，中国社会科学出版社2011年版，第361页。

动—工资的三位一体中，马克思看到："资本主义生产方式的神秘化，社会关系的物化，物质的生产关系和它们的历史社会规定性的直接融合已经完成：这是一个着了魔的、颠倒的、倒立着的世界。在这个世界里，资本先生和土地太太，作为社会的人物，同时又直接作为单纯的物，在兴妖作怪。"[①] 罗尔斯从这段话中读出的是，三个生产要素在马克思的论述中被平等化了，而在马克思的劳动价值论中，劳动是一个特殊的生产要素。马克思意在表明，在资本主义社会，资本家获得利润、利息和租金是正义的，因为这与生产方式相一致，但当资本主义社会已经完成其历史使命，这种获得利润、利息和租金是正义的观念就成为一种应当被破除的幻象。这种理解大致符合马克思正义论的实质，体现了"事实—价值"的辩证法。

在第二讲的最后，罗尔斯区分了价格的配置功能与分配功能，以进一步阐述马克思的正义论。他首先在社会主义语境中讨论利息率的合理性，认为这样有助于将生产性的资源与生产要素结合起来，实现更大的产出，而这并不意味着，必定有些人从中获取个人收益。价格的两种功能表明，应当将市场用于组织有效的经济活动与将其作为私人财产制度加以区分。对此，罗尔斯设想了马克思的反对者的意见以及马克思可能作出的回应。在前者看来，纯利润、利息、地租等回报应当被看作是购买剩余劳动产品的费用，它们与劳动力共同构成商品的价值量。罗尔斯基于马克思在《资本论》第一卷中的看法认为，马克思强调的是社会制度和经济制度如何被组织。资本和土地确实是生产性的，但关键是如何整合各种生产资源和自然力量，更有效地进行联合起来的劳动实践。在他看来，"对马克思来说，财产所有权的纯经济租金是不公正的，因为它实际上剥夺了社会成员获得和使用生产资料和自然资源的正当权益；而且，任何制度性地设置了这种租金的制度都是一种剥削与支配的制度。这就是他为什么用抢劫、盗用和偷窃来描述资本家对剩余劳动产品的侵吞行为的原因所在"[②]。在这个意义上，马克思的批判主要指向资本主义

① 参见《马克思恩格斯全集》第46卷，人民出版社2003年版，第940页。

②［美］约翰·罗尔斯著，杨通进等译：《政治哲学史讲义》，中国社会科学出版社2011年版，第365页。

制度，以及由此形成的剥削关系。

罗尔斯意识到马克思描述了资本主义发挥的历史作用，同时揭示了资本主义走向灭亡的历史规律，并对这种剥削制度作出深刻的谴责。在这个意义上，马克思认为所有人都应当公平地分担社会的工作，拥有获得和使用生产资料和自然资源的平等权利，而劳动是唯一相关的社会资源。因而，马克思拒绝承认私有财产具有合法的分配功能，因为这与正义是不相符的。[①]罗尔斯并未对围绕伍德命题展开的各种观点发表评论，问题是，马克思不认为资本主义不正义，这与马克思对使工人被强制劳动与资本家无偿占有剩余价值的盗窃、抢劫的行为的谴责相一致吗？这与马克思强调的从社会的角度理解人的劳动是生产的唯一相关要素以及人们在获得和使用生产资料和自然资源的平等权利上的观点相一致吗？罗尔斯在这里为人们留下了一个思索的空间，并在第三讲一开始就谈到了这个问题。

（三）正义与作为自由生产者联合体的社会

罗尔斯在回顾第二讲主要内容的语境中开始了第三讲，并明确认为，对马克思正义论的各种矛盾的说法可以作出一致的解读。他就此谈了三个观点：一是马克思在某些段落中似乎认为资本主义是正义的，因为这种法权意义上的正义观念适应资本主义的运行要求，并为资本主义制度所塑造；二是在马克思使用盗窃、抢劫等话语来描述资本家无偿占有工人的剩余价值的行为时，他暗示了这种做法是不正义的；三是马克思关于人的劳动是生产的唯一相关要素与社会成员都有获得和使用生产资料与自然资源的平等权利的观念是一种正义观念。由此可见，生产资料的私人财产权侵犯了人们的平等权利，在任何历史时期，劳动都是生产的唯一相关要素，而正义观念总是与一定社会的生产方式相适应，它们在历史上其实从来都不是合理的，而只是服务于特定历史时期而体现出历史价值和工具价值，马克思的政治正义观念只有在理想社会的特定

① 参见［美］约翰·罗尔斯著，杨通进等译：《政治哲学史讲义》，中国社会科学出版社2011年版，第365页。

条件下才能实现。[①]

这些观点实际上是对马克思正义论的一致性的阐释，如果这个阐释成立，那么马克思为什么不充分讨论或消除其中的歧义呢？马克思从未对此作出系统论述，或将其视为一个紧迫的问题，罗尔斯归纳了六个理由：一是马克思反对乌托邦社会主义者；二是马克思反对改良正义与关注狭义的分配正义问题的倾向；三是马克思认识到乌托邦社会主义者不可能发展出实现解放所需的现实主义理论；四是乌托邦社会主义者不了解资本主义运行规律，而只是提出一些思想混乱无序和多样的未来理想社会观念；五是马克思认为乌托邦社会主义者诉诸人性，没有理解资本主义的阶级基础，没有看到阶级斗争和革命行动的必要性；六是马克思对道德说教持怀疑态度。显然，马克思更看重实现正当与正义的根本需要与现实基础，所以并未对“正义”作超历史的阐述，但这并不妨碍他具有某些正义观念。

罗尔斯接着讨论了马克思在《哥达纲领批判》中描述的社会主义阶段和共产主义阶段，这两个阶段构成生产者自由联合体的社会。其中，虚假的社会意识消失了，异化和剥削也不复存在，这是构成生产者自由联合体的社会的两个条件。他举了《资本论》第一卷第一章第四节的例子说明，马克思认为资本主义工资体系掩盖了必要劳动与剩余劳动之间的比率，工人可能完全不了解用于支付必要劳动和剩余劳动的工资的区别，这实则呈现出一种意识的假象。罗尔斯引用了《资本论》第三卷中的这句话——如果事物的表现形式和事物的本质会直接合而为一，一切科学就都成为多余的了[②]——表明在资本主义社会中表象形式与本质的分离，而这在生产者自由联合的社会中是合一的。与假象相似的是意识的错觉，有一种错觉建立在社会制度的需要以及个人需求的基础上：资本主义生产方式积累了生产资料，无偿占有工人的剩余价值对资本主义制度的平稳运作必不可少，这种抢劫和盗窃的过程被隐匿了，体现了黑格尔所说的“理性的诡计”。所以，资本主义社会的生产和分配是符合

①［美］约翰·罗尔斯著，杨通进等译：《政治哲学史讲义》，中国社会科学出版社 2011 年版，第 367—369 页。

②《马克思恩格斯全集》第 46 卷，人民出版社 2003 年版，第 925 页。

法权正义的，这与资本主义制度的欺骗性表象一致。[①] 在生产者自由联合的社会，由于经济运行方式是公开的，这样的错觉将随之消失。

接着，罗尔斯解读了《1844 年经济学哲学手稿》中关于“异化劳动”的部分，分析了异化的四种表现形式，讨论了剥削何以消失。异化的扬弃只有在超越资本主义社会的条件下才能实现。同样，剥削的产生源于资本主义制度的性质，与生产资料领域的私人所有权的各种特权有关。马克思列举了三种特权：一是资本家作为由工人剩余劳动生产的产品的拥有者而占有生产成果；二是生产资料所有者对公司和产业内部劳动过程行使独裁式控制；三是生产资料所有者决定由工人剩余劳动所生产的产品的使用与经济增长率。由此，罗尔斯得出的结论是：“工人阶级的共同享有的对于社会世界的理解，如同他们对公开的经济计划的理解那样，乃是一种对于他们所处世界的真实描述。它也是对于一个公正的、良善的社会世界的描述。它是这样一个世界，在其中，个人追求自由和自我发展的真正的人类需要得到了满足，同时，他们也承认所有人都拥有使用社会资源的平等权利。”[②]

在此基础上，罗尔斯讨论了完全共产主义，强调经由公开而民主的方式制定的经济计划对于马克思思想的重要性。在共产主义社会第一阶段，经过长期的斗争刚从资本主义脱胎而来的社会主义社会在一定程度上的不平等和劳动分工仍然存在。其中，第一个缺陷是由于不平等的个人天赋导致的享有消费品的不平等。罗尔斯引用马克思在《哥达纲领批判》中关于平等权利的若干表述，表明马克思认为实现平等权利需要等待经济条件的改变。罗尔斯的问题是：为什么不能接受一种诸如差别原则的原则，利用税收、激励等调节手段，使天赋较高的人为天赋较低的人获利而工作？他认为马克思接受某种自由至上主义观点，这观点如科恩在《自我所有、自由和平等》一文中表述的：每个人从道德的角度来说都具有对他自己的人身及能力的完整的私人所有权。这意味着，每

① 参见［美］约翰·罗尔斯著，杨通进等译：《政治哲学史讲义》，中国社会科学出版社 2011 年版，第 375 页。

②［美］约翰·罗尔斯著，杨通进等译：《政治哲学史讲义》，中国社会科学出版社 2011 年版，第 378 页。

个人对于自己的身体和能力的使用以及由此产生的后果都具有广泛的道德权利。由此可以推导出：如果我在没有签订契约的情况下，由于害怕受惩罚而被迫帮助别人，或者说把我所生产的部分产品直接地转让给别人，或通过国家强制实行的分配转让给别人，那么我就不完全是我自己的，并不完全拥有自己。[①]对此，罗尔斯给出了三点理由。理由一是这种看法符合马克思对资本主义的批判。理由二是马克思不认为应当要求天赋较高的人通过对天赋较低的人的福利作贡献而挣得更大的消费份额。理由三是这种看法与马克思在《德意志意识形态》中谈到的人们在共产主义社会不被强加各种义务和责任，彼此没有严重的利益冲突，劳动分工已经被克服等观点是一致的。基于上述理由，罗尔斯认为，马克思拒绝差别原则或与此类似的原则，但从维持正义的角度看，引入差别原则是必要的。[②]

随后，罗尔斯分析了劳动分工何以被克服的问题。他首先引用马克思在《德意志意识形态》中关于“上午打猎，下午捕鱼”那个著名段落指出，这种描述具有吸引人的特征，因为人们“可能随自己的兴趣”做事，既可以自己做事，也可以一起做事，“这里不存在任何道德约束和道德义务，也不存在正当和正义原则所要求的行为边界”[③]。所以，这时人们不再需要关于正当、正义、道德义务的意识，这些意识也不再发挥作用。在罗尔斯看来，共产主义另一个吸引人的地方在于，每个人都可以按其所愿，以其所能全面参与人类活动，发挥自己的全部潜能，从而克服劳动分工。这时个人之于社会就不再是交响乐演奏中的一部分，而既可能是多才多艺的独奏，也可能在自愿合作中合奏。这与自我所有权的理念一致，而不受正当与正义的意识限制。由此，罗尔斯认为克服劳动分工需要三个条件：一是因生产资料积累而实现无限的富足，二是劳动成为生活的第一需要，三是劳动是有吸引力的有意义的工作。正如马

①［英］G. A. 柯亨著，李朝晖译：《自我所有、自由和平等》，东方出版社2008年版，第136页。

②［美］约翰·罗尔斯著，杨通进等译：《政治哲学史讲义》，中国社会科学出版社2011年版，第382页。

③［美］约翰·罗尔斯著，杨通进等译：《政治哲学史讲义》，中国社会科学出版社2011年版，第383页。

克思在《哥达纲领批判》和《资本论》第三卷中分别指出的，在共产主义社会高级阶段，劳动不再是因必要性的和外在目的规定要做的，社会将实现“各尽所能，按需分配”。这个分配原则对他而言既不是一个关于正义的原则，也不是一个关于正当的原则，而是一个描述性的原理。

在第三讲的最后一节，罗尔斯分析了共产主义高级阶段是不是一个超越了正义的社会。他从所有人拥有平等权利的角度强调，在共产主义社会，人们的平等权利应当得到尊重，如果平等是正义的，那么共产主义社会就是正义的。同时，共产主义社会似乎又超越了正义，因为实现共产主义正义并不依赖人们的正当感与正义感，因而，正义的逐渐消失是必然的。这是可欲的吗？罗尔斯提出了否定的看法。他强调拥有正义感是理解他人和承认他人权益的一部分，是人类生活的一部分，因为人们总是随着自己的心愿行动。基于此，罗尔斯在结论中强化了这一讲的基本观点，并提醒人们尽力理解依据公开而民主的程序指定经济计划何以在社会主义传统中占有核心地位。

综上所述，罗尔斯在《政治哲学史讲义》中关于马克思政治哲学的三场讲座在马克思批判资本主义制度和建构自由人联合体的语境中分析了正当和正义在马克思思想中的位置，在一定程度上回应了国际学界围绕马克思正义论展开的学术争鸣。他在这里既坚持《正义论》的基本思路，明确提出对马克思某些观点的不同意见，也对马克思思想的深刻性给予明确肯定，努力分析马克思关于正当与正义的主张的内在机理。分析罗尔斯在《政治哲学史讲义》中对马克思的解读，有助于我们在比较语境中深化对马克思正义论的理解，运用“事实—价值”的辩证法，在历史唯物主义前提下作道德有效性研究，呈现解决复杂而深刻的公平正义问题时所应持有的马克思主义哲学基本原理和方法论原则。

（原载《吉林大学社会科学学报》2021 年第 2 期）

六

马克思正义论研究的两种进路及其中国语境

马克思的正义论是40余年来国际马克思主义政治哲学研究的重要论域，围绕该论域展开的文本考据、学术争鸣与现实阐释蔚为大观，其中新黑格尔派的历史主义论证和分析马克思主义的道德论证之间的争鸣尤为耀眼。前一种思路从历史必然性出发，指出正义与生产方式相一致的属性；后一种思路从道德有效性出发，阐明在新的时代条件下合乎道德的正义选择与行为的社会作用。毋庸置疑，缺乏历史唯物主义底蕴的道德论证容易停留在应然的合理性层面，未及充分发挥正义理念的现实价值；仅从历史必然性出发论证正义与生产方式的一致性，难以发挥符合时代精神的正义观念在引领价值选择的过程中所能发挥的重要作用。从这两个角度各执一端，在寻找丰富文本根据的同时作进一步论证，恰是英语学界面对正义论视域中的“马克思问题”长达40余年争论的思想境遇。那么，有没有可能综合这两种思路，构建一种符合中国国情和中国文化性格的马克思主义正义论并使之从应然走向实然呢？

（一）基于历史必然性的道德论证何以必要？

在当代政治哲学理论图景中，由G. A. 科恩、艾伦·伍德、约翰·罗默、诺曼·杰拉斯、乔恩·埃尔斯特、凯·尼尔森等分析马克思主义哲学家建构的马克思正义论引起了影响广泛的学院派论争，成为推进当代正义论研究的重要元素。例如，伍德认为，马克思“关于道德的观点十分特殊，与他的社会思想中那些没有认真对待它们的核心见解是很不同的”[①]。仅当无产阶级的利益和无私的善发生冲突的时候，才

① Allen Wood. “Justice and Class Interest”. *Philosophica*, Vol. 33, 1984: (1).

会忽视道德的必要性而坚持前者，而发生这种冲突几乎没有理论上的可能性。科恩认为，否认道德论证的马克思主义者在自我理解方面是有问题的，马克思的资本批判具有强烈的道德感。“正义在革命的马克思主义信念中占有核心的地位，马克思主义者所作的特殊判断表明正义的存在。由于缺乏对自身本质的认识，革命的马克思主义信念常常错误地描述自身，而且马克思主义者对正义观念的蔑视充分证明了这种自我理解的缺陷。”[①] 为了弥补这种“缺陷”，科恩研究现代科学技术的发展与工人阶级生活条件的变化，认为由此“产生出一种以前并不明显的与为社会主义做辩护的政治需要相关的对规范价值和原则进行哲学研究的学术需要”[②]。在规范正义论的语境中，分析马克思主义哲学家转向政治哲学，对社会主义正义观念作道德论证，他们对在社会主义条件下可能实现的平等主义正义论有持久的兴趣。因而，关于正义的阐释被合理转换为何以正义地实现社会平等的政治哲学命题，由此引出的分配正义问题值得被认真考量。

这种观念遭到坚持历史主义的马克思主义哲学家的质疑，他们认为马克思政治哲学从根本上说是一种历史唯物主义理论，马克思是在恒久发展的历史中具体理解正义问题的。作为上层建筑的正义观念必然以其所处时代的生产方式为基础，超越资本主义正义观念必然以扬弃资本主义生产方式为前提。马克思在深刻批判虚假正义等资本主义意识形态的过程中将符合资本逻辑的交换正义斥责为“保守的格言”，提出以革命的方式更换经济关系和法的关系，“消灭雇佣劳动制度”[③]，从而以实质正义原则实现每个人的自由与全面发展。例如，肖恩·塞耶斯认为：“公平和权利的观念——以及其他各种道德原则——都是社会的和历史的产物。它们的产生是用来表明治理特定社会的社会关系的规范。不同的社会产生了不同的价值和权利原则。因此，没有普遍的道德原则，没有永

① G. A. Cohen. “Freedom, Justice and Capitalism”. *New Left Review*, Vol. 126, 1981: (3—4).

② G. A. Cohen. *Self-ownership, Freedom and Equality*. Cambridge: Cambridge University Press, 1995: 8.

③《马克思恩格斯选集》第2卷，人民出版社2012年版，第69页。

恒的权利原则。”[①] 在这个意义上，必须在历史中理解正义观念的变迁，一个时代的正义原则终究与其所处时代的生产方式相一致。

关于上述两种马克思正义论的争论可以被简约为一个问题：马克思有没有一种独立于历史唯物主义的道德批判理论？解读散见于马克思文本中关于正义的论述，可见，马克思在不同语境中从法律、历史等多重角度阐述了现实的正义问题并作价值判断。总的来说，马克思话语中的道德与正义都是历史的和现实的，符合各时代生产方式的法权观念和道德观念，其作为人类普遍认同的价值观念也应在历史和现实中得到理解。将马克思正义论当作纯粹的道德论证，固然是一种有效的分析思路，但确有过度解读之嫌。在马克思看来，“正义和‘劳动’自古以来就是唯一的致富手段”这种“田园诗式的”论调演绎的实则是一种“乏味的儿童故事”。[②] 正义的实现归根结底要消除私有制和私有观念，它不应当仅仅被定为一种应然的道德诉求，而将实质正义理念对象化为日常生活中的正义事实。

那么，是否能进行一种基于历史必然性的道德论证，以此弱化上述两种思路的差异并在一定程度上达成理解马克思主义正义论的共识呢？[③] 如果我们恰当地理解道德主体的主观能动性，就不会质疑关于正义的道德论证之必要性，因为社会主义道德建设不应缺失正义的追求。如果不背离历史唯物主义，或忽视马克思对“伦理的正义”的历史性批判，对马克思正义论作道德论证乃是我们时代所需要的具有重大现实意义的理论研究。当然，这种道德论证是基于历史必然性还是作为一般伦理学，是一个有待澄清的重要问题。关于这个问题，罗尔斯的看法是，马克思既是“讲道德的”，也是“不讲道德的”。[④] 他看到马克思正义论的历史唯物主义立场，也意识到马克思谴责资本主义的伦理意境。“讲道德”

① 臧峰宇：《历史主义与马克思政治哲学的当代性——对话肖恩 · 塞耶斯》，《国外理论动态》2015 年第 1 期。

②《马克思恩格斯文集》第 5 卷，人民出版社 2009 年版，第 821 页。

③ 齐泽克、巴迪欧、卡利尼科斯、哈维、奈格里、伊格尔顿等从其他角度论述马克思的正义论，这些关于正义与平等的论述呈现了庞杂的理论谱系，笔者将另文探讨。

④［美］约翰 · 罗尔斯著，杨通进等译：《政治哲学史讲义》，中国社会科学出版社 2011 年版，第 356 页。

与“不讲道德”恰恰说明马克思论述“正义”的两重维度。

善用分析方法的罗尔斯并非有意模糊马克思的正义论，而是指出了马克思正义论的内在张力。正义的实现固然需要稳固的经济基础，但稳固的经济基础也需要社会正义与之相一致，需要作为上层建筑的正义观念发挥反作用。尽管马克思批判了蒲鲁东和拉萨尔等人的分配正义论，但他在《哥达纲领批判》中确实从建构层面阐述了社会分配的理想原则，指出“按需分配”之于“按劳分配”的优越性，为当代马克思主义正义论的规范研究留下了难得的思想资源。正如科恩所指出的：“马克思不是说‘放弃你对公正分配的迷恋’，他说的是，‘致力于你对根本意义上的适当分配的关心’。”① 马克思关心的并非形式上的分配正义，而是根本意义上的实质正义。毋庸讳言，认为“丧钟就要敲响”的马克思对作为共产主义第一阶段的社会主义社会缺乏足够充分的论述，对如何在社会主义社会弘扬社会正义鲜有说明，但他看到在“集体财富的一切源泉充分涌流”之前，不能完全实现正义的分配。在当代马克思正义论研究中，相关阐述甚至“是通过世界历史进程与德性之间双方的争夺来赢获其衡量尺度的”②，这种争论实则体现了在缺乏充分文本支撑时建构马克思主义正义论的处境。

鉴于历史必然性和道德有效性的双重价值，马克思正义论研究应当是一种基于历史唯物主义前提，兼容道德论证的综合探索。马克思以历史唯物主义话语戳穿资产阶级的道德谎言和虚假正义，使人们正视实质正义实现的可能性与现实性，从中可见正义的多重面相，不同的社会主体对它的理解以及在具体历史条件下它对不同的社会主体所具有的意义是多种多样的。实现社会正义最重要的不是论证它是一种源于自然法的基本权利，而在于从利益分配和责任践履上实际地满足人们的社会需要，同时提升社会发展的道德自觉。由此可以在促进社会生产力的同时加强社会道德建设，促进物质文明和精神文明的共同发展。形成一种既符合马克思主义正义论的历史语境，又具有解决当今中国社会公平正义问题的时代性的马克思主义正义论，促进中国传统正义观的现代转型，

① G. A. Cohen. “Freedom, Justice and Capitalism”, *New Left Review*, Vol. 126, 1981: (3 4).

② 参见张文喜：《马克思对“伦理的正义”概念的批判》，《中国社会科学》2014 年第 3 期。

彰显正义论的问题意识与中国特色。

（二）中国传统正义观的现代转型与马克思主义正义观的中国风格

英语学界的马克思正义论研究为人们从道德批判角度理解马克思正义论的必要性积累了规范研究的学术经验，使马克思主义作为一种独特的政治哲学在当代正义论争鸣中形成耀眼的理论景观，社会主义的平等主义正义论因而得到广泛关注和深刻认识。但是，我们也应看到，这些论述主要是在理想的社会主义语境中探讨的，并未被充分引入现实的社会主义语境，因而在很大程度上停留于理念层面。[①] 这种境况在一定程度上体现了英语学界马克思主义哲学家对现实社会主义的诸多质疑，但这些质疑并未阻碍人们在未尽完善的现实社会主义语境中论述马克思主义正义论的生成轨迹及其现实价值，以及由此从历史唯物主义角度形成力图解决社会主义公平正义问题的富有操作性的学术见解。这项体现马克思主义哲学国际前沿探索的研究也是全面深化改革的实际需要，以此对当代中国社会复杂深刻的公平正义问题作具有理论高度且富有成效的研究，是进一步促进马克思主义中国化的必经之途。

中国传统的正义观念源远流长，以公平正义观念维护社会秩序的表述在中国古代思想家的话语中并不鲜见。“公平”概念最早出自《管子・形势解》:“天公平而无私，故美恶莫不覆；地公平而无私，故大小莫不载。”“正义”概念最早出自《荀子》:“正利而为谓之事，正义而为谓之行”；“故正义之臣设，则朝廷不颇；谏争辅拂之人信，则君过不远”；“不学问，无正义，以富利为隆，是俗人者也”。古代思想家主要从“礼”的角度构建制度规范，将公平正义视为经济平等的准则和个人美德的追求。无论维护还是超越其所在时代的社会制度，都以是否符合正义之“礼”为标准。《礼记》有云：“大道之行也，天下为公。”孔子提

① 例如，科恩在《为什么不要社会主义？》一书中认为社会主义原则在一次野营旅行中是适宜的，而“对于作为一个整体的社会来讲是不可行的”。“社会主义理想面对的最重要的问题，是我们不知道如何设计出能够使它运行的那种机制。”参见［英］G. A. 科恩著，段忠桥译:《为什么不要社会主义？》，人民出版社 2011 年版，第 55—58 页。

出平等分配社会财富的宏愿："有国有家者，不患寡而患不均，不患贫而患不安。盖均无贫，和无寡，安无倾。"（《论语 · 子路》）这些思想曾被视为处理社会公共事务的金科玉律，在政治生活、社会舆论和民间习俗中得到体现。敬重和期待有公心、守公道的封建良吏，反映了人们对社会公正的朴素追求。在等级森严的封建制度下，当民不聊生"不平则鸣"，则揭竿而起"替天行道"，这种革新既存社会秩序的行为是符合正义的。

中国古代思想家的"义利之辨"体现了以正义原则解决物质利益冲突，谋求正当与适宜的行为的理念。许慎《说文解字》注："義，己之威仪也。从我、羊。""义"并非不食人间烟火的精神象征，而是因时因地适宜的正当性原则。许慎"这个解释意味深长：'羊'所代表的正是一种物质利益；而'我'或'己'所标明的是利益的主体。总之，正义问题是与利益问题密切相关的，人们之所以提出正义原则并由此来建立制度规范，就是为了解决利益冲突问题"①。在具体评断正义与否的诉讼中，正义是作为公平出现的，"事惟公平可以服人心……惟平心定气，因是非而论曲直，则事不失之偏，而人心得其平矣"②。"吏不畏吾严而畏吾廉；民不服吾能而服吾公……公生明，廉生威。"③可以说，公平正义作为中国人千百年来持守的日常价值观念，浸润在中华民族追求人间正道的文化血液中。而这种正义观同样具有内在张力，既具有道德向度，又具有务实特征。在马克思主义哲学中国化的进程中，马克思正义论的内在张力与中国传统正义观的内在张力也交织在一起。

马克思主义传入中国110多年来，正义的追求在中国革命、建设和改革进程中始终在场。中国新民主主义革命"打起正义战争的旗帜"，毛泽东在陕北红军大学演讲时指出："历史上的战争，只有正义的和非正义的两类。我们是拥护正义战争反对非正义战争的。一切反革命战争都是非正义的，一切革命战争都是正义的……人类的大多数和中国人的大多数所举行的战争，毫无疑义地是正义的战争，是拯救人类拯救中国的

① 黄玉顺：《中国正义论纲要》，《四川大学学报》2009年第5期。
②（宋）陈襄：《州县提纲》卷一，中华书局1985年版，第1—2页。
③（明）郭允礼：《官箴》。

至高无上的荣誉的事业，是把全世界历史转到新时代的桥梁。”[①]中华人民共和国成立后，毛泽东在为制定颁布《中华人民共和国宪法》的中华人民共和国第一届全国人民代表大会所致的开幕辞中指出：“我们的事业是正义的。正义的事业是任何敌人也攻不破的……我们正在前进。我们正在做我们的前人从来没有做过的极其光荣伟大的事业。我们的目的一定要达到。我们的目的一定能够达到。”[②]毛泽东强调社会公平，“现在我们实行这么一种制度，这么一种计划，是可以一年一年走向更富更强的，一年一年可以看到更富更强些。而这个富，是共同的富，这个强，是共同的强，大家都有份”[③]。但是，当经济生产生活被高度政治化，在人民公社化和多次政治运动中，平等的正义沦为平均主义，追求共同富裕的理想时则表现为大多数人贫困的社会现实。

改革开放引入了效率机制，纠正了平均主义观念，同时强调社会公平的必要性。邓小平在回答美国记者迈克·华莱士的提问时指出：“社会主义财富属于人民，社会主义的致富是全民共同致富。社会主义原则，第一是发展生产，第二是共同致富。”[④]关于社会主义本质的表述——解放生产力，发展生产力，消灭剥削，消除两极分化，最终实现共同富裕——体现了实现正义所需最为重要的两重维度。在中国走向现代化的征程中，在不同时期强调公平和效率的侧重点有所不同，从提倡“效率优先，兼顾公平”到强调“公平与效率并重”，进而提倡“公平优先，兼顾效率”，对公平和效率之间关系的探索反映了不同时期生产发展与财富分配在人们心中的投影，可以说，改革开放30多年来，社会公正[⑤]始终被认为是实现社会持续和谐发展的价值基础，它对于社会如同空气对于人，是须臾不能缺失的。

马克思主义中国化促进了中国传统正义观的现代转型，人们在比较

①《毛泽东选集》第1卷，人民出版社1991年版，第174页。

②《建国以来毛泽东文稿》第4册，中央文献出版社1990年版，第554页。

③《毛泽东传（1949—1976）》（上），中央文献出版社2003年版，第444—445页。

④《邓小平文选》第3卷，人民出版社1993年版，第172页。

⑤ 公平、正义、公正经常作为同义语互换使用。如果将公平界定为人们协商社会事务时地位平等且一致同意的状态，将正义界定为保障社会成员获得其所应得的社会利益的原则，公正则意味着在公平的状态中得到正义的结果。

中西正义观念异同的同时，进一步理解马克思的正义论并丰富其时代精神。从中形成的中国化马克思主义正义观既强调正义与生产方式相一致的属性，又强调作为精神象征的正义具有的现实价值。随着利益格局的调整和分配方式的变化，人们的思维方式与价值观念与时俱进，对社会正义有了更深刻的认识和更丰富的需求。各种关于公平正义的社会思潮涤荡着人们的内心世界，进而成为衡量改革得失的公共价值观念与社会心理，因为“社会公平正义是社会和谐的基本条件”[①]。较之分析马克思主义哲学家从“可欲的”达至“可行的”思维路径，当代中国马克思主义的正义话语则在“可行”中彰显进一步“可欲”的方向。学界强调符合中国国情与中国文化心理的正义观念，体现了迫切实现医疗、教育、住房、司法、税收等领域的实质正义的愿望，使作为社会主义核心价值观的公正观念成为社会生活之所必需和民意之所同然。

（三）全面深化改革的正义诉求

全面深化改革“以促进社会公平正义、增进人民福祉为出发点和落脚点”[②]，为此需要澄明马克思主义正义观的中国语境，在实现中国传统正义观现代转型的过程中进一步理解当代中国公平正义问题。使马克思正义论在当代中国从应然走向实然，必须使之与中国国情和中国人的价值观念融会贯通，进一步明确改革的价值话语。鉴于马克思正义论与中国传统正义观兼具物质基础与精神高度的内在张力，有必要建构以历史唯物主义为基础兼具深切伦理情怀的马克思主义正义论，从中体现中国特色社会主义的核心价值理念。于此正本清源，在新的时代条件下建构具有中国风格的马克思主义正义论，面对鲜活而复杂的中国现实问题，形成合理理解并有效解决中国社会公平正义问题的有效思路，在纷繁复杂的社会现实中寻找答案，构建符合多数人共识的社会正义原则，提升正义追求的价值境界。

首先，应当在完善社会主义市场经济体制的过程中进一步发展社

---

①《中共中央关于构建社会主义和谐社会若干重大问题的决定》，《人民日报》2006年10月18日。

②《中共中央关于全面深化改革若干重大问题的决定》，《人民日报》2013年11月16日。

会主义生产方式。“物质生活的生产方式制约着整个社会生活、政治生活和精神生活的过程”[①]，决定社会制度的更替。社会主义生产方式是实现社会主义社会正义的基础，因生产力发展而实现的社会财富的广泛增加是更合理地分配公共利益的前提。实现社会主义社会的实质正义，必须具备合理高效的生产方式，使具有高远价值取向的社会主义正义观念与之相一致。为此，需要在提高生产效率的同时建构更合理的生产关系和分配关系，更好地满足人民群众日益增长的物质生活和精神生活的实际需要，正当分配社会的公共利益，健全社会利益的协调机制，改善贫富差距的状况，恰当解决各种社会矛盾和问题，使改革的成果惠及全体人民。

其次，应当将社会公平正义置于社会主义社会发展更加突出的位置。在社会主义生产方式内部，当各种有悖公正的社会现象一再提示人们重审正义观念的现实功能，构建正义的分配秩序与公平的社会环境，对符合社会主义生产方式的“正义”作道德论证就显得十分必要。为此，应深入分析社会正义的现实样态，在政治经济学批判中反映社会大多数人的正义诉求，对不正义的社会现象作深切的道德谴责，构建人们自觉追求正义的社会氛围，形成学有所教、劳有所得、病有所医、老有所养、住有所居的社会环境。在社会主义初级阶段完善以按劳分配为主体、多种分配方式共存的分配制度，逐步建立体现权利公平、机会公平、规则公平、分配公平的社会保障体系，提出反映程序公正和结果公正的制度设计和具体实施方案，以此呈现社会主义实质正义的原则。

再次，应当凸显全球化时代中国特色社会主义公平正义观的精神高度。改革开放以来，中国经济社会发展的成就需要以具有中国风格和中国气派的马克思主义正义观与之相适应，实现全面深化改革的正义诉求，需要弘扬中华民族的浩然正气，使中国传统正义观在马克思主义正义观中国化的过程中实现现代转型，形成马克思主义正义论的中国语境。作为社会主义核心价值观的“公正”在全面深化改革的过程中彰显了中国特色社会主义的价值优势，在社会生活中平等参与竞争和发展的

①《马克思恩格斯选集》第2卷，人民出版社2012年版，第2页。

机会，平等享有人生出彩的机会，坚持维护社会公平正义，日益成为当今中国的社会共识。实现中华民族伟大复兴的中国梦，需要站在中国社会发展的精神高地上倡导符合实际的公平正义理念，在进一步发展生产方式的同时强调中国马克思主义正义观在社会发展进程中的导向作用。

概言之，建构具有中国风格的马克思主义正义论，应辩证汲取马克思正义论研究两种进路中的合理性论证，归纳并丰富马克思主义正义论的现实内涵，以兼容会通的中国文化性格彰显马克思主义正义论的时代精神，以之破解关涉中国社会公平正义的实际问题。在中国语境中确认马克思主义正义论的现实作用，践行作为社会主义核心价值观的公正理念，批判文化迷失、道德乱象等社会不正义之举，形成调节社会分配、缩小贫富差距的有效机制，让全体社会成员都有实现理想和获得幸福的机会，都有实现利益诉求的保障，都有平等享受就业、教育、医疗等社会资源的权益。使中国改革发展的成就基于公平正义的价值基点上，让公平正义的光芒照亮人们的内心世界，是促进社会治理现代化的必然选择。

综上所述，国外学界关于马克思正义论争鸣的关键是，马克思正义论是一种历史唯物主义的政治价值论，还是关于一种体现道德有效性的正义原则的理论。重读马克思关于正义的论述，分析国外马克思主义正义论的创见与失误，可以形成一种基于历史必然性的道德论证。在此基础上汲取中国传统正义观的合理内涵，建构具有中国特色的马克思主义正义论，以此研究中国公平正义问题，是全面深化改革的实际需要。当代中国社会公正问题的复杂性和迫切性亟待学界以新的时代高度和理论深度实现马克思主义正义论的综合创新，在新的时代条件下发挥其与时俱进的现实功能，实现和维护社会公平正义。在全面深化改革的进程中，健全社会公正的制度环境，畅通民意的表达机制，使每个社会成员都能感受到公平正义的光芒，是构建社会主义和谐社会的必然选择，也是实现未来理想社会不可逾越的精神路标。

（原载《中国人民大学学报》2015 年第 3 期）

第六编

当代哲学问题研究

一

马克思的生命观及对超越焦虑的启示

对生命的理解体现了人的自我认识，始终伴随在人类生成的途中。与西方非理性主义哲学家关于生命的认识不同，马克思将生命理解为一种“自由自觉的感性对象性活动”，认为物质生产生活为人的生命提供了必要的基础，现实的生命是一种社会构成。但是，在资本逻辑的笼罩下，人的生命的总体性遭到剥蚀，生命异化的本质主要体现为劳动异化。正是因为充分认识了人的生命所处的自然界，深刻把握了人的社会性存在方式，提出超越生命异化的解放之路，马克思形成了对生命的本质及其价值的内在理解。

（一）马克思对生命及其价值的内在理解

首先，马克思从自然与社会的双重视角看待生命的存在方式，将有生命的个人的存在视为人类历史的第一个前提。由于在实践层面理解自然，马克思指出自然科学与关于人的科学的内在一体性关系，认为“第一个需要确认的事实就是这些个人的肉体组织以及由此产生的个人对其他自然的关系”[①]。正是在人化自然的过程中构建生命存在的场所，人们实现了从“自在生命”到“自为生命”的跃迁，使生命成为一种对象化过程。作为能动的存在者，人们将自然力和生命力集于一身，在实践中满足自己的真正需要。

为此，应在人与自然的关系中理解生命的物质存在形式，在自然对象中理解人的感性力量。因而，马克思在把握自然科学对人的现实的历史关系的过程中，意识到自然界是人的无机的身体，人的劳动实践的基

①《马克思恩格斯选集》第1卷，人民出版社2012年版，第146页。

本材料来自自然界。将人对自然界的关系从历史中排除出去，将人类视为超自然的物种，造成自然界和历史的对立，是缺乏历史思维的表现。提高“人与自然发生关系的能力”，要对盲目破坏生态环境的做法进行祛魅，实现“对自然的人道的占有”。避免过度陶醉于对自然界的胜利，遏制生态危机的蔓延，当然是其题中应有之义。

毋庸置疑，人与自然的关系在社会中得到深刻体现，正如马克思所说，“社会是人同自然界的完成了的本质的统一”[①]。无视人的存在的社会性，从所谓纯粹自然的角度理解人的生命，就会将现实生活描述为史前状态。须知来自自然的人已经将自然人化，使之成为人的本质力量的对象化和自我确证，成为人们创造的现实世界。在这个意义上，人的生命在实践中成为自我意识的反映，或者说有意识的活动使生命在自由自觉中构成精神自我，进而在历史和现实中塑造社会文化心理，在具体的生产生活过程中形成丰富的社会关系。

其次，马克思强调现实生命的存在样态是“社会关系的总和”，将消除劳动异化作为走出生命异化的根本路径。人们的社会关系在本质上依赖于劳动，劳动是人区别于动物的本质属性之一，劳动与交往的一致是在人们的生命实践中达成的。从根本上说，人的生命是在社会生活中展现的。为了不断满足生命的需要，人们不断生产其必需的生活资料，在日益丰富的交往中缔结各种社会关系，并在拓展社会关系的过程中获得归属感和安全感。因而，自然生成的生命在现实中是一种社会构成，或者说生命表现的总体其实是一种社会存在。

实践是人特有的存在方式，体现社会关系的生命是人们在实践基础上自我实现的产物，是在实践中形成的一切物质生活和精神生活的起点。人们在创造满足自身需要的产品的同时，也在创造社会关系并在其中实现其本质，所以，马克思说，“全部社会生活在本质上是实践的”，所有的现实问题都要在实践中得到合理的解决，并在人们对实践的理解中得到进一步认识。人们对生命的演化以及威胁人类生命的疾病的认识都体现为一个过程，也必将在实践过程中通力合作、加深认识，尽可能

①《马克思恩格斯文集》第1卷，人民出版社2009年版，第187页。

找到合理解决问题的科学思路与方法。

在现代资本逻辑的驱使下，人们从事破坏自然、污染环境的生产活动，造成其与人的类本质的双重背离。一方面，人与人的异化产生了各种社会矛盾，使生命的现实化成为异己的现实，破坏了生命发展所需的和谐环境；另一方面，劳动异化直接作用于人对自然的各种实际行为，在马克思看来，人们愈益盲目地控制自然，就愈益成为自身卑劣行为的奴隶，“技术的胜利，似乎是以道德的败坏为代价换来的”①。因此，必须从根本上消除劳动异化，使人们正确认识和运用自然规律，实现人与自然界之间以及人之人之间矛盾的真正解决。

再次，马克思认为要在消除劳动异化的过程中彰显生命的总体性，在使人的世界和人的关系回归人自身的解放中实现生命的价值。人们在异化劳动中不断否定自我，不能自由地释放生命创造性的力量，实则以摧残生命的方式延续生命。因而，马克思指出：“人同自己的劳动产品、自己的生命活动、自己的类本质相异化的直接结果就是人同人相异化。”②这时人们的肉体和精神遭到双重摧残，因而必须变革使之遭到摧残的社会关系，扬弃资本逻辑对生命的束缚，解除绑缚生命的重负，以完整的方式占有自己全面的本质。

彰显生命的总体性，就要在面向解放的劳动实践中合理释放人们的自由个性，在交往与合作中创造美好生活。正是在这种创造性的劳动实践中，人们克服了片面的发展方式，摆脱了单向度的存在误区，以总体性的方式实现生命的内在价值。并从中看到，生命的价值是在与他人的相互作用的社会生活中实现的，人们应以拼搏的激情在社会性的劳动实践中实现壮美的人生，自觉按照美的规律来生活，体现人的个体性价值和社会价值的统一。这对人们超越现代性的焦虑，彰显生命的本质力量，具有重要的启示意义。

（二）超越焦虑与彰显生命的本质力量

在现代社会，人们面对传统思维方式和价值观念的变迁，面对社会

①《马克思恩格斯选集》第1卷，人民出版社2012年版，第776页。
②《马克思恩格斯选集》第1卷，人民出版社2012年版，第58页。

风险因素的增加，面对突如其来的公共卫生事件，都可能陷入社会性焦虑。超越这种社会性焦虑，既要确认其产生的各种现实原因，也要实现具有生命本质力量的精神突围。当人们在物欲追逐的迷失中不计后果地占有和掠夺自然，无视风险和危机而单向度地追求感官享受，在应接不暇的奔忙中形成不切实际的幻象，在乱花迷眼的无措中彷徨与盲从，必然陷入焦虑的泥淖。当生命的本质被归结为物性，人性遭到完全抽象化，生活必将流于无意义的漂泊。

从精神层面寻找超越焦虑的路径，需要形成正确的生命意识，深化现代生活的精神内涵。人们在热爱和珍惜自己生命的同时，应尊重与呵护他人的生命，并从生命伦理角度反思野生动物的存在困境。应在社会化的劳动实践中确立坚定的生活信念，在社会交往中丰富体现本质力量的现实生命。尤其不能忘记马克思的警示："我们的一切发明和进步，似乎结果是使物质力量成为有智慧的生命，而人的生命则化为愚钝的物质力量。"[①] 走出这种愚钝的阴影，就要深刻理解自然界的人的本质与人的自然本质，构建现代生命共同体。

超越焦虑，就要摆脱劳动异化的束缚，避免受制于资本逻辑的交往关系和消费误区。当人们在高速运转的工作节奏中几乎还来不及深思就要作出选择，或面对各种不确定的、令人迷惘或难以预期的事情，感到紧张、烦忧乃至恐惧，都在某种程度上遭遇焦虑。因而，要明确真正的生命需要，在满足需要的过程中深刻体会到实践创造的实质，避免在各种空虚的消遣中耗费时光，在物欲的攀比中迷失自我，在各种刷屏式的碎片化阅读中感到疲惫。从内心深处知晓什么样的生活是值得过的，进而在复杂的社会情境中自如地作出选择。

超越焦虑，就要彰显生命的总体性，在走向物质丰裕的同时充盈自己的精神生命。当人们陷入文化迷失、精神虚无、价值盲从的境遇，缺乏充分理性支撑的"众声喧哗"和集体无意识使人们在浅表化的认知中有些偏执，乃至产生焦躁、暴戾等情绪，很可能造成进一步的焦虑。焦虑体现了特定情境中个体的有限性，因而要在创造性的劳动实践中充实

①《马克思恩格斯选集》第 1 卷，人民出版社 2012 年版，第 776 页。

精神生活的实体性内容，养成健全的人格。同时，形成和谐交往的社会氛围，使人们在联合起来的劳动实践中获得全面发展其才能的手段，真正感到生命的充实与安顿。

超越焦虑，需要摆脱自私与疏离的心态，需要拓展生命的广度和深度。正如马克思所说:“我们应该遵循的主要指针是人类的幸福和我们自身的完美。不应认为，这两种利益会彼此敌对、互相冲突，一种利益必定消灭另一种利益；相反，人的本性是这样的：人只有为同时代人的完美、为他们的幸福而工作，自己才能达到完美。”① 只有为同时代人的幸福而工作，我们才能感到生命的完美。只有在不懈奋斗中为人民服务，将有限的生命奉献给我们的时代，才不会无视社会的整体利益而陷入自私自利的渊薮，才不会为虚度年华而悔恨。只有这样，我们才能读懂自我实现和奉献社会的辩证法，才能坦然地在友爱相助的劳动实践中彰显生命的充盈。

［原载《光明日报》(哲学版) 2020 年 3 月 2 日］

①《马克思恩格斯全集》第 1 卷，人民出版社 1995 年版，第 459 页。

二

比较哲学的时代内涵与创新愿景

对源自不同哲学传统的概念、范畴和命题进行比较研究，是逐渐向其他传统敞开的诸哲学研究的常见思路，但将其作为一种规范的哲学研究范式，却是一件相当晚近的事情。通常认为，“比较哲学”这一概念及其研究范式最早是1923年由法国哲学家保罗·马松·乌尔塞明确提出的，之所以很快流行开来，既与诸哲学与文化日益走向世界的趋势有关，也与希冀融通东西方哲学与文化，为解决全球性问题提供可能性方案有关，因而体现出一种世界哲学气质。比较源于差异，却可以从中求同，进而形成一种会通之思。这项研究在渐富学术特质的过程中，逐渐形成方法论自觉，在时代性和创新性探索中促进了诸哲学彼此的内在理解。

（一）比较哲学研究的特质与方法论

比较哲学并非宽泛的哲学比较，而是一种独特的研究范式。但学界关于何谓“比较哲学”的规定似尚未达成共识，因而在研究界域、进路、方法等方面均具有不确定性，或许这种不确定性正是比较哲学研究的特质之一。分析这种不确定性的主要呈现样态，应该是确认比较哲学范式的一种必要路径，由此方能界定比较哲学的基本特质和方法。

比较哲学研究立足于传统，面向世界和未来，在对时代问题的解答中超越传统，不受保守思维的束缚。在学海长途中，“只知其一，一无所知”。或许可以从歌德所谓“只懂一门语言的人，其实什么语言也不懂”的观念中获得启发，只懂一种哲学的人，其实什么哲学都不懂。因为其所懂只是诸哲学之一种，而不是具有世界性的“哲学”形态。比较哲学的研究界域因而十分广阔，举凡中西哲学、古今哲学，不同学派的哲学、不同时代的哲学、不同领域的哲学，乃至同一学派、同一时代、同一领域内部的若干哲学都可以成为比较的对象，可谓错综复杂、五光十色。这些研究带有不同的目的性诉求，体现为不同的形式和风格，但都可以被宽泛地理解为比较哲学。因此，不乏学者认为比较哲学就是哲学本身①，或有哲学一开始就是比较哲学之谓。在这个意义上，比较哲学凸显了哲学研究应有的开放性，体现了思想从独白走向对话的自觉。

从现代哲学所彰显的世界意识角度看，比较哲学更多地体现在欧洲哲学、中国哲学、印度哲学等历史悠久的哲学传统之间，也因传统而带有不同的文化印记。因而，比较哲学通常与比较文化相关，也因文化的创造性转化而实现哲学的自我更新。诸哲学与文化之比较着眼于对其他哲学与文化的内在理解，也希望自身的思想得到所比较对象的理解，真正的理解必然放弃傲慢与偏见，也必须在尊重对方的基础上争鸣与交锋。这种研究既可表现为“直接比较”，在不同传统的异同中实现对哲学本质及其多重样态的思考，也可表现为“桥梁式比较”，即在比较中有意识地走进对方，达成相互理解，因而成为哲学交流与对话的重要途径。

比较哲学研究进路大致表现为“平行的进路”“自高而下的进路”和“合作、互镜与共生的进路”②。第一种进路实则罗列式研究，旨在凸显诸哲学的差异，在等量齐观中使诸哲学各得其所。这种“平行”的研究看似不干涉其他研究并保持自身的完整性，但因缺乏彼此内在理解与相互借鉴而意义有限，甚至可能停留于“前比较”状态，所以对差异的揭示也只能表现为一种“前理解”，或许还会使诸哲学渐行渐远。第二种进路实则强制重构研究，即从某种传统悠久的哲学出发，对其他哲学加以“再描述”和“再定义”，在使之融入自身的过程中消解其他哲学的内在价值，从而滋生了学术偏见，使比较哲学实际上表现为一种排他性或去他性研究。相较而言，第三种进路看起来更为合理，因为它强调对话与融通，更可能体现哲学创新。这种进路不旨在判明所谓是非和高

① 参见倪培民：《探涉比较哲学的疆域》，《学术月刊》2006 年第 5 期。

② 姚新中：《比较哲学的“第三条路线”——一个方法论的讨论》，《哲学动态》2018 年第 1 期。

下，而是在比较中参照乃至互相学习，在视域融合中达成哲学发展新的可能性。[①]也只有以开放包容的心态形成诸哲学的相互理解，才能彰显比较哲学研究的内在价值，进而在对象化过程中呈现更多的现实意义。

比较哲学研究不以消解或弱化诸哲学为前提或目的，因而要在理解中尊重其他哲学研究理路，不能动辄以所谓“非哲学”的判断否定之。当然，比较哲学研究通常有一种主体性思路，超越传统其实是为了更好地更新传统，进而在更新诸传统的同时丰富哲学的多样性。为了更好地理解其他哲学，比较要带有一种适应性，要有兼容并包的智慧，也要有一种持久的信念。因为比较哲学往往发生在上述历史悠久的哲学传统之间，揭示源自不同哲学传统的文化、伦理和宗教的差异，从中可以看到冲突、隔阂与会通的印记。诸哲学与文化之间的关系史为比较哲学研究提供了正反两方面经验，也表明这项颇具前景的研究实属不易，关于比较哲学“可为”的期待与“难为”的担忧大抵多系于此。

在这个意义上，在基本认同第三种进路的同时，以扬长避短的方式保持第一种进路对自身完整性的坚守与第二种进路的主体性自觉自然更为现实，这也有助于丰富哲学的多样性。其实，即使在一种哲学传统内部，也存在百家争鸣的情境。哲学创新总是基于真正的理解与借鉴，走出封闭的内循环系统，由此方能“推陈”，“推陈”也不意味着传统的消失，而恰是为传统赋予活的生命，在对话、互镜与共生中实现哲学发展。近年来，中国学界在和而不同的学术讨论中开创中西马融合的新境界[②]的努力即具有这种特征。这种融合的障碍不仅体现为各种偏见，也体现为孤芳自赏的自说自话或生硬蹩脚的“汉话胡说”。比较哲学研究要经过互释的过程，但不能停留于互释的译介性研究中，而应实现哲学研究的本土化与全球化的共在。

比较哲学研究方法同样广泛，辨别同殊乃至同中之殊或殊中之同可以有多种方法。例如，类比的方法，乌尔塞就是用这种方法探究欧洲哲学、中国哲学与印度哲学的共通之处的。类比的关键在于确认一种类

---

① 参见吴根友:《判教与比较——关于“比较哲学与比较文化研究”》,《哲学动态》2011年第5期。

② 参见张世英:《和而不同，开创中西马融合的新境界》,《江海学刊》2011年第3期。

比对象，作出一种有待证明的或然性推理，从中发现不同哲学传统的相似性与差异性。类比的复杂性在于，相似的对象总是具有各种不同的属性，由此产生多样的关系，对多种属性及其关系的认识随着时间的推移而变化。类比对象的相似性越大，类比的意义以及由此呈现的差异性就越有价值。中西哲学比较的前提正是不同哲学传统的相似属性及其差异，只有在相似而不同的哲学之间才能发现“关系”范畴，从而由此及彼。

比较哲学研究试图达及视域融合，并采用一种跨文化方法，即超越某种哲学传统的局限，在其他传统中开阔视野并实现不同传统的互动，把握不同哲学史语境的交互主体性与互释和相互理解的空间。对不同哲学传统的跨文化比较可以体现为概念的比较、观念的比较、精神气质的比较等方面，它首先体现为语言和语义的比较，进而体现为思维方式和价值观念的比较，在比较中相互借鉴、求同存异，从而达成共识性和共通感。跨文化意义上的哲学比较要考虑民族性、地域性和时代性，要在建构性的他者中获得自我的文化关照，在地方性知识和时代性知识的交融中形成一种哲学对话与合作机制，从而更好地理解彼此。

比较哲学研究当然要对不同哲学传统加以比较，但夸大同中之异的不可通约性，并非比较哲学研究的目的。比较哲学研究要突破哲学传统思维的定势，实现差异中的相互理解，因而必须秉持谐适的原则。比较的旨趣在于理解、借鉴和融合，映现异中之同与超越既往之异的同质性创新。比较哲学不旨在也不可能抹平不同哲学传统的个性化思考，但可以在谐适的哲学对话中获得文化的共相，在进一步理解和诠释中实现超越两种比较对象的新哲学视域。这种原则与方法实则凸显了比较哲学的特质，是在语言互译、思维互释、文化互动的意义上达成哲学的跨文化理解与自我理解，从而消弭不必要的歧见，在共识中解决共同的问题。

（二）比较哲学研究的开放性与时代性

比较哲学研究并非对不同哲学传统中的概念、范畴和命题的无目的类比，而是具有明确的问题意识，往往是研究者在时代语境中对传统问题的再发现。对不同哲学传统的比较固然在一定程度上存在“不可译”

与“不可通约”问题，但比较双方的相互理解与交流对话的实际需要使思想的兼容性与通约性成为学术探索的对象。从同异、纵横等角度展开的比较哲学研究呈现了比较对象的差异性，其中有些“坚硬的”差异彰显了比较研究的壁垒，甚至表明他者之间的哲学比较具有某种不可能性。比较哲学研究因而要将“他者”之间的关系转化为“我与你”的关系，要在“我与你”的对话中形成破壁之思，探知“我们”的答案。

比较哲学研究旨在解决不同哲学传统的共同问题，因而要在不同思想资源中寻找开放性思路，研究者为此必须走出文化保守视域的遮蔽，以求同存异的开放态度超越传统认知的有限性，在翻译、解释与会通的意义上理解彼此，从而深化对不同哲学研究经验的综合把握。由于哲学研究方式、认知方式与理解方式的差异，不同研究者的比较哲学探索可能大异其趣，但对纷繁多样的研究结论的综合把握往往使人们愈加接近问题的实质。比较哲学研究往往涉及两个或多个比较要素，存在如何平衡多重哲学要素的关系问题，因而有助于形成一种世界的哲学。这种世界的哲学以比较的方式实现协同研究，实则在各种哲学传统的“百家争鸣”中生成镌刻不同民族主体性的“世界意识”，从而为解决世界历史中的问题提供哲学思路。

从世界文明的多样性角度着眼，不同哲学传统具有平等的文化身份，可以在比较中确认差异，在对话中谋求共识，在共生与融通中创造共同的未来。比较哲学的开放性使哲学走出传统之思的苑囿，摒弃长期持存的某种“偏见”，在理解他者之思的过程中实现超越性认识。须知“古人之非，既不能明，即古人之是，亦不知其所以是”①，若能从内在角度察异观同，必能归求反观，由此实现传统哲学的创新性发展。这实则是哲学研究之必需，“欲完全知此土之哲学，势不可不研究彼土之哲学”②。因此，比较哲学研究者既要深究比较双方各自的内在理路，又要在世界意识中实现哲学传统的新陈代谢，呈现一种兼容并蓄的新哲学形态。

近年来，关于中西哲学的比较研究丰富了这种可能性视域，推动

①《严复集》第 1 册，中华书局 1986 年版，第 29 页。

②《王国维遗书》(三)，上海古籍出版社 1983 年版，第 647 页。

中国哲学更好地走向世界，也在世界哲学研究中提升了中国哲学的话语权。这项研究既要用西方哲学重释中国哲学，也要用中国哲学理解西方哲学，特别是在如何理解逐渐现代化的中国哲学思想及其对发展着的西方哲学的关系方面尤需如此。应当看到，在多样性的世界文明发展格局中，存在一种“世界性的百家争鸣局面。对传统文化、对西方文化以及诸文化怎样彼此结合或冲突，将会有怎样的前途，大家见仁见智”[①]，在对话、互补和会通的过程中达成共识，并实现自我深化。由此也应当看到：“中国的现代化，绝不是、也不可能是什么全方位的西方化，而只能是对于多元的传统文化和外来文化，作一番符合时代要求的文化选择、文化组合和文化重构。”[②]从而在汲取世界历史经验的过程中形成一种体现中国风格的现代哲学研究理路。

在这个意义上，比较哲学研究有助于确立哲学自信，这既是中国哲学在自我理解与自我超越中形成的自信，也是中国哲学在世界传播中日益获得西方学界全面深入的认识所形成的进一步丰富发展的自信。中国哲学的开放性由此得到彰显。例如，陆九渊所谓“东海有圣人出焉，此心同也，此理同也。西海有圣人出焉，此心同也，此理同也。南海北海有圣人出焉，此心此理，亦莫不同也”[③]。此说在现代中国哲学研究中得到基本认同，事实上，只有在比较研究中通观世界哲学的总体，才能生成一种世界历史中的哲学，才能提出和解答世界历史性的问题，才能自觉形成和自如表达我们时代内在的自我主张。

因而，应自觉彰显比较哲学研究的时代性，这项晚近的研究自其开端就关注时代问题，就具有解决时代问题的宏愿。其实，“任何一门人文学科，既然有其为时代所规定之特色，必然会以社会存在所决定的社会心理和时代精神作为自己的直接来源”[④]。比较哲学研究当然审视不同哲学传统的差异和共同之处，但这种面对古典问题的研究并非厚古薄今之举，而是在汇聚历史资源的过程中形成理性分析时代走向的综合视角，

① 参见冯契：《人的自由和真善美》，华东师范大学出版社1996年版，第343页。

② 萧萐夫：《吹沙集》，巴蜀书社1991年版，第70页。

③《陆九渊集》卷三十六，中华书局1980年版，第483页。

④ 许苏民：《中西哲学比较研究史》，南京大学出版社2014年版，第10页。

在双向格义乃至多向格义中阐明解决时代问题的思想底蕴。因此，面向世界问题的比较哲学成为时代的哲学，“世界的哲学化同时也就是哲学的世界化”[①]，也只有运用世界的哲学，方能改变现实的世界。

在历史走向世界历史的今天，我们处于世界多极化、经济全球化、文化多样化、社会信息化的境遇中，以比较研究更好地实现对不同哲学传统的解释与再创造，有助于实现哲学的自我更新和基于文明对话的交往与合作，因而是哲学理论研究和现实研究的双重需要。着眼于东西方文化对话，应在比较哲学研究中取长补短，在借鉴中汲取灵感，谋求一些哲学问题的根本解决，通过对其他哲学传统生成情境的深入领悟涵泳其中，实现哲学新形态的构建。由此我们方能回答和解决全球性时代的共同问题，提升我们的思想力度和实践底蕴，并着力培育新哲学赖以生成的文化土壤，避免南橘北枳，实现哲学的融合与会通。

在现代化进程中，哲学研究不可能全然固守传统或全盘改造，而要面对时代的问题，努力“以最有效的方式吸收现代文化，使它能同我们的固有文化相一致、协调和继续发展”，“使我们能在新旧文化内在调和的新的基础上建立我们自己的科学和哲学”。[②]毋庸置疑，比较哲学研究的开放性以明确的主体性为前提，在具有交互主体性的研究中实现自我更新和创造。今天，我们的比较哲学研究要以马克思主义为指导，坚守中华文化立场，在与其他哲学传统的对话与重塑中走向世界。只有这样，我们才能在研究中确认思想的立足点和在场感，才能在传统哲学创新性发展和创造性转化的过程中使比较哲学彰显时代精神，焕发新时代中华文化复兴生生不息的内在动力。

（三）比较哲学与当代中国哲学创新

比较哲学研究在中国已逾百年，从最初对东西方哲学与文化差异的认识，到在全球化语境中对跨哲学与跨文化研究的探索，特别是近年来华人学者在中西哲学比较研究中所作的努力，体现了中国哲学在时代发展进程中不断走向世界的自觉意识。学界愈加明晰地认识到，当历史走

①《马克思恩格斯全集》第 1 卷，人民出版社 1995 年版，第 76 页。
② 参见《胡适文集》第 6 册，北京大学出版社 1998 年版，第 10 页。

向世界历史，只有突破传统的边界和苑囿，实现准确可信的翻译与再理解，源自一种传统的哲学才能在与源自其他传统的哲学对话的过程中建立相互借鉴、彼此理解与交融会通的关系，才能避免无谓的误解、偏见与冲突，进而在对象化的世界携手合作。

作为当今中国的时代精神的精华和文化的活的灵魂，当代中国哲学关注中国问题与世界问题，在时代潮头发思想先声，体现了理论形态创新和实践思维方式创新，对现代化进程中的全球性问题作出与时俱进的哲学解答。当代中国学人认识到比较哲学研究之不易，这项研究需要“知己知彼，也就是既要深入把握中国古典哲学的文献和学术发展过程，又要准确地掌握西方哲学史上的关键和精髓”，“掌握工具，学好一门以上的外语，熟悉异质文化的表达习惯”，“纯熟地掌握中国的‘小学’，即文字、音韵、训诂和版本、校勘之学，也需要了解西方语言学中的语义分析方法”。[①] 也正因此，这项在中西哲学领域自由往来的研究以求同存异的方式审视时代问题，在内在反思中构建与未来发展相适应的哲学与文化形态，使当代中国哲学以现代重塑的思想姿态走向世界。这种体现中国风格和中国气派的开放性和时代性的哲学研究在世界语境中与一切优秀文明的思想精神展开对话，研究者自觉设置具有现实性的学术议题，凸显中国哲学的内在特质与时代精神，实现了自我理解和自我超越。

在这个意义上，比较哲学体现了当代中国哲学创新。研究者“就一系列双方（主观上或有意识地）共同关注的哲学问题或者是双方（客观上或无意识地、潜意识地）不得不共同涉及的哲学问题，通过反思性批判和自身批判而探索双方如何在方法上和在实质性观点见解和视野上互相学习、取长补短而为共同哲学事业（或一系列哲学上的共同问题和关切）携手作出创造性贡献”[②]。这种贡献正是我们时代需要的思想创造，从概念、问题、方法、对象化等多重维度明确体现了创新意识，在哲学

① 许嘉璐:《卸下镣铐跳舞——中国哲学需要一场革命》，温海明主编:《安乐哲比较哲学评论与研究》，孔学堂书局 2018 年版，第 10—11 页。

② 牟博:《论比较哲学中的建设性交锋—交融的方法论策略》,《社会科学战线》2008 年第 9 期。

史的深处与文明交融的关节点上展现了我们时代应有的视野与境界。这种比较哲学研究关注现代性进程中人类生活方式和自我意识的嬗变，以中华传统哲学精神的现代形式为构建人类文明新形态提供中国方案，因而以时代性话语解决全球性问题，勾勒了世界哲学各美其美、丰富发展、互融共通的理想前景。

与此同时，比较哲学在哲学内部实现不同传统相互理解意义上的“哲学+”，也在拓宽比较文化、比较伦理与比较宗教视域中实现了哲学与相关学科协同探索的“哲学+”，因为今天任何以某种单一哲学思维探究复杂而深刻的理论和现实问题的做法都是固步自封的，也不可能为认识现代化进程中的世界历史提供真知灼见。当代比较哲学研究的创新性体现在视域、方法和问题意识等层面，反映了在面向世界历史和时代问题的比较之思中形成综合创新的哲学自觉。这种综合创新是以明确的主体性融合传统与现代、会通中西哲学研究理路的探索，实则将源自不同哲学传统的概念和命题引入总体性视域，彰显了时代精神，更新了人们对哲学思维方式和人类存在方式的理解，从而在开放语境中深化了哲学的时代内涵。

今天，面对深刻复杂的全球性问题和全面深化改革进程中的中国问题，当代中国哲学应摆脱既往存在的结构性困境，在回答新时代提出的新问题的同时返本开新。为此既要保持传统优势，又要超出传统思维界限，归纳西学东渐和中学西渐的历史经验，构建东西方哲学对话与合作的平台，以思想的内在活力对影响人类生活的若干新兴领域的现象作出哲学诊断。在这个意义上，比较哲学研究亟待展现高阶状态，进一步提升中西哲学互鉴会通的层次。在互联网、智能手机、社交媒体等重塑人们信息观念的境遇中，在人们对多维空间、量子缠绕、基因编辑等发现、推论和实验的反思中，哲学必然随着知识进步和人类生活方式的变革而实现创新，创新语境中的哲学问题越来越呈现人类的共同性，在比较哲学研究中实现的综合创新因而具有越来越重要的意义，也在越来越现实的语境中塑造超越性的时代精神。

在经纬不同哲学传统的研究中，我们可以在翻译、互释与协作式研究中辩异观同，实现一种体现时代精神的同情的理解。在恰当理解其他哲学传统的同时，我们应自觉加强中国哲学的海外传播，为中西哲学比较与互镜提供与时俱进的中国视角。为此，要“继承和发扬近四百年来中国哲人的优秀传统，以庄严而崇高的时代良心、气魄恢宏的世界意识、科学严谨的理性态度、独立不移的主体意识以及尊重学术独立价值的理论勇气……来推动我们的哲学事业，以常青的理论之树来推动社会生活的万象更新，是我们伟大的时代、社会和人民赋予哲学研究者的使命”[①]。在新时代，我们应在比较哲学的问题框架中把握会通中西哲学的决定性因素，在互文解读与语境转换的自如探索中开辟中国哲学和世界哲学的新境界。

概言之，比较哲学研究可以唤醒生生不息的传统，在不同哲学传统的相互理解中推陈出新，在协和对话的语境中解析我们时代共同的问题。我们深知此项研究之艰难与其意义之重大，为此需要集思广益、合作攻关，需要在合作与对话中扬弃陈见，在同一研究场域中聚焦家族相似的哲学问题，在跨哲学探索中开拓一种宽广的可能性空间。这是完整理解世界文明多样性的必要路径，由此展开的双向格义和多向格义不仅可以跨越不同文化差异造成的本体论与认识论鸿沟，而且可以在会通与交融的语境中呈现哲学研究的总体性图景。在这个意义上，比较哲学研究反映了当代中国哲学走向世界哲学舞台的理论自觉，也是致力于不断创新的中国哲学学人与国外同仁共同努力，为世界哲学发展提供的可能性视域。

（原载《社会科学辑刊》2019 年第 3 期）

① 许苏民:《中西哲学比较研究史》，南京大学出版社 2014 年版，第 655 页。

三

应用伦理的实践规定与应用伦理教育的时代特质

伴随现代化进程中各种复杂问题交织，人们的道德意识发生深刻变化，开始重新设定处理现实问题的伦理准则。面对各种道德冲突和伦理难题，进行实证考察并作出道德判断和道德决定，彰显了伦理学符合时代需要的实践智慧，进而体现为一种生活态度，20 世纪 70 年代以来渐有“应用伦理学运动”① 的态势。作为面对道德难题作出批判性反思与权衡的探索，应用伦理（applied ethics）是一种关于道德实践的学问，体现为解决道德难题和重构伦理学理论的过程。基于实践的应用伦理研究不仅将规范伦理学理论应用于生命、科技、网络、环境、人工智能等领域，作出符合善与应当的道德选择，而且在特定道德情境的选择中校正伦理学理论与方法。应用伦理研究现实中引发争议的道德难题，这种在实践中整合与提升伦理观念的努力以尊重所有道德行为主体为前提，并在解决道德难题的过程中改进道德规范。

（一）应用伦理研究的理论基础与现实指向

伦理学是运用普遍的道德原则和规范解析经验事实并作出道德选择的学问，是从目的至善的追求开始实现自我的过程，应用是其作为实践智慧（phronesis）的应有之义。与界定伦理学概念与意涵、确证道德判断和道德推理的有效性的元伦理学和解答“什么是正当的”行动并作出有力辩护的规范伦理学不同，应用伦理学不旨在寻求绝对知识或某种终极道德体系，而是在解决道德困境的权衡中达成新的道德共识，作出道德决策。当然，应用伦理学并不简化为工具化或操作性的道德主张，而

① 参见 Steven M. Cahn, Peter Markie ed.. *Ethics: History, Theory, and Contemporary Issues*. New York & Oxford: Oxford University Press, 1998: 475。

是在实践层面确认适用于解决实际问题的基本道德规范与价值准则，并在反思中体现批判性和建设性双重向度。

20世纪60年代末70年代初兴起的应用伦理学是由环境污染、核威胁、种族歧视、人工流产、器官移植等现代性问题引发的，涉及政治、经济、文化、社会、生态环境、生命医疗、科技等诸多领域。很多问题是在现代化进程中涌现的，将普遍的伦理学原理与方法应用于道德难题的解决，即使再优化的方案也不能满足所有人的期望。这里既存在运用同一伦理原则在特定情境中自相矛盾即陷入“道德悖论”的问题，亦存在秉持不同伦理理论的人们对同一道德事件产生不同判断即“伦理差异”的情境。[①] 道德悖论和伦理差异都将造成道德冲突，人们在两难选择中不得不违背其中一种义务或规范，从而一度陷入道德困境。这种困境在一定程度上是将伦理学诸理论引入具体的道德难题造成的，伦理学诸理论本身的差异往往无助于道德难题的解决，而在解决道德难题的过程中可能得到校正。在黑格尔看来，“推论常被称为证明的过程。无疑地，判断诚然会向着推论进展。但由判断进展到推论的步骤，并不单纯通过我们的主观活动而出现，而是由于那判断自身要确立其自身为推论，并且要在推论里返回到概念的统一”[②]。在具体的伦理情境中进行道德推理，是在实践中检验伦理学理论并使之得到完善的必经之途。

应用伦理研究将应用伦理学理论现实化，其面对的道德难题大体上有三种：事实性道德难题、规范性道德难题、元伦理难题。[③] 事实性道德难题是因人们对事实判断的分歧而导致陷入道德选择的困境，规范性道德难题是由道德规范缺失、道德规范冲突或特定道德情景中的角色冲突导致的，元伦理难题涉及伦理学出场的合法性以及道德推理的有效性等问题。为此，要明确道德难题的成因及其中存在的利益关系，把握伦理冲突的实质，提出和论证符合实际的道德规范，从责任伦理层面解决对抗性道德冲突问题，进而在时代语境中重新界定道德实践的基本范畴。

现代社会的道德难题并非凭道德直觉或根据既定的职业道德守则就

① 参见甘绍平：《道德冲突与伦理应用》，《哲学研究》2012年第6期。

②［德］黑格尔著，贺麟译：《小逻辑》，商务印书馆2004年版，第356页。

③ 参见曹刚：《应用伦理学的双重意味》，《唐都学刊》2009年第6期。

可以解决的，有些难题因其复杂性而被长期搁置，道德难题反映了人们面对的多重境况以及与之相关的多重利益，运用何种体现公共性的伦理原则，如何实际解决道德难题，需要一种反思性均衡的考量。回答关于安乐死、堕胎、基因编辑、代孕、克隆、同性恋、核能、代际公平、气候正义等问题的道德根据，要对特定情境中的道德冲突作审慎的道德论证，并给出规范性的伦理解释。道德难题反映的并非显而易见的好与坏、是与非、对与错的差异，诉诸伦理委员会进行符合程序正义的商谈并达成共识或更新共识，这样的共识往往是相对好的建设性方案，最终的选择往往由道德主体作出，这样的选择因可能性情景尚未发生而带有永远的不确定性。在这个意义上，应用伦理研究不提供终极的解决方案，往往体现为在特定情境中作出及时的道德抉择，其所依据的主要是对道德问题的理性诊断，并以商谈伦理为方法，考虑伦理学原则在特定情境中的可接受性问题，可接受性体现了应用伦理研究的适度原则，是历史的具体的。

应用伦理研究体现为新兴的交叉学科群，包括生态环境伦理、生命医学伦理、经济伦理、行政伦理、工程伦理、教育伦理、新闻传播伦理等研究方向，具有丰富的学科资源和明确的问题域，但并非学科之间的简单组合，而是在学科交融中呈现基本价值立场和有效研究方法。面对企业诚信和社会责任、环境正义、知情同意、正当与善的关系、公平与效率的关系、法律与道德的边界、医患关系、亲子鉴定、器官移植等现实的伦理问题，研究者既要具备对伦理学基本理论的深刻认知，也要了解各种道德难题存在领域的专门知识。若迫切研究社会生活领域中各种复杂伦理问题而缺乏伦理学学养，就可能进入一种没有伦理学的伦理问题研究；若对各种伦理难题作纯然理论分析而缺乏对相关领域的基本认识，就难以提出解决问题的合宜方案。因而，应用伦理需要一种跨学科研究的自觉，并在新的道德推理过程中促进伦理学理论的新发展。

应用伦理研究面向公务员、教师、记者、律师、医生等职业，但并非传统的职业伦理研究，其关注的重点不是与不同职业的特殊性相对应的责任、义务和行为准则，而是各种职业中存在的道德悖论和伦理冲突，因而其解决方案并非形成一般意义上的职业道德准则，而是面对道德难题产生的特定情境，在道德推理中遵循程序正义，实际解决伦理学疑难，平等地考虑所有相关者的利益，在表达个人自我决定的意见场域中商谈并达成共识。应用伦理研究因而需要一种道德权衡的协商机制，一种顾及各种道德意见操作程序，以避免个人的偶然或任意的选择。此举并非消解以某些信念、道德直觉和对经验事实的观察作为伦理学研究的前提，而是在道德主体充分表达意见的基础上，达成一种经协商而相参的为大多数人所认可的道德共识。这种共识不是相对化的，而是依据新的经验事实检验曾解决过类似道德困境的某个伦理学原理的有效性，摆脱实际的道德困境，促进道德规范不断完善的一种实践探索。

在这个意义上，应用伦理研究虽然基于元伦理学作出审慎的道德选择，也要实现一种交互有效性的道德认可。应用伦理研究要引导公众走出受情感左右的道德两难选择，不诉诸抽签之类的任意或偶然性决定，既要综合运用后果论、道义论、德性论、功利主义、契约论等道德哲学研究理路，也要借鉴道德心理学、道德社会学、道德人类学等前沿研究方法，遵循不伤害、维护尊严、履行责任、自主选择、守持公正等原则，通过合乎程序正义的道德权衡与商讨，形成一种为人们普遍接受的对道德难题的解决方案。在此过程中，每个道德主体根据自己的立场和某种道德原则表达意见，在深入探讨中通过鉴别、比较、权衡，确认一种可普遍接受的伦理主张和道德选择，因而，应用伦理并非道德主体的个人决策，而是基于理性的道德权衡，在特定道德情景中对各种道德推理方法进行对比并作出综合判断的过程。

因而，合宜的应用伦理研究应当符合历史唯物主义原理，在特定道德情境中作出为大多数人接受的理性判断和选择在应用伦理研究中应当被置于道德优先的地位。“思辨终止的地方，在现实生活面前，正是描述人们实践活动和实际发展过程的真正的实证科学开始的地方。”① 应用伦理研究不提供唯一正确的道德选择方案，没有一劳永逸的方法论框架，不寻求绝对知识或终极的道德真理，往往整合各种伦理学理论与方法，运用底线伦理以保障基本道德秩序，带有一定的策略性和权宜性，

①《马克思恩格斯选集》第1卷，人民出版社2012年版，第153页。

形成一种以问题为导向的切实可行的道德纠错机制。因而，应用伦理研究运用“事实—价值”的辩证法，在一定程度上明确伦理商谈参与者共同分享的规范性伦理观念，并在遵循客观规律前提下作符合规范的道德有效性探索。应用伦理研究既在现实语境中校验伦理学理论的合理性与有效性，也使伦理学理论研究摆脱与现实生活近乎脱节的境遇，因而是伦理学探赜与道德实践的双重需要。

在这个意义上，应用伦理研究体现为对伦理学基本理论、符合程序正义的多数原则和特定道德情境中的实践的纠错机制的综合运用。既考虑在特定社会习俗中培育人们的道德直觉、立场、信念和动机，也践行安顿自我与关乎他者的责任伦理。在很大程度上旨在促进道德行为主体在非强制前提下达成共识，解决特定情境中的道德难题，而非消除道德差异。应用伦理的应用范围不仅涵盖各行业领域，而且涉及日常生活诸领域，因而有全球伦理、家庭伦理、体育伦理、灾疫伦理、旅游伦理、音乐伦理等之谓，深入到现代化世界的具体情境中，以伦理规范和实践智慧创造性地改变世界。这种对现代生活中的道德难题进行具体的历史的伦理诊断并达成符合大多数人意愿的道德共识的研究使伦理之思在形而上与形而下之间自由往来，为解决在现代社会不断产生的复杂道德难题提供了可资借鉴的伦理根据。

（二）关于道德实践的应用伦理研究及其问题意识

应用伦理是关乎道德本质及其对象化过程的历史科学，并非一种纯然知识化、工具化研究。诚如亚里士多德所言，伦理研究“就是善于考虑对自身的善以及有益之事，不是对于部分的有益，如对于健康、对于强壮有益，而是对于整个生活有益”①，因而是关乎幸福的整体性思考。实践反思贯穿应用伦理研究过程，确认适用于实现美好生活理念的基本道德规则，为人们追求美好生活提供一种可能性的实践智慧，是应用伦理研究的价值根基。在这个意义上，应用伦理实际上是一种具有明确问题意识的“伦理学 +”，实际体现为哲学研究新形态。

①［古希腊］亚里士多德著，苗力田译:《尼各马科伦理学》，中国社会科学出版社 1990 年版，第 120 页。

应用伦理根植于哲学基础理论的探究，但这种置于特定道德情境中作符合实际的判断并通过伦理商谈达成道德共识的过程直面道德实践，因而亦有实践伦理之谓。“现代战争问题、资本主义政治经济制度所面临的新问题、‘性革命’所导致的道德问题、现代医学以及现代高科技所引起的人伦关系问题、环境问题等都要求伦理学的介入，这便是应用伦理学产生的社会历史背景。”[①] 人们在道德实践中直面道德难题产生的时代环境，了解这种复杂的精神现象渊源有自的物质根由，使应用伦理研究体现直接现实性。因为“人们的想象、思维、精神交往在这里还是人们物质行动的直接产物。表现在某一民族的政治、法律、道德、宗教、形而上学等的语言中的精神生产也是这样”[②]。道德实践这种精神生产活动是物质行动的表现，应用伦理研究面对的现实问题正是在现代化进程中的物质行动场域产生的。

在应用伦理研究中运用功利主义的整体算计，抑或契约论的理性博弈，都不能满足所有道德主体的价值选择。纵然满足整体利益最大化与每一个体利益最大化都有得到多数人认同的理据和可能，但持有不同道德原则乃至同一道德原则的不同角度，都可能在特定的道德情景中作出不同的判断，因而需要充分商谈且在道德规范层面作出一种交互性的补充，以期得到道德主体的具体认同。这种认同并不指向终极的道德真理，而体现为人们在具体的历史情境中作出理性的道德选择。在这个意义上，应用伦理研究既要尊重大多数人的道德判断与选择，也要对其合理性进行深刻反思和论证。通常情况是，通过比较权衡伦理学诸原则并作出字典式排序，面对特定的道德情境，在一种综合判断中作出最终决定。例如，在关于“电车难题”的讨论中，人们普遍认为，不能为救多数人而以少数人或一个人的生命为代价，因为每个平等的人都是目的本身，每个个体的生命都不能被作为实现其他人的目的的手段，不能成为用于收支计算的对象。

在面对伦理冲突一时无法达成道德共识时，采取符合程序正义的多数决定往往被视为合宜之举，从中尽可能尊重道德主体的自主意志和

---

① 卢风、肖巍主编:《应用伦理学导论》，当代中国出版社 2002 年版，第 17 页。

②《马克思恩格斯选集》第 1 卷，人民出版社 2012 年版，第 151—152 页。

多数人的基本权利。当然，同一伦理原则可能使处于道德困境的人们陷入矛盾之中而艰于选择，不同领域的应用伦理研究之间也会产生观念冲突。这是一种类似于“两害相权取其轻，两利相权取其重”的取舍，我们要在应用伦理研究中确立正当与善的存在论基础，确认符合大多数人愿望和需要的道德公理。

近年来，关于人工智能等新兴领域的应用伦理研究蔚为大观。自1956年达特茅斯学院会议确立以量子计算为基础的“人工智能”学科以来，关于机器模拟、扩展人类智能的理论和方法得到深入讨论。虽然霍金等科学家关于警惕人工智能的警告言犹在耳，人们对“超级智能”机器的开发仍乐此不疲，也在一定程度上造成了关于智能机器“失控”的忧虑与人类的身份认同危机。虽然这项研究主要停留在技术层面，将人类价值和道德转化为可编程的代码与智能语言，关注其惊人的能力及其与个人技艺之比较，但关于ChatGPT等生成性人工智能与原始蛋白质等研究涉及机械化的世界观是否已经深入人类心灵，诸如此类的“机器伦理”探究强人工智能能否成为具有独立人格的道德主体，以及能否由此进入一个“后人类”时代的问题。这里既涉及如何合宜、适度使用智能机器的伦理思考，也在探究智能机器能否成为承载伦理功能的道德主体，进而重建时代语境中的生存意识。

当今时代，人们不仅考虑生命的存在根据、内在理由等生命伦理问题，也考虑临床医学诞生以来愈益为人们关注的个体生命康复中的各种伦理问题。用于医疗的人造细胞、人造血液、人造子宫、人造心脏等比传统医疗技术更有效，但也带来生命伦理问题，例如，人工优生的正当性、合成生物可能取代自然生物的危险、基因研究对人的尊严和基本自由的威胁、通过辅助生育技术诞生的子女与父母的关系如何认定、克隆的生命在道德上能否被接受、活体生命在何种道德情境中可以成为器官捐献者。面对这类问题，应用伦理研究运用道义论、后果论、权利论、直觉主义等理论，强调尊重自主性、不伤害、行善、公正等原则[①]，结合特定的道德情境对具体问题作具体分析。上述生命医学伦理研究为我们

① 卢风、肖巍主编:《应用伦理学导论》，当代中国出版社2002年版，第192页。

在生命面临抉择的关键时刻作出重大判断提供了重要理据，医学伦理委员会的作用也日益得到人们的重视。

伦理委员会包括行业专家和伦理学家，后者主要提供道德反思和伦理诊断，其中的规范性思考并非经验或常识能够替代的。伦理委员会的组成及其活动不受讨论对象的影响，通过独立地审查、同意、跟踪审查等方式，依照程序讨论公域行为的道德依据，确保讨论对象的尊严、权益和安全受到保护。从事涉及人的生物医学研究的医疗卫生机构都应当设立伦理委员会，伦理委员会根据审查标准开展相应工作，坚持生命伦理的社会价值，研究医疗方案是否科学且是否符合伦理原则，常见的伦理审查包括药物试验、试管婴儿等。涉及人的生物医学探索如未获得伦理委员会审查批准，不能擅自开展研究。

面对特定情境中复杂的道德难题，“应用那些在不同伦理学体系中得到过不同形式的表达的伦理学原则是更好的选择。每一个这类伦理学原则都集中了它在不同伦理学体系中得到的解释，这些解释在当下的这个原则上相互吻合、相互支持，所以它们成了会通不同体系的重要伦理学视角”[①]。传统的道德规范难以为现代问题提供合理的解决方案，现代生活世界确立人们认同契约之后的伦理功能，将道德作为一种整体的系统观念。应用伦理研究因而要遵循理论与实践相结合、逻辑与历史相统一的原则，运用实证方法，坚持问题导向，强调知行合一，考虑到可能接受的条件，“如果人们不能通过圆满的理性论证来确定一种具体的道德作为标准的、决定的东西，那么道德和道德指导的权威的唯一来源就是同意”[②]。在这个意义上，应用伦理研究不遵循某种单一的普遍化标准，而倾向于尊重文化多样性和文化差异性，运用体现时代精神的伦理学原理，在道德实践中安顿我们的精神世界。

当我们面对因地震海啸等自然灾害、生态环境恶化、新冠肺炎疫情导致的道德难题时，就会直观地感受到应用伦理研究已成为一种内在需要。面对疫情带来的“至暗时刻”，不乏哲学家追问人们的生活是否已

① 廖申白:《什么是应用伦理学》,《道德与文明》2000年第4期。

②［美］恩格尔哈特著，范瑞平译:《生命伦理学基础》(第二版)，北京大学出版社2006年版，第3页。

经进入“例外状态”，并从不同角度追问造成“例外状态”的原因。关于如何理解人与自然的正当关系，如何建构人类卫生健康共同体，如何认识“生命政治”，如何捍卫日常生活，如何恪守隐私权和知情权的道德边界，如何保护生物大数据隐私安全，由以克服各种现代性危机，成为人们关注的问题。经历过隔离的人们渴望聚餐、渴望郊游、渴望与亲人和朋友握手和拥抱，但疫情使人们保持着足够的距离，使人们几乎不敢共乘一部电梯，甚至对如何打开来自远方的快递充满警惕。疫情中人与人之间的关系既变得有些紧张，也变得更加紧密。人们珍视平凡生活的价值，思考如何承担道德责任，并在灾疫之后重建生活世界和精神家园。严峻的现代性危机令人们深谙应用伦理研究的现实必要性，确认应用伦理教育的时代特征，审思应用伦理教育的发展前景。

（三）应用伦理教育的时代特质与发展前景

2022 年，教育部新一轮学科专业目录调整，“应用伦理”成为哲学门类第一个专业硕士学位。应用伦理教育旨在培养具有明确问题意识、道德情怀和综合学养的各行业专门人才，使学生掌握扎实的伦理学基础理论和系统深入的应用伦理学知识，具有道德研究的前沿创新能力和卓越实践能力，掌握伦理商谈程序与达成道德共识的思想方法。使学生了解应用伦理研究的缘起、概况与前景，了解环境伦理、生命医学伦理、企业伦理、教育伦理、新闻传播伦理、工程伦理研究的问题域和方法论原则，具有敏锐的道德判断力，塑造符合人类文明新形态的伦理思维，以深厚的伦理学养和道德实践经验面对道德困境，使应用伦理这门面向实践的学问因解析鲜活的现实问题而不断彰显理论活力。

应用伦理教育以立德树人为根本任务，促进人的德性成长，旨在培育娴熟掌握和运用应用伦理的交叉复合型人才。以哲学的方式从事应用伦理教育，要在现实语境中塑造学生的道德学养，使学生掌握如何“用高度综合性的哲学智慧去评价有争议的行为和制度，去指导行为选择、制度改变和建设”①，努力实现成学之教、成人之教和成己之教。应用伦

① 卢风、肖巍主编:《应用伦理学导论》，当代中国出版社 2002 年版，第 24 页。

理教育在培养各行各业道德建设从业者的同时，也要培养应用伦理教育工作者，传授符合满足人们日益增长的美好生活需要的伦理意识，使人们形成符合时代精神的价值观念和道德信念，传承应用伦理教育的职责，承担社会道德建设的使命。

应用伦理教学涵盖马克思主义伦理学、中西伦理思想史、元伦理学、规范伦理学、道德心理学等伦理学基本理论，引导学生掌握辨析伦理悖论的道德推理方法，以应对复杂多变的道德难题。“应用伦理的一个显著特征是跨学科融合，只是依靠哲学和伦理学专业背景的教师显然不能胜任培养合格应用伦理专业人才的工作，在课程设计和任课教师方面，需要根据‘应用伦理’专业硕士学位的培养标准，进行多学科的联手合作，这也是打造‘新文科’的应有之义。”[①] 学习这门跨学科专业，要具备跨专业研究和实践的素养，在掌握伦理学理论的同时，至少还要掌握企业管理、行政管理、医学、法学、新闻传播、教育学、科技等领域的一门专业知识，具有职业道德信念和批判性思维能力。在案例教学中要使学生运用伦理学知识进行道德推理，对所持的价值立场和道德信念作有说服力的论证，提出切实可行的解决道德难题的办法。通过行业实践，采取双导师共同指导等方法，使学生深入了解行业发展实际，认真面对与行业相关的道德难题，运用所学知识作深入的道德推理并参与伦理商谈，提出符合实际并为大多数人所接受的方案，进而形成展望行业道德发展愿景的自觉。

应用伦理教育是塑造道德人格的现实方式，它不是传统的道德说教，而是通过深入解析日常生活中的道德热点与难点问题，使学生形成道德自觉。爱因斯坦说过：“要是没有‘伦理教育’，人类就不会得救。”[②] 今天，无论是关于认识安乐死、器官移植、人工智能等与人们的幸福生活或改善生活相关的积极的道德问题，还是关于认识核战争、生态危机等避免现代性灾难的消极的道德问题，都会在应用伦理研究中得到认真讨论。在讲授应用伦理的学科特质并分析道德悖论的基础上，应深刻揭示应用伦理教育的时代特征。人们的伦理判断和道德自觉随着时代发展

① 孙春晨：《作答时代的伦理之问》，《道德与文明》2022 年第 5 期。
② 许良英等编译：《爱因斯坦文集》第 3 卷，商务印书馆 2016 年版，第 339 页。

而变化，古典时代以来伦理学史上的观念变迁切实表明伦理学的时代质感，应用伦理教育使学生在面对现实问题时作出富有时代感的道德决断，进而实现道德上的进步。

作为一种具有明确问题意识的道德教育，应用伦理教育突出案例教学和实践教学。案例教学使学生置身于特定的道德情境，通过再现道德事件并加以典型化处理，引导学生对案例进行分析与研讨，提高学生的道德推理能力和决断能力，使学生更好地掌握应用伦理理论与方法，对所持道德主张作有说服力的论证和辩护。实践教学使学生置身于实际的行业，熟知行业发展现状以及其中的道德困境，在开放、自主的环境中提出切实可行的处理道德难题的对策。实践教学是巩固学生的伦理学学识的重要途径，是使学生从认识走向实际应用的理论联系实际的场域，在产学研一体化过程中使学生综合提升应用伦理能力。

在科技昌明与日常生活愈加智能化的过程中，人们需要具备解决现实难题的应用伦理学养，解答当今存在乃至未来将会出现的道德悖论。作为实践智慧的伦理学在现代社会聚焦特定道德领域的实际问题，合理运用道德应然之思回答伦理实然之问。应用伦理教育既要解析伦理观念演进与社会道德生活的内在关联，也要在现实的道德思辨中培养人们形成伦理生活的习惯。创造中国式现代化与人类文明新形态，要实现中华传统美德的创造性转化与创新性发展，以文化自觉和文化自信发挥应用伦理研究在社会治理现代化过程中的重要作用，使中国传统道德思想精华在解析现实道德难题中实现时代重塑。

面对当今各种复杂的道德难题，应用伦理研究面临新挑战，也因引导人们走出伦理困境成为一种时代的需要。控制科技带来的道德风险，探究道德观念体系的认知平衡机制，思考强人工智能改变世界带来的伦理冲击，需要进一步拓展和深化应用伦理研究，对其中一系列新旧道德难题叠加的情境作出符合时代精神的伦理审视。可以说，充满活力的应用伦理研究为应用伦理教育提供了前沿知识，对应用伦理诸领域的现实问题作有针对性的分析并提出建设性方案，积极参与国际合作与对话，以国际视野和人类情怀研究全球性重大伦理难题，建构中国伦理学知识体系，不断规范专业建设标准，因而具有可观的发展前景。

综上所述，应用伦理研究具有伦理学理论基础与明确的现实指向，对复杂的道德悖论和伦理困境作具体的历史的探析并提出及时的解决方案，进而校正伦理学理论与方法的合理性与有效性，成为人们追寻美好生活的现实需要。推进中国式现代化进程，要以辩证唯物主义和历史唯物主义的思想方法深刻理解中国社会道德难题的变迁，实现中华传统美德的创造性转化和创新性发展，在特定的道德情景中作出合宜的道德判断和选择，为创造人类文明新形态提供与时俱进的道德观念资源。加强应用伦理专业研究生教育，使之具有厚重的应用伦理学养和解析道德难题的实践自觉，对日常生活中的道德难题作有理论深度和现实力度的推理和论证，夯实道德治理理论原则与方法，促进中国式现代化与人类文明新形态的实践创造，是哲学教学与研究应当承担的时代使命。

（原载《道德与文明》2023 年第 5 期）

四

当代中国政治哲学研究的文化语境

作为当代中国哲学社会科学多学科关注的热点论域，政治哲学的问题意识与社会功能得到学界高度重视。建构当代中国政治哲学理论形态，使之在当代中国社会发展的现实语境中拓展深化，日益成为中国学界的文化自觉。这种自觉重审中国政治思想史的文化坐标，汲取西方政治哲学史的文化经典，重视马克思主义政治哲学思想中国化的文化理路，展现出具有中国风格和时代气象的文化语境。这种语境不仅力图呈现全球化时代的文化状况，而且试图彰显具有不同文化特质的政治价值观。对此作政治哲学解析，从当代中国社会发展的历史高度与现实力度上系统阐释当代中国政治哲学的问题域，凸显其提升中国文化软实力的重要意义，进而促进中国文化认同，可以为当代中国改革创新提供与时俱进的哲学与文化思路。

（一）建构当代中国政治哲学的文化自觉

“中国崛起”（rise of China）已经成为国际学界关注的政治话语，从政治哲学层面审视当代中国社会发展道路的著述不胜枚举。通过将中国道路的特质归纳为“中国模式”，很多国外学者解读中华人民共和国成立以来特别是改革开放以来中国发展的历史经验与社会问题，或认为崛起中的中国将指引发展中国家选择适合本国的发展道路，或认为解析纷繁复杂的中国问题是研究中国道路的理论前提。很多阐释不乏启发，但也存在对中国社会发展的误读，比如认为当代中国的价值观念主要反映了中国古代哲学观，甚至将中国传统文化理解为“中国模式”的意识形态表达，五四运动以来马克思主义中国化的学术传统与中国式现代化的文化选择没有得到足够的重视。我们深知，中国道路关乎国家前途、民族命运和人民幸福，为此在百年来中国社会发展的实践视野中开启中国政治哲学的当代理路，考量现代中国社会发展的文化语境与实践逻辑，纠偏各种言不及义或语焉不详之论甚为必要。

国外学者对“中国模式”的赞赏主要是从全球经济低迷时代中国经济增长强劲的角度立意的，谋求经济社会又好又快发展的中国在世界历史进程中显示出独特的现代生成图景。“中国正在指引世界上其他一些国家在有一个强大重心的世界上保护自己的生活方式和政治选择。这些国家不仅在设法弄清如何发展自己的国家，而且还想知道如何与国际秩序接轨，同时使他们真正实现独立。”[①] 这个因提出“北京共识”而著名的见解表明，中国有识之士对中国国情的强调高瞻远瞩且具有长远意义，但是对“中国模式”的范式强化引人深思。现实表明，尽管中国道路吸引着世界的目光，尽管中国社会以多姿多彩的文化样态讲述着激动人心的“中国故事”，但是当代中国文化产品在进出口贸易中的境遇还有待进一步改善，当代中国文化传播力还有待进一步加强。中国学界强调总结中国道路的历史经验：中国道路具有理论和制度的双重支撑，既不封闭僵化，也不改旗易帜，是现代中国人在实践中摸索的社会发展道路，它尚在发展的途中，体现自然的历史过程，具有世界历史意义。

应当看到，回顾政治哲学在现代中国发展的百年历程，提炼中国传统政治哲学中仍然葆有活力的合理经验与具有长远启示意义的价值主题，理解对现代中国产生深远影响的马克思主义政治哲学的理论主旨与实践向度，分辨西方政治哲学可资借鉴的思路与方法，在既有研究的基础上谋求系统建构与综合创新，是当代中国政治哲学研究的自觉意识。秉持这种自觉意识，走向中国社会历史的深处，深入分析纷繁复杂的中国文化问题的成因，以建构当代中国政治哲学的文化自觉阐释中国社会发展的内在规律，为构建以人为本的和谐社会，实现当代中国文化发展与繁荣，建设中华民族共有精神家园提供思想支撑，应成为当代中国学者阐释相关问题应有的文化自信。为此，建构具有民族特色和大众风格的当代中国政治哲学理论形态，使之具有现代性与国际性，在文化语境

①［美］乔舒亚·库珀·雷默：《北京共识》，黄平、崔之元主编：《中国与全球化：华盛顿共识还是北京共识》，社会科学文献出版社 2005 年版，第 6 页。

中领悟其现实意义十分必要。

当我们以开放的视野纵横观览中国政治哲学的思想谱系与当代格局，可以看到以儒家政治哲学为代表的中国传统政治哲学、以历史唯物主义为特质的马克思主义政治哲学以及围绕“正义论”展开学术争鸣的当代西方政治哲学等学术思想资源。五四运动以来，学界对这些学术思想资源的梳理、解读、阐释与批判反映了中国政治哲学发展的现代历程，也积淀了当代中国政治哲学建构的思想储备。在此过程中形成的中国现代文化既接受了马克思主义的科学启蒙，也遭遇了西方文化思潮的强烈冲击。兼容并包且看重实际的中国文化实现了现代转型，因汲取科学启蒙的思想营养而绽放具有进步色彩的东方光泽，形成了当代中国政治哲学生成的文化语境。如果说“政治……是在文化的地面上画的一幅图画”①，那么当代中国政治哲学应成为体现文化内涵的思想力作，它着眼宏观、关注微观，解构妨碍社会发展的思想观念，建构系统有效的理论机制，在解决中国问题的理论诉求中体现国际视野与本土情怀。

建构当代中国政治哲学的自觉意识具有双重指向，一是对全球化时代中国社会发展的政治哲学关注，二是对当代中国政治哲学的学科特征、现实功能与价值诉求的理论规定。前者主要表现为对世界体系与中国问题的理论解析，探究国外学者赞赏“中国模式”的立意，思索进入攻坚阶段的中国渐进式改革的走势，提出人们有尊严地共享改革发展成果的合理路径；后者强调当代中国政治哲学的学术规定，比较马克思主义政治哲学、中国传统政治哲学与当代西方政治哲学的特质及其在中国的现实境遇，梳理当代中国政治哲学的主导线索。

以这种自觉意识建构的当代中国政治哲学具有开阔的理论视野，具有解决问题的实践气魄，具有观察中国社会百年变迁的历史感和把握世界风云变幻中的当代中国社会发展的现实感。对中国问题的政治哲学解读，既考量鸦片战争以来的历史语境，又面对全球化时代的复杂社会现实。对当代中国政治哲学的建构，既衡量中国政治思想的文化特征，又辨析国外学者对中国政治哲学的理论阐释。对当代中国政治哲学意义的彰显，既把握政治哲学思潮涌现与社会问题争鸣之间的内在关联，又突

①［英］弗雷德·英格利斯著，韩启群等译：《文化》，南京大学出版社2008年版，第44页。

出政治哲学在当代中国哲学发展中的重要作用。可以说，当代中国政治哲学的学术建构是对以往研究成就与相关资源的文化整合与价值重塑，是审视中国道路、解析中国问题、归纳中国经验的重要学术思路。

为此，应运用当代中国政治哲学的文化语法，剥离对中国问题“过度解读”造成的迷雾，提炼中国政治哲学与时俱进的文化精神，完整呈现当代中国政治哲学的理论图景，正本清源，解析成就斐然的“中国奇迹”与纷繁复杂的中国问题产生的文化语境，提升当代中国文化软实力与中国文化形象。这种学术努力力图梳理百年来深刻影响中国道路的政治观念，尝试构建当代中国政治哲学理论形态，明确当代中国政治哲学的基本问题，进而把握以当代中国政治哲学促进中国社会发展的关键思路，使之在文化传播中体现与时俱进的思想的力量，增强中华民族的文化创造活力，其理论意义与实践价值不言自明。

（二）当代中国政治哲学的三重文化理路

拥有五千年文明史的中华民族具有丰厚的文化积淀，从中国文化形态角度理解中国政治经济现象及其变迁的研究蔚为大观，因为中国的政治经济发展在一定程度上体现了中国人的社会文化心理状态。“中国一直被视为是一个文化国家（cultural state），以文化作为国家凝聚结合的基础……替社会和历史的发展提示方向。”[①] 可以说，中国社会的发展必经中国文化的创新。西学东渐促进了现代思想在中国的传播，马克思主义使中国文化在百余年来的社会发展历程中发生了深刻变化，中国传统文化的土壤也使马克思主义中国化。今日的中国文化是承载历史、涵盖现实且兼容并包的独特文化样态，这种样态是对中国特色社会主义政治和经济现实的反映，是对当今中国人日益增长的精神文化需求的反映，也是对全球化时代中西文化交流、融合的反映。回顾文化思潮的涌现与争鸣，我们需要对当代日常生活世界的文化状况作政治哲学考量，对当今中国人的文化素质作政治哲学审视，这样才能在思考“中国崛起”与“中国模式”的过程中具有文化自省，才能在进一步发展的途中达成文

① 郭少棠:《权力与自由：德国现代化新论》，华东师范大学出版社 2001 年版，第 153 页。

化自觉。

之所以探究当代中国政治哲学发展的文化理路，是因为中国政治哲学是中国文化的重要组成部分，离开中国的文化土壤，中国政治哲学的现实意义无从谈起；忽视中国文化潜移默化的作用，中国政治哲学的理论展开只能是一厢情愿。这个问题在过去的中国是如此，在今日的中国同样如此。“当前政治哲学的首要任务，就是如何看待中国人的实际生活和存在方式，宽泛一点说，就是如何在政治的高度上看待文化的问题。”[①] 概言之，提出具有中国风格的政治观念，以澄清当代中国政治哲学的问题域为中心，综合解读马克思主义政治哲学、中国传统政治哲学与西方政治哲学的关键表述，深入解析当代中国社会现实问题，不能缺乏对当代中国文化发展状况的把握，不能缺乏对当代中国人的文化素质的了解，而阐释建构当代中国政治哲学的理论可能性与现实必要性，明晰其基本框架与主导线索，必须具有贯穿历史与现实、融通中国与世界的文化思路。具体来说，主要表现在如下三重理路：

其一，对中国政治哲学发展的文化回顾。纵观五千年中国政治文明史，修齐治平的道德情怀、正德厚生的执政原则、尚中贵和的天下观念在中国传统政治哲学中得到生动展现。但是，过于看重血缘或交往关系的熟人意识、缺乏民主思维的愚忠、教条化守持伦理纲常的封建观念、因自给自足而闭关锁国的外交心态阻碍了中国政治发展的脚步。鸦片战争以来，中国思想家逐渐译介外来思想文化，西方政治思想强烈触动了中国人的文化观念，直至十月革命对中国产生深刻影响，中国政治思想史开始浮现马克思主义思想启蒙图景。马克思主义中国化与中国文化的现代转型推动了中国现代文化的生成，这种文化经过中国革命、建设和改革的历程，不断与外来文化交融而推陈出新，形成了具有中国特色的文化形态。这种文化形态反映中国政治经济状况，对中国人的哲学观念的影响是直接的。只有深入解读百年来中国政治哲学发展的文化轨迹，反思其中的价值得失，以时代精神重塑当代中国政治哲学的核心理念，才能确认当代中国政治哲学的基本问题，提高当代中国政治哲学的文化

① 唐文明：《近忧：文化政治与中国的未来》，华东师范大学出版社 2010 年版，第 229 页。

影响力。

其二，对当代中国政治哲学的文化透视。当今中国社会发展的成就凝聚着中国人的智慧、夙愿和心血，当今中国社会发展的问题也需要中国人在实践探索中进一步破解。在中国革命、建设和改革的历史进程中，中国有识之士始终意识到政治哲学与中国国情结合的必要性，始终在破解中国问题的途中超越自我，体现具有中国特色的文化判断力。我们深知，“世界上的问题不可能都用一个模式解决。中国有中国自己的模式”[①]。“中国自己的模式”实则是处理中国问题的独特文化思路，其中有些思路在西方思想家看来可能是很成问题的，但在中国的社会实践中却往往是有效的。原因在于中国的文化土壤与西方的文化背景具有不可忽视的差异。因而，借鉴西方先进的发展理念，不能将其直接植入具有五千年文化传统的当代中国社会，否则可能只是一种理论设想。只有基于对当代中国社会文化现实的深入考察，正确面对贫富差距的渊薮，合理解析当代中国社会的公共权力与社会资本的样态，进一步确认政府的权力边界、市场的发展空间与当代中国社会层级结构，推进收入分配等问题的改观，才能以当代中国政治哲学审视中国问题的历史境遇与现实样态，为中国社会发展提供合理思路。

其三，对政治哲学研究对象的文化解读。随着“华盛顿共识”日渐式微，中国特色社会主义发展道路因促进社会和谐、实现科学发展而引人关注，其中浸润的文化价值是重要的实践样本。置身于全球化时代的世界发展格局之中，中国以特有的社会发展理念把握战略机遇期，确认自身的文化方位，找到适合自身文化特质的发展道路。可以说，中国道路的政治哲学以开放的文化视野展开具有世界历史意义的哲学观照，在不同文明的哲学对话中反观时代。这种政治哲学融汇古今中外政治哲学的思想精华，与中国社会发展的历史进程同步，反映了人们公共生活的实际需要。它以政治观念与时俱进的方式体现中华民族的思想自我，不以单向度的思路将复杂的全球问题整体化约，其文化密码在母语中更为清晰，体现了当代中国政治思想的哲学境界与文化气象，在提升中国文

①《邓小平文选》第3卷，人民出版社1993年版，第261页。

化软实力与学术话语权的过程中展示中国道路的文化价值，体现了对世界文化发展与世界历史进步应有的责任意识。

概言之，当代中国政治哲学研究视域广阔、取向高远，其文化理路具有学术深度和现实力度。这种文化理路并非以文化研究置换政治哲学的学理路径，而是为政治哲学的现实阐释提供必要的文化语境，这种文化语境呈现出中国日常生活的哲学真实。这种文化理路既具有批判性也具有建设性，与时代同行，在反思中前进。这种文化理路关注中国的命运，以时代精神反思当代中国社会发展走势，以主流文化价值引导市场经济进一步走向完善，彰显了深远的问题意识及其解决问题的理论底蕴。这种文化理路面对当今世界的复杂图景，开启对当代世界发展趋势的政治哲学审视，反映了当代中国社会实践发展与当代中国政治哲学理论深化的双重需要，对促进当代中国主流价值传播与中国文化认同具有重要的现实作用。

（三）当代中国政治哲学与中国文化认同

建构具有中国风格和中国气派的当代中国政治哲学，需要以文化认同（cultural identity）为思想前提，也就是要确认中华民族的文化自我，以民族自我的主体意识为政治哲学的理论出发点。可以说，中国文化认同具有扎实的历史根基，华夏子孙以“轩辕黄帝”为文明初祖，共享春节、端午、中秋等中华传统节日，以汉语为主体的母语表达与时俱进的文化观念，诸如此类的文化行为与文化观念体现了中国人的文化归属感。现代中国发生了翻天覆地的变化，中国人经历了很多重大的历史事件，也见证了中国文化的现代转型。中国人在文化更新的过程中审视现代中国文化发展的价值主题，中国文化认同因而包含着对处于现代化进程中的中国文化发展主题的深入理解。

把握现代中国文化发展的主题，需要理解欧美文化等现代文化的发生发展史，思索现代文化的特质及其对经济社会发展的影响，与此同时，也需要重新认识中国文化发展的历史经验。五四运动时期，中国学人为此筚路蓝缕，十月革命的炮火使中国有识之士接受作为崭新文化形态的马克思主义，在用中国语言表述其思想精要的过程中使之获得了中国形式。“自从中国人学会了马克思列宁主义以后，中国人在精神上就由被动转入主动。从这时起，近代世界历史上那种看不起中国人，看不起中国文化的时代应当完结了。伟大的胜利的中国人民解放战争和人民大革命，已经复兴了并正在复兴着伟大的中国人民的文化。”[①]伴随马克思主义中国化历史进程的中国文化的现代转型确认了中国文化发展的崭新形态，在百余年的文化实践中形成了现代中国文化发展的独特经验，进而成为中国人的文化习惯。

重视马克思主义中国化的文化历程，不是在缺乏实践关照的理论视野中建构马克思主义中国化的文化逻辑，而是“按照实践的发展来推动马克思主义的前进”[②]，从马克思主义中国化的实践层面重新解读现代中国社会发展的文化路标，并深入理解这些路标的政治哲学内涵。可以说，中华人民共和国成立以来不同历史时期的文化发展经验都力图反映中国社会经济政治发展状况，尽力体现中国社会的主流价值观念和道德建设的现实要求。以马克思主义为指导的社会主义先进文化是现代中国文化发展的主流，中国特色社会主义文化发展道路是当代中国有识之士的历史选择。改革开放以来，中国社会以更加开放的视野面对古今中外人类文化的思想结晶，以历史的眼界和实践的气魄建构中国特色社会主义文化发展的实践逻辑，积淀了现代文化发展的中国经验，体现了富有历史感的思想意识和富有现实感的责任担当。

当我们从政治哲学层面理解中国文化发展的百年历程，就会发现，重视弱势群体的基本利益体现了中华民族的政治文化诉求。当代中国政治哲学的生成来自对全球化时代社会发展走势的理论解析，同时彰显基于可能与其他文化达成共识的中国文化价值，是对中国道路、中国经验，也是对中国问题的反映。当代中国政治哲学倡导平等的正义，诉求教育、居住、医疗等领域的权利公平、机会公平和规则公平，致力于提出调节社会分配、缩小贫富差距、促进社会和谐与人民幸福的合理思路，为以更大的政治勇气和智慧深化改革提供智力支持。为此，阐述具有政治正当性的哲学主张，辩证把握自由与平等的内在关联，使公平正

①《毛泽东选集》第4卷，人民出版社1991年版，第1516页。

②《邓小平文选》第2卷，人民出版社1994年版，第181页。

义在中国语境中具有更多的现实可能性，以开放、和谐的思想的力量改变世界，是推动全球化时代的中国政治哲学研究综合创新的基本路径。

当代中国政治哲学体现了以开放的眼界理解中国文化自我的思想自觉，反映了中国文化发展的历史经验与现代境遇，既不完全回归传统，也不摒弃中华文化的历史记忆；既不全盘西化，也不拒斥全球化与现代性，而旨在把握五四运动以来的中国新文化形态，对现代中国文化表达历史的敬意，同时以中国人的主体意识承载新时代的文化使命。应当看到："一个社会和民族要站起来……关键在于首先要从思想上站立起来，一个在思想上不能站立的民族，哪怕它黄金遍地，也不可能真正成为主宰自己命运的主人。当今中国社会正处在社会转型的关键时期，它内在地要求人们从理性的高度来判断中国社会的历史方位，澄明社会发展的价值前提，反思未来发展的可能道路，也就是说，创建当代中国哲学理论，乃是中国人反思自己的生命历程、理解自己的生存境域、寻找自己未来发展道路的内在要求和迫切需要。"① 可以说，从思想文化层面确认"中国奇迹"的成因是不容忽视的学术问题。当代中国文化软实力的强度反映着中国社会发展的底气，以作为政治哲学高端形态的政治价值观促进当代中国主流文化价值的传播，实现中国文化认同，是当代中国政治哲学研究的应有之义。

中国文化认同是在历史中形成的。中国国情和中国社会的主要矛盾是中国文化发展的现实境遇，维护人民的基本文化权益并满足人民的精神文化需求是中国文化发展的根本目的。面对西学东渐的文化影响，在重审中国传统文化弊端的过程中，马克思主义为中国先进知识分子改造以往文化的弊端提供了科学视界，马克思主义在实践中融入中国的文化血液，为人民服务、坚持集体主义、发扬主人翁精神等一系列观念改变了中国人的精神风貌。与国家和民族一起站起来的中国人走出了被称为"东亚病夫"等耻辱的文化记忆，以共和国建设者的激情建设最新最美的文化天地，社会主义文化成为中国社会发展的精神力量。在中国革命、建设和改革的不同时期，具有中国风格和中国气派的社会主义先进

① 高清海:《中华民族的未来发展需要有自己的哲学理论》,《吉林大学社会科学学报》2004 年第 2 期。

文化始终是中国社会发展的精神支柱，是中华儿女确认国家尊严与民族自豪感的精神家园。

社会主义核心价值观是当代中国文化的要义所在，它体现了当代中国人共同的社会理想，是凝聚中华儿女奋发图强的精神力量。对中国的物质文化、制度文化和精神文化的价值考量，往往以主体的需要、客体能否满足主体的需要以及如何满足主体的需要为评价尺度，民族自由、国家自强、思想解放、以人为本、公平正义、人民幸福等价值理念因而成为当代中国社会发展的文化诉求。推动中国文化发展总布局的逻辑展开，“倡导富强、民主、文明、和谐，倡导自由、平等、公正、法治，倡导爱国、敬业、诚信、友善，积极培育社会主义核心价值观”[①]，是建设文化强国的重大战略选择。我们深知，作为在文化比较场域中形成的文化自我意识，具有世界历史性的中国文化认同以共同的社会理想为基础，体现政治哲学的社会共识，兼具国际视野和本土情怀。实现中国文化认同，彰显当代中国政治哲学研究的问题意识，需要以高质量的学术思想水准阐释当代世界政治发展的态势与当代中国社会发展的动力机制。

综上所述，建构与时俱进的当代中国政治哲学理论形态，提出理解中国道路、中国经验与中国问题应有的理论观点和价值立场，彰显中国气派、时代精神与大众风格，为理解中国道路和中国经验提供文化语境与哲学思路，具有重要的理论意义和现实价值。这种理论建构是当代中国学界的文化自觉，这种理论发展的文化思路面向未来敞开，对塑造适应当代中国社会发展的主流文化价值具有重要意义。这种学术努力从马克思主义中国化的百年历程中寻找思想的力量，在政治哲学的学术阐释中提升中国文化形象，于公平正义的现实诉求中深化当代中国社会发展的价值主题。以之确认全球化时代中国社会发展的哲学理念，促进社会主义核心价值观的传播，实现中国文化认同，是当代中国政治哲学研究者的理论使命。

（原载《学术月刊》2012 年第 12 期）

①《坚定不移沿着中国特色社会主义道路前进　为全面建成小康社会而奋斗——胡锦涛同志代表第十七届中央委员会向大会作的报告摘登》，《人民日报》2012 年 11 月 9 日。

五

以系统观念推进中国式现代化理论与实践创新

党的二十大报告概括提出并深入阐述了中国式现代化理论，深刻揭示了中国式现代化的科学内涵，明确提出中国式现代化的鲜明特色、本质要求和重大原则，体现了推进中国式现代化的系统观念。习近平总书记指出："推进中国式现代化是一个系统工程，需要统筹兼顾、系统谋划、整体推进，正确处理好顶层设计与实践探索、战略与策略、守正与创新、效率与公平、活力与秩序、自立自强与对外开放等一系列重大关系。"[①] 以系统观念推进中国式现代化理论和实践创新，要用普遍联系的、全面系统的、发展变化的观点理解中国式现代化的历史逻辑、理论逻辑和实践逻辑，以大历史观和实践辩证法正确处理中国式现代化进程中的若干重大关系，领悟和运用前瞻性思考、全局性谋划、整体性推进中国式现代化的思想方法，把握中国式现代化的发展规律，合力推进中国式现代化的伟业。

（一）以系统观念把握中国式现代化的内涵和本质

中国式现代化理论蕴含独特的世界观、价值观、历史观、文明观、民主观、生态观，具有体现时代精神的丰富内涵和总体性特征，展现了走向人类文明进步的思想图景，为人类对更好社会制度的探索提供了中国方案。中国式现代化遵循现代化的一般规律，植根于中华优秀传统文化，体现科学社会主义的先进本质，反映了经济建设、政治建设、文化建设、社会建设、生态建设等多维度有机联系的总体，是具有明确自主逻辑的发展过程。以系统观念把握中国式现代化的内涵和本质，深入认

①《正确理解和大力推进中国式现代化》，《人民日报》2023 年 2 月 8 日。

识中国式现代化的制度保证、物质基础和精神力量的整体效应，方能深刻理解中国式现代化清晰、科学、可感可行的理论特质和实践品格。

中国式现代化是我们党团结带领人民在百年奋斗征程上书写的文明华章，体现了中国特色社会主义的制度优势。党的领导决定中国式现代化的根本性质，确保中国式现代化锚定奋斗目标行稳致远，激发建设中国式现代化的强劲动力，凝聚建设中国式现代化的磅礴力量。中国式现代化充分将中国之制转化为社会主义现代化进程中的治理效能，以高度的制度自觉实现多领域的历史性变革、系统性重塑和整体性重构，形成促进物质文明、政治文明、精神文明、社会文明、生态文明协调发展的内在机制。中国式现代化摒弃了资本逻辑造成的对抗性矛盾，充分吸收世界先进文明成果，坚持问题导向，发扬历史主动精神，在西方现代化显露衰颓征象的另一面呈现了经济社会发展的崭新图景。

我们用几十年时间走完了西方发达国家几百年走过的工业化历程，赶上了发达工业世界的发展趋势，为中国式现代化提供了坚实的物质基础。中国式现代化适应现代生产方式的发展趋势，不断解放和发展生产力，不断优化现代生产力的结构和功能。通过中华人民共和国成立后建立起独立的比较完整的工业体系和国民经济体系，改革开放和社会主义建设新时期建立了社会主义市场经济体制，实现了人民生活从温饱不足到总体小康、奔向全面小康的历史性跨越。党的十八大以来，我们党带领人民历史性地解决了绝对贫困问题，全面建成小康社会，通过转变发展方式、优化经济结构、转换增长动力，着力解决不平衡不充分的发展问题，以高质量发展汇聚强大合力，以新发展理念建设现代化经济体系，有效利用外部资源和市场，不断缩小城乡区域发展差距和居民生活水平差距，努力实现全体人民共同富裕。

中国式现代化实现了中华文明的现代重塑，反映了马克思主义基本原理同中国具体实际和中华优秀传统文化相结合的实践特质，汇聚了经济社会发展更为主动的精神力量。百余年来中华民族在现代化进程中的实践探索，为精神生产的发展创造了优越条件，彰显了中国哲学社会科学研究的自主意识，改变了人们的思维习惯、价值观念和生活方式，不断提升人们的现代精神和现代观念，使之在创造性活动中提高现代素养。在这个意义上，中国式现代化是通往繁荣的文明之路，扎根于中华民族5000多年优秀传统文化的传承与创造，弘扬和平、发展、公平、正义、民主、自由的全人类共同价值，具有持久、深沉的精神底蕴，是一种全新的人类文明形态，为广大发展中国家独立自主迈向现代化提供了全新选择。

中国式现代化是人口规模巨大的现代化、全体人民共同富裕的现代化、物质文明和精神文明相协调的现代化、人与自然和谐共生的现代化、走和平发展道路的现代化，是强国建设、民族复兴的唯一正确道路。这五个方面特色反映了我们独特的文化传统、独特的历史命运、独特的基本国情。人口规模巨大是中国式现代化的显著特征，14亿多人口实现现代化的规模超过现有发达国家人口的总和，将彻底改写现代化的世界版图。共同富裕是中国特色社会主义的本质要求，是社会主义现代化的重要目标。物质富足、精神富有是社会主义现代化的根本要求，物的全面丰富和人的全面发展是中国式现代化的应有之义。人与自然和谐共生的文明图景超越了资本逻辑主导的人与自然的对立状态。走和平发展道路摆脱了战争、殖民、掠夺等现代化老路，是迈向人类文明进步的正途。这些特色连缀起中国式现代化的总体图景，体现为具有全局性、整体性、关联性的实践形态。

深入理解这个总体图景可见，中国式现代化具有汇聚合力的资源优势，也面临着前所未有的艰巨性和复杂性。推进中国式现代化，既不能好高骛远，也不能因循守旧，必须坚持以人民为中心的发展思想，在发展中保障和改善民生，让现代化发展成果更多更公平惠及全体人民。我们党将实现人民对美好生活的向往作为社会主义现代化建设的出发点和落脚点，坚持发展为了人民、发展依靠人民、发展成果由人民共享，不断满足人民对更好的教育、更稳定的工作、更满意的收入、更可靠的社会保障、更高水平的医疗服务、更舒适的条件、更优美的环境的实际需要。中国式现代化厚植物质基础，夯实人民幸福生活的物质条件，将人与自然视为生命共同体，走出了生产发展、生活富裕、生态良好的文明发展道路。坚持和平、发展、合作、共赢的理念，将中国经济社会发展融入维护世界和平与发展的进程。

党的二十大报告明确指出，坚持中国共产党领导，坚持中国特色社会主义，实现高质量发展，发展全过程人民民主，丰富人民精神世界，实现全体人民共同富裕，促进人与自然和谐共生，推动构建人类命运共同体，创造人类文明新形态，是中国式现代化的本质要求。从中可见中国式现代化的根本保证、前进方向、内在要求、制度优势、精神力量、价值目标、生态基础、世界意义和文明内涵。其中，高质量发展是全面建设社会主义现代化国家的首要任务，发展全过程人民民主是推进中国式现代化的重要制度保障。开启全面建设社会主义现代化国家新征程，要以不断丰富人的精神世界的方式实现人的现代化，实现物质富足和精神共同富裕，使人与自然和谐共生成为一种自觉意识。习近平总书记倡导构建人类命运共同体，提出“一带一路”倡议、全球发展倡议、全球安全倡议和全球文明倡议，强调以文明交流互鉴超越文明隔阂冲突，在中国式现代化道路上创造了人类文明新形态，具有世界历史意义。

面对世界百年未有之大变局和中华民族伟大复兴战略全局，推进中国式现代化，必须以系统观念把握全面建成社会主义现代化强国总的战略安排和开局起步关键时期的主要目标任务，坚持和加强党的全面领导，确保社会主义现代化的正确方向，坚持把国家和民族发展放在自己力量的基点上，坚持维护人民根本利益、增进民生福祉，坚持深化改革开放，坚持发扬斗争精神，牢牢把握全面建设社会主义现代化国家的重大原则。要认识到前进道路上可能遭遇的风险挑战的复杂性，认识到推进中国式现代化的有利条件和不利条件，认识到制约中国式现代化的内外因素，深入研究中国式现代化面临的难题和解决问题的方式，形成推进中国式现代化的联动机制。

中国式现代化的鲜明特色、本质要求和重大原则具有系统化特征，表明清晰、科学的中国式现代化理论是可感可行的。系统观念是推进中国式现代化的基础性的思想和工作方法，是解析经济社会发展中错综复杂矛盾的有效思维工具。推进中国式现代化是一种自主的发展战略，破除了“西方中心论”的迷思，具有独特的历史规定性和必要条件。以系统观念把握中国式现代化全局中各要素之间相辅相成、相互促进、互为补充的关系，要研究如何提高系统中各要素的运行效率，破除和逾越阻碍中国式现代化进程的壁垒和边界，实现目标导向和结果导向有机统一，整体性推进中国式现代化进程中各方面协调发展。

（二）正确处理中国式现代化进程中的重大关系

推进中国式现代化，是具有很多未知领域的探索性事业，体现为具有若干重大关系的有规律的进程。中国式现代化体现了共产党执政规律、社会主义建设规律和人类社会发展规律，是从社会主义本质出发得到推进和拓展的，开创了一种全新的文明形态。以习近平新时代中国特色社会主义思想的世界观和方法论为指导，着眼于解决新时代改革开放和社会主义现代化建设的实际问题，基于历史经验和发展规律，促进中国式现代化和人类文明新形态的实践创造，要秉持大历史观和实践辩证法，正确处理中国式现代化进程中如下重大关系。

一是顶层设计与实践探索的关系。中国式现代化理论的顶层设计具有时代性、规律性和创造性，反映了世界发展大势、人民群众的共同愿望和经济社会发展规律。只有以科学的顶层设计引领中国式现代化的实践探索，在历史前进的逻辑中前进，在时代发展的潮流中发展，尊重人民首创精神，把握经济社会发展规律，整合远近结合、上下贯通、内容协调的系统要素，才能以高度的历史自觉和坚定的历史自信把握历史主动，以更强的历史耐心扎实推进中国式现代化。只有以扎实的实践探索落实中国式现代化的顶层设计，蹄疾步稳解决中国式现代化进程中难以预料的新风险和不易解决的新问题，增强忧患意识，做到未雨绸缪，在深入调查研究中了解群众关注的焦点、百姓生活的难点，推动顶层设计和基层探索良性互动、有机结合，才能以系统性、整体性、协同性的方法不断提高中国式现代化的实践效能。

二是战略与策略的关系。战略问题是一个政党、一个国家的根本性问题，正确的战略需要具体的策略来实现。推进中国式现代化，要以战略思维把握发展趋势，敏锐洞悉前进道路上可能出现的机遇和挑战，深刻认识到科教兴国战略、人才强国战略、乡村振兴战略等一系列重大战略对中国式现代化的战略支撑作用。既要保持战略定力，增强战略的前瞻性、全局性、稳定性，又要“致广大而尽精微”，根据实际情况制定策略，把战略的原则性和策略的灵活性有机结合起来，掌握做好实际工作的科学方法论。以全局观念谋一域，以谋好一域服务全局，方能处理好全局与局部、局部与局部的关系。推进中国式现代化，要有足够的战略定力和策略活力。既要长期坚持、一抓到底、善作善成，又要灵活机动、随机应变、临机决断，在因地制宜、因势而动、顺势而为中把握战略主动。

三是守正与创新的关系。推进中国式现代化，是前无古人的开创性事业，守正才能确保中国式现代化的正确方向，创新才能把握时代和引领时代，不断塑造发展新动能新优势。其中，守正是基础，创新是关键。要以习近平新时代中国特色社会主义思想为根本遵循，坚持马克思主义基本原理同中国具体实际和中华优秀传统文化相结合，坚守中华文化立场，守好中国式现代化的本和源、根和魂。同时深刻认识到，创新是民族进步的灵魂和引领发展的第一动力，在中国式现代化全局中居于突出位置。推进中国式现代化，要以新的理论指导新的实践，在实践探索中不断拓展认识的广度和深度。紧跟时代步伐，营造创新氛围，增强自主创新能力，加快实现高水平科技自立自强，加快推进教育现代化。以创新思维积极识变应变求变，勇于探索、主动作为，以改革创新激发全社会创造活力。

四是效率与公平的关系。效率是实现公平的物质基础，公平是提高效率的价值前提。在中国式现代化进程中兼顾效率与公平，彰显了中国特色社会主义的制度优势。更加积极有为地促进共同富裕，要创造比资本主义更高的效率，同时有效维护社会公平正义，实现既有效率又有公平的高质量发展。提高效率才能激发中国式现代化的活力，促进公平才能保障经济社会有序发展。运用提高效率与促进公平的实践辩证法，使效率与公平相兼顾、相促进、相统一，要防止两极分化，不断增进民生福祉，努力实现学有所教、劳有所得、病有所医、老有所养、住有所居，实现好、维护好、发展好最广大人民的根本利益。充分发挥市场在资源配置中的决定性作用，更好发挥政府作用，以共享发展理念破解发展不平衡不充分问题，不断满足人民群众对美好生活的需要，使改革的红利惠及全体人民。

五是活力与秩序的关系。良好的社会秩序是焕发社会活力的前提，社会活力的涌流有助于提升社会秩序。只有保持安全稳定的社会环境，才能不断激发经济社会发展活力。我们党团结带领人民在中国式现代化进程上创造了世所罕见的经济快速发展和社会长期稳定两大奇迹，实现社会有序运行与社会活力迸发，在高质量发展中保持活力与秩序的动态平衡，使中国式现代化成为秩序优良、活力彰显的现代化。推进中国式现代化，要以发展为第一要务，深入推进改革创新，着力破解深层次体制机制障碍，充分释放全社会创造潜能。同时，面对社会矛盾和社会风险交织叠加，要坚定维护国家政权安全、制度安全、意识形态安全和重点领域安全，确保社会有序、和谐与稳定发展。不断提高社会主义现代化的治理效能，保持经济社会发展的强劲动力，确保中国式现代化行稳致远。

六是自立自强与对外开放的关系。独立自主是中华民族精神之魂，是我们立党立国的重要原则。推进中国式现代化，要提高民族自信心，坚持独立自主、自立自强，从中国的基本国情出发，研究和解决具体问题，把我国发展进步的命运牢牢掌握在自己手中。同时，要拓展发展空间，用好国内国际两种资源，不断扩大高水平对外开放，调动国内外一切直接的和间接的积极因素，借鉴世界上先进文明的长处，实现自立自强与对外开放的相互促进，推动构建人类命运共同体。不忘本来，吸收外来，开创未来，使中国式现代化成为促进文明交流互鉴的现代化，彰显中华民族实现现代化的文明底蕴，反映世界历史进程中的发展趋势。从中可见，中国式现代化既是我们强国建设、民族复兴的康庄大道，也是中国谋求人类进步、世界大同的必由之路。

中国式现代化进程中的上述重大关系都体现为内在的、本质的、必然的联系，构成这些重大关系的两方面在内在的、本质的、必然的联系中获得具体的规定，并在反映另一面的同时形成自身存在和发展的条件。推进中国式现代化，要正确处理这些重大关系，在此过程中还会遇到新的矛盾和新的问题。为此，要不断提高战略思维、历史思维、辩证思维、系统思维、创新思维、法治思维、底线思维能力，辩证地、发展地、全面地、系统地、普遍联系地看待中国式现代化进程中的实际问题，把握问题的实质及其变化的现实特征，深入认识在中国式现代化进程中起作用的各种因素及其相互关系，稳中求进、循序渐进、整体推进，努力实现更高质量、更有效率、更加公平、更可持续、更为安全的发展，彰显中国之路、中国之治、中国之理的内在逻辑，不懈推动中国式现代化和人类文明新形态的实践创造。

［原载《光明日报》（理论版）2023 年 5 月 12 日］

六

坚持问题导向的时代内涵与方法论原则

习近平总书记在党的二十大报告中指出：“必须坚持问题导向。问题是时代的声音，回答并指导解决问题是理论的根本任务。今天我们所面临问题的复杂程度、解决问题的艰巨程度明显加大，给理论创新提出了全新要求。我们要增强问题意识，聚焦实践遇到的新问题、改革发展稳定存在的深层次问题、人民群众急难愁盼问题、国际变局中的重大问题、党的建设面临的突出问题，不断提出真正解决问题的新理念新思路新办法。”① 每个时代都有特定的问题，对时代的理解主要体现在对问题的分析和解答中。以强烈的问题意识观察时代，将现实的世界和实践活动中的个人作为出发点，体现了马克思主义哲学鲜明的实践品格。在新时代新征程上，对中国之问、世界之问、时代之问、人民之问作出符合时代精神的哲学解答，深刻展现哲学实践能力的明证，要深入理解坚持问题导向的时代内涵，把握问题意识与理论创新的生长点，在实践中运用坚持问题导向的方法论原则。

（一）坚持问题导向的时代内涵

问题由矛盾构成，以对立统一的方式存在，随着时代条件的变化而变化。马克思曾指出：“问题是时代的格言，是表现时代自己内心状态的最实际的呼声。”② 人们面对的主要困难不是答案，而是如何更好地发现、研究和解决问题。问题意识体现为实践的前提性思考，任何在内容上是

① 习近平：《高举中国特色社会主义伟大旗帜　为全面建设社会主义现代化国家而团结奋斗——在中国共产党第二十次全国代表大会上的报告》，人民出版社 2022 年版，第 20 页。

②《马克思恩格斯全集》第 1 卷，人民出版社 1995 年版，第 203 页。

正当的因而也是合理的问题都具有鲜明的时代特色，都是经过人们充分调查研究和深入思考而切实把握的。我们在从事理论研究和处理实际工作时，要坚持问题导向，洞察可能构成复杂问题的矛盾，明确其内在根据和时代特质。

坚持问题导向，要以发现问题为前提，善于把握新情况及其发展趋势。敏于发现问题，在调查研究中发现问题产生的根源和发展趋向，阐明问题的质的多样性以及由一种质转变为他种质的现象，是马克思主义认识论的基本要求。正如毛泽东同志所指出的："什么叫问题？问题就是事物的矛盾。哪里有没有解决的矛盾，哪里就有问题。"① 在这个意义上，发现问题就要确认事物的矛盾，就要把握事物运动发展的过程，就要理解思想的直接对象性存在。

问题无处不在、无时不有，几乎每时每刻都在出现，很多是为人们所不熟悉的新问题，也有一些是体现为新的表现形式的老问题。在理论研究中要善于提出问题，"提出一个问题往往比解决一个问题更重要，因为解决一个问题也许仅是一个数学上或实验上的技能而已。而提出新的问题、新的可能性，从新的角度去看旧的问题，却需要有创造性的想象力，而且标志着科学的真正进步"②。我们发现和提出的新问题往往是伴随新情况的出现而产生的，也可能是因老问题长期没有得到解决而转化的，新问题和老问题有时交织在一起。只要洞察到现实生活中矛盾的实际存在及其表现形式，以新的角度创造性地审视老问题，就能发现和提出新问题。发现和提出问题是解决矛盾的前提，实际体现为透过纷繁复杂的表象，把握在事物发展变化中起作用的各种因素。

明确的问题是历史的具体的，处于变化发展过程中，问题的演变往往体现为特殊的问题拓展为普遍的问题，体现为矛盾的普遍性和特殊性的联结，矛盾的普遍性存在于矛盾的特殊性之中。没有矛盾就没有世界，世界上每天不断产生各种问题，人们也在不断发现问题和解决问题的过程中推动时代进步。善于发现问题，既要把握问题的普遍性和连续

①《毛泽东选集》第 3 卷，人民出版社 1991 年版，第 839 页。

②［美］阿尔伯特·爱因斯坦、［波］利奥波德·英费尔德著，周肇威译：《物理学的进化》，中信出版社 2019 年版，第 90 页。

性，也要在时代发展中把握问题的具体性和特殊性。既要深入解析现实生活中提出的新问题，也要在解析新问题的过程中回答老问题。之所以将发现问题视为思想的对象性存在，因其体现了哲学敏锐的判断力，反映了面向实践的主客体关系。应当从中深刻认识到，构成问题的各方面因素是互为条件的，相对立的方面既相互依赖和贯通，又相互排斥或斗争，因而体现为对立统一。

矛盾的同一性和斗争性共存于事物发展过程中，尖锐的问题往往体现为对抗性矛盾。消除对抗性矛盾是解决问题的重要方式，斗争对解决对抗性矛盾而言是不可或缺的，体现了马克思主义的精神特质。研究事物在发展过程中体现的诸多方面及其同一性和斗争性问题，要了解具体问题的“来龙去脉”，分清本质和现象、主流和支流，研究哪些是体制机制弊端造成的问题，哪些是责任不实造成的问题，哪些是条件尚不具备而难以解决的问题。要对矛盾的普遍性和特殊性作整体性、综合性分析，既透彻指明具体矛盾的个别特征，又兼顾各种矛盾变化发展的一般状态。要深刻认识到，矛盾对立面相互转化体现为相反相成，“在同一性中存在着斗争性，在特殊性中存在着普遍性，在个性中存在着共性”①。只有通过实践、认识、再实践、再认识，才能把握问题的本质与内在的规律性，在实践中具体解决不同的矛盾。

坚持问题导向，要善于把握问题的本质，把握由以确定的问题演变的过程。这就要透过现象看本质，研究问题产生的条件，研究其中的内在关系，提出解决问题的新见解。矛盾各方面具有不平衡性，主要矛盾是对问题的产生和发展起决定作用的矛盾，矛盾的主要方面是在矛盾中起主导作用的方面。“秉纲而目自张，执本而末自从”，问题的本质往往是由主要矛盾和矛盾的主要方面所决定的。我们在实际工作中要善于发现事物的主要矛盾和矛盾的主要方面，认识到问题总是在矛盾的运动变化中得到解决的。在问题演变过程中，主要矛盾和次要矛盾以及矛盾的主要方面和次要方面在一定条件下都会相互转化，这种转化是由问题内部矛盾各方面斗争的力量变化决定的，由此造成问题的本质发生变化，

①《毛泽东选集》第1卷，人民出版社1991年版，第333页。

即实现了事物的新陈代谢或推陈出新，体现了事物发展的客观规律。

把握问题的本质，就要善于抓住重点。正如毛泽东所说："研究任何过程，如果是存在着两个以上矛盾的复杂过程的话，就要用全力找出它的主要矛盾。抓住了这个主要矛盾，一切问题就迎刃而解了……万千的学问家和实行家，不懂得这种方法，结果如堕烟海，找不到中心，也就找不到解决矛盾的方法。"[①] 研究问题必须将现象看作入门的向导，一旦入门便要把握问题的实质，从而灵活运用透过现象看本质的思想方法。矛盾通常体现在不同利益所有者之间，社会矛盾和问题归根结底是与人们的利益纠缠在一起的，因而要善于分析人们的利益关系。解决矛盾和问题，必须具体分析利益关系格局，认识到利益差别是矛盾及其变化发展的主导因素。深入研究各种问题中的矛盾双方，深入研究不同社会群体的利益差距、利益关切和利益冲突，由此形成协调利益关系的策略，找到解决矛盾的关键要素，调整多样化、多层次、多时段的利益关系，会达到事半功倍的效果。

把握事物的实质，必须充分考虑影响事物发展的各种主客观因素，分析各种因素所起的推动或阻碍作用，找准其中的关键环节，无此不足以解决具体的矛盾和问题。同时要认识到，社会基本矛盾处于变化发展过程中，我们对事物的认识在面对问题和矛盾的变化中也将不断深化，进而在实践中探索解决矛盾的要径。构成问题的各种矛盾和矛盾各方面具有特殊性，矛盾各方面力量具有不平衡性。平衡是矛盾的暂时的相对的统一，当新问题产生并不断发展，"平衡就被矛盾的斗争所打破了，这种统一就变化了，平衡成为不平衡，统一成为不统一……矛盾不断出现，又不断解决，这就是事物发展的辩证规律"[②]。我们要善于把握事物发展的辩证规律，坚持重点论和两点论的统一，把握主要矛盾和次要矛盾、矛盾的主要方面和次要方面的区别和联系，充分认识在矛盾中呈现的错综复杂的关系。

坚持问题导向，就要以唯物辩证法研究事物的内部矛盾和发展的根本原因，将问题意识转换为研究和解决问题的方法。哲学研究要关注现

①《毛泽东选集》第1卷，人民出版社1991年版，第322页。
②《毛泽东文集》第7卷，人民出版社1999年版，第216页。

实中的问题，“哲学中的问题只有来自问题中的哲学，才是有生命力有现实性的哲学问题”，要“立足现实，以我们正在做的问题为中心，把问题中的哲学变为哲学中的问题”。[①] 问题是左右一切个人的时代之声，因而必须在时代境遇中精准地判断问题的由来与走向。只要在现实生活中聚焦问题，探究问题产生的原因与实质，就能找到答案。纵观哲学发展史，一切哲学经典文本都是时代的产物，都是深入研究和思考时代问题的结果。不同的时代具有不同的问题表现形式，以问题意识进行深入的调查研究和理论思考，既要看局部，又要看全局；既要科学统筹、优先解决急难险重问题，也要注意总结和反思有共性和规律性的问题，由此不断深化基于实践的理论研究，提炼出有学理性的新理论，概括出有规律性的新实践。

把握事物发展的内在根据，是观察和分析问题的关键，矛盾普遍存在于一切事物的发展过程中，惟有面对问题并不断探索解决矛盾的现实方案，才能使各种复杂的现实问题得到历史的、具体的解决。对社会矛盾和问题的分析要一分为二，要有整体的、实践的和发展的观念。只有将问题视为一个有机体，充分把握问题的由来、现状和发展态势，我们才能更好地认识问题的本质。要不断适应时与势的变化，在研究和解决新情况和新问题的过程中转变观念，符合客观实际，做到实事求是，把握问题的实质及其转化的现实特征。

坚持问题导向，体现了习近平新时代中国特色社会主义思想的世界观和方法论，彰显了中国化时代化马克思主义的实践品格。党的十八大以来，我们党以巨大的政治勇气和强烈的责任担当，解决了许多长期想解决而没有解决的难题，办成了许多过去想办而没办成的大事，推动党和国家事业发生历史性变革。实践表明，只有不断研究新情况、解决新问题、创造新经验、开创新局面，才能切实把握问题产生与转化的根本原因，才能有效应对严峻复杂的国际形势和接踵而至的巨大风险挑战，以历史主动精神奋力推进中华民族伟大复兴的进程。

① 陈先达：《哲学中的问题与问题中的哲学》，《中国社会科学》2006 年第 2 期。

（二）问题意识与理论创新的生长点

理论研究必须回答时代问题，问题是理论创新的起点和动力源，使理论创新体现时代的印记。创新是马克思主义哲学发展的永恒主题，回应时代需要，及时研究、提出、运用新思想、新理念、新办法，反映了中国化时代化马克思主义的内生动力。回应时代发展的内在需要，运用科学思想方法解析复杂而深刻的现实问题，才能从根本上实现理论创新。理论创新的生长点始于问题，问题要在实践中得到解决，解决问题的实践创新没有止境，与实践创新互动的理论创新因而也体现为没有止境的过程。

坚持问题导向，要以我们正在做的事情为中心，不断推进马克思主义基本原理同中国具体实际和中华优秀传统文化相结合。立足中华民族伟大复兴战略全局和世界百年未有之大变局，运用习近平新时代中国特色社会主义思想的世界观和方法论解析新时代改革开放和社会主义现代化建设的实际问题，要对中国之问、世界之问、人民之问、时代之问作出符合中国实际和时代要求的正确回答。要把马克思主义思想精髓同中华优秀传统文化精华贯通起来、同人民群众日用而不觉的共同价值观念融通起来，坚定历史自信、文化自信，坚持古为今用、推陈出新，在深入分析现实问题的过程中得出符合客观规律的科学认识，努力推进知识创新、理论创新和方法创新。

正是因为准确把握我国社会主义初级阶段不断变化的特点，更好坚持社会主义初级阶段理论，我们党作出我国社会主要矛盾发生变化的重要论断。中国特色社会主义进入新时代，我国社会主要矛盾从人民日益增长的物质文化需求同落后的社会生产之间的矛盾转化为人民日益增长的美好生活需要和不平衡不充分的发展之间的矛盾。发展不平衡不充分，成为满足人民日益增长的美好生活需要的主要制约因素，因而成为突出的问题。深刻理解我国社会主要矛盾的变化，要秉持变与不变的辩证法。“必须认识到，我国社会主要矛盾的变化，没有改变我们对我国社会主义所处历史阶段的判断，我国仍处于并将长期处于社会主义初级阶段的基本国情没有变，我国是世界最大发展中国家的国际地位没有变。”[①] 要立足社会主义初级阶段的最大实际，分析和解决我们时代的现实问题，更好满足人们对美好生活的需要。

实现理论创新，基于我们时代伟大的社会变革，是对马克思主义立场观点方法的创造性运用。正如习近平总书记所指出的：“当代中国的伟大社会变革，不是简单延续我国历史文化的母版，不是简单套用马克思主义经典作家设想的模版，不是其他国家社会主义实践的再版，也不是国外现代化发展的翻版，不可能找到现成的教科书。”[②] 这就要以实践的观点研究时代的问题，不断拓展认识的广度和深度，不断提高战略思维、历史思维、辩证思维、系统思维、创新思维、法治思维、底线思维能力，在深入系统的研究中彰显中国之路、中国之治、中国之理的内在逻辑，在守正创新的探索中找到解决问题的答案。

坚持问题导向，要深入研究具体问题所体现的现象与本质、特殊与普遍、局部与整体、当前与长远的辩证关系，使理论创新体现为发现问题、筛选问题、研究问题和解决问题的过程。面对世界进入新的动荡变革期涌现的新矛盾和新问题，解决问题的艰难程度远超以往，难以凭老经验、老办法应对和解决。要把学习作为一种精神追求，作有问题意识的独立思考，弥补知识上的不足和能力上的差距，通过学有所获而做到行有所成。从研究问题开始推动理论创新，在理论创新中及时研究、提出、运用新思想、新理念、新办法。这就要带着问题学，理论联系实际，通过长期不懈的自觉和深入的学习，形成做好实际工作所需要的政治素养，补充做好实际工作所需要的专业知识，知行合一，学以致用、用以促学、学用相长，不断提高解决实际问题的水平。

学习的根本目的在于回答并指导解决问题，深入研究愈来愈能启发新问题的问题，并在“熟知”中探究“真知”。真正体现时代内涵的理论创新不仅反映哲学的真理性特征，而且展现哲学的现实功能。一经在深入研究中得出科学结论，就用于精准制定具有较强操作性的解决问题的策略，是以问题为导向的研究的显著特征。今天，我们要深入研究经

① 习近平：《决胜全面建成小康社会　夺取新时代中国特色社会主义伟大胜利——在中国共产党第十九次全国代表大会上的报告》，人民出版社 2017 年版，第 10 页。

② 习近平：《在哲学社会科学工作座谈会上的讲话》，人民出版社 2016 年版，第 21 页。

济体制变革、社会结构变动、利益格局调整和思想观念变化带来的复杂问题，防控可能迟滞或中断中华民族伟大复兴进程的全局性风险，用马克思主义之“矢”去射中国问题和时代问题之“的”，推动中国式现代化和人类文明新形态的实践创造。

研究问题要有总体性的全局观念，要对各种矛盾作有联系的综合分析，看到每个问题的细节中都体现着因果关系，要在关系域中考察事物的发展变化，解决其中存在的各种矛盾。构成问题的矛盾总是不断出现，又不断得到解决。从量变和质变的角度考察矛盾的运动变化和我们解决矛盾的过程，就会发现，量变反映了矛盾的发展过程，是逐渐的、连续性的、不显著的变化，质变体现了突破事物存在的限度。解决矛盾和问题要有过程思维，要从事物相对静止的状态中发现问题产生的迹象，发现事物渐进过程中断的原因，把握量变和质变相互转化的过程，去粗取精、去伪存真，由此及彼、由表及里，适度处理好各种矛盾和问题。

坚持问题导向，要深刻认识到社会发展、实践深化、历史前进对哲学社会科学的现实要求，深入研究解决事关党和国家全局性、根本性、关键性的重大问题。哲学社会科学研究具有明确的价值导向，要以大历史观思考哲学社会科学的知识变革和思想先导的重要作用。习近平总书记指出：“世界上没有纯而又纯的哲学社会科学。世界上伟大的哲学社会科学成果都是在回答和解决人与社会面临的重大问题中创造出来的。研究者生活在现实社会中，研究什么，主张什么，都会打下社会烙印。”[①]今天，实践创新给理论研究提供了强大动力和广阔空间，哲学社会科学研究者要深刻回答社会主义现代化进程中的重大问题，揭示社会发展的大逻辑和大趋势，通过对矛盾和问题的深入研究和解决创造性地改变世界。

研究时代发展中层出不穷的问题，要从我国社会实际出发，处理好调查和研究的关系，不断夯实基础理论研究，不断推动新兴学科和交叉学科的创新发展，使基础理论研究和应用研究相辅相成。要确认具体问题的时代特征，从根本上把握社会基本矛盾的整体，全面把握社会发展的现状和趋势，把生产力和生产关系的矛盾运动同经济基础和上层建筑

① 习近平：《在哲学社会科学工作座谈会上的讲话》，人民出版社2016年版，第12页。

的矛盾运动结合起来观察，深入研究我国具有原创性、时代性的概念和理论。在调查研究的基础上交换、比较、反复，将零散的、粗浅的认识系统化、深刻化，凝练解决问题的有效方法。

中国化时代化马克思主义之所以行，正是因为提供了解决实际问题的有效方法。作为习近平新时代中国特色社会主义思想的主要内容，“十个明确”“十四个坚持”和“十三个方面成就”指向党领导人民在新时代取得的历史性成就和必须处理好的若干重大问题，明确了我们党在道路、方向、立场等重大原则问题上旗帜鲜明的态度。坚持问题导向，把国家和民族发展放在自己力量的基点上、把中国发展进步的命运牢牢掌握在自己手中，要保持战略定力，把握战略主动，从形势和条件的发展变化中把握方向，在解决突出问题中实现战略突破。以中国和时代为关照，积极面对和化解前进中遇到的矛盾和问题，要把握从事理论研究和做好实际工作的方法论原则。

（三）坚持问题导向的方法论原则

在开启全面建设社会主义现代化国家新征程上，我们要坚持把马克思主义基本原理同中国具体实际与中华优秀传统文化相结合，善于把握主要矛盾和矛盾的主要方面，灵活运用分析具体问题的方法。时代是思想之母，实践是理论之源，理论研究只有跟上时代，不断认识问题的实质及其转化的规律性特征，才能实现综合创新。研究和处理在时代发展中产生的复杂深刻的现实问题，要运用科学有效的思想方法和工作方法，既要体现从事理论研究和做好实际工作的原则高度，也要彰显现实针对性和可行性，以问题意识激发实践创新的力量。

首先，以习近平新时代中国特色社会主义思想为指导，深入研究我国发展和我们党执政面临的重大理论和实践问题，学会站在全局和战略的高度想问题、办事情，提出解决问题的正确思路和有效办法。习近平总书记指出：“当代中国正经历人类历史上最为宏大而独特的实践创新，改革发展稳定任务之重、矛盾风险挑战之多、治国理政考验之大都前所未有，世界百年未有之大变局深刻变化前所未有，提出了大量亟待回答的理论和实践课题。”[①] 回答并指导解决问题是理论研究的根本任务，而敏锐的问题意识体现了人们的认识能力。我们要准确把握时代大势，立足时代发展前沿，回应现实需要，坚持解放思想、实事求是、守正创新，以中国化时代化马克思主义破解时代难题，深刻回答中国之问、世界之问、时代之问、人民之问，以深入的理论研究和创新探索彰显马克思主义的真理性力量。

其次，以人民为中心发现问题、提出问题，将问题的产生、分析和解决与人民群众的具体生活实践紧密联系起来。要将为什么人的问题作为哲学社会科学研究的根本性、原则性问题，深刻认识到江山就是人民，人民就是江山，坚持全心全意为人民服务的根本立场，深刻认识到密切联系群众的重要性，虚心向人民群众求教问策，深刻认识到人民的创造性实践是理论创新的不竭源泉。坚持人民至上，尊重人民主体地位，做到一切为了群众，一切依靠群众，从思想和感情深处真正把人民群众当先生，了解群众的所思所想和生活实际，不断从人民群众中汲取智慧和力量。牢牢把握我们事业发展的本来，以“民之所忧我必念之，民之所盼我必行之”的情怀从事深入的理论研究和扎实的具体工作，深刻阐释为人民所喜爱、所认同、所拥有的理论，以旨在为人民造福的理论追求彰显思想的生命力，朝着实现全体人民共同富裕思考问题，不断解决人民群众最关心最直接最现实的利益问题。

再次，以矛盾分析法正视和破解问题，在矛盾变化与问题更新的过程中呈现新的学术话语。这就要用矛盾的观点观察、研究事物内部各方面及其运动变化，分析利益关系的格局，思考利益主体、利益结构和利益冲突的新特点和新变化，回答时代发展提出的问题，把握“人与自然”“发展与环境”“关键少数与绝大多数”“尽力而为与量力而行”等重要关系问题，思考复杂问题的不确定性和动态性特征。“对待矛盾的正确态度，应该是直面矛盾，并运用矛盾相辅相成的特性，在解决矛盾的过程中推动事物发展。”[②] 这样才能找到解决矛盾的理论、方法和策略，

①《习近平谈治国理政》第 4 卷，外文出版社 2022 年版，第 30 页。

②《坚持运用辩证唯物主义世界观方法论　提高解决我国改革发展基本问题本领》，《人民日报》，2015 年 1 月 25 日。

在全面看问题的同时，透过纷繁复杂的外部现象，具体分析其中发挥主导作用的主要矛盾，突出工作重点，牵住“牛鼻子”，以重点突破带动全局，将非重点工作提高到使之有助于推动重点工作的高度上来认识，以点带面提升解决问题的水平。

第四，以实事求是的态度研究问题、把握实际，洞察问题背后的本质和规律。推动任何具体工作取得进展，都是从发现问题到解决问题的过程，社会永远在发现问题、解决问题中进步。从时代发展的实际出发，居安思危、未雨绸缪，发现问题的苗头和倾向，从偶然问题中把握内在必然性，瞄着问题去，追着问题走，敢于面对迫在眉睫的具体问题。要以自信自立的精神解决中国问题，相信中国的问题必须从中国基本国情出发，由中国人自己来解答。通过深入的调查研究和理性思考，在解决问题的实践中将矛盾转化为发展的动力。“有好多问题不能用老办法去解决。能否找个新办法？新问题就得用新办法。”[①] 这就要不断加强学习、积累经验，研究解决问题的新举措、新途径、新思路。把握事物的内部联系，客观地、全面地、具体地看问题，避免主观性、片面性和表面性，找到破解问题的主攻方向，将化解矛盾、破解难题作为打开工作局面的突破口，踏石留印、抓铁有痕，以钉钉子精神稳扎稳打，使复杂的矛盾和问题得到有效解决。

最后，以系统观念把握问题的实质，努力揭示经济社会发展的大逻辑大趋势。正如习近平总书记所指出的：“我们要善于透过历史看现实、透过现象看本质，把握好全局和局部、当前和长远、宏观和微观、主要矛盾和次要矛盾、特殊和一般的关系，不断提高战略思维、历史思维、辩证思维、系统思维、创新思维、法治思维、底线思维能力，为前瞻性思考、全局性谋划、整体性推进党和国家各项事业提供科学思想方法。”[②] 这就要站在时代发展前沿观察和思考问题，根据实际条件，增强预见性、前瞻性，在总体上提出客观准确的观点，作出能够经得起检验

①《邓小平文选》第 3 卷，人民出版社 1993 年版，第 50 页。

② 习近平：《高举中国特色社会主义伟大旗帜　为全面建设社会主义现代化国家而团结奋斗——在中国共产党第二十次全国代表大会上的报告》，人民出版社 2022 年版，第 21 页。

的结论。深刻理解统筹兼顾、整体推进、形成合力的方法论要义，要对我们所关注的矛盾了然于胸，深思牵一发而动全身的现实效应，在危机中育先机、于变局中开新局，谋势而动、顺势而为、应势而变，在解决各方面具体问题中提高工作效能。

综上所述，坚持问题导向，具有鲜明的时代内涵和方法论特质，是我们从事理论研究和做好实际工作应当秉持的重要思想方法和工作方法。问题是对矛盾的理性把握，在实践中产生的问题必将在实践中解决。面对“世界怎么了”“人类向何处去”的时代之题，要以习近平新时代中国特色社会主义思想为指导，从马克思主义哲学世界观和方法论高度研究新时代我们面临的重大现实问题，坚持辩证唯物主义和历史唯物主义解决矛盾和问题的基本方法，作出富有时代精神的哲学解答。在新时代新征程上，我们要把握坚持问题导向的时代内涵与方法论原则，在面向问题的实践创造中总结规律性认识，不断有效破解前进道路上遇到的各种难题，不断提高驾驭问题、解决问题的能力，为以中国式现代化全面推进中华民族伟大复兴贡献智慧和力量。

结语："第二个结合"与建设中华民族现代文明

习近平文化思想内涵十分丰富、论述极为深刻，明体达用、体用贯通，深刻体现了实践基础上的理论创新。习近平总书记在文化传承发展座谈会上指出："'第二个结合'，是我们党对马克思主义中国化时代化历史经验的深刻总结，是对中华文明发展规律的深刻把握，表明我们党对中国道路、理论、制度的认识达到了新高度，表明我们党的历史自信、文化自信达到了新高度，表明我们党在传承中华优秀传统文化中推进文化创新的自觉性达到了新高度。"[①] 新时代新征程，我们要深入领会习近平文化思想的核心要义，深刻理解"第二个结合"作为"又一次思想解放"的思想内涵，深刻把握建设中华民族现代文明的实践逻辑和世界历史意义。

（一）习近平文化思想为破解"古今中西之争"提供了科学的思想方法

党的十八大以来，习近平总书记强调坚定文化自信，推动中华优秀传统文化创造性转化、创新性发展，提出马克思主义基本原理同中国具体实际、同中华优秀传统文化相结合，巩固文化主体性，担负起新的文化使命，在新的历史起点上继续推动文化繁荣、建设文化强国、建设中华民族现代文明。习近平文化思想是党领导文化建设的实践经验的理论总结，体现了马克思主义文化观的理论创新，指导我国宣传思想文化工作取得历史性成就，在党的宣传思想文化事业发展史上具有里程碑意义，为破解"古今中西之争"提供了科学的思想方法，是我们建设中华民族现代文明的行动指南。

① 习近平：《在文化传承发展座谈会上的讲话》，《求是》2023 年第 17 期。

面对百年未有之大变局和我国历史上最为广泛而深刻的社会变革，习近平总书记从文化关乎国本、国运的战略高度系统回答了新时代中国特色社会主义文化建设的一系列重大问题，立足我们宣传思想文化工作的时代方位，准确把握数字化、网络化、智能化发展的时代大势，提出了实现文化传承发展的新思想新论断，为强国建设、民族复兴注入了强大的精神动力。习近平文化思想既有本体论意义上的整体观照，又有认识论意义上的宏阔视野，亦有方法论意义上的部署要求，揭示了新时代中国特色社会主义文化发展过程中呈现的固有的、本质的、必然的联系，是随着实践深入不断丰富发展的开放式的思想体系。

今天，激活中华优秀传统文化的生命力并实现其实践转化，要以科学的思想方法破解“古今中西之争”。我们党在百年历程中不断深化“两个结合”，推进马克思主义中国化时代化，使马克思主义融入现代中国文化的基本结构，使当代中国马克思主义成为现代中国文化发展的主导思想，塑造中国式现代化的文化形态。今天，我们要把握中华文明的突出特性，使文化发展贯通古今，彰显中华民族的文化形式，延续中华民族的文化基因，使同马克思主义基本原理相结合的中华优秀传统文化呈现永不褪色的时代价值。我们要把握中华优秀传统文化蕴含的思想观念、人文精神、道德规范，从中华民族的历史深处把握文明的未来走向，以文化古今相通和文明交流互鉴的理路建设中华民族现代文明，安顿我们的精神家园。

文化的生命力在于对传统的传承和发展，文明进步体现为新旧更替的实践创造。一种有生命力的文化传统是流动的活水，事关国运兴衰、文化安全和民族精神独立性。不同民族的现代化有其独特的制度特征和文化前提，在中国式现代化进程中建设中华民族现代文明，要掌握思想和文化主动，打开创新空间，加强文明交流互鉴。今天，我们要打破西方中心论和西方文明一元论的观念束缚，顺乎文明发展的时代潮流，探求世界文明交往范式，尊重和理解不同民族、不同地域的文明观念，把握世界各地“以文化人”的历史进程，把握世界各地“文以载道”的历史经验，理解世界文明的共同性及其百花齐放的绚烂景观，以融通中外的文化发展理念，创造人类文明新形态。

（二）“第二个结合”构成了中国式现代化的文化形态

“第二个结合”是在中国经济社会发展进程中走过百年历程的历史事实，也是马克思主义中国化时代化的历史必然。百余年来，马克思主义同中国历史传统、社会现实和思想文化深度融合，造就了新的文化生命体。从中可见，马克思主义在同中华优秀传统文化“双向奔赴”的过程中互相激发、互相成就，使马克思主义具有中国风格和中国气派，使中华文明实现了从传统向现代的跨越，彰显了中华文明与古为新的精神气象。

“第二个结合”是一种深刻的“化学反应”，不仅以马克思主义真理之光激活了中华文明的基因，而且为马克思主义中国化时代化提供了丰厚的历史文化滋养。作为“又一次思想解放”，“第二个结合”为中国式现代化提供了科学的思想方法，为建构中国式现代化理论体系确立了观念基础。只有深刻理解“第二个结合”的内在规定性，我们才能把握文化传承发展的实践逻辑，把社会主义文化建设置于赓续中华文明的历史长河中去思考，置于人类文明发展进步的潮流中去理解，从大历史观和新文明观的角度把握“以文化人”的时代价值。

习近平总书记指出：“理论自觉、文化自信，是一个民族进步的力量；价值先进、思想解放，是一个社会活力的来源。”[①]我们要深刻理解浸润在中国人精神生命中的传统文化，在实践运用中理解其创造性转化和创新性发展的现实需要与自主逻辑，理解其何以在同马克思主义基本原理相结合的过程中彰显中国式现代化的文化内涵。作为“第二个结合”的实践场域，中国式现代化寻求一种互利共赢、和谐共生的发展道路，超越了文明优越论和文明冲突论，建构的新文明形态具有世界历史意义。

（三）以中国精神的时代表达讲好中华民族现代文明的故事

建设中华民族现代文明，是中国式现代化的应有之义。中华民族

① 习近平：《论党的宣传思想工作》，中央文献出版社2020年版，第330页。

现代文明是在中国式现代化进程中积淀和发展的，同马克思主义基本原理相结合的中华优秀传统文化夯实了中国式现代化的文明底蕴，中国式现代化的实践探索推动了中华文明实现现代转型。一部中华民族现代文明史，正是在中国式现代化进程中延展的，是在马克思主义基本原理同中国具体实际和中华优秀传统文化相结合的实践探索中凝结的。在中国式现代化进程中实现中华文明的自我超越、自我完善、自我发展和自我进步，是中国经济社会发展的必然要求。把建设中华民族现代文明作为新时代新的文化使命，明确了新的文化使命的主体意识，明确了推动文化繁荣和建设文化强国的价值指向。以马克思主义为指导的中国式现代化是在历史进程中不断发展的，必然受到历史文化的影响并在实践中使传统文化实现创新和转化，从而形成了不同于西方现代化的鲜明的中国特色。

中国式现代化与马克思主义中国化处于同一历史进程，体现了历史规律的决定性和历史主体的选择性，遵循文明发展规律，在建设社会主义物质文明、政治文明、精神文明、社会文明、生态文明的过程中，推动信息化和工业化深度融合、工业化和城镇化良性互动、城镇化和农业现代化相互协调，实现人民群众物质富足和精神富有的协调统一，在努力建设中华民族现代文明的实践创造中行稳致远。

中国式现代化的核心是人的现代化，建设中华民族现代文明，要明确为什么人进行文化生产和文化创造的问题。要坚持以人民为中心，坚持文化发展服务于人民群众的生活，实现中国特色社会主义文化发展合规律性与合目的性的统一。提高人民群众的科学文化素质和思想道德素质，更加注重以文化人、以文育人，以高尚的文化作品充盈人民群众精神世界。丰富和完善文化发展的结构层次，使人民群众平等享受文化资源，共同参与文化创造。保障人民群众的文化权益，让全体人民共享文化发展成果，汇聚建设中华民族现代文明的强大合力。

新时代新征程，我们要以习近平文化思想为根本遵循，进一步深化对“第二个结合”的学理阐释，进一步推动同马克思主义基本原理相结合的中华优秀传统文化创造性转化、创新性发展，以中国精神的时代表达讲好中华民族现代文明的故事。要承百代之流，会当今之变，促进文化古今相通与文明交流互鉴，赓续中华文脉，谱写当代华章，在以中国式现代化全面推进中华民族伟大复兴的进程中彰显中华民族现代文明的世界历史意义。

[原载《北京日报》(理论版) 2023 年 11 月 20 日]

附录一：历史科学的前提与历史思维的时代性

臧峰宇：陈老师，马克思恩格斯在《德意志意识形态》中说，“我们仅仅知道一门唯一的科学，即历史科学”[①]。学界通常将历史科学视为历史唯物主义的别名，这表明马克思的新世界观不仅是一种基于历史的实践观念，而且是一门“科学”。其实，二者具有一定的差别。历史科学扬弃了一般历史哲学，颠倒了自柏拉图以来的传统形而上学，使实践的唯物主义走向历史的深处，在与哲学科学融合的过程中成为历史唯物主义。把握马克思以改变世界为主要旨趣的新哲学的理论特质，需要理解历史科学、历史唯物主义和历史学的关系问题。

陈先达：历史科学与历史唯物主义不完全相同。历史科学是指对历史的研究可以成为一门具有科学性的学科，而历史唯物主义属于历史观。它们存在内在联系，但有区别。

任何一门科学都建立在历史科学的基础上，无论自然界和社会，都有其历史过程。无论对自然或社会都必须研究其所研究的对象是如何产生、如何演变的，没有对研究对象的历史把握，就无法理解它何以如此。恩格斯对家庭、私有财产、国家起源和演变的研究是揭开它们本质的科学方法，即通过历史溯源来揭示它的本质。自然界有一部发展史。人类的历史是自己创造的。因为人化自然的存在，自然科学和社会科学会有很多交叉。历史发展的本质是社会发展，历史科学在总体上为各门科学研究提供了事实的和方法论的基础，所以，历史唯物主义体现为一种新哲学。

历史科学、历史唯物主义和历史学体现了历史研究的不同层面，历史研究要成为科学，必须具备实践的、辩证的唯物主义历史观，其中最

①《马克思恩格斯选集》第1卷，人民出版社2012年版，第146页。

重要的是，既要看到历史是人创造的，又要看到人类创造的历史和自然界一样，也是一种客观事实，有着不以人的意志为转移的客观规律。因此，要正确理解人类历史，必须形成科学的历史观。历史观是处理历史材料、解释和理解历史、正确评价历史的根本原则。

（一）历史科学研究要以承认历史事实为前提

臧峰宇：在这个意义上，马克思主义历史观体现了历史学和哲学的融合。历史唯物主义重视对历史和不断变成历史的现实的研究，重视对历史和现实之间关系的研究。历史事实是过去的，过去的事实有其启示当前和未来的意义。历史研究总要理解历史的意义，对历史意义的理解当然以历史事实为基础，但又不停留于历史事实，而必须走向历史的深处，面向未来。这样可以把握历史、现实和未来三者的关系。因而，把握历史意义具有很强的现实性，因为这种研究不只是要把握既成的历史知识，而且更注重探究历史的走向和人们在历史进程中的思想创造及其价值。这样才有助于我们站在历史的正确的一面。

陈先达：我们的历史观强调从事实出发，但历史是过去的存在，我们能接触到的不可能是全部历史的再现，而是证明它的存在的某些载体，它表现为文献史料、考古发掘以及各个时代的文物。历史的书写要成为信史，首要的根据就是历史事实，而不是虚构，更不是戏说。

历史观是一种哲学，不能代替历史的实证研究。当然，历史观要真正发挥对历史研究的指导作用，就不能是抽象原则的逻辑推论，也不能是与历史研究脱离，站在历史之外的一般公式。马克思主义历史观继承前人的思想积累，是从研究历史，研究政治经济学以及其他相关学科中得出来的。马克思和恩格斯拥有的丰富的多学科的知识，显然对创立历史唯物主义起了重要作用。恩格斯在马克思墓前的讲话中说，“马克思在他所研究的每一个领域，甚至在数学领域，都有独到的发现，这样的领域是很多的，而且其中任何一个领域他都不是浅尝辄止。”①

臧峰宇：历史观研究确实要以历史研究为基础，必须从事实出发，

①《马克思恩格斯选集》第3卷，人民出版社2012年版，第1003页。

可是历史事实已经成为历史，我们不能经历已经过去的历史事实，只能面对史料，经过历史学家不断整理和阐述的史料是不是历史本身，就成为一个哲学问题。对历史事实的把握受制于时间性，因为历史不可复制，正如马克思所说，“历史不外是各个世代的依次交替”[①]。走进历史最直接的是考古学研究，考古学的真实体现为文物，体现为考古现场的图片和影像资料，进而被整理为档案。但是，这些历史文物本身不能述说有逻辑的历史，把握历史的逻辑和意义，无疑需要观念和精神层面的探索。

陈先达：我们确实无法再经历已经过去的历史，没有一个研究拿破仑战争的专家能再听到奥斯特里茨战役的炮声，他们只能通过历史记录来重述史实。可这不意味着历史是一个可以任人打扮的小姑娘，因为历史事件从来不是单独发生的，它处在各种相互联系之中，这种相互联系限制了历史事实的伪造，因为它会为各种相关事实所证伪。历史的书写是细节的书写，具有一定的艺术性，还有不少艺术作品也具有一定的史料价值，但不能认为历史处于科学和虚构之间。客观性是历史的生命。我们追求的是信史。

臧峰宇：这涉及对事实与价值的辩证法的理解。研究历史的价值立场具有时代性，但有明确价值观的历史研究者面对的史料不是虚构的。历史研究当然需要理解和阐释，需要对历史事件和历史人物作出评价，但历史研究主体应当以历史事实为基础。历史研究不仅要努力还原事实，还要思接千载、视通万里。但是，还原事实并不容易，因为这需要确认什么是历史事实。我觉得历史细节是事实，历史总体也是事实，如果只关注细节而忽视整体，只见树木，不见森林，就会造成历史科学研究的片面化甚至是碎片化。

陈先达：可以这么说，研究历史既要关注细节，也要关注整体。历史是尝然而非未然，是既成事实而不是可以选择或假设的文本。历史事实都是在历史上发生过的事情，但不是所有在历史上发生过的事情都是写入史书的事实。当然，历史记载者有自己的立场和选择，历史学家根

①《马克思恩格斯选集》第1卷，人民出版社2012年版，第168页。

据这些选择的文献的记载书写历史，又经过一道选择。历史无法整体再现，如何确认已经消逝的历史，确实是难题。但历史不仅会留下足踪，而且在现实中通过对历史传统的分析，对现实何以如此的分析，也有助于我们了解历史。

臧峰宇：正如您所说，历史研究总是体现为某种选择，也是有明确的目的性的。“吾生也有涯，而知也无涯。”研究历史要有问题意识，否则就会淹没于各种历史细节，外在于历史研究的目的。对于个体生命而言，历史如同海洋，我们可以采撷大海的浪花，但海水是采之不尽的，有些浪花在我们视野之外流走了，却在历史中真正存在过。因而，我们研究历史事实，主要体现为研究历史事件。历史事件当然是历史事实，可并非所有的历史事实都会成为一种事件。对历史研究者来说，历史事件是耳熟能详的，历史事实是挂一漏万的。

陈先达：你说得对，历史研究不仅要研究历史事件、历史人物，更应该通过研究历史事件、历史人物，以及不同历史时代的思潮，把握历史的走向，揭示历史的内在规律和必然趋势。

我们不能简单认为历史就是过去，应该注意历史、现实和未来的关联性。历史影响现实，并通过现实影响未来。一个国家的历史、现实和未来不是彼此分割的。可以说，历史对现实和未来往往具有某种程度的定向作用。了解过去有助于了解现实，而了解现实有助于了解未来。当然，这不是机械的不能变化的连环锁，我们充分考虑到现实的人的活动是在改变了的条件下的活动，条件的改变会对历史、现实、未来的关系注入新的元素。但历史、现实、未来之间的确存在因果关系的链条，理解历史、现实、未来的关系最重要的是在变化着的条件下把握住这种因果关系。例如，历史上任何战争的导火线往往具有偶然性，这种偶然性只是诱因，而非真正的必然性的原因。战争爆发的不可避免性植根于无法解决的矛盾激化之中。这种不可避免性通常就是必然性的因果关系，而诱因则是具有偶然性的原因，真正的因果关系要在本质性的矛盾中去寻找。

臧峰宇：研究因果关系的链条，思考偶然性和必然性的关系问题，需要聚焦于一些历史细节，从中发现偶然性发生作用的现实情形，但更重要是研究重大历史事件，思考其中的诱因和导火索的作用，在具有本质性的矛盾中把握主导线索和历史规律。

陈先达：历史事实中当然会有细节，在历史研究中要分析重大细节，但有些细节是可以忽略的。事无巨细，有文必录，不是历史研究，而是小报的社会新闻。历史研究要关注对历史发展起重要作用的关键事件。历史研究不可能回到历史现场，这就要站得高，有科学的分析方法，才能比较可信地书写历史。

臧峰宇：是的，关键是研究历史大势，这就要把握因果律。“物有本末，事有终始。”任何历史事件都有其发生发展的原因，都是以往各种情形积累的结果。研究历史因果律就是研究历史事件的时间序列性，因在果前，果在因后。生必有死，分必有合。从哲学角度看历史研究，更关注历史事件的成因，或者说更注重把握历史事件的因果关系。正如贾谊在《过秦论》中所说，“察盛衰之理，审权势之宜，去就有序，变化因时”。历史研究总是要分析历史事件发生的直接原因和间接原因，分析其中的内部原因和外部原因。如果不能分析出历史事件的所以然和所应然，历史研究就会停留于呈现一个个历史现象，无法呈现历史规律。

陈先达：历史研究必须把握因果关系，这也是历史唯物主义者特别强调的。李大钊先生在《史学概论》中就说过，历史研究要以考证确定零零碎碎的事实为能事，要把人事看作一个整个的、互为因果、互有连锁的东西去考察。历史研究如果只是停留于呈现一个个历史现象，这种研究就太单薄了。当然，也有些专注于历史细节的学者热衷于此，对历史细节必须具体细致地分析，但最后总要对历史事件的前因后果有所交代，否则历史研究对人们就没有多少启发性。只有充分地解释历史事件中蕴含的因果关系，才能深化对历史规律的认识。否则，只凭几条普遍性的历史规律解释一切历史事件，就会流于空谈。

臧峰宇：因果律体现了历史事件的复杂联系，有时是很多历史原因导致一个结果，有时是一个历史原因导致很多结果。这与自然界的因果关系不同，其中具有复杂的层次和特点。历史因果律有时表现为条件性，历史创造往往是有条件的，正如马克思所说，“人们自己创造自己的历史，但是他们并不是随心所欲地创造，并不是在他们自己选定的条件下创造，而是在直接碰到的、既定的、从过去承继下来的条件下创造”[①]。历史人物发挥作用总要基于历史条件，历史人物也要创造条件，但其才华的施展在一定程度上是由历史条件成就的。但同时也要意识到，创造历史的条件也是被创造出来的，创造历史条件的人都是在历史条件中成长的，这也体现了实践的思维方式。

陈先达：我们是在一定条件下创造历史条件的，对历史条件的分析，反映了历史唯物主义原则，涉及对经济史、政治史、文化史等的研究。其实，研究任何历史事件、历史人物、社会思潮，都离不开相应的历史条件。历史人物的成功不仅取决于个人才能，也取决于历史条件。贾谊在《过秦论》中说，秦王之所以振长策而御宇内，吞二周而亡诸侯，履至尊而制六合，执敲扑而鞭笞天下，威震四海，乃是因为“奋六世之余烈”，继承了秦国几代人创造的历史条件，发挥雄才伟略，创造了统一六国的丰功伟绩。当然，当历史条件不成熟的时候，也会使历史人物泪湿满襟。我们经常说历史局限性，就是讲受限于历史条件，因而也不能对历史人物的行为和选择过度苛求。

臧峰宇：是的，任何人都不能超越历史条件的限制，都要处理好传统和创造的关系问题。创造总是基于既定的条件，或者说人的实践活动体现为依靠历史条件和创造新的条件的一致，因而应该具有一种历史条件论。马克思恩格斯在《德意志意识形态》中说过，“一个人的发展取决于和他直接或间接进行交往的其他一切人的发展；彼此发生关系的个人的世世代代是相互联系的，后代的肉体的存在是由他们的前代决定的，后代继承着前代积累起来的生产力和交往形式，这就决定了他们这一代的相互关系。总之，我们可以看到，发展不断进行着，单个人的历史决不能脱离他以前的或在同时代的个人的历史，而是由这种历史决定的”[②]。但是，具备一定的历史条件，并非注定会产生某种历史事件，具备历史条件往往只能表明事件的发生具有了可能性。

陈先达：就是这个道理，不能把历史条件论简单化为历史决定论，因为历史条件并非唯一的必然如此的决定条件，因为还有很多复杂因素

①《马克思恩格斯选集》第1卷，人民出版社2012年版，第669页。
②《马克思恩格斯全集》第3卷，人民出版社1960年版，第515页。

的综合作用。不仅有人的主观能动作用，有时复杂的偶然性也参与历史的形成。但是，我们分析历史仍然要高度重视对历史条件的分析。条件论是对的，无条件论是错误的。人生下来就处于一个既定的时代环境，历史上具体的人从事的具体活动都会受到历史条件的制约。任何人都不能脱离上一代人创造的生产力和生产关系，也就是每一代人都要面对既成的生产方式，人们的创造性活动是在既成的历史条件下进行的。可以把这个叫作历史条件论，我同意这个说法，或者也可以叫作辩证的有条件的历史决定论，所谓历史多因素决定论、历史无规律论和历史唯意志论都是不妥的。

臧峰宇：对历史人物的成败得失，都应当基于历史条件来理解，人的实践活动有各种可能性，可能性成为现实不是没有缘由的，发挥主观能动性当然体现了一种积极的人生态度。您在《哲学闲思录》和《史论拾零》中对这个问题作了精彩的阐述。我同意您所说的，因果关系不等于必然性，因果关系体现的是各种历史现象之间的关系，是针对特定结果的关系。如果不针对特定结果，而将因果关系泛化为普遍联系，作无限度的延伸，因果关系也就没有了尽头，实际上也就没有了针对性，这样的研究也不可能有很强的启示意义。

陈先达：历史必然性是不以人们的意志为转移，不因偶然因素的影响而改变的趋势，具有规律性特征。如果必然趋势由于人的主观错误或某种偶然性而被中断，这种中断肯定是暂时的，它会再以其内在动因重新发挥作用。这就是在革命过程中存在失败、斗争、再失败、再斗争，直到胜利的现象的原因。

可能有人会说，有某种因并不必然有某种果。可是他们忘记了，没有产生相应结果的事件不能称为原因，因而并没有形成因果关系。因此，同样的事件并不是在任何条件下都会产生同样的结果，在改变了的条件下，它可能形成另一种因果关系。所以，类比并不是真正的因果分析。在历史研究中，类比往往无视条件的变化。例如，现在为某些历史学家热炒的所谓守成大国与崛起大国必然一战的“修昔底德陷阱”，就是一种简单类比，而不是真正对因果关系的科学分析。

臧峰宇：确实，所谓“修昔底德陷阱”只是一种在统计学上出现的现象，而不能体现历史规律。近代以来的大国战争，往往源于殖民的目的或民族宗教问题，历史上大国崛起并非都要通过战争。这种简单类比有些言过其实，停留于对一些历史现象的过度解读，未能呈现历史规律。历史的因果关系是非常复杂的，仅就战争而言，通常取决于当时复杂的历史条件和社会关系，并不必然存在某种不可绕过的“陷阱”。

陈先达：原因和结果是不能拆开来判断的，因果关系是多样的复杂的，有直接原因、间接原因，有历史原因、现实原因，有长久原因、短时原因，有必然原因、偶然原因。偶然原因并不是具有必然产生同样必然结果的原因。陈胜、吴广起义的重要原因是遇雨失期。遇雨是偶然的，如果不遇雨，没有失期，陈胜、吴广起义可能不会爆发。但是，陈胜、吴广遇雨不是起义爆发的必然原因，而只是一个诱因。必然原因或者说根本原因在于当时严峻的社会矛盾，即使没有遇雨这样的偶然原因，在秦末也会爆发农民起义，刘邦和项羽举兵抗秦，就没有遇雨的因素，但也是要爆发的。

臧峰宇：是的，历史事件的发生有其必然性，这是历史唯物主义所强调的，用来解释导致历史发展的直接决定因素。历史必然要走向世界历史，人们也一定会从必然王国迈向自由王国，重要历史事件的发生都是原有的问题已经不得不解决而产生的。但是，历史事件总是应运而生，具有多种可能性途径，历史必然性的结果往往以偶然性的方式体现出来。例如，您谈到的陈胜、吴广因遇雨失期而作出的决定，就是一个体现历史必然性的偶然事件。正是因为历史必然性的存在，我们说历史不能假设，因为历史是由既成的事实展现的，不是对理论假设的复制，历史的必然性总是在无数的可能性或者说偶然性中呈现出来。

陈先达：历史中有很多偶然性，人的主观能动性必然发挥作用，偶然性的出现并非由事件本身决定而不可避免。历史事件总会有一些诱因，但诱因不是必然如此的原因，历史研究者面对的从来不是历史本身，而是各种历史文本或现实的历史遗迹，但这并不是否定历史客观性的理由。历史唯心主义者强调支配历史观念和思想的至上性，例如，黑格尔认为世界历史只是实现绝对观念的舞台，柯林伍德认为“一切历史都是思想史”，尽管他们对历史理论的发展各有贡献，但他们的立足点都不是历史的客观性，因而其研究只是想象主体的想象活动，历史研究应当是以问题为导向的，真正的历史研究面对的都是作为历史问题的历史事件、历史人物等史料，通过搜集、考据、论证等过程而接近历史事实。历史书写和历史研究可以伪造史实，但历史事实是客观存在的，所以历史研究应当以追求信史为目的。

臧峰宇：历史研究要具有深刻的问题意识，要揭示历史的本来和缘由。历史事实和历史人物有自己的时代，如果不把问题绝对化，在相对确定的范围内，历史认识当然是有客观性与可知性的。马克思说过，“现代历史著述方面的一切真正进步，都是当历史学家从政治形式的外表深入到社会生活的深处时才取得的”[①]。历史事实和历史人物都有自己在时代中的真实内容，必然受到自己时代的人与自然关系、人与社会关系的制约。历史研究者也是这样，总是受到历史条件对其历史视野的影响，影响他在研究中对历史事实的选择和价值判断。

陈先达：历史研究者令人感到睿智，既与他的研究对象有关，也与他的研究态度有关。历史研究者要从历史的高度审视历史的发展，立足于当代把握历史经验与教训，体现出一种远见，形成研究的自觉和自信。文化自觉和自信要以历史自觉和自信来支撑，离不开中国传统文化的历史和近百年中西文化争论的历史，也离不开马克思主义发展史，离不开马克思主义哲学中国化的历史。中国百余年来的历史，为我们提供了最充分的理论自觉和自信心，我们的文化自觉和自信建立在我们走过的道路的基础上，建立在历史蕴藏的丰富经验中。

臧峰宇：确实如此。历史研究的自觉与文化自觉紧密相连，文化自觉和自信具有历史的底气，这样的历史研究也会给人们以深刻的启示。恩格斯说过，“我们根本没有想到要怀疑或轻视‘历史的启示’；历史就是我们的一切，我们比其他任何一个先前的哲学学派，甚至比黑格尔，都更重视历史”[②]。历史唯物主义强调历史研究的自觉，为人们提供正确认识历史的方法，呈现了一种历史进步观念。历史唯物主义研究坚持从历史本身中寻找动力，从人类创造历史的实践活动中确认历史的本质，

①《马克思恩格斯全集》第 12 卷，人民出版社 1962 年版，第 450 页。
②《马克思恩格斯全集》第 3 卷，人民出版社 2002 年版，第 520 页。

反对思辨的历史哲学主张。

陈先达：历史唯物主义揭示了历史进步观念，历史进步观念是关于社会形态发展的，指的是社会在生产力、科学技术、政治制度、物质文明等各方面的总体性进步，不是说一个社会的任何方面都超越过去。文化艺术、思想观念等方面的成就往往是无法复制和超越的，例如，超过楚辞、汉赋、唐诗、宋词、元曲的可能性不大，很难说今天的艺术品一定比古希腊或春秋战国时代的完美。历史进步观念往往是就物质文明发展而言的，体现在生产方式、科学技术等领域。历史进步观念的重要性在于，以历史事实为基础，否定社会历史领域的唯心主义观念，使历史主体形成实践自觉，更好地把握历史规律。

臧峰宇：古人治史向来强调说理，强调“未尝离事而言理”，说理总会呈现一些有规律性的东西。这在分析治乱安危兴废存亡之理方面最为常见，因为在这方面有很多历史之谜。纵观中国封建王朝的更替，真是千古兴亡天下事，王朝的开创者往往有雄才大略，末代帝王要么昏庸无道，要么无法在短期解决堆积沉重的社会矛盾。小时候读南唐后主李煜的词，“春花秋月何时了，往事知多少”，感到意境深远、凄凉悲壮，堪称名篇，可惜他不是一个好皇帝，最后“归为臣虏”“垂泪对宫娥”。封建王朝更替大多通过战争解决，一部二十四史记载了如此多的战争，反映了封建王朝的变迁史，这里蕴含着很多历史规律。

陈先达：是这样的，周朝都是姬姓的国家，容易做到和为贵，因为都是一家人。到战国就不是了，就要通过战争解决问题。是否承认历史规律，是历史唯物主义的生命线。历史规律是大尺度规律，需要数十年甚至上百年才能发挥作用，其中还可能出现反复。人们可以制定规则和规范，但不能制定规律，无论是力学规律、生命规律，还是历史规律，都不是人所能制定的。人可以创造历史，但不能创造历史规律，因为规律的客观载体不是人的实践活动，而是在社会实践中创造的社会关系。历史规律体现的是个人有意识和集体无意识的力量，是一种社会合力。比如说，私有财产制度是人创造的，但私有财产制度一旦产生，成为社会的经济基础，它的运行就要遵循私有制度的规律，而不是按照人的愿望。历史规律不以人的意志为转移，以意志为转移的是人的活动，而人们在活动中形成的关系是按其规律运行的。

臧峰宇：当人们没有认识社会历史领域的规律，就可能将其神秘化为天意，而当人们掌握了历史规律，就会使之作用于自由自觉的活动。正是在阅读和理解历史经验的过程中，我们感到深受教益。研究哲学不能离开哲学史，研究任何具体问题也不能离开具体的语境及其发生发展史。研究中国问题，就不能忽略中国历史的转折与重要坐标。思接千载、视通万里的历史研究要以历史唯物主义为指导，确立正确的历史分析方法，呈现深远的历史价值。历史价值在很大程度上表现为被意识到的历史的当代价值，正如一个民族的文化自信总是一种基于历史的自信。

陈先达：历史规律在本质上就是社会运动规律，不存在脱离社会运动的历史规律，从一个特定时段考察的历史，就是社会；从连续性考察的社会，就是历史。关于社会矛盾运动的规律、阶级斗争规律、人在社会中的作用的规律，既是社会规律，也是历史规律，存在于社会现象的本质联系之中。规律有很多种，自然规律、社会规律、认识规律，其中有普遍规律，有特殊规律。历史研究要呈现历史价值，历史价值也基于历史事实，历史研究主体的认识、价值观是随着时代变化而变化的，历史研究主体观察历史的视角可以变化，但历史事实是不能改变的，所以，对历史的价值判断不能取代对历史的事实判断。

臧峰宇：是的，历史研究主体的价值观总会受到时代的影响，任何时代的历史学家和哲学家都受到其所处时代的现实的影响，对历史的选择和阐释也总会带有时代的印记。所以，有所谓“一切真正的历史都是当代史”的说法，这种说法强调历史研究的时代性，却模糊了历史事实的客观性，历史事实是确定的、既成的，但是对历史事实的理解与阐释体现了时代特点。承认这种时代性正是尊重历史的表现，历史阐释随着时代条件的变化具有不同的特点，但不会改变历史事实本身，也不会改变历史规律的本质。

陈先达：这么说是对的，任何历史学家和哲学家的研究、观点、兴趣都不可能跳出自己的时代，或者说每个历史学家或哲学家所处的时代都是他的“当代”。历史研究总是为了满足现实需要，纯粹为了历史而作的历史研究有很强的局限性，其实也是不可能的。但是，我不同意克罗齐所说的“一切真正的历史都是当代史”，这在很大程度上否定了历史的客观性，也混淆了历史判断的当代性与历史事实的当代性。

例如，争论在中国历史上是秦始皇重要，还是孔夫子重要，是脱离历史条件的抽象争论。如果从历史上的中国的统一来看，秦朝当然起了无可替代的作用。如果从对中国文化的贡献来看，当然是孔子的贡献大。这是两种不同尺度，不能简单类比评价。我们不能用普世价值的观点、用专制与民主二元对立的观点来评价秦始皇，正如我们不能简单根据中国封建社会对孔子过度政治化和工具化来评价真实的孔子的思想及其贡献一样。孔子被称为素王，其实是有王者之名而无王者之实。中国封建社会结束了，儒学仍然存在，孔子的思想仍在传承。

臧峰宇：孔子的政治理想和孔子的思想在封建社会被政治化不同，这正是理解孔子盛名的复杂性所在。今天，儒学研究不断走向世界，这表明孔子的理想仍然具有时代性。在历史长河中，真正具有推动力的是将理想转化为现实的实践，我们理解秦皇汉武这些历史人物，看重的往往是其睿智的判断力和坚定的意志力。马克思说过，“人则使自己的生命活动本身变成自己意志的和自己意识的对象”①。历史人物的意志力是令人敬佩的，体现了实践活动的高度自觉。“三军可夺帅，匹夫不可夺志也”，强调的就是意志的重要性。当然，还要考量历史人物的意志力与历史条件的制约性之间的关系，由此方能形成遵循历史规律的理解。

陈先达：这是一个关键的问题，人们的意志要真正获得自由，必须认识、利用和服从规律。一个国家需要国家精神，民族需要民族精神，一个人也需要个体精神。精神最直接的体现就是实践中的意志，意志的重要性是不言而喻的。意志包括非理性因素，但真正起积极作用的意志是理性与正确信仰的力量。人的意志是通过实践而凝集在人自身的创造物。历史人物的意志力固然重要，但是任何人都不能完全按照自己的主观意图创造历史，总要受到历史条件的制约，总是在现实的基础上实现。历史人物的意志体现的不是某种生物学的功能，而是社会性的凝

①《马克思恩格斯选集》第1卷，人民出版社2012年版，第56页。

集，因而生活在不同社会的人们总是会表现出不同的意志。

（二）新时代的历史意识和历史思维

臧峰宇：是的，人的思想总是具有历史性特征，任何试图摆脱历史的思考几乎都是不可能的。人们的精神世界充满历史基因，历史是未完成的存在，而所有完成的和即将完成的事实都要成为历史。在这个意义上，历史就是存在本身，没有历史意识的存在是成问题的。历史意识在很大程度上体现为对历史的问题意识，人们总要重新思考在历史事实中面向时代的问题。关于史实的评价难以定论，但人们总会在对历史问题的思考中得到启示，形成历史思维。这样，历史研究就在不同程度上体现为历史哲学研究。历史叙事因而总会体现某种历史观，历史记忆总会受制于人们的经验与反思。

陈先达：历史意识所指的大致是两方面内容。一方面，对历史问题的考察要有历史观点，就是把历史问题放在历史场景中考察，一切以时间、地点、条件为转移，这样就不会按照现代人的标准来要求古代人。另一方面，考察现实问题要具有历史意识，就是考察研究对象是怎么发展过来的，它的历史成因是什么，这就要把握历史规律。中国近代以来的重大历史事件都有其历史原因，1840 年以来的历史事实激发了人们实现民族复兴的历史自豪感。历史意识其实就是历史思维方法，既包括对历史的唯物主义考察，也包括对历史的辩证法的考察。除了追求事实的真实性之外，人们的历史意识总是体现为对历史意义的审视。

臧峰宇：这种探究历史事实、审视历史意义的意识是人们对历史发展的现象与本质的认识，体现了以古鉴今的自觉。历史是一幅波澜壮阔的长卷，正是因为秉持历史意识，人们不断从蒙昧走向文明。只有深刻理解历史经验，把握历史规律，才能更好地走向未来。习近平总书记指出："哲学是人类的智慧之学，历史是前人的实践和智慧之书。所以，各级领导干部要注重加强对马克思主义哲学的学习和对历史的学习。"[①]这样才能把握世界历史进程中各种文明积淀的经验与智慧，才能深入思考

①《习近平党校十九讲》，中共中央党校出版社 2015 年版，第 271 页。

中华民族的宝贵精神财富及其历史价值与现代启示，才能加深对近现代中国国情和中国社会发展规律的认识。

陈先达：习近平总书记强调对马克思主义哲学和历史的学习，强调掌握历史唯物主义基本原理和方法论。因为历史与现实不可分，历史是过去的事实，但它必然以不同方式体现在现实生活中，历史与现实之间的桥梁是传统，传统使历史与现实连贯起来。古话说，“观今不鉴古，无古不成今”。我说过，历史不是用一种颜色绘制成的古代俄罗斯苏兹达利城的拙劣绘画，而是波澜壮阔、色彩多样的巨幅画卷。在今天强调历史意识和历史思维，就是注重研究前人的思想与智慧，“择其善者而从之，其不善者而去之”，发挥历史的资政育人的作用。在总结历史经验、认识和把握历史规律的过程中，要特别注意历史大变动时期，注意存亡兴替时的经验和教训。因为总结这个时期的历史，对我们找到前进的方向和动力，对改进实际工作都是大有助益的。

臧峰宇：所以说，“历史是最好的教科书”，是前人的“百科全书”和经验总汇。中国历史中有治国理政的丰富经验，一部二十四史涵盖政治、经济、文化、军事、天文、地理等诸多方面。作为二十四史之首，《史记》记述了中国古代3000多年历史中发生的社会变迁，对很多明君贤臣作出深刻评价，“通古今之变”，被鲁迅先生称作是“史家之绝唱，无韵之离骚”。与《道德经》《论语》等哲学经典一样，中国史籍中蕴含着丰富的治国理政的智慧，包括对成败、兴衰、安危、得失、荣辱的分析和归纳，也有很多规律性的判断。

陈先达：中国史籍中饱含丰富的文化知识与治国理政的智慧，从中可以感受到修齐治平的理想、海纳百川的胸怀、筚路蓝缕的精神、艰难困苦的意志、舍生取义的气概、自强不息的追求，读后令人深受启迪。我们党不仅承载着中国革命、建设和改革的责任，也在努力实现1840年以来有识之士徐图自强、光复旧物的愿望。现在我们的很多治理方式都注重吸收古代经验，当然要加以现代转化。例如，强调任人唯贤，不要任人唯亲，打破门阀制度，就是古代用人选贤的好传统。我们也强调历史上令人感佩的爱国主义精神，爱国主义是中华民族的优良传统。林则徐说过：“苟利国家生死以，岂因祸福避趋之。”一个民族文化的精髓往往凝结为爱国主义精神，我们应当继承这个传统，发扬好这个传统。

臧峰宇：是的，阅读近代史，研究马克思主义哲学在中国的早期传播，就会强烈地意识到这一点。深受儒家思想影响的知识分子毅然选择马克思主义，抵御封建意识形态的影响，正是体现了修齐治平的担当精神，凝结着期待中华复兴的情感。近代以来，有识之士进行过很多尝试，其中体现着复杂的政治力量及诸多政治主张的较量与争论，直至“十月革命一声炮响，给我们送来了马克思列宁主义”，“中国人从思想到生活，才出现了一个崭新的时期”。[①] 从中可以深切感受到中国近代以来历史选择的必然性，旧式的自强运动、改良运动、农民斗争、资产阶级民主革命在中国都行不通，只有选择新民主主义革命。

陈先达：中国革命道路是历史的选择。当腐朽的清王朝走向衰亡，正是八国联军外族铁蹄践踏中国之际，封建社会的治理方式有很强的局限性，久历官场的官僚对上从来是同，永远高度一致，对下要求的也是同，永远唯命是从，这就很难推动社会进步。国运长短决定于当政者处理矛盾的政策，无论当政者如何英明，当社会矛盾积累到无法解决时，王朝就必然更替，这时传统的思路与方法无力对抗社会规律。马克思主义进入中国，更新了中国人的思维方式和价值观念，使人们的思想和生活进入了一个崭新的时期。当前，我们需要结合实际，加强对中国近现代史的研究，加强对党史、国史的研究。

臧峰宇：研究哲学与历史，做到学以致用，就要以我们正在做的事情为中心，对历史时期和历史人物作出符合历史的评价。关于改革开放前后两个时期的评价就是如此，习近平总书记强调，对改革开放前的历史时期要正确评价，不能用改革开放后的历史时期否定改革开放前的历史时期，也不能用改革开放前的历史时期否定改革开放后的历史时期。历史地看待这个问题就会发现，前者为后者提供了重要条件，后者是对前者的坚持、改革和发展。这也涉及理解历史的哲学观念，只有用历史的、实践的、辩证的观点看待改革开放前后两个历史时期，才能把握这两个时期的本质的必然的联系，才能尊重历史而不割断历史。

①《毛泽东选集》第4卷，人民出版社1991年版，第1470—1471页。

陈先达：是这样，只有用历史唯物主义观点看待改革开放前后两个历史时期，我们才能认识到这两个时期的连贯性，才能深刻理解中国特色社会主义是科学社会主义的理论逻辑与中国社会发展的历史逻辑的统一。当然，这两个时期的历史不是一帆风顺的，我们党经受了危难之际的考验，也在挫折之后奋起拼搏，带领人民经历了苦难辉煌，形成了中国特色社会主义的道路自信、理论自信、制度自信和文化自信。既不走封闭僵化的老路，也不走改旗易帜的邪路，在历史前进的逻辑中前进，在时代发展的潮流中发展，始终保持历史前进的正确方向，这与我们党长期强调对马克思主义哲学和历史的学习是分不开的。

臧峰宇：从这个角度看，马克思主义哲学和在中国历史长河中形成的优秀传统文化是我们党创立时与生俱来的文化基因，加强对党史、国史的研究，必须坚持历史唯物主义观点，运用历史思维和辩证思维看待历史事实。自觉坚持和运用历史唯物主义观点，就会在历史研究和实践探索中遵循历史前进的逻辑，把握历史发展规律，认识到历史观念是在社会存在的基础上产生的，历史意识在任何时候都只是被意识到了的存在。从而把握历史特别是中国近代以来的历史的实践逻辑，形成对改革开放前后两个时期的共性与差异的正确认识。

陈先达：你说得对，我们党确实具有与生俱来的文化基因，就是马克思主义哲学和中华优秀传统文化。毛泽东说过，"我们是马克思主义的历史主义者，我们不应当割断历史。从孔夫子到孙中山，我们应当给以总结，承继这一份珍贵的遗产"[①]。要学习和运用好中国优秀传统文化，将其转化为中国特色社会主义制度文明。同时，要掌握马克思主义哲学的思想方法和工作方法，按照历史规律和历史发展的辩证法思考问题。例如，当我们谈到中国文化基因，都知道其中有大一统的传统，但今天我们讲大一统，主要强调国家不能分裂，不是强调专制制度，而是强调在新的历史条件下的统一，关键是国家主权和领土不容侵犯。

臧峰宇：这样理解大一统，可以说正是体现了中国传统文化的创新性发展，实际上就是强调主权在我的观念。其实，这里也体现了中国文

①《毛泽东选集》第2卷，人民出版社1991年版，第534页。

化的包容性和在历史中生成的力量。许倬云先生在《万古江河》中说过，“中国文化从源头的细流，长江大河一路收纳了支流河川的水量，也接受了这些河川带来的许多成分，终于汇聚为洪流，奔向大海”，“随着历史的发展，中国文化的内容和中国文化的占有空间都不断变化：由以黄河流域为核心的‘中国’，一步步走向世界文化中的‘中国’”。[①] 从这个角度理解大一统，就不会重复旧历史观，而在强调国家主权的基础上，将其理解为一种世界性的开放的观念。

陈先达：我是这么看的，中国在历史上是逐步形成的，春秋战国的时候，有很多诸侯国，北宋南宋的时候，有辽金夏元，这些小国都是在中国境内的不同政权，这些政权与后来的民族国家的意义不同，与苏联的联邦制也不一样。大一统以后，就归为统一的王朝了。我们要承认，大一统观念对国家主权的巩固具有积极的作用，但这不是古代封建的大一统观念。我们强调中华民族共同体意识，就是强调形成民族历史文化联系、稳定经济活动特征和心理素质的意识，这当然也是一种历史意识。我们同时强调构建人类命运共同体，因为人类生活在一个地球村，共享一个人类的家园，这就体现了世界性的开放的观念。

臧峰宇：您这个看法体现了深厚的历史感，中国是在历史上逐渐形成的国家，大一统观念对统一的多民族国家的形成和发展起到了重要作用。很多古代观念在今天都需要重新界定，因为使用这些观念的文化环境和历史进程中的人都发生了变化，任何现实的观念都是处于一定的社会结构中的，为现实的个人理解和使用。所以，历史意识总是在不断更新，这是由变化着的社会存在决定的。历史对现代人来说往往是一个时间概念，历史、现实和未来是连贯起来的，体现出一种不是想象的而是现实的因果律。

陈先达：历史意识和历史观念当然是发展的。历史、现实和未来之间有现实的联系，没有过去，就不可能有现在；现在如何，也决定着未来如何。我们未来的前途，取决于我们现在走什么路。没有一个抽象的未来。习近平总书记强调“不忘初心，牢记使命”，不仅强调现在的态

① 许倬云：《万古江河：中国历史文化的转折与开展》，湖南人民出版社 2017 年版，第 ii-iii 页。

度，也包括未来的使命。未来不是想象的，而是在现实中一步步迈向的。历史、现在和未来之间的联系，最根本的体现为历史因果关系，历史研究必须重视因果性。没有研究历史的问题意识，就找不到恰当的因果关系，因果关系都是就具体的历史事件而言的。两次世界大战为什么爆发？日本为什么侵华？侵华之前为什么侵略朝鲜？为什么先有九一八事变，然后才有七七卢沟桥事变，然后才有南京大屠杀，这都是一环接一环的，其中就体现了因果关系。历史主体在实践活动中创造未来，历史主体的意识和社会存在都是变化的，体现为一种相互关系。所以，我觉得历史意识是一种历史方法论范畴，就是考察历史应有的态度。

臧峰宇：确实，我们应当将历史意识和历史思维理解为一种方法和态度。我们要有意识地研究历史这门必修课，将对马克思主义哲学和历史的学习连贯起来。只有这样，才能深刻地理解历史因果关系，因果关系和因果律都是历史的、具体的。我们要在历史语境中理解历史因果关系，在历史语境中深化对马克思主义哲学的运用。唐代魏征说过，“求木之长者，必固其根本；欲流之远者，必浚其源泉”。把握党史、国史的主题、主线、主流和本质，才能对我们国家百年来的历史形成规律性认识，这对我们正确评价历史人物，科学预见未来具有重要的启示意义。

陈先达：深刻理解历史因果关系，有助于我们正确理解历史本身，正确评价历史人物。习近平总书记在纪念毛泽东诞辰 120 周年座谈会上的讲话中说过：“对历史人物的评价，应该放在其所处时代和社会的历史条件下去分析，不能离开对历史条件、历史过程的全面认识和对历史规律的科学把握，不能忽略历史必然性和历史偶然性的关系。不能把历史顺境中的成功简单归功于个人，也不能把历史逆境中的挫折简单归咎于个人。”① 简单将历史中的成败归咎于个人，就会陷入偶然性的泥淖。其实，分析各种历史事件的因果关系，就会找到历史的必然性，意识到各种突发事件的可理解性，依据历史规律判断历史走势，正确把握历史的偶然因素与历史的连续性，作出科学预见。

臧峰宇：从历史分析到现实研究再到科学预见，体现了哲学思考的

① 习近平：《在纪念毛泽东同志诞辰 120 周年座谈会上的讲话》，《人民日报》2013 年 12 月 27 日。

长线逻辑。清代思想家龚自珍说过，“欲知大道，必先为史”。我们之所以强调尊重历史，在历史研究中寻找实践经验，是因为历史发展是有规律可循的，这种规律不是人为创造的。人的实践活动是创造性的，但历史规律是不以人的意志为转移的客观实在。面对纷繁复杂的历史现象，只有遵循历史规律，才能判断历史走势，作出科学预见。深入理解共产党执政规律、社会主义建设规律、人类社会发展规律，就要走向历史的深处，更好地学习和掌握历史经验。

陈先达：历史上的突发事件是难以预测的，因为偶然的事件不好预料，但历史趋势是可以预见的。龚自珍强调“出乎史，入乎道”，研究历史要有一个长线逻辑。我们研究历史，既要有乐观的态度，也要有忧患意识，懂得居安思危，坚持底线思维。如果没有历史性的忧虑，也就没有未来。以古鉴今，方能未雨绸缪。历史研究领域的很多事情是复杂的，在新冠肺炎疫情防控过程中，我们社会主义优越性体现得很明显，但也要看到，封建观念和封建意识在全球范围内还在一定程度上存在。历史规律既体现普遍性，也体现特殊性。所以，历史不能简单类比，有些历史现象看起来具有相似性，实际的因果关系却可能千差万别。

臧峰宇：正如您所说，借鉴历史经验往往具有个体性差异，因为人们对历史的理解不同，评价和借鉴的思路就会有差别。历史上体现规律的事件反复上演，展现具有普遍性的历史命题，令人体悟社会形态变迁的原理与历史周期律，理解经济基础与上层建筑的矛盾运动。例如，马克思在《〈政治经济学批判〉序言》中指出的：“无论哪一个社会形态，在它所能容纳的全部生产力发挥出来以前，是决不会灭亡的；而新的更高的生产关系，在它的物质存在条件在旧社会的胎胞里成熟以前，是决不会出现的。”[①] 纵览人类历史的长卷，总能感受到历史辩证法的力量，这些呈现历史规律的重要历史命题令人深思。

陈先达：研究马克思在《〈政治经济学批判〉序言》中这个命题，关键是要把握生产力与生产关系的矛盾冲突和经济基础与上层建筑的矛盾运动。革命总是爆发于对旧政权的反抗，而旧政权的腐败是革命者反抗

①《马克思恩格斯选集》第2卷，人民出版社2012年版，第3页。

的重要原因。宋朝中原政权败于北方的金人，无论从文化还是从生产力来说，宋朝肯定比金人的政权发达，可最终北宋灭亡，赵构南渡，偏安杭州。南宋居于江南富庶之地，最后亡于北方游牧民族。为什么？腐败！“山外青山楼外楼，西湖歌舞几时休。暖风熏得游人醉，只把杭州作汴州。”当然，当生产力落后的民族取得政权，还要采用并发展被征服者的文化和生产力，但这是取得政权之后的事，并不是前提。历史上“其兴也浡焉，其亡也忽焉”的事情反复上演，“秦人不暇自哀而后人哀之；后人哀之而不鉴之，亦使后人而复哀后人也”。历史告诉人们的道理确实深刻。

（原载《马克思主义哲学》2021 年第 1 期）

附录二：中国式现代化的哲学内涵与文化底蕴①

薄国强：中国式现代化如今已经成为“热门话题”。虽然目前有很多关于中国式现代化的研究，但关键的问题是理解中国式现代化的哲学意义和内涵。我们应该如何理解这种与西方式现代化有本质区别的现代化模式？中国道路对我们理解“现代化”的普遍性和特殊性意味着什么？中国式现代化表明，许多其他国家特别是发展中国家可以根据自己的具体现实和传统文化来研究和寻找适合自己的现代化道路。为此，我们需要从一些基础的概念谈起，然后再研究现代化进程中所映现的历史与文化。

臧峰宇：深刻理解中国式现代化的哲学内涵非常必要，当然这涉及您谈到的普遍性和特殊性的关系问题。中国式现代化是中国共产党领导的社会主义现代化，具有人口规模巨大、全体人民共同富裕、物质文明和精神文明相协调、人与自然和谐共生、走和平发展道路等鲜明特征，可以说与西方现代化具有本质区别。我也觉得应当从一些基础的概念谈起，由此把握中国式现代化的历史与文化底蕴，从中可以看到一些规律性的特征，探究其中体现的文明史意义，理解面向未来创造人类文明新形态的重要意义。

（一）理解“现代化”：普遍性与特殊性

薄国强：正如我们所知，现在有很多关于现代化以及现代化的不同

① 本文系国家社科基金重大项目“中国式现代化的文明底蕴与人类文明新形态的实践创造研究”（项目号：22&ZD014）的阶段性成果。

作者简介：臧峰宇，中国人民大学哲学院院长、教授，主要从事马克思主义哲学、政治哲学与中西哲学比较研究。薄国强（Roland Boer），澳大利亚纽卡斯尔大学荣休教授，国家外专局高端外专项目专家、中国人民大学哲学院教授，主要从事马克思主义哲学和马克思主义宗教观研究。

模式的讨论。在我们讨论之前，界定我们使用的术语是很重要的。首先，现代化的意思是“使之现代”。但是，“现代化”的起源是什么？它不是一个古希腊术语或拉丁文术语。“moderne”首先出现在中古法语中。当然，法语是一种罗曼斯语，我们可以从拉丁文“modus”中追溯其深远的影响。然而，“现代”这个新词的意思是当前或当代。“moderne”由法语进入英语、德语、丹麦语、荷兰语等其他欧洲语言，只做了非常小的改动。

“modern”这个词不是凭空出现的。到16世纪的西方，“现代”一词在法语中和在英语中的含义，在时间和风格上是最接近的，指的是“最新的和当代的”。换句话说，“现代”开始呈现出一种充满活力和动力的意义。为什么？16世纪是西方资本主义尤其是荷兰商业帝国刚开始出现的时代，正如伊曼纽尔·沃勒斯坦在他的四卷本著作《现代世界体系》中所表明的。最早是荷兰，很多国家紧随其后，他们都在发展资本主义的过程中实现了“现代化”。因此，“现代”与“现代化”概念最初与资本主义的出现以及世界上少数几个西欧国家崛起为全球主导时期密切相关。这样，“现代”和“现代化”在西方被视为等同于“资本主义”和“西方化”。我想请您谈谈关于“现代化”内涵的理解。

臧峰宇:“现代化”是一个比较晚近的概念，具有复杂的内涵。与之相关的“现代性”出现略早，它在现代社会历史主体创造世界历史的过程中对象化为现代化进程。正如您所说，它们的词源都来自中古法语，其含义指向当前的或当代的。“现代性”有很多表现形式，最初体现了科学精神、人文精神、法治精神等。这种理念的具体化带来了生产方式的变革，促进了经济发展和科技进步。但是，这个过程也伴随着资本扩张和殖民化，强化了资本逻辑并形成了利益对立关系。遵循利益最大化原则，资本不断增殖并不断谋求剩余价值，形成了新的交换关系和权力关系，由此构成了资本现代性的强大动力。

理解“现代化”因而需要一种辩证的视角。一方面，它具有充满活力和动力的意义，展现了现代生产方式的首创精神，释放了自我意识的创造性，为世界历史的形成奠定了物质基础。这里体现了世界历史普遍性的伟力，走现代化道路成为每个世界历史民族的普遍命运。另一方面，以“资本主义”和“西方化”为特征的“现代”和“现代化”是一种最初情形，或者说只是世界历史进程中的特殊样态，不应被解读为普遍样态。我们既要看到这种样态的历史意义，也要反思这种样态存在的问题，从而推动人类文明进步。现代性没有固化，现代化也不是单一的模式。构建新现代性，探索现代化发展的新版本，才能提升现代文明的品质。

薄国强：您对“现代性”和“现代化”的辩证分析提出了一个特别好的观点。我们确实需要区分现代化的动力和创造性意义。现代化为每个国家在全球历史背景中实现现代化开辟了道路，而西方资本主义道路有其特殊性和问题，它当然不是适合所有国家的现代化道路。我们也可以从所谓的“虚假的”和“真实的”普遍性角度思考这个问题。一种“虚假的”普遍性是在特定的历史背景中产生的，但随后忘记或抹去了这种历史发生背景的特殊性。然后，它试图声称这种单一模式是“普遍的”并适用于世界上每个国家和每个地方。显然，“现代化 = 西方化”和现代国家必然是一个资本主义国家的说法就是这样的普遍性。我们也可以从西方声称其特定的价值观、政治制度、法治、社会形式和文化是“普世价值”中，看到这种“虚假的”普遍性的过程。这些思想最初产生的特殊背景总是被抹去的。

臧峰宇：确实，我们需要具体理解普遍性的意涵。将在特定历史背景中形成的发展模式理解为“普遍的”，就会产生“现代化 = 西方化”这种看法，甚至将这种看法强加给其他民族。马克思在《德意志意识形态》中曾用“虚假的”和“真实的”评价不同的共同体及其观念形态，运用这种思路审视“普世价值”同样是有效的。在特定历史背景中形成的价值观、政治制度、道德、思想文化、哲学总会带有历史印记和地域特征。在文明交融中实现综合创新，并适应于各民族发展的实际需要，才具有一定的普遍性。将一种地方知识强制阐释为具有共识性的世界知识，总要抹去其最初产生的特殊背景，其实既不可能也不必要。发展中国家走现代化道路，符合现代化的一般特征，不会成为西方现代化的翻版，而会体现其民族文化特征和独特的探索，假设其必然与西方现代化一样的想法不可能是“真实的”。

薄国强：相比之下，一种“真实的”普遍性是完全意识到并总是考虑到其产生和适用的特定背景的普遍性。这个逻辑是这样的：如果我们以这些术语理解现代化，那么作为真正的普遍性，现代化在世界不同地区将具有不同的模式或特征。然而，我有一个问题，是关于英语中的“universal”和汉语中的“普遍性”的。这个问题涉及语义场和语义内涵。在英语中，“universal”一词在“单一的普遍性”方面具有重要内涵：通常假设只有一种普遍性。在这方面，西方哲学对“universal”的含义有很强的影响。我的理解是，中文的“普遍性”通常是“universal”的翻译，也有“共性”的意思。这样说对不对？这对理解现代性和现代化有什么意义？

臧峰宇：从现代化的不同发展情形来看，并非遵循单一模式恰恰体现了一种“真实的”普遍性，说明“普遍性”并不意味着“单一性”。您说得对，中文的“普遍性”通常是“universal”的翻译。它为人们所了解，与马克思主义哲学原理中关于矛盾的普遍性与特殊性的关系有关，体现为一个与特殊性相对应的范畴。“共性”是相对于“个性”而言的，有时表现为“普遍性”。例如，矛盾的普遍性表明其存在于一切事物发展过程的始终，这反映了一种共性或必然性。毛泽东的经典名篇《矛盾论》中有一节的题目就是“矛盾的普遍性”，其中就有关于“差异是普遍存在的”观点。我们可以从这个角度来理解现代化在不同民族发展的多样性，这种多样性是普遍存在的。

薄国强：您对现代化的理解富有启发性。您指出一个“单一的普遍性”“既不可能也不必要”。然后你开始阐述为什么“单一的普遍性”是不可能的，因为定义一种普遍性必然包含特殊性。这一见解有许多内涵。首先，与此有关的是，在马克思主义辩证分析方法中有一个原则是，普遍性和特殊性之间的矛盾意味着两者具有密切关系。其次，你提到了毛泽东的经典名篇《矛盾论》，尤其是题为“矛盾的普遍性”的一节。根据你的评论，我重读了《矛盾论》，还发现了这个观点：“矛盾的普遍性即寓于矛盾的特殊性之中。”[①] 最后，这个观点与理解现代化有着

①《毛泽东选集》第1卷，人民出版社1991年版，第304页。

直接的关联。我们可以这样说：现代化的普遍性即寓于现代化道路的特殊性之中。换句话说，现代化要具有真正的普遍性，就必须体现现代化的特殊性，必须体现现代化道路的多样性。

臧峰宇：您关于现代化的看法切中了普遍性与特殊性的关系问题。西方现代化发展历程具有相似性，但如果深入解读历史的具体，就会发现英国、法国、德国、美国、意大利等西方国家的现代化历程有很多不同之处，亚洲国家的现代化也各有不同，这与各国具体的历史传统、文化和国情紧密相关。正如您所说，现代化的普遍性即寓于现代化道路的特殊性之中。作为普遍性规定的事物总要具体体现为特殊性，没有特殊性，普遍性就成为一种纯粹的抽象。走现代化道路是任何世界历史民族的普遍命运，体现了历史规律的决定性，历史规律的决定性要通过历史主体的选择性来实现，历史规律形成和实现于历史主体的实践活动中。中国式现代化体现了一种历史的选择，在实践探索中开辟了后发国家走向现代化的新道路，从中可见普遍性与特殊性的关系。

薄国强：这是思考中国独特的现代化道路的哲学内涵的一个很好的开始。相比之下，我想重提您上面的观点，即西方国家之间存在显著差异。在这个问题上，我受到了伊曼纽尔·沃勒斯坦著作的影响。他认为，资本主义现代化开始于16世纪的荷兰商业帝国。从集约农业的新方法到欧洲第一波工业化，荷兰这个小国在欧洲居于领先地位。[①] 在接下来的几个世纪里，周期性的工业化发生在法国、德国和其他地方，直到最后我们看到英国的工业化，开始于18世纪下半叶并持续到19世纪。在许多方面，英国人是后来者，但他们利用了从其他国家以及他们为原材料、工人和市场而殖民的世界上许多地区获得的经验。

其中的哲学内涵是什么呢？显然，没有单一的工业化，也没有单一的现代化。相反，从16世纪开始出现了各种各样的现代化。因此，把“工业革命”说成是英国独有的进程，是一种误导和对历史的扭曲。这也可以被视为一种虚假的普遍性。同时，欧洲国家之间也有一些共同的特征：工业化、农业技术现代化、科学技术的许多突破以及明显的帝国

① 参见［美］伊曼纽尔·沃勒斯坦著，吴英译：《现代世界体系：重商主义与欧洲世界经济体的巩固（1600—1750）》，社会科学文献出版社2013年版，第46—52页。

主义模式和对世界大部分地区的殖民统治。除了日本，这四个方面的结合是不可重复的，也不能被其他追求现代化的国家复制。

臧峰宇：从欧洲国家现代化的历程看，您谈到的从荷兰以来周期性的工业化经历了很长时间，在欧洲各国不尽相同。确实，没有单一的工业化，也没有单一的现代化。“工业革命”并非英国所独有，当亚当·斯密写作《国富论》的时候，讨论的就不只是英国“国民财富的性质和原因”，当时很多现代国家都希望“看不见的手”发挥效力。欧洲国家现代化也有共同的特征，其中有些因素体现了现代化的普遍性，有些因素则体现了欧洲国家的历史、文化传统和现代发展道路的特殊性。还有些因素如你所说的帝国主义模式和殖民统治，给亚非拉各国人民带来了深重灾难，是不值得也不应当复制的。

现代化道路并非一成不变，而是基于历史条件的多样性，实际表现为各国选择发展道路的具体性。与凭借战争崛起的现代化和以霸权主义推动的现代化不同，中国式现代化是走和平发展道路的现代化，倡导和平崛起、合作共赢，摒弃“零和博弈”的思维方式，反对霸权主义和贸易保护主义政策。可以说，中国式现代化体现了中华优秀传统文化强调和谐发展的基因，体现了努力实现与世界各国互利共赢的价值理念，致力于推动构建人类命运共同体，创造人类文明新形态。

薄国强：正如您所说，西方帝国主义模式和殖民统治给亚非拉各国人民带来了深重灾难。显然，这种方法不能为任何其他国家提供一种模式去效仿。另一个比较是关于苏联的现代化道路。苏联是世界上第一个走上社会主义道路的国家。尽管苏联是一个拥有丰富原材料和农业耕地的大国，但它必须找到另一条现代化之路。他们称之为“社会主义攻势”，包括工业化和农业现代化的双重过程。但是，他们必须从国内积累所有的资源、资金和科学技术，使用了两种相互重叠的方法：首先，有一种是临时的“剪刀法”，将工业品的价格设定在高于农产品的水平，从而产生一种“超级税”，以促进工业进一步增长；其次，由于农业现代化落后于工业化，应对措施是以农业为重点，开展大规模、快速的现代化进程。

苏联的成就令人震惊：在很短的时间内，从 1928 年至 1937 年，苏联发展为一个经济强国。随着年增长率超过30%，一个落后贫穷的国家实现了现代化。它实现了全面的福利、医疗和教育以及充分就业。然而，这一短暂的现代化进程也具有很大的负面作用：社会生活被扰乱了，出现了许多新的矛盾，这个过程并不总是平和的。

臧峰宇：苏联的现代化实现了政治、经济和社会变革，体现为以重工业为主导的赶超型发展模式。这是社会主义现代化的第一次探索，快速实现了工业化和农业现代化，使苏联在10年左右的时间里成为一个经济强国，工业总产值很快超过了法国、英国、德国等欧洲国家，在社会福利、医疗和教育以及充分就业等方面体现了社会主义的优势。但是，这种模式强调高积累、低消费，强调重工业和国防工业，轻工业和农业处于从属地位，为工业发展提供资金和劳动力，忽视价值规律的作用。您提到的“剪刀法”使农民的利益受损，侧重城市和工业发展。这种超经济手段使农民的生产积极性降低，农牧业生产开始停滞，实际上阻碍了苏联社会发展。正如你所说，出现了许多新的矛盾。

1956年，毛泽东在反思苏联经验的基础上，提出调动国内外一切积极因素，寻找适合中国国情的社会主义建设道路，正确处理好“十大关系”。例如，在重工业和轻工业、农业的关系问题上，强调用多发展一些农业、轻工业的办法来发展重工业；在沿海工业和内地工业的关系问题上，强调充分利用和发展沿海的工业基地，从而更好地发展和支持内地工业。这些看法符合中国实际，彰显了马克思主义辩证法的智慧。

薄国强：苏联的现代化道路是由其特定的历史、文化和经济条件决定的，它确实为西方资本主义现代化提供了一条真正的替代道路。在这里，我们要再次辨别什么对其他社会主义国家有价值，什么应当避免。什么是有价值的呢？解放生产力；一个国家内部的现代化；科技创新；改善所有人的社会经济福利；在社会福利、医疗、教育等方面的成果。至于什么应当避免，最重要的教训是苏联的现代化时期非常短暂且具有负面效应。与苏联相比，中国式现代化用了相对较长的时间，并且在发展过程中一直致力于确保稳定、安全与和谐。

臧峰宇：苏联社会主义现代化在解放生产力、科技创新、提高社会经济福利等方面取得的成就是历史性的，走出了一条不同于西方资本主义现代化的发展道路。其中，也有很多局限性是应当避免的。中国式现代化从中汲取了经验和教训，因考量现代化的普遍性与中国发展的特殊性而体现了辩证思维和系统思维。这体现在很多方面，比如既强调现代化发展的自主性，又强调学习一切民族、一切国家的长处，包括资本主义国家先进的科学技术和科学管理方法，这在改革开放以来的社会主义现代化探索中体现得更加明显。从中可见，中国式现代化具有和平发展、共同富裕和文明进步的特征。

（二）中国式现代化的历史和文化

薄国强：根据您对中国式现代化道路的评论，我们有必要更详细地考虑这个问题。我们可以从三个方面依次来谈：马克思主义的作用、中国传统文化和文明、中国的现实情况。在这种语境中，我想考虑一下历史问题。马克思主义在中国现代化建设中的作用已经成为不争的事实。马克思主义的作用有很多方面，但我们的重点是现代化。正如我们前面所讨论的，还有其他历史上的例子（如苏联），但对中国式现代化的“时空压缩”发挥作用的关键是马克思主义。然而，这也是马克思主义本身的一个重要发展：马克思主义不再局限于对资本主义经济和社会的分析和批判，而是通过具体的实践和不断的理论创新，成为走向社会主义道路的指南，从而获得了全新的生命。

臧峰宇：您说得很有道理。马克思主义为中国的民族解放事业提供了科学理性思维，激活了支撑中国式现代化的历史伟力，中国式现代化探索由此日益展现内生性力量。可以说，中国式现代化体现了马克思主义在中国的具体化，实现了中华民族在现代化进程中的自我超越。百余年来，中国式现代化基本完成了西方国家 200 多年现代化建设的探索，在经济社会发展速度和质量上实现了“时空压缩”。马克思主义中国化与中国式现代化彰显了实践的思维方式，在世界历史进程中展现了具有中国风格和中国气派的体现社会主义本质的现代文明形态，其意义并非移植西方现代化的样本，而在于建构一种超越资本现代性的文明形态，进而在世界历史中彰显普遍性内涵。

薄国强：您对这个问题的看法很有深意。我想继续谈的是，一万年的中华文化和五千年中华文明的作用。当然，我们要谈非常重要的“两个结合”的话题，关于这个话题，在中国已经有了很多讨论。在外国人看来，对“第二个结合”的明确认同是马克思主义创新的重要一步。我知道您已经写了很多关于这个话题的文章，但从外国人的角度来看，这与中国式现代化有关的内容是什么？现代化本身更迫切地提出了传统文化的问题：现代化与传统文化的关系是什么？传统文化能否为现代化的新风格提供独特的见解？传统文化能否经过创造性转化和创新性发展，成为现代化不可或缺的一部分？传统文化本身是否具有创新性？创新的火花是如何被激活的？这里还可以提出许多问题，但请允许我强调，从我的角度来看，马克思主义的扬弃（Aufhebung）是关键。的确，在我看来，中国式现代化的“式”既包括马克思主义，也包括中国传统文化精华的深刻影响。

臧峰宇：确实，不断实现创新性发展的中华优秀传统文化，以及在实践转化中连续发展的中华文明，使中国式现代化具有鲜明的底蕴，中国式现代化体现了马克思主义中国化的历史选择，满足了中华优秀传统文化实现创造性转化的内在要求。或许可以这样说，具有五千年历史的中华文明是中国式现代化探索的“前见”，这种文明底蕴决定了选择中国式现代化道路不仅使中华民族赶上了时代，而且将超越现代殖民主义和资本逻辑的苑囿，限制物质主义和唯科学主义的单向度弊端。中国式现代化具有明确的社会主义方向和原则，在实现中华文明自我超越的同时，打破了“特殊主义的普遍化”，对现代西方文明的挑战逐渐作出有力的回应，激活了创新的火花，成为中华文明实现转型的历史前提。这里体现了你所说的马克思主义的“扬弃”，在我看来，更多体现为符合时代精神的丰富和发展。在这个意义上，中国式现代化以“两个结合”为科学方法，反映了马克思主义与中华优秀传统文化的交融会通。

薄国强：在谈第三个问题之前，我想进一步讨论一下“Aufhebung”的问题，以及您认为“Aufhebung”“更多体现为弃除弊端和符合时代精神的丰富和发展”的观点。马克思和恩格斯对黑格尔“Aufhebung”一词的使用，包含了一个否定和转化的过程，在这个过程中，从先前的语境转化而来的东西同时超越了那个语境。中文的翻译是“扬弃”，据我所知，这是一个来自农业的隐喻，尤其是簸谷的过程：把谷粒抛向空中，让风把糠吹走，留下谷粒。这个比喻把我们引向了取其精华、去其糟粕的常用表达。这就引出了翻译的问题，这是我的一个持久的兴趣。我们知道，在翻译过程中，两个术语的语义场是重叠的，但并不完全重合。两个语义场中总有一些方面逃避了翻译迁移。有时，这可能会导致意义的丧失，但有时又会有意义的获得。我觉得，扬弃与去粗取精、去伪存真的联系，为马克思主义的辩证分析增加了一个重要的维度。在这个意义上，我想听您谈谈“更多体现为弃除弊端和符合时代精神的丰富和发展”是什么意思。

臧峰宇：“扬弃”是马克思和恩格斯从黑格尔哲学中借用的重要概念，既体现为对原有事物消极因素的抛弃，又体现为对其积极因素的保留和发扬，因而是一种辩证的否定。我同意您的看法，这本身就是一个过程，而且表明从先前的语境转化而来的东西超越了那个语境。您谈到的来自农业的隐喻也很有启发性，这个说法很传神。“Aufhebung”与“扬弃”之间确实有您所说的语义场的问题，关键是我们如何理解这个概念本身。在我看来，去粗取精、去伪存真，首先要弃除弊端或去其糟粕，这是一种明确的否定；其次要辩证地看待这个否定的过程，总有一些东西是在发展的过程中延续的。关于这个复杂的过程，恩格斯在《路德维希·费尔巴哈和德国古典哲学的终结》中解析“凡是存在的就是合乎理性的”这句名言时谈得已经非常清楚了。[①] 在弃除弊端的基础上，我更关心符合时代精神的丰富和发展，因为这让我们更好地理解当前的处境，并更好地走向未来。在现代化进程中创造人类文明新形态，应该有这种走向未来的视角，或者说需要一种符合时代需要的新发展观。

薄国强：这就引出了第三个问题，即实现中国式现代化的具体条件。我们知道，“第一个结合”最初是在20世纪30年代末确定的，并已成为马克思主义中国化的一个标准特征。然而，我在这里的兴趣是历史，我想提出几点。首先，在我看来，中国似乎一直能够跳过一个完整的资本主义发展阶段。诚然，资本主义发展的早期迹象出现在20世纪

① 参见《马克思恩格斯选集》第4卷，人民出版社2012年版，第222页。

早期，但这些迹象从未像西欧、北美或日本那样发展。革命斗争和解放使中国走上了社会主义建设的道路。换句话说，中国从未——或许永远也不可能——走上资本主义现代化道路。考虑这个问题的理论方法有很多，比如马克思和恩格斯强调民族解放是阶级斗争的一种形式，或者列宁的“最薄弱环节”的概念，或者“向东看”的概念，即社会主义首先会出现在受资本主义、帝国主义和殖民主义压迫的国家。

然而，美国历史学家哈蒙德（Ken Hammond）提出了另一种有趣的观点。作为清朝研究专家，哈蒙德认为，晚唐至清朝（9—18世纪）存在中国式的前工业化资本主义。然而，对于哈蒙德来说，这种类型的“资本主义”不同于西方的资本主义现代化，特别是在缺乏城市精英和农村农民之间由于国家角色而产生的结构性阶级冲突方面。我并不完全相信这种说法，但它确实提出了以下问题：如果在西方资本主义之前存在过中国式资本主义，那么受马克思主义启发的革命斗争和解放是在中国式资本主义充分发展的背景下发生的。研究这个问题，对于理解具体条件、中国文化和马克思主义在中国式现代化进程中的作用具有重要意义。

臧峰宇：清朝以前，中国商品经济发展已经有一定规模，也曾出现“资本主义萌芽”。但资本主义在中国确实从未像在西欧、北美或日本那样发展。这与具体的历史条件有关，也与文化选择有关。中国的民族解放以马克思主义为指导，体现了中华文化的独特传统、中华民族的独特历史命运和中国独特的基本国情，在现代化探索中积累了不同于西方资本主义现代化史的独特经验。我们知道，马克思高度肯定资本主义文明实现的生产力的增长，同时指出其直接结果是资本主义财富和文明的积累，这建立在劳动奴役制的基础上，由此造成“资本逻辑”导致的若干严峻的社会问题。因而，这种文明将走向启蒙学者描绘的华美约言的反面，将这种文明转型的构想在中国具体化是中国式现代化独特经验的本质所在。

关于在中国封建社会中形成的“前工业化资本主义”，显然不同于西方的资本主义现代化，其实这也并不是类似于西方资本主义的“资本主义”。我同意你的看法，中国从未走上资本主义现代化道路。我们应当思考古代中国经济社会发展与文化研究对西方现代化是否产生过影响，为此可以研读伏尔泰、莱布尼茨等西方思想家的相关论述，当然也要深入思考西学东渐对中国步入现代化进程的影响。但是，中国的民族解放并不是在中国资本主义充分发展的背景下发生的，当时虽然存在着民族资产阶级和一些知名的民族资本企业，但其发展遭到多种限制，无力推动社会变革。中国式现代化固然是后发式的，但其一开始于社会主义工业化的实际展开，就体现了明确的自主逻辑。

薄国强：我想进一步讨论自主逻辑或自给自足的逻辑以及中西思想和经验的相互影响。至于社会主义工业化和自主逻辑，中国并没有依赖曾经相对富裕、实现了工业化和现代化的西方国家。相反，中国走上了一条自主发展的道路，走上了社会主义工业化和现代化的道路。社会主义国家必须在经济、社会和文化创新发展方面自给自足，这一直是事实。这种自给自足绝不妨碍国际关系、对外贸易、学习其他国家的最佳做法等，但自主发展仍然是基础。诚然，社会主义国家有时不坚持自主发展和现代化，但这一原则仍然存在，并且在历史上被证明是正确的——至少在资本主义仍然存在的时候。

臧峰宇：是的，坚持自主逻辑，坚持走独立自主的发展道路，中国仅用几十年时间就基本完成了工业化历程。这不妨碍发展国际关系、开展对外贸易、学习其他国家经济社会发展的宝贵经验。改革开放是决定当代中国命运的关键抉择，是当代中国最鲜明的特色。改革开放以来，我们根据中国的国情、文化传统和实际条件，发挥社会主义制度的优越性，在世界上人口规模最大的国家建设社会主义现代化。不同于西方以资本为中心的现代化、两极分化的现代化、物质主义膨胀的现代化、对外扩张掠夺的现代化，中国共产党探索符合中国经济社会发展实际的现代化道路，坚持独立自主和改革开放，为既希望加快发展又希望保持自身独立性的国家和民族走现代化道路提供了全新选择。

薄国强：现在来看这个问题的另一面：中国和西方思想和经验的相互影响——沿着古丝绸之路传播——关于现代化。有些学者详细研究了中国思想是如何影响西方重要思想家的，以及西方思想是如何从16世纪开始对中国产生影响的。与此同时，通往现代化的道路已被证明具有质的不同。在我看来，“两个结合”的科学洞见清楚地揭示了中国走现代化道路的原因和基础。

此外，您认为西方启蒙思想家描述的世界类型并没有完全在西方实现。事实上，资本主义现代化今天产生的情况与启蒙思想家描述的完全相反。您说，这种文明转型的构想在中国具体化，是通过马克思主义实现的，并考虑到中国悠久而丰富的文明史。我很想知道您对这个问题的更多看法，因为我必须承认，自宗教改革和启蒙运动以来，我对西方传统的怀疑越来越多。

臧峰宇：约翰·霍布森写过一本《西方文明的东方起源》，书中描述了欧洲学者关注中国文化的很多细节。从这个角度我们或许可以再认识中国传统文化的世界意义，以及启蒙以来的西方现代文化对中国文化的影响。当然，不同文化在彼此理解和交融会通的过程中不断实现发展和转化，古丝绸之路上的文明传播为加强国际文化交流提供了范例。马克思主义同中华优秀传统文化相结合，产生了一个新的文化生命体，为中国式现代化提供了文化根基。

正如您所说，西方启蒙思想家的愿景很多并未实现，“资本逻辑”对象化的一些情形与他们的想法也有所不同，马克思在辩证审视现代文明的过程中提出一种文明转型的伟大构想，这种构想能在中国具体化，也体现了五千年中华文明的深远影响。理解这个问题，需要一个开放的视域。我们应当激活文化传统的生命力，将古今中西之争转换为文化古今相通与文明交流互鉴，在文化比较研究中展开合作式对话、互镜式学习、共生式融通，将文化对话作为一种桥梁，在文明交流互鉴中更好地理解民族文化自我，在对话与会通中拓展文化传承发展的空间。我想这对现代化建设是有益的，也有助于更好解决发展中遇到的难题，提升现代人的文明素养。

薄国强：此外，我感兴趣的问题是：中国式现代化的实际和具体成功是否曾经向我们展示过“历史道路”的含义？为了解释这一点，伊戈尔·迪亚科诺夫在2003年出版了一本题为“历史道路”的书。在他的许多见解中，我最震惊的观点是，在全球背景下，西方的历史道路是一种反常现象。为了强调自己的观点，他将欧洲描述为“欧亚大陆的西部半岛”。当然，正如我们之前所讨论的，西方的现代化通过资本主义剥削、帝国主义和殖民化而被视为常态。但是，当我们从更大、更长的历史角度来看时，这种西方道路就变成了一种反常现象。

为什么要强调这一点？因为中国式现代化的发展，使我们看到，西方道路是一种反常现象，中国道路是更符合历史规律的道路，也就是说，符合全球历史发展规律。事实上，越来越多的发展中国家正在关注中国模式，以了解中国的成功之处。他们并不是复制中国式现代化，而是想根据自己的具体条件和文化传统，找到可行的方法。

臧峰宇：确实，我们应当深入研究现代化进程中的历史现象和历史规律。您谈到对西方传统的怀疑，我觉得将西方现代化模式作为所有国家走现代化道路的标准，是有问题的，这不符合不同民族的文化传统和发展的实际情况，从其他视角反思西方文明的限度也是必要的。资本主义剥削、帝国主义和殖民化不应当被视为现代文明的必然情景，或者说这样的文明伴随着野蛮，绝不是人类文明发展的理想形态。理解现代化的未来走向，需要更大、更长的历史视角，着眼于解决我们时代复杂深刻的现实问题，创造一种有益于人类发展的新文明形态，找到符合社会发展走向的“历史道路”。

这体现了中国式现代化的探索，体现了不断促进马克思主义基本原理同中国具体实际和中华优秀传统文化相结合，从中华优秀传统文化中汲取治国理政、安邦济世的治理智慧，以人类文明新形态回应面向未来的实践创造的大逻辑。中国式现代化如今得到很多发展中国家的关注，确实因为从其中可以看到历史发展规律。我们都要根据自己的具体条件和文化传统，超越各种反常的历史现象，找到适合自己发展的可行之路。这符合马克思主义基本原理，也是我们面对未来应有的一种文化观念。

薄国强：我们考察了与现代化有关的普遍性和特殊性的哲学问题，分析了中国式现代化的特点及其对世界的重要性和启示。现代化概念和实践的普遍性是由它的特殊性和多样性决定的，正是这种特殊性塑造了“现代化”的普遍性。以“两个结合”为科学方法，中国式现代化实现了“时空压缩”，这种模式再次向我们展示了“历史的道路”或历史发展规律，越来越多的发展中国家从“中国模式”中寻找自己现代化道路的启示。其中，马克思主义发挥了关键的作用。在我看来，这是非常鼓舞人心的：马克思主义在我们这个时代仍有旺盛的创造性和生命力。

臧峰宇：在普遍性和特殊性的关系域中理解中国式现代化，把握其中体现的历史规律和文化底蕴，可以获得一种创造文明新形态的启示。在这里确实显示了马克思主义的关键作用，在同马克思主义基本原理相结合的过程中，中华优秀传统文化实现了创造性转化和创新性发展，从中可见中国式现代化的文化底蕴。今天，我们依然处在马克思主义所指明的历史时代，以“两个结合”为科学方法，以新的文化使命与守正创新的正气和锐气，努力建设中华民族现代文明，是推进中国式现代化的应有之义。为此，我们要秉持马克思主义思想方法，以符合时代精神的思维方式和价值观念创造美好生活，创造人类文明新形态。

参考文献

一、中文文献

（一）著作

《马克思恩格斯全集》第 1 卷，人民出版社 1956 年版。

《马克思恩格斯全集》第 1 卷，人民出版社 1995 年版。

《马克思恩格斯全集》第 2 卷，人民出版社 1957 年版。

《马克思恩格斯全集》第 3 卷，人民出版社 1960 年版。

《马克思恩格斯全集》第 3 卷，人民出版社 2002 年版。

《马克思恩格斯全集》第 10 卷，人民出版社 1998 年版。

《马克思恩格斯全集》第 12 卷，人民出版社 1962 年版。

《马克思恩格斯全集》第 16 卷，人民出版社 1964 年版。

《马克思恩格斯全集》第 18 卷，人民出版社 1964 年版。

《马克思恩格斯全集》第 19 卷，人民出版社 1963 年版。

《马克思恩格斯全集》第 20 卷，人民出版社 1971 年版。

《马克思恩格斯全集》第 21 卷，人民出版社 1965 年版。

《马克思恩格斯全集》第 22 卷，人民出版社 1965 年版。

《马克思恩格斯全集》第 29 卷，人民出版社 1972 年版。

《马克思恩格斯全集》第 30 卷，人民出版社 1995 年版。

《马克思恩格斯全集》第 31 卷，人民出版社 1998 年版。

《马克思恩格斯全集》第 32 卷，人民出版社 1974 年版。

《马克思恩格斯全集》第 32 卷，人民出版社 1998 年版。

《马克思恩格斯全集》第 33 卷，人民出版社 1998 年版。

《马克思恩格斯全集》第 34 卷，人民出版社 1972 年版。

《马克思恩格斯全集》第 34 卷，人民出版社 2008 年版。

《马克思恩格斯全集》第 36 卷，人民出版社 1975 年版。

《马克思恩格斯全集》第 38 卷，人民出版社 1972 年版。

《马克思恩格斯全集》第 39 卷，人民出版社 1974 年版。

《马克思恩格斯全集》第 40 卷，人民出版社 1982 年版。

《马克思恩格斯全集》第 42 卷，人民出版社 1979 年版。

《马克思恩格斯全集》第 44 卷，人民出版社 2001 年版。

《马克思恩格斯全集》第 46 卷，人民出版社 2003 年版。

《马克思恩格斯全集》第 47 卷，人民出版社 2004 年版。

《马克思恩格斯文集》第 1 卷，人民出版社 2009 年版。

《马克思恩格斯文集》第 2 卷，人民出版社 2009 年版。

《马克思恩格斯文集》第 3 卷，人民出版社 2009 年版。

《马克思恩格斯文集》第 5 卷，人民出版社 2009 年版。

《马克思恩格斯文集》第 8 卷，人民出版社 2009 年版。

《马克思恩格斯文集》第 9 卷，人民出版社 2009 年版。

《马克思恩格斯文集》第 10 卷，人民出版社 2009 年版。

《马克思恩格斯选集》第 1 卷，人民出版社 2012 年版。

《马克思恩格斯选集》第 2 卷，人民出版社 2012 年版。

《马克思恩格斯选集》第 3 卷，人民出版社 2012 年版。

《马克思恩格斯选集》第 4 卷，人民出版社 2012 年版。

［德］马克思:《1844 年经济学哲学手稿》，人民出版社 2000 年版。

［德］马克思著，王福民译:《“巴黎笔记”选译》，北京图书馆马列著作研究室编:《马恩列斯研究资料汇编》(1980)，书目文献出版社 1982 年版。

［德］马克思:《克罗伊茨纳赫笔记》(第四本)，《马列著作编译资料》第 11 辑，人民出版社 1980 年版。

［德］马克思:《克罗伊茨纳赫笔记》(第四本)(续)，《马列著作编译资料》第 12 辑，人民出版社 1980 年版。

《列宁全集》第 2 卷，人民出版社 2013 年版。

《列宁全集》第 26 卷，人民出版社 2017 年版。

《列宁全集》第 55 卷，人民出版社 2017 年版。

《毛泽东选集》第 1 卷，人民出版社 1991 年版。

《毛泽东选集》第 2 卷，人民出版社 1991 年版。

《毛泽东选集》第 3 卷，人民出版社 1991 年版。

《毛泽东选集》第 4 卷，人民出版社 1991 年版。

《毛泽东文集》第 6 卷，人民出版社 1999 年版。

《毛泽东文集》第 7 卷，人民出版社 1999 年版。

《毛泽东文集》第 8 卷，人民出版社 1999 年版。

《毛泽东著作选读》下册，人民出版社 1986 年版。

《毛泽东书信选集》，中央文献出版社 2003 年版。

《建国以来毛泽东文稿》第 4 册，中央文献出版社 1990 年版。

《毛泽东传（1949—1976）》（上），中央文献出版社 2003 年版。

《周恩来选集》下卷，人民出版社 1984 年版。

《周恩来军事文选》第 2 卷，人民出版社 1997 年版。

《邓小平文选》第 2 卷，人民出版社 1994 年版。

《邓小平文选》第 3 卷，人民出版社 1993 年版。

《邓小平年谱（1975—1997）》上卷，中央文献出版社 2004 年版。

《江泽民文选》第 2 卷，人民出版社 2006 年版。

胡锦涛:《高举中国特色社会主义伟大旗帜　为夺取全面建设小康社会新胜利而奋斗——在中国共产党第十七次全国代表大会上的报告》，人民出版社 2007 年版。

《习近平谈治国理政》第 1 卷，外文出版社 2018 年版。

《习近平谈治国理政》第 2 卷，外文出版社 2017 年版。

《习近平谈治国理政》第 3 卷，外文出版社 2020 年版。

《习近平谈治国理政》第 4 卷，外文出版社 2022 年版。

《习近平党校十九讲》，中共中央党校出版社 2015 年版。

习近平:《之江新语》，浙江人民出版社 2007 年版。

习近平:《在哲学社会科学工作座谈会上的讲话》，人民出版社 2016 年版。

习近平:《决胜全面建成小康社会　夺取新时代中国特色社会主义伟大胜利——在中国共产党第十九次全国代表大会上的报告》，人民出版社 2017 年版。

习近平:《论党的宣传思想工作》，中央文献出版社 2020 年版。

习近平:《高举中国特色社会主义伟大旗帜　为全面建设社会主义现代化国家而团结奋斗——在中国共产党第二十次全国代表大会上的报告》，人民出版社 2022 年版。

《中共中央关于坚持和完善中国特色社会主义制度　推进国家治理体系和治理能力现代化若干重大问题的决定》，人民出版社 2019 年版。

《中共中央关于制定国民经济和社会发展第十四个五年规划和二〇三五年远景目标的建议》，人民出版社 2020 年版。

《中共中央关于党的百年奋斗重大成就和历史经验的决议》，人民出版社 2021 年版。

《中共中央文件选集》第 14 册，中共中央党校出版社 1992 年版。

《十二大以来重要文献选编》(上)，人民出版社 1986 年版。

《十二大以来重要文献选编》(下)，人民出版社 1988 年版。

《十八大以来重要文献选编》(上)，中央文献出版社 2014 年版。

[德]阿・施米特著，洪佩郁译:《恩格斯晚期著作中的历史唯物主义》,《马列主义研究资料》第 2 辑，人民出版社 1984 年版。

[俄]阿・沃登:《和恩格斯的谈话》，中共中央编译局编:《回忆恩格斯》，人民出版社 2005 年版。

[苏]阿・伊・马雷什著，刘品大、马健行等译:《马克思主义政治经济学的形成》，四川人民出版社 1983 年版。

[美]阿尔伯特・爱因斯坦、[波]利奥波德・英费尔德著，周肇威译:《物理学的进化》，中信出版社 2019 年版。

[法]阿尔都塞著，顾良译:《保卫马克思》，商务印书馆 2006 年版。

[法]阿尔都塞著，陈越译:《哲学与政治：阿尔都塞读本》，吉林人民出版社 2010 年版。

[德]爱・伯恩施坦:《第二次英国之行》，中共中央编译局编:《回忆恩格斯》，人民出版社 2005 年版。

[美]艾德蒙・威尔森著，刘森尧译:《到芬兰车站：马克思主义的起源及发展》，麦田出版社 2000 年版。

[法]艾蒂耶纳·卡贝著，李雄飞译:《伊加利亚旅行记》第1卷，商务印书馆1976年版。

[美]艾伦·布坎南著，林进平译:《马克思与正义》，人民出版社2013年版。

[法]奥古斯特·科尔纽著，刘丕坤等译:《马克思恩格斯传》第1卷，三联书店1963年版。

[法]奥古斯特·科尔纽著，王以铸等译:《马克思恩格斯传》第2卷，三联书店1965年版。

[苏]勃·凯德洛夫著，殷登祥译:《论恩格斯的〈自然辩证法〉》，三联书店1980年版。

[英]伯尔基著，伍庆、王文扬译:《马克思主义的起源》，华东师范大学出版社2007年版。

[英]大卫·休谟著，关文运译:《人性论》，商务印书馆1980年版。

[英]大卫·休谟著，张若衡译:《休谟政治论文选》，商务印书馆1993年版。

[英]戴维·麦克莱伦著，夏威仪等译:《青年黑格尔派与马克思》，商务印书馆1982年版。

[法]德尼·维拉斯著，黄建华、姜亚洲译:《塞瓦兰人的历史》，商务印书馆2011年版。

[美]恩格尔哈特著，范瑞平译:《生命伦理学基础》(第二版)，北京大学出版社2006年版。

[德]费彻尔著，赵玉兰译:《马克思与马克思主义：从经济学批判到世界观》，北京师范大学出版社2009年版。

[法]费尔南·布罗代尔著，肖昶等译:《文明史纲》，广西师范大学出版社2003年版。

[德]弗·梅林著，樊集译:《马克思传》，三联书店1965年版。

[法]傅勒著，朱学平译:《马克思与法国大革命》，华东师范大学出版社2016年版。

[英]弗雷德·英格利斯著，韩启群等译:《文化》，南京大学出版社2008年版。

[德]弗里德里希·尼采著，张念东、凌素心译:《权力意志——重估一切价值的尝试》，商务印书馆 1991 年版。

[苏]H. C. 鲁缅采娃著，刘漠云、李俊聪译:《关于克罗伊茨纳赫笔记》,《马列主义研究资料》第 6 辑，人民出版社 1983 年版。

[英]G. A. 柯亨著，李朝晖译:《自我所有、自由和平等》，东方出版社 2008 年版。

[英]G. A. 科恩著，段忠桥译:《为什么不要社会主义？》，人民出版社 2011 年版。

[德]格·伊尔尼茨、狄·吕布克著，陈世夫等译:《马克思恩格斯论哲学史》，陕西人民出版社 1988 年版。

[苏]哥斯塔夫·威特尔著，周辅成等译:《辩证唯物主义：苏联哲学之历史的和系统的概观》，商务印书馆 1963 年版。

[德]汉娜·阿伦特著，林骧华译:《极权主义的起源》，三联书店 2008 年版。

[美]汉娜·阿伦特著，孙传钊译:《马克思与西方政治思想传统》，江苏人民出版社 2012 年版。

[德]赫斯著，刘晫星译:《论货币的本质》,《国际共运史研究资料》第 7 辑，人民出版社 1982 年版。

[德]黑格尔著，范扬、张企泰译:《法哲学原理》，商务印书馆 1961 年版。

[德]黑格尔著，贺麟译:《小逻辑》，商务印书馆 2004 年版。

[德]黑格尔著，贺麟、王太庆译:《哲学史讲演录》第 2 卷，商务印书馆 1960 年版。

[德]黑格尔著，贺麟、王太庆译:《哲学史讲演录》第 4 卷，商务印书馆 1978 年版。

[法]亨利·列菲弗尔著，李青宜等译:《论国家——从黑格尔到斯大林和毛泽东》，重庆出版社 1988 年版。

[德]卡尔·考茨基:《悼念恩格斯》，中共中央编译局编:《回忆恩格斯》，人民出版社 2005 年版。

[德]卡尔·考茨基:《恩格斯的生平和著作》，中共中央编译局编:

《回忆恩格斯》，人民出版社 2005 年版。

［德］柯尔施著，王南湜等译：《马克思主义和哲学》，重庆出版社 1989 年版。

［美］莱文著，臧峰宇译：《不同的路径：马克思主义与恩格斯主义中的黑格尔》，北京师范大学出版社 2009 年版。

［美］劳丹著，刘新民译：《进步及其问题》，华夏出版社 1990 年版。

［英］利·拉贝兹著，柴金如等译：《修正主义——马克思主义思想史论丛》，商务印书馆 1963 年版。

［德］李博著，赵倩等译：《汉语中的马克思主义术语的起源与作用》，中国社会科学出版社 2003 年版。

［匈］卢卡奇著，王玖兴节译：《青年黑格尔》，华夏出版社 1985 年版。

［法］卢梭著，何兆武译：《社会契约论》，商务印书馆 2006 年版。

［法］吕贝尔著，曾枝盛编选，郑吉伟、曾枝盛等译：《吕贝尔马克思学文集》，北京师范大学出版社 2009 年版。

［德］曼·克利姆著，中共中央编译局译：《恩格斯文献传记》，湖南人民出版社 1986 年版。

［法］摩莱里著，黄建华、姜亚洲译：《自然法典》，商务印书馆 1982 年版。

［苏］纳尔斯基、波格丹诺夫、约夫楚克著，金顺福、贾泽林等译：《十九世纪的马克思主义哲学》（上），中国社会科学出版社 1984 年版。

［苏］尼·拉宾著，南京大学外文系俄罗斯语言文学教研室翻译组译：《马克思的青年时代》，三联书店 1982 年版。

［英］乔纳森·沃尔夫著，段忠桥译：《当今为什么还要研读马克思》，高等教育出版社 2006 年版。

［美］乔舒亚·库珀·雷默：《北京共识》，黄平、崔之元主编：《中国与全球化：华盛顿共识还是北京共识》，社会科学文献出版社 2005 年版。

［美］乔治·霍兰·萨拜因著，盛葵阳、崔秒因译：《政治学说史》，商务印书馆 1986 年版。

[法]萨特著，林骧华、徐和瑾、陈伟丰译:《辩证理性批判》，安徽文艺出版社1998年版。

[印]泰戈尔著，刘涵译:《民族主义》，中国出版社传媒股份有限公司2014年版。

[美]汤姆·罗克摩尔著，柯小刚译:《黑格尔：之前和之后》，北京大学出版社2005年版。

[美]托马斯·卡希尔著，徐芳夫译:《上帝选择了犹太人——一个游牧部落如何改变了世界的思考和感受的方式》，世界知识出版社2001年版。

[日]望月清司著，韩立新译:《马克思历史理论的研究》，北京师范大学出版社2009年版。

[法]维克多·孔西得朗著，李平沤译:《社会命运》第2卷，商务印书馆1986年版。

[美]悉尼·胡克著，金克等译:《理性、社会神话和民主》，上海人民出版社1965年版。

[英]亚当·弗格森著，林本椿、王绍祥译:《文明社会史论》，浙江大学出版社2010年版。

[英]亚当·斯密著，谢宗林译:《道德情操论》，中央编译出版社2011年版。

[英]亚当·斯密著，郭大力、王亚南译:《国民财富的性质和原因的研究》下卷，商务印书馆1974年版。

[古希腊]亚里士多德著，苗力田译:《尼各马科伦理学》，中国社会科学出版社1990年版。

[德]尤尔根·哈贝马斯著，郭官义译:《重建历史唯物主义》，社会科学文献出版社2000年版。

[英]约翰·格雷著，曹海军、刘训练译:《自由主义》，吉林人民出版社2005年版。

[英]约翰·雷著，周祝平、赵正吉译:《亚当·斯密传》，华夏出版社2008年版。

[美]约翰·罗尔斯著，何怀宏等译:《正义论》(修订版)，中国社

会科学出版社 2009 年版。

［美］约翰 · 罗尔斯著，杨通进等译:《政治哲学史讲义》，中国社会科学出版社 2011 年版。

［美］约翰 · 罗尔斯著，姚大志译:《作为公平的正义——正义新论》，上海三联书店 2002 年版。

［美］约翰 · 麦克里兰著，彭淮栋译:《西方政治思想史》，海南出版社 2003 年版。

［美］詹姆斯 · 施密特著，徐向东、卢华萍译:《启蒙运动与现代性：18 世纪与 20 世纪的对话》，上海人民出版社 2005 年版。

艾四林、吴潜涛主编:《高校马克思主义理论学科发展报告（2021）》，人民出版社 2023 年版。

许良英等编译:《爱因斯坦文集》第 1 卷，商务印书馆 1976 年版。

许良英等编译:《爱因斯坦文集》第 3 卷，商务印书馆 2016 年版。

安启念主编:《马克思主义哲学中国化研究》，中国人民大学出版社 2006 年版。

北京大学哲学系外国哲学史教研室编译:《十八世纪法国哲学》，商务印书馆 1963 年版。

北京大学哲学系外国哲学史教研室编译:《西方哲学原著选读》下卷，商务印书馆 1982 年版。

殷叙彝编:《伯恩施坦文选》，人民出版社 2008 年版。

（宋）陈襄:《州县提纲》卷一，中华书局 1985 年版。

程广云:《马克思的三大批判：法哲学、政治经济学和形而上学》，中国人民大学出版社 2018 年版。

杨东莼译:《狄慈根哲学著作选集》，三联书店 1978 年版。

江天冀等译:《狄德罗哲学选集》，三联书店 1997 年版。

费孝通:《孔林片思：论文化自觉》，三联书店 2020 年版。

冯契:《人的自由和真善美》，华东师范大学出版社 1996 年版。

冯友兰:《三松堂自序》，三联书店 2021 年版。

赵俊欣等译:《傅立叶选集》第 1 卷，商务印书馆 1979 年版。

《共产党和工人党的党纲与党章》，中国人民大学出版社 1958 年版。

顾炎武著，黄坤等校点:《天下郡国利病书》，上海古籍出版社 2022 年版。

《郭沫若全集》历史编第 3 卷，人民出版社 1984 年版。

《郭沫若全集》文学编第 10 卷，人民文学出版社 1985 年版。

郭沫若:《樱花书简》，四川人民出版社 1981 年版。

郭少棠:《权力与自由：德国现代化新论》，华东师范大学出版社 2001 年版。

（明）郭允礼:《官箴》。

邓正来译:《哈耶克论文集》，首都经济贸易大学出版社 2001 年版。

韩立新:《〈巴黎手稿〉研究》，北京师范大学出版社 2014 年版。

贺麟:《五十年来的中国哲学》，上海人民出版社 2012 年版。

邓习议编译:《赫斯精粹》，南京大学出版社 2010 年版。

何中华:《马克思与孔夫子：一个历史的相遇》，中国人民大学出版社 2021 年版。

侯才:《青年黑格尔派与马克思早期思想的发展》，中国社会科学出版社 1994 年版。

胡大平:《回到恩格斯：文本、理论和解读政治学》，江苏人民出版社 2011 年版。

《胡适文集》第 6 册，北京大学出版社 1998 年版。

李大钊:《李大钊文集》（上），人民出版社 1984 年版。

梁启超:《梁启超修身三书：节本明儒学案》，上海古籍出版社 2018 年版。

梁启超:《欧游心影录》，商务印书馆 2014 年版。

梁漱溟:《中国文化的命运》，中信出版社 2010 年版。

卢风、肖巍主编:《应用伦理学导论》，当代中国出版社 2002 年版。

《陆九渊集》卷三十六，中华书局 1980 年版。

《国外马克思主义研究报告・2008》，人民出版社 2008 年版。

《卢森堡文选》上卷，人民出版社 1984 年版。

《鲁迅全集》第 5 卷，花城出版社 2021 年版。

罗荣渠:《现代化新论——世界与中国的现代化进程》，商务印书馆

2004 年版。

熊子云、张向东译:《马克思早期思想研究译文集》,重庆出版社 1983 年版。

《马列主义研究资料》第 3 辑,人民出版社 1983 年版。

《马列主义研究资料》第 4 辑,人民出版社 1983 年版。

万丽华、蓝旭译注:《孟子》,中华书局 2007 年版。

《普列汉诺夫哲学著作选集》第 2 卷,三联书店 1961 年版。

《普列汉诺夫哲学著作选集》第 3 卷,三联书店 1962 年版。

王燕生等译:《圣西门选集》第 1 卷,商务印书馆 1979 年版。

唐文明:《近忧:文化政治与中国的未来》,华东师范大学出版社 2010 年版。

唐正东:《从斯密到马克思——经济哲学方法的历史性诠释》,江苏人民出版社 2009 年版。

《王国维遗书》(三),上海古籍出版社 1983 年版。

王栻主编:《严复集》第 1 册,中华书局 1986 年版。

王新生:《马克思政治哲学研究》,科学出版社 2018 年版。

龚晓康、赵永刚主编,赵永刚、钟翌晨点校:《王阳明年谱辑存》(二),贵州大学出版社 2018 年版。

吴光、钱明、董平等编校:《王阳明全集》第一册新编本,浙江古籍出版社 2010 年版。

吴光、钱明、董平等编校:《王阳明全集》第三册新编本,浙江古籍出版社 2010 年版。

萧萐夫:《吹沙集》,巴蜀书社 1991 年版。

温海明主编:《安乐哲比较哲学评论与研究》,孔学堂书局 2018 年版。

许苏民:《中西哲学比较研究史》,南京大学出版社 2014 年版。

许倬云:《万古江河:中国历史文化的转折与开展》,湖南人民出版社 2017 年版。

薛华:《自由意识的发展》,中国社会科学出版社 1983 年版。

杨国荣:《王学通论——从王阳明到熊十力》,华东师范大学出版社

2003 年版。

郝立新主编:《哲学家・2012》，人民出版社 2013 年版。

臧峰宇:《马克思政治哲学引论》，中国人民大学出版社 2020 年版。

《章太炎全集》第 4 卷，上海人民出版社 1985 年版。

张一兵:《回到马克思》，江苏人民出版社 2009 年版。

张一兵主编:《马克思哲学的历史原像》，人民出版社 2009 年版。

中央编译局国际共运史研究室编:《研究〈反杜林论〉的参考史料》，三联书店 1980 年版。

乐黛云主编:《跨文化对话》第 18 辑，江苏人民出版社 2006 年版。

（二）文章

1. 期刊文章

习近平:《把握新发展阶段，贯彻新发展理念，构建新发展格局》，《求是》2021 年第 9 期。

习近平:《在文化传承发展座谈会上的讲话》，《求是》2023 年第 17 期。

[罗]昂利・瓦尔德著，杨熙令译:《论辩证逻辑》，《国外社会科学》1978 年第 1 期。

[英]大卫・麦克莱伦、臧峰宇:《马克思的正义论与英国马克思主义传统》，《北京行政学院学报》2014 年第 1 期。

[罗]H. 沃德著，胡泽洪译:《辩证法和辩证逻辑》，《哲学译丛》1988 年第 5 期。

[法]加布里埃尔・杰维尔著，承中译:《“社会主义”和“社会主义者”的词源考证》，《国际共运史研究》1987 年第 1 期。

[德]卡雷恩・费斯佩尔著，李莉娜译:《〈马克思恩格斯全集〉历史考证版（MEGA）在德国——从 20 年前濒临夭折到重获重视》，《国外理论动态》2011 年第 3 期。

[英]凯瑟琳・韦尔森著，臧峰宇译:《唯物主义—动物主义—社会主义：马克思和恩格斯的人类学》，《社会科学辑刊》2013 年第 6 期。

[英]凯瑟琳・韦尔森、臧峰宇:《关于历史科学与启蒙运动的思想

遗产的对话》,《社会科学辑刊》2013年第6期。

[加]罗伯特·韦尔著，臧峰宇译:《作为道德哲学家的马克思》,《社会科学辑刊》2016年第5期。

朱毅译:《〈马克思恩格斯全集〉历史考证版(MEGA)工作完成过半:回顾与展望——曼弗雷德·诺伊豪斯和格拉尔德·胡布曼访问记》,《国外理论动态》2011年第4期。

[法]马克西米利安·吕贝著，陆象淦译:《法国大革命对青年马克思思想形成的影响》,《第欧根尼》1992年第1期。

[美]诺曼·莱文著，臧峰宇译:《作为马克思主义先驱的黑格尔》,《江海学刊》2010年第1期。

[美]诺曼·莱文、臧峰宇:《马克思学与马克思政治哲学的文本语境》,《马克思主义与现实》2014年第6期。

[美]汤姆·洛克莫尔、臧峰宇:《启蒙的路径与马克思政治哲学的观念资源》,《北京行政学院学报》2016年第6期。

[英]亚历克斯·卡利尼科斯、臧峰宇:《经典马克思主义与作为平等的正义——亚历克斯·卡利尼科斯教授访谈录》,《江海学刊》2013年第6期。

安启念:《〈1844年经济学哲学手稿〉笔记本Ⅱ基本内容及全书基本结构研究》,《马克思主义与现实》2008年第1期。

安启念:《东西方马克思主义哲学的区别及其实质》,《清华大学学报》2012年第3期。

曹刚:《应用伦理学的双重意味》,《唐都学刊》2009年第6期。

陈先达:《哲学中的问题与问题中的哲学》,《中国社会科学》2006年第2期。

陈先达、臧峰宇:《文化的实践转化与制度文明的时代建构》,《中央社会主义学院学报》2020年第4期。

段忠桥:《道德公平与社会公平》,《河北学刊》2006年第1期。

方朝晖:《市民社会的两个传统及其在现代的汇合》,《中国社会科学》1994年第5期。

冯契:《古今、中西之争与中国近代哲学革命》,《上海社会科学院学术季刊》1985 年第 1 期。

甘绍平:《道德冲突与伦理应用》,《哲学研究》2012 年第 6 期。

高放:《恩格斯“政治遗嘱”百年八次争议》,《当代世界与社会主义》2010 年第 5 期。

高清海:《中华民族的未来发展需要有自己的哲学理论》,《吉林大学社会科学学报》2004 年第 2 期。

何萍:《从马克思主义哲学中国化的视角看马克思主义与儒学的关系》,《思想理论教育》2015 年第 1 期。

黄玉顺:《中国正义论纲要》,《四川大学学报》2009 年第 5 期。

李文堂:《中国共产党百年文化成就》,《中国党政干部论坛》2021 年第 10 期。

廖申白:《什么是应用伦理学》,《道德与文明》2000 年第 4 期。

刘军:《马克思晚年笔记新解读——兼论马克思恩格斯国家起源思想的异同》,《学术论坛》2007 年第 1 期。

牟博:《论比较哲学中的建设性交锋—交融的方法论策略》,《社会科学战线》2008 年第 9 期。

倪培民:《探涉比较哲学的疆域》,《学术月刊》2006 年第 5 期。

聂锦芳:《一段思想因缘的解构——〈神圣家族〉的文本学解读》,《学术研究》2007 年第 2 期。

孙春晨:《作答时代的伦理之问》,《道德与文明》2022 年第 5 期。

孙麾:《理论自觉自信: 中国学术新的思想高度》,《红旗文稿》2012 年第 18 期。

王楠:《亚当 · 斯密的社会观: 源于人性的自然秩序》,《社会学研究》2006 年第 6 期。

王庆丰:《在什么意义上辩证法是一个政治哲学的概念》,《天津社会科学》2008 年第 3 期。

吴承明:《早期中国近代化过程中的外部和内部因素》,《教学与研究》1987 年第 5 期。

吴根友:《判教与比较——关于“比较哲学与比较文化研究”》,《哲学动态》2011 年第 5 期。

吴宏亮:《试论五四时期中国优秀知识分子选择信仰马克思主义的历史必然性》,《郑州大学学报》2011 年第 4 期。

吴晓明:《世界历史与中国道路的百年探索》,《中国社会科学》2021 年第 6 期。

吴晓明:《世界历史与中国式现代化》,《学习与探索》2022 年第 9 期。

阎孟伟:《国家的性质、职能及其合法性——从恩格斯的国家学说谈起》,《马克思主义与现实》2011 年第 2 期。

杨俊一:《特殊矛盾优先论:当代马克思主义创新经验的路线图》,《毛泽东邓小平理论研究》2011 年第 3 期。

姚新中:《比较哲学的“第三条路线”——一个方法论的讨论》,《哲学动态》2018 年第 1 期。

殷叙彝:《这是恩格斯的政治遗嘱吗?——恩格斯〈卡·马克思《1848 年至 1850 年的法兰西阶级斗争》一书导言〉发表的前前后后》,《红旗文稿》2008 年第 14 期。

臧峰宇:《马克思政治哲学的基本观念与当代启示》,《中国人民大学学报》2008 年第 4 期。

臧峰宇:《何谓“哲学科学”——兼及〈德意志意识形态〉和〈费尔巴哈论〉中的“历史科学”概念》,《江海学刊》2012 年第 5 期。

臧峰宇:《政治哲学的“规定”及其当代性》,《江苏大学学报》2013 年第 6 期。

臧峰宇:《历史主义与马克思政治哲学的当代性——对话肖恩·塞耶斯》,《国外理论动态》2015 年第 1 期。

臧峰宇、[澳]罗兰·博尔:《全面建成小康社会的观念资源与现实探索》,《当代中国价值观研究》2020 年第 1 期。

臧峰宇、赵嘉:《〈德意志意识形态〉中的“共同体”概念》,《马克思主义与现实》2020 年第 2 期。

张立波:《质疑自然辩证法:从卢卡奇到莱文》,《中州学刊》2008 年第 5 期。

张世英:《和而不同,开创中西马融合的新境界》,《江海学刊》2011 年第 3 期。

张文喜:《马克思对“伦理的正义”概念的批判》,《中国社会科学》2014 年第 3 期。

周嘉昕:《为什么仍应重视李嘉图?——兼论作为历史唯物主义的政治经济学批判》,《南京政治学院学报》2014 年第 2 期。

2. 报纸文章

习近平:《在纪念毛泽东同志诞辰 120 周年座谈会上的讲话》,《人民日报》2013 年 12 月 27 日。

习近平:《携手构建合作共赢新伙伴　同心打造人类命运共同体》,《人民日报》2015 年 9 月 29 日。

《中共中央关于构建社会主义和谐社会若干重大问题的决定》,《人民日报》2006 年 10 月 18 日。

《坚定不移沿着中国特色社会主义道路前进　为全面建成小康社会而奋斗——胡锦涛同志代表第十七届中央委员会向大会作的报告摘登》,《人民日报》2012 年 11 月 9 日。

《加快推进住房保障和供应体系建设　不断实现全体人民住有所居的目标》,《人民日报》2013 年 10 月 31 日。

《中共中央关于全面深化改革若干重大问题的决定》,《人民日报》2013 年 11 月 16 日。

《坚持运用辩证唯物主义世界观方法论　提高解决我国改革发展基本问题本领》,《人民日报》2015 年 1 月 25 日。

《习近平出席第七十届联合国大会一般性辩论并发表重要讲话》,《人民日报》2015 年 9 月 29 日。

《深刻认识马克思主义时代意义和现实意义　继续推进马克思主义中国化时代化大众化》,《人民日报》2017 年 9 月 30 日。

《中共中央关于党的百年奋斗重大成就和历史经验的决议》,《人民日报》2021 年 11 月 17 日。

《习近平在中共中央政治局第三十九次集体学习时强调　把中国文明历史研究引向深入　推动增强历史自觉坚定文化自信》,《人民日报》2022 年 5 月 28 日。

《习近平在省部级主要领导干部“学习习近平总书记重要讲话精神，迎接党的二十大”专题研讨班上发表重要讲话强调 高举中国特色社会主义伟大旗帜 奋力谱写全面建设社会主义现代化国家崭新篇章》,《人民日报》2022 年 7 月 28 日。

《高举中国特色社会主义伟大旗帜 为全面建设社会主义现代化国家而团结奋斗——习近平同志代表第十九届中央委员会向大会作的报告摘登》,《人民日报》2022 年 10 月 17 日。

《正确理解和大力推进中国式现代化》,《人民日报》2023 年 2 月 8 日。

《习近平在中共中央政治局第六次集体学习时强调 不断深化对党的理论创新的规律性认识 在新时代新征程上取得更为丰硕的理论创新成果》,《人民日报》2023 年 7 月 2 日。

陈独秀:《本志罪案之答辩书》,《新青年》第 6 卷第 1 号。

李大钊:《我的马克思主义观》,《新青年》1919 年第 6 卷第 5—6 号。

瞿秋白:《共产主义之人间化——第十次全俄共产党大会》,《晨报》1921 年 6 月 22 日—9 月 23 日。

周恩来:《欧战后之欧洲危机》,《益世报》1921 年 3 月 22 日。

陈先达:《马克思主义与中国传统文化》,《光明日报》2015 年 7 月 3 日。

二、外文文献

A. Broadie, ed.. *The Scottish Enlightenment*. Cambridge: Cambridge University Press, 1997.

A. Ryan. “Justice, Exploitation and the End of Morality”. in D. McLellan and S. Sayers, eds.. *Socialism and Morality*, London: Macmillan Publishers, 1990.

Adam Ferguson. *An Essay on the History of Civil Society*. Cambridge: Cambridge University Press, 1995.

Alex Callinicos. *The Revolutionary Idea of Karl Marx*. London: Bookmarks Publications Ltd, 1983.

Alexander Broadie ed.. *The Cambridge Companion to the Scottish*

Enlightenment. Cambridge: Cambridge University Press, 2003.

Allan Megill, Karl Marx. *The Burden of Reason*. Rowman & Littlefield Publishers, 2002.

Allen Wood. “Justice and Class Interest”. *Philosophica*, Vol. 33, 1984: (1).

Allen Wood. “The Marxian Critique of Justice”. *Philosophy and Public Affairs*, 1972: (1).

Anand C. Chitinis. *The Scottish Enlightenment and Early Victorian English Society*. London, 1986.

Andrew Stewart Skinner. *A System of Social Science: Papers Relating to Adam Smith*. Oxford: Oxford University Press, 1996.

Bruno Bauer. *Die Judenfrage*. Braunschweig, 1843.

C. Robbins. “When it is that Colonies may Turn Independent”. *William and Mary Quarterly*, 3rd series, 1954: (11).

Cary Young. “Justice and Capitalist Production: Marx and Bourgeois Ideology”. in *Canadian Journal of Philosophy*, 1978: (8).

Christopher. J. Arthur ed.. *Engels Today: A Centenary Appreciation*. London: Macmillan Press, 1996.

Christopher J. Berry. *Social Theory of the Scottish Enlightenment*. Edinburgh: Edinburgh University Press, 1997.

David Harvey. “The Right to the City”. *New Left Review*, 2008: (5).

David L. Sills. *International Encyclopedia of the Social Sciences*. New York: The Macmillan Company & the Free Press, 1968.

David Leopold. *The Young Karl Marx*. Cambridge University Press, 2007.

David McLellan. *Engels*. Stanford Terrace: Harvester Press. 1977.

Douglas Moggach ed.. *The New Hegelian. Politics and Philosophy in the Hegelian School*. Cambridge University Press, 2006.

E. J. Hobsbawm. “The Fortunes of Marx’s and Engels’s Writings”. in E. J. Hobsbawm ed.. *The History of Marxism*, vol. 1, *Marxism in Marx’s Day*, Bloomington: Indiana University Press, 1982.

E. J. Hobsbawm ed.. *The History of Marxism*, vol. 1, *Marxism in Marx's Day*. Bloomington: Indiana University Press, 1982.

F. Jameson. *Valences of the Dialectic*. London: Verso Books, 2010.

G. A. Cohen. "Freedom, Justice and Capitalism". *New Left Review*, 1981: (126).

G. A. Cohen. *Self-ownership, Freedom and Equality*. Cambridge: Cambridge University Press, 1995.

G. P. Morice ed.. *David Hume: Bicentenary Papers*. Edinburgh: Edinburgh University Press, 1977.

Georg Lukäcs. *Der Junge Hegel und die Probleme der kapitalistischen Gesellschaft*. Aufbau-Verlag Berlin, 1954.

Gerard Delanty. *Community*. London: Routledge, 2003.

Gustav Mayer. *Friedrich Engels: A Biography*. New York: Alfred A. Knopf, Inc. 1936.

H. H. Ben-Sasson ed.. *A History of the Jewish People*. Cambridge: Harvard University Press, 1985.

Н.И.Лапин. *Молодой Маркс*. М.:Издательство Политической литературы, 1976.

Н.И.Лапин. *Молодой Маркс* (*Издание третье*). М.:Издательство Политической литературы, 1986.

Heinrich Heine. *Religion and Philosophy in Germany*. Albany: SUNY, 1986.

Isaiah Berlin. *The Age of Enlightenment: The 18th Century Philosophers*. New York: The New American Library, 1956.

Istvan Hont, Michael Ignatieff. *Wealth and Virtue: The shaping of political economy in Scottish Enlightenment*. Cambridge: Cambridge University Press, 1983.

J. Y. T. Greig ed.. *The Letters of Hume*. Vol.2. Oxford: Oxford University Press. 1932.

Jane Rendall. *The Origins of the Scottish Enlightenment*. New York: St.

Martin's Press, 1978.

John Robertson. "The Scottish Contribution to the Enlightenment". in P. Wood, ed.. *The Scottish Enlightenment: Essays in Reinterpretation*. Rochester: Rochester University Press, 2000.

Karl Rosenkranz. *Georg Wlihelm Fridrich Hegel Leben*. Wissenschaftliche Buchgesellschaft Darmstadt, 1844.

Knud Haakonssen & Donald Winch. "The Legacy of Adam Smith". in Knud Haakonssen ed.. *The Cambridge Companion to Adam Smith*. Cambridge: Cambridge University Press, 2006.

L·A·Selby-Bigge. *British Moralists, Selections from Writers Principally of the Eighteenth Century*. Vol. II. Oxford: the Clarendon Press, 1897.

McCarney. *Social Theory and the Crisis of Marxism*. London: Verso Books,1990.

Michel Foucault. "What Is Enlightenment?". in *The Foucault Reader*, ed. Paul Rabinow, London: Penguin, 1984.

Neil Davidson. *Origins of Scottish Nationhood*. Pluto Press, 2000.

Norbert Waszek ed.. Eduard Gans (1797−1839): Hegelisner-Jude-Europäer. Frankfurt: Peter Lang, 1991.

Norman Hampson. *The Enlightenment: An Evaluation of its Assumptions, Attitudes and Values*. London: Penguin Books Ltd. 1968.

Norman Geras. "The Controversy about Marx and Justice". in *Literature of Revolution*, London: Verso, 1986.

Olivier Bloch. "Marx, Renouvier, et l'histoire du materialisme". in *La Pensee, Numero*.191, 1977.

Richard N. Hunt. *The Political Ideas of Marx and Engels*. University of Pittsburgh Press, 1974.

Ronald Hamowy. "Adam Smith, Adam Ferguson, and the Division of Labour". *Economica*, New Series, 1968,Vol. 35.

Simon Clarke. *Marginalism & Modern Sociology : From Adam Smith to Max Weber*. London: Macmillan Press, 1991.

Stephen E. Barton. “The Urban Housing Problem: Marxist Theory and Community Organizing”. *Review of Radical Political Economics*, 1977: (9).

Steven M. Cahn, Peter Markie ed.. *Ethics: History, Theory, and Contemporary Issues*. New York & Oxford / Oxford University Press, 1998.

Stuart Hodkinson. “The Return of the Housing Question”. *Ephemera*, 2012: (4).

Terrell Carver. *ENGELS: A Very Short Introduction*. New York: Oxford University Press, 1980.

William Robert Scott. *Francis Hutcheson: His Life, Teaching and Position in the History of Philosophy*. Cambridge: Cambridge University Press, 1900.

Ziyad Husami. “Marx on Distributive Justice”. *Philosophy and Public Affairs*, 1978: (1).

后记

收入本书的论文最早发表于 2012 年 12 月，最晚发表于 2023 年 9 月。这些论文大致映现了我从哲学基础理论研究和马克思主义哲学经典文本研究转入面向现实问题的哲学研究的最初阶段，体现了一段求是行思的探索经历，其汇总成书于我而言实乃随缘之举。

2023 年夏天，河北人民出版社原总编辑荆彦周先生与我谈起，出版社正在策划编辑一套“新时代学人自选集”，希望我能将 2012 年以来发表的一些有一定代表性的论文汇集起来，“完成一部书稿”。我之前未考虑过此事，在向他致谢的同时表示，或可过些年再说。荆彦周先生以他一如既往的耐心对我说，“可以准备起来”。过了一段时间，他寄来刘建军教授的自选集，并嘱我“根据这本书的体例准备”。在阅读刘建军教授这部书的同时，我开始翻看自己 2012 年以来发表的论文，感到将其中有一定代表性的论文结集，既是一种总结，也可以让未来的研究理路更为清晰，此举对治学确有益处。于是，开始尝试将一些论文分别按照“马克思主义哲学与中华优秀传统文化”“马克思主义政治哲学研究”“马克思早期政治哲学文本解读”“晚年恩格斯哲学经典文本解读”“马克思主义正义论探要”“当代哲学问题研究”为题选编成六编，以《建构中国自主的哲学知识体系》一文作为全书导言，以《“第二个结合”与建设中华民族现代文明》一文作为结语，从中体现本书收录论文的总体思路和未来研究重点，并将与陈先达老师、薄国强先生的两篇学术对话作为附录。遂应允将这部文稿忝列“新时代学人自选集”。

在整理这部文稿的过程中，我回顾了自己 11 年来的学术研究，想起其间很多反思与探赜的片段。马克思早期政治哲学文本解读和晚年恩格斯哲学经典文本解读，是我研究马克思主义政治哲学的基础，这些年在该领域的研究使我大体上形成了关于马克思主义政治哲学及其当代视界的阐述框架，而正义论是马克思主义政治哲学研究的热点议题，阐明这一议题的关键，需要从唯物史观和道德哲学两重视域作一种辩证的审视，并在现实语境中论证其实践逻辑。这些研究是我自博士论文以来着力颇多之处，也是近年来为学界广受关注的马克思主义哲学研究的生长点之一。中国人民大学哲学院设立政治哲学博士点 10 年来在马克思主义政治哲学教学与研究方面持续探索，中国辩证唯物主义研究会马克思主义政治哲学研究分会 2023 年成立，汇集了国内专注研究该领域的学界同仁，可待推动该研究取得更大成就。

在从事马克思主义政治哲学教学与研究的同时，我一直关注马克思主义哲学中国化时代化与哲学基础理论研究，并陆续发表了一些研究心得。关于马克思主义哲学中国化时代化研究，起始于在中国语境中探究马克思主义政治哲学的时代价值，进而思考“两个结合”与中国式现代化的理论与实践。对该领域的研究可以使马克思主义哲学从书斋走向历史和现实，走向中国式现代化的内在逻辑，走向真正的哲学所要面对的时代问题，近两三年来日益成为我研究的重点。这项陆续而成的相对集中的研究，使我形成了关于“第二个结合”与中华民族现代文明的阐述，在此基础上完成的书稿即将出版。本书第一章基本内容源出于此，从中可见马克思主义哲学同中华优秀传统文化相结合的历史事实、历史必然与科学方法，而从哲学史的细节处理解中国式现代化的历史逻辑、理论逻辑、实践逻辑，当在今后深入探究。

本书第六编的内容体现为一种广延的研究，无论是出于我多年来理解哲学问题的习惯视角，还是由于近年来参与哲学各二级学科的学术会议而致辞和发言的工作原因，我对中国哲学、外国哲学、应用伦理等领域的前沿问题有过一些思考，也读了一些相关的学术经典。关于当代哲学热点问题，我曾在《通往智慧之路》这本讲稿中提出了一些初步的见解，本书收录了其中两篇文章，也收录了几篇关于哲学研究方法论的文章。学必有专攻，然亦需博识，这是我关于哲学教学与研究的基本思路。这种思路是我在学术成长过程中逐渐形成的，哲学研究既要仰望星空，又要脚踏实地，我也常建议学生们既要走进茫茫书海，又要走出书海茫茫，从而在现实生活中找到哲学的支点，这应当成为我们应有的一种哲学学养。

为了方便读者朋友们阅读书中引用的马克思主义哲学经典文献，这次收录时尽可能以中文最新译本替换论文发表时使用过的旧译本。此外，本书几乎完整保留了各篇论文发表时的原貌，这大概也呈现了“自选集”所应具有的一种意义。

在本书即将付梓之际，感谢此前编发收录本书各章节文章的《人民日报》《光明日报》《中国社会科学》《哲学研究》《教学与研究》《中国人民大学学报》《哲学动态》《中国高校社会科学》《北京行政学院学报》《学术月刊》《天津社会科学》《道德与文明》《江苏行政学院学报》《吉林大学社会科学学报》《中国社会科学报》《社会科学辑刊》《学习与探索》《人文杂志》《安徽师范大学学报》《苏州大学学报》《北京日报》《前线》《马克思主义哲学》《广西社会科学》《求实》等报刊的编辑师友们，还要感谢《新华文摘》《中国社会科学文摘》《学习活页文选》《中国人民大学复印报刊资料》《社会科学文摘》等文摘编辑师友们分别对上述文章的转载和转摘。

臧峰宇

癸卯年冬至

于中国人民大学人文楼